河上正二 編

消費者契約法改正への論点整理
―― 内閣府消費者委員会ワーキングチーム報告書 ――

信山社ブックス

4

信 山 社

はしがき

　本書は、内閣府消費者委員会（第2次）において、委員長のもとに設けられた消費者契約法の見直しにかかる論点整理を行うための作業チーム（WT）の検討結果をまとめた報告書を中心に、この作業に携わった者による「補論」等を加えたものである。

　同報告書は、これまでの様々な先行研究や調査をもとに、主として理論的検討を加えたもので、将来の同法の実体法部分の改正を見据えて論点となるべき問題についての検討を深めるとともに、一定の立法論的な提案もおこなったものであり、今後の立法に向けた議論をおし進め、そのたたき台となることを期している。

　本書に追加的に収められた「補論」は、報告書公表後に何度か開催されたシンポジウムや説明会等において河上が基調報告を行う際に報告書全体の概要を示すための手控えとして作成したものと、各報告書執筆担当者による補充的論稿を含んでいる。また、昨年6月に消費者庁においてとりまとめられた、裁判例等の分析についての重要な分析結果の論稿2点についても転載をお許し頂いた。いずれも、報告書本体をよりよく御理解いただくための資料となれば、幸いである。

　もとより短期間でまとめ上げた報告書であり、なお論じ尽くされていない課題や、当初の作業対象の限定から、触れることのできなかった論点も少なくない。今後、関係各位の忌憚のない御意見をもとに、さらに充実した改正法への議論が積み重ねられていくことを心から期待したい。

　なお、この報告書をもとに、消費者契約法を中心とした消費者法制がより良い方向に展開するために、出版事情の厳しい今日、より広い各層の方々に読んでいただけるよう、公刊にむけて周到にご配慮いただいた信山社の袖山貴氏をはじめ編集部の方々に、この場を借りて厚くお礼申し上げたい。

　　　平成25年10月10日

　　　　　　　　　　　　　　　　　　　　　　　　　　　　河上　正二

目　次

はしがき

「消費者契約法に関する調査チーム」論点整理の報告

目　次
- はじめに………………………………………………………［河上　正二］… 1
- 第1章　報告書の概要……………………………………………［河上　正二］… 2
- 第2章　契約締結過程（広告）………………………………………………… 8
  - 第2章−1　誤認類型（＋広告）………………………………［丸山絵美子］… 8
  - 第2章−2　困惑類型………………………………………［鹿野菜穂子］… 15
  - 第2章−3　取消しの効果、第三者の関与など…………………［丸山絵美子］… 20
  - 第2章−4　インターネット取引における現状と課題(広告について)
    ………………………………………………………［山田　茂樹］… 24
- 第3章　約款規制………………………………………………［沖野　眞已］… 41
- 第4章　不招請勧誘…………………………………［角田美穂子・北村純子］… 49
- 第5章　適合性原則…………………………………［角田美穂子・北村純子］… 56
- 第6章　不当条項リストの補完…………………………………［大澤　　彩］… 67
- 第7章　不当条項規制に関する一般条項………………………［平尾　嘉晃］… 95
- 第8章　消費者公序規定………………………………………［平尾　嘉晃］… 102
- 第9章　各論・各種契約……………………………［鹿野菜穂子・山本健司］… 109
- 第10章　継続的契約…………………………………………［丸山絵美子］… 124
- 第11章　消費者信用…………………………………………［千葉恵美子］… 129
- 第12章　人的・物的適用範囲………………………［角田美穂子・山本健司］… 144

【参　考】
- ＜参考①＞　適合性原則に関する学説について……………………［河上　正二］… 163
- ＜参考②＞　ヨーロッパにおける消費者概念の動向
  　　　　　−EU指令と加盟各国法における消費者概念をめぐる論点−
    …………………………………………………………［中田　邦博］… 165
- ＜参考③＞　国際消費者契約………………………………………［横溝　　大］… 181

消費者契約法に関する調査作業チーム　討議経過……………………………… 191
消費者契約法に関する調査作業チーム　メンバー名簿………………………… 192

【資料編】
　参考資料1　消費者契約法条文（抜粋）……………………………………… 195

参考資料2　消費者契約法に関するこれまでの経緯……………………………200
　【資料1】国会における附帯決議　(202)
　【資料2】消費者契約法の改正に向けた検討についての提言
　　　　　　(2011年8月26日　消費者委員会)　(204)
参考資料3　消費者契約法に関する裁判例等の概況……………………………205
参考資料4　民法(債権関係)の改正に関する消費者契約関連の状況…………216
参考資料5　日弁連　消費者契約法改正試案……………………………………247
参考資料6　比較法　条文一覧……………………………………………………257

補　論

I　消費者契約法(実体法部分)の見直しに関する諸課題……［河上　正二］…297

II　契約締結過程・誤認類型に関わる比較法的動向
　　——EU法における情報提供義務と合意の瑕疵に関する法制度設計の動向
　　……………………………………………………………［丸山絵美子］…333

III　困惑類型等(非情報型不当勧誘行為)に関する規律………［鹿野菜穂子］…337

IV　消費者契約法における不当条項規制の「独自性」と「領分」を求めて
　　……………………………………………………………［大澤　彩］…341

V　インターネット取引における現状と課題………………［山田　茂樹］…355

VI　消費者像の広がりと消費者概念…………………………［中田　邦博］…363

＊　報告書［第11章　消費者信用］追加参考文献　［千葉恵美子］(367)

参　考

1　消費者契約法における締結過程の規制に関する現状と立法課題
　　—不実告知・不利益事実の不告知・断定的判断の提供・情報提供義務を中心として
　　……………………………………………………………［山本　敬三］…371

2　消費者契約法の運用状況と今後のあるべき方向性について
　　—困惑類型およびその周辺に位置する問題を中心として………［後藤　巻則］…399

「消費者契約法に関する調査作業チーム」論点整理の報告

平成 25 年 8 月
消費者委員会

本報告は、消費者契約法に関する調査作業チームにおいて、平成23年12月から平成25年5月までの期間にわたり討議した結果についてまとめたものである。

目 次

はじめに・・・・・・・・・・・・・・・・・・・・・・・・・・・1
第1章　報告書の概要・・・・・・・・・・・・・・・・・・・・・2
第2章　契約締結過程（広告）・・・・・・・・・・・・・・・・・8
　第2章－1．誤認類型（＋広告）・・・・・・・・・・・・・・・8
　第2章－2．困惑類型・・・・・・・・・・・・・・・・・・・15
　第2章－3．取消しの効果、第三者の関与など・・・・・・・・20
　第2章－4．インターネット取引における現状と課題（広告について）・・・24
第3章　約款規制・・・・・・・・・・・・・・・・・・・・・・41
第4章　不招請勧誘・・・・・・・・・・・・・・・・・・・・・49
第5章　適合性原則・・・・・・・・・・・・・・・・・・・・・56
第6章　不当条項リストの補完・・・・・・・・・・・・・・・・67
第7章　不当条項規制に関する一般条項・・・・・・・・・・・・95
第8章　消費者公序規定・・・・・・・・・・・・・・・・・・102
第9章　各論・各種契約・・・・・・・・・・・・・・・・・・109
第10章　継続的契約・・・・・・・・・・・・・・・・・・・・124
第11章　消費者信用・・・・・・・・・・・・・・・・・・・・129
第12章　人的・物的適用範囲・・・・・・・・・・・・・・・・144
＜参考①＞適合性原則に関する学説について・・・・・・・・・163
＜参考②＞ヨーロッパにおける消費者概念の動向・・・・・・・165
＜参考③＞国際消費者契約・・・・・・・・・・・・・・・・・181

消費者契約法に関する調査作業チーム　討議経過・・・・・・・191
消費者契約法に関する調査作業チーム　メンバー名簿・・・・・192

【資料編】
参考資料1　消費者契約法条文（抜粋）・・・・・・・・・・・195
参考資料2　消費者契約法に関するこれまでの経緯・・・・・・200
参考資料3　消費者契約法に関する裁判例等の概況・・・・・・205
参考資料4　民法（債権関係）の改正に関する消費者契約関連の状況・・・216
参考資料5　日弁連　消費者契約法改正試案・・・・・・・・・247
参考資料6　比較法条文一覧・・・・・・・・・・・・・・・・257

はじめに

　消費者契約法が平成13年4月に施行されてから、今年で12年が経過しました。これまで、同法は消費者取引の適正化に一定程度貢献してきておりますが、相談や裁判事例が集積され、その課題も指摘されてきております。平成18年には適格消費者団体による差止訴訟に関する手続規定が整備されましたが、実体法部分は制定当初のままとなっています。

　平成17年4月に閣議決定された第1期消費者基本計画では、消費者契約法の見直しが明記され、平成22年3月に閣議決定された第2期消費者基本計画でも、同法を「民法（債権関係）改正の議論と連携して検討」すべきものとされています。

　これを受け、第1次消費者委員会では、平成23年8月26日に取りまとめた「消費者契約法の改正に向けた検討についての提言」において、民法（債権関係）改正の議論と連携しつつ、早急に消費者契約法の改正の検討作業に着手することを求めました。また、第2次消費者委員会では、消費者庁における検討作業の進展に合わせて本格的な調査審議を行いうる体制が整うまでの間、論点の整理や選択肢の検討等の事前準備を行うための「消費者契約法に関する調査作業チーム」を平成23年12月に設置し、平成25年5月までの間、毎月討議を重ねてきました（計17回）。

　本報告書は、この1年半にわたる討議を踏まえ、チームメンバーの有識者が、各論点の整理を中心に取りまとめたものです。

　今後、本報告書をもとに事業者や消費者団体等も含め幅広い方からご意見をいただき、消費者契約法改正の本格的な検討に入る足掛かりとなりましたら幸いです。

　最後に、本報告書制作にあたり、多大なる御協力をいただきました皆さまに心より感謝申し上げます。

　消費者委員会の活動に、今後とも御支援・御協力賜りますようよろしくお願い申し上げます。

平成25年8月

内閣府消費者委員会
委員長　河上　正二

第1章　報告書の概要

（文責）　河上正二消費者委員会委員長

1．はじめに

今回の報告書は、消費者契約法の実体法部分の見直しに向けた理論的分析が中心となっているが、従来の検討や実態調査等の成果にも配慮しつつとりまとめたもので、今後の改正への本格的審議のたたき台となることを期している。以下、今後検討されるべき課題として摘示されたものの要点のみ紹介する。

2．前提問題

まず、検討の前提として、**民法（債権関係）改正と消費者契約法の関係、人的・物的適用範囲の問題、約款規制との関係**について述べる。

（1）民法（債権法部分）改正との関係

本報告は、基本的には、民法（債権関係）改正の動向いかんに関わらず、現行法を前提に消費者契約法における規律として、どのような規律が全体として望ましいかを考える形で検討している。もっとも、民法典が、事業者法的配慮の下で修正される可能性がある場合には、消費者取引において留保すべき具体的規律を検討することとした。さしあたり、民法典には、中間試案で示されたような、民法と消費者契約法の諸規定を連結する上での源泉となる一般規定があることが望ましいのではないかとの意見がある。

（2）**人的・物的適用範囲**＜第12章関連＞

我が国における現状と諸外国における議論動向に加え、消費者契約法は消費者保護関連諸法との関係において受皿的な機能が期待されているとの立法趣旨に鑑みると、「**消費者**」**概念の相対性の承認、概念の弾力化、ないし中間概念の創設も視野に入れて検討してはどうか**。また、その延長線上の検討課題として、消費者契約法の適用範囲を消費者取消権と不当条項規制とを一括して考えられてきた適用範囲について、領域毎の適用範囲を考える可能性についても検討してはどうか。とくに、投資取引、不動産取引を含めるべきであり、これが重要な立法事実であるという点を考慮する必要があるのではないかとの意見がある。

（3）「約款規制」について＜第3章関連＞

約款の有する隠蔽効果がもたらす当事者意思の希薄化と合意による正当性保障の欠如に対して、何らかの手当が必要との認識は共有されている。**約款問題は、消費者契約に限られない問題を含んでおり、少なくとも通則的規定は民法典に規定されるとしても、個別の補完が必要な場面では消費者契約法に規律を設けることが望ましく、その点についてさらに検討すべきではないか**とされ、報告書では、①約款が契約内容となるためのいわゆる組入れの要件および効果を定める規定を設けることを検討してはどうか、②「**不意打ち条項**」については契約内容として効力を有しないとする規定を設けることを検討してはどうか、③約款中の条項や実質交渉を経ていない条項の解釈準則について、消費者の合理的な期待や理解の扱いを定める規定を設けることを検討してはどうか、④契約条項の定め方について、消費者契約法3条1項を改め、努力義務ではなく義務とする規定を設けることを検討してはどうか、といった具体的提案がある。

3．契約締結過程の規律
（1）契約締結過程（広告・表示・勧誘行為など）＜第2章関係＞
a.誤認類型（＋広告）
　契約締結過程に関するいる規律のうち、現在、不実告知、断定的判断の提供、不利益事実の不告知、情報提供努力義務として規定されている事項を中心に、現行法上の不適当な制限的要件や制限的解釈をあらため、消費者・事業者間に構造的な情報格差を前提に意思表示の瑕疵の拡張理論を具体化する形で取消規定を手当てするという本来の立法コンセプトに合致するよう取消要件を再構成することが求められる。また、情報提供義務違反については、努力義務という形ではなく、法的義務として消費者契約法に明確化し、損害賠償責任規定などを導入することが考えられる。

　具体的には、①法4条1項2項）における**「勧誘」要件を削除し、広告を含めること**を検討してはどうか、②不実告知の対象となる**重要事項を狭く限定する**（法4条4項1号2号の列挙事由を厳格に解釈して限定する）必要はなく、「消費者の当該契約を締結するか否かについての判断に通常影響を及ぼすべきもの」について、契約締結の過程において事業者が不実告知をし、消費者が事実を誤認し、この誤認に基づき契約をした場合に取消しを認めることを検討してはどうか、③**断定的判断の提供型（法4条1項2号）**について、財産上の得利にかかわらない事項についての断定的判断の提供にも適用が可能であることを明確化することを検討してはどうか、といった検討課題があるほか、効果として、**取消規定のほか情報提供義務違反に対する損害賠償責任規定を導入し、因果関係や損害額の推定規定を置くなどして、民法の損害賠償規定の具体化を検討してはどうか**、が提案されている。さらに、法律の作り方として、まず、事業者の行為規範として不適切な情報提供や重要情報の不提供に該当する行為類型を列挙したうえで、取消・損害賠償・差止という効果別に付加的要件も含めて規定するという編纂方式を採用する可能性を検討してはどうか、といった課題がある。

b.困惑類型
　困惑類型に関しては、現在、不退去および退去妨害による困惑として規定されている事項を中心に、現行法の限界が明らかであり、同条に関する立法コンセプトをさらに推し進める方向で、より広い場面を対象とできるように要件を改め、あるいは、新たな類型の追加するべく、次のような具体的提案がある。

　① 現行の消費者契約法が規定する「不退去」「退去妨害」以外の類型を設けること、例えば、**執拗な勧誘行為、契約目的を隠匿した接近行為など**を検討してはどうか。② 従来型の困惑類型と上記の類型を包含する上位概念として、**「意に反する勧誘の継続」**と**「それによる困惑」**を掲げ、その具体的な類型として、従来の不退去・退去妨害型や執拗な勧誘行為等を例示として示すということも検討してはどうか。③ 困惑類型の延長線上の問題として、民法の暴利行為規定とは別に、**状況の濫用**を理由とする取消しの規定を設けることを検討してはどうか。⑤ 困惑類型またはその延長線上に存する不当な勧誘行為について、取消しという効果だけではなく、**損害賠償責任規定**を導入してはどうか。その際、因果関係や損害額の推定規定を置くなどして、民法の損害賠償規定の具体化と立証責任の転換等を図ることが考えられる。

c.取消しの効果、法定追認など
　取消しの効果、取消期間、法定追認、契約締結過程における第三者の関与については、解釈上の疑義があることや、現行法による解決には限界があることが、しばしば指摘されており、改正による説得的な解決を提供することが提案されている。
d.インターネット取引について（特に広告関連）
　インターネット広告については、ターゲティング広告の発達など広告が消費者の意思形成に働きかける影響力が大きく、また，事業者からみてもその対応は個別の「勧誘」と異にする合理的な理由は見いだせない。しかし、現行法においては、インターネット広告に関する不当な表示については専ら景品表示法等に基づく行為規制が課せられているにとどまり、インターネット広告の不当な表示に起因する契約被害に対応する民事規定を欠く状況にある。そこで、**消費者契約法４条の取消しの対象となる事業者の行為として，「インターネット広告」も含める方向で検討してはどうか**との提案がある。
（２）不招請勧誘＜第４章関連＞
　消費者契約一般を対象に、**不招請勧誘禁止**そのものについて単独での実体法規範を考えるよりは、不当勧誘に関する一般条項（受皿規定）を置くこととしたうえで、その解釈・適用にあたっての一考慮要素とするのが、立法の早期実現という観点からは望ましいのではないか。また、不招請勧誘独自の実体法規範を定める方向についても、困惑取消類型の拡張という議論、損害賠償義務をもたらす不当勧誘行為規制といった議論も踏まえつつ、引き続き検討が必要である。
（３）適合性原則＜第５章関連＞
　適合性原則は、もともとは投資サービス領域における業者ルールである。それを著しく逸脱した勧誘行為は不法行為法上の違法性を基礎づけるとする、民事効へと架橋する判例法理は確立しているものの、裁判実務においては極めて限定的にしか機能していないとされている。適合性原則に関する消費者被害の相談は多く寄せられているほか、高齢社会における消費者法のあり方として、適合性原則の立法化のニーズが高まっているということができる。過量販売、過剰与信等に関する特別規定など、適合性原則に密接に関連する法理は立法化されているところであるが、それらによる対応可能性とその限界等を見極めながら、適合性原則の立法化の必要性について、引き続き検討していくのが適切である。

４．契約内容の適正化
（１）不当条項リストの補完＜第６章関連＞
　評価余地のないブラック・リストのほか、評価余地のあるグレイ・リストの存在は、消費者相談の現場での判断の指針となるだけでなく、契約条件を策定する際の指針として、事業者にとってもメリットがあることに鑑み、リストの補完・充実が検討されるべきではないか。
　EU、韓国などでのリストに比して我が国のリストがきわめて貧弱であることは否めず、グローバルスタンダードに近づけることが必要である。この点、現実の発生しているトラブルにも配慮しつつ、リストの策定が検討されるべきではないか。なお、立法事実にこだわることによる「後追い」のデメリットに鑑み、危険性の予見できる条項は積極的にリスト化することが望ましい。
　リストの文言については、学説でも指摘されているように、グローバル・スタンダードに合わせて、民法の条文程度か、これをやや具体化した程度の抽象度とすることが考えられる。

なお、学説、実務による消費者契約法改正提案の中には、過量販売に関する条項など、契約の目的物・対価そのものに関する条項をリスト化するものがある。例えば、「消費者に過量な又は不相当に長期にわたる物品又は役務を購入させる条項」をリストの候補として掲げる提案が見られる。これらの中心条項についての規制の可否については、消費者契約法10条の見直しにあたって再度検討する必要があるが、仮に規制するとしてこれらの条項をリスト化することの是非も問題となろう。つまり、不当条項リストに列挙するという形以外の方法、例えば、「**消費者公序規定**」による対応などもふまえて、検討する必要がある。

(2) 不当条項に関する「一般条項」＜第7章関連＞

現行10条の表現については、見直しが必要ではないか。とくに、消費者契約法第10条前段要件は、「当該条項がない場合と比較して」といった文言に修正してはどうか。消費者契約法第10条後段要件については、「消費者の利益を一方的に害する」を維持するが、「信義則に反して」という要件については削除を検討してはどうか、といった意見もある。また、「消費者の利益を一方的に害する」か否かの判断要素を列挙すべきか、仮に列挙する場合にいかなる要素を考慮すべきかについては検討する必要がある。

なお、**対価そのものへの介入**は、原則として開示規制の手法によることが望ましいが、民法の暴利行為論に関する規律の在り方にも配慮しつつ、競争の期待できない局面では、消費者契約にとって有用な規律やセーフティネットとなる規律が模索されるべきではないか。また、消費者契約においては個別な交渉を経ているか否かは消費者契約では問わない方向で考えてはどうか。

不当条項規制の効果については、原則として全部無効とし、例外的に一部無効となりうるものを定めることを明文化してはどうか、が提案されている。

5. 消費者公序規定＜第8章関連＞

従来の消費者契約法は、契約締結過程における不当勧誘行為規制と契約条項の内容に関する不当条項規制という二元的構成であったが、このような二元的構成だけでは不当な契約を十分に補足できない局面があり、契約締結過程と条項内容を融合した、新たな法規制のカテゴリーの創設を検討する必要がある。　そこで、**対価に直接かかわる条項や、次々販売・過量販売に効果的に対処するには、無効とすべき不当条項の客観的評価にかかわる一般条項のほか、契約締結過程での問題と条項の不当性を総合して（合わせて一本）、契約の一部もしくは全部を無効化する「一般条項」の策定が検討されるべきではないか（客観的評価基準を超えた個別事情への配慮が可能となるような、一般条項として、民法90条の具体化したものが考えられないか**、が提案されている。

6. 各種契約について＜第9章関連＞

消費者契約法に、契約類型に即した規定を置くことについて検討することが必要である。この点については、現在進行中の民法（債権関係）改正との関係も問題となるが、現時点では、民法中に、各種の契約に即して消費者契約に関する具体的な特則を置くことになる可能性は高くない。そこで、あらためて消費者契約法において、このような各論的な規定を導入することの是非について検討する必要性は高いのではないか。特に消費者売買に関する一群の規律を設けることが検討されてよい、との意見がある。現在の消費者契約法では、契約締結過程および契約内容の規制に関する規定はあるが、契約の履行過程や不

履行における消費者の救済手段について、売買に即して基本的な規律を明らかにしておくことには意味があるからである。

7．継続的契約＜第10章関連＞

契約の継続性ゆえに強まる特徴として、①周辺事情の変化や当事者の状況変化が生じやすい、②既履行部分と未履行部分、あるいは不履行部分とそれ以外の部分との区別が生じるということを挙げることができる。そして、このような特徴があることに伴い、1）消費者の長期拘束・消費者からの任意の中途解除と効果をめぐる問題、2）事情変更や事業者の債務不履行に対する消費者からの解除要件と効果をめぐる問題、3）事業者からの解除の可否をめぐる問題、4）契約内容・条件の変更をめぐる問題が生じている。このような問題に対処するため、継続的消費者契約の特徴に鑑みた法規定の手当てを行うことが考えられる。具体的には、**継続的消費者契約における消費者の中途解除権（任意法規）の導入、事情変更発生時の事業者の誠実対応義務等を検討してはどうか**との提案がある。この問題の一部は、不相当に長期の拘束期間、不相当に長い告知期間、更新拒絶要件の加重、事業者の解除権留保・解除要件の緩和、一方的契約条件の変更などに対応する法規定は、不当条項規制のグレイリストの導入問題とも検討が必要である。

8．消費者信用＜第11章関連＞

2当事者間の取引に加えて、複合的な取引関係において消費者の利益を守るための規律が必要ではないかと考えられ、この点についての規律を検討すべきではないか。とりわけ、消費者信用が組み込まれた場合の3面関係については具体的な手当が必要ではないか、との問題意識から、**いわゆる「抗弁の接続」の考え方の消費者信用一般への拡張の可能性**についても具体的条文案を含む提案がある。

なお、我が国において、決済をいかなる法律でどのように規律するのかについては、民法（債権関係）改正中間試案において審議中であり、なお立法政策の方向性が定まっているとはいえない。債権法改正において決済に関する法が規律されない場合は、ア）決済に係る特別法の中で消費者取引における決済に係る特別な規律を置くこと、及び、イ）消費者契約法の中で物・役務の対価の支払いという観点から規律することが考えられる。債権法改正の中で、中間試案で立法提案がされている「三面更改」の規定が導入される場合は、原則として抗弁の切断が定められることになるので、消費者契約法において補完的ルールを置いた上で、個別の決済手段と消費者取引の結びつきをふまえたルールについて、割賦販売法・資金決済法など特別法によって規律することも考えられる。

9．その他
抵触規定（渉外消費者契約における準拠法など）

基本的には「通則法」に委ねるべき問題とも言えるが、問題の重要性、消費者契約に関する規律の一覧性に鑑みると、消費者契約法において明文化することが望ましいとも考えられ、この点について更に検討すべきではないか。また、渉外消費者取引の拡大に鑑み、国際的調和・共通ルールの策定に向けた努力が必要ではないか。

現行法と本報告書の論点の関係

内閣府消費者委員会事務局作成

消費者契約法

- 目的規定（1条）
- 消費者／事業者／消費者契約の定義（2条）
- 事業者・消費者の努力義務（3条）

不当勧誘に関する規定

取消権

消費者契約についての「勧誘をするに際し」

誤認類型
- 不実告知（法4条1項1号）
  ⇒ 対象：「重要事項」（4項）
- 断定的判断提供（2号）
  ⇒ 対象「将来における変動が不確実な事項」
- 故意の不利益事実不告知（2項）
  ⇒ 対象：[利益告知] 重要事項・関連する事項／
  [不利益事実] 重要事項

困惑類型
- 不退去・退去妨害（監禁）（3項）

- 媒介の委託を受けた第三者（5条）
- 取消権の行使期間（7条）
  ＊追認できる時から6か月／契約締結から5年間

不当条項規制

- 事業者の損害賠償責任免除条項の無効（8条）
- 消費者が支払う損害賠償額予定条項の無効（9条）
- 消費者の利益を一方的に害する条項の無効（10条）

※その他
（消費者契約法の規定とは必ずしも関連しない事項）

調査作業チーム報告書

- 「人的・物的適用範囲」【第12章】
- 「契約締結過程＜誤認類型（＋広告）＞」【第2章－1】
- 「不招請勧誘」【第4章】
- 「消費者公序規定」【第8章】
- 「適合性原則」【第5章】
- 「契約締結過程＜誤認類型（＋広告）＞」【第2章－1】
- 「インターネット取引」【第2章－4】
- 「契約締結過程＜誤認類型（＋広告）＞」【第2章－1】
- 「契約締結過程＜困惑類型＞」【第2章－2】
- 「契約締結過程〈取消しの効果、第三者の関与〉」【第2章－3】
- 「インターネット取引」【第2章－4】
- 「契約締結過程〈取消しの効果、第三者の関与〉」【第2章－3】
- 「消費者公序規定」【第8章】
- 「不当条項リストの補完」【第6章】
- 「約款規制」【第3章】
- 「インターネット取引」【第2章－4】
- 「不当条項規制に関する一般条項」【第7章】
- 「消費者信用」【第11章】
- 「各論・各種契約」【第9章】
- 「継続的契約」【第10章】

第2章 契約締結過程（広告）

第2章－1．誤認類型（＋広告）

担当：丸山絵美子（名古屋大学教授）

1．論点

① 誤認類型（消費者契約法〔以下、「法」という〕4条1項2項）における「勧誘」要件を削除することを検討してはどうか。「勧誘」要件については広告などを含まないという制限的な解釈が存在するものの、このような解釈に合理的な理由はなく、事業者の行為が消費者の意思形成に影響を与えたかどうかが重要だからである。

② 不実告知型（法4条1項1号）は、事業者が積極的に虚偽の情報を提供する場合であり、不実告知の対象となる重要事項を狭く限定する（法4条4項1号2号の列挙事由を厳格に解釈して限定する）必要はない。「消費者の当該契約を締結するか否かについての判断に通常影響を及ぼすべきもの」について、契約締結の過程において事業者が不実告知をし、消費者が事実を誤認し、この誤認に基づき契約をした場合に取消しを認めることを検討してはどうか。

③ 断定的判断の提供型（法4条1項2号）について、財産上の利得にかかわらない事項についての断定的判断の提供にも適用が可能であることを明確化することを検討してはどうか。また、断定的判断の提供類型を設定することの意義については議論があるため、不実告知型・不利益事実不告知型・断定的判断の提供型の相互の関係、および三類型を設定することの意義について詳細に検討してはどうか。

④ 不利益事実の不告知型（法4条2項）について、法4条4項1号2号の列挙事由に該当する事項の情報不提供がある場合には、事業者の故意・過失を要件に、利益告知の先行を問わずに、当該情報の提供があれば契約しなかった消費者に取消しを認めることを検討してはどうか。また、利益告知の先行と故意の事実不告知を要件とする場合には、事業者の積極的な行為があった場合に等しいので、重要事項を列挙事由のみに限定する必要はなく、重要事項を「消費者の当該契約を締結するか否かについての判断に通常影響を及ぼすべきもの」とすることを検討してはどうか。

⑤ 取消規定のほか情報提供義務違反に対する損害賠償責任規定を導入し、因果関係や損害額の推定規定を置くなどして、民法の損害賠償規定の具体化を図るとともに、訴訟上の情報格差を埋めるような手当てを検討してはどうか。

⑥ 法律の作り方として、まず、事業者の行為規範として不適切な情報提供や重要情報の不提供に該当する行為類型を列挙したうえで、取消・損害賠償・差止という効果別に付加的な要件も含めて規定するという編纂方式を採用する可能性を検討してはどうか。

⑦ 広告は、1)迷惑メールなど迷惑勧誘行為（招請の訪問・電話・ポスティングなども含まれる）の一つとして、禁止行為の違反などを民事効に結びつける可能性、2)消費者契約法4条の「勧誘」の解釈に広告などを含める方向での対応（①参照）、3)わかりにくいWeb広告やリンクなど約款における開示や不明瞭条項への対応、4)広告の契

約内容化と事業者の債務不履行の認定問題などを明確化する必要性といった問題と結びついている。広告が消費者契約法においていかに扱われるべきかについては、関連する各論的な報告の中で検討してはどうか。

＜提案の趣旨＞
　本報告では、消費者契約法の契約締結過程に関する規律のうち、現在、不実告知（法4条1項1号）、断定的判断の提供（法4条1項2号）、不利益事実の不告知（法4条2項）、そして情報提供努力義務（法3条1項）として規定されている事項を中心に、現行法において合理的な理由なく置かれている制限的要件や制限的解釈を排し、また消費者・事業者間の構造的な情報格差を前提に意思表示の瑕疵の拡張理論を具体化する形で取消規定を手当てするという本来の立法コンセプトに合致するように取消要件を再構成することを提案している。また、情報提供義務違反について努力義務という形ではなく、法的義務として消費者契約法に明確化し、損害賠償責任規定などを導入することを提案している。

2．その背景・立法的対処の必要性
① 勧誘（法4条1項2項）
　現在、消費者契約法にいう不実告知、断定的判断の提供、故意の不利益事実の不告知及び特定商取引に関する法律（以下、「特商法」という）の不実告知、故意の事実不告知は、契約締結の「勧誘」をするに際して行われることを要件としている。この勧誘要件について、消費者庁解説は、不特定・多数に向けられた広告・パンフレット等は勧誘に含まれないという解説を行っている（消費者庁企画課編『逐条解説　消費者契約法〔第2版〕』（商事法務、2010年）108頁）。しかし、学説では、広告・パンフレット等も消費者の意思形成に働きかけるものであり、広告等に不実告知があっても勧誘行為がない以上、不実告知取消の対象とならないとするような解釈には疑問が呈されている（池本誠司「不実の告知と断定的判断の提供」法セミ549号19頁以下、山本豊「消費者契約法（2）」法教242号89頁等多数）。実際、裁判例も、広告・パンフレットの記載を考慮して不実告知等による誤認に基づく契約と言えるか判断しており（京都簡判平成14・10・30［仲裁センターパンフ］、東京地判平成17・11・8［パチンコ攻略法広告］など）、広告・パンフレットは勧誘には該当しないという形で考慮の対象外とするような判決はみられない。このことから、立法論として勧誘要件を削除するという提案はすでに存在する（山本敬三「消費者契約法における締結過程の規制に関する現状と立法課題―不実告知・不利益事実の不告知・断定的判断の提供・情報提供義務を中心として」消費者庁『平成23年度　消費者契約法（実体法部分）の運用状況に関する調査結果報告』（平成24年6月）19頁）。なお、広告・表示が不当でも、契約締結に至るまでに是正されることもあるとして勧誘要件の削除や拡大解釈に慎重な姿勢を示す指摘もある（国民生活審議会消費者政策部会消費者契約法評価検討委員会『消費者契約法の評価及び論点の検討等について』（平成19年8月）11頁）。しかし、いったん不実告知が行われ、契約成立までに誤認が是正される場合は、誤認の存在や因果関係の問題として適切に考慮される

ので、勧誘要件について限定的な解釈をする理由とはならない。
② 不実告知（法4条1項1号）
　消費者庁解説は、法4条4項1号2号にいう重要事項について厳格な解釈を示しているが、学説からは疑問が提起されている（沖野眞己「契約締結過程の規律と意思表示論」『消費者契約法―立法への課題〔別冊NBL54号〕』39頁、池本・前掲注2）20頁、山本敬三「消費者契約法の意義と民法の課題」民商123巻4=5号513頁、道垣内弘人「消費者契約法と情報提供義務」ジュリ1200号51頁以下等多数）。不実告知取消権の基礎にある考え方は事業者が積極的な行為によって消費者を誤認させた以上は、取り消されてもやむを得ないというものである。したがって、消費者の契約締結の判断に通常影響を及ぼすべき事項について不実告知が行われれば取消しが認められてよく、法4条4項1号2号を例示と解釈する見解、あるいは列挙事項の「用途」「その他の内容」などを拡張的に解釈して対応する見解などが主張されている。判決においても、契約締結の必要性に関わる事情など厳密には法4条4項1号2号の列挙事項に該当しないものについても重要事項についての不実告知取消を認める傾向にある。たとえば、電話機リースにおける「従前の電話機が使えない」という告知（神戸簡判平成16・6・25 WLJPCA06256001）、床下換気扇販売における「家が危ない」という告知（東京地判平成17・3・10 WLJPCA03100009）、進学塾における「合格率97.5%」「創立34年」という宣伝（高松地判平成20・9・26消費者法ニュース80号29頁）などについて取消しが認められている。そして、特商法の不実告知取消規定は、すでに、契約締結の判断に通常影響を及ぼす事項を重要事項としている（特商法9条の3、6条1項6号7号など参照）。
　消費者相談の事例をみると、「地震が来たら家が倒れる」（耐震補強工事契約）、「水道水は危ない」（浄水器販売契約）、「毛根組織が死んでいるので、自分の毛が生えることは望めない」（かつら販売契約）、「減税になる」（保険契約）、「管理組合からの依頼」（カビ防止サービス）など消費者契約法4条4項1号2号に該当しない事項に関する不実告知の例は相当数存在し、明確な条文改正による対応が必要な状況と言える。
　ところで、民法改正において、民法95条の錯誤規定の改正が議論されており、中間試案の内容によれば、相手方が事実と異なることを表示したため、目的物の性質、状態その他意思表示の前提となる事項に錯誤生じた場合について、当該錯誤がなければ表意者はその意思表示をせず、かつ、通常人であってもその意思表示をしなかったであろうと認められるときは、表意者は意思表示を取り消すことができるとする規定が提案されている。これまでの錯誤に関する判例理論の具体化として提案されている規定ではあるが、民法の錯誤と比較して消費者契約法の不実告知に特有の領域はどこなのかを具体的かつ明確に議論する必要があろう（『民法（債権関係）の改正に関する中間試案』参照）。
③ 断定的判断の提供（法4条1項2号）
　消費者庁解説によれば、法4条1項2号にいう「将来における変動が不確実な事項」とは、財産上の利得を得るか否かを見通すことが契約の性質上そもそも困難である事項であると説明されている。そして、裁判例は、「変動」要件を厳格に解釈す

ることはしないが、投資取引、パチンコ攻略法に関する紛争が圧倒的に多く、その他も内職商法など財産上の利得にかかわる事例を適用対象とし、かつ明確に断定が行われている事例でのみ、法4条1項2号の適用を認める傾向にある。相談例にみられる、エステサロンによる「このままでは肌はぼろぼろ」、教材販売事業者による「確実に成績があがる」といった財産上の利得にかかわらない断定的な言明は対象外とされている。このような相談事例に対し断定的判断の提供による取消権によって対処すべきか検討する必要がある。また、投資取引等では、断定口調を避けて、利益となるような事実だけを強調するといった事業者の行動がみられるが、このような事業者の行動は、断定的判断の提供による取消しの射程外となる。不利益事実の不告知取消規定の射程との関係を精査したうえで、消費者に具体的な事実誤認はないが、事業者の情報操作で、本来しないであろう判断をしてしまった場合に、取消しを認める必要がないか検討する必要がある。

④　不利益事実の不告知（法4条2項）

　不利益事実の不告知による取消しを認めた判決には、まず、契約客体の性質その他の内容（東京地判平成18・8・30 WLJPCA 08308005：眺望・採光・通風の良さを強調したが、隣地に建物建設の予定があったことを告げなかった。東京地判平成20・10・15 WLJPCA 10158005：空気清浄で環境抜群の別荘地と告げたが、産廃処分場の建設計画があったことを告げなかった。東京地判平成2・6・19判時2058号69頁：一般的に医学的に承認されていない術式であることを告げなかった）や取引条件（神戸地姫路支判平成18・12・2 WLJPCA 12286006：自社の契約が一番得と説明したが、実際には標準より割高となるものであった。東京地判平成22・2・25 WLJPCA 02258009：設備設置費用がかからないが、解除時の買い取り義務を説明しなかった。大阪地判平成23・3・4判時2114号87頁：前払い金が契約解除時の違約金となることが告げられなかった）と言えるような事項の不告知が問題となっている事例がある。すなわち、不告知の対象が商品・サービス（附帯的なものを含む）の内容や契約条件と言えるような場合であり（法4条4項1号2号列挙事由に該当する）、事業者自らが提供する商品・サービスの内容や事業者が設定・提示した取引条件が正確に伝えられないため、後のトラブルが発生しているというケースである。このようなケースでは、利益告知要件や故意要件をあまり厳格に問わずに、告げられていない内容や取引条件が消費者の判断に通常影響を及ぼすような事項であれば、取消しを認める判決も少なくない。事業者が提供する商品の性能・内容や取引条件という基本事項（狭義の重要事項）については、過失による情報不提供についても、消費者が当該情報を得られたならば契約をしなかったと言えるのであれば、取消しを認めてよいのではないか。

　これに対し、商品の内容や取引条件とは言えない事項について、情報の不提供があった場合に、これをいかに扱うべきかは別途考察を要する。この問題に関連し、最判平成22・3・30判時2075号32頁は、変動が不確実な将来の価格は重要事項に含まれないという判断を示した。事業者の不適切な情報提供や必要な情報の不提供によって消費者がリスク性のある金融商品を元本保証があると誤認した場合、元本保証かリスクがあるかといった事項が商品の性質・内容として狭義の重要事項に該当することに

異論はない。問題は、投資取引における具体的リスク（相場変動要因たる事実）について、不実の告知があった場合、あるいは多くの者が投資に踏み切るような上昇要因だけ告げ、多くの者がおよそ投資を控えるような暴落を示す事実を隠ぺいという形で情報操作がされる場合、詐欺や損害賠償請求（場合によっては、過失相殺）による保護に留めるべきかどうかである。少なくとも、虚偽の事実情報を積極的に流し、消費者の判断を誤らせた場合は、不実告知における重要事項解釈の一般的傾向と同様に、列挙事由を問わず、消費者の判断に通常影響を及ぼすべき事項という要件をクリアできる事実であれば、不実告知による取消しを認めてもよいのではないか。また、消費者の判断に通常影響を及ぼす利益事実だけを強調し、不利益事実を隠ぺいする場合、これを故意・重過失で行っているのであれば、利益告知先行型の不利益事実不告知による取消しを認めてもよいのではないか。

不利益事実の不告知型については、不提供が問題となっている情報の種類に着目し、要件の再構成を考える必要があるのではないか。

⑤ 損害賠償規定など

消費契約法施行後も、不適切な情報の提供や重要情報の不提供がある事案において、情報提供義務違反を理由に、民法709条による損害賠償責任を認める裁判例が相当数存在している。損害賠償という解決について、消費者契約法で手当てすることを検討してよい状況であると言える。

3．比較法的な動向との関係

消費者契約に特有の取消権を、意思表示の瑕疵の拡張理論の具体化として立法した例は他の国にはみられない。

ドイツ法では、民法の錯誤（119条1項）、詐欺（123条1項）規定のほか、契約締結上の過失論（311条2項）があるが、これらは消費者契約に限定されるものではない。消費者契約に対しては、通信取引やタイムシェアリング、消費者信用取引など個別の消費者取引に対して、情報提供義務に関わる規定が導入されている状況にある。フランス法では、民法の錯誤・詐欺規定（1109条、1110条、1117条）のほか、一般的な情報提供義務（違反は不法行為責任となる）の導入が提案されているが（カタラ草案、司法省草案、テレ草案参照）、これらは消費者契約に限定されるものではない。フランス消費者法典には一般的な情報提供義務が規定されているが、効果について消費者法典には明示されていない（L.111－1条）。イギリス法では、消費者契約に限定しない形で、不実表示の法理が展開しており、消費者契約に対しては、EU消費者法の影響を受けて、個別取引に対する法令で一定の情報提供義務が手当てされている状況にある。

EU消費者法は、各指令において、訪問販売、通信取引、消費者信用など各取引別に必要な情報提供に関する規定の整備を要求してきたが、2011年の消費者権利指令は、通信取引契約及び訪問販売契約について、事業者の情報提供義務をまとめて規定するに至っている。

PECL、DCFR、CESLといったオプション方式のEU契約法をみると、PECLでは、消費者契約に限定せずに、錯誤・詐欺規定のほか、損害賠償責任に結びつく一般的な情報提供義務規定を設定するという立場が示されている。DCFRとCESLでは、一般的な錯誤・詐

欺規定のほか、消費者契約と事業者間契約とに分けて、異なる内容の情報提供義務規定が置かれている状況にある。

4．立法を考えるとした場合の留意点
① 民法（民法改正）との関係を整理する必要がある。「消費者」「消費者契約」概念を踏まえ、特別法として契約締結過程に関する規律を意思表示の瑕疵の拡張理論の具体化というコンセプトで設定する意義を確認する必要がある。また、錯誤規定の改正などが民法改正において実現する場合、消費者契約法の契約締結過程に関する規律に特有の取消し可能領域はどの範囲となるのかを具体的にかつ明確に論ずる必要がある。
② 不告知型において取消要件を緩和する場合、消費者自らが収集すべき情報や消費者が当然知っているべき事項についてまで、事業者に情報提供義務を課すような結果とならないように、要件を設定する際には留意する必要がある。
③ 損害賠償責任規定を導入する場合、過失相殺の規定と関連して、消費者の過失をどのように扱うべきか検討する必要がある。また、取消規範との評価矛盾問題なども整理する必要がある。

5．その他（関連問題など）
　誤認類型や広告に関わる消費者契約法の規律を考えるにあたっては、個別訴訟を念頭に置いた取消しや損害賠償請求の要件のみならず、差止めの要件や集団的消費者被害回復における違法行為の確認要件に関する議論とあわせて検討を進める必要がある。

（参考資料）
消費者庁企画課編『逐条解説　消費者契約法〔第2版〕』（商事法務、2010年）
『民法（債権関係）の改正に関する中間試案』
山本敬三「消費者契約法における締結過程の規制に関する現状と立法課題―不実告知・不利益事実の不告知・断定的判断の提供・情報提供義務を中心として」消費者庁『平成23年度　消費者契約法（実体法部分）の運用状況に関する調査結果報告』（2012年6月）
（これに加筆・修正したものとして同「消費者契約法の改正と締結過程の規制の見直し」平野仁彦ほか『現代法の変容』（有斐閣、2013年））
日本弁護士連合会『消費者契約法日弁連改正試案』（2012年）
山本哲生「消費者契約法における誤認に基づく取消しの対象」北法63巻3号
尾島茂樹「民法（債権法）改正と消費者・序論」金沢54巻1号「民法（債権法）改正と消費者・補論」金沢法学54巻2号
後藤巻則「契約締結過程の規律の進展と消費者契約法」NBL958号
宮下修一「消費者契約法4条の新たな展開（1）（2）（3・完）」国民生活研究50巻2号3号4号
日本弁護士連合会消費者問題対策委員会編『コンメンタール消費者契約法（第2版）』（商事法務、2010年）

丸山絵美子「消費者取消権」法時83巻8号
民法（債権法）改正検討委員会『詳解　債権法改正の基本方針Ⅰ序論・総則』（商事法務、2009年）
『諸外国の消費者法における情報提供・不招請勧誘・適合性の原則［別冊 NBL121 号］』（商事法務、2008年）
山本敬三「消費者契約法の意義と民法の課題」民商123巻4＝5号
道垣内弘人「消費者契約法と情報提供義務」ジュリ1200号
池本誠司「不実の告知と断定的判断の提供」法セミ549号
山本豊「消費者契約法（2）」法教242号
沖野眞己「契約締結過程の規律と意思表示論」『消費者契約法―立法への課題〔別冊 NBL54 号〕』（商事法務研究会、1999年）
沖野眞己「消費者契約法（仮称）」の一検討（3）」NBL654号

第2章-2．困惑類型

担当：鹿野菜穂子（慶應義塾大学教授）

1．論点
① 困惑類型として、現行の消費者契約法が規定する「不退去」「退去妨害」以外の類型を設けることを検討してはどうか。例えば、執拗な勧誘行為、契約目的を隠匿した接近行為などを検討することが考えられよう。
② 従来型の困惑類型と上記①の類型の両方を包含する上位概念として、「意に反する勧誘の継続」と「それによる困惑」を掲げ、その具体的な類型として、従来の不退去・退去妨害型や執拗な勧誘行為等を例示として示すということも検討してはどうか。
③ 困惑類型の延長線上の問題として、民法の暴利行為規定とは別に、状況の濫用による取消しの規定を設けることを検討してはどうか。
④ 新たに問題となりうる多様な不当勧誘行為を適切に捕捉するために、不当勧誘行為に関する一般規定（受け皿規定）を併せ立法化することを検討するべきではないか。
⑤ 困惑類型またはその延長線上に存する不当な勧誘行為について、取消しという効果だけではなく、損害賠償責任規定を導入してはどうか。その際、因果関係や損害額の推定規定を置くなどして、民法の損害賠償規定の具体化と立証責任の転換等を図ることが考えられよう。

〈提案の趣旨〉本報告では、消費者契約法の契約締結過程に関する規律のうち、現在、不退去および退去妨害による困惑（法4条3項1号2号）として規定されている事項を中心に、現行法の限界を明らかにし、また、同条に関する立法コンセプトをさらに推し進める方向で、より広い場面を対象とできるように取消しの要件の改正し、あるいは、新たな類型を追加することを提案している。

2．その背景・立法と対処の必要性
　法4条3項に関する裁判例は不退去・退去妨害のいずれにおいても少ない（不退去型で4件、退去妨害型で6件の裁判例を確認できるに過ぎない）。もっとも、司法研修所「現代型民事紛争に関する実証的研究—現代型契約紛争(1)消費者紛争」3〜5頁によると、消費者紛争につき国民生活センター及び消費生活センターへの相談件数は年間約100万件に上るが、実際の「不満」はその約20〜25倍ともいわれていること、相談のあった紛争においても、その圧倒的大多数は裁判手続を経ることなく終了していることが指摘されており、これを見ると、判決に至るものは少ないとしても、実社会における消費者紛争は少なくないと思われる。そして、その中には、後述の通り、意に反する勧誘を続けられて契約を締結してしまったという事例も多く聞かれるところである。
　現在の法4条3項の困惑類型については、当初、「退去すべき旨の意思を示し」たこと（不退去型）又は「退去する旨の意思を示し」たこと（退去妨害型）が要件とされているため、適切に被害の救済を図ることが困難なのではないかとの指摘もあった。しかし、

消費者契約法施行後の裁判例においては、ここにいう「意思を示し」には、黙示的に示した場合も含まれるとして、柔軟な解釈が一般にとられているので、当初危惧されたような弊害はこの点では生じていない。しかし、4条3項については、なお以下の点を、大きな問題として指摘することができる。

① 困惑類型の対象の拡大の必要性について（論点①・②関連）

第一に、現行消費者契約法が、困惑類型として、不退去・退去妨害の二つの類型しか規定しておらず、対象となる行為類型が限定的だという点を指摘することができる。

確かに、現行消費者契約法の制定時において最も問題の大きかった不当勧誘は、不退去・退去妨害型であったが、実際には、例えば隣人の家とかエステの施術中などにおける強引な勧誘や、勤務先への執拗な電話勧誘なども問題となっている。消費者は、交渉力において劣位にあり、意に反する勧誘が継続して行われることによって、困惑し契約してしまうという事態が、ここでの問題の本質だと考えられるが、そうだとすると、困惑による取消しを、「不退去」「退去妨害」という狭い範囲に限定する必要はなく、困惑類型をさらに追加するということが考えられる。先に言及した執拗な勧誘などもその例であろう。

もっとも、一方で具体的な類型を示すことによる明確化の利点はあるものの、類型を追加するというだけでは、この種の多様な不当勧誘行為を全て捕捉することは難しい。そこで、「不退去」「退去妨害」、あるいは「執拗な勧誘」等のさらなる類型などを例示として掲げながらも、それを包含する上位概念として、「意に反する勧誘の継続」と「それによる困惑」という形に取消要件を改めることなどにつき、検討することが必要であろう。

② 状況濫用による取消規定の導入と不当勧誘の受け皿規定の導入（論点③・④関連）

第二に、「困惑」という概念にそのまま該当しないとしても、その延長線上にある問題群がある。消費者庁「平成23年度消費者契約法（実体法部分）の運用状況に関する調査結果報告」（以下「消費者庁報告」という）にも詳述されているとおり、裁判例には、事業者の不退去・退去妨害以外の態様による不当な困惑惹起行為によって消費者契約が締結された場合につき、民法90条の公序良俗違反により契約の効力を否定したものや、不法行為に基づく損害賠償請求により被害救済を図ったものが少なからず存在している。その中には、事業者が消費者の判断力の低下、心理的な不安、誤解状況、立場の弱さなどにつけ込んで勧誘するというものが多く見られる。より具体的には、高齢者の判断能力の減退につけ込んだ勧誘行為、霊感商法など不安心理につけ込んだ勧誘行為、先物取引など複雑でリスクのある取引につき消費者の知識の不十分さにつけ込んだ勧誘行為、従業員などの立場の弱さにつけ込んだ勧誘行為などの例が見られる。

このような事例においては、事業者からの情報の提供にも問題があることが多いが、法4条1項2項の要件を充たさないこともあり、情報提供面での不適切さ以外の諸要素を伴うことにより、深刻な被害を引き起こしている面がある。これらの問題事例につき、民法90条の適用が肯定された例もあり、また、現在法制審議会民法（債権関係）部会において審議が進められている民法改正の「中間試案」においては、90条に「暴利行為」類型を設けることが提案されているものの（第1、2（2））、民法の一般法としての性格から、その要件はなお厳しく、同規定による解決には限界がある。

そこで、消費者契約法において、消費者契約における当事者の情報・交渉力格差と従来の被害実態を踏まえて、これに対処できる規定を設けることが必要であると思われる。具体的には、事業者が消費者の判断力の低下、心理的な不安、誤解状況、立場の弱さなどにつけ込んで勧誘することにより、消費者が本来であれば不要とするような契約を締結したといった状況濫用を要件とするような取消規定の導入を検討することが考えられよう。具体的にどのような要件にするべきなのかについては、さらに検討を要する。

以上のように、法4条3項に関し、困惑類型の追加と要件の見直し、状況の濫用による取消規定の新設などにより、現在捕捉できていない問題にある程度対処できるものとは思われる。しかし、歴史的にも、時代と共に不当な勧誘行為の態様は変転してきたのであり、今後、新たに問題となりうる多様な不当勧誘行為を適切に捕捉するためには、不当勧誘行為に関する一般規定（受け皿規定）を併せ立法化することも、併せて検討するべきであろう。

③ 損害賠償規定（論点⑤関連）

既に触れたように、消費契約法施行後も、事業者が消費者に対して意に沿わない勧誘を継続することにより困惑を惹起させ、あるいは状況を濫用するなどして契約を締結させた事案において、その不適切な勧誘が不法行為に該当するとして、民法709条による損害賠償責任を認める裁判例が相当数存在している。そこで、消費者契約法においても、これらの不当な勧誘行為の効果として、損害賠償という解決について手当てすることを検討してよい時期にきているのではないかと思われる。

民法709条とは別にこれを規定することの意味としては、不法行為規定の明確化（消費者契約に即して違法な行為を掲げること）のほかに、場合によっては損害や因果関係について推定規定を置くといった対応も考えられるかもしれない。この点まで含めて、今後、効果面についての検討も必要であろう。

3．比較法的な動向との関係

EU消費者法は、各指令において、訪問販売、通信取引、消費者信用など各取引別に、勧誘方法に関する規制の整備を要求してきたが、2005年の不公正取引方法指令（2005/29/EC）は、誤認惹起行為とは別に、「攻撃的な取引方法」を特に不公正な行為として定めており（5条4項）、消費者を困惑させる行為、強制、不当威圧などが「攻撃的な取引方法」に該当することが、具体的に規定されている（8条、9条、付表I）。この指令は、不公正な取引方法の禁止を規定するものではあるが（5条）、民事効としては差止めの対象とされるに止まり、契約の成立、有効性、効果に直接影響することが予定されているわけではない（3条(2)）。しかし、同指令で禁止される「攻撃的な取引方法」の類型は、従来の大陸法における良俗違反（ドイツ民法138条など）、英米法における不当威圧や非良心性の法理、オランダの状況濫用の法理なども踏まえながら設けられたものであって、指令の直接の要請以外の面でも、各国の民事法ルールに影響を及ぼすことがありえよう。

ドイツ法では、民法の良俗違反（138条）が、困惑類型や状況の濫用に該当する事例に対する対処として一定の役割を果たしてきたし、そのほか、問題となる事例につき、錯誤（119条1項）、詐欺・脅迫（123条）、信義則（242条）、契約締結上の過失（311

条2項）などによって解決した裁判例もある。もっとも、これらは消費者契約に限定されるものではない。不正競争防止法では、「過大な迷惑」を不公正な行為の一類型として定めているので（UWG7条、3条）、事業者の勧誘行為がこれに該当すると認められれば、その効果として、差止請求、損害賠償請求、利得剥奪請求の対象とされる（同8条〜10条）。

　フランス法では、関連する規定として民法の公序良俗（6条、1133条）、錯誤・強迫・詐欺規定（1117条）があり、特に誤認類型については錯誤・詐欺規定の拡張によって消費者等の利益保護が図られてきたという経緯があるが、個別法においては、取引類型ごとに勧誘規制を設けるという手当がなされてきた。フランス民法改正草案の中には、相手方の窮乏状態や衰弱状態を利用した場合にも「強迫」が存在するのであり、その衰弱状態の認定においては、当事者の脆弱性が考慮される旨の規定提案も見られる（例えば、カタラ草案第1114－3条）。もっとも、その適用は消費者契約に限定されるものではない。なお、フランス消費法典には、刑事規制に係る規定として、脆弱さの濫用（消費法典L.122-10条〜L.122-10条）に関する規定が置かれており、また、刑法典には、もろさの濫用（刑法典L.233-15-2条〜L.233-15-4条）の規定がある。

　オランダ法では、民法第3編44条4項に、状況の濫用による取消しの規定が置かれている。この規定は、高齢者を含め、取引力の不均衡による弱者保護に用いられているとされる。

　イギリス法では、個別の取引類型ごとの立法のほかに、関連する一般契約法理として、経済的強迫、不当威圧、非良心性の法理などがある。このうち、特に消費者契約との関係が深いのは、非良心性の法理であろうが、その適用要件はなお厳格である。

　PECLでは、消費者契約に限定したルールではないが、強迫（4:108条）のほか、過大な利益取得または不公正なつけ込み（4:109条）に関する規定が置かれている。DCFRやCESLにおいても同様である（DCFRⅡ.-7:207条、CESL51条）。

4．立法を考えるとした場合の留意点

① 民法（民法改正）との関係を整理する必要がある。現行法の公序良俗違反との関係や、現在民法に導入する論議が進められている暴利行為規定との関係で、消費者契約の特性を踏まえ、特別法として規律を設ける意義を確認する必要がある。
② 損害賠償責任規定を導入する場合、過失相殺の規定と関連して、消費者の過失をどのように扱うべきか検討する必要がある。また、取消規範との評価矛盾が生じないかといった問題なども整理する必要があろう。

5．その他（関連問題など）

　困惑類型に関わる消費者契約法の規律を考えるにあたっても、個別訴訟を念頭に置いた取消しや損害賠償請求の要件のみならず、差止めの要件や集団的消費者被害回復における違法行為の確認要件に関する議論とあわせて検討を進める必要がある。

（参考資料）

第2章－1に掲げられたもののほか、

・村本武志「消費者取引における心理学的な影響力行使の違法性――不当威圧法理、非良心性ないし状況の濫用法理の観点から」姫路ロー・ジャーナル1=2号193頁以下（2007年）。
・内山敏和「オランダ法における状況の濫用(1)――我が国における威圧型不当勧誘のために」北海学園大学法学研究45巻3号1頁以下。
・司法研修所編『現代型民事紛争に関する実証的研究――現代型契約紛争(1)消費者紛争』（法曹会、2012年）

第2章－3．取消しの効果、第三者の関与など

担当：丸山絵美子（名古屋大学教授）

1．論点
【取消しの効果】
① 消費者契約法（以下、「法」という）に基づく取消しの効果について、不当利得返還・原状回復規定の特別規定を設けることを検討してはどうか。
② 消費者が法に基づき契約を取り消した場合、消費者は現に利益を受ける範囲で返還する義務を負うことを原則とすることを検討してはどうか。
③ ②の場合において、商品が消費・使用され、役務が受領された場合、利益は現存しないものと推定する規定を置くことなどを検討してはどうか。
④ ②③の規定を置く場合、これらの規定は民法708条の規定の適用を妨げない旨を明記することを検討してはどうか。
⑤ 消費者による取消前に、消費者が商品を受領している場合、事業者がその商品を引き取るまでの間、消費者は自己の財産と同一の注意をもってその商品を保管する規定を置くことを検討してはどうか。また、事業者が引取りについて合理的な措置をとるべき規定などを置くことを検討してはどうか。

【取消期間】
⑥ 法7条の取消期間の起算点について、「誤認であったことを知った時」「困惑を惹起する行為及びその影響から脱した時」など、起算点は、消費者が不当な影響を免れて自由な意思決定ができるようになった時を指すことを明確に示す規定を置くことを検討してはどうか。
⑦ 法7条の期間制限を民法よりも短期とする合理的理由はなく、少なくとも民法とあわせることを検討してはどうか。

【法定追認】
⑧ 法に基づいて取消しが行われる場合、法定追認（民法125条）の適用がないことを明記することを検討してはどうか。

【契約締結過程に第三者が関与する場合】
⑨ 法5条1項の媒介委託を受けた第三者及び代理人について、「媒介の委託」に限らず、事業者が勧誘や契約締結の交渉に自ら関与させた者（複数段階にわたる場合にはそれらの者も含む）の行為を対象とすることを検討してはどうか。また、これらの者への直接的な責任追及は妨げられない旨を明記することを検討してはどうか。
⑩ 民法96条2項と同趣旨の規定を法に明文化することを検討してはどうか。

＜提案の趣旨＞
　取消しの効果、取消期間、法定追認、契約締結過程における第三者の関与については、解釈上の疑義があることや現行法による解決には限界があることが指摘されている。現行法だけでは不合理な解決となる可能性があることから、新たな規定を設ける

ことにより、解釈上の疑義を解消し、かつ現行法では対応に限界のある問題に対し法改正による説得的な解決を提供することが提案の趣旨である。

2. その背景・立法的対処の必要性
① 取消しの効果に関する規定の必要性

現在、取消しの効果について消費者契約法に特別の規定はなく、民法の解釈論に委ねられている。双務契約において契約が取消し・無効となった場合、受領した現物を返還し、現物返還が不可能な場合には、客観的価値を返還することが原則と考えられている。しかし、消費者が、事業者の4条該当行為によって契約を締結し、取消前に、役務を受領し、商品を費消してしまった場合、たとえば、シロアリがいないにもかかわらず、シロアリがいるという不実告知によって、シロアリ駆除サービス契約を締結し、役務が提供された後、消費者が不実告知を理由に契約を取り消すような事態において、消費者が役務の客観的価値を返還しなければならないとすると、消費者はいわば利得を押し付けられることになる。事業者の行為によって、消費者に意思・意思決定のゆがみが生じている場合に、利得の押しつけに対処するため、不当利得返還・原状回復規定の特別規定が必要な状況にある。なお、判決では、契約の必要性自体について誤認を惹起されているケースや困惑ケースでは、原告および被告の主張の仕方も影響しているが、受領物が現物で残存していれば事業者がそれを原状回復し、現物がない場合は、単に事業者からの代金返還のみが認められる傾向にある（神戸地判尼崎平成15・10・24、大阪高判平成16・7・30、東京簡判平成16・11・15、東京地判平成17・3・10、神戸地裁尼崎支部判平成18・12・28、東京地判平成21・6・19判時2058号69頁など）。

② 取消期間の起算点と長さ

消費者には短期での権利行使を期待できない場合が多く、また、困惑のケースにおいて物理的な退去の時点を起算点とすると（大阪高判平成16・7・30兵庫県弁護士会HPは、物理的な退去の時点を取消期間の起算点とした）、心理的な影響から脱していないにもかかわらず、取消期間が起算してしまうという問題がある。裁判例には、勧誘場所から物理的に退去したあとにも、事業者の言動によって困惑していたなどとして起算点を後ろにずらす解釈を示すものもみられるが（東京簡判平成15・5・14消費者法判例百選34事件）、短すぎる期間制限に対する対処療法的な判断であり、安定した解釈論とは言えない。法改正によって、自由に意思決定できる時点を権利行使期間の起算点とすることを明確化すること、期間制限を現行法によりも長くすることが必要な状況にある。なお、民法改正の議論において、追認することができるときを、「取消しの原因となっていた状況が消滅し、かつ、追認権者が取消権を行使することができることを知った後」とすることが提案されており、また、取消権の行使期間を追認可能時から3年、行為の時から10年とする改正が提案されていることを踏まえ（『民法（債権関係）の改正に関する中間試案』参照）、追認可能時の具体化の仕方に留意し、消費者契約の場合に、取消権の行使期間を民法よりも長く設定する必要がないかを検討する必要がある。

③ 法定追認の適用除外

法に詳しくない消費者が、退去妨害や不退去の現場から逃れたあと、後日、事業者に請求されるまま、支払いをしてしまうことがあり得る（大阪高判平成 16・7・30 兵庫県弁護士会 HP は、後日の支払いをもって法定追認を認めた）。法定追認を認めてしまうと、取消権を付与した意義がなくなってしまうことが多く、法定追認規定の適用がない旨を明記することが必要な状況にある。
④ 契約締結過程に第三者が関与する場合の拡大
　事業者が、第三者を契約締結過程における勧誘や情報提供に自ら関与させた場合、その行為に第三者の行動を事業者に帰責する根拠を見出すことが可能なので、「媒介の委託」に限らず、勧誘や情報の提供を任せた者の行動について、事業者に帰責できることを明確化する必要がある（裁判例では、立替払い契約について、法 5 条 1 項の適用が問題となっている事例が多い。たとえば、大阪簡判平成 16・1・9 国民生活、東京簡判平成 16・11・8、小林簡判平成 18・3・22 消費者法ニュース 69 号 188 頁など）。様々な形態で、事業者が第三者を契約締結過程の勧誘、情報提供のために用いている状況があり、「媒介の委託」という概念では、法 5 条 1 項の適用に疑義が生じる可能性があるからである。
　また、事業者が自ら用いていない第三者の不実告知などの行動であっても、これについて事業者が知って契約している場合には、民法 96 条 2 項と同趣旨の規定を法に設け、消費者に取消しを認めてもよいと考えられる。

3．立法を考えるとした場合の留意点
① 不当利得返還・原状回復規定の特別規定を消費者契約法に設けるとした場合、このような改正と同時に、取消しの要件が緩和され取消しできる場面も拡大されるとすれば、すべての場面にそのような特則を適用してよいか検討する必要がある。また、民法 96 条を用いる場合との原状回復ルールの整合性などを検討する必要がある。
② 取消期間を長期化し、法定追認制度を適用しないという法改正を行う際、とりわけ、このような改正と同時に、取消しの要件が緩和され取消しできる場面も拡大されるとすれば、完全に履行が終わった契約を安定化させる制度的工夫も必要ではないか検討する必要がある。
③ 「媒介の委託」ではなく、「勧誘や契約締結過程の情報提供の委託」を受けた第三者の行為を、複数段階の委託も含め広く事業者に帰責する場合、帰責の範囲が広すぎないかについて検討する必要がある。

（参考資料）
消費者庁企画課編『逐条解説　消費者契約法〔第 2 版〕』（商事法務、2010 年）
日本弁護士連合会『消費者契約法日弁連改正試案』（2012 年）
『民法（債権関係）の改正に関する中間試案』
佐久間毅「消費者契約法 5 条の展開—契約締結過程における第三者の容態の帰責」現代消費者法 14 号
宮下修一「消費者契約と媒介：消費者契約法 5 条の意義」静岡大学法政研究 16（1-4）
日本弁護士連合会消費者問題対策委員会編『コンメンタール消費者契約法（第 2 版）』（商事法務、

2010年)

民法(債権法)改正検討委員会『詳解 債権法改正の基本方針I序論・総則』(商事法務、2009年)

丸山絵美子「消費者取消権」法時83巻8号

丸山絵美子「消費者契約における取消権と不当利得法理(1)(2・完)」筑波ロー・ジャーナル創刊号、2号

角田美穂子「特商法上の取消の効果について」横浜国際経済法学14巻3号

池本誠司「消費者契約法5条によるクレジット契約の取消」国民生活研究47巻4号

佐久間毅「消費者契約法と第三者・代理」ジュリ1200号

沖野眞已「契約締結過程の規律と意思表示論」『消費者契約法―立法への課題〔別冊NBL54号〕』(商事法務研究会、1999年)

第2章-4　インターネット取引における現状と課題（広告について）

担当：山田茂樹
（消費者委員会事務局委嘱調査員／司法書士）

1．論点

　消費者契約法4条の取消しの対象となる事業者の行為として、「インターネット広告」も含める方向で検討してはどうか。

＜提案の趣旨＞
　インターネット広告については、ターゲティング広告の発達など広告が消費者の意思形成に働きかける影響力が大きく、また、事業者からみてもその対応は個別の「勧誘」と異にする合理的な理由は見いだせない。しかしながら、現行法においては、インターネット広告に関する不当な表示については、専ら景品表示法等に基づく行為規制が課せられているにとどまり、インターネット広告の不当な表示に起因する契約被害に対応する民事規定を欠く状況にある。よって、（1）の提案をする次第である。

2．その背景・立法的対処の必要性

（1）インターネットにおける広告
　① 広告の法的位置づけ
　　インターネット広告もその他の「広告」同様に、表示の例示としての位置づけであり、一般的に、私法上は「申し込みの誘引」にすぎないとされている。
　　消費者契約法との関連でいえば、「広告」は同法4条の「勧誘」にはあたらないとするのが立案担当者の解釈であるから（消費者庁企画課編「逐条解説　消費者契約法［第2版］」108頁は、「「勧誘」とは、消費者の契約締結の意思の形成に影響を与える程度の勧め方をいう。したがって、「○○を買いませんか」などと直接的に契約の締結を勧める場合のほか、その商品を購入した場合の便利さのみを強調するなど客観的にみて消費者の契約締結の意思の形成に影響を与えていると考えられる場合も含まれる。特定の者に向けた勧誘方法は「勧誘」に含まれるが、不特定多数向けのもの等客観的にみて特定の消費者に働きかけ、個別の契約締結の意思の形成に直接に影響を与えているとは考えられない場合（例えば、広告、チラシの配布、商品の陳列、店頭に備え付けあるいは顧客の求めに応じて手交するパンフレット・説明書、約款の店頭提示・交付・説明等や、事業者が単に消費者からの商品の機能等に関する質問に回答するにとどまる場合等）は「勧誘」に含まれない。」とする。）、これに従えば、インターネット広告に記載された内容が虚偽である場合において、消費者がこれを真実であると誤認して当該商品を購入する意思を形成したとしても、同条に基づく取消しは認められないということになる。

〔山田茂樹〕　　　第2章-4　インターネット取引における現状と課題（広告について）

　なお、学説においては、「広告」であっても、消費者の意思形成に対して実際に働きかけがあったと評価される場合は、「勧誘」に当たるとする考えや（落合誠一「消費者契約法」73頁、山本豊「消費者契約法（2）」法学教室242号87頁、池本誠司「不実の告知と断定的判断の提供」（法セミ549号20頁）、道垣内弘人「消費者契約法と情報提供義務」（ジュリスト1200号51頁）など）、さらにこれを進めて「勧誘をするに際し」という文言を削除することも十分に検討に値するとする見解がある（山本敬三「消費者契約法における契約締結過程の規制に関する現状と立法課題—不実告知・不利益事実の不告知・断定的判断の提供・情報提供義務を中心として」（消費者庁「平成23年度消費者契約法（実体法部分）の運用状況に関する調査結果報告平成24年6月」に掲載））。

　また、下級審判決においては、パンフレットの記載（京都簡判平成14・10・30（法ニュース60号57頁・212頁）、東京地判平成17・1・31（国センくらしの判例集ＨＰ2007年3月））や雑誌広告（東京地判平成17・11・8（判時1941号98頁、判タ1224号259頁）など）の記載を「勧誘」の一部と捉えた事案もみられる。

② 広告の分類
ア　媒体による分類
　インターネット広告においては、【表1】のとおり、様々な場面において広告が表示されている。

【表1】インターネット広告の主な媒体別分類

分類	具体例
□検索サイト	Ｙａｈｏｏ！ Ｇｏｏｇｌｅ
□ＳＮＳ	フェイスブック、ツイッター、ミクシィ
□事業者以外の個々のＷｅｂ	○アフィリエイト（第三者によるブログ等） ○アドネットワークを利用し、自社商品に関連性のありそうな第三者のＷｅｂに広告を掲載する
□自社サイト（Ｗｅｂ）	ショッピングサイトにおいては、サイト内に後掲のターゲティング広告の手法が用いられている場合がある（Ａｍａｚｏｎなど）
□電子メール広告	○メール自体が広告である場合 ○フリーメールアドレス、フリーのメーリングリストを利用している場合において一部に広告が掲載されている場合 ○広告メールの送信については、特定商取引法及び特電法によりオプトイン規制がとられている。もっともこの場合であっても、フリーメールやフリーメーリングリストの一部に広告を掲載する場合はオプトイン規制の適用除外とされている（例えば特商法12条の3第3号、規則11条の4第2号）

イ　広告手法による分類

　インターネット広告においては、不特定多数向けのマス広告よりも、むしろ特定の対象にねらいを定める「ターゲティング広告」の手法が用いられている場合が多いとされている（総務省情報通信政策研究所平成22年3月「行動ターゲティング広告の経済効果と利用者保護に関する調査研究　報告書」(9頁))。

　ターゲティング広告の種類としては、【表2】のとおり、①検索連動型広告【図1】、②コンテンツ連動型広告【図2】、③行動ターゲティング広告【図3】、④行動ターゲティング広告の一種であるリターゲティング広告【図4】、④属性ターゲティング広告などがある。上記①は「検索サイト」を利用し、特定の分野について情報収集等を行ったり、契約を検討しているいわば能動的な消費者に対して広告を行う手法であるのに対し、上記②ないし④は必ずしもそのような意思をもたない受動的・潜在的消費者に対する広告であるといえる。

　なお、アフィリエイト広告（提携先の商品広告を自分のウェブサイト上に掲載し、その広告をクリックした人が提携先から商品を購入するなどした場合、一定額の報酬を得られる広告手法であり、Googleの「Google Adsence」、Yahoo!の「Yahoo!アドパートナー」、Amazonの「Amazonアフィリエイト」などがある。）においては、その表示される広告につき、上記②及び③などの手法が用いられる場合がある。

【表2】主なターゲティング広告

広告の種類	概要
行動ターゲティング広告	○　「行動履歴情報から利用者の興味・嗜好を分析して利用者を小集団（クラスター）に分類し、クラスターごとにインターネット広告を出し分けるサービスで、行動履歴情報の蓄積を伴うものをいう」とされる（一般社団法人インターネット広告推進協議会（JIAA）による「行動ターゲティング広告ガイドライン」3条②）。 ○　行動ターゲティング広告については、一般社団法人インターネット広告推進協議会（JIAA）が「行動ターゲティング広告ガイドライン」を定めて公表しているところ。 (http://www.jiaa.org/download/JIAA_BTAguideline2010_100603.pdf)。 ○　ユーザーがサイトを訪れたが、離脱した際に、アドネットワーク内の別サイトを訪れた際に、広告を表示させるという仕組みである「リターゲティング広告」も行動ターゲティング広告の一種である。 【検索サイトにおける行動ターゲティング広告】 　　（興味関心連動型広告） ○　インターネットを利用中のユーザーの過去の閲覧履歴や検索キーワードなどから、広告主の商品やサービスに興味がありそうな人に広告を表示する仕組み。 ○　広告配信先の地域、配信時間、年齢層、性別を設定することができる（たとえば、ある検索サイトの場合、ID取得時に、郵便番号や性別、

広告の種類	概要
	職業などの入力を求めるほか、購入商品、閲覧ページや広告の履歴、検索した検索キーワード、利用時間帯、利用方法、利用環境、IPアドレス、クッキー情報、位置情報、端末の個体識別情報などの情報を、当該サイトや提携サイトを利用した際に取得したり、当該サイトのWebメールを機械的に解析し、当該解析の結果を取得して広告の表示に利用する旨が記載されている。なお、これを望まないユーザーは中止のための手続きを別途することになる。）。 ○　Yahoo!の「インタレストマッチ」などがある。
検索連動型広告	○　あらかじめキーワード（検索クエリ）を登録しておくと、ユーザーが当該キーワードを入力した検索した際に、検索結果の画面上に、広告主のWebが掲載されるという仕組み。 ○　例えば、「Yahoo!」の"スポンサードサーチ広告"や、「Google」の"Googleアドワーズ"などがある。
属性ターゲティング広告	○　SNSサイトなどにおいて、ID会員登録する際に入力した利用者のプロフィールデータ（年齢・性別・居住地などの属性）を参考にして広告を配信する方法。 ○　居住市町村、性別、年齢、誕生日、趣味・関心など詳細にターゲットを絞り込んで広告を行うことができるとされている。 ○　例えば、あるSNSの場合、居住市町村、性別、年齢、誕生日、趣味・関心など詳細にターゲットを絞り込んで広告を行うことができるとされている。

【図1】検索連動型広告

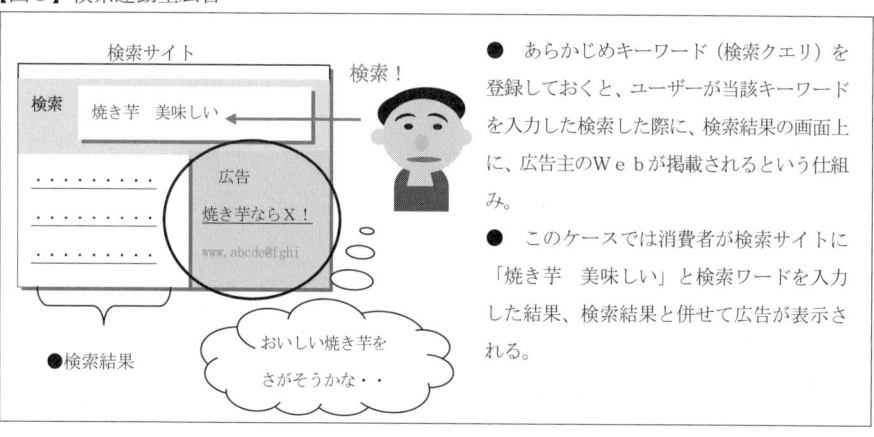

● あらかじめキーワード（検索クエリ）を登録しておくと、ユーザーが当該キーワードを入力した検索した際に、検索結果の画面上に、広告主のWebが掲載されるという仕組み。

● このケースでは消費者が検索サイトに「焼き芋　美味しい」と検索ワードを入力した結果、検索結果と併せて広告が表示される。

「消費者契約法に関する調査作業チーム」論点整理の報告

【図2】コンテンツ連動型広告

Aサイト（ブログなど）

やまだの日々、ブログ★

○月○日
今日はとっておきの焼き芋を食べて

広告
焼き芋ならX！
www.abcde@fghi

●コンテンツ（情報）

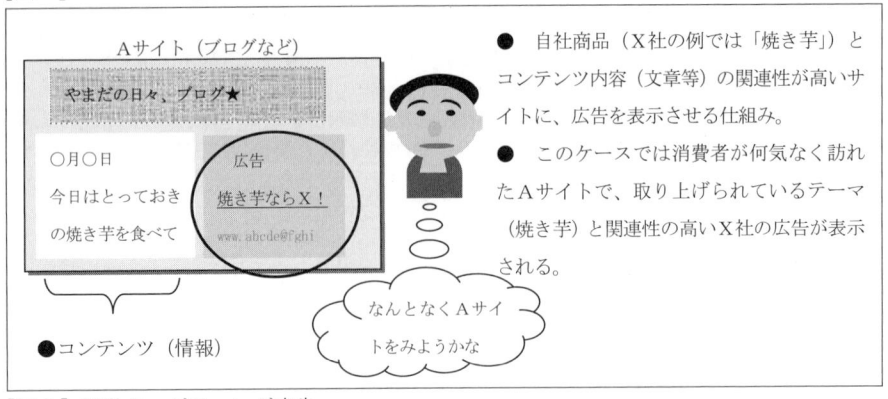

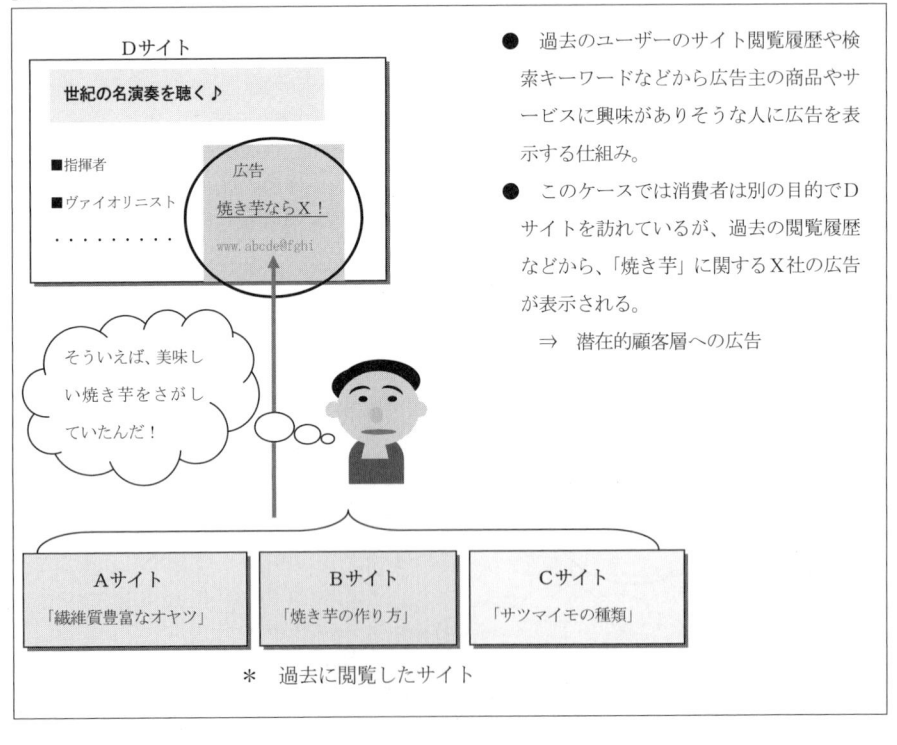

なんとなくAサイトをみようかな

● 自社商品（X社の例では「焼き芋」）とコンテンツ内容（文章等）の関連性が高いサイトに、広告を表示させる仕組み。
● このケースでは消費者が何気なく訪れたAサイトで、取り上げられているテーマ（焼き芋）と関連性の高いX社の広告が表示される。

【図3】行動ターゲティング広告

Dサイト

世紀の名演奏を聴く♪

■指揮者
■ヴァイオリニスト
・・・・・・・・・

広告
焼き芋ならX！
www.abcde@fghi

そういえば、美味しい焼き芋をさがしていたんだ！

Aサイト	Bサイト	Cサイト
「繊維質豊富なオヤツ」	「焼き芋の作り方」	「サツマイモの種類」

＊ 過去に閲覧したサイト

● 過去のユーザーのサイト閲覧履歴や検索キーワードなどから広告主の商品やサービスに興味がありそうな人に広告を表示する仕組み。
● このケースでは消費者は別の目的でDサイトを訪れているが、過去の閲覧履歴などから、「焼き芋」に関するX社の広告が表示される。
　⇒　潜在的顧客層への広告

【図４】リターゲティング広告（リマーケティング広告）

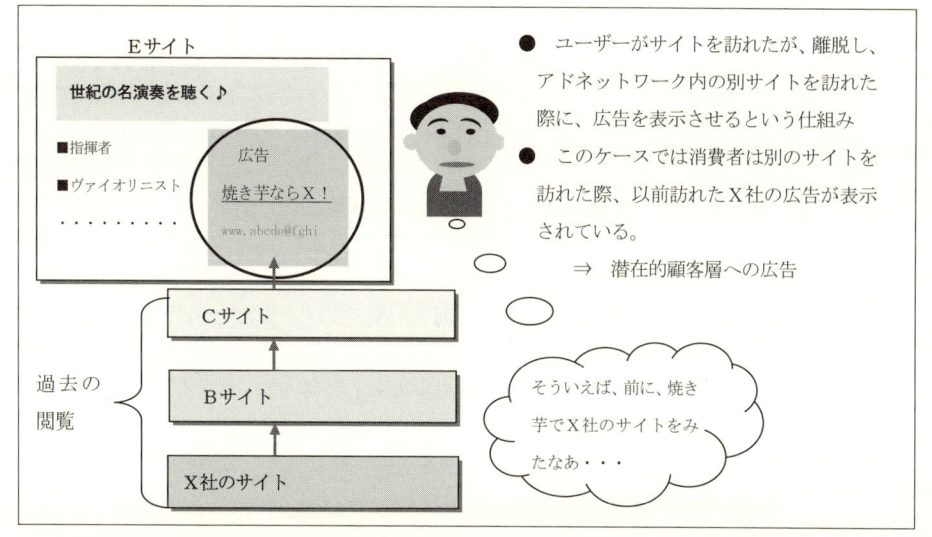

Ｅサイト
世紀の名演奏を聴く♪
■指揮者
■ヴァイオリニスト
・・・

広告
焼き芋ならＸ！
www.abcde@fghi

過去の閲覧
Ｃサイト
Ｂサイト
Ｘ社のサイト

● ユーザーがサイトを訪れたが、離脱し、アドネットワーク内の別サイトを訪れた際に、広告を表示させるという仕組み
● このケースでは消費者は別のサイトを訪れた際、以前訪れたＸ社の広告が表示されている。
　⇒ 潜在的顧客層への広告

そういえば、前に、焼き芋でＸ社のサイトをみたなあ・・・

（２）インターネット広告に関連する法令
① 広告（表示）規制に関する法令等
ア　概要

　　特別法の概要については、【参考法令１】のとおりとなる。違反行為は措置命令、罰則等の対象となる。これら特別法における広告表示規制は、虚偽や誇大広告等を規制対象としている。なお、表示義務違反については、民事規定（取消権等）は規定されていない。

イ　不当景品類及び不当表示防止法

　　景品表示法は取引の種類を限定していないが、不当な表示の禁止（法４条）の規制対象は「自己の供給する」商品又は役務の取引に限定される。

ウ　電子商取引及び情報財取引等に関する準則

　　上記準則は、経済産業省において「電子商取引等に関する様々な法的問題点について、民法をはじめとする関係する法律がどのように適用されるのか、その解釈を示し、取引当事者の予見可能性を高め、取引の円滑化に資することを目的」として示されたものである。

　　同準則においては、Ｗｅｂ上の広告について、景品表示法による規制（Ⅱ－４－１）、特定商取引法による規制（Ⅱ－４－２）、薬事法・健康増進法による規制（Ⅱ－４－３）、貸金業法等による規制（Ⅱ－４－３）についての考え方が示されている。

「消費者契約法に関する調査作業チーム」論点整理の報告

（3）契約の成立に関する法令等
ア　特定商取引法
○　インターネット通販において、消費者が契約の申込となることを容易に認識できないような表示は禁止行為（主務大臣の指示対象行為）とされている（法14条1項2号、規則16条、「インターネット通販における「意に反して契約の申込みをさせようとする行為」に係るガイドライン」）
イ　電子消費者契約及び電子承諾通知に関する民法の特例に関する法律
　　消費者にインターネット取引の申込あるいは承諾の意思表示につき、要素の錯誤があった場合（誤クリックなど）における特例が定められている（法3条）。
ウ　電子商取引及び情報財取引等に関する準則
　　契約の成立時期（Ⅰ－1－1）、消費者の操作ミスによる錯誤（Ⅰ－1－2）、インターネット通販における分かりやすい申込画面の設定義務（Ⅰ－1－3）、ワンクリック請求と契約の履行義務（Ⅰ－1－4）についての考え方が示されている。

（4）相談事例
　　ＰＩＯ－ＮＥＴを分析すると（平成24年1月1日から平成24年10月31日までに集約された相談のうち「インターネット通販」をキーワードとして含むものを対象とした。）、①虚偽広告によるもの（たとえば、情報商材を個人から購入したが広告と内容が全く違うなど）、②不利益事実の不表示によるもの、③事業者の威迫的あるいは執拗な勧誘のメールに関するもの、④インターネットの表示上の限界に起因するもの（Ｗｅｂ上に掲載されている商品の画像からは確認できなかったキズがあった等）などがみられる。
　　また、在宅ワーク商法、美容整形トラブル、パチスロ攻略法、情報商材トラブル、サプリメントの購入など多岐にわたる類型において、検索サイトによる検索結果、検索サイトにおけるいわゆる検索連動型広告、メールマガジンに掲載された広告から当該事業者のＷｅｂにアクセスした事案などがみられるほか、検索サイトにつき「検索の結果、当該Ｗｅｂが上位に表示された事業者だから選択した」など、検索サイトの検索結果が消費者の選択動機によるものが少なからずみられる。

3．立法を考えるとした場合の留意点
（1）インターネット広告の特徴について
　　インターネット取引においては、非対面取引であることから、広告が消費者の意思形成に与える影響が極めて大きいといえる（商品等の内容だけでなく、事業者そのものの信用性についてもＷｅｂに掲載された内容・体裁等が指標となりうる）。
　　事業者側からみると、インターネット広告は、事業者が様々な技術を駆使して、広告によって商品を購入してくれそうな消費者向けにターゲットを絞って広告を提供しており、事業者の行為態様としては、顧客名簿等なんらかの資料をベースに勧誘先を選定して勧誘を行うリアル取引と類似している側面があるということができる。

また、消費者側からみると、上記のとおり、特定のターゲット層に対する「広告」については、当該消費者の意思形成過程に与える影響がいわゆるマス広告に比べ大きいともいえそうである。
　ただし、立案担当者は「勧誘」とは「消費者の契約締結の意思の形成に影響を与える程度の勧め方をいう」としており、契約締結の意思形成に影響を与える程度であれば、取消しの対象としているところ（消費者庁企画課編「逐条解説消費者契約法［第2版］１０８頁）、①ターゲティング広告とマス広告を比較した場合、確かにマーケティング効果（契約に結び付く効果）はターゲティング広告の方がマス広告よりも大きくなるともいえるが、広告自体が意思形成に与える影響については、いずれも大差はないと考えられること（例えば、「バナナあります！」という広告をバナナが欲しそうなクラスタに対するターゲティング広告をした場合と、「バナナあります！」というマス広告をした場合、前者は広告対象者のニーズと広告内容が合致した結果、契約締結に至るケースも少なくないとは思われるが、「広告の意思形成に与える影響」という点では、いずれであっても「バナナを食べたい」という消費者であれば広告が意思形成に与える効果は差異はないといえるのではないか）からすれば、ターゲティング広告のみを「勧誘」と同視するという方向性は妥当でなく、「広告」全体の問題として検討する必要があるというべきである。「広告」全般に関する論点については本報告書の第2章－1「誤認類型（＋広告）」（8頁～）を参照されたい。

（2）検索サイトにおける検索結果の意義
　検索サイトにおける検索結果は、検索上位に表示されたサイトが必ずしも優れている、信頼がおけるサイトであるとは限らないにも関わらず（検索サイトの上位にサイトが表示されるように、いわゆるＳＥＯ対策がとられている場合も少なからず存在する。なお、検索サイトにおいては、不正に上位にスパムサイトが表示されないよう、様々な対策がとられている。）、ＰＩＯ－ＮＥＴの相談事例等をみると、検索上位にあったことで著名なサイトであると誤認したり、公式のサイトであるかのように消費者が誤信したケースがみられる。直接契約の相手方と会わずに契約がなされるインターネット取引において、検索結果が消費者にとっての相手方に対する信頼性の指標となっているともいえる現状がみられる。

（3）「消費者契約法に関する調査作業チーム」における議論状況
　インターネット取引の場合において、個人の情報処理過程のどこに問題があったのかという点を詐欺の場合における意思形成過程のどこに問題があったのかという点よりも、さらに細かい分析をしたうえで、どのような民事責任を考えたらいいかを検討すべきではないかという意見や、当該広告表示につき相手が誤認するおそれがあることは十分認識をしていながら、黙って取引をしたという不作為が、例えば説明義務違反に当たるのではないかといった意見が出された。また、国際私法との関連でいえば、「法の適用に関する通則法」11条6項の「勧誘」の定義につき、個別的ではなくともある程度ターゲットを絞った広告であれば「勧誘」にあたるという考え方も示されている旨が紹介された（本報告書の＜参

考②>国際消費者契約(181頁～)を参照されたい。)。

4．その他（関連問題）
（1）事業者以外による広告
　アフィリエイトなどのように、現行消費者契約法5条の「媒介の委託を受けた第三者」には必ずしも該当しないと解釈されうる第三者による広告がなされるケースがみられる。なお、景品表示法における不当な表示の禁止（法4条）の規制対象は「自己の供給する」商品又は役務の取引に限定されるため、アフィリエイト等におけるアフィリエイター等の第三者の不当表示は対象外となっている（一方、広告主のバナー広告（アフィリエイターがアフィリエイトサイトに掲載するもの）における表示は対象となりうる。消費者庁『「インターネット消費者取引に係る広告表示に関する景品表示法上の問題点及び留意事項」の一部改定について』（平成24年5月9日）を参照。）。

（2）第三者の「評価」が指標となることの危険性
　インターネット取引においては、当該事業者の広告に加え、インターネット上における第三者の評価も意思形成に与える影響が少なからずあるところ、いわゆるステマ（ステルスマーケティング）（口コミ）の手法によって、外形的には「広告」とは認識することが困難な「広告」手法がとられるケースがみられる（消費者庁『「インターネット消費者取引に係る広告表示に関する景品表示法上の問題点及び留意事項」の一部改定について』（平成24年5月9日）では、口コミサイト（ステマ）につき、「口コミサイトに掲載される情報は、一般的には、口コミの対象となる商品・サービスを現に購入したり利用したりしている消費者や、当該商品・サービスの購入・利用を検討している消費者によって書き込まれていると考えられる。これを前提とすれば、消費者は口コミ情報の対象となる商品・サービスを自ら供給する者ではないので、消費者による口コミ情報は景品表示法で定義される「表示」には該当せず、したがって、景品表示法上の問題が生じることはない。ただし、商品・サービスを提供する事業者が、顧客を誘引する手段として、口コミサイトに口コミ情報を自ら掲載し、又は第三者に依頼して掲載させ、当該「口コミ」情報が、当該事業者の商品・サービスの内容又は取引条件について、実際のもの又は競争事業者に係るものよりも著しく優良又は有利であると一般消費者に誤認されるものである場合には、景品表示法上の不当表示として問題となる。」とする。）。

【参考法令1】広告（表示）規制

法律名	条文
●不当景品類及び不当表示防止法 ※違反がある場合は措置命令（法6条）等の対象となる。 ※「自己の供給する商品又は役務」とされているため、アフィリエイト等は対象外となる。	（不当な表示の禁止） 　第四条　事業者は、自己の供給する商品又は役務の取引について、次の各号のいずれかに該当する表示をしてはならない。 　一　商品又は役務の品質、規格その他の内容について、一般消費者に対し、実際のものよりも著しく優良であると示し、又は事実に相違して当該事業者と同種若しくは類似の商品若しくは役務を供給している他の事業者に係るものよりも著しく優良であると示す表示であつて、不当に顧客を誘引し、一般消費者による自主的かつ合理的な選択を阻害するおそれがあると認められるもの 　二　商品又は役務の価格その他の取引条件について、実際のもの又は当該事業者と同種若しくは類似の商品若しくは役務を供給している他の事業者に係るものよりも取引の相手方に著しく有利であると一般消費者に誤認される表示であつて、不当に顧客を誘引し、一般消費者による自主的かつ合理的な選択を阻害するおそれがあると認められるもの 　三　前二号に掲げるもののほか、商品又は役務の取引に関する事項について一般消費者に誤認されるおそれがある表示であつて、不当に顧客を誘引し、一般消費者による自主的かつ合理的な選択を阻害するおそれがあると認めて内閣総理大臣が指定するもの 　2　内閣総理大臣は、事業者がした表示が前項第一号に該当するか否かを判断するため必要があると認めるときは、当該表示をした事業者に対し、期間を定めて、当該表示の裏付けとなる合理的な根拠を示す資料の提出を求めることができる。この場合において、当該事業者が当該資料を提出しないときは、第六条の規定の適用については、当該表示は同号に該当する表示とみなす。
●特定商取引法 ※　違反がある場合は、主務大臣の指示又は業務停止命令の対象となる（法14条、15条） ※　誇大広告等の禁止違反については直罰規定あり（法72条3号）	（通信販売についての広告） 　第十一条　販売業者又は役務提供事業者は、通信販売をする場合の商品若しくは指定権利の販売条件又は役務の提供条件について広告をするときは、主務省令で定めるところにより、当該広告に、当該商品若しくは当該権利又は当該役務に関する次の事項を表示しなければならない。ただし、当該広告に、請求により、これらの事項を記載した書面を遅滞なく交付し、又はこれらの事項を記録した電磁的記録（電子的方式、磁気的方式その他人の知覚によつては認識することができない方式で作られる記録であつて、電子計算機による情報処理の用に供されるものをいう。）を遅滞なく提供する旨の表示をする場合には、販売業者又は役務提供事業者は、主務省令で定めるところにより、これらの事項の一部を表示しないことができる。 　一　商品若しくは権利の販売価格又は役務の対価（販売価格に商品の送料が含まれない場合には、販売価格及び商品の送料） 　二　商品若しくは権利の代金又は役務の対価の支払の時期及び方法 　三　商品の引渡時期若しくは権利の移転時期又は役務の提供時期 　四　商品若しくは指定権利の売買契約の申込みの撤回又は売買契約の解除に関する事項（第十五条の二第一項ただし書に規定する特約がある場合には、その内容を含む。） 　五　前各号に掲げるもののほか、主務省令で定める事項
	（誇大広告等の禁止） 　第十二条　販売業者又は役務提供事業者は、通信販売をする場合の商品若しくは指定権利の販売条件又は役務の提供条件について広告をするときは、当該商品の性能又は当該権利若しくは当該役務の内容、当該商品若しくは当該権利の売買契約の申込みの撤回又は売買契約の解除に関する事項（第十五条の二第一項ただし書に規定する特約がある場合には、その内容を含む。）その他の主務省令で定める事項について、著しく事実に相違する表示をし、又は実際のものよりも著しく優良であり、若しくは有利であると人を誤認させるような表示をしてはならない。
	（承諾をしていない者に対する電子メール広告の提供の禁止等） 　第十二条の三　販売業者又は役務提供事業者は、次に掲げる場合を除き、通信販売をする場合の商品若しくは指定権利の販売条件又は役務の提供条件について、その相手方となる者の承諾を得ないで電子メール広告（当該広告に係る通信文その他の情報を電磁的方法（電子情報処理組織を使用する方法その他の情報通信の技術を利用する方法であつて主務省令で定めるものをいう。以下同じ。）により送信し、これを当該広告の相手方の使用に係る電子計算機の映像面に表示されるようにする方法により行う広告をいう。以下同じ。）をしてはならない。

「消費者契約法に関する調査作業チーム」論点整理の報告

法律名	条文
	一　相手方となる者の請求に基づき、通信販売をする場合の商品若しくは指定権利の販売条件又は役務の提供条件に係る電子メール広告（以下この節において「通信販売電子メール広告」という。）をするとき。 二　当該販売業者の販売する商品若しくは指定権利若しくは当該役務提供事業者の提供する役務につき売買契約若しくは役務提供契約の申込みをした者又はこれらにつき売買契約若しくは役務提供契約を締結した者に対し、主務省令で定める方法により当該申込み若しくは当該契約の内容又は当該契約の履行に関する事項を通知する場合において、主務省令で定めるところにより通信販売電子メール広告をするとき。 三　前二号に掲げるもののほか、通常通信販売電子メール広告の提供を受ける者の利益を損なうおそれがないと認められる場合として主務省令で定める場合において、通信販売電子メール広告をするとき。 ２　前項に規定する承諾を得、又は同項第一号に規定する請求を受けた販売業者又は役務提供事業者は、当該通信販売電子メール広告の相手方から通信販売電子メール広告の提供を受けない旨の意思の表示を受けたときは、当該相手方に対し、通信販売電子メール広告をしてはならない。ただし、当該表示を受けた後に再び通信販売電子メール広告をすることにつき当該相手方から請求を受け、又は当該相手方の承諾を得た場合には、この限りでない。 ３　販売業者又は役務提供事業者は、通信販売電子メール広告をするときは、第一項第二号又は第三号に掲げる場合を除き、当該通信販売電子メール広告をすることにつきその相手方の承諾を得、又はその相手方から請求を受けたことの記録として主務省令で定めるものを作成し、主務省令で定めるところによりこれを保存しなければならない。 ４　販売業者又は役務提供事業者は、通信販売電子メール広告をするときは、第一項第二号又は第三号に掲げる場合を除き、当該通信販売電子メール広告に、第十一条各号に掲げる事項のほか、主務省令で定めるところにより、その相手方が通信販売電子メール広告の提供を受けない旨の意思を表示するために必要な事項として主務省令で定めるものを表示しなければならない。 ５　前二項の規定は、販売業者又は役務提供事業者が他の者に次に掲げる業務のすべてにつき一括して委託しているときは、その委託に係る通信販売電子メール広告については、適用しない。 一　通信販売電子メール広告をすることにつきその相手方の承諾を得、又はその相手方から請求を受ける業務 二　第三項に規定する記録を作成し、及び保存する業務 三　前項に規定する通信販売電子メール広告の提供を受けない旨の意思を表示するために必要な事項を表示する業務
●特定電子メールの送信の適正化等に関する法律 ※　違反については措置命令（法７条）の対象。措置命令違反は罰則の対象（法３５条） ※　両罰規定あり（法３４条）	（特定電子メールの送信の制限） 第三条　送信者は、次に掲げる者以外の者に対し、特定電子メールの送信をしてはならない。 一　あらかじめ、特定電子メールの送信をするように求める旨又は送信をすることに同意する旨を送信者又は送信委託者（電子メールの送信を委託した者（営利を目的とする団体及び営業を営む場合における個人に限る。）をいう。以下同じ。）に対し通知した者 二　前号に掲げるもののほか、総務省令・内閣府令で定めるところにより自己の電子メールアドレスを送信者又は送信委託者に対し通知した者 三　前二号に掲げるもののほか、当該特定電子メールを手段とする広告又は宣伝に係る営業を営む者と取引関係にある者 四　前三号に掲げるもののほか、総務省令・内閣府令で定めるところにより自己の電子メールアドレスを公表している団体又は個人（個人にあっては、営業を営む者に限る。） ２　前項第一号の通知を受けた者は、総務省令・内閣府令で定めるところにより特定電子メールの送信をするように求めがあったこと又は送信をすることに同意があったことを証する記録を保存しなければならない。 ３　送信者は、第一項各号に掲げる者から総務省令・内閣府令で定めるところにより特定電子メールの送信をしないように求める旨（一定の事項に係る特定電子メールの送信をしないように求める旨にあっては、その旨）の通知を受けたとき（送信委託者がその通知を受けたときを含む。）は、その通知に示された意思に反して、特定電子メールの送信をしてはならない。ただし、電子メールの受信をする者の意思に基づき広告又は宣伝以外の行為を主たる目的として送信される電子メールにおいて広告又は宣伝が付随的に行われる場合その他のこれに類する場合として総務省令・内閣府令で定める場合は、この限りでない。

法律名	条文
	（表示義務） 　第四条　送信者は、特定電子メールの送信に当たっては、総務省令・内閣府令で定めるところにより、その受信をする者が使用する通信端末機器の映像面に次に掲げる事項（前条第三項ただし書の総務省令・内閣府令で定める場合においては、第二号に掲げる事項を除く。）が正しく表示されるようにしなければならない。 　一　当該送信者（当該電子メールの送信につき送信委託者がいる場合は、当該送信者又は当該送信委託者のうち当該送信に責任を有する者）の氏名又は名称 　二　前条第三項本文の通知を受けるための電子メールアドレス又は電気通信設備を識別するための文字、番号、記号その他の符号であって総務省令・内閣府令で定めるもの 　三　その他総務省令・内閣府令で定める事項 （送信者情報を偽った送信の禁止） 　第五条　送信者は、電子メールの送受信のために用いられる情報のうち送信者に関するものであって次に掲げるもの（以下「送信者情報」という。）を偽って特定電子メールの送信をしてはならない。 　一　当該電子メールの送信に用いた電子メールアドレス 　二　当該電子メールの送信に用いた電気通信設備を識別するための文字、番号、記号その他の符号 （架空電子メールアドレスによる送信の禁止） 　第六条　送信者は、自己又は他人の営業のために多数の電子メールの送信をする目的で、架空電子メールアドレスをそのあて先とする電子メールの送信をしてはならない。
●農林物資の規格化及び品質表示の適正化に関する法律 ※　本条違反は消費者庁長官又は農林水産大臣の指示対象（法１９条の１４） ※　命令違反については罰則あり（法２４条８号）	（製造業者等が守るべき表示の基準） 　第十九条の十三　内閣総理大臣は、飲食料品の品質に関する表示の適正化を図り一般消費者の選択に資するため、農林物資のうち飲食料品（生産の方法又は流通の方法に特色があり、これにより価値が高まると認められるものを除く。）の品質に関する表示について、内閣府令で定める区分ごとに、次に掲げる事項のうち必要な事項につき、その製造業者等が守るべき基準を定めなければならない。 　一　名称、原料又は材料、保存の方法、原産地その他表示すべき事項 　二　表示の方法その他前号に掲げる事項の表示に際して製造業者等が遵守すべき事項 　２　内閣総理大臣は、飲食料品の品質に関する表示の適正化を図るため特に必要があると認めるときは、前項の基準において定めるもののほか、同項に規定する飲食料品の品質に関する表示について、その種類ごとに、同項各号に掲げる事項につき、その製造業者等が守るべき基準を定めることができる。 　３　内閣総理大臣は、飲食料品以外の農林物資（生産の方法又は流通の方法に特色があり、これにより価値が高まると認められるものを除く。）で、一般消費者がその購入に際してその品質を識別することが特に必要であると認められるもののうち、一般消費者の経済的利益を保護するためその品質に関する表示の適正化を図る必要があるものとして政令で指定するものについては、その指定のあった後速やかに、その品質に関する表示について、その製造業者等が守るべき基準を定めなければならない。 　４　内閣総理大臣は、前三項の規定により品質に関する表示の基準を定めたときは、遅滞なく、これを告示しなければならない。 　５　内閣総理大臣は、第一項から第三項までの規定により品質に関する表示の基準を定めようとするときは、あらかじめ、農林水産大臣に協議するとともに、消費者委員会の意見を聴かなければならない。 　６　農林水産大臣は、第一項から第三項までの規定により品質に関する表示の基準が定められることにより、当該基準に係る農林物資の生産又は流通の改善が図られると認めるときは、内閣総理大臣に対し、当該基準の案を添えて、その策定を要請することができる。 　７　第七条第二項並びに第十三条第一項、第四項及び第五項の規定は第一項から第三項までの場合について、同条第二項から第五項までの規定は第一項から第三項までの規定により定められた品質に関する表示の基準について準用する。この場合において、同条第一項から第四項までの規定中「農林水産大臣」とあるのは「内閣総理大臣」と、同項中「その改正について審議会の審議に付さなければ」とあるのは「その改正をしなければ」と、同条第五項中「農林水産省令」とあるのは「内閣府令」と読み替えるものとする。

「消費者契約法に関する調査作業チーム」論点整理の報告

法律名	条文
●食品衛生法 ※違反は、都道府県知事による営業許可取消等の対象（法５５条） ※さらに、刑事罰規定もある 　（法７２条１項）	第十九条　内閣総理大臣は、一般消費者に対する食品、添加物、器具又は容器包装に関する公衆衛生上必要な情報の正確な伝達の見地から、消費者委員会の意見を聴いて、販売の用に供する食品若しくは添加物又は前条第一項の規定により規格若しくは基準が定められた器具若しくは容器包装に関する表示につき、必要な基準を定めることができる。 ２　前項の規定により表示につき基準が定められた食品、添加物、器具又は容器包装は、その基準に合う表示がなければ、これを販売し、販売の用に供するために陳列し、又は営業上使用してはならない
	第二十条　食品、添加物、器具又は容器包装に関しては、公衆衛生に危害を及ぼすおそれがある虚偽の又は誇大な表示又は広告をしてはならない
●健康増進法 ※　「特別用途表示許可」を得ずに同表示をした場合は、罰則対象 　　　　（法３７条２の２） ※　「栄養表示基準」、「誇大表示禁止」違反行為は消費者庁長官の勧告等の対象となる（法３２条、３２条の３） ※　勧告等に対する違反に対しては罰則の対象（法３６条の２）	（特別用途表示の許可） 第二十六条　販売に供する食品につき、乳児用、幼児用、妊産婦用、病者用その他内閣府令で定める特別の用途に適する旨の表示（以下「特別用途表示」という。）をしようとする者は、内閣総理大臣の許可を受けなければならない。 ２　前項の許可を受けようとする者は、製品見本を添え、商品名、原材料の配合割合及び当該製品の製造方法、成分分析表、許可を受けようとする特別用途表示の内容その他内閣府令で定める事項を記載した申請書を、その営業所の所在地の都道府県知事を経由して内閣総理大臣に提出しなければならない。 ３　内閣総理大臣は、研究所又は内閣総理大臣の登録を受けた法人（以下「登録試験機関」という。）に、第一項の許可を行うについて必要な試験（以下「許可試験」という。）を行わせるものとする。 ４　第一項の許可を申請する者は、実費（許可試験に係る実費を除く。）を勘案して政令で定める額の手数料を国に、研究所の行う許可試験にあっては許可試験に係る実費を勘案して政令で定める額の手数料を研究所に、登録試験機関の行う許可試験にあっては当該登録試験機関が内閣総理大臣の認可を受けて定める額の手数料を当該登録試験機関に納めなければならない。 ５　内閣総理大臣は、第一項の許可をしようとするときは、あらかじめ、厚生労働大臣の意見を聴かなければならない。 ６　第一項の許可を受けて特別用途表示をする者は、当該許可に係る食品（以下「特別用途食品」という。）につき、内閣府令で定める事項を内閣府令で定めるところにより表示しなければならない。 ７　内閣総理大臣は、第一項又は前項の内閣府令を制定し、又は改廃しようとするときは、あらかじめ、厚生労働大臣に協議しなければならない。
	（栄養表示基準） 第三十一条　内閣総理大臣は、販売に供する食品（特別用途食品を除く。）につき、栄養表示（栄養成分（前条第二項第二号イ又はロの厚生労働省令で定める栄養素を含むものに限る。次項第一号において同じ。）又は熱量に関する表示をいう。以下同じ。）に関する基準（以下「栄養表示基準」という。）を定めるものとする。 ２　栄養表示基準においては、次に掲げる事項を定めるものとする。 一　食品の栄養成分の量及び熱量に関し表示すべき事項並びにその表示の方法 二　前条第二項第二号イの厚生労働省令で定める栄養素を含む栄養成分であってその正確な情報を国民に伝達することが特に必要であるものとして内閣府令で定めるものにつき、その補給ができる旨を表示するに際し遵守すべき事項又はその旨が表示された栄養表示食品（本邦において販売に供する食品であって、栄養表示がされたもの（第二十九条第一項の承認を受けた食品を除く。）をいう。次号及び次条において同じ。）で輸入されたものを販売するに際し遵守すべき事項 三　前条第二項第二号ロの厚生労働省令で定める栄養素を含む栄養成分であってその正確な情報を国民に伝達することが特に必要であるものとして内閣府令で定めるもの又は熱量につき、その適切な摂取ができる旨を表示するに際し遵守すべき事項又はその旨が表示された栄養表示食品で輸入されたものを販売するに際し遵守すべき事項 ３　内閣総理大臣は、栄養表示基準を定め、若しくは変更しようとするとき、又は前項第二号若しくは第三号の内閣府令を制定し、若しくは改廃しようとするときは、あらかじめ、厚生労働大臣に協議しなければならない。 ４　内閣総理大臣は、栄養表示基準を定め、又は変更したときは、遅滞なく、これを告示しなければならない。

法律名	条文
	（誇大表示の禁止） 　第三十二条の二　何人も、食品として販売に供する物に関して広告その他の表示をするときは、健康の保持増進の効果その他内閣府令で定める事項（次条第三項において「健康保持増進効果等」という。）について、著しく事実に相違する表示をし、又は著しく人を誤認させるような表示をしてはならない。 　2　内閣総理大臣は、前項の内閣府令を制定し、又は改廃しようとするときは、あらかじめ、厚生労働大臣に協議しなければならない。
●薬事法 ※法66条、68条違反は罰則の対象（法85条）	（誇大広告等） 　第六十六条　何人も、医薬品、医薬部外品、化粧品又は医療機器の名称、製造方法、効能、効果又は性能に関して、明示的であると暗示的であるとを問わず、虚偽又は誇大な記事を広告し、記述し、又は流布してはならない。 　2　医薬品、医薬部外品、化粧品又は医療機器の効能、効果又は性能について、医師その他の者がこれを保証したものと誤解されるおそれがある記事を広告し、記述し、又は流布することは、前項に該当するものとする。 　3　何人も、医薬品、医薬部外品、化粧品又は医療機器に関して堕胎を暗示し、又はわいせつにわたる文書又は図画を用いてはならない。
	（特定疾病用の医薬品の広告の制限） 　第六十七条　政令で定めるがんその他の特殊疾病に使用されることが目的とされている医薬品であつて、医師又は歯科医師の指導のもとに使用されるのでなければ危害を生ずるおそれが特に大きいものについては、政令で、医薬品を指定し、その医薬品に関する広告につき、医薬関係者以外の一般人を対象とする広告方法を制限する等、当該医薬品の適正な使用の確保のために必要な措置を定めることができる。 　2　厚生労働大臣は、前項に規定する特殊疾病を定める政令について、その制定又は改廃に関する閣議を求めるには、あらかじめ、薬事・食品衛生審議会の意見を聴かなければならない。ただし、薬事・食品衛生審議会が軽微な事項と認めるものについては、この限りでない。
	（承認前の医薬品等の広告の禁止） 　第六十八条　何人も、第十四条第一項又は第二十三条の二第一項に規定する医薬品又は医療機器であつて、まだ第十四条第一項若しくは第十九条の二第一項の規定による承認又は第二十三条の二第一項の規定による認証を受けていないものについて、その名称、製造方法、効能、効果又は性能に関する広告をしてはならない。
	（広告の制限） 　第七十六条の五　指定薬物については、医事若しくは薬事又は自然科学に関する記事を掲載する医薬関係者等（医薬関係者又は自然科学に関する研究に従事する者をいう。）向けの新聞又は雑誌により行う場合その他主として指定薬物を医療等の用途に使用する者を対象として行う場合を除き、何人も、その広告を行つてはならない。
●医療法 ※違反行為は中止命令・是正命令の対象（法6条の8第2項） ※虚偽広告、上記命令違反の場合は罰則対象（法73条）	第六条の五　医業若しくは歯科医業又は病院若しくは診療所に関しては、文書その他いかなる方法によるを問わず、何人も次に掲げる事項を除くほか、これを広告してはならない。 　一　医師又は歯科医師である旨 　二　診療科名 　三　病院又は診療所の名称、電話番号及び所在の場所を表示する事項並びに病院又は診療所の管理者の氏名 　四　診療日若しくは診療時間又は予約による診療の実施の有無 　五　法令の規定に基づき一定の医療を担うものとして指定を受けた病院若しくは診療所又は医師若しくは歯科医師である場合には、その旨 　六　入院設備の有無、第七条第二項に規定する病床の種別ごとの数、医師、歯科医師、薬剤師、看護師その他の従業者の員数その他の当該病院又は診療所における施設、設備又は従業者に関する事項 　七　当該病院又は診療所において診療に従事する医師、歯科医師、薬剤師、看護師その他の医療従事者の氏名、年齢、性別、役職、略歴その他のこれらの者に関する事項であつて医療を受ける者による医療に関する適切な選択に資するものとして厚生労働大臣が定めるもの 　八　患者又はその家族からの医療に関する相談に応ずるための措置、医療の安全を確保するための措置、個人情報の適正な取扱いを確保するための措置その他の当該病院又は診療所の管理又は運営に関する事項 　九　紹介をすることができる他の病院若しくは診療所又はその他の保健医療サ

「消費者契約法に関する調査作業チーム」論点整理の報告

法律名	条文
	ービス若しくは福祉サービスを提供する者の名称、これらの者と当該病院又は診療所との間における施設、設備又は器具の共同利用の状況その他の当該病院又は診療所と保健医療サービス又は福祉サービスを提供する者の連携に関する事項 十　診療録その他の診療に関する諸記録に係る情報の提供、前条第三項に規定する書面の交付その他の当該病院又は診療所における医療に関する情報の提供に関する事項 十一　当該病院又は診療所において提供される医療の内容に関する事項（検査、手術その他の治療の方法については、医療を受ける者による医療に関する適切な選択に資するものとして厚生労働大臣が定めるものに限る。） 十二　当該病院又は診療所における患者の平均的な入院日数、平均的な外来患者又は入院患者の数その他の医療の提供の結果に関する事項であつて医療を受ける者による医療に関する適切な選択に資するものとして厚生労働大臣が定めるもの 十三　その他前各号に掲げる事項に準ずるものとして厚生労働大臣が定める事項 2　厚生労働大臣は、医療に関する専門的科学的知見に基づいて前項第七号及び第十一号から第十三号までに掲げる事項の案並びに第四項に規定する基準の案を作成するため、診療に関する学識経験者の団体の意見を聴かなければならない。 3　第一項各号に掲げる事項を広告する場合においても、その内容が虚偽にわたつてはならない。 4　第一項各号に掲げる事項を広告する場合には、その内容及び方法が、医療に関する適切な選択に関し必要な基準として厚生労働省令で定めるものに適合するものでなければならない。
●家庭用品品質表示法 ※　違反行為は、指示・公表（法4条）、表示命令（法6条）の対象となるほか、表示のないものの販売を禁止する「強制表示命令」の対象となる場合がある（法6条） ※　命令違反は罰則対象（法25条）	（表示の標準） 第三条　内閣総理大臣は、家庭用品の品質に関する表示の適正化を図るため、家庭用品ごとに、次に掲げる事項につき表示の標準となるべき事項を定めるものとする。 一　成分、性能、用途、貯法その他品質に関し表示すべき事項 二　表示の方法その他前号に掲げる事項の表示に際して製造業者、販売業者又は表示業者が遵守すべき事項
●宅地建物取引業法 ※違反行為は業務停止等の対象（法65条2項、4項） ※誇大広告等の禁止違反は、罰則規定あり（法79条4項）	（誇大広告等の禁止） 第三十二条　宅地建物取引業者は、その業務に関して広告をするときは、当該広告に係る宅地又は建物の所在、規模、形質若しくは現在若しくは将来の利用の制限、環境若しくは交通その他の利便若しくは代金、借賃等の対価の額若しくはその支払方法若しくは代金若しくは交換差金に関する金銭の貸借のあつせんについて、著しく事実に相違する表示をし、又は実際のものよりも著しく優良であり、若しくは有利であると人を誤認させるような表示をしてはならない。
	（広告の開始時期の制限） 第三十三条　宅地建物取引業者は、宅地の造成又は建物の建築に関する工事の完了前においては、当該工事に関し必要とされる都市計画法第二十九条第一項　又は第二項　の許可、建築基準法　（昭和二十五年法律第二百一号）第六条第一項　の確認その他法令に基づく許可等の処分で政令で定めるものがあつた後でなければ、当該工事に係る宅地又は建物の売買その他の業務に関する広告をしてはならない。
	（取引態様の明示） 第三十四条　宅地建物取引業者は、宅地又は建物の売買、交換又は貸借に関する広告をするときは、自己が契約の当事者となつて当該売買若しくは交換を成立させるか、代理人として当該売買、交換若しくは貸借を成立させるか、又は媒介して当該売買、交換若しくは貸借を成立させるかの別（次項において「取引態様の別」という。）を明示しなければならない。 2　宅地建物取引業者は、宅地又は建物の売買、交換又は貸借に関する注文を受けたときは、遅滞なく、その注文をした者に対し、取引態様の別を明らかにしなければならない。
●旅行業法 ※　違反行為は業務改善命令（法18条の3）、業務停止命令・登録取消（法19条）の対象。 ※　罰金の対象（法31条10号、11号）	（企画旅行の広告） 第十二条の七　旅行業者等は、企画旅行に参加する旅行者を募集するため広告をするときは、国土交通省令・内閣府令で定めるところにより、当該企画旅行を実施する旅行業者の氏名又は名称、旅行の目的地及び日程、旅行者が提供を受けることができる運送等サービスの内容、旅行者が旅行業者等に支払うべき対価に関する事項、第十二条の十の国土交通省令で定める措置を講ずるために必要な業務を行う者の同行の有無その他の国土交通省令・内閣府令で定める事項を表示してしなければならない。

法律名	条文
	（誇大広告の禁止） 第十二条の八　旅行業者等は、旅行業務について広告をするときは、広告された旅行に関するサービスの内容その他の国土交通省令・内閣府令で定める事項について、著しく事実に相違する表示をし、又は実際のものよりも著しく優良であり、若しくは有利であると人を誤認させるような表示をしてはならない。
●貸金業法 ※違反行為は業務改善命令の対象（法２４条の６の３第２項） ※誇大広告等の禁止違反は、罰則の対象（法４８条３号）	（貸付条件等の掲示） 第十四条　貸金業者は、内閣府令で定めるところにより、営業所又は事務所ごとに、顧客の見やすい場所に、次に掲げる事項を掲示しなければならない。 一　貸付けの利率（利息及び第十二条の八第二項に規定するみなし利息の総額（一年分に満たない利息及び同項に規定するみなし利息を元本に組み入れる契約がある場合にあつては、当該契約に基づき元本に組み入れられた金銭を含む。）を内閣府令で定める方法によつて算出した元本の額で除して得た年率（当該年率に小数点以下三位未満の端数があるときは、これを切り捨てるものとする。）を百分率で表示するもの（市場金利に一定の利率を加える方法により貸付けの利率を算定する場合その他貸付けの利率を表示し、又は説明することができないことについて内閣府令で定めるやむを得ない理由がある場合にあつては、貸付けの利率に準ずるものとして内閣府令で定めるもの）をいう。以下同じ。） 二　返済の方式 三　返済期間及び返済回数 四　当該営業所又は事務所に置かれる貸金業務取扱主任者の氏名 五　前各号に掲げるもののほか、内閣府令で定める事項
	（貸付条件の広告等） 第十五条　貸金業者は、貸付けの条件について広告をするとき、又は貸付けの契約の締結について勧誘をする場合において貸付けの条件を表示し、若しくは説明するときは、内閣府令で定めるところにより、次に掲げる事項を表示し、又は説明しなければならない。 一　貸金業者の商号、名称又は氏名及び登録番号 二　貸付けの利率 三　前二号に掲げるもののほか、内閣府令で定める事項 ２　貸金業者は、前項に規定する広告をし、又は書面若しくはこれに代わる電磁的記録を送付して勧誘（広告に準ずるものとして内閣府令で定めるものに限る。）をするときは、電話番号その他の連絡先等であつて内閣府令で定めるものについては、これに貸金業者登録簿に登録された第四条第一項第七号に掲げる事項に係るもの以外のものを表示し、又は記録してはならない。
	（誇大広告の禁止等） 第十六条　貸金業者は、その貸金業の業務に関して広告又は勧誘をするときは、貸付けの利率その他の貸付けの条件について、著しく事実に相違する表示若しくは説明をし、又は実際のものよりも著しく有利であると人を誤認させるような表示若しくは説明をしてはならない。 ２　前項に定めるもののほか、貸金業者は、その貸金業の業務に関して広告又は勧誘をするときは、次に掲げる表示又は説明をしてはならない。 一　資金需要者等を誘引することを目的とした特定の商品を当該貸金業者の中心的な商品であると誤解させるような表示又は説明 二　他の貸金業者の利用者又は返済能力がない者を対象として勧誘する旨の表示又は説明 三　借入れが容易であることを過度に強調することにより、資金需要者等の借入意欲をそそるような表示又は説明 四　公的な年金、手当等の受給者の借入意欲をそそるような表示又は説明 五　貸付けの利率以外の利率を貸付けの利率と誤解させるような表示又は説明 六　前各号に掲げるもののほか、資金需要者等の利益の保護に欠けるおそれがある表示又は説明として内閣府令で定めるもの ３　貸金業者は、資金需要者等の知識、経験、財産の状況及び貸付けの契約の締結の目的に照らして不適当と認められる勧誘を行つて資金需要者等の利益の保護に欠け、又は欠けることとなるおそれがないように、貸金業の業務を行わなければならない。 ４　貸金業者は、貸付けの契約の締結を勧誘した場合において、当該勧誘を受けた資金需要者等から当該貸付けの契約を締結しない旨の意思（当該勧誘を引き続き受けることを希望しない旨の意思を含む。）が表示されたときは、当該勧誘を引き続き行つてはならない。 ５　貸金業者は、その貸金業の業務に関して広告又は勧誘をするときは、資金需要者等の返済能力を超える貸付けの防止に配慮するとともに、その広告又は勧誘が過度にわたることがないように努めなければならない。

「消費者契約法に関する調査作業チーム」論点整理の報告

法律名	条文
●割賦販売法 ※その他、29条の2、30条、35条の3の2も同様の規定 ※違反行為は罰則の対象(法53条)	(割賦販売条件の表示) 第三条　割賦販売を業とする者(以下「割賦販売業者」という。)は、前条第一項第一号に規定する割賦販売(カード等を利用者に交付し又は付与し、そのカード等の提示若しくは通知を受けて、又はそれと引換えに当該利用者に商品若しくは権利を販売し、又は役務を提供するものを除く。)の方法により、指定商品若しくは指定権利を販売しようとするとき又は指定役務を提供しようとするときは、その相手方に対して、経済産業省令・内閣府令で定めるところにより、当該指定商品、当該指定権利又は当該指定役務に関する次の事項を示さなければならない。 一　商品若しくは権利の現金販売価格(商品の引渡し又は権利の移転と同時にその代金の全額を受領する場合の価格をいう。以下同じ。)又は役務の現金提供価格(役務を提供する契約の締結と同時にその対価の全額を受領する場合の価格をいう。以下同じ。) 二　商品若しくは権利の割賦販売価格(割賦販売の方法により商品又は権利を販売する場合の価格をいう。以下同じ。)又は役務の割賦提供価格(割賦販売の方法により役務を提供する場合の価格をいう。以下同じ。) 三　割賦販売に係る商品若しくは権利の代金又は役務の対価の支払(その支払に充てるための預金の預入れを含む。次項を除き、以下同じ。)の期間及び回数 四　第十一条に規定する前払式割賦販売以外の割賦販売の場合には、経済産業省令・内閣府令で定める方法により算定した割賦販売の手数料の料率 五　第十一条に規定する前払式割賦販売の場合には、商品の引渡時期 2　割賦販売業者は、前条第一項第一号に規定する割賦販売(カード等を利用者に交付し又は付与し、そのカード等の提示若しくは通知を受けて、又はそれと引換えに当該利用者に商品若しくは権利を販売し、又は役務を提供するものに限る。)の方法により、指定商品若しくは指定権利を販売するため又は指定役務を提供するため、カード等を利用者に交付し又は付与するときは、経済産業省令・内閣府令で定めるところにより、当該割賦販売をする場合における商品若しくは権利の販売条件又は役務の提供条件に関する次の事項を記載した書面を当該利用者に交付しなければならない。 一　割賦販売に係る商品若しくは権利の代金又は役務の対価の支払の期間及び回数 二　経済産業省令・内閣府令で定める方法により算定した割賦販売の手数料の料率 三　前二号に掲げるもののほか、経済産業省令・内閣府令で定める事項 3　割賦販売業者は、前条第一項第二号に規定する割賦販売の方法により、指定商品若しくは指定権利を販売するため又は指定役務を提供するため、カード等を利用者に交付し又は付与するときは、経済産業省令・内閣府令で定めるところにより、当該割賦販売をする場合における商品若しくは権利の販売条件又は役務の提供条件に関する次の事項を記載した書面を当該利用者に交付しなければならない。 一　利用者が弁済をすべき時期及び当該時期ごとの弁済金の額の算定方法 二　経済産業省令・内閣府令で定める方法により算定した割賦販売の手数料の料率 三　前二号に掲げるもののほか、経済産業省令・内閣府令で定める事項 4　割賦販売業者は、第一項、第二項又は前項の割賦販売の方法により指定商品若しくは指定権利を販売する場合の販売条件又は指定役務を提供する場合の提供条件について広告をするときは、経済産業省令・内閣府令で定めるところにより、当該広告に、それぞれ第一項各号、第二項各号又は前項各号の事項を表示しなければならない。
●金融商品取引法	(広告等の規制) 第三十七条　金融商品取引業者等は、その行う金融商品取引業の内容について広告その他これに類似するものとして内閣府令で定める行為をするときは、内閣府令で定めるところにより、次に掲げる事項を表示しなければならない。 一　当該金融商品取引業者等の商号、名称又は氏名 二　金融商品取引業者等である旨及び当該金融商品取引業者等の登録番号 三　当該金融商品取引業者等の行う金融商品取引業の内容に関する事項であつて、顧客の判断に影響を及ぼすこととなる重要なものとして政令で定めるもの 2　金融商品取引業者等は、その行う金融商品取引業に関して広告その他これに類似するものとして内閣府令で定める行為をするときは、金融商品取引行為を行うことによる利益の見込みその他内閣府令で定める事項について、著しく事実に相違する表示をし、又は著しく人を誤認させるような表示をしてはならない。

第3章　約款規制

担当：沖野眞已（東京大学教授）

1．論点
① 約款が契約内容となるためのいわゆる組入れの要件および効果を定める規定を設けることを検討してはどうか。
② 「不意打ち条項」については、契約内容として効力を有しないとする規定を設けることを検討してはどうか。
③ 約款中の条項や実質交渉を経ていない条項の解釈準則について、消費者の合理的な期待や理解の扱いを定める規定を設けることを検討してはどうか。
④ 契約条項の定め方について、消費者契約法3条1項を改め、努力義務ではなく義務とする規定を設けることを検討してはどうか。

＜提案の趣旨＞
① 消費者契約において約款が用いられる場合、基本的に、用いられる約款が特定されそれを認識する機会が用意されたうえで、それを契約内容とすることに消費者が同意した場合に限り契約内容となる旨のいわゆる約款の組入れの規定の新設の検討を提唱する。
② ①の規定を設ける場合には、消費者契約において約款が用いられる場合、約款の組入要件を充たした場合にあっても、消費者にとって約款中に含まれるものと合理的に期待することができない条項については、個別の了解がない限り、契約内容とならない、または契約条項としての効力を有しないとする「不意打ち条項」の規定の新設、および、約款の定義に該当しない場合にあっても、消費者にとってその存在を合理的に期待することができない条項については契約内容から排除され、もしくは効力を有しないとする規定の新設の検討を提唱する。
③ 消費者契約における約款中の条項や実質交渉を経ていない条項の解釈準則を新設し、消費者の合理的な理解に即して解釈されるべきことや、内容を確定できない場合には消費者に有利な解釈がとられるべきことを定めることの検討を提唱する。
④ 消費者契約法3条1項を改め、消費者契約中の条項についてその内容が消費者にとって明確かつ平易なものになるよう定めることを努力義務ではなく義務とする規定とすることの検討を提唱する。

2．その背景・立法的対処の必要性
① 消費者契約において紛争が生じた場合に、事業者から「契約はこうなっている」として約款中の条項が示されることが少なくない。そのような約款は、契約締結時に示されていたり、契約書その他の文書に印刷されている場合もあるが、契約締結後に送付されたり、紛争になるまで示されない場合もある。「約款」中の条項は事業者側が一方的に策定

したものであって、援用される条項が消費者をも拘束する力を当然に有するわけではない。「契約内容は、当事者の合意によるものとの基本的な考え方に立てば、契約選択時に開示されていないために消費者が知らなかった契約条件によって拘束されることになるとする考え方は、納得できるものではなく、きわめて不合理である」(村千鶴子「約款・不当条項・公序良俗」ジュリスト1430号56頁 (2011年)) と指摘されている。

　消費者契約法は、8条～10条において不当な内容の消費者契約条項を無効とする規定（不当条項の内容規制）を設けているが、内容の審査以前にそのような条項が契約内容を構成し契約としての拘束力を有するための基本を明らかにすることは、消費者契約の適正化や安定の観点から必要である。

② また、消費者契約の苦情相談事例の分析から、消費者と事業者との認識ギャップがあり、具体的には、「ａ）消費者が契約締結の意思表示をしたと認識していないにもかかわらず、事業者は契約が成立していたと主張し、トラブルとなっている事案」のほか、契約内容や合意確認書面等の記載に関して、「ｂ）消費者が想定していた契約内容とは大幅に異なる契約が成立していると事業者が主張して、トラブルとなっている事案、ｃ）消費者の意識とは異なる書面等（確認書など）が作成され、トラブルとなっている事案」がみられることが明らかにされている。これらの認識ギャップへの対処は現行法においては規定がなく、「そうした消費者と事業者との認識ギャップを原因としてトラブルとなっている事案をいかなる手法で解決すべきかが、今後の課題の一つ」であると指摘されている（「消費者契約に関する紛争の実態及び法的な論点について－『消費者契約に関する苦情相談の実態調査』研究会報告書－」9～10頁 (2005年)）。

　このような認識ギャップの存在の原因はさまざまであるが、（ア）そもそも消費者がおよそ契約内容を知ることができない状態で契約が締結され全く知らない条項が紛争段階で持ち出されたり、（イ）約款等で言及されていた契約条件の中に消費者が合理的に予測できない条項が存在しそれが事業者によって援用されたり、（ウ）条項の意味内容についての理解が消費者と事業者との間で乖離がある中で事業者がその理解に沿った内容で契約はこうであると援用するなどが考えられる。このうち、（イ）は「不意打ち条項」の問題（論点②）に、（ウ）は条項の解釈の問題（論点③）に関わる。

③ 約款は事業者側の一方的な策定に係る契約条件であり、約款による取引は、契約条件をあらかじめ定型化することで多数・大量の取引を可能にするものであって、消費者が契約締結に当たり約款中の個々の条項を読み、吟味することは求められず、消費者としては約款によることを受け入れて契約をするか契約をしないかの選択しかないのが通常である。そのため約款中に消費者が予想できない条項や不当な内容の条項が入り込むという問題がある（日弁連消費者契約法改正試案9条の解説）。約款を契約内容に組入れるために、当該約款を契約内容とすることへの消費者の同意を必要とするとしても、その同意は、予想できないような条項や不当な内容の条項にまで及ぶものではなく、これらの条項を排除する仕組みが必要である。このうち、不当な内容の条項の排除は、現行法8条～10条により対処されるが、予想できないような条項の排除について現行法では十分ではない。

また、消費者と事業者との間の情報・交渉力の格差や事業者による一方的策定と消費者による受働的包括的同意という状況は、約款の定義いかんによるが、必ずしも約款による場合に限られない。約款の定義いかんによって約款には該当しない場合にあっても、同様に消費者に「不意打ち」となる条項が存在しうるため、消費者にとってその存在を予想するのが困難である条項については、個別に説明がされ了解されるのでない限り、契約内容を構成しない、もしくは条項としての効力を持たないとして同様の規律を設けることが必要である。

　内容の不当性ゆえに条項を無効とするのではなく、そもそも契約内容となっていないとして、契約内容化から排除する手法は、判例・裁判例においても認められている。古くは、「例文解釈」の手法が見られる。また、建物賃貸借契約の終了の際の賃借人の原状回復義務に関し通常損耗分も賃借人負担とする条項について、賃借人に予期しない特別の負担を課すものであって、賃貸借契約書自体に具体的に明記されているか、仮に賃貸借契約書では明らかでない場合には、賃貸人が口頭により説明し、賃借人がその旨を明確に認識し、それを合意の内容としたものと認められるなど，その旨の特約が明確に合意されていることが必要であるとする最判平成17年12月16日判例時報1921号61頁がある。

　約款の組入れにおける同意の及ぶ範囲とは認められない「異常な」条項の例として、——例としての当否につき議論があるが——「甲という物品についての売買契約を締結したところ、約款の中に乙という付属品の供給を継続的に受ける旨の条項が挿入されていた場合」などが挙げられている（民法（債権法）改正検討委員会編『詳解債権法改正の基本方針II』95頁（2009年））。

④　事業者から「契約はこうなっている」として条項が示される場合、当該条項の文言が曖昧であったり、多義的であったり、複数の条項にまたがりきわめてわかりにくく理解が困難であるという場合がある。契約内容となった条項の意味の確定において、事業者と消費者とで理解が異なる場合、あるいは事業者の理解が消費者の合理的な期待と食い違うような場合、どのように条項の意味内容や契約の内容を確定していくかについては、規定がない。また、そもそも、契約においては両当事者の共通の意図を探求するのが合意の意味内容の確定における第一の作業であるが、消費者契約において約款中の条項や交渉されていない条項の場合、消費者はその具体的な内容を認識していないことも稀ではなく、両当事者の共通の意図といってもそこには事業者の意図しか存在しない。このような事情から、これらの条項については事業者の理解が一方的に消費者に「押しつけられる」ことになりかねない。この局面において、消費者の合理的な理解や期待が考慮されるべきことが明らかにされることが、紛争解決の指針という観点や消費者契約の条項の適正化の観点から、望まれる。また、条項が多義的でその内容を一に確定できず、条項の内容が不確定ゆえに無効となりかねない場合において、消費者有利・事業者不利の不明確解釈準則を設け、最終的には、条項の起草の多義性の負担は事業者が負うことを明らかにすることが、望ましい。

⑤　事業者および事業者側が消費者契約中の条項を定めるにあたり、消費者にとって理解で

きるよう、その内容を明確、かつ平易に定め、そのわかりやすさを確保すべきことは、すでに現行法3条1項が明らかにしている。しかし、その内容は、配慮するよう努める義務という、配慮義務である上に努力義務として定められており、その効果は不透明で多分に訓示的規定であるとして批判されてきた。そして、現実には、「わかりにくい」、改善の余地の大きい約款や契約条項が少なからず存在している。わかりやすさは不断の努力によって追求していくべきものであるが、事業者・消費者間の情報・交渉力格差を基礎に据える消費者契約法にあって、②や③の基礎としても、実質的に起草の任を担う事業者側が、わかりやすく条項を起草する義務を負うことが明らかにされるべきであり、努力義務から一歩推し進め義務規定とすることが適切である。

3．比較法的な動向との関係

① 約款や標準化された条項について、相手方（消費者契約においては消費者）の認識の機会や注意が向けられる機会が与えられない限り、契約内容として効力を認められないという規律はかなり普遍的に見られる（ドイツ民法305条、韓国約款規制法、オランダ民法6：231条、ヨーロッパ契約法原則第2:104条）。ただし、約款という枠組みを用いるかどうかについては立法例は分かれている（付合契約性に着目するものや、交渉されていない条項として個別にとらえるものがある）。また、約款として規律する場合もその効果については、例えばドイツ民法は、契約内容の構成・不構成の問題とするが、オランダ民法は、約款によるという同意については約款の定義に関して約款使用者の相手方の定義において約款の適用を承諾した者と定め、約款によることへの同意をこのような形で組み込む一方、約款を了知する合理的な機会が与えられなかったことを約款中の条項の効力を否定する（無効とされ得る）事由としている（オランダ民法6：231条c、233条b）。また、契約書に明示されていない条項や締結時に明示的に参照されず認識されていない書面中の条項を契約内容とする旨の条項を不当条項と推測する形の規律も見られる（フランス消費法典R132-1条1）。個別に交渉されていない条項についての主張・援用制限とするものもある（ヨーロッパ契約法原則第2：104条（1））。

② 不意打ち条項については、約款の組入れとの関係で組入れの範囲の問題として位置づける法制（ドイツ民法305c条）があるが（米国第2次契約法リステイトメント211条（3）ではそのような条項の存在を知ったならば同意しなかったであろう条項は契約内容とならないとされている）、その一方で、約款による規律を設ける場合にも不意打ち条項については条項無効という効果を結びつける法制がある（定型条項中の不意打ち条項の無効を定めるユニドロワ商事契約原則2010・第2.10.1条（1）。韓国約款規制法6条②2は不公正条項と推定される事由とする）。

③ 契約解釈準則について、いわゆる不明確解釈準則を定める法制は少なくない。不明確解釈準則の内容は必ずしも一律ではないが、近時の立法や提案においては作成者不利や事業者不利・消費者有利の解釈の優先を内容としている。（1993年消費者契約における不公正条項に関するEC指令5条、ドイツ民法305条c（2）、オランダ民法6：238条（2）後段、フランス民法改正草案（テレ草案）140条（2）、フランス民法改正草案（司法省

2008年草案)155条（2）、DCFR第2編第8章103条、ヨーロッパ契約法原則第5：103条、ユニドロワ国際商事契約法原則第4.6条）。ただし、また、消費者契約においてその合理的な期待の契約内容への取り込みを定める法制が見られる（イギリス不公正契約条項法3条(b)）。

④ 条項の明確さ・平易さ・わかりやすさの確保の要請（透明化の要請）は、ドイツ約款規制法において先行して規定されていたが、1993年の消費者契約における不公正条項に関するEC指令4条2項・5条において、消費者契約中の条項は、つねに平易かつ明瞭なことばで起草されなければならないとして、努力義務にとどまらない義務として定められるとともに、その具体的な帰結として、消費者に最も有利な解釈の優先という形での不明確解釈準則や、不公正条項かどうかの判断の対象として、明瞭かつ平易に表現されている限りにおいては中核的給付記述部分には及ばないとすることなどが定められている。透明性原則は、ヨーロッパ各国において努力義務ではない形で事業者の義務とされている（オランダ民法6：238条（2）。効果について、オランダ民法6：231条a、フランス消費法典L132-1条⑦、ヨーロッパ契約法原則第4:110条（2）など）。また、不意打ち条項の無効を定めつつ、不意打ち性については記載の仕方も考慮要素となることを明示するものがある（ユニドロワ商事契約原則2010・第2.10.1条（2））。

4．立法を考えるとした場合の留意点

① 約款の組入れについては、約款を基軸とする限りは、消費者契約における約款に特有の問題ではなく、むしろ民法一般に規定するのが適切である。ただし、民法に一般的な規定が設けられる場合にも、次に述べるように消費者契約における事情を考慮して特に規定を置くことも考えられる。

　仮に、民法に規定されなかった場合には、消費者契約法において規定を設けることが考えられる。その場合、消費者契約法において「約款」というアプローチを採用すべきかどうかが1つの問題である。

　また、具体的な規律にあたっては、約款の定義の問題がある。約款の定式については、多数の取引での利用を想定するものであること、定型性をもった契約条項・条件であること、その総体であること、を要素として抽出することになるが、特に消費者契約においては、書面であるかどうかを問わないことや名称を問わないことを確認的に明らかにすることが有用であろう。

　組入要件については、次の点に留意する必要がある。すなわち、（ア）約款によるという点についての消費者の同意・意思が鍵であること、（イ）「約款による意思」の前提として約款の特定や消費者の認識をどこまで確保するべきか、またそのために事業者にどのような行動が求められるかという問題として「開示」をとらえること、（ウ）消費者契約における約款の場合、約款の冊子を交付されても消費者はそれを読み、吟味して判断するのが困難である点に問題がある。したがって、「開示」があれば当然にすべて契約内容となるというものではなく、契約締結意思を左右する重要な条項については、個別の条項や内容についての明確な注意喚起や説明が必要であること。

このような観点からすれば、約款一般について民法に規定が設けられた場合においても、（イ）の観点からのより詳細な規律を設けることや、（ウ）の観点からの規定を別途設けることが考えられる。

（ウ）については、（契約締結の意思決定に影響を及ぼしうる）重要な契約条件についての情報提供義務の観点からも考慮する必要がある。

② 不意打ち条項は、約款の組入要件と対になって消費者の同意の範囲の外延を画するものとして位置づけられる。「不意打ち」性の判断の基準として、当該消費者を基準とするのか、それとも当該約款の利用において想定される平均的な顧客を基準として判断されるのかという問題、また、その判断において考慮されるべき事項・事情として、抽象的に約款を見て判断されるのか、それとも契約締結課程における個別事情を取り込んで判断されるのかという問題がある。約款自体は多数の取引において画一的な契約条件による取引を指向するものであることからすれば、まずは、当該約款の利用において想定される平均的な顧客を基準として不意打ちかどうかが判断されることになろう。その場合にも、約款だけが考慮事情となるわけではなく、顧客層を想定した説明の仕方などから、その存在を合理的に期待できないという場合もあり、それが排除されることにはならない。

また、約款が契約内容に組み入れられるのは個別の同意に基礎を置くことからすれば、個別事情における説明の仕方により、契約内容を構成する範囲から除外されることがあろう。ちょうど、個別合意によって約款の特定の条項が排除されることがある（個別合意が優先する）ように、逆に、個別説明等によって約款の特定の条項が到底期待できないものとして排除されることもあると考えられる。

個別の事情による、約款の特定の条項の排除については、約款による取引の大量画一取引性を減殺する面があるが、だからこそ、契約締結過程における契約内容・契約条件についての説明の適正さに留意が払われるべきであろう。なお、契約の特性によってはそのような排除が困難であるものも存在すると考えられる。

消費者にとって合理的に予想できる条項の存在は約款の利用の場面に限定されるものではない。そうだとすれば、約款に限らず、不意打ち条項の排除の規定を設けることが考えられる。上記のとおり、その場合においては、平均的な顧客の基準、あるいは取引慣行等の客観的・類型的な考慮要素のみならず、当該消費者を基準として具体的な契約プロセスにおける事業者の説明など具体的な考慮要素を勘案する必要がある。

「不意打ち条項」の効果については、約款の組入要件との関係では契約内容とならないという効果が理論的ではあり、約款の組入要件と切り離しても、合意の範囲の問題とすることが理論的には精緻であるが、不意打ち条項かどうかの判断においては内容――その当否を判断しての排除ではないとはいえ――の勘案が不可避であること、個別の条項について契約内容を構成しないという構成はわかりにくい面もある――契約条項としての効力を認められないという点では無効と同様であり、内容不構成と無効の二本立てとし、組入れによっていったん内容となった条項が、不意打ち条項と不当条項との二本立てで効力が認められなくなるという構造の複雑さもある――ことから、契約内容とならず、契約条項としての効力を否定されるという意味で「無効」とすることも考えられ

る。

　不意打ち性については、条項の存在を予想し得ないというもののみならず、多岐にわたって複雑な定めとなっているために理解を期待できないような場合（複雑に仕組まれた対価内容の決定方法、給付内容の決定方法など）など、透明性の観点も「不意打ち」として考慮すべきではないかという指摘や、契約条項の不当性判断において、その一考慮として、当該条項が透明性を欠くことが考慮要素となりうることを明らかにすべきではないかという指摘がある。

③ 解釈準則について、いわゆる不明確解釈準則の導入の検討において、不明確解釈準則にどのような内容を盛り込むかについては、複数の可能性がある。端的に条項使用者の相手方や消費者に有利な解釈による、というのではなく、約款中の条項や個別に交渉されていない条項の意味について疑義が存する場合においては、その意味は、その条項が事業者によって提示されたことを踏まえ、消費者の利益を顧慮して解釈するものとする旨の規定を設けることも考えられる。

　このほか、個別交渉条項（個別合意）の趣旨が個別交渉を経ていない条項より優先されるべき旨の規定を設けることなども条項の解釈準則として考えられる。

　約款の場合には、個別の条項に対する意思が存在しないことが少なくないため、その解釈において平均的顧客を標準とした客観的解釈も説かれる。事業者の一方的な理解が通用するわけではなく、顧客や消費者の合理的な期待がとりこまれるべきであるという限りでは適切であるが、その一方で、個別の交渉の中での事業者の言明から期待が形成された場合のその期待の取り込みがおよそ遮断されるとすれば、契約の一般法理からは例外的な扱いであろう。もっとも、その取り込みを、情報提供や錯誤などの法理によって行うのか（特定の条項についての錯誤無効などの法律構成との関係を考える必要がある。）、端的に条項の意味内容の確定とするのかという問題がある。また、約款の場合には、定型的画一的な取引条件の普遍が重要な場合もあるため（例えば保険約款の場合）、個別事情がどこまで考慮されうるか、されるべきかについては、その観点からの検討も必要である。

④ 透明性原則については、不意打ち条項の考慮要素となり、また、透明性を欠く場合には不明確解釈準則の対象となりうる、不当条項の判断において考慮要素となるほか、特に契約の中心的給付条項についても、透明性を欠く場合には、不当条項審査の対象となることを確認するべきことが指摘されている。これらの諸種の効果の大元に、契約条項の透明性確保についての事業者の義務が存在すると考えられることから、少なくとも、事業者の義務を明確にしたうえで、透明性原則に立脚した規律を明らかにすることが望ましい。

5．その他（関連問題など）
① 不当条項の一般規定との関係
② 契約内容についての情報提供
③ 契約条項についての錯誤

④ 事業者の行為準則
⑤ 団体訴訟における働き方
⑥ 約款や標準化された契約条件の適正化の取組みのための手法

(参考資料)

　「消費者契約法日弁連改正試案」9条〜11条
　「民法(債権関係)の改正に関する中間試案」第30
　民法(債権法)改正検討委員会編『詳解債権法改正の基本方針』Ⅱ80頁以下、157頁以下(商事法務、2009年)
　民法改正研究会編・法律時報増刊『日本民法典財産法改正　国民・法曹・学界有志案　仮案の提示』468条、469条(2009年)
　横山美夏「約款」法学教室394号4頁(2013年)
　鹿野菜穂子「約款の透明性と組入要件・解釈・内容コントロール」鹿野菜穂子=中田邦博=松本克美編『消費者法と民法　長尾治助先生追悼論文集』(法律文化社、2013年)
　鹿野菜穂子「約款による取引と透明性の原則」長尾治助他編『消費者法の比較法的研究』96頁(1997年)
　中田邦博「契約の内容・履行過程と消費者法」中田邦博=鹿野菜穂子編『ヨーロッパ消費者法・広告規制法の動向と日本法』25頁(日本評論社、2011年)
　村千鶴子「約款・不当条項・公序良俗」ジュリスト1430号(2011年)
　山本敬三『民法講義Ⅰ総則』(第3版) 297頁以下(有斐閣、2011年)
　山本敬三「消費者契約における契約内容の確定」別冊NBL54号『消費者契約法──立法への課題』67頁(商事法務研究会、1999年)
　山本敬三「消費者契約法の意義と民法の課題」民商法雑誌123巻4=5号(2001年)
　河上正二『民法総則講義』(日本評論社、2007年) 280頁以下
　河上正二『約款規制の法理』(有斐閣、1988年)
　山本豊「約款」内田貴・大村敦志編『民法の争点』219頁(有斐閣、2007年)
　山本豊「契約の内容規制」別冊NBL51号『債権法改正の課題と方向──民法100周年を契機として』57頁(商事法務研究会、1998年)
　石原全「契約条件の適正化について」ジュリスト1139号(1998年)
　石原全「約款における『透明性』原則について」一橋大学法学研究28号3頁(1996年)
　上田誠一郎「約款による契約の解釈──いわゆる約款の客観的解釈を中心に」同志社法学42巻4号(1990年)
　比較法資料(上記3.)

第4章　不招請勧誘

担当：角田美穂子（一橋大学教授）
　　　北村純子（弁護士）

1．論点

① とりわけ投機性が高い金融商品（店頭金融先物取引、店頭デリバティブ取引、商品先物取引）や訪問購入といった取引方法について、執拗な勧誘や利用者の被害の発生といった適合性原則の遵守をおよそ期待できない事態にかんがみて、そもそも顧客が要請していない限り勧誘自体を禁止すべきとする、不招請勧誘を禁止する行政ルールが蓄積されてきている。これらの規制は顧客の保護を目的とした法規定であることから、これらの規定に違反した［勧誘・販売］行為につき、民事上も違法となる旨の規定を導入することを検討してはどうか。

② 不招請勧誘に関する消費者被害の相談が多く寄せられている一方、裁判実務上は適合性原則違反、説明義務違反とあわせて民事責任を基礎づけるとされていることにかんがみ、不招請勧誘ルールの消費者契約法への導入にあたっては、不当勧誘に関する一般条項（受皿規定）を置くこととしたうえで、その解釈・適用にあたっての一考慮要素とする方向などを検討してはどうか。また、不招請勧誘独自の実体法規範を定める方向についても、困惑取消類型の拡張という議論、損害賠償義務をもたらす不当勧誘行為規制といった議論も踏まえつつ、引き続き併せ検討してはどうか。

＜提案の趣旨＞

（①について）

　不招請勧誘ルールは、行政ルールの領域において、立法例の蓄積、拡充をみている。具体的には、とりわけ投機性が高い金融商品（店頭金融先物取引、店頭デリバティブ取引、商品先物取引）について金融商品取引法における禁止行為として、あるいは商品先物取引法上の不当な勧誘等の禁止として定められている。これらは、執拗な勧誘や利用者の被害の発生といった適合性原則の遵守をおよそ期待できない事態にかんがみて、そもそも顧客が要請していない限り勧誘自体を禁止すべきとする不招請勧誘規制が導入されてきたものである。さらには、平成24年8月の特定商取引法改正により、訪問購入に係る売買契約の締結について、勧誘を要請していないものにつきその勧誘を禁止するルールが導入されたことは注目に値する（58条の6第1項）。ここでは、訪問購入における被害は単なる経済的損失にとどまらず、また、未然防止の必要性が極めて大きいこと、そして、在宅していることが多い高齢者、専業主婦に集中しているといった事情が考慮されている。

　このほか、不招請勧誘禁止そのものではないものの、電子メール広告について承諾をしていない者に対する送信の禁止、制限がなされているほか、訪問販売については承諾意思確認の努力義務、再勧誘の禁止、電話勧誘販売についても再勧誘の禁止といった行政ルールも置かれている。

これらの規制は顧客の保護を目的とした法規定であることから、これらの規定に違反した［勧誘・販売］行為については民事上も違法となるといった形で、行政ルールに民事効を付与する旨の規定(行政ルールとの架橋)を導入するのが適切というべきである。その際の理論構成としては、「適合性原則から著しく逸脱した証券取引の勧誘をしてこれを行わせたときは、当該行為は不法行為法上も違法となる」とした最判平17・7・14民集59巻6号1323頁のほか、「他人の保護を目的とする法律に違反した者」も違法な権利侵害をしたとして「これによって生じた損害を賠償する責任を負う」と定めるドイツ民法823条2項が参考になろう。

(②について)
　不招請勧誘に関する消費者被害の相談は多く寄せられている一方、裁判実務においては、不招請勧誘を理由とする不法行為責任を認めた裁判例も、適合性原則等と相まった形で認めているほか、問題とされている領域も一定の領域に集中しているという傾向がみられる。したがって、消費者契約一般を対象に、不招請勧誘禁止そのものについて単独での実体法規範を考えるよりは、不当勧誘に関する一般条項(受皿規定)を置くこととしたうえで、その解釈・適用にあたっての一考慮要素とするのが、立法の早期実現という観点からは望ましいのではないか。また、不招請勧誘独自の実体法規範を定める方向についても、困惑取消類型の拡張という議論、損害賠償義務をもたらす不当勧誘行為規制といった議論も踏まえつつ、引き続き検討が必要であるように思われる。

２．その背景・立法的対処の必要性
　消費者契約のトラブルの多くが不招請勧誘に起因しているということが指摘されており、「元を絶つ」実効性確保の要請が不招請勧誘に寄せられる期待の背景にある。
　対処すべきとされている問題としては、常時住所にいることが多く、判断能力に衰えが生じている可能性が高い高齢者に対するもので、対応ができていないものとして詐欺的投資勧誘、苦情申し出がしにくい高齢者あるいは判断能力が不足している人への次々販売をあげることができる。

３．比較法
　諸外国においては、「不招請勧誘」に対して一般的な形で取り上げて民事ルールを論じる国はなく、郵便、ファックス、電子メールといった個別問題対応型での処理がなされている傾向がある。もっとも、一般民事ルールとして扱われていないというわけではなく、各国により、契約締結上の過失、公序違反、状況の濫用の一場面として扱われている例がある(内閣府国民生活局「諸外国における消費者契約に関する情報提供、不招請勧誘の規制、適合性原則についての現状調査」(平成18年3月))。

　フランス消費法典
　　第2節　違法な取引方法
　　第5款　攻撃的取引方法
　L.122-11条　Ⅰ．―取引方法は、それを取り囲む諸事情を考慮して、反復される執拗

な勧誘または物理的もしくは精神的強制の使用により、［以下］のときに攻撃的
である：
1°　取引方法が、消費者の選択の自由を著しく歪めまたは歪める性質を有する［とき］；
2°　取引方法が、消費者の同意を瑕疵あるものにし、または瑕疵あるものにする性
質を有する［とき］；
3°　取引方法が、消費者の契約上の権利の行使を妨げる［とき］。
II. ― 取引行為が、困惑行為、有形力を含む強制、または不当な影響を用いているか
否かを判断するために、以下の要素が考慮される：
1°　取引行為が行われた時および場所、その性質および執拗さ；
2°　物理的または口頭による脅しの使用；
3°　生産物に関する消費者の決断に影響を与える目的で、事業者が、事情を知った
上でする、消費者の判断を歪めてしまうほど重大なあらゆる不幸または特別な事
情へのつけ込み；
4°　消費者が、自らの契約上の権利、とりわけ契約を終了させる権利または生産物
もしくは供給者を変更する権利を主張しようとするときに、事業者によって課さ
れる、重大なまたは並外れた契約外のあらゆる障害；
5°　法律上可能でないにもかかわらず行われる、あらゆる訴訟提起の脅し。

L.122-11-1条　［以下のこと］を目的とする取引行為は、L.122-11条の意味において
攻撃的と見なされる：
1°　契約が締結されるまでその場を離れることができないという印象を消費者に与
えること；
2°　事業者がその場所を離れる旨またはその場所に再び現れない旨の消費者による
求めを無視して、消費者の自宅への個人的訪問を行うこと。ただし、国の定める
法が、契約上の債務の履行を行うために事業者が個人訪問を行うことを許可して
いる場合は、この限りでない；
3°　電話、ファックス、電子メール、その他のあらゆる遠隔通信手段による、反復
されかつ招請されていない勧誘を行うこと；（以下4°～8°略）
L.122-12条　攻撃的取引方法を行う行為は、2年を上限とする拘禁刑および150000
ユーロを上限とする罰金で罰せられる。
L.122-13条　L.122-12条に定める軽罪を犯した自然人は、最長で5年間、直接的に
または間接的に取引活動を行うことの禁止が科される。
L.122-14条　L.122-12条に定める軽罪を犯した法人は、刑法典131-39条に掲げる刑
罰が科される。
L.122-15条　攻撃的取引方法により契約締結に至ったとき、当該契約は、無効である。

4．立法を考えるとした場合の留意点

① 不招請勧誘ルールによって消費者契約トラブルの被害の「元を絶つ」意味は大きい。
その法的介入根拠として、しばしば「私生活の平穏の侵害」が挙げられる。しかし、
それによって生ずる損害については引き続き検討の必要がある（精神的損害以外の損

害について)。
② ルールの射程
　消費者取引一般について考えてよいのか、勧誘態様も一般化可能かということも意識する必要がある。
③ 行政ルールと民事効との架橋の要件
　適合性原則の最高裁判決は、行政ルールからの「著しい」逸脱という「著しい」という要件が入っているところ、ドイツ法的に「保護法規」性を認めることができる法規の違反(ドイツ民法823条2項)については「著しい」という要件を不要とすることも検討に値しよう。
　また、再勧誘の禁止については、フランス法を参考に、これも保護法規に含めて考えることができるのではないか。

5．その他

　不招請勧誘ルールは、広告規制のあり方のほか、困惑取消類型の拡張という議論、損害賠償をもたらす不当勧誘行為規制という議論、消費者公序規定の導入という議論とも密接にかかわるので、これらの議論状況も考慮に入れながら検討する必要がある。

（参考資料）
（1）消費者基本計画
・平成17年「消費者基本計画」
　「消費者契約法施行後の状況について分析・検討するとともに、消費者契約に関する情報提供、不招請勧誘の規制、適合性原則等について、幅広く検討する。」
　不招請勧誘を「取引を希望していない消費者に対する勧誘（例：消費者への電話やメールなどによる一方的な勧誘）」と説明している。
・平成22年「消費者基本計画」
　「消費者契約法に関し、消費者契約に関する情報提供、不招請勧誘の規制、適合性原則を含め、インターネット取引の普及を踏まえつつ、消費者契約の不当勧誘・不当条項規制の在り方について、民法（債権関係）改正の議論と連携して検討します。」（施策番号42）

（2）評価検討委員会報告書（28頁～）
　「本法上の困惑類型（第4条第3項）の規定の在り方について検討するのと合わせて、引き続き検討すべきである。」

（3）国民生活審議会消費者政策部会報告（平成11年1月）
　「・・これらの裁判例を踏まえ、事業者が、消費者を威迫するような言動（脅迫まがいの威圧的な言動）、消費者の私生活又は業務の平穏を害するような言動（例えば、長時間にわたり消費者を拘束する、夜間に消費者の居宅に上がり込む、消費者に不意打ち的に接近し考慮する時間を与えないなど、消費者の公私にわたる生活の安寧を乱すような言動）をした場合においては、消費者は契約を取り消すことができるとすることが適当である。なお、消費者の私生活又は業務の平穏を害するような言動とは、中間報告において用いられていた「困惑」の概念ないし手段を明確化・具体化し

たものである。」

(4) 消費者契約法日弁連改正試案（2012年2月16日）
　「不招請勧誘は、定型的に消費者の私生活の平穏を害し消費者を困惑させて契約をさせる勧誘方法であり、消費者契約法4条3項の不退去、退去妨害と同様に、消費者の正常な意思表示が害されていると考えられる。したがって、不招請勧誘によって契約が締結された場合には、民法96条、あるいは消費者契約法4条3項（困惑類型）に準じて、消費者に意思表示の取消権を付与すべきである。」
　（なお、不当勧誘行為についての損害賠償請求権も提言している。）
第4条（不当勧誘行為による取消し）
1　消費者は、事業者が消費者契約の締結について勧誘をし、又は消費者を誘引するための手段として行う広告その他の表示をするに際し、当該消費者に対して次の各号に掲げる行為（以下「不当勧誘行為」という。）をしたときは、当該消費者契約の申込み又は承諾の意思表示を取り消すことができる。ただし、当該各号に該当する行為がなかったとしても当該消費者が当該消費者契約の申込み又は承諾の意思表示をした場合は、この限りではない。
　十一　あらかじめ当該消費者の要請がないにもかかわらず、当該消費者を訪問し、又は当該消費者に対して電話をかけ、ファクシミリ装置を用いて送信し、若しくは電子メールを送信すること。

(5) 河上正二「消費者契約法の展望と課題」（現代消費者法14号）
　「不招請勧誘の禁止
　消費者契約トラブルの多くが、こうした不招請勧誘に起因することを考えると、かかる規律の導入も十分に検討されてよい課題である。」

(6) 後藤巻則・NBL No.958（2011.8.1）
　「報告Ⅱ　契約締結過程の規律の進展と消費者契約法」
　「不招請勧誘によって侵害される権利ないし利益が「私生活の平穏」であることに着目すると、困惑概念を拡張し、不招請勧誘規制を取り込むような方向で消契法を改正することが考えられる。ただし、事業者の勧誘行為によって消費者の私生活の平穏が害された場合であっても、契約の取消しまでは認めずに不法行為を理由とする損害賠償責任のみを認めることが適切な場合もある。そこで、私生活の平穏が害された場合の違法性の評価、ないしは誤認取消しを認める要件との比較などを含め、取消しの効果を導く「困惑」の要件をより明確にすることが必要である。」

(7) 後藤巻則「わが国における不招請勧誘規制のあり方」現代消費者法9号
　「4（3）不招請勧誘と不法行為
　不招請勧誘がなされると、契約の締結には至らないが、被勧誘者が被害を受けているという事態も生じうる。この場面でも、不招請勧誘により侵害される権利ないし利益が「私生活の平穏」であることが重要な意味をもつ。この場合の強引な電話・訪問勧誘等による被害は、取消権では救済されないが、保護法益が私生活の平穏であるならば、違反の場合の損害賠償請求も可能となる。ここでの損害は、不招請勧誘によって侵害された私生活の平穏それ自体であるから、締結された契約によって生じた損害とは別物であり、慰謝料によって填補されることが考えられる。このように民事

ルールを通じての救済を突き詰めていくことは、不招請勧誘による被害に即応した救済手段となる。

（8）（社）商事法務研究会「消費者契約法（実体法部分）の運用状況に関する調査報告書」（平成24年3月）

後藤巻則「消費者契約法の運用状況と今後のあるべき方向性について」58頁〜59頁
「（2）不招請勧誘についての裁判例
　裁判例において不招請勧誘が問題とされた事例は多くない。消費者の側から不招請勧誘が主張された事案においても不招請勧誘については判断せず、あるいは不招請勧誘は否定して他の理由に基づく損害賠償請求を認めるものが見られる。不招請勧誘を理由とする不法行為の成立を認めた判決も不招請勧誘のみを理由としているわけではなく、適合性原則違反や説明義務違反と相俟って不法行為責任を認めるものである。否定例を含め不招請勧誘が問題とされた取引類型も、商品先物取引と外国為替証拠金取引に限られるようである。
（3）不招請勧誘と消費者契約法による規律
　このように、裁判所が不招請勧誘規制の考え方を限定的にしか適用していないのは、不招請勧誘規制が不要だからではなく、むしろ不招請勧誘に対する適正な法的規制が欠けているからであろう。もちろん従来から不招請勧誘を個々の業法で規定することは行われているが、これによると、業者に対する行政処分（業務改善命令、業務停止処分、登録の取消など）が可能である反面、規制の対象が当該業法の適用範囲に限られるうえ、不招請勧誘規制違反の行為に民事的な効果を及ぼすことができないという問題がある。
　そこで、不招請勧誘規制の考え方を消費者契約に包括的に適用されるルールとして、消費者契約法の中に位置づけることが適切である。
　不招請勧誘があった場合には、まず、それにより不法行為が成立し、損害賠償が認められるということが考えられる。さらに、不招請勧誘規制違反行為の取消しを認めることも考えられるが、すでに見たように困惑概念を拡張するならば、取消しについては困惑による取消しに委ね、不招請勧誘について、例えば、「契約締結の要請をしていない消費者に対して、訪問し、あるいは電話をかけるなどして、契約締結を勧誘してはならない」といった、その違反の法的効果を明示しない行為規範として規定することも考えられる。行為規範としてであっても不招請勧誘規制に関する明文規定が置かれれば、不招請勧誘の違法性を認定する上での指標となろう。」

「不招請勧誘自体を認定した判決は多くはないが、違法性を認める理由として執拗な勧誘がなされたことを考慮した判決は少なくない。」

（9）津谷裕貴「不招請勧誘規制のあり方について（上）」（国民生活研究第50巻第1号（2010年6月））

「不招請勧誘規制の基本的視点、原則
　このような状況を踏まえ、不招請勧誘規制、オプトインによる規制の必要性、正当性、規制のあり方を検討する際の基本的視点、原則を、（故）正田彬氏の『消費者の権利』新版（岩波新書）に見出した。
　「国民が安心して生活するための基礎は国民の消費生活における権利の確立にある。人間の権利の尊重は、現代社会の基本原則である。したがって、事業者による事業活動は人間の権利の尊重を前提として成り立つものでなければならない。けっして、人間の権利と事業者の権利をどう調整す

るか、どう折り合いをつけるかという発想であってはならない」ということである。そして、「消費者の依頼を受けることなく、突然、消費者の生活の場である住居を訪問して事業活動を行うことは、消費者の生活の自由を侵害することにほかならない。『呼ばなければ来るな』というのが居宅・住居における事業活動についての市民社会の基本原則なのである。(略)事業者は消費者の市民としての権利を侵害しない範囲で事業活動を行うことが義務づけられていることをここでも確認しておく必要がある」とされる。

　不招請勧誘は、消費者の生活の権利の侵害であり、「呼ばなければ来るな」という原則で、事業者の権利とどう調整するか、折り合いをつけるかなどという発想は御法度というのは、筆者にとって、目から鱗というべき見解である。」

(10)　内閣府国民生活局「諸外国における消費者契約に関する情報提供、不招請勧誘の規制、適合性原則についての現状調査」(平成18年3月)
　「諸外国においては、「不招請勧誘」に対して一般的な形で取り上げて民事ルールを論じる国はなく、郵便、ファックス、電子メールといった個別問題対応型での処理がなされている傾向があること、もっとも、一般民事ルールとして扱われていないというわけではなく、各国により、契約締結上の過失、公序違反、状況の濫用の一場面として扱われている例があることのほか、事前の差止めという効果を備えた民事ルールとして不招請勧誘禁止のルールを立てることには意義があるが、事業者の側の勧誘の自由（営業活動の自由）に対する過剰な介入にならない要件・効果規範を考察する必要があることを指摘する調査もある」(評価検討委員会報告書28頁〜)

第5章　適合性原則

担当：角田美穂子（一橋大学教授）
　　　北村純子（弁護士）

１．論点

① 適合性原則を「過大なリスクを伴う商品・サービスを目的とする」消費者契約における「販売・勧誘ルールの原則規定」として消費者契約法に導入するあり方などを検討してはどうか。また、もっと広く適合性原則の実体法規範を定める方向についても、引き続き併せ検討してはどうか。

② 適合性原則について民事効果を伴った形での消費者契約法への導入を検討するにあたっては、消費者被害の実態、過量販売、過剰与信等に関する特別規定による対応可能性とその限界等を見極めながら、引き続き検討することとしてはどうか。また、具体的な在り方について、一般的な不当勧誘行為規制や消費者公序規定の導入といった議論も踏まえつつ、引き続き併せ検討してはどうか。

＜提案の趣旨＞
（①について）
　適合性原則は、もともとは投資サービス領域における業者ルールである。それを著しく逸脱した勧誘行為は不法行為法上の違法性を基礎づけるとする、民事効へと架橋する判例法理は確立しているものの、裁判実務においては極めて限定的にしか機能していないとされている。他方、業者ルールの領域では、適合性原則は新たな機能を獲得する等、強化される傾向にある。
　消費者法の領域においても、「消費者との取引に際して、消費者の知識、経験及び財産の状況等に配慮すること」を事業者の責務とするプログラム規定（消費者基本法５条１項３号）のほか、訪問販売、電話勧誘販売、連鎖販売取引、個人過剰貸付契約などの（広い意味での）「過大なリスクを伴う商品・サービス」につき適合性原則が行政ルールとして導入されている。また、適合性原則そのものではないが、判断力の低下に乗じた契約締結、過量販売を禁ずる行政ルールが導入されている。ただし、過量販売取引については解除権付与という契約解放型の救済が認められるに至っている。これらルール化の拡充の背景事情として、適合性原則に関する消費者被害の相談は多く寄せられていることのほか、高齢社会における消費者法のあり方として、適合性原則の立法化のニーズが高まっている点を指摘することができる。
　他方で、裁判規範としては十全な機能を果たしているとは言い難い状況、および、投資サービス分野を超えて消費者契約一般を対象とする民事ルールを定める消費者契約法への導入を検討するという２段階での展開を要することを踏まえれば、「過大なリスクを伴う商品・サービスを目的とする」消費者契約における「販売・勧誘ルールの原則規定」として消費者契約法に導入する在り方などが、考えられるのではないか。
　また、もっと広く適合性原則の実体法規範を定める方向についても、引き続き併せ検討される必要があろう。

（②について）
　適合性原則に関する消費者被害の相談は多く寄せられているほか、高齢社会における消費者法のあり方として、適合性原則の立法化のニーズが高まっているということができる。過量販売、過剰与信等に関する特別規定など、適合性原則に密接に関連する法理は立法化されているところであるが、それらによる対応可能性とその限界等を見極めながら、適合性原則の立法化の必要性について、引き続き検討していくのが適切であろう。具体的な在り方については、一般的な不当勧誘行為規制や消費者公序規定の導入といった議論も踏まえつつ、引き続き検討される必要があろう。

２．その背景・立法的対処の必要性
（①について）
（１）投資サービス領域における適合性原則
　適合性原則は、もともとは投資サービス領域における業者ルールである。その意味には、狭義（一定の利用者に対してはいかに説明を尽くしても一定の金融商品の販売・勧誘を行ってはならない）と広義（利用者の知識・経験、財産力、投資目的等に照らして適合した商品・サービスの販売・勧誘を行わなければならない）のものがあると解されている（金融審議会第１部会「中間整理（第１次）」平成11年7月8日）。
　法制の特徴としては、広義の適合性原則は実質的な説明義務と整理され、説明義務が尽くされたかどうかの解釈基準として、さらには勧誘の適正性確保のためのコンプライアンス・ルールとして規定されている。
　法制上の中核をなす狭義の適合性原則は行政ルールとして規定されているが、最判平17年7月14日が、これを民事ルールと架橋する判例法理を確立している。ただ、民事ルールは、最近の下級審裁判例においては実質機能しておらず、他方で、説明義務が認められる事案が多いようであるが、これが広義の適合性原則に近づいているとの指摘がなされている（潮見佳男「適合性の原則に対する違反を理由とする損害賠償──最高裁平成17年7月14日判決以降の下級審裁判例の動向」民事判例Ⅴ（2012年））。
　また、リーマンショック以降、デリバティブの販売・勧誘規制が強化されるなか、適合性原則は合理的根拠適合性という新たな機能を獲得するに至っている点も見逃せない。

（２）消費者法の領域における適合性原則
　先に指摘した立法例が蓄積していることにくわえ、消費者契約法に置くことの意味を考える際には、消費者法固有の必要性も十分に踏まえる必要がある。
　たとえば、およそふさわしくない者にハイテクな機器を勧める、高額かつ不要な悪質リフォーム問題、若年者への高額レジャークラブ会員権契約、高齢者に多機能携帯電話を勧めるといった例である。これらは過大なリスクを伴う取引とは直ちに言い難いともいえ、これらをどのように考えるかも検討の必要性がある。
　また、隙間事案への対応ということで、店舗取引における過量販売の問題も実際に存在するということから、これをどう受けとめるかも検討すべきである（店舗取引におい

「消費者契約法に関する調査作業チーム」論点整理の報告

て、高齢者と親密になった店員が呉服や宝飾品につき収入や財産状況に照らして過剰な量を販売するといった事案である）。

（②について）
（１）被害事例など
－１ 若年層相手の連鎖販売取引への勧誘に関するアースウォーカー事件（平成17年6月20日付け取引停止命令　経済産業省近畿経済産業局）適合性原則違反（特定商取引法第38条第1項第4号、特定商取引法施行規則第31条第7号）
－２ 高齢者の被害事例
（ア）一人暮らしや日中独居が狙われやすい
（イ）次々販売により被害が拡大する
　　認知症高齢者に係る相談の場合、同一の業者や複数の業者から高額なふとんや健康食品などを次々と購入させられるケースが多い。認知症高齢者の場合には、被害に遭っているという認識が一般の高齢者よりも弱いということもあり、そのため被害の顕在化が遅れ、被害が拡大してしまう恐れがある。
　　また、次々販売のケースでは、支払能力を超えるなどの不適正な与信や、必要以上の量の商品を購入させる過量販売の事例も目立つ。
（ウ）理解力が不足しているのを知りながら契約させる
　　認知症高齢者や知的障害、精神障害のある人の場合、契約の内容や契約金額などを十分に理解しないまま契約してしまうケースも目立つ。本人の理解力が不足しているのを事業者側が知りながら契約させるケースもある。
※　国民生活センター「判断力が不十分な消費者に係る契約トラブル－認知症高齢者に係る相談を中心に－」（平成20年9月4日）より
◎国民生活センター公表より（国センＨＰ）
○「注目のテーマ」「高齢者の消費者被害」
　　［2006年10月10日：公表］　［2012年10月24日：更新］
　　「全国の消費生活センターに寄せられた契約当事者が70歳以上の相談の件数は、2004年度に10万件を超え、2010年度は約13万件で、相談全体の約15％を占めています。」
○「判断力が不十分な消費者に係る契約トラブル－認知症高齢者に係る相談を中心に－」平成20年9月4日（記者説明会資料）
　　全国の消費生活センターには、精神障害や知的障害、認知症等の理由によって十分な判断ができない状態にある消費者の契約に係る相談（以下、「判断力が不十分な消費者に係る相談」）が毎年多く寄せられている。
　　国民生活センターでは、2003年4月に「知的障害者、精神障害者、痴呆性高齢者の消費者被害と権利擁護に関する調査研究」をまとめ、判断力が不十分な消費者に係る相談についての情報提供を行った。当該調査研究では、判断力が不十分な消費者に係る相談件数が2001年度までの5年間に2.6倍になったとしているが、その後も件数の増加傾向は続いている。
　　直近の10年間でみると、2005年度には1998年度の5倍以上の12,607件にまで達

し、2006年度以降においても、年間1万件以上の相談が全国に寄せられている。
　判断力が不十分な消費者に係る相談全体の傾向をみると、契約当事者が70歳代以上の相談の割合が増加しており、認知症高齢者に係るトラブルが増加傾向にあることが伺える。
　2003年度から2008年度に受付けた相談における契約当事者の属性をみると、全体の約63％が70歳代以上の高齢者であり、判断力が不十分な消費者に係る相談の中でも認知症高齢者に係るものが非常に多いことが伺える。
　また、判断力が不十分な消費者に係る相談全体のうち、契約当事者が70歳代以上である相談の割合の推移をみると、1998年度では全体の約43％であったものが、2007年度には約65％まで増加しており、最近の約10年間で認知症高齢者に係る相談が急増したことが伺える。

（2）裁判例
＜高齢者、過量販売等に関する裁判例＞
〇大阪地裁平成18年9月29日判決（最高裁ＨＰ）
　クレジットを利用するなどして、販売店から呉服、寝具等を購入した事案につき、売買契約の公序良俗違反による無効に基づく既払金の返還請求等を認めた。
　販売店らは、「継続的に、原告に対し、その認知機能が痴呆症によって低下し、判断能力が低下していることに乗じて、客観的にみて購入の必要のない高額かつ多数の呉服、寝具等をそれと知りつつ過剰に販売したものであるといえ」とした。
〇高松高裁平成20年1月29日判決・判時2012号79頁
　販売店及びクレジット会社につき、次のとおり判示して、公序良俗違反により無効、不法行為法上も違法として、責任を認めた。
　購入者Ｃの「収入や保有資産、それまでの生活状況等に照らし、Ｃにとって着用機会の乏しい高額な着物等を短期間に多数かつ重複した形で購入することは、それ自体として異常な購買行動というほかない。」、「Ｃの異常な購買行動は、・・・肝性脳症に伴う精神神経障害に起因するものと推認するのが相当」、「通常の消費者が備えているべき判断力、自己制御力等の精神的能力の面で正常でなかったというべきである」等と認定し、「本件取引に係る商品の多くは高額な着物等であるところ、顧客の年齢や職業、収入や資産状況、これらからうかがわれる顧客の生活状況及び顧客とこれまでの取引状況並びにこれから看取される顧客の取引についての知識経験や取引対象商品の必要性等の諸事情にかんがみて、このような高額の商品を販売する販売店においては顧客に対する不当な過量販売その他適合性の原則から著しく逸脱した取引をしてはならず、これと提携するクレジット会社においても、これに応じて不当に過大な与信をしてはならない信義則上の義務を負っているものと解すべきである」、「その不当性が著しい場合には、販売契約及びこれに関連するクレジット契約が公序良俗に反し無効とされる場合もある」等と判示し、当該事案における一定時期以降の契約につき「過量販売ないし過剰与信に該当するものとして、Ｃに対する販売ないし与信取引を差し控えるべき信義則上の義務があったというべきであ」るとした。
〇秋田地裁平成22年9月24日判決（判例集等未掲載）

呉服次々販売（原告は昭和4年生まれの女性（無職、年金受給者））につき公序良俗違反、共同不法行為であるとして、グループ主宰者、販売店、信販会社に対し連帯して既払い金全額を支払うようを命じた。
　最初の契約から全体として公序良俗違反、不法行為となることを認めた。
○奈良地裁平成22年7月9日判決（同庁同年（ワ）第961号事件）LLI/DB
　認知症で管理能力が低下している原告に対して、これを知りながら、個人的に親しい友人関係にあるかのように思い込ませ、これを利用し、原告自身の強い希望や必要のない呉服や宝石等の商品を大量に買わせ続けた、このような売買は、その客観的状況において、通常の商取引の範囲を超えるものであり、民法の公序良俗に反するというべきである、購入の具体的場面において原告が商品を購入するとの態度を示していたとしてもこのことは変わらない、消費者保護法制による違法な勧誘方法が同被告においてされていないとしても、私法行為一般に適用されるべき民法90条が適用されなくなるものではない等として一部請求を認めた。
○大阪高裁平成21年8月25日判決・判時2073号36頁
　認知症の高齢者の判断能力の低下に乗じてなされた、同人にとって客観的な必要性の全くない（むしろ同人に不利かつ有害な）取引といえるから、公序良俗に反し無効であるとされた。
○大阪地裁平成20年1月30日判決
　呉服販売店が、そのパート従業員に対しクレジット利用により呉服、宝石等を購入させた行為につき、公序良俗違反により無効、不法行為に該当等として、既払金の返還、支払拒絶しうる地位の確認及び弁護士費用の支払いを認めた。
　月の給与額に対する各月の返済金額の割合や年収に比しての残債務額の大きさ等を考慮した。
○大阪地裁平成20年4月23日判決・判時2019号39頁
　呉服販売店が、その従業員に対しクレジット利用により着物等を購入させた行為につき、公序良俗違反により無効、不法行為に該当するとした。
　支払額が給与額と匹敵する額であって、販売店がかかる状態を認識しつつ放置したこと等から、著しく社会的相当性を逸脱するものとした。
　また、クレジット会社について、「販売店との強い提携関係の下で、原告が高齢者であり、販売店の給与と遺族年金からしか収入がないことを認識しながら、販売店が、継続的に従業員である原告に対して高額な自社商品である着物等を販売して、原告の過大な債務負担のもとで会社の利益を得ていたことを認識していた」と認定し、加盟店である販売会社が不法行為に当たる社会的に著しく不相当な商品の販売行為をしていることを知りながら当該商品の購入者と立替払契約を締結し、販売会社の不法行為を助長したものとして、販売店との共同不法行為に当たり、公序良俗に反して無効であるとした。

3．立法を考えるとした場合の留意点
・民法改正との関係
　民法改正において、公序良俗の現代化（暴利行為論）、意思能力の定義、保証人の保

護のあり方等について、適合性原則の要請を一部実現するような提案がされている。このような提案がなされていること自体、適合性原則の要請というものを民事ルールのなかで受けとめる必要性を反映していると言うことができよう。そして、仮に、民法改正によって適合性原則の要請が部分的に実現されたとしても、これを消費者契約法に導入する意義とその必要性はあるのではないか。
・行為規範としての機能
　導入の必要性を考える際には、適合性原則の機能を考慮にいれる必要がある。すなわち、適合性原則が勧誘の適正性を確保するための管理態勢を要請しているという機能に着目すれば、消費者契約法が販売勧誘ルールの原則規定として、固有の必要性があるといえるのではないか。

4．その他
　適合性原則は、消費者公序規定の導入の検討とも密接にかかわるので、これらの議論状況も考慮に入れながら検討する必要がある。

(参考資料)
1．投資サービス領域における適合性原則
（1）法令等
・定義（金融審議会第1部会「中間整理（第1次）」平成11年7月8日より）
　狭義（一定の利用者に対してはいかに説明を尽くしても一定の金融商品の販売・勧誘を行ってはならない）
　広義（利用者の知識・経験、財産力、投資目的等に照らして適合した商品・サービスの販売・勧誘を行わなければならない）
【狭義】
・金融商品取引法40条1号
　「金融商品取引業者等は…該当することのないよう、業務を行わなければならない」
　「金融商品取引行為について、顧客の知識、経験、財産の状況及び金融商品取引契約を締結する目的に照らして不適当と認められる勧誘を行つて投資者の保護に欠けることとなつており、又は欠けることとなるおそれがあること。」
・商品先物取引法215条
　「商品先物取引業者は、顧客の知識、経験、財産の状況及び商品取引契約を締結する目的に照らして不適当と認められる勧誘を行つて委託者等の保護に欠け、又は欠けることとなるおそれがないように、商品先物取引業を行わなければならない。」
【広義】
・契約締結前交付書面の記載事項について「実質的説明義務」（特定投資家除く）――顧客の知識、経験、財産の状況及び当該金融商品の販売に係る契約を締結する目的に照らして、当該顧客に理解されるために必要な方法及び程度による説明をすることなしでの契約締結を禁止行為
　金商法37条の3、金商品取引業等に関する内閣府令117条1項1号イ
・「説明は、顧客の知識、経験、財産の状況及び当該金融商品の販売に係る契約を締結する目的に照らして、当該顧客に理解されるために必要な方法及び程度によるものでなければならない」　説明

義務が尽くされた否かの解釈基準　民事ルール（←損害賠償責任）の解釈基準　金販法3条2項、商取法218条2項
・勧誘の適正性確保の努力義務＋「勧誘方針」策定・公表
　「勧誘の対象となる者の知識、経験、財産の状況及び当該金融商品の販売に係る契約を締結する目的に照らし配慮すべき事項」
　金販法9条2項1号、商取法220条の3で準用、コンプライアンス・ルール（←50万円以下の過料）
・顧客属性等をふまえた説明を行う等の体制を整備する義務　保険業法100条の2、保険業法施行規則53条の7

（2）裁判実務
　【狭義】
　最判平17・7・14民集59巻6号1323頁
　「顧客の意向と実情に反して、明らかに過大な危険を伴う取引を積極的に勧誘するなど、適合性の原則から著しく逸脱した証券取引の勧誘をしてこれを行わせたときは、当該行為は不法行為法上も違法となると解するのが相当である。」
　「具体的な商品特性を踏まえて、これとの相関関係において、顧客の投資経験、証券取引の知識、投資意向、財産状態等の諸要素を総合的に考慮する必要がある」

（3）近時の動向
・金融庁「金融商品取引業者等の総合的監督指針」（平成23年2月改正）Ⅱ－2－3－1
　顧客属性等及び取引実態を適切に把握し得る顧客管理態勢
　ヒアリングシートを顧客に交付し、顧客と金融機関相互で顧客が申告した情報を共有
・「合理的根拠適合性」
　日本証券業協会の規則改定　←──店頭デリバティブをめぐる紛争増加
　勧誘しようとする有価証券等が少なくとも一定の顧客にとって投資対象としての合理性を有するものであることを求める。

Ⅱ．消費者法関係
（1）法令等
・消費者基本法5条1項3号
　「消費者との取引に際して、消費者の知識、経験及び財産の状況等に配慮すること」を事業者の責務としている。
【狭義】
・特定商取引法施行規則7条3号、23条3号
　「主務大臣は…必要な措置をとるべきことを指示することができる」
　「顧客の知識、経験及び財産の状況に照らして不適当と認められる勧誘」
・貸金業法13条の2
　「貸金業者は、貸付けの契約を締結しようとする場合において、前条第一項の規定による調査により、当該貸付けの契約が個人過剰貸付契約その他顧客等の返済能力を超える貸付けの契約と認め

られるときは、当該貸付けの契約を締結してはならない。」
　（業務改善命令 24 条の 6 の 3、監督上の処分 24 条の 6 の 4）
【広義】
・電気通信事業法の消費者保護に関するガイドライン（平成 16 年 3 月、平成 24 年 10 月改訂版）26 条（提供条件の説明義務）関係「契約締結の際の望ましい対応の在り方について」
　「同法に規定する義務となるわけではないが、同法の趣旨を踏まえた契約締結の際の望ましい対応の在り方として、電気通信事業者等には…期待される」

●関連規定
・特定商取引法（7 条 3 号、9 条の 2）
　7 条 3 号
　「主務大臣は…必要な措置をとるべきことを指示することができる」
　「正当な理由がないのに訪問販売に係る売買契約であつて日常生活において通常必要とされる分量を著しく超える商品の売買契約の締結について勧誘することその他顧客の財産の状況に照らし不適当と認められる行為として主務省令で定めるもの」
　9 条の 2（通常必要とされる分量を著しく超える商品の売買契約等の申込みの撤回等）
　「申込者等は、次に掲げる契約に該当する売買契約若しくは役務提供契約の申込みの撤回又は売買契約若しくは役務提供契約の解除（以下この条において「申込みの撤回等」という。）を行うことができる。ただし、申込者等に当該契約の締結を必要とする特別の事情があつたときは、この限りでない。
　一　その日常生活において通常必要とされる分量を著しく超える商品若しくは指定権利の売買契約又はその日常生活において通常必要とされる回数、期間若しくは分量を著しく超えて役務の提供を受ける役務提供契約　」
　（ｃｆ．割賦販売法 35 条の 3 の 12）
・特定商取引法施行規則
　「老人その他の判断力の不足に乗じ、訪問販売に係る売買契約又は役務提供契約を締結」（7 条 2 号等）

（2）政府公表資料
○平成 17 年、平成 22 年消費者基本計画
・平成 17 年「消費者基本計画」
　「消費者契約法施行後の状況について分析・検討するとともに，消費者契約に関する情報提供，不招請勧誘の規制，適合性原則等について，幅広く検討する。」
　適合性原則については、「高齢者や若者など消費者の特性（知識、経験及び財産の状況等）に応じた勧誘を行わなければならないという原則」と説明がされている。
・平成 22 年「消費者基本計画」
　「消費者契約法に関し，消費者契約に関する情報提供，不招請勧誘の規制，適合性原則を含め，インターネット取引の普及を踏まえつつ，消費者契約の不当勧誘・不当条項規制の在り方について，民法（債権関係）改正の議論と連携して検討します。」（施策番号 42）
○消費者契約法評価検討委員会報告書（平成 19 年 8 月）

「消費者契約法に関する調査作業チーム」論点整理の報告

　「適合性原則に関するルールの在り方等については、暴利行為論を現代の消費者取引に合わせて具体的にルール化することが考えられるところであるが、知識、経験、財産の状況など、個別事情による面が大きい民事ルールを消費者契約一般を適用対象とする消費者契約法に設けるべきかどうかについては、取引の促進に不当な影響を生じさせないとの観点をも考慮に入れつつ、また、困惑類型（第4条第3項）の対象の拡張により対処することができる範囲を見据えながら、引き続き検討すべきである。」（27頁～）
○内閣府国民生活局「諸外国における消費者契約に関する情報提供、不招請勧誘の規制、適合性原則についての現状調査」（平成18年3月）
　「諸外国では、「適合性原則」に対して、一般的な形で取り上げて民事ルールを論じる国はなく、金融サービス・投資取引の場面で特化して用いられる特徴があること、また、適合性原則自体が強調されない諸国でも、公序良俗違反、錯誤、情報提供義務違反、状況の濫用などにより、民事上の効果（契約の無効・取消し、損害賠償等）が付与されうるとされた調査もある」（評価検討委員会報告書27頁～）

（3）学説・議論の動向
○河上正二「消費者契約法の展望と課題」（現代消費者法14号68頁）
　「消費者契約法において、消費者基本法2条2項にも示されている「適合性原則」をどのような形で反映させるべきかも大きな課題たりうる。」
○後藤巻則「消費者契約法の運用状況と今後のあるべき方向性について――困惑類型およびその周辺に位置する問題を中心として」消費者庁委託事業報告書53頁
　「認知症高齢者、知的障害者、精神障害者などの判断能力に問題のある人の場合、誤認や困惑により契約してしまうというよりもそもそも合理的な判断ができないため、事業者に言われるままに契約してしまうことが多い。また、誤認類型や困惑類型に該当する可能性がある場合でも、記憶があいまいで契約当時の事実関係や意思を確認することが難しいため、事業者の不当行為等の存在を主張することができない。こうした判断能力に問題のある人を救済するためには、消費者契約法の誤認類型や困惑類型の強化といった方法とは別個に、新たな救済法理を導入することが必要である。…この要請に応える法理として適合性原則がある。」
○大村敦志『消費者法［第4版］』（有斐閣・2010）22頁
　「消費者の多様化―――若年者と高齢者」―――「格別の保護が要請される」
　「若年者に関しては、成年年齢の18歳への引下げとの関連…18・19歳に限らず、経験の乏しい若年者に一定の保護を与えることは、若年者を自律する成年者と扱うことと必ずしも矛盾しないであろう。具体的には、無経験を理由に無効・取消しを認めることが考えられる。」
　「高齢者は、豊田商事事件からリフォーム商法まで各種の悪徳商法の被害者となることが多い。その判断力の低下を考慮に入れた保護が講じられる必要があるが、『債権法改正の基本方針』が導入を提案している「意思能力」【1.5.09】は、このような要請に応ずるものと評することができる。」
○潮見佳男「適合性の原則に対する違反を理由とする損害賠償」現代民事判例研究会編『民事判例V 2012年前期』（日本評論社・2012）7頁
　民法（債権法）改正検討委員会編『詳解・債権法改正の基本方針I』83頁は、「意思能力を、法律行為を構成する制度と位置づけて『法律行為をすることの意味を理解する能力』と捉え、『各種の制度ごとに、その種の法律行為をみずからしたといえるために必要とされる一種の資格要件』とす

ることを提案している…『意思能力の有無がこのように行為の種類と相関的に判断されることになるとすれば、従来、適合性原則の問題として考えられてきた場合のうち、とくに知的能力にかかわるものがこの中に取り込まれる可能性が出てくる』としている。ここで基礎に置かれている適合性の原則とは…投資不適格者を排除する法理として把握される意味のものである。」
○民法（債権関係）の改正に関する中間試案・法制審議会民法（債権関係）部会
第1　法律行為総則
2　公序良俗（民法第90条関係）
民法第90条の規律を次のように改めるものとする。
（1）公の秩序又は善良の風俗に反する法律行為は，無効とするものとする。
（2）相手方の困窮，経験の不足，知識の不足その他の相手方が法律行為をするかどうかを合理的に判断することができない事情があることを利用して，著しく過大な利益を得，又は相手方に著しく過大な不利益を与える法律行為は，無効とするものとする。
（注）上記（2）（いわゆる暴利行為）について，相手方の窮迫，軽率又は無経験に乗じて著しく過当な利益を獲得する法律行為は無効とする旨の規定を設けるという考え方がある。また，規定を設けないという考え方がある。
（概要）
　本文（2）は，いわゆる暴利行為を無効とする旨の規律を設けるものである。大判昭和9年5月1日民集13巻875頁は，他人の窮迫，軽率又は無経験を利用し，著しく過当な利益を獲得することを目的とする法律行為は公序良俗に反して無効であるとし，さらに，近時の裁判例においては，必ずしもこの要件に該当しない法律行為であっても，不当に一方の当事者に不利益を与える場合には暴利行為として効力を否定すべきとするものが現れている。しかし，このような法理を民法第90条の文言から読み取ることは，極めて困難である。そこで，本文（2）では，これらの裁判例を踏まえ，「困窮，経験の不足，知識の不足その他の相手方が法律行為をするかどうかを合理的に判断することができない事情」という主観的要素と，「著しく過大な利益を得，又は相手方に著しく過大な不利益を与える」という客観的要素によって暴利行為に該当するかどうかを判断し，暴利行為に該当する法律行為を無効とするという規律を明文化するものである。これに対しては，上記大判昭和9年5月1日の定式に該当するもののみを暴利行為とすべきであるという立場からこれをそのまま明文化するという考え方や，暴利行為の要件を固定化することは判例の柔軟な発展を阻害するとしてそもそも規定を設けないという考え方があり，これらを(注)で取り上げている。
○民法（債権関係）の改正に関する中間試案・法制審議会民法（債権関係）部会
第2　意思能力
法律行為の当事者が，法律行為の時に，その法律行為をすることの意味を理解する能力を有していなかったときは，その法律行為は，無効とするものとする。
（注1）意思能力の定義について，「事理弁識能力」とする考え方や，特に定義を設けず，意思能力を欠く状態でされた法律行為を無効とすることのみを規定するという考え方がある。
（注2）意思能力を欠く状態でされた法律行為の効力について，本文の規定に加えて日常生活に関する行為についてはこの限りでない（無効とならない）旨の規定を設けるという考え方がある。
○民法（債権関係）の改正に関する中間試案・法制審議会民法（債権関係）部会
第17　保証債務
6　保証人保護の方策の拡充

（4）その他の方策
　保証人が個人である場合におけるその責任制限の方策として，次のような制度を設けるかどうかについて，引き続き検討する。
ア　裁判所は，主たる債務の内容，保証契約の締結に至る経緯やその後の経過，保証期間，保証人の支払能力その他一切の事情を考慮して，保証債務の額を減免することができるものとする。
イ　保証契約を締結した当時における保証債務の内容がその当時における保証人の財産・収入に照らして過大であったときは，債権者は，保証債務の履行を請求する時点におけるその内容がその時点における保証人の財産・収入に照らして過大でないときを除き，保証人に対し，保証債務の［過大な部分の］履行を請求することができないものとする。

（概要）
　保証契約については，特に情義に基づいて行われる場合には，保証人が保証の意味・内容を十分に理解したとしても，その締結を拒むことができない事態が生じ得ることが指摘されており，保証人が個人である場合におけるその責任制限の方策を採用すべきであるとの考え方が示されている。これについての立法提案として，本文アでは身元保証に関する法律第5条の規定を参考にした保証債務の減免に関するものを取り上げている。これは，保証債務履行請求訴訟における認容額の認定の場面で機能することが想定されている。本文イではいわゆる比例原則に関するものを取り上げている。これらの方策は，個人保証の制限の対象からいわゆる経営者保証を除外した場合（前記（1）参照）における経営者保証人の保護の方策として機能することが想定されるものである。もっとも，以上については，前記（1）の検討結果を踏まえる必要があるほか，それぞれの具体的な制度設計と判断基準等について，更に検討を進める必要がある。

○消費者契約法日弁連改正試案（2012年2月16日）
　「誤認あるいは困惑の状況に置かれた場合に準じ，取消しうべきものとして消費者に契約からの離脱が認められるべきである。」
　（なお，不当勧誘行為についての損害賠償請求権も提言している。）
〔条文案〕第4条第1項12号　適合性原則違反
第4条（不当勧誘行為による取消し）
　1　消費者は，事業者が消費者契約の締結について勧誘をし，又は消費者を誘引するための手段として行う広告その他の表示をするに際し，当該消費者に対して次の各号に掲げる行為（以下「不当勧誘行為」という。）をしたときは，当該消費者契約の申込み又は承諾の意思表示を取り消すことができる。ただし，当該各号に該当する行為がなかったとしても当該消費者が当該消費者契約の申込み又は承諾の意思表示をした場合は，この限りではない。
　十二　当該消費者の知識，経験，理解力，契約締結の目的，契約締結の必要性及び財産の状況に照らして不適当な勧誘を行うこと。

第6章　不当条項リストの補完

担当：大澤　彩（法政大学准教授）

1．論点
① 該当すれば不当条項であるとみなされる「ブラック・リスト」と、不当条項であると推定される（当事者が不当性を阻却する事由を主張立証することによって不当性が覆る）「グレイ・リスト」を設けてはどうか。また、この他に例えば業種毎のリストなどを政令レベルで設けることも検討してはどうか。
② 不当条項リストのうち、特に裁判例で活用されており、それゆえに解釈論上・立法論上も多くの問題点が指摘されている違約金・損害賠償額の予定条項規制について、規制基準、立証責任、対象となる条項の種類などの点から詳細に検討してはどうか。
③ 実際の事案においては、そもそも問題となっている条項がいかなる趣旨のものであるかが不明確であり、具体的にどの不当条項リストに当てはまるかが問題となることがある。そこで、条項の性質決定に関する解釈準則を創設してはどうか。具体的には、不明確条項に関しては、消費者の合理的意思を重視する解釈準則を創設することを検討してはどうか。

2．その背景・立法的対処の必要性
①について
（1）現行消費者契約法においては、不当条項リストは消費者契約法8条、同法9条の2種類しか存在せず、多くの条項が一般条項たる消費者契約法10条によってその不当性判断がなされている状況にある。

　不当条項リストを設けることについては、①危険条項についての消費者や事業者の「情報提供機能」、ひいては「紛争予防機能」があること、②無効条項に対する予防機能と市場における「実質的競争促進機能」があること、③「裁判外での紛争処理機能」があることから（河上正二「消費者契約法の展望と課題」現代消費者法14号（2012年）75頁）、おおむね支持されている。多くの条項の不当性判断が消費者契約法10条に委ねられているわが国の現状を見ると、不当条項リストの以上の3つの機能を実現するには至っていないということができる。

　そこで、従来の裁判例、学説、諸外国の立法例を参考に不当条項リストを充実させるべきである。

　その際、該当すれば不当条項であるとみなされる「ブラック・リスト」と、不当条項であると推定される（当事者が不当性を阻却する事由を主張立証することによって不当性が覆る）「グレイ・リスト」を設けることが考えられる。不当とされる条項の中には、いかなる状況を考慮しても常に不当と言える条項のみならず、他の条項の存在、対価との関係など他の事情を踏まえれば当該条項の合理性が認められうる条項が存在する。リ

ストによる硬直的な不当性判断を避けるためには、ブラック・リストとグレイ・リストに分けてリスト化することがのぞましいのではないだろうか。我が国の学説や実務における諸提案や諸外国の立法例を見ても、ブラック・リストとグレイ・リストに分けて規定するものが多い。このように、ブラック・リストとグレイ・リストにわけて規定することについて、異論はそれほど多くないように思われる。

とりわけ、グレイ・リストをいかに上手く立法化するかが、不当条項規制の効率性を高める上で重要であると考える。不当条項の中には、契約内のその他の条項の内容や対価等を考慮すると、必ずしも常に不当とは言えない条項が存在する（具体例は後述する）。具体的には、契約の一部の条項においては当事者の一方に有利な規定が設けられているとしても、対価やその他の条項は他方に有利になっている場合もあり、リストを作成するとこのような条項についても効力を否定することになり硬直的な運用を招くという批判もある。そこで、対価やその他の条項の内容を考慮した上で不当性が覆る可能性があるものをグレイ・リストに定め、いかなる事情を考慮してもおよそ不当性が覆ることはないものをブラック・リストに定めることは、条項の不当性判断を硬直的なものとしないために有益な方法であると考える。

事業者から見ると、グレイ・リストでは不当性指標がかえってわかりにくいという批判もあるが、少なくともグレイ・リストに掲げることで事業者にとって契約条項策定段階で留意すべき点が明確になるというメリットがある。むしろ多くの条項の不当性判断が消費者契約法10条に委ねられており、裁判所によって条項の有効性判断が変わってくる現状の方が、事業者、消費者双方にとって条項の不当性に関する予測可能性を奪うものである。不当条項リストを充実させることは、消費者はもちろん事業者に対しても不当な条項となりうる条項の種類を明確に提示することに資するため、結果として市場において契約本体である商品の性能・品質と価格による競争に事業者が集中でき、実質的な競争を促進することになる（河上・前掲「消費者契約法の展望と課題」現代消費者法14号（2012年）75頁）。

ただし、それぞれのリストに掲げるべき具体的なリストの候補や、それらをブラック・リストとグレイ・リストのどちらに規定するかについては後に述べるように慎重な検討が必要である。

※消費者契約法制定過程
第16次国民生活審議会消費者政策部会中間報告（「消費者契約法（仮称）の具体的内容について」）では、「不当条項リストを作成し、当然に無効とされる条項をブラック・リストとして、不相当と評価された場合にのみ無効とされる条項をグレイ・リストとして、それぞれ列挙する」とされており、9種類35項目の条項が掲げられていたが、最終報告（「消費者契約法（仮称）の制定に向けて」では、消費者契約法における証明責任が民事訴訟法の原則通りであっても問題ないこと、不当条項に関する規定が限定列挙と解釈されないような工夫が必要であること、諸外国でも必ずしもブラック・リストおよびグレイ・リストに分かれているわけではないことなどを理由に、中間報告の不当条項リスト

のあり方は最終報告では採用されなかった。

※主な学説・立法提案など（本報告別表も参照）
●法制審議会民法（債権関係）改正部会中間論点整理（2011年）
5 不当条項のリストを設けることの当否
　民法に不当条項規制に関する規定を設けることとする場合には、どのような条項が不当と評価されるのかについての予測可能性を高めることなどを目的として、不当条項規制に関する一般的規定（前記3及び4）に加え、不当と評価される可能性のある契約条項のリストを作成すべきであるとの考え方があるが、これに対しては、硬直的な運用をもたらすなどとして反対する意見もある。そこで、不当条項のリストを設けるという考え方の当否について、一般的規定は民法に設けるとしてもリストは特別法に設けるという考え方の当否も含め、更に検討してはどうか。
　また、不当条項のリストを作成する場合には、該当すれば常に不当性が肯定され、条項使用者が不当性を阻却する事由を主張立証することができないものを列挙したリスト（ブラックリスト）と、条項使用者が不当性を阻却する事由を主張立証することによって不当性の評価を覆すことができるものを列挙したリスト（グレーリスト）を作成すべきであるとの考え方がある。これに対し、ブラックリストについては、どのような状況で使用されるかにかかわらず常に不当性が肯定される条項は少ないのではないかなどの問題が、グレーリストについては、使用者がこれに掲載された条項を回避することにより事実上ブラックリストとして機能するのではないかなどの問題が、それぞれ指摘されている。そこで、どのようなリストを作成するかについて、リストに掲載すべき条項の内容を含め、更に検討してはどうか。

●河上正二「消費者契約法の展望と課題」現代消費者法14号（2012年）75頁
「無効とする不当条項リストを策定する必要性については異論もある。特に『現時点で実務上問題になっていないような条項をあえてリスト・アップする必要はなく、規制緩和にも逆行する』との意見もないではない。そして、具体的に実際の問題条項が例示された場合も、『それなら、その業界での特定条項だけを特別法で規制すべきであって包括的に消費者契約法に規定する必要はない』と声高に立法事実の呈示を求めるとリスト化はなかなか進まない。結果として、再び特別法での後追い的対処にとどまることにもなりかねない。しかし、そもそも消費者契約法はそのような『いたちごっこ』を避け、包括的に不適切な取引活動に対処するための民事実体ルールを整備することを目的としたものであり、あらかじめ想定される不当条項をできるだけ具体的に策定しておくことに大きな意味があるとくべきである。さらに、次のようなさまざまな副次的メリットがある。

　第1に、危険条項についての消費者や事業者への『情報提供機能』がある。ひいては、『紛争予防機能』も発揮しよう。第2に、無効条項に対する予防機能と市場における『実質的競争促進機能』がある。事業者にとっては、無効条項リストの存在は、（それが硬直

的であればあるほど）契約条件の内容を工夫して自由な取引形態を生み出すことの制約となる可能性があるが、逆に、一般条項による包括的な規制基準のみで、どのような形で爾後的に条項の無効が争われるかが不透明なまま取引条件を策定せざるを得ないより、あらかじめ禁止された条項が明確であれば、権利・義務の分配を再検討したり、当該ルールを前提に危険を分散させたり、価格への転嫁を図ればよいわけであるから、かえって経営戦略を立てやすくなるという面もある。グレイ・リストの場合でも、あらかじめ、条項策定の段階で留意すべき点が明確になるというメリットがある。通常は競争の期待できない付随的な条項から危険条項が排除されることによって、結果として、市場では、契約本体である商品の性能・品質と価格による競争に事業者が集中できるため、実質的な競争促進が期待されよう。第3に、「裁判外での紛争処理機能」がある。公的機関や企業の相談窓口などの苦情処理担当者にとって、問題解決や紛争処理のための指導指針が提供されることの意味は大きい。一般条項のように裁量の幅が広い場合は、裁判所で争ってみなければわからず、結局、裁判外での紛争解決機能はあまり期待できない。現に、消費生活センターの相談窓口などでは、消費者契約法の中でもハードな要件をもつ9条のような規定のほうが問題処理に役立っているようである」。

●日本弁護士連合会「消費者契約法日弁連改正試案」（2012年）66頁
「不当条項の不当性にも程度がある。すなわち、一定の要件を満たせば他の要素を考慮するまでもなく当然に無効とされるべき極めて不当性が高い条項（ブラックリスト条項）もあれば、当該条項が不当とされる蓋然性が高くはあるが、他の事情によっては当該条項に合理性が認められる条項（グレーリスト条項）もある。よって、種々の契約条項には不当性の程度に差異があることを端的に肯定し、ブラックリストとグレーリストという両リストをもって不当条項規制を整備すべきである」。

●大澤彩「不当条項規制関連裁判例の傾向から見る消費者契約法の課題」消費者庁委託調査『平成23年度 消費者契約法（実体法部分）の運用状況に関する調査結果報告』(http://www.caa.go.jp/planning/23keiyaku.html) 90頁
「…このように、不当条項規制に当たって10条が果たす役割および射程はきわめて大きなものとなっているが、10条は一般条項であることから、条項が抽象的なものにとどまらざるを得ず、不当性判断が一律なものとはならない。その結果、事業者にとっていかなる条項が不当であるかを一義的に示す効果には乏しい。そこで、今後の消費者契約法の見直しに当たって不当条項リストの見直しは不可欠であろう。リストを設けることで、消費者（とりわけ、消費者団体訴訟を提起することができる適格消費者団体）はもちろん事業者にとっていかなる条項が不当であるかを示すことができる。また、裁判官にとっても条項の不当性について一義的かつ明確な判断基準を提供することとなり、ひいては条項の不当性について裁判官の判断次第になる余地を少なくし、法的安定性を保つことができる。実際の裁判例を見ても、比較的明確な不当性判断基準を有している消費者契約法8条関連事例においては、条項が無効となるかどうかが一義的に判断されている（例として、大阪地裁平成

20・6・10 平19（ワ）5823 号【A1-328】（2008WLJPCA06108003）。8条1項1号に照らして条項を制限的に解釈したものとして、東京地判平成20・7・16 平19（ワ）22625 号【A1-327】（2008WLJPCA07168003））」。

　（2）以上のブラック・リストとグレイ・リストの他に、業種毎のリストなどを政令レベルで設けることも検討に値する。

　日本でも消費者契約法制定過程において学説によって政省令レベルでのリストの可能性が提案されていた。諸外国でも例えばフランスにおける濫用条項委員会による勧告をその例としてあげることができる。

　もっとも、この場合にはリストを作成する主体、リストの法的効果、リスト更新頻度等を慎重に検討する必要がある。例えば、条項の無効という私法的効果を付与するのであれば、政省令で定めるのではなく法律で定めざるを得ない。しかし、更新頻度を高めるためには、法律よりも政省令の方が現実的とも言える。この点を検討する必要がある（なお、フランスの濫用条項委員会勧告は、学説による批判はあるものの、法的拘束力を有さないリストであるととらえられている）。また、千葉恵美子「消費者契約法－国民生活審議会消費者政策部会中間報告を踏まえて」法時70巻10号（1998年）17頁で指摘されているように、「不当条項リストを法律の中に入れないで政令・省令で不当条項リストを定める方法については、この方法が事業者団体の構成員の遵守可能なルールを監督官庁とのすり合わせのうえで決定する手法を意味しているとすれば、規制緩和の流れに反する可能性がある」点についても留意する必要がある。

※主な学説
●沖野眞已「消費者契約法（仮称）の一検討（6）」ＮＢＬ657号（1999年）54頁
「また、問題視される条項は社会や取引の変化とともに変わりうるから、具体的場面における（事前・事後の）判断の困難さを感じるためには、個別具体的な条項の列挙・リストは、ときに応じて迅速に追加変更する必要がある。そのような機動性確保のためには、法律で定める（追加変更に法律改正の手続を要する）のではなく、政省令による（あるいはその他の形のガイドラインや公式解説による方が望ましい（中間報告 32 頁）。どのレベルで行うかはリストの性格にも影響する。つまり、条項の無効という私法的効果をもたらすものを政省令によって定めることはできずそれはやっぱり法律によらざるをえない（逆に民法の特別法ならば要件効果の形で構成するのが通常で、私法上の効果に直ちに結びつかないガイドラインは例外的である）とすれば（中間報告 32 頁）、機動性を確保するためには、政省令のレベルで、現在問題となり将来問題となる可能性のある個別具体的な条項を『不公正条項』のガイドライン（それに該当することで端的に無効となるわけではないが、『不公正条項』とされる蓋然性の高いものを示す）として列挙する。そして、法律中には、『不公正条項』の一般規定を一段具体化し、どのような場合に『不公正条項』となるかにつき指針を与える規定を設け、それには私法上無効という効果を付与することが一案として考えられる。法律上の一般条項および「ミニ一般条項」、

政省令その他の形でのガイドラインとしての『不公正条項リスト』の三段階構成である（論点 76 頁参照）…。」

●大澤彩『不当条項規制の構造と展開』（有斐閣、2010 年）459 頁
「…消費者契約法の中に設けられうる法的拘束力をもった不当条項リストはもちろん、フランスの濫用条項委員会の勧告にあたるような、より柔軟性をもった不当条項リストを行政機関が掲げることも考えられる。ここで、行政機関が掲げるリストについては、個別業種ごとのリストにするなど、できる限り細かい場面を想定したリストにすることが必要である。この点、フランスにおける濫用条項委員会の勧告の大部分が、個別業種ごとの不当条項リストであり、そのような個別業種ごとのリストが裁判所や消費者団体、事業者によって参考にされていたという事実は興味深い点である。業種の違いを無視した抽象的なリストを多数設けるだけでは、かえって裁判官や消費者、事業者の混乱を招くだけである」。

（3）いかなる条項を不当条項リストに列挙するか、また、列挙する場合にブラック・リストとグレイ・リストのどちらに列挙するべきかについては、これまでの裁判例や学説、諸外国の立法例（別表も参照）をふまえて検討する。その際、消費者契約法 10 条に違反して無効となる条項と言えるかどうかが判断基準となる。
　不当条項リストに掲げる条項の候補としては以下のようなものがある。

○事業者の責任を不相当に軽くする条項
・事業者の債務不履行・不法行為により消費者に生じた損害を賠償する責任の全部を免除する条項
・事業者の債務不履行・不法行為（その者の故意又は重大な過失によるものに限る）により消費者に生じた損害を賠償する責任の一部を免除する条項
・瑕疵担保責任の全部または一部を排除する条項
・事業者の被用者又は代理人による責任を免除ないし制限する条項
○事業者に一方的な権限を与える条項
・事業者に契約内容・条項の一方的な変更権限を与える条項
・事業者に契約内容・条項の一方的な決定権限を与える条項
・契約文言の排他的解釈権限を事業者に認める条項
・事業者は、正当な理由なしに自己の債務の履行をしないことができるとする条項
・事業者が第三者と入れ替わることを許す条項
○消費者の権利を不相当に制限する条項・消費者の義務を加重する条項
・消費者の同時履行の抗弁権（又は留置権）を排除又は制限する条項
・消費者の有する相殺権限を奪う条項
・消費者の権利行使に対価を設ける条項
・消費者に過量な又は不相当に長期にわたる物品又は役務を購入させる条項

・消費者に与えられた期限の利益を相当な理由なしに剥奪する条項
○契約の解除・解約に関する条項
　・消費者の解除権・解約を制限する条項
　・事業者に不相当な解除権・解約権を付与する条項
　・事業者の解除・解約要件を緩和する条項
○消費者にとって過大な損害賠償額の予定（違約罰）を定める条項
　・消費者の債務不履行について過大な損害賠償額を定める条項
　・消費者の解除の場合に過大な損害賠償額を定める条項
　・対価の不返還を定める条項
○意思表示に関する条項
　・一定の作為又は不作為に表示としての意味を持たせる条項
　・消費者にとって重要な事業者の意思表示が、仮に消費者に到達しなかった場合において
　　も消費者に到達したものとみなす条項
　・消費者の意思表示の方式その他の要件について、不相当に厳しい制限を加える条項
○紛争解決に関する条項
　・消費者に不利な専属的合意管轄を定めた条項
　・事業者の証明責任を軽減又は消費者の証明責任を加重する条項
　・紛争解決に当たっては、事業者の選定した仲裁人による仲裁によるものとする旨の条項
　・消費者が事業者に対して訴訟提起をしうる期間を不相当に短く制限する条項
○その他
　・サルベージ条項
　・脱法禁止条項

　以上の条項をブラック・リスト、グレイ・リストのどちらに列挙すべきか、また、そもそもリストに掲げるべきか否かについては、前述したように今後も慎重な検討を要するが、以下のように主要な条項について留意すべき点をあげることができる。

a）事業者の責任を不相当に軽くする条項
　この種の条項について特に問題となる点として、以下の点を指摘することができる。
　第1に、全部免責条項、故意又は重大な過失による責任を制限する条項についてはブラック・リストとする点で国内の諸提案および諸外国の立法は共通している。そのことから、債務不履行・不法行為の全部免責の場合にはブラック・リスト、一部免責の場合にはそれが故意又は重大な過失による責任を制限するものであればブラック・リストという一応の区別が考えられる。この区別は瑕疵担保責任の全部免責条項・一部免責条項の区別にも妥当しうる。
　第2に、軽過失による責任を制限する条項を列挙すべきかが問題となる。具体的には、そもそもリストに掲げるべきか否かについてはもちろん、掲げる場合には全部免責か一部免責かによって区別するのか、その場合にブラック・リスト、グレイ・リストのどち

らに掲げるべきなのかについて慎重な検討が必要である。1つの方向性として、個別の事情を考慮して不当性を判断するのが妥当であるとすれば、軽過失責任制限条項はグレイ・リストとして定め、事業者に証明責任を転換することが考えられる。

第3に、人身損害の免責・責任制限条項について別途リスト化するか否かが問題となる。人身損害の免責・責任制限条項を別途リスト化する理由は、人間の生命・身体という法益の重要性および処分不可能性から、これらを免責することがおよそ不当であると考えられることによる。この点を重視すると少なくとも事業者の故意・過失によって人身損害が生じたにもかかわらず一切の責任を免除する条項は公序良俗違反となり、ブラック・リストに設けられるべきであることになる。

もっとも、人身損害に関する条項については、法令によって責任制限が認められている場合があることや、事業者が無限に人身損害のリスクを引き受けることは困難であることにも留意する必要がある。そのことから、人身損害に関する事業者の責任を一部免除する条項の扱いについては慎重な検討が必要である。

第4に、責任制限条項と債務免除条項を区別してリスト化すべきか否かについても検討する必要がある。現行消費者契約法によれば、事業者の目的物給付義務、作為義務、保護義務等、債務を免除する条項は少なくとも8条の対象とはならない。これらの条項も実質的には8条に定められた責任制限条項であるが、本来は債務を免除する条項である以上、その債務を事業者が免除することの正当性は責任制限条項の妥当性判断とは理論的には異なるからである。

b) 事業者に一方的な権限を与える条項

第1に、契約内容・条項の変更・決定権限を事業者に一方的に与える条項は、わが国の立法提案、諸外国ともにグレイ・リストとするのが一般的である。一旦成立した契約は両当事者の合意によってのみ変更できるのが原則であるが、日弁連2012年提案が指摘するように、わざわざ消費者の合意をとりつけることなく、新法・法改正への適合性が確保でき、あるいは給付の対価的均衡を保持できる等当該条項の合理性を一律に否定できない場面もあることを考えると、グレイ・リストとするのが妥当ではないだろうか。不当性を判断する上では、当初の契約が維持されることについての消費者の利益と、締結後の事情に契約内容を適応させることについての事業者の利益との間の考量を要するからである（潮見佳男＝角田美穂子「不当条項リストをめぐる諸問題」河上正二ほか著『54 消費者契約法－立法への課題』別冊ＮＢＬ54号（2000年）176頁）。

そのことから、変更に「正当な理由」があることを事業者が反証することが許されるグレイ・リストとして設けることが考えられる。

もっとも、契約内容自体の変更権限と、契約条項（付随条項）の変更権限を分ける可能性はありうる。例えば、フランスでは目的物の特徴や代価に関する条項の変更権限を設ける条項はブラック・リスト、それ以外の条項の変更権限を設ける条項はグレイ・リストとなっている。

また、「短期間での値上げや不相当に高い値上げを定める条項」、「事業者に給付期間に

ついての一方的決定権限を与える条項」についても、例えば、「契約内容、契約期間、価格、契約条件を一方的に決定・変更する権限を付与する条項」といった形でまとめることが考えられる。

　さらに、「契約適合性の一方的決定権限を事業者に留保する条項」も類似のものとして問題となるが、この点は瑕疵担保責任や債務不履行責任を制限する条項と趣旨を一にするものであるとすれば前掲 a ）で検討する必要もある。

　第2に、契約文言の排他的解釈権限を事業者に認める条項について、事業者を一方的に解釈権者とすることはいかなる理由によっても正当化されない（潮見＝角田・前掲178頁）。そもそもこの条項を有効とすれば、あたかも契約当事者の一方に一方的な契約内容の決定権を認めるのと事実上同様の結果になる可能性がある。このことから、ブラック・リストに掲げるのが適当であろう。

　第3に、事業者は、正当な理由なしに自己の債務の履行をしないことができるとする条項について、諸外国では（グレイ・リストであることが多いが）リスト化されていることが多い。契約の拘束力を奪う点で常に不当とされるのではないだろうか（すなわち、ブラック・リストに掲げられるべきではないか）。

c）消費者の権利を不相当に制限する条項・消費者の義務を加重する条項

　第1に、消費者の同時履行の抗弁権（又は留置権）を排除又は制限する条項、消費者の有する相殺権限を奪う条項については、どちらもブラック・リストとするのが多数である。消費者の防御的な権能を排除又は制限するものである以上、ブラック・リストに掲げるのが望ましいのではないだろうか。また、関連する条項として、日弁連2012年提案がグレイ・リストに掲げている「消費者に対し、事業者の債務の履行に先立って対価の支払いを義務づける条項」のリスト化も検討に値するが、対価の前払いを要求することがいかなる場合に不当とされるのかを緻密に検討する必要がある。例えば、長期間にわたる役務提供契約のような場合には対価の前払いを義務づけることの正統性が問題となるが、それ以外の取引ではいかなる場合に不当となり得るのか、慎重な検討が必要であろう。

　第2に、消費者の権利行使に対価を設ける条項としては、例えば、裁判例上問題となっている更新料条項について、仮に更新料条項が更新という権利に対価を課すものであると性質決定するならばこのリストに該当しうる。もっとも、これについては条項の性質決定次第で当該条項の趣旨が異なることから、リストに掲げるとしても後述するように適切な条項解釈原則を定めた上で設けることが必要であろう。

d）契約の解除・解約に関する条項

　消費者の解除権・解約を制限する条項については、これまでも消費者契約法10条に違反して無効とする裁判例が存在した（東京地判平成15年11月10日判時1845号78頁）。このこともふまえ、これらの条項について不当条項リストに掲げることが必要となる。とりわけ、消費者の法定解除権を排除する条項はブラック・リストに掲げるべきであろ

う。
　この条項と類似するものとして、消費者を当該契約に長期間拘束することとなる条項が問題となるが、これについてはどの程度の期間が「長期」なのかとうい点は業種・業態によって異なることから、グレー・リストとして規定することが妥当であろう（河上正二「消費者契約における不当条項の現状と課題（横断的分析）」消費者契約における不当条項研究会『消費者契約における不当条項の横断的分析』別冊ＮＢＬ128号（2009年）99頁）。

ｅ）消費者にとって過大な損害賠償額の予定（違約罰）を定める条項
　これについては項を改めて後述する。

ｆ）意思表示に関する条項
　意思表示に関する条項は常に不当であると言うことは困難であることから、グレイ・リストに掲げるのが妥当ではないだろうか。実際にも、ほとんどの提案・諸外国法でグレイ・リストに掲げられている。

ｇ）紛争解決に関する条項
　このうち、これまでの裁判例や相談事例でも問題となっている消費者に不利な専属的合意管轄を定めた条項については、管轄裁判所を指定することにもある程度の合理性がありうる。裁判例においても、管轄合意条項は公序良俗規定や消費者契約法10条によって当然に無効となるわけではなく、有効な合意として尊重されるとしつつ、事案の特殊性を考慮して民事訴訟法17条による移送を認めた裁判例（大阪高判平成16年55月1010日平16（ラ）268号）がある）。そうすると、仮にリストに掲げるとしてもグレイ・リストに掲げることが妥当である。

ｈ）その他
　以下のような条項が考えられる。
・サルベージ条項

近畿弁護士連合会『消費者取引法試案』169頁
「１－５－２－15　消費者の利益を信義則に反する程度に害する条項につき、１－５－２－１第１項に違反しない限度で有効と定める条項は、消費者の利益を信義則に反する程度に害するものとみなす」。

日弁連2012年提案
「民法その他の法令の規定により無効とされることがない限りと留保して、事業者の権利を拡張し又は事業者の義務を減免することを定める条項」

・脱法禁止条項

> 近畿弁護士連合会『消費者取引法試案』169頁
> 「1−5−2−16 別段の法律構成を定める条項であっても、1−5−2−1第1項に反し無効となることを回避する結果となる場合には、当該条項もまた、消費者の利益を信義則に反する程度に害するものとみなす」。
>
> 日弁連2012年提案
> 「他の法形式を利用して、本法その他公序若しくは良俗に反する法令の規定の適用を回避する条項。ただし、他の法形式を利用することに合理的な理由があり、かつ、消費者の利益を不当に害しない場合を除く」。

②について
（1）損害賠償額の予定・違約金条項について定める消費者契約法9条1号については、以下のような問題点が指摘されている。第1に、9条1号では消費者契約の解除が否かにかかわらず一定の違約金等の請求を予定している条項は対象となっていない。第2に、「平均的な損害」の算出方法や対象となる損害が不明確であり、それらのとらえ方の違いが実際の裁判例においても結論の違いを導いている。第3に、「平均的な損害」の立証責任について、最高裁は消費者が負うものと判断したが、これに対しては消費者が事業者の内部事情とも言うべき「平均的な損害」を立証することには困難が大きい。第4に、対価不返還条項など、解除時の清算条項の有効性判断をめぐる消費者契約法9条1号の射程が明らかではない。

（2）これらの問題点をふまえて、まず、現行法消費者契約法9条1号が対象としている消費者契約の解約に伴い、損害賠償の予定又は違約金を定める条項を規制対象とするにあたっては、以下の点を見直す必要がある。

a）立証責任の転換について

損害の立証責任については、これまでにも、当該事業者の損害の平均値を資料を持たない相手方消費者に立証させるのは困難であること、損害賠償の額の予定条項を作成しているのは当該事業者なのであるから、その算定根拠の資料提出を当該事業者に求めることはむしろ当然であること等から、損害の立証責任は当該事業者に負担させるべきとの考え方が示されていた。下級審裁判例でも、そのような結論を支持するものがあり、学納金返還請求訴訟の最高裁判決でも、現行法の文言上は損害の立証責任は消費者にあると解さざるを得ないとしつつも、事実上の推定によって、その不都合を緩和しようとしている。

「消費者契約法の評価及び論点の検討等について」（平成19年8月国生審消費者政策部会消費者契約法評価検討委員会）においても、「何らかの形で消費者による立証の困難性の緩和が図られるべきである。」と評価されている。

さらに、後述するように「平均的な損害」という文言だけでは、損害の平均値をとるという意味に過ぎないため、現行法では、「損害」の対象や、平均値の算出方法について

は、さらに法解釈をする必要があった。そのため、今回の法改正にあたっては「損害」の対象や、平均値の算出方法について具体的な基準を設け、その上で適切な平均値を算出していくという方針をとる必要があるが、こうした基準を設けても、そもそも、当該事業者の「損害額算定の基礎資料」がなければ算定は不可能である。

そうすると、適切な平均値を算出するには、事実上の推定や民訴法248条の活用といった、いわば場当たり的な対応では、いずれ限界が出てくるものと推察され、今般の改正を契機として、立証責任の転換は必須であると思われる。

具体的には、「消費者契約における違約金・損害賠償額の予定条項については不当性を推定し、事業者が当該契約が消費者の利益を害するものではないことの反証を行う」といったような規定を設けることが考えられる。

b）平均値の算出方法について

「平均的な損害」の算出方法について具体的な基準を設けることが考えられる。

例えば、近時の携帯電話の解約金に関する裁判例を見ると、解約金条項が解約の時期を一切問うていないことから、平均的な損害の算定に当たって本件契約を締結した顧客を一体のものとして判断した裁判例（京都地判平成24年3月28日）ものと、解除の時期的区分により同一の区分に分類される複数の同種契約の平均値を用いたもの（京都地判平成24年7月19日）とに分かれている。

※京都地判平成24年3月28日判時2150号60頁

「本件解約金条項は、顧客との間で本件契約を締結するにあたり、顧客の具体的特性、料金プラン及び解約の時期を一切問わず、一律に契約期間末日の9975円の解約金の支払義務を課していることが認められる。したがって、平均的な損害の算定については、本件契約を締結した顧客を一体のものとみて判断するべきである。」

※京都地判平成24年7月19日判時2158号95頁

「事業者が解除の事由、時期等による区分をせずに、一律に一定の解約金の支払義務があることを定める契約条項を使用している場合であっても、解除の事由、時期等により事業者に生ずべき損害に著しい差異がある契約類型においては、解除の事由、時期等により同一の区分に分類される複数の同種の契約における平均値を用いて、各区分毎に、解除に伴い事業者に生じる損害を算定すべきである。」

しかし、結婚式場予約キャンセル事案やパーティ予約キャンセル事案をみてもわかるとおり、当該事業者に生じる損害額は、解除の時期的区分によって自ずと異なってくるものである。それにもかかわらず、事業者側の条項の作成の仕方が時期的区分を設けずに一律にしているかそれとも時期的区分をしているかといった事情によって、結論に差が出てくるというのは不合理といえないだろうか。

この点は、京都地判平成24年7月19日が述べているとおり、「解除の時期的区分に

よって損害に差が生じる契約類型においては、解除の時期的区分により同一の区分に分類される複数の同種の契約における平均値を用いて、各区分毎に、解除に伴い事業者に生じる損害を算定すべきである。」ということを、改正にあたっては明文化する必要があると考える。

c）「平均的な損害」の対象となる損害について
　結婚式場予約キャンセル事件（東京地判平成17年9月9日）、自動車売買キャンセル事件（大阪地判平成14年7月19日）などでも、逸失利益は原則として損害に含まれないとしつつ、例外的に逸失利益が含まれる場合として、他の予約客を断ったか否かという事情や、あるいは、他の顧客に転売できないような特注品であった否かという事情を考慮するようである。そして、そこで得られた帰結については、常識的な判断という評価は得ているものの、理論的に考えれば「平均的な損害」というだけはあくまで損害の平均値を採用するというだけにすぎず、損害の対象をどのように限定するのかは、消費者契約法の趣旨に基づいて別の正当化根拠が必要であるとの問題意識も提示されている。
　この点、学説としては、「同法9条1号は、従来、割賦販売法や特定商取引法において採られていた、消費者契約の履行前の段階においては契約解除に伴う損害賠償額は原状回復賠償に限定されるという原則を、全ての消費者契約に妥当する法理として一般化した規定であると捉えるものである。このような解釈論は、消費者契約においては事業者の主導のもとで勧誘・交渉が行われ、消費者は契約の内容について十分に熟慮することなく契約の締結に至ることが少なくないことから、契約解除に伴う損害賠償額を原状回復賠償に限定することによって、消費者が望まない契約から離脱することを容易にすることにより、契約の成立段階に起因するトラブルを回避するインセンティブを事業者に付与するという考え方に基づくものである。」という見解（森田宏樹「消費者契約の解除に伴う『平均的な損害』の意義について」潮見佳男ほか編『特別法と民法法理』（有斐閣、2006年））、「特定継続的役務に関する特商法49条2項1号は、①給付されていない目的物の対価を請求できないという法理、②中途解約時の提供済みの役務の対価保持は認められるという法理、③特定継続的役務の特徴から導かれる自由な中途解約権の保障と通常生じる損害の加算容認という合理的清算にかかる法理から根拠づけられるところ、特商法49条2項1号の内容は、消費者契約法9条1号の平均的な損害を定型化した規定」と位置づける見解（千葉恵美子「損害賠償の予定・違約金条項をめぐる特別法上の規制と民法法理」山田卓生先生古稀『損害賠償法の軌跡と展望』（日本評論社、2008年）403頁以下）、「履行の前後を問わず、消費者契約では民法545条1項から導かれる原状回復賠償への制限ルールが採用された」とする見解（山口幹雄「消費者契約法第9条第1号における『平均的な損害』の意義とAvoidable Consequences Rule」明治学院大学法科大学院ローレビュー第9号（2008年）95頁以下）などがある。
　以上を踏まえ、改正の方針として、解除に伴う損害は、信頼利益に限定し履行利益を含まないことを明文化することが考えられる。

そして、明文化に際しては、給付していない目的物、役務の対価（将来の逸失利益）は原則損害に含めないこととし、ただし、解約の時期的区分、契約の目的（当該消費者向けに限定された給付内容なのか否か）等に照らし、他の顧客を獲得する等によって代替することが不可能となり、利益を得る機会を喪失した場合は損害に含めると明示することが望ましいと考える。
　なお、代替性を考えるにあたっては、契約の目的（当該消費者向けに限定される給付なのか否か）についての明記も重要と思われる。この点を意識しておかないと、特に履行後の解約において、逸失利益の限定が無意味となりかねない。
　この点に関連して、前述した京都地判平成24年7月19日は、損害の対象に履行利益を含めることを前提としており、そもそもその前提が異なるが、以下のような判示をしている。「原告らは、本件通信契約は、大量の新規契約等が予定されており、ある契約の解約に伴い生じる損害は、別の契約により填補されることから、逸失利益を基礎に平均的損害を算定することはできない旨主張する。しかし、一般に、民法の規定に基づき損害賠償請求をする場合において、債務不履行を起因して他の契約を締結する機会が新たに生じたことにより、損害が填補されたとしても、逸失利益の請求は認められ、上記填補額は、損益相殺の対象となるにとどまる。また、当初の契約の債務不履行に起因して他の契約締結の機会を得たとはいえない場合には、上記損益相殺は認められず、損害（逸失利益）全額について損害賠償が認められる。法9条1号の解釈にあたっても、以上のような民法の規律を参照し、①解約に伴い、別の契約を締結する機会が新たに生じ、これにより損害が填補されたといえる場合には、解約に伴う逸失利益から上記損害の填補額を控除することにより平均的損害を算定するが、②解約に伴い別の契約を締結する機会が新たに生じたといえない場合には、平均的損害の算定にあたり、他の契約を締結することによる損害の填補の可能性を考慮することはできないと解する。そして、本件通信契約においては、ある契約が締結されることにより、他の契約を締結する機会を喪失するとはいえず、それゆえ、解約に伴い別の契約を締結する機会が新たに生じるともいえないから、他の契約を締結することによる損害の填補の可能性を考慮することはできない。」
　しかしながら、このような代替性の考え方に従うと、役務提供の内容に属人性がなく、しかも大規模に役務提供していればいるほど、つまり抽象度の高いものであればあるほど「ある契約が締結されることにより、他の契約を締結する機会を喪失するとはいえず、それゆえ、解約に伴い別の契約を締結する機会が新たに生じるともいえない」として、損害の対象となってしまうことになる。
　以上のように「平均的な損害」の対象については、民法理論のみから正当化することは困難であり、消費者契約特有のものとして説明する学説が複数存在したところであり、今回の見直しにあたって、この点を明文化する余地はあるだろう。

（3）もっとも、消費者からの解除にあたって消費者側に帰責事由がない場合（例えば、自己都合、債務不履行によらない場合）には、そもそも損害賠償を求めていいのかとい

う問題がある。この場合には民法420条の適用が排除されるという見解もあり、消費者契約法ではこの場合の損害賠償額の予定条項を無効とするという条文を入れることも考えられる。

※丸山絵美子「損害賠償の予定・違約金条項および契約解消時の清算に関する条項」消費者契約における不当条項研究会『消費者契約における不当条項の横断的分析』別冊ＮＢＬ128号（2009年）148頁以下
　「消費者の債務不履行の事実や帰責事由を問わずに、あるいは民法によれば損害賠償請求権がそもそも発生しない事態に向けて、一方的に消費者に損害を負担させる条項が、損害賠償額の予定条項として規制されるのかという問題がある。民法420条にいう『賠償額の予定』に関して、通説は、責めに帰すべき事由の有無も損害の有無も関係なく、債務不履行の客観的事実があれば、損害賠償額の予定条項に基づいて、債務者は賠償を求め得るとするが、有力説によれば、債務者は、帰責事由がないことを証明して、損害賠償額の予定条項に基づく支払い義務を免れることができるということである。後者の見解によれば、例えば、不可抗力によって債務者が履行できなかった場合は、損害賠償の予定条項はこの事態をカバーするものではなく、逆に、不可抗力による履行不能の事態について損失転嫁や分配を定めている条項であれば、それは民法420条にいうところの損害賠償額の予定ではないということになろう。ここには、『○月○日に履行がなかった場合には○○万円支払う』といった条項は、あくまで債務者の責めに帰すべき事由による債務不履行の事態に向けられているのか否か条項の趣旨の解釈レベルの問題と、危険負担や損失分配の問題となる事態も含めて一定額を支払う旨の条項と解釈できる場合、そのような条項を損害賠償額の予定条項を規制する場合と同じ基準（たとえば、『実損害』を超えてはならない準則など）によって制限してよいのか、という問題が含まれている。
　現行消費者契約法9条1号との関係では、民法によれば損害賠償など何ら負担を負わずに契約から解放されるべき事態に向けて一定額の支払いを要求する条項の不当性を、『平均的な損害』基準によって判断してよいのかという問題として現れる。」

（4）次に、消費者契約の解除を伴わない、消費者の債務不履行（義務違反）に対する損害賠償額の予定・違約金条項についても規制を設ける必要がある。例えば、レンタルビデオの過重な延滞金料金、賃料相当損害金を過重する条項（賃料相当損害金の2倍や3倍など）等、「解除に伴わない」場合であっても、損害賠償額の予定・違約金を定める条項は問題となるが、現行消費者契約法9条1号では、「解除に伴う」という限定があるため、規制対象から外れ、同法10条で審査せざるを得ない状況となっている。
　比較法的にみても、損害賠償額の予定・違約金条項の規制は、契約解除の場合に限定されないモデルがほとんどで、「解除に伴う」という限定は、上記の日本の立法時の個別的な事情に伴うものに過ぎず、理論的なものではないことなどが指摘できる。
　したがって、今回の改正にあたっては、解除に伴う場合のリストとは別に、解約を伴わない場合の、消費者の債務不履行による損害賠償、違約金の条項への規制のリスト化

を提案する。

※丸山絵美子「損害賠償の予定・違約金条項および契約解消時の精算に関する条項」消費者契約における不当条項研究会『消費者契約における不当条項の横断的分析』別冊NBL128号（2009年）147頁以下
　「解除にかかわらず、かつ金銭債務の支払い遅滞に限定せずに、消費者の債務不履行・義務違反に対し置かれている平均的な損害を超える損害賠償額の予定・違約金条項を、不当条項リストに加えることは十分に考えられる。現行消費者契約法9条によってカバーされていない事例としては、たとえば、賃貸借契約において目的物返還義務違反が消費者にあった場合に対して置かれている損害賠償額の予定条項などを挙げることができる。現行消費者契約法9条が1号2号の範囲においてのみ損害賠償額の予定・違約金条項の具体的規制を行っているのは、特商法などの規制モデルを参考に消費者契約法の条文が練られ、かつ契約のキャンセル・代金支払いの遅滞といった事例が主として念頭におかれたため、解除に伴うおよび金銭債務の支払い遅滞に対する損害賠償額の予定・違約金条項をリスト化すれば差し当たり足りるとの判断があったのではないかと推測され、損害賠償額の予定・違約金条項に対する規制をかかる場合に限定することに必然性はない。契約条項の実態をみた場合、消費者の債務不履行に対して損害賠償額の予定条項が置かれるのは、金銭債務の支払い遅滞の事例に限られないこと、本来的な損害賠償額の予定・違約金条項規制の理念からすれば、より広い形で損害賠償額の予定等条項にかかる不当条項リストが作成されてしかるべきであったことを理由に、不当条項リストの改正を理由づけることは十分に可能である」。

（5）以上の他に、対価不返還条項として、（消費者契約が終了した場合に、）当該消費者契約の給付の目的物である商品、権利、役務の対価に相当する額（既履行給付の対価）を上回る金員を、理由なくして消費者に請求することができる（ないし不返還とできる）とする条項を無効とする旨の規定を設けることを検討する必要がある。このような原状回復に関する条項は事業者が対価を保持することに正当性があるかという観点からその有効性が問題となり、その際に「平均的な損害」の有無を考慮するだけで果たして十分といえるかは一考を要する。対価不返還条項も実質的には損害賠償額の予定条項と同じ機能を果たすので別途リスト化する必要はないという声もあろうが、後述するように文言上、不当条項リストを潜脱する余地をなるべく減らすためには別途リスト化するのが望ましいのではないか。

※これまでに示された改正試案
●丸山絵美子「損害賠償の予定・違約金条項および契約解消時の清算に関する条項」消費者契約における不当条項研究会『消費者契約における不当条項の横断的分析』別冊NBL128号（2009年）171頁以下

〔大澤　彩〕

提案①
（消費者による損害の負担を予定する条項の規制）
9条1項　次の各号に掲げる消費者契約の条項は、当該各号に定める部分について、無効とする。
1号　消費者の債務不履行に対し、損害賠償の額を予定し又は違約金を定める条項であってこれらを合算したものが、平均的損害を超えるもの　当該超える部分
2号　消費者の債務不履行に対し、損害賠償の額を予定し又は違約金を定める条項のうち、消費者が支払うべき金銭を支払期日（支払期日が2以上である場合には、それぞれの支払期日。以下この号において同じ。）までに支払わない場合に対する条項については、これらを合算した額が、支払期日の翌日からその支払いをする日までの期間について、その日数に応じ、当該支払期日に支払うべき額から当該支払期日に支払うべき額のうち既に支払われた額を控除した額に年14.6％の割合を乗じて計算した額を超えるもの　当該超える部分
3号　消費者契約の解除に伴い、損害賠償の額を予定し、もしくは違約金を定め、または原状回復請求権の範囲を定める条項であってこれらを合算したものが、平均的な損害を超えるもの　当該超える部分

2項　解除に伴い生じる平均的な損害の算定にあたっては、解除の時期的区分、契約目的の代替性などが考慮される。
3項　消費者の義務違反、または解除権の行使に対し、過大な違約罰を定める条項は無効とする。

○条　（対価の精算に関する条項）
契約の解除に伴い、既履行給付に対する対価の請求を予定し、もしくは前もって受領した対価の不返還を定める条項は、既履行給付に対応する対価を不当に上回る部分について無効とする。

○条　（消費者の責任を一方的に加重する条項）
消費者の支配領域外の事由によって生じた損害を、一方的に消費者に加重させる条項は無効とする。

提案②
（消費者による損害の負担を予定する条項の規制）
9条1項　次の各号に掲げる消費者契約の条項は、当該各号に定める部分について、無効とする。
1号　消費者の債務不履行に対し、損害賠償の額を予定し又は違約金を定める条項であってこれらを合算したものが、平均的損害を超えるもの　当該超える部分
2号　消費者の債務不履行に対し、損害賠償の額を予定し又は違約金を定める条項のう

ち、消費者が支払うべき金銭を支払期日（支払期日が 2 以上である場合には、それぞれの支払期日。以下この号において同じ。）までに支払わない場合に対する条項については、これらを合算した額が、支払期日の翌日からその支払いをする日までの期間について、その日数に応じ、当該支払期日に支払うべき額から当該支払期日に支払うべき額のうち既に支払われた額を控除した額に年 14.6%の割合を乗じて計算した額を超えるもの　当該超える部分
3 号　消費者契約の解除に伴い、損害賠償の額を予定し、もしくは違約金を定め、または原状回復請求権、既履行給付に対する対価の範囲を定める条項であってこれらを合算したものが、平均的損害を超えるもの　当該超える部分

2 項　解除に伴い生じる平均的な損害の算定にあたっては、解除の時期的区分、契約目的の代替性などが考慮される。
3 項　消費者の義務違反、または解除権の行使に対し、過大な違約罰を定める条項は無効とする。
4 号　消費者の支配領域外の事由によって生じた損害を、一方的に消費者に加重させる条項は無効とする。

●消費者契約法日弁連改正試案
（リスト）
　13 条 6 号(7 号は省略)～ブラック・リスト～
　　損害賠償の額を予定し、又は違約金を定める消費者契約の条項。
　　ただし、これらを合算した額が、当該消費者契約と同種の消費者契約につき、当該事業者に生ずべき平均的な損害の額を超えない部分を除く。

　14 条 19 号～グレイ・リスト～
　　消費者契約が終了した場合、前払金、授業料などの対価、預り金、担保その他の名目で事業者に給付されたものの全部又は一部を消費者に返還しないことを定める条項
　14 条 20 号～グレイ・リスト～
　　消費者に債務不履行があった場合に、事業者に通常生ずべき損害の金額を超える損害賠償の予定又は違約金を定める条項
　14 条 21 号～グレイ・リスト
　　消費者契約が終了した場合に、給付の目的物である商品、権利、役務の対価に相当する額を上回る金員を消費者に請求することができるとする条項

③について
　（1）権利の実態が乏しいにもかかわらず、事業者側の主張する意思解釈論に引きずられる形で、特約の性質決定を行っていると思われる裁判例がする（例えば有料老人ホームの入居一時金不返還の事案）。

また、以下のような指摘もある（前掲大澤彩「消費者契約法（実体法部分）の運用状況に関する調査　結果報告」）。

「ある金銭を一定の権利の対価とし、すでにその権利を得ている以上、返還の余地はない、という論理は、学納金返還請求訴訟における入学金についても言われているところである。確かに『大学に入学する地位を得ている』、『老人ホームにおけるサービスを受ける地位を得ている』ことから対価を返還する必要はないという論理は一見もっともであるが、地位の対価として入学金や入居一時金の全額が妥当であると言えるのか、また、ある一定の金銭を『権利・地位の対価』と見るのか、それとも『授業料の前払い』、『賃料の前払い』や『損害賠償の予定』と見るのかという性質決定によって返還の可否が分かれる（現に、老人ホームの一時金について、消費者契約法9条1号の適用を認めたものもある）点が問題として残されている。ヒアリングにおいても、入居時一時金は賃料の前払いに過ぎず、初期費用を差し引いて返還することに合理性がないとの声が見られた点はこの問題を示している。また、同じヒアリングにおいて学納金返還請求訴訟最高裁判決以後、権利の実態に乏しいにもかかわらず、『権利設定の対価』と契約書に書いて一時金を徴求する例があることが指摘されている。」

現に有料老人ホームの事案は、結局、裁判では対処ができず、高齢者住まい法や老人福祉法の改正などで、対応せざるを得なかった。

（2）趣旨が不明確条項を、事業者側の認識で意思解釈してよいのか、消費者側は、趣旨が不明確に対して適切な選択ができないのではないかという問題意識は、例えば敷引特約について、最判平成23年7月12日において岡部裁判官の反対意見が、下記指摘している。

「多数意見は、要するに、敷引金の総額が契約書に明記され、賃借人がこれを明確に認識した上で賃貸借契約を締結したのであれば、原則として敷引特約が信義則に反して賃借人の利益を一方的に害するものとはいえないというのである。

しかしながら、敷引金は個々の契約ごとに様々な性質を有するものであるのに、消費者たる賃借人がその性質を認識することができないまま賃貸借契約を締結していることが問題なのであり、敷引金の総額を明確に認識していることで足りるものではないと考える。敷引金は、損耗の修繕費（通常損耗料ないし自然損耗料）、空室損料、賃料の補充ないし前払、礼金等の性質を有するといわれており、その性質は個々の契約ごとに異なり得るものである。そうすると、賃借物件を賃借しようとする者は、当該敷引金がいかなる性質を有するものであるのかについて、その具体的内容が明示されてはじめて、その内容に応じた検討をする機会が与えられ、賃貸人と交渉することが可能となるというべきである。例えば、損耗の修繕費として敷引金が設定されているのであれば、かかる費用は本来賃料の中に含まれるべきものであるから（最判平成17年12月16日）、賃借人は、当該敷引金が上記の性質を有するものであることが明示されてはじめて、当該敷引金の額に対応して月々の賃料がその分相場より低額なものとなっているのか否かを検討し交渉することが可能となる。また、敷引金が礼金ないし権利金の性質を有するとい

うのであれば、その旨が明示されてはじめて、賃借人は、それが礼金ないし権利金として相当か否かを検討し交渉することができる。事業者たる賃貸人は、自ら敷引金の額を決定し、賃借人にこれを提示しているのであるから、その具体的内容を示すことは可能であり、容易でもある。それに対して消費者たる賃借人は、賃貸人から明示されない限りは、その具体的内容を知ることもできないのであるから、契約書に敷引金の総額が明記されていたとしても、消費者である賃借人に敷引特約に応じるか否かを決定するために十分な情報が与えられているとはいえない。」

（3）また、消費者契約法立法時の議論として山本敬三教授の指摘がある（「消費者契約における契約内容の確定」河上正二ほか著『消費者契約法－立法への課題－』別冊ＮＢＬ54号（1999年）90頁以下）。
　「不明確準則の意味とその必要性」として、
　「もっとも、不明確準則が一般的に消費者契約に特有のルールといえるかというと、そうではない。もともと、合理的な解釈を尽くしても複数の解釈可能性が残る場合に、それらの解釈可能性の一つにしたがって内容を確定するというものである。このような場合に、その部分を無効とするのではなく、あくまでも残された解釈可能性のうちの一つにしたがって内容を確定するのは、当事者がおこなった契約をできるかぎり尊重しようという考え方にもとづく。そのかぎりで、これは契約一般に妥当する解釈原則だということができる。
　もちろん、そのうえで、どのような基準にしたがって残された解釈可能性のうちの一つを選ぶべきかということが問題となる。いうまでもなく、これがとくに問題となるのは、どの解釈可能性を選ぶかによって、当事者の一方が有利になり、他方が不利となる場合である。しかし、契約を尊重し、その効力を維持しようとするかぎり、どちらかの当事者が不利益をこうむることは避けられない。こうした場合に、一方の当事者に不利益を課すためには、その当事者にはそうされてもやむを得ない理由、つまり帰責性があることを要求するのが、民法の基本原則から出てくる考え方である。表現使用者の不利に解釈するという基準があげられることが多いのも、この理由から理解できる。・・・（略）情報力や知識に格差があることを考えると、それによる不利益はやはり事業者が負担してしかるべきである。その意味で、事業者に帰責性を擬制したり、少なくとも事業者には帰責性があると推定することは、十分に可能である。不明確準則の内容をこのようにとらえるならば、これを消費者契約に特有のルールとして明文化することには意味があるというべきだろう。」

（4）そこで、契約内容の確定の準則として、消費者の合理的意思を重視して内容決定するという準則を設けることを提案する。かかる準則の結果として、合理的意思解釈した内容が、たまたま作成者側からすれば不利な内容となっても、不明確条項を作成したという、いわば作成者側の帰責性を考慮すると、妥当ではないか。また、この準則を定めることで、更新料条項のように隠された対価条項を排除することが可能となる。

これまで提案されてきた作成者不利の準則あるいは契約条項の明瞭化とともに、不明確条項の解釈準則の一準則として提案する。

※これまでの立法提案
●消費者契約法日弁連改正試案
（解釈準則）
10条（契約条項の明瞭化）
　事業者は、消費者契約の条項を定めるに当たっては、消費者の権利義務その他消費者契約の内容について消費者にとって明確かつ平易な表現を用いなければならない。

11条（契約条項の解釈準則）
　消費者契約の条項が不明確であるため、その条項につき複数の解釈が可能である場合は、消費者にとって最も有利に解釈しなければならない。

3．比較法的な動向との関係
①について
　諸外国では、1993年ＥＣ指令別表のように不当とされる条項を例示するにすぎないリストも存在するが、現在では多くの国においてブラック・リストとグレイ・リストの2本立てによるリスト化がなされている。例として、ドイツ民法典、フランス消費法典R132－1条、R132－2条の他、ヨーロッパ契約法統合をめぐる動向においてもＤＣＦＲ、ＣＥＳＬのようにブラック・リストとグレイ・リストの2本立てによるリスト化が提案されている。
　それぞれの立法例・立法案においていかなる種類の条項がどのリストに掲げられているかについては別表によるが、条項の種類によってはブラック・リストとグレイ・リストの仕分けについて共通するものも少なくない。
　もっとも、例えばフランスの濫用条項委員会の勧告のように、ブラック・リスト、グレイ・リストに加えて業種毎のリストを設ける場合も参考に値する。
②について
　諸外国では損害賠償額の予定条項などを契約の解除の場合に限定する規制モデルは確認できない。また、グレイ・リストとして設ける国が多いが、種類によってはブラック・リストとして設ける国もある。他に、前述した対価不返還条項のように契約解消時の清算に関する条項をリスト化している国も存在している。
③について
　別添資料にあるように契約条項の明瞭化に関する規定を設ける国がある。大きく分けると、対価関連条項として審査対象外となる場合には明瞭化が必要である旨定める規定と、条項の不明確性が不当条項審査の際の考慮要素となる旨定める規定が存在する。

4．立法を考えるとした場合の留意点
①について
　ブラック・リストとグレイ・リストを設けるにあたっては、以下の2点に留意する必要がある。
　第1に、リストの文言の抽象度について。現行消費者契約法8条、9条については、例えば消費者契約法9条1号が「解除の場合」に限定されているなど、リストの射程が文言上制限されている点を問題点としてあげることができる。この点については、確かに前述したリストの機能を発揮するためには、具体的かつ明確な基準を設けることで誰でも簡単に問題となっている条項がリストに当てはまるか否かを判断できるようにすることがのぞましい。しかし、あまりにも細かい文言でリストを設けると現行法において問題となっているように、リストの射程を狭める危険性がある。また、リストが細かい文言で射程が狭いものとなっていると、現在は想定されていないものの将来的に生ずる新たな不当条項について妥当な解決を行うことが困難になる。
　そのことから、リストの文言については、学説でも指摘されているように、グローバル・スタンダードに合わせて、民法の条文程度か、これをやや具体化した程度の抽象度をすることが考えられる。

※河上正二「消費者契約法の展望と課題」現代消費者法14号（2012年）76頁
「…使い勝手や、リストの効用を発揮させるには、ある程度の具体性と明確な指標を用いた基準が必要となる。客観的に、誰にでも判定が容易な基準であることが、相談現場などの対応の際にも説得力を高めよう。しかし、消費者契約法の適用領域が広いことや、判断者にとって一覧性の高いリストであることが望ましいことをあわせ考えると、あまり細かな規定も非現実的である。したがって、比較的重要な条項や問題条項について具体化し、問題発見を容易にして無効となる場合の予測可能性を高めつつ、他方で、多様な局面の可能性を視野に入れて、包括的ながら簡明な指標と評価余地のある留保を組み合わせながら規定を整備することが適切である。不当条項リストは、グローバル・スタンダードに合わせて、民法の条文程度か、これをやや具体化した程度の抽象度とすることが現実的である。」

　第2に、第1の点とも関連するが、リストにおける不当性の基準の定め方は慎重な検討を要する。例えば、リストに「過度に」「著しく」等といった要件を入れてしまうと、結局、不当だということを消費者が立証する必要が出てきてしまい、不当性の推定というグレイ・リストの機能を害するおそれがある。
　第3に、条項との実質との関係でいかなる種類の条項をリストにおいてカバーすべきかを検討する必要がある。例えば、条項の「実質」を重視すると、対価不返還条項は消費者契約法9条1号の損害賠償額の予定条項とみることができ、また、債務免除条項も消費者契約法8条の責任制限条項とみることができる。しかし、実務上は、例えば老人ホームの入居契約のように、入居一時金を地位の対価や権利金と構成することによって

②について

　前述のように、審議会の場では「平均的な損害」基準を維持することが多数の見解であったが、文言として、「平均的な損害」基準を維持するか、それ以外の「損害」概念を用いるか、諸外国にも見られるようにそもそも「損害」概念を用いないかはなお検討を要するように思われる。わが国における諸提案では、「平均的な損害」概念を維持するものを提案するものが多いものの、「当該契約につき契約締結時に両当事者が予見しまたは予見すべきであった損害が事業者に生じているときは、その損害額を定める部分については、消費者の利益を信義則に反する程度に害するものと推定されない」とする提案もみられる（民法（債権法）改正検討委員会編『詳解債権法改正の基本方針Ⅱ』（商事法務、2009年）135頁以下）。また、わが国の裁判例でも「実損害」に比べて当該予定賠償額が過大であるか否かが1つの判断基準とされていたことも踏まえる必要がある。さらにいえば、違約金・賠償額の予定条項の有効性を判断する上で考慮要素となる「解除の時期」や「解除の事由」と「平均的な損害」の有無とのつながりが明確でない事案もあることや、損害てん補目的よりも履行確保目的で設けられている条項の場合には、単に「平均的な損害」や「実損害」と対比するだけでは条項の合理性を判断することが困難であることもふまえると、「損害」概念は、解除の時期や事由と同じく条項の合理性を判断する上での考慮要素にとどめる可能性を模索する必要も残されているように思われる。もっとも、消費者契約法の規制基準は団体訴訟における条項不当性判断基準ともなることから、「平均的な損害」のようにある程度抽象的な基準であることにも一定の合理性があることに留意しなければならない。

　また、仮に「平均的な損害」基準を維持するとしても、前述したように、「原則として『平均的な損害』には履行利益は含まれない」とする考え方を明示するにあたっては、民法の原則から言えば本来は履行利益が含まれること、そのことから、消費者契約であるとしてもどのような理論的根拠で信頼利益に限定されるということになるのかについては緻密に検討する必要がある。また、「平均的な損害」に含まれる損害の内容として、信頼利益と履行利益の区別という観点のみから論じることに限界はないのかについても留意する必要がある。

③について

　約款規制のところで問題となる作成者不利の原則や契約条項の明瞭化ルールとの関係を整理しつつ、不明確条項の解釈準則として内容確定ルールを設けることが必要であろう。

5．その他（関連問題など）

　学説、実務による消費者契約法改正提案の中には、過量販売に関する条項など、契約

の目的物・対価そのものに関する条項をリスト化するものがある。例えば、「消費者に過量な又は不相当に長期にわたる物品又は役務を購入させる条項」をリストの候補として掲げる提案が見られる。これらの中心条項についての規制の可否については、消費者契約法10条の見直しにあたって再度検討する必要があるが、仮に規制するとしてこれらの条項をリスト化することの是非も問題となろう。つまり、不当条項リストに列挙するという形以外の方法、例えば、消費者公序規定による対応などもふまえて検討する必要がある。

　（参考資料）　　別表を参照。

【資料】不当条項リスト案に掲げられた条項・諸外国の不当条項リストで列挙されている条項(暫定版)(作成：大澤彩)

	中間報告	潮見三角田	日弁連1999	日弁連2006	研究会	債権法改正	近弁連	日弁連2012	EC指令	フランス	ドイツ	消費者権利指令案	DCFR	共通欧州売買法
人身損害についての事業者の責任を排除又は制限する条項	○	B?												
事業者の故意又は重過失による損害についての責任を排除又は制限する条項	○	B	B(過失)行為の免責		○	B(約)	B		○	(B)	B	B	○	B
瑕疵担保責任を不相当に排除又は制限する条項	○	○	B(権利)G(物)	B	○	B(約)	BG	全B制G	○	R21 1-4	B	B	○	
事業者の債務不履行についての責任を排除又は制限する条項	○	○	G	G(過失の場合)	○	B(約)	BG	全B制G	○		B	G	○	G
事業者の不完全履行の場合の消費者の権利を排除又は制限する条項	○	○	G		○	G(消)	G	全B制G	○		B	B	○	
給付目的物の適合性についての事業者の責任を排除又は制限する条項	○	○			○		BG	BG	○		B		○	B
事業者の被用者及び代理人の行為による責任を排除又は制限する条項	○	○		G	○	B(約)	BG	BG	○		B	B	○	
代理人によりなされた約束を遵守すべき事業者の義務を制限する条項	○								○					
事業者が業務上知るに至った者の秘密を正当な理由なしに漏洩することを許す条項	○													
事業者に契約内容の一方的決定権限を与える条項	○	○	G	G			G	G	○	B	G	G	○	G
事業者に契約内容の一方的変更権限を与える条項	○	○	G	G		G(約)	G	G	○	B	G	G	○	G
事業者に条項を一方的に変更しうる権限を与える条項	○	○			○		G	G	○	B	G	G	○	G
契約文言を解釈する排他的権利を事業者に認める条項	○	B		B			B		○	B	G	B	○	B
事業者に給付期間についての一方的決定権限を与える条項	○	○	G					G	○	B	G		○	G
事業者は、正当な理由なしに自己の債務の履行をしないことができるとする条項	○					B(約)			○				○	G

条項													
契約適合性の一方的決定権限を事業者に留保する条項	○	G					G					B	○	B
短期間での値上げや不相当に高い値上げを定める条項	○										B	G	○	
事業者が第三者の損害賠償請求権を排除又は制限する条項	○	B	B				BG			G	B		○	
消費者が第三者と契約することを不相当に制限する条項	○	G	G				G	B						
消費者の同時履行の抗弁権（又は留置権）を排除又は制限する条項	○	B	B		B(消)		B	B		G	B		○	
消費者の有する相殺権限を奪う条項	○	B	B	○	B(消)		B	B		B	B		○	G
消費者に与えられた期限の利益を相当な理由なしに剥奪する条項	○	G	G				G	G					○	
消費者を不当に契約に拘束する旨定める条項	○			○										
消費者の義務や責任を加重する条項	○	G							BG		B	G		B
消費者に不相当に過大又は不相当に長期にわたる物品又は役務を購入させる条項	○							B			B			
委任の責任を越える責任を消費者の代理人に負わせる条項	○			○	G(約・消)		B	G		BG	G	G	○	G
事業者に不相当な解除・解約の権限を与える条項	○						BG			G	G	G	○	B
事業者からの解除・解約の要件を緩和する条項			BG				BG			B	B			
消費者に要求されている解除告知期間よりも短期間の解約告知期間を事業者に認める条項					G(約)		BG	B		BG	BG	B	○	BG
消費者からの解除・解約の権利を制限する条項	○	BG	BG	○			BG	BG		G	G	G	○	G
消費者にとって過大な損害賠償額の予定（違約罰）を定める条項	○	G	G	○	G(消)		B	BG		G	B	G	○	
消費者の債務不履行に対して、消費者に過大な義務を課す又は事業者の責任を過度に制限する条項	○	G						G			G			

条項		B (継続的契約)							
消費者が正当な理由に基づく解約告知する場合に、違約金を支払わねばならないとする条項	○								G
事業者の清算義務を免除する条項	○								G
消費者が契約の締結・履行をしないとした場合に、事業者は既払金銭を保持しうるとしながら、事業者側が解除した場合に消費者側の権利を与えない条項				○	G	B	○		
一定の作為又は不作為に表示としての意味を持たせる条項	○	G	B	○	G	B			
消費者にとって重要な事業者の意思表示が、仮に消費者に到達しなかった場合においても事業者に到達したものとみなす条項		G			G	G			
消費者の意思表示その他の方式の要件について、不相当に厳しい制限を加える条項	○	G			G	B			
事業者のなした約束について、ある一定の形式を踏んでいる場合にしか守らない旨を定める条項							○		
契約締結前に実際に知る機会が与えられなかったにもかかわらず、消費者を拘束し、撤回不能とする条項			G(消)			B			
消費者に不利な専属的合意管轄を定めた条項	○	B	○	G	B	G	○		B?
事業者の証明責任を軽減又は消費者の証明責任を加重する条項	○	G	G(約)	G	G	BG	○		G
紛争解決に当たって、事業者の選定した仲裁人によるものとする条項	○	G	G(約)		G	B	○		
消費者が事業者に対して訴訟提起をしうる期間を不相当に短く制限する条項		BG	B(消)	B	G	B	○		B

Bはブラックリスト、Gはグレイリスト、○はブラック、グレイのどちらであるかが示されていないものを指す。ただし、ブラックリスト、グレイリストの両方に同趣旨の条項がある場合には、BGという旨を付した。表の作成に当たっては、『シンポジウム・現代契約法論』(私法54号66頁以下)における廣瀬久和教授の資料、角田美穂子「外国立法における不当条項リスト」別冊NBL54号190頁を参考にした。本表で列挙されている条項に完全に文言が一致しないし、類似する趣旨のものが列挙されている場合に日本法の趣旨似する条項が当該国の法律・当該国の条項が日本国の条項が各国提案・各国法の多くに提案されている場合には広めに印を付けてある。また、本表では類似されていない条項が各国提案されている条項を含むこともあるが、本表は各国提案・各国法の多くに列挙されている条項を列挙されているものを列挙するにとどめた。

※中間報告＝経済企画庁国民生活局消費者行政第一課編『消費者契約法(仮称)の具体的内容について』(大蔵省印刷局、1998年)50頁以下

(93)

※日弁連1999＝日本弁護士連合会「消費者契約法日弁連試案」(1999年10月22日)(NBL原稿注(34))、日弁連2006＝日本弁護士連合会「消費者契約法の実体法改正に関する意見書」(2006年12月14日)(NBL原稿注(27))、日弁連2012＝「消費者契約法日弁連改正試案」(2012年2月)

※研究会＝河上正二「消費者契約における不当条項の現状と課題(横断的分析)」消費者契約研究会「消費者契約における不当条項の横断的分析」別冊NBL128号(2009年)2頁以下で、検討を要する不当条項類型とされているもの

※債権法改正＝民法(債権法)改正検討委員会編『詳解債権法改正の基本方針ⅠⅠ』(商事法務、2009年)116頁以下(「約」は約款および消費者契約、「消」は消費者契約におけるリスト)。ただし、例示であるとされている。

※近弁連＝近畿弁護士会連合会消費者保護委員会編『消費者取引法試案ー統一消費法典の実現をめざして』(消費者法ニュース発行会議、2010年)69頁以下

※消費者権利指令案＝EUの消費者の権利に関する指令案(2008年)(Proposition de directive du Parlement européen et du Conseil relative aux droits des consommateurs du 8 oct.2008, COM (2008) 614/3 final) ※DCFR＝共通参照枠草案(完全版)Ⅱ.-9:410 (Study Group on a European Civil Code / Research Group on EC Private Law (Acquis Group), Principles, Definitions and Model Rules of European Private Law, Draft Common Frame of Reference (DCFR), Full Edition, Volume Ⅰ, sellier. european law publishers, 2009) (訳は、内田貴(監訳)＝石川博康＝角田美穂子『共通欧州売買法(草案)ー共通欧州売買法および欧州理事会規則のための提案』別冊NBL140号(2012年)によった)。

※フランス＝フランス消費法典R132-1条、R132-2条 ※ドイツ＝民法典308条、309条

※外国法の訳は、『民法(債権関係)部会資料集第1集〈第3巻〉』(商事法務、2011年)322頁以下、拙稿「フランスにおける濫用条項のリストについてー2008年の消費法典改正および2009年のデクレの紹介ー」法学志林107巻2号(2009年)37頁以下を参考にした。

第7章　不当条項規制に関する一般条項

担当：平尾嘉晃（弁護士）

第1　不当条項規制の一般条項（現行消費者契約法10条）について
1．論点
（1）消費者契約法10条前段要件は、「当該条項がない場合と比較して」といった文言に修正してはどうか。

　　もっとも、そもそもこの要件が必要なのかについても検討する必要がある。任意規定を明文の規定に限らない最高裁判決や学説のように、実質的に対象となる規定が限定されないのであれば前段要件自体には意味はなくなる。

（2）消費者契約法10条後段要件については、「消費者の利益を一方的に害する」を維持するが、「信義則に反して」という要件については削除を検討してはどうか。

　　この点については、「消費者の利益を一方的に害する」という要件に加えて「信義則に反して」という要件が存在することで、よほど悪質な条項以外は無効とならないような印象を与えかねないという指摘が学説でなされている。また、「信義則に反して」という文言が残っていることで、消費者契約法10条と民法の信義則はそれほどかわらないのではないかという誤った見方も存在する。そのため、「消費者の利益を一方的に害する」といった文言にして、不当性判断基準をより明確かつ具体的なものとして定めることが必要であると考える。

（3）「消費者の利益を一方的に害する」か否かの判断要素を列挙すべきか、仮に列挙する場合にいかなる要素を考慮すべきかについては検討する必要がある。

　ア　この点を検討する上で、条項の不当性判断にあたって個別の相手方との関係で判断するのか、当該条項の使用が予定されている多数の相手方について画一的に判断するのかが問題となる（さらにいえば、個別訴訟と団体訴訟とで不当性の基準、考慮要素をわける必要があるかも問題となる。）。

　イ　考慮要素については、各種提案や諸外国の立法を見ると、①契約の性質・趣旨、②契約締結時のすべての事情、③取引慣行、④他の条項、⑤契約のもとで提供されるべき履行の性質が列挙されている。学説でも、消費者契約法制定時より、消費者契約法10条後段要件該当性を判断する上では、「契約の対象となる物品・権利・役務の性質、当該契約の他の条項、当該契約が依存する他の契約の全条項を含む契約時点のすべての事情」が考慮されるとされている。これについては、以下の点が問題となる。

　　　第1に、契約締結時の事情に限られるか。契約履行時や、契約締結後の事情変更を考慮することはできるのか。

　　　第2に、契約締結過程の事情（説明の有無）のうち、裁判例で問題となっている考慮要素の中には、果たして条項の内容規制レベルで考慮に入れることが妥当といえるかどうかが問題となるものがある。

　　　第3に、約款外の事情（取引慣行）を考慮に入れることが妥当か。これは条項の援用レベルの問題であると捉えることはできないだろうか（最判平成24年3月16日66巻5号2216頁参照）。

条項の不当性判断にあたっては、契約の個別的プロセスにかかわる要素によって条項の不当性判断が異なってくるものはあるが、基本的には条項の客観的な内容面での要素を重視すべきではないだろうか。
　具体的には、条項自体の内容が合理的なものであるか否か、その条項を設けることが不利益回避手段として合理的と言えるか否か、その条項以外に事業者の不利益回避の方法は無いか、他の代替的条項の存在などが挙げられる。

２．これまでの議論や立法提案、判例など
（１）第16次国民生活審議会消費政策部会中間報告
　次に、個別的ケースにおいて当該条項が不当か否かの評価をする際に、どのような方法で行うかという問題について検討する必要がある。
　まず、どの時点を基準に評価を行うかという点については、契約が締結された時点を基準とするという考え方と問題が発生した時点を基準とするという考え方の２通りが考えられる。問題が発生した時点を基準とすると予見可能性の確保が困難となることから、契約が締結された時点を基準とするべきである。
　ただし、個別的ケースにおいて契約締結後に生じた事情を考慮する必要がある場合には、信義則を用いて判断することが可能であると考えられる。
　また、不当条項の評価に当たってどのような事情を考慮すべきかという点については、ＥＵ指令と同様に、[1]契約の目的とされた物品又は役務の性質、[2]契約締結に伴う状況、[3]当該契約の他の条項、[4]その契約と依存関係にある他の契約の全条項といったすべての事情を考慮して、総合的に評価するべきであると考えられる。
　以上のことから、個別的ケースにおける不当条項の評価方法について、次のようにすることが適切である。
（個別的ケースにおける不当条項の評価方法）
　不当条項の評価は、契約が締結された時点を基準としたすべての事情を考慮して判断する。
（２）民法（債権法）改正検討委員会提案
　【3.1.1.32】（不当条項の効力に関する一般規定）
　〈１〉約款または消費者契約の条項［（個別の交渉を経て採用された消費者契約の条項を除く。）］であって、当該条項が存在しない場合と比較して、条項使用者の相手方の利益を信義則に反する程度に害するものは無効である。
　〈２〉当該条項が相手方の利益を信義則に反する程度に害しているかどうかの判断にあたっては、契約の性質および契約の趣旨、当事者の属性、同種の契約に関する取引慣行及び任意規定が存する場合にはその内容等を考慮するものとする。
　（なお、〈２〉については、「もっとも、不当性の判断が相手方との関係で個別的になされるのは、不当条項の効力についてであり、不当条項の差止めについては、当該条項の不当性は抽象的に判断されうる。したがって、本提案〈２〉は、差止めの場合に当然に適用になるわけではない。」とする（民法（債権法）改正検討委員会編「詳解・債権法改正の基本方針Ⅱ」）。）
（３）消費者契約法日弁連改正試案（2012年）
　第12条（不当条項の無効）

1　消費者の利益を不当に害する消費者契約の条項（以下本法において「不当条項」という。）は無効とする。
　2　消費者契約の条項であって、当該条項が存在しない場合と比較して、消費者の権利を制限し又は消費者の義務を加重するもの及び事業者の責任を制限又は免除するものは、不当条項と推定する。
（4）最判平成23年7月15日民集65巻5号2269頁
　　「消費者契約法10条は、消費者契約の条項を無効とする要件として、当該条項が、民法1条2項に規定する基本原則、すなわち信義則に反して消費者の利益を一方的に害するものであることをも定めるところ、当該条項が信義則に反して消費者の利益を一方的に害するものであるか否かは、消費者契約法の趣旨、目的（同法1条参照）に照らし、当該条項の性質、契約が成立するに至った経緯、消費者と事業者との間に存する情報の質及び量並びに交渉力の格差その他諸般の事情を総合考量して判断されるべきである。」

第2　中心条項に対する考え方
1．論点
（1）中心条項の定義（中心条項と付随条項の区別基準）と、仮に定義化・区別をするのであれば、中心条項についての規制のあり方が問題となる。
（2）そもそも中心条項を定義化すること自体慎重な検討を要するが、仮に定義化するとしても、「契約の主要な目的および対価」そのものに限定する方向で考えるべきである。
（3）中心条項の規制のあり方については、以下の方法がありうる。
　①　中心条項については一切不当条項規制の対象としない。もっとも、この場合にはさらに、ａ）中心条項は不当条項規制の対象とはしないが、別途、消費者公序規定で規制の対象とすべきである、という見解と、ｂ）消費者契約法において中心条項への介入は一切認めないという見解に分けることができる。
　②　中心条項については、その条項が平易かつ明瞭な言葉で表現されており、消費者がいかなる意味での対価なのかを理解できる限りにおいて、不当条項規制の対象外となる（フランス、1993年ＥＣ指令で採用されている規制スタイルである）。もっとも、明瞭な言葉で表現されていても、消費者公序規定による規制の対象とはなりうる。
　③　不当条項規制において、中心条項、付随条項を一切区別しない。この考え方については、例えば法制審部会資料43頁の【甲案】にあるように、民法における不当条項規制においては契約の中心部分に関する条項［対価に関する条項］は不当条項規制の対象としないが、その例外として消費者契約においては中心部分に関する条項［対価に関する条項］も不当条項規制の対象とする旨の規定を設けるといった考え方に現れているように、「消費者契約においては」中心条項も規制の対象とするという考え方がある。
　　以上の3つのうち、どれが妥当であるかを考えるにあたっては、理論的な側面だけではなく、ａ）給付・対価部分について消費者が合理的に判断できるだけの基盤が契約準備交渉・締結段階で整備されているのか、ｂ）市場において競争メカニズムが完全に機能しているのか、ｃ）消費者の場合、そもそも情報提供が十分であっても合

理的な選択・決定はできないのではないかといった、実際上の観点も考慮する必要がある。さらには、下記の「多くの契約条項が多かれ少なかれ価格決定に反映されることは紛れもない事実であり、まして「価格・対価の決め方」、複雑に仕組まれた給付内容決定方法などのような条項は、顧客が不用意にそれを受け入れてしまうおそれが高いだけに、むしろ不当条項規制に服すると考えるべきである」といった指摘も重要である。

このように考えると、中心条項と付随条項を区別することには、なお慎重な検討が必要といえよう。

２．これまでの議論など

（１）第16次国民生活審議会消費政策部会中間報告

消費者契約法における不当条項の評価の対象外となる事項としては、市場への過剰介入は好ましくないという理由から、［１］契約の主要な目的（例：旅行契約における行き先）、［２］物品又は役務の価格若しくは対価とその反対給付たる物品又は役務との均衡性が考えられ、ＥＵ指令においても同様に評価の対象外とされている。

［１］については、契約内容の問題としてではなく、情報提供義務や不意打ち条項の問題として処理すべきであり、不当条項の評価の対象から除外すべきである。その場合、主要な目的の部分とその周辺部分の区別が必要となるが、主要な目的の部分はなるべく狭くし、評価の対象となる部分を広げるべきである。

［２］については、価格若しくは対価の高低については判断しないという観点から、不当条項の評価の対象から除外すべきである。免責条項の合理性を判断するような場合には、当然、「当該契約の他の条項」として価格が高いか低いかを含めたすべての事情を考慮して総合的に評価されることとなり、この場合の「価格の高低」をも除外するものではない。

（２）河上正二「消費者契約法の展望と課題」現代消費者法14号（2012年）70頁

多くの契約条項が多かれ少なかれ価格決定に反映されることは紛れもない事実であり、まして「価格・対価の決め方」、複雑に仕組まれた給付内容決定方法などのような条項は、顧客が不用意にそれを受け入れてしまうおそれが高いだけに、むしろ不当条項規制に服すると考えるべきである（更新料条項など）。

（３）潮見佳男『新版注釈民法（13）』（有斐閣、1996年）

核心的合意部分についても、・・・法秩序により保障されている自己決定権を行使して、契約内容を自律的に形成することのできる機会が当該契約交渉過程で確保されていることこそが、決定内容に対する拘束力と強制力の付与という契約の国家的保障につながるわけであって、この点において、内容規制面に関する限り、核心的合意部分のみを特別扱いする必要はないように思われる。

（４）消費者契約法日弁連改正試案（2012年）

そもそも契約の中心的部分と付随的部分が判然と区別できるか否かは疑問である。また、携帯電話の複雑な料金規定の例でも明らかなとおり、現代社会においては、仮に中心部分の契約条項であるという形式的な理由だけで消費者契約法の保護を一切及ぼさないとすれば不合理な事態となっている事例が現に存在する。現行法10条の不当条項規制は、中心部分についても及ぶと解釈すべきである（コンメンタール消

費者契約法（第2版）188頁）。
　今般の改正提案では、上記と同趣旨の考え方の下、12条は中心条項にも適用が及ぶとの解釈を前提としている。現行法10条前段要件の削除には、上記のような法解釈に対する文理上の疑義を取り除くという意義も存する。
　このように、今般の改正試案では、例えば高齢者に対する過量販売を定めた契約条項なども、それが消費者の利益を不当に害する契約条項であると評価できる限り、12条によって無効となりえる。また、上記のような12条（一般条項）に関する理解をもとに、後述する14条においては、過量販売条項、長期間拘束条項を不当条項リスト（グレーリスト）の一つと位置づけている。

第3　個別に交渉を経た条項の規制の可否
1．論点
　個別の交渉を経た条項の規制の可否については、以下の考え方がありうる。
　①　個別の交渉を経ているか否かは消費者契約では問わない。
　②　個別の交渉を経ている場合には、規制の対象外となる。
　不当条項規制の根拠を、当事者間の交渉力の格差ゆえ、一方当事者に不利な内容の条項が締結されることへの配慮に求めるのであれば、個別の交渉を経ている場合には規制の対象外となる。
　しかし、この考え方については以下の問題点を指摘することができる。
　第1に、形式的に過ぎず実質的な個別の交渉を経たといえるか否かをどのようにして判断するのかが問題となる。
　第2に、そもそも消費者契約においては構造的に当事者間の交渉力の格差があり、実質的な交渉は不可能であるという見方も可能である。
　消費者契約法が事業者・消費者間の構造的な情報・交渉力の格差から生じる意思表示の瑕疵・不当な内容の条項を問題にしていることをふまえると、①のように消費者契約においては個別な交渉を経ているか否かは消費者契約では問わない方向で考えるべきである。

2．これまでの議論など
（1）潮見佳男「不当条項の内容規制─総論」別冊ＮＢＬ54号143頁
　「①個別交渉を経た条項については、私的自治・自己決定原則に基づき、当該条項の有効性を承認する。個別交渉条項の規制については、ＥＣ指令と同様に、「不当条項規制」（不当条項の内容規制）の対象とはならない。
　〔①－1〕もっとも、個別交渉がなされる段階において、契約内容の不開示、重要事項に関する説明義務違反とか、詐欺・強迫・威迫（不当威圧）等といったような事業者側の交渉態度に非難しうる点が認められる場合には、この点をとらえて、契約の効力を奪い、もしくは金銭的損害賠償により調整を図る（…）。
　〔①－2〕また、「個別交渉」の存在については、「当事者の実質的対等性が確保されている交渉」に限定すべきであるとの近時の主張（…）と同様に考える。もっとも、契約当事者間における契約上のリスク・コストの分配が─契約上の利益の分配と並び─契約交渉における主題となっている点にかんがみれば、ここでの「実質的対等性」とは、

消費者が「当該個別条項において－さらに、契約全体をも考慮した際に－みずからが負担することとなるリスク・コストの意味を理解したうえで、かかるリスク・コストを引き受ける意図のもとで当該個別条項のないように同意を与えたこと」を意味するものと考えるべきである。
　〔①－3〕個別交渉がなされたといえるためには、消費者が当該条項の内容に対して影響を与える一般的可能性の存在が前提となる（…）。
　②なお、後述するように、個別交渉を経た条項についても、契約全体に対して－しかも次に述べる意味での－暴利行為・過大利得禁止の観点から「不当性」を理由とした無効評価が下される可能性は、否定されるべきではない」。
（２）消費者契約法日弁連改正試案（2012年）
　「そもそも事業者と交渉力の格差があることによって消費者に不当条項を押しつけることを防止するために本法の不当条項規制が設けられた趣旨からすれば、個別の交渉を経たとしても消費者契約に不当条項が入れられる可能性は否定できない」

第4　不当条項規制の効果
１．論点
（１）原則として全部無効とし、例外的に一部無効となりうるものを定めることを明文化してはどうか。
（２）多くの学説においては、条項全体を無効にすることは無効原因のない部分については当事者の私的自治に基づく決定を覆すことを意味するとして、一部無効を原則とすべきであるが、例外的に契約自由への介入を正当化する理由がある場合、例えば、約款や消費者契約の場合のように、契約当事者の一方が契約条項を一方的に作成する場合には不当条項を作成した者に対する制裁や帰責の考え方から全部無効となることがあるとされている。
　　なぜなら、仮に条項の作成者が包括的な不当条項を定めても、規制に抵触する限度で無効とされ、残りは有効とされるとすると、ともかく包括的に不当な条項を定めておけば、後は裁判所の方でぎりぎり有効な範囲で条項を維持してくれることになり、それでは不当条項が流布するのを防ぐことができないからである。

２．これまでの議論、立法提案など
（１）民法（債権法）改正検討委員会提案
　　【3.1.1.37】（条項の一部が無効な場合の条項の効力）
　　　約款または消費者契約に含まれる特定の条項の一部が無効となるときは、法令にこれと異なる定めがない限り、当該条項は全体として無効となる。
　cf.【1.5.47】（法律行為の条項の一部無効）
　　　法律行為に含まれる特定の条項の一部が無効となる場合、その部分のみが無効となる。ただし、以下の各号に該当する場合には、当該条項はすべて無効となる。
　〈ア〉法令に特別の定めがあるとき
　〈イ〉当該条項の性質から他の部分の効力を維持することが相当ではないと認められるとき
　〈ウ〉当該条項が約款の一部となっているとき（法令に特別の定めがある場合を除く）

〈エ〉当該条項が消費者契約の一部となっているとき（法令に特別の定めがある場合を除く）
（2）消費者契約法日弁連改正試案（2012年）
　　第15条（不当条項の効果）
　1　不当条項に該当する消費者契約の条項は、当該条項全体を無効とする。ただし、この法律その他の法令に特別の定めがある場合を除く。
　2　前項の場合においても、消費者契約の他の条項は効力を妨げられない。
　　　　ただし、当該条項が無効であった場合には当該消費者が当該消費者契約を締結しなかったものと認められる場合、当該消費者契約は無効とする。
　　　（同解説）
　　　　法律行為の原則論としては、当事者の合意内容はできる限り尊重すべきであり、特定の法契約条項の内容が部分的に無効となる場合においても、残部の条項の効力は影響を受けないものと考える。
　　　　しかしながら、もし仮に消費者契約法の不当条項規制の効果についても上記のような考え方をそのままあてはめ、事業者が不当条項規制に違反するような契約条項を定めても裁判所がぎりぎり有効な範囲で効力を維持する場合には、不当条項の流布を助長する結果となったり、不当条項に異議を唱えない消費者に不利益を招来してしまうことになる。
　　　　したがって、消費者契約法の不当条項規制に違反する契約条項の効力については、同法その他の法令で特に一部無効とすべき旨が規定されていない限り、契約条項全部を無効と解すべきである（コンメンタール消費者契約法（第2版）199頁など同旨）。
　　　　そして、上記のような法律効果は、前述した法律行為の原則に対する例外ないし特則であるから、法律関係の明確化という観点から、消費者契約法において明文規定を立法化しておくべきである。

第8章　消費者公序規定

担当：平尾嘉晃（弁護士）

1．論点
（1）消費者契約に適合した公序良俗規定（「消費者公序規定」、ここでいう公序良俗とは、旧来型の限定的な公序良俗の理解とは異なる。）の創設を検討してはどうか。
　　すなわち、従来の消費者契約法は、契約締結過程における不当勧誘行為規制と契約条項の内容に関する不当条項規制という二元的構成であったが、このような二元的構成だけでは不当な契約を十分に補足できない局面があり、契約締結過程と条項内容を融合した、新たな法規制のカテゴリーの創設を検討する必要がある。
（2）この消費者公序規定の創設については、以下の点を留意する必要がある。
　①　民法で議論されている現代的暴利行為論（特に客観的要素といわれる部分）は参考にはなるが、消費者契約法の趣旨（情報の質及び量の格差・交渉力の格差を是正するために、契約の効力を修正）に則った要件立てをする必要がある。
　②　状況の濫用の法理は参考にはなるが、これ自体は、困惑類型（威迫的類型）を拡張するものであるから、行為態様に関する不当性の一要素として位置付けることはできるが、これに限定した要件立てにはしない。
　③　勧誘時の行為態様に関する不当性の要素（例示）としては、以下のようなものが考えられるが、さらに整理が必要である。
　　・困惑類型（威迫的類型）の拡張。
　　・状況の濫用、既存の消費者の状況（不安心理や特殊な経済的状況など）の悪用、つけ込みなど
　　・適合性原則違反や不招請勧誘など
　　・目的隠匿型、誤認類型など
　④　不当条項の対象か否かに争いのあるいわゆる中心条項に関する問題であっても、消費者公序規定の対象となることを明確化する。
　　（具体例：おとり価格や二重価格のような誤認的な勧誘手段（景表法の有利誤認表示など）が用いられた場合など）
　⑤　上記④に観点から、過量販売や次々販売といった類型も対象とする。

2．その背景・立法的対処の必要性
（1）問題事例
　（ア）消費者契約法の運用状況と今後のあるべき方向性について（後藤巻則教授　平成23年度　消費者契約法（実体法部分）の運用状況に関する調査　結果報告）では、たとえば、以下のような事例が対象事案となりうるのでは、という整理がされている。
　①　大阪地判平成20年1月30日「この観点から位置づけられる判決として、例えば、呉服販売業者がその従業員に対し呉服等の自社商品を販売した行為が、従業員の支払能力に照らし過大であり、売上目標の達成のために事実上購入することを強要したものであるとして、公序良俗に反して無効であるとした事例がある。」
　※　なお、上記事例は、特商法あるいは割賦販売法の適用除外（事業者が従業員に

対して行う販売）を狙った脱法的な商法であることにも問題があった。
②平成16年度内閣府請負調査「消費者契約に関する紛争の実態及び法的な論点について－『消費者契約に関する苦情相談の実態調査』研究会報告書（2005年）44頁」も、事業者の悪性を総合的に評価する必要があることを指摘し、「新築マンションに入居1ヶ月後の祭日の夜7時すぎ、付設浄水器のメンテに来たと訪問してきた業者に勧められて、管理組合からと思い込みドアを開け、『未だメンテ出来ていない人の確認に来た』と言われ、付設整水器につき『これは半年に1回カートリッジ取換えの必要があり、年間3万円の費用がかかる、当社のは年間1万円程度の管理費用でよい』などと説明されて、信用して高額浄水器の契約した」という場合につき、身分詐称に近い手法、目的隠匿、状況の濫用を総合的に判断すると悪性が強い手法と言えるが、既存の消費者契約法制の民事規定を活用するのが困難な事例であるとする。

(イ) 価格に関する事案への対処
① おとり価格・二重価格に関する事案
　　美容整形の契約で、広告勧誘時には、低額の施術費を謳っておきながら、施術の時点で高額な施術の契約を迫られるという事例。悪質な事案になると、「包茎治療」で、既に手術台に乗っている状況で、高額な施術の契約を迫られ、断ることができないまま、同意書等を取られ施術されたという事案などがある（消費生活センターの相談事例）。
　　また、幸運を招くブレスレットの売買契約で、広告勧誘時には「通常価格10万円、1万5000円、限定10個」「業界初商品先渡しシステム」などと謳って勧誘。その後、実際商品が送付されてくると、業者が、「今回の契約の内容は、1万5000円が祈祷料（お布施）で商品代金が8万5000円（併せて10万円）である」と主張してくる事例など（消費生活センターの相談事例）。
　　こうした事例も、いったん、価格についての合意の存在が認定されてしまえば、既存の消費者契約法の枠組みだけでは救済が困難な事例である。
② 価格とみるかどうかが問題となった事例
　　ある条項を価格に関する条項とみるかどうか、判断の難しい場面がある。例えば、不動産賃貸借契約における更新料条項や、携帯電話などでみられる長期契約と解約金条項などは、条項の法的性質、内容の解釈のレベルにおいて、事業者側の意思を重視するか消費者側の意思を重視するかによって、条項の性質決定が異なりうる。こうした問題については、まずは、消費者契約法において、条項の解釈準則を整備する必要があると思われる。
　　ただ、その解釈準則によれば、対価条項と解釈できた場面であっても、おとり価格や二重価格のような誤認的な勧誘手段（景表法の有利誤認表示など）が用いられた結果、契約締結に至ったような場合には、当該契約の全体あるいは、当該条項のみを無効とする必要がある。
③ 過量販売や次々販売など、契約の総量に関する事案
　　例えば、高齢者などを狙って、次々と高額な通信機器のリース契約を締結させる事案や、次々リフォーム事案、健康食品や布団、呉服を大量に購入させる事案な

どがある。これらの事案では、過量な販売が、購入者の不安感につけ込む勧誘手法、何度も訪問（不招請勧誘）を繰り返すといった攻撃的な勧誘手法あるいは全体経費が安くなるかのように誤認させるといった勧誘手法と相俟って、問題視されるようなケースである。

④　このように、勧誘行為のみに着目しても勧誘行為を分析的にみればどれも取消とすべき決定打がない場合や、契約内容のみに着目してもその不当性が専ら対価部分に関するものであったり契約の量などに関する場合は、既存の消費者契約法の枠組みだけでは救済が困難である。

　　また、従来の公序良俗の規範で考えると、極めて例外的な場合しか無効とされず、必ずしも適切な対処はできない。

　　こうした場合、契約締結過程と条項内容とを総合評価して、新たに無効・取消等の効果を導くことができる規定を、消費者契約法の中に導入する必要がある。

（ウ）高齢者被害に対する対応の必要性

　現代社会においては、前述したとおり、高齢者への過量販売、次々販売といった高齢者被害が重大な社会問題となっている。独立行政法人国民生活センター編「消費生活年報 2012」12 頁（2012 年 11 月 15 日）をみると、我が国の相談現場における 70 歳以上の消費者トラブルは最近 10 年間でほぼ倍増し、全体の 16.8%を占めるに至っている（60 歳以上では全体の 31.0%）。高齢化社会の今後益々の進行を考えれば、かかる高齢者の消費者被害への対応は重要かつ急務である。

　現在の実務では、民法の公序良俗規定などによって、こうした高齢者被害の救済を図ろうとしているが、極めて限定的な場面でしか救済は実現化しておらず、消費者契約法に消費者公序規定を置くことの意義は極めて高い。

（2）これまでの学説の状況

（ア）消費者契約法の運用状況と今後のあるべき方向性について（後藤巻則教授　平成 23 年度　消費者契約法（実体法部分）の運用状況に関する調査　結果報告）

　適合性原則や不招請勧誘規制の考え方を考慮に入れつつ信義則に反する不当な勧誘行為を規制し、この違反行為を理由とする取消を認める一般条項を規定することが考えられる。

　その規定の仕方については、比較法的には、オランダ民法やフランス債務法改正準備草案が参考になるが、ここでの問題状況は、勧誘行為の不当性や成立した契約内容の対価的不均衡などが相まって、全体としてみれば契約の有効性に疑問が生ずるという場面であって、一つひとつの事情がそれ自体としては詐欺にも強迫にも当たらず、あるいは（民法上の）暴利行為といえるほどでもないが、それらを総合判断することによって、契約の拘束力を否定しようというものである。このような場合に、いわば「合わせて一本」的に勧誘行為を規制する規定が必要であろう。

（イ）消費者契約法の展望と課題（河上正二教授　現代消費者法№14／2012．3）

　「何をいくらで買うか」ということに直結する対価並びに主要な対価関連条項は、契約の中心部分をなしているため、民法 90 条（特に暴利行為）などによる枠付けは

必要としても、原則として契約自由に委ねられるべきであって、むしろ開示規制になじむものである。正当価格へと経済統制する必要があるのは、かなり特殊な局面であって、原則として適切な情報開示と取引環境の整備を通じて市場メカニズムが有効に機能することを狙うのが適当であろう。そのため、現在の消費者契約法上も、対価や主要な価格関連条項は無効とすべき不当条項の対象とはされていない。

しかし、多くの契約条項が多かれ少なかれ価格決定に反映されることは紛れもない事実であり、まして「価格・価格の決め方」、複雑に仕組まれた給付内容決定方法などのような条項は、顧客が不用意にそれを受け入れてしまうおそれが高いだけに、むしろ不当条項規制に服すると考えるべきである（更新料条項など）。

消費者契約において、不適切な勧誘によって不当な不利益を狙う契約に対しては、民法90条の消費者契約法版として（単に条項を無効とするだけでなく）契約全体を無効とするミニ一般条項の創設が検討されていいように思われる。

(ウ)　契約成立の瑕疵と内容の瑕疵（磯村保教授　ジュリストNo.1084／1996.2）

いずれにせよ、動機錯誤顧慮の拡張や不実説明に基づく契約解除というアプローチは、契約の効力を成立における意思という局面において考慮するという発想が強いといえる。

しかし他方で考慮されるべきは、たとえば勧誘行為が不当であること、成立した契約内容が対価的均衡を欠いていること等の事情が相俟って、全体としてみれば契約の有効性に疑問が生じるという場合である。それらの一つ一つの事情が、それ自体としては詐欺・強迫には当たらず、あるいは暴利行為といえるほどではないとしても、それらの諸要因と成立における当事者の意思決定の状況を総合判断して、契約の拘束力を否定する途を探ることは可能ではないか。

(エ)　不当条項の内容規制一般論（潮見佳男教授　別冊ＮＢＬ54号）のうち、「給付・対価部分への介入可能性」部分

① 消費者契約においては、「給付と反対給付（対価）」の不均衡、広くは「契約上の地位（権利・義務）」の不均衡を理由として、市場によるコントロールおよび独禁法その他の競争法による規制に委ねておいたのでは適切な調整が期待できない要因が顕在化している場合には、この調整（契約の全部無効）を司法的に委ねる必要がある。これは、国家・社会秩序の維持を目的とした伝統的公序良俗の枠組みのなかで―価格秩序（対価秩序）の維持という衣をまとって―展開をみてきた「暴利行為・過大利得」類型に対応する内容規制の延長線上に位置づけられるものである（「契約自由」との対立構造で語られるときに「契約正義」が担ってきた「正当性」のコントロールである）。

② このとき、伝統的公序良俗理論に裏打ちされた従前の裁判実務において「暴利行為・過大利得」が民法90条の公序良俗の範疇でとらえられてきた点にかんがみれば、「給付・対価部分」への介入を扱う「暴利行為・過大利得」類型については「消費者契約法」での処理をまつまでもなく、すでに「民法」の一般理論ベースで捕捉可能であるともいえないことはない。しかし、ここで問題となっているのは、「個人（消費者）の私的利益を保護する」という点で伝統的公序良俗理論とは異質の目的に出た

内容規制であるという点を明確にするうえでは、理論ベースで伝統的公序良俗に支配された90条とは「別枠」で、しかも民法典の改正は考えないとの前提を触らないとすれば、「消費者契約法」の「不当性」判断の場を用いて、こうした給付・対価部分への介入　―暴利行為・過大利得を理由とする内容規制―　を正当化する規定を設けるのが適当である（わが国における従前の暴利行為・過大利得処理の構造をみるとき、消費者契約における当事者の権利・義務の不均衡が裁判実務において民法90条　―場合によっては1条2項―　を用いて調整されるという保障は、どこにもない。なお、給付の均衡こそが契約正義を体現し、消費者公序の中核に位置する問題である。

　③　しかも、「消費者契約法」ベースで暴利行為・過大利得をとらえるときには、「包括的民事ルール」でありながら「民法」の一般理論レベルでの暴利行為型処理ないしは「給付の均衡」理論（民法90条の射程の拡張理論）を超えた「不当性」判断のスキームを提示する可能性に道が開かれる。すなわち、消費者契約を特徴づける上記諸事情にかんがみれば、消費者契約であるがゆえに妥当する独自の「過大利得（暴利行為）の禁止」要請がたてられる可能性が出てくるのである。

　〔③-1〕すなわち、ここでは、主観面における当事者（事業者）の意図の悪性は決定的でなく、むしろ、商品・サービスの客観的価値（市場経済を想定する以上、測定可能であることが前提となってくる）と対価との客観的不均衡が重要になる。また、給付・対価の「著しい」不均衡という視点も、再考に値するものと考える。

　〔③-2〕のみならず、「消費者契約法」特有の暴利行為・過大利得禁止規範を考える際には、給付・対価部分への介入というときに、問題を給付・対価の客観的価値ベースでの均衡性に限定するのが適切か否かを検討する必要があるように思われる。むしろ、暴利行為・過大利得類型の基礎を「価格・対価秩序」ではなく「個人の私的利益保護」に求め、かつ本書二の4で示した不当性判断を支える基本的考え方によるのであるならば、契約全体としてみた場合に消費者として引き受けるリスクが総体としてどれほどのものであり、そのリスク・コストが本来どちらの当事者に帰属するものであるかといった給付・対価（反対給付）に伴うリスク・コスト分配をも考慮に入れた　―したがって、いわゆる付随的契約条件も取り込んだ全体としての―　「契約上の地位（権利・義務）の不均衡」という観点から、「当該契約において消費者が引き受けた契約上の地位の劣悪さ」をとらえ、契約の全部無効（契約内容が可分な場合における例外的一部無効）の評価を下すのが適切であるように考える。この意味では、「暴利行為・過大利得」という範疇から一歩を踏み出すことになる。

（オ）日弁連消費者契約法改正試案（2012年）
　今般の改正試案では、不当条項の一般条項である12条が中心条項にも付随条項にも適用されるという考え方に立った立法提案をしているが、消費者契約の目的や対価などの中心部分の問題は不当条項とは別の規定（例えば、公序良俗規範の消費者契約法版など）で対処するといった立法提案の在り方も考えられるところである。

3．立法を考えるとした場合の留意点
（1）民法改正における現代的暴利行為論との比較
　①　主観的事情、客観的要素という組み立てでよいか、さらに検討が必要である。

② 暴利行為論における主観的要素としては、「相手方の困窮、経験の不足、知識の不足その他の相手方が法律行為をするかどうかを合理的に判断することができない事情があることを利用して」とされているが、このような要件に限定するのでは狭いのではないか。消費者契約の特質を考慮したより広い要件立てが必要である。
③ 暴利行為論における客観的要素としては、「著しく過大な利益を獲得し、又は相手方に著しく過大な義務を負担させる法律行為」とされているが、この「著しく過大な」という要件は、一般民法でならともかく、消費者契約では狭すぎるので修正する必要がある。

（2）契約締結過程に関する不当勧誘行為規制は、消費者公序規定の創設とは別に充実させる必要がある。

4．参考となる立法案
（1）法制審議会民法（債権関係）部会の中間試案
　第1,2(2) 暴利行為
　　相手方の困窮、経験の不足、知識の不足その他の相手方が法律行為をするかどうかを合理的に判断することができない事情があることを利用して、著しく過大な利益を獲得し、又は相手方に著しく過大な義務を負担させる法律行為は無効とするものとする。
　　（注）相手方の窮迫、軽率又は無経験に乗じて著しく過当な利益を獲得する法律行為は、無効とする旨の規定を設ける別案がある。また、規定を設けるべきではないという考え方もある。

　　（概要）
　　本文（2）は、いわゆる暴利行為を無効とする旨の規律を設けるものである。大判昭和9年5月1日民集13巻875頁は、他人の窮迫、軽率又は無経験を利用し、著しく過当な利益を獲得することを目的とする法律行為は公序良俗に反して無効であるとし、さらに、近時の裁判例においては、必ずしもこの要件に該当しない法律行為であっても、不当に一方の当事者に不利益を与える場合には暴利行為として効力を否定すべきとするものが現れている。しかし、このような法理を民法90条の文言から読み取ることは、極めて困難である。そこで、本文（2）では、これらの裁判例を踏まえ、「困窮、経験の不足、知識の不足その他の相手方が法律行為をするかどうかを合理的に判断することができない事情」という主観的要素と、「著しく過大な利益を得、又は相手方に著しく過大な不利益を与える」という客観的要素によって暴利行為に該当するかどうかを判断し、暴利行為に該当する法律行為を無効とするという規律を明文化するものである。これに対しては、上記大判昭和9年5月1日の定式に該当するもののみを暴利行為とすべきであるという立場からこれをそのまま明文化するという考え方や、暴利行為の要件を固定化することは判例の柔軟な発展を阻害するとしてそもそも規定を設けないという考え方があり、これらを（注）で取り上げている。

（2）民法改正研究会「民法改正　学界・法曹・国民有志案」138～139頁
　　N条の2（不公正要素の累積による取消し）
　　　事業者と消費者の間の契約において、消費者の意思表示が、この法律の意思表示の無効、取消しの規定の要件を完全には満たさない場合であっても、以下の各号に掲げる要件の複数にあたり、（新）第三条（信義誠実の原則と権利濫用の禁止）によればその意思表示に基づく法律行為の効力を認めることが相当でないときは、裁判所はその意思表示の取消しを認めることができる。
　　一　年齢による未経験、加齢による判断力の低下が認められる者が、その者が特に必要としない取引のために意思表示をした場合において、意思表示の相手方がその事情を知ることができたとき。
　　二　対価を伴う取引において、通例の取引も比較して対価が不相当に均衡を失しているとき。
　　　　ただし、意思表示をした者が対価の不均衡を知っているときは、この限りではない。
　　三　意思表示の相手方が、意思表示をする者が錯誤に陥りやすい情報を提供し、又は状況を作り出したとき。
　　四　意思表示の相手方が、意思表示をする者が冷静な判断をしにくい状況を作り出したとき。
　　五　当該取引の性質に照らし、社会的に告知することが当然と思われる事情を告知しなかったとき。
　　六　意思表示の相手方が、意思表示をした者が交渉を中止したい旨の意思を表示したにもかかわらず、交渉を中止しなかったとき。
　　七　投機性を伴う取引のための契約を締結する場合において、相手方の知識、経験、財産の状況及び契約を締結する目的に照らし不適当と認められる勧誘を行ったとき、及び広告を利用し、適合性を欠く者と取引をしたとき。

（3）消費者契約法（仮称）『要綱試案』私案（沖野眞已教授　ＮＢＬ652～658号）
　　2－1－2　信義誠実違背の接近・勧誘行為の禁止
　　　事業者は、消費者に対し、契約勧誘意図を秘匿して不意打ち的に接近し、執拗なあるいは威迫的な勧誘を行い、不安心理や困惑をひきおこし、または、消費者の知識・判断力の不足に乗じ、その他信義誠実に反する態様で、契約締結を求めてはならない。

第9章　各論・各種契約

担当：鹿野菜穂子（慶應義塾大学教授）
　　　山本健司（弁護士／清和法律事務所）

1．論点
① 契約類型に即した特則規定（権利・義務創設型規定や強行法規化規定など）の必要性について検討してはどうか。
② 消費者契約一般に関する各論的規定（解釈準則、複合契約その他）の必要性について検討してはどうか。
③ 売買契約に即して、契約の履行・清算過程に関する規定を設けることについて検討してはどうか。

＜提案の趣旨＞
① 契約類型に即した特則規定の必要性
　消費者契約法に、契約類型に即した規定を置くことについて検討することが必要である。この点については、現在進行中の民法（債権関係）改正との関係も問題となるが、現時点では、民法中に、各種の契約に即して消費者契約に関する具体的な特則を置くことになる可能性は高くない。そこで、あらためて消費者契約法において、このような各論的な規定を導入することの是非について検討する必要性は高いといえよう。この点に関する検討項目として、以下のものが挙げられる。

(ア) 一定の類型の契約につき、消費者に一定の権利が認められ、あるいは事業者に一定の義務が課されることを明確にする旨の規定を置くことが検討されるべきであろう。具体的には、役務提供契約（準委任契約）における消費者の解除権、継続的契約における消費者の解除権、第三者与信型の信用供与契約における消費者の抗弁の対抗規定、消費貸借契約における消費者の期限前弁済規定等が考えられる。

(イ) 一般法において、任意規定とされているものの中でも、消費者契約においては、消費者に不利な形での特約の効力は認めないという形での片面的強行法規とし、それを消費者契約法において明確にする必要のあるものを検討してはどうか。もっとも、これについては、不当条項規制の中の一つの作業として位置づけることも考えられる。

② 消費者契約一般に関する各論的規定の必要性
　さらに、契約類型ごとというわけではないが、個別の問題につき、消費者契約に一定のルールを設けることが適切と考えられるものもある。たとえば、条項使用者不利の解釈準則については、たとえ民法に一般的な準則としては設けられな

いことになったとしても、消費者契約法において、その趣旨を規定することが必要なのではないかと思われる。また、複合契約における解除・取消しの規定についても、消費者契約に関する規定を置くことが検討の対象となろう。

③ 売買契約に即して、契約の履行・清算過程に関する規定を設けることについて
　上記の①とも関連して、特に消費者売買に関する一群の規律を設けることが検討されてよいであろう。売買に関する規律は、契約各則の中でも最も重要な部分であり、売買の規定が他の有償契約に準用されている点（民法 559 条）からも分かるように、契約（有償契約）に関する規律の基本的な骨格を形成するものであるし、それ故に、売買については、議論の蓄積が相当に見られるからである。現在の消費者契約法には、契約締結過程および契約内容の規制に関する規定はあるが、契約の履行過程や不履行における消費者の救済手段については規定がない。これは、売買以外の契約においても問題になるが、先に言及した売買規定の重要性に鑑み、まずは売買に即して基本的な規律を明らかにしておくことには意味があると思われる。

２．その背景・立法的対処の必要性
① 契約類型に即した特則規定（論点①）
（ア）契約類型に即して消費者の権利付与規定等を設けることについて

　契約類型に即した消費者契約の特則規定の中でも、特に、以下に掲げるものについては、従来からその立法的対処の必要性が指摘されてきた。これらの多くは、2009 年 12 月から法制審議会・民法（債権関係）部会において行われてきた民法（債権関係）改正の審議においても、2011 年 4 月 12 日に決定され同年 5 月に公表された「民法（債権関係）の改正に関する中間的な論点整理」（以下、「中間整理」という）の段階までは、検討項目として掲げられていた。しかし、同部会の中には、民法の中に消費者・事業者の定義規定や消費者契約に関する特則規定を設けること自体につき意見の対立が大きく、その後、2013 年 2 月 26 日に決定され同年 3 月に公表された「民法（債権関係）改正に関する中間試案」（以下、「中間試案」という）を見る限り、現時点では、今回議論している民法改正において消費者契約に関する具体的な特則を民法に置くことになる可能性は高くない。そこで、このような特則規定を、民法の特別法である消費者契約法において設けることについての検討の必要性は高くなったということができる。

　そこで、以下では、契約類型に即した消費者契約法の特則規定の例として、従来から議論があったいくつかの点を取り上げる。ただし、これはあくまで例示に過ぎず、特則規定が必要とされるのが、以下に限定されるという趣旨ではない。むしろ、これらを端緒として、今後、特則の必要な項目を検討していく作業が必要とされよう。

(a) 役務提供契約（準委任契約）における消費者の解除権
ⅰ　役務提供契約をめぐる問題
　事業者が消費者に対して一定期間継続的に役務（サービス）を提供するという形態の継続的な役務提供契約においては、契約期間中に転勤、失業、引越しなど契約を継続することが困難となる事情が生じた消費者からの中途解約の申入れに対し、事業者が「3年間の契約なので中途解約はできない。」等として中途解約に応じないといった消費者相談事例がよく聞かれるところである。また、裁判例においても、解除ができない旨の契約条項について争われた例も見られる。
　役務提供契約の場合には、役務を受領する消費者にとって、役務の内容を事前に把握することが困難で、実際にその提供を受けてからその内容を知り、役務の内容に不満を持ち、契約の継続を望まなくなるという事案も少なくない。また、契約期間が長期の場合には、その間に消費者の生活に様々な変化が生ずる可能性があるが、将来の事情の変化を消費者が予測し対応することの困難さや、将来の不確実性に伴うリスク回避能力の不均衡を考慮すると、事情の変化や不確実性に伴うリスクを消費者に一方的に負担させることは適切ではない。しかも、特に契約期間が長期であり、提供未了の役務の対価が高額である事案では、将来にわたって当該契約に拘束され続けなければならない消費者の不利益は大きく、消費者の利益保護の必要性は高い。
　このような点から、事業者が消費者に役務を有償で提供するという形での継続的な役務提供契約については、消費者に対し、将来に向かって契約から離脱できる権利を認める必要性があると指摘されてきた。
ⅱ　現在の法状況と立法的対処の必要性
　役務提供契約においては、準委任契約との性質決定が可能である場合も多いと考えられる。そして、準委任契約については、委任契約に関する任意解除権を認めた民法651条が準用されるので（民法656条）、役務提供契約が準委任契約に該当する限り、現行法でも、民法651条によって消費者に任意解除権が認められることになる。その上で、仮に上記の任意解除権を合理的理由なく排除する契約条項が消費者契約において設けられている場合には、当該条項は、消費者契約法10条に違反する不当条項として無効であると解することも可能であろう。
　しかしながら、役務提供契約に関する明文規定のない現行法では、役務提供契約が全て準委任契約と性質決定されるとは限らない。例えば、学納金返還訴訟事件に関する最高裁判決（最判平成18年11月27日民集60巻9号3437頁）は、結論として学生の任意解除権を肯定しつつも、私立大学と学生との在学契約の法的性格を準委任契約とは判示していない（無名契約であると判示している）。また、一般論としては、全ての役務提供契約につき、民法561条による任意解除権をそのまま認めることについては、疑問の余地もある。すなわち、民法561条は、本来、委任契約が当事者間の信頼関係を基礎としており、その信頼関係が失われた場合には、当事者を

契約に拘束するのが妥当でないという趣旨から、各当事者に任意解除権を認めたものであるが、役務提供契約の中には、本来の委任と同様に強い信頼関係に基づくとは必ずしもいえない契約も存在すると考えられるからである（そのため、後述のとおり、民法改正の「中間試案」では、準委任における任意解除権を一定の場合に制限する旨の提案がなされているところである）。また、民法651条は、各当事者に任意解除権を認めているが、消費者契約である役務提供契約において、事業者に民法651条に基づく任意解除権を認めることは、適切でない場合もあろう。

このように、役務提供契約を準委任と性質決定した上で任意解除権を導くことには限界もある。そこで、むしろ、委任者が消費者で受任者が事業者となる役務提供契約の特性を踏まえて、消費者契約に該当する役務提供契約については、原則として消費者に任意解除権がある旨の規定を明文で立法化すること、及び、かかる任意解除権を制約する消費者契約条項については不当条項規制の対象とすることを検討する必要がある。

iii　消費者契約法日弁連改正試案

日弁連から平成24年2月16日に公表された「消費者契約法日弁連改正試案」では、「継続的な消費者契約において、消費者の解約権を制限する条項」を不当条項と推定する条項の1つとして規定すること、及び、「消費者は、消費者契約にかかる継続的契約を、将来に向かって解除することができる。」という継続的契約に関する消費者の中途解約権を規定することが提言されている（同19条）。

iv　法制審議会における民法改正論議との関係

中間試案では、準委任契約に民法651条（委任契約における任意解除権の規定）を準用することを一定の場合に否定することが提案されている（中間試案　第41,6）。もっとも、同提案においては、651条の任意解除権の規定の準用が否定される準委任は、「受任者の選択に当たって、知識、経験、技能その他の当該受任者の属性が主要な考慮要素になっていると認められるもの以外のもの」とされているので消費者が事業者に委託をする準委任のほとんどはこれに該当せず、つまり消費者契約については民法651条が準用されることになりそうではあるが、その点は必ずしも明確とはいえない。

そこで、仮に民法で準委任契約の任意解除権について上記のような制限が加えられるとすれば、少なくとも消費者契約に該当する役務提供契約については原則として消費者に任意解除権があることが明確にされる必要があり、消費者契約法にこれを明確にする規定を設ける必要性は高まると思われる。

(b) 継続的契約（特に継続的な物品販売契約）における消費者の解除権

i　継続的契約をめぐる問題

事業者が消費者に対して一定期間継続的に物品を販売するという形態の継続的な物品販売契約においても、契約期間中に転勤、失業、引越しなど契約を継続することが困難となる事情が生じた消費者からの中途解約の申入れに対し、事業者

が「3年間の契約なので中途解約はできない。」等として中途解約に応じないといった消費者トラブルもよく聞かれるところである。

　上記のような継続的な物品販売契約の場合も、事情の変更や将来の不確実性に対するリスク回避能力の不均衡、および特に長期にわたる契約への拘束によって消費者に生ずる不利益の大きさとその保護の必要性など、問題状況は継続的な役務提供契約の場合と共通するところが多い。したがって、消費者契約に該当する継続的な物品販売契約についても、消費者に対し、将来に向かって契約から離脱できる権利を認める必要があると指摘されてきた。

ⅱ　現在の法状況と立法的対処の必要性

　継続的な契約のうち、特に継続的な物品販売契約の場合は、準委任契約という性質決定が困難であることから、委任における任意解除権の規定（民法651条）の準用は難しい。裁判例には、特に事業者間における継続的契約の解消をめぐるものは多数存在するが、消費者契約とは問題状況を異にする。消費者契約である継続的契約については、裁判例が少ないということもあり、消費者の解除権に関する判例の考え方は明確ではない。このように、現在民法の下では、継続的な役務提供契約の場合より一層、一般法から将来に向かった任意解除権を導くことに限界がある。

　したがって、消費者契約にかかる継続的な物品販売契約については、継続的な役務提供契約にも増して、消費者契約法において、原則として消費者に任意解除権があるという規定を明文で立法化することや、かかる任意解除権を制約する消費者契約条項を不当条項規制の対象とすることについて検討する必要性がある。

ⅲ　消費者契約法日弁連改正試案

　消費者契約法日弁連改正試案では、前述のとおり、「消費者は、消費者契約にかかる継続的契約を、将来に向かって解除することができる。」として、継続的契約に関する消費者の中途解約権を規定すること、及び「継続的な消費者契約において、消費者の解約権を制限する条項」を不当条項と推定する条項の1つとして規定することが提言されている（19条）。

ⅳ　法制審議会における民法改正論議との関係

　「中間整理」においては、継続的契約に関する一連の規定を設けることを前提に、「継続的契約が消費者契約である場合には、消費者は将来に向けて契約を任意に解除することができるとすること」が論点として挙げられていた（中間整理第60，2（4））。しかし、中間試案においては、継続的契約の終了に関する一般的な規定は置かれているものの、消費者契約に関する特則については取り上げられていない。しかも、中間試案におけるこの一般的な規定の提案では、期間の定めのある継続的契約については、その期間の満了により原則として契約が終了し、一定の事情の下では一方の当事者の申し入れにより契約が更新されることとされており（中間試案　第34, 1）、これは、契約の拘束力を強化する方向での提案である。このような状況の中で、消費者契約について、たとえ継続的契約につき期

間の定めのある場合であっても、一定の場合には消費者に将来に向かった解除権を認める旨の規定を設ける必要性について、さらに検討をする必要性が一層増したといえよう（この点については、本報告書の第 10 章「継続的契約」（124 頁～）に関する記述も参照されたい）。

（c）第三者与信型の信用供与契約における抗弁権の接続
ⅰ　抗弁権の接続をめぐる問題
　消費者が、商品等販売業者の不適切な勧誘行為等によって、劣悪な商品等を、当該業者の紹介する与信業者からの借入金で購入してしまい、その後に商品販売業者が倒産した結果、消費者に劣悪な商品と与信業者に対する借入金返還債務のみが残ったという被害事例は数多く存在する。また、販売業者の紹介する与信業者からの借入金で商品等を購入したが、販売業者から契約に従った履行がないなどの被害事例も、同様に存在する。
ⅱ　現在の法状況と立法的対処の必要性
　現在、割賦販売法には、抗弁の対抗に関する規定が設けられているが（29 条の 4、30 条の 4、35 条の 3 の 19）、この規定は、指定された支払総額に満たない場合やいわゆるマンスリークリア方式の場合には適用されず、また、販売の対象が権利の場合は政令で指定された権利（指定権利）にしか適用されないなど（同法 2 条）、適用対象がなお包括的とはいえない。また、既に与信業者に対する支払が行われてしまった場合において販売契約が取り消され又は解除されたときに、与信業者にその既に支払った金銭の返還を請求することのできる権利については、限定された一定の場合についてしか、割賦販売法には規定がない（35 条の 3 の 10 ～35 条の 3 の 16）。
　このような特別法の規定がない場合についても、商品販売業者と与信業者との間に経済的な一体性や密接関連性が認められ、商品購入契約と金銭消費貸借契約の目的の牽連性が認められるような場合には、民法の信義則の規定の解釈適用を通して、抗弁の対抗等を認める余地は存在する。そして実際、下級審の裁判例には、信義則に基づいて抗弁の対抗を認めたものもある。もっとも、最高裁は、割賦販売法の抗弁権の対抗に関する規定の適用がない場合については、販売業者とあっせん業者［与信業者］との関係、販売業者の立替払契約［与信契約］締結手続への関与の内容及び程度、販売業者の債務不履行に至るべき事情、当該販売行為の違法性（公序良俗違反等）についてのあっせん業者の認識ないし認識可能性の有無及び程度等に照らし、販売業者による債務不履行や公序良俗違反行為などの「結果をあっせん業者に帰せしめるのを信義則上相当とする特段の事情があるとき」に限り、抗弁権の対抗が認められるとし、信義則による抗弁の対抗を認めることにつき慎重である（最判平成 2 年 2 月 20 日判時 1354 号 76 頁、最判平成 23 年 10 月 25 日判時 2133 号 9 頁など）。学説では、信義則等に基づき抗弁権の対抗を認めるべきことにつき従来から議論があるが、現状において、いかなる場合に信義

則による抗弁権の対抗が認められるのかは不明確であり、また、信義則等の一般法理に委ねることでは事案の解決としても不十分だと思われる状況がある。

そこで、少なくとも消費者が物品若しくは権利を購入する契約又は有償で役務の提供を受ける契約を締結する際に、これらの供給者とは異なる事業者との間で消費貸借契約を締結して信用供与を受けた場合は、経済的な一体性や密接関連性といった一定の要件のもとで、借主である消費者が商品販売業者等に対して生じている事由をもって貸主である事業者に対抗できるとする立法につき、あらためて検討する必要があろう。

ⅲ　法制審議会における民法改正論議との関係

法制審議会民法（債権関係）部会の「中間整理」においては、「消費者が物品若しくは権利を購入する契約又は有償で役務の提供を受ける契約を締結する際に、これらの供給者とは異なる事業者との間で消費貸借契約を締結して信用供与を受けた場合は、一定の要件の下で、借主である消費者が供給者に対して生じている事由をもって貸主である事業者に対抗することができるとすること」が検討課題の１つとされていた。しかし、「中間試案」では、この項目も含め、民法に消費者概念を導入して消費者契約の特則を規定するという在り方は採用されていない。

そこで、消費者契約に該当する金銭消費貸借契約やその余の与信契約について、消費者契約法に抗弁権の接続という規定を設けることにつき、検討する必要性は高いように思われる。

（ｄ）消費貸借契約における消費者の期限前弁済規定

ⅰ　消費貸借契約における期限前弁済をめぐる問題

金銭消費貸借契約において借主が貸主に借入金を期限前弁済した場合、貸主から借主に対し弁済期限までの将来利息を違約金ないし損害賠償として請求されることがある。

しかし、事業者間契約の場合であればともかく、消費者が事業者から借り入れをする場合について、期限前弁済による事業者の上記のような請求をそのまま許容することは、消費者に酷だという指摘がある。また、期限前弁済を受けた事業者としては、その金銭を用いて利益を上げることのできる可能性も高く、実際には損害が発生せず、あるいは少なくとも将来利息分の全額については発生しない場合が多いのではないかと考えられる。期限前弁済がされたときに将来利息を請求できる旨の特約を通じて、悪質事業者に不当な金銭請求の口実を与える危険性もあるとの指摘も聞かれる。

ⅱ　現在の法状況

現行法では、金銭消費貸借契約において期限前弁済が行われた場合についての具体的な規定はなく、一般的な期限の利益の放棄に関する民法136条の解釈適用によるものと解されている。同条は、期限の利益は、放棄することができるが（２項本文）、その場合、これによって相手方の利益を害することができないと規定

する（2項ただし書）。そこで、同条により、一般には、金銭消費貸借契約において借主は期限前に返還することができるが、その場合に貸主に損害が生じたときには、借主はその損害を賠償しなければならないと解されてきたのである。

　もっとも、この現行法の下でも、少なくとも貸主が営業的に金銭消費貸借を営んでいる場合には、期限前弁済がなされても通常は貸主には損害は生じないので、借主には損害賠償責任は生じないと解される余地がある。

ⅲ　法制審議会における民法改正論議との関係

　法制審議会民法（債権関係）部会の「中間整理」においては、返還時期の定めのある利息付消費貸借においても期限前弁済をすることができることを条文で明らかにする場合に、貸主が事業者、借主が消費者の消費者契約である消費貸借においては、借主（消費者）は貸主（事業者）に損害を賠償することなく期限前弁済をすることが許されるとの特則を設けることの当否が検討項目として掲げられていた。しかし、「中間試案」では、一方で、一般的な規律として、期限の定めのある金銭消費貸借契約について借主の期限前弁済で貸主に損害が生じた場合における借主の損害賠償義務を規定することが提案され（中間試案　第37, 6：民法136条2項の具体化）、他方で、民法に消費者概念を導入して消費者契約の例外規定を併せ規定するという在り方は、この点も含めて採用されていない。

ⅳ　立法的対処の必要性

　以上のような議論の経緯から見ても、貸主が事業者であり、借主が消費者である金銭消費貸借契約については、原則として借主が貸主に生ずる損害を賠償することなく期限前弁済をできるとする規定を設けることにつき、検討する必要性がある。また、上記のとおり、もし仮に民法で期限前弁済について上記のような制限が加えられるとすれば、消費者契約法において、消費者契約について、消費者である借主は損害を賠償することなく期限前弁済をできるという規定を設けることにつき、検討する必要性が高まるように思われる。

　その際、特則を設ける根拠をどのように捉えるかについては、さらに整理する必要があろうし、その根拠との関係で、消費者契約である金銭消費貸借一般に関する規定とするか、事業者が営業として貸し付けを行うところの営業的金銭消費貸借の場合に限定して規律を考えるのかについても、検討をする必要があろう。また、規定のあり方としても、「損害を賠償することなく期限前弁済ができる」という形の規定を設けることのほか、損害についてのみなし規定ないし推定規定に関する規定を設けることも考えられよう。あるいは、消費者契約における不当条項規制の中で、いわゆる違約金・損害賠償額の予定条項の特別の場合として、「期限前弁済にあっても、実損害の有無にかかわらず一定の金銭（利息相当額など）を支払わなければならない旨の条項」の効力を制限ないし否定する旨の規定を置くという方法も考えられよう。このようにいくつかの可能性を視野に入れて、さらに検討をする必要がある。

（イ）片面的強行規定を設けることについて

　現在の消費者契約法における不当条項規制では、一般法である民法等に置かれた規定が任意規定であり、それと異なる特約を設けることも契約自由により認められることを前提として、それが一定の限度を超えた場合には不当条項として無効となることを定める。しかし、一般法においては任意規定として置かれているものであっても、その中には、消費者契約においては、およそ消費者に不利な形で変更する契約自由は認められるべきではないもの、つまり片面的強行規定とされるべきものが存するのではないかと考えられる。特に、各契約類型について、当該契約類型における消費者の基本的・本質的な権利を定めた規定に関しては、それを消費者に不利な形で変更する特約の効力は否定されるということも考えられよう。

　後掲のように、海外の立法例やモデル法の中には、このような片面的強行規定を設けているものが見られる（特に、欧州売買法規則案(CESL)には、消費者契約においては片面的強行規定とされる旨の規定が多く設けられている）。そこで、このような立法モデルも参考にしながら、さらに個別的に検討を加えることが必要であろう。

② 消費者契約一般に関する各論的規定（論点②）
（a）条項提供者に不利な（消費者に有利な）解釈準則
ⅰ　契約の解釈をめぐる問題

　消費者契約の内容となっている契約条項について、契約条項の不明確さゆえに、その条項の意味が後に争われるという事例は少なくない。しかも、その際、通常の解釈手法を用いても、なお複数の解釈可能性が残るという場合もある。

　このような場合の解釈準則としては、事業者と消費者との情報、交渉力格差等や公平の理念（後述の使用者不利の原則）から消費者にとって有利な解釈を採用するのが信義則の要請に合致すると考えられる。

　そもそも、作成者不利の解釈準則は、古い歴史を持ち、多くの国において採用されてきた解釈準則のひとつであり、その合理性は歴史によっても裏打ちされている。そして、消費者契約においては、事業者が契約条項を提供し、それに基づいて契約が締結される場合が多く、それは、約款を用いた契約において典型的に見られるが、必ずしも約款の場合に限られる問題ではない。そして、現在の消費者契約法においても、事業者には、その内容が消費者にとって明確かつ平易なものとなるよう努めるべきことが規定されており（3条1項）、このことからも、契約条項の不明確に起因するリスクは、条項提供者である事業者に負担させることが公平の理念に合致しているといえよう。

ⅱ　現在の法状況と立法的対処の必要性

　現在は、民法にも、消費者契約法にも、契約の解釈準則に関する規定は置かれていない。契約の解釈は、しばしば裁判において争われ、消費者契約においては、

消費者に有利な解釈を採る裁判例も少なからず見られる。しかし、現行法に明確な規定がないことから、その取扱いは不安定であり、下級審裁判例が分かれる例も少なくない。
　したがって、上記のような解釈準則に係る規定を消費者契約法に設ける必要性は高い。
ⅲ　消費者契約法日弁連改正試案
　消費者契約法日弁連改正試案では、消費者契約の条項が不明確であるため、その条項につき複数の解釈が可能である場合は、消費者にとって最も有利に解釈しなければならないという規定の立法を提言している（同11条）。
ⅳ　法制審議会における民法改正論議との関係
　民法改正の論議の中でも、「中間整理」の段階では、契約の解釈に関する規定の一つとして、「条項使用者不利の原則」に関する規定を導入することの是非が検討対象とされていたが、一般法にこのような規定を設けることに対しては反対論も多く、意見が対立したことから、「中間試案」においては、この点に関する提案は行われていない。そこで、消費者契約において、この趣旨の規定の導入について、あらためて検討する必要がある。

（ｂ）複数契約の取消し、無効及び解除に関する規定
ⅰ　複数契約が組み合わされた取引をめぐる問題
　現代社会では、一つの経済目的で複数の契約が実質的に一体とされていることも多く（例：マンション売買契約とライフケアサービス契約が組み合わされた契約など）、そのような場合には一部の契約を解除しただけでは契約関係から離脱したことにならない。しかし、形の上では別個の契約となっていることから、直接的には一つの契約に存する取消原因や解除原因に基づいて、他の契約まで解消することができるか否かが紛争になることも少なくない。
　消費者契約において、取引の目的や消費者の認識において複数の契約が一つのパッケージとして相互に密接に関連づけられた契約であると評価できる場合には、一定の要件の下で、全体として契約の取消し、無効あるいは解除を主張できるような法規範を定立することが、取引の実態にも、消費者の利益にも、法律関係の明確化の要請にも合致する。
ⅱ　現在の法状況と検討の必要性
　現行の民法には、この問題に関する明確な規定はない。
　判例では、最判平成8年11月12日民集50巻10号2673頁が、「同一当事者間の債権債務関係がその形式は甲契約及び乙契約といった2個以上の契約から成る場合であっても、それらの目的とするところが相互に密接に関連付けられていて、社会通念上、甲契約及び乙契約のいずれかが履行されるだけでは契約を締結した目的が全体として達成されないと認められる場合」には、甲契約の債務不履行を理由に甲契約と併せて乙契約をも解除できると判示しており、ここに一定の基準

が示されたということができる。しかし、この判例の示した基準は、条文上はなお不明確である。また、当該判例の射程も問題となりうる。無効や取消しの取扱いがどうなるのか、複数の密接に関連する契約が、少なくとも形の上では異なる事業者との間で締結されている場合についての取扱いがどうなるのか（この場合でも一体的な扱いが認められる場合はあるのか、いかなる要件においてなのか）といった点は、なお明確ではない。そこで、消費者契約を対象にして、これらを立法により明確化することにつき検討することが考えられる。

ⅲ　消費者契約法日弁連改正試案

　消費者契約法日弁連改正試案では、一の消費者が締結した複数の消費者契約について、各契約の目的が相互に密接に関連しており、社会通念上いずれかの契約が存在するだけでは契約を締結した目的が全体として達成することができない場合であって、各契約の相手方である事業者がそれを知っているときは、消費者は一の消費者契約の取消原因ないし無効原因に基づき、複数の消費者契約全部の取消しないし無効を主張できるといった規定が提言されている。

ⅳ　法制審議会における民法改正論議との関係

　「中間整理」では、同一当事者間の複数契約の解除に関する論点が取り上げられ、「中間試案」でも、「同一の当事者間で締結された複数の契約につき、それらの契約の内容が相互に密接に関連付けられている場合において、そのうち一の契約に債務不履行による解除の原因があり、これによって複数の契約をした目的が全体として達成できないときは、相手方は、当該複数の契約の全てを解除することができるものとする」という提案が設けられている（第11、2）。これは、上記の最高裁平成8年判決の考え方を条文で明確化しようとするものであるが、解除以外の無効や取消しについては言及されておらず、また、一方の当事者が異なる場合の取扱いについても触れられていない。

③　売買契約に即した契約の履行・清算過程に関する規定（論点③）

ⅰ　売買契約をめぐる問題と規定の必要性

　売買契約において、契約の約旨に合致しない目的物を給付しておきながら「一切返品・返金は請求できません。」といった契約条項等に基づき、事業者が本来の債務を履行しない場合が存在する。消費者契約法は、事業者の損害賠償責任を減免する契約条項を8条で不当条項として規定しているものの、本来の債務の履行責任を減免する契約条項については具体的な規定を定めていない。この場合、現行消費者契約法では10条の適用可能性が問題となりうる。ところが、消費者契約法10条は不当条項審査に際して、「任意規定の適用による場合」（当該契約条項がない場合の法律状態）を第一の基準としているところ、そもそも、本来的に消費者が買主としてどのような権利を有するのかにつき、現行民法においては必ずしも明確に規定されているとはいえない（消費者契約法8条、9条についても、民法の規定との関係がそれほど明確とはいえない点もある）。これらの点が、消費者契

約法の使いにくさの一因となっているのではないかとの指摘もある。そこで、消費者契約法において、消費者の権利を明確化するということが考えられる。

ところで、各種の契約類型や項目につき、消費者契約に関する修正規定、上乗せ規定を検討することが特に必要と考えられる代表的な項目については、既に上記(①、②)において触れた。しかし、このような個別的な特則を消費者契約法に設けるだけではなく、より包括的に、消費者としての買主の権利を明確化する規定を定めるという方向性についても、検討されてよいであろう。

その際、取引全体における売買契約の重要性、及び有償契約の典型としての売買契約規定の意義(民法559条参照)に鑑みるなら、まずは売買契約について、消費者売買法の規律(消費者である買主の権利についての具体化ないし再録的な規定と、消費者の権利の上乗せ的修正規定)を設けることが考えられる(売買以外の契約類型について、同様の検討の必要性を否定する趣旨ではない)。

このような作業は、従来の特別法(特に業法)における民事特別規定が、問題事案に対する対処療法的な手当てという色彩を有していたのに対し、あらためて、消費者契約に関する民事法を、一般民法との関係で体系的に整理するということをも意味するものであり、今後の消費者法の発展の方向性とも関わるであろう。

ⅱ　法制審議会における民法改正論議との関係

法制審議会民法(債権関係)部会の民法改正に係る「中間試案」では、買主の履行請求権や追完請求権等につき、明文で規定を置くことが提案されているが(中間試案　第9)、これに対して消費者法の観点からの修正は施されておらず、上乗せ規定(権利付与規定)も設けられてはいない。

なお、民法改正に係る「中間整理」においては、消費者と事業者との間の売買契約において、消費者である買主の権利を制限し又は責任を加重する合意の効力を制限する特則(消費者契約における不当条項規制)を設けることが検討課題の1つとされていたが(第62、2④)、「中間試案」では、民法に消費者概念を導入して消費者契約の特則を規定するという在り方は採用されていない。そこで、あらためて消費者契約法において、消費者契約に該当する売買契約等を念頭に置き、不当条項リストを充実化する検討が一方で必要とされようが、他方で、不当条項規制に止まらず、消費者契約における消費者の権利の具体化規定、修正規定や強行法規化規定を設けることを検討してよいのではないかというのが、ここでの提案である。

ⅲ　参考となる立法例

このような消費者売買法を構想するに当たっては、とくに、CESLやDCFRの規定が参考になろう。CESLでは、売買に関する一般的な民事規定を設けるとともに、消費者契約に関する特則を設け、あるいはさらに、一定の規定については、その強行法規性を定める(不当条項リストとは別に)という規定方式も採られている。

その代表的な例として、たとえば、CESL105条5号は、「事業者と消費者の間の契約においては、当事者は、消費者に不利に、本条の規定の適用を排除または

その効果を制限しもしくは変更してはならない。」と規定する（この点については、後記 3．を参照）。

3．比較法的な動向との関係

　既に触れたように、海外の立法例・モデル法例の中でも、近年は、個別の業法規定ではなく、「消費者契約」について、一般民事法の特則を設け、それによって、一般法の規定以上の権利を消費者に付与し、事業者に一定の義務を課し、一定の規定は片面的強行規定とするようなものが見られる。以下では、本稿の問題関心との関係で特に参考になるものを若干掲げるが、網羅的なものではない。
① 契約類型に即した特則規定
・CESL や DCFR に、売買契約に即した消費者契約に関する特別規定が設けられていることについては、後述③のとおりである。
・DCFR には、売買以外の契約についても、消費者契約に関する特則が置かれているものがある。例えば消費者契約である委任の場合について、双方委任や自己契約が、一般の場合より制限される旨の規定が設けられている（IV.D.－5:101(3)、5:102(3)）。
・ドイツ民法では、2002年施行の債務法改正において、消費者関連の特別法の重要なものが民法に統合され、各契約類型の規定の中にも、消費者契約に関する特別規定が相当数盛り込まれることになった。例えば、消費者が事業者から動産を購入する場合に関する特則規定（474条以下）、消費者契約である一時的居住権契約に関する規定（481条以下）、事業者と消費者との間の消費貸借契約や割賦供給契約に関する特則規定（488条以下）とその強行規定性（506条）などがこれに該当する。

② 消費者契約一般に関する各論的規定について
　消費者契約一般に関する各論的規定も、様々なものが見られる。
・契約の解釈については、作成者不利の解釈準則を定めている立法例が数多くあることは、既に述べた通りであるが、CESL は、条項提供者不利の解釈準則（65条）とは別に、消費者有利の解釈準則（64条）を設けている。
・消滅時効についても、CESL では、一般的には合意による変更が認められるものの、消費者契約においては消費者に不利な形での合意による変更は認められないとして特則が設けられている（CESL186条5項）。
・DCFR では、履行や不履行に関する権利義務の規定の中に、消費者契約についての特則が設けられている（例えば、2:102条(3)、(4)、Ⅲ.-3:108条など）。
・ドイツ民法には、契約類型に即した消費者契約についての特則規定のみならず、より一般な規律としての消費者契約に関する特則も設けられている。例えば、消費者契約である提携契約に関する規律（358条、359条）、他の規定に基づき撤回権が認められている場合に共通して適用されるところの消費者撤回権および返還権に関する規定（355条～357条）などである。

③ 売買契約に即して、契約の履行・清算過程に関する規定を設けることについて
　この点については、CESL（欧州共通売買法規則提案）の規定内容と構造が特に参考になる。
　その中でも、特に以下のものを指摘しておく。
- CESL13条～22条では、「消費者と取引する事業者によって与えられるべき契約締結前の情報」に関する一連の規定（13条～20条）とその際の立証責任（21条）及び強行法規性（22条）が定められている。
- CESLでは、契約の解釈に関する一連の規定（58条～65条）の中でも、特に64条は「消費者に有利な解釈」を、65条は「契約条項の提供者に不利な解釈」をそれぞれ定めている。
- CESLでは、売買契約における危険の移転時期につき、事業者間契約の規律（143条）とは別に、消費者契約における規定（143条）が設けられている。
- CESL第4部（87条～146条）では、「売買契約又はデジタルコンテンツの供給契約の当事者の義務と救済」に関する一連の規定が置かれているが、その中でも、例えば92条は、売主は契約に別段の定めがないときは、他の者に履行を委ねることができること（1項）、他の者に履行を委ねた売主は、履行について引き続き責任を負うこと（2項）を規定した上で、同3項で、消費者契約においては消費者に不利に2項の規定の適用を排除し又はその効果を制限することはできないこと（つまり、2項は片面的強行規定であること）を明らかにしている。また、契約不適合に関するいくつかの規定についても、消費者に不利にその適用を排除または制限することはできない旨が規定されている（99条4項、102条5項、105条5項、108条等）。さらに、契約の取消しや解除の場合における原状回復の一般的規定（172条～176条）についても、それが片面的強行規定であることが規定されている（177条）。さらに、時効に関する規定については、一般的には当事者の合意により一定の範囲で変更しうることを原則とした上で（186条1項～4項）、消費者契約については、消費者の不利に時効に関する合意をすることができない旨を規定している（同条5項）。
- 同じく契約不適合に関するCESLの規定の中にも、例えば、消費者売買の場合おいて契約不適合があったときにつき、消費者である買主に修補と取換えに関する消費者の選択権に関する規定が設けられている（111条）［権利付与型の規定］。また、契約不適合に基づいて消費者である買主が契約を解除するための要件の緩和と立証責任の転換が規定されている（114条2項）［一般規定の修正］。
- DCFR（共通参照枠草案）においても、売買契約に関する規定群の中で、特に消費者契約である売買につき、特別の規定を設けるもの（例えば、IV.A.-2:304条、IV.A.-2:308条等）、また、一般的には任意規定としての性質を有するものを片面的強行規定とする旨の規定（例えば、IV.A.-2:309条、IV.A.-4:101条など）なども置かれている。

4．立法を考えるとした場合の留意点

① 特別法との関係に対する配慮

　上記に掲げた例以外においても、各種の類型における消費者契約の特則規定として検討の対象になりうるものはある。ただし、賃貸借や消費貸借などをはじめとして、別途、関係する特別法（借地借家法、利息制限法、割賦販売法など）があるような契約類型については、これら特別法と消費者契約法の各論の定めとの関係をどうするのかにつき、慎重に考える必要があろう。ただし、特別法でも規定がないようなところ（原状回復ルールや更新料などの問題）については、消費者契約法が、積極的に受け皿になって一定の規定を設けるということも考えられ、その点も含めた検討が必要である。

② 不当条項規定との関係

　消費者契約法に各種契約類型に即した規定を置くとした場合、各種契約に即してデフォルトのルール（任意規定）を規定することとなる。その場合、任意規定を外れる特約の効力については、不当条項規制と重ない得ることとなる。不当条項リストを考えるにあたっては、この点をさらに検討する必要がある。

③ 権利付与型の規定における対象の限定と抽象度

　消費者契約法において、契約類型ごとの特則規定を設けることを考える際、その対象の限定や規定の具体性をどのようにするのかも問題となる。消費者契約に関する一般法としての消費者契約法の性質からすれば、特定商取引法のような個別的な取引を対象とした定め方は適切とはいえまい。しかし、少なくとも民法の契約各論に見られる程度の具体度は、前提としてよいのではないかと考えられる。いずれにしても、この点にも留意して検討を進める必要があろう。

④ 権利付与型の規定の法的性質

　権利付与型の規定について（継続的契約の中途解約権など）は、それを片面的な強行法規として置くのか、任意規定として置いた上でそれと異なる特約の効力は不当条項規制に委ねるのか、その場合に不当条項規制の内容をどうするか（例えば、当該規定と異なる消費者に不利な特約をグレイ・リストに掲げるのか、現行消費者契約法10条のような一般規定に委ねるにとどめるか）など、いくつかの選択肢が考えられる。結局は付与された権利の強さをどの程度のものと位置づけるかによって、そこから外れる特約の効力について、その合理的理由をどこまで厳格に要求するかが異なってくるといえようが、この点についても、それぞれについてさらに検討する必要がある。

（参考資料）

内田貴・石川博康・石田京子・大澤彩・角田美穂子訳『共通欧州売買法（草案）』別冊NBL140号
法制審議会民法（債権関係）改正部会「民法（債権関係）の改正に関する中間試案」
同「民法（債権関係）の改正に関する中間的な論点整理」

第10章　継続的契約

担当：丸山絵美子（名古屋大学教授）

1．論点

① 継続的消費者契約における消費者の中途解除権（任意法規）の導入を検討してはどうか。消費者契約においては、消費者のみが履行自体に利益を有し、事業者は解除による損害を賠償されれば足りることが多く、とくに継続的契約では消費者にとって履行が無駄となるリスクが大きい点に鑑み、継続的消費者契約において任意規範として（別段の合意がない限り認められる）中途解除権を導入することが可能か検討してはどうか。

② 継続的消費者契約における事情変更を理由とする消費者解除権（強行法規）の導入を検討してはどうか。従来、継続的契約について論じられてきた重大な事由（やむを得ない事由）による解除権は、債務の重大な不履行を理由とする解除権と契約継続の要求不能を理由とする解除権の性質を合わせもつものと考えられる。後者についての解除権を、解除事由の例示ととともに、消費者契約の特性に即して（大量取引における事業者のリスク分配可能性などを考慮し消費者の一身上の事由も含み得るものとして）法規定として導入することを検討してはどうか。その際、消費者に解除の事態を惹起したことについて過失がない限り、消費者は損害賠償責任を負担しないとする規定を設けることを検討してはどうか。

③ 不相当に長期の拘束期間、不相当に長い告知期間、更新拒絶要件の加重、事業者の解除権留保・解除要件の緩和、一方的契約条件の変更などに対応する法規定は、不当条項規制のグレイリストの導入問題としてまず検討してはどうか。不相当に長期の存続期間条項を無効とするリストの導入は、期間を定めること自体は自由であるところ、不当条項規制の対象が期間を定める条項にまで及ぶことを明らかにする意義がある。もっとも、①において提案した中途解除権が継続的消費者契約一般に対し導入される場合には、中途解除権を排除しての長期拘束条項の規制は、法10条に委ねることで足り、このような規制は不要となる可能性も高い。

④ 事情変更発生時の事業者の誠実対応義務などを定める法規定の導入を検討してはどうか。

<提案の趣旨>

契約の継続性故に強まる特徴として、①周辺事情の変化や当事者の状況変化が生じやすい、②既履行部分と未履行部分、あるいは不履行部分とそれ以外の部分との区別が生じるということを挙げることができる。そして、このような特徴があることに伴い、1）消費者の長期拘束・消費者からの任意の中途解除と効果をめぐる問題、2）事情変更や事業者の債務不履行に対する消費者からの解除要件と効果をめぐる問題、3）事業者からの解除の可否をめぐる問題、4）契約内容・条件の変更をめぐる問題が生じている。このような問題に対処するため、継続的消費者契約の特徴に鑑みた法規定の手当てを行うというのが提案の趣旨である。

2．その背景・立法的対処の必要性

① 現行法には、継続的消費者契約に特有の規定は存在しない。しかし、現実には、継続的消費者契約を巡るトラブル・相談は少なくない。たとえば、絵画の預託契約において60カ月の期間を定め、中途解除の可能性を排除していたケースや新聞購読契約において、他社との契約が終了した時点を始期とする3年の購読契約が締結された事例などを確認することができる（消費者契約における不当条項研究会『消費者契約における不当条項の横断的分析（別冊NBL128号）』97頁以下参照）。商品の購入者・サービスの受領者を長期にわたり拘束する契約条件が設定される事例をめぐっては、従来からトラブル・相談が多かった。特商法において特定継続的役務提供契約に対する中途解除権が導入され（特商法49条参照）、また、解除は認められているが解約金が高額であるというケースに対しては法9条1号の適用によって、役務型契約一般において中途解除の可能性が排除されているというケースに対しては法10条によって一定の対応が可能な状況にある。しかし、役務型契約以外の賃貸借型や売買型の契約においては、民法は任意解除権を認められておらず、現行法による対応には一定の限界があることが指摘されてきた。

　このような状況に対し、まず、長期にわたる拘束の上限を設けて消費者が一定期間を超え拘束されないようにする、あるいは不相当に長期の拘束をもたらす契約条件を無効とするような法規定（一定の拘束期間経過後の将来に向けての消費者解除権・不相当に長期の拘束条項の規制）を手当てすることが考えられる。

　また、継続的消費者契約において、任意規定として中途解除権を消費者に付与することが考えられる（将来に向けての〔一定の解約告知期間を伴った〕消費者中途解除権の導入）。さらに、長期拘束への対応という点では、更新拒絶の機会を十分に確保するための法規定（消費者による更新拒絶の機会を確保する法規定）や不当に長い解約告知期間を規制するような法規定（不相当に長い告知期間条項の規制）の手当ても考えられるところである。

② 長期で契約が締結された場合に、消費者が自己都合ではなく、病気・転勤などにより契約の解消を望む事例がある。このような事例に対しては、継続的消費者契約の性質に即した（いわゆる一身上の事由も含むような）事情の変更を理由とする解除権を導入（継続的消費者契約に即した事情変更による消費者解除権の導入）することが考えられる。また、継続的契約において、事業者が一回もしくは継続して履行を怠りまたは不完全な履行を行うという事態がある。継続的契約において、事業者に債務の不履行があった場合、消費者は、事業者のどの程度の債務不履行を理由に、どの範囲で消費者は債務不履行解除ができるのかが問題となり、少なくとも、民法の解釈論として検討を進めておく必要がある。

③ 事業者が一方的に解除権を留保し、または事業者側の解除権行使を容易にするような契約条件が設定される事例がある（消費者契約における不当条項研究会『消費者契約における不当条項の横断的分析（別冊NBL128号）』131頁以下参照）。法律上事業者に解除権が認められない事態に対しこれを認める契約条項、法律上の事業者の解除要件を緩和する契約条項などについては、不当条項規制のグレイリストに加えるとい

ったことが検討課題となる。
④ 事情変更の事態に対し事業者が誠実に対応しない事態がある。一方的な契約変更権を事業者に認めるような条項については、不当条項規制において一定の対応が可能であるが、その他、事業者の行為規範として、消費者からの問い合わせや交渉の申し出、消費者に対する事情変更時の情報提供にかかわるような誠実対応義務などを定め、当該義務違反を、重大な事由（やむを得ない事由）の認定や違法行為認定にあたっての一要素とすること（事業者の行為規範としての誠実対応義務導入）が必要かつ適切か検討する必要がある。

3．比較法的な動向との関係（ドイツ法）

ドイツの約款規制法（現在は民法典に取り込まれている）においては、消費者契約約款において 2 年を超えて約款使用者の契約相手を拘束する条項を無効とする法規定が存在する（BGB309 条 9 号 a）。また、長期拘束制限にかかわる規定として、たとえば、保険契約法 11 条は、保険契約について、3 年を超える存続期間で保険契約が締結された場合、保険契約者は 3 年目以降について解約告知できることを規定し、通信教育受講者保護法 5 条は、通信教育契約の受講者は 6 週間の解約告知期間を保持して契約締結から最初の半年の経過に向けて、そして最初の半年の経過後はいつでも 3 カ月の解約告知期間を保持して理由を告げることなく通信教育契約を解約告知できるとしている。そして、消費者金銭消費貸借契約における借主たる消費者は、期限前返済が可能であるとされ、かつ事業者の損失補償請求額について上限を設定する形で規定が設けられている（BGB502 条）。

ドイツでは、民法の任意解除権（BGB627 条など）の適用がある契約類型では、これを排除・制限する条項を約款規制法の一般条項によって無効とし（BGB307 条）、任意解除を認めるアプローチが裁判において採用されているが（たとえば、パートナー紹介サービスの解約を巡る紛争）、そもそも任意解除を予定しない役務型契約（日本より任意解除できない役務型契約の範囲は広い）、継続的商品供給契約、賃貸借・レンタル契約などでは、許容される上限を探求して解約告知を認めるという紛争解決のアプローチが採用されている。また、個別の顧客保護のための法律でも、一定の拘束を許容したうえでの解約告知権を付与するというアプローチがドイツでは好まれてきたと言える。ただし、EU 指令を受けて改正された消費者金銭消費貸借法制は、従来の一定拘束期間を許容したうえで解約告知権を付与するというアプローチから、期限前返済の自由を認め損害賠償で調整するというアプローチへ、転換を行っている。

4．立法を考えるとした場合の留意点

① 継続的消費者契約における消費者の中途解除権（任意法規）については、そもそも、消費者契約に特有の任意規定というものを導入することが可能か検討する必要がある。また、任意規定の根拠づけが問題となる。消費者契約における任意規定としての中途解除権は、一般に、消費者契約では、消費者だけが履行自体に利益を有し、事業者は解除による損害を賠償されれば足るといった事情により基礎づけられると考えられる。もっとも、広範囲に及ぶ中途解除権の導入は契約安定化への影響が大きい

ので、消費者にとって履行が無駄となるリスクの大きい継続的契約において、任意規定として（別段の合意がない限り認められる）中途解除権を導入することが考えられるのではないか。そして、このような中途解除権（効果を含め）を排除・制限する一方的に設定された契約条項については、事業者が合理的理由や必要性（たとえば、事業者が履行それ自体に利益を有する、消費者側で転売・転貸・転用により非効率性に対処できる、包括的な損害賠償を請求してよい事情があるなど）を示さない限り無効とするといった不当条項規制に関する法規定もあわせて整備することが考えられる。
② 継続的消費者契約における事情変更を理由とする解除権（強行法規）については、消費者契約の特性に即する形で（大量取引における事業者のリスク分配可能性などを考慮し、消費者の一身上の事由も含み得るものとして）、強行規定として導入することが、やむを得ない事由による解約告知権に関する従来の議論に照らして可能かつ必要かを検討する必要がある。また、消費者の一身上の事由に該当するような事情変更について、損害賠償負担なしの解除権を消費者に認める場合、事業者にとって過度の負担となるような取引類型が存在しないか検討する必要がある。
③ 継続的消費者契約における事業者の債務不履行に対する消費者の解除権をめぐっては、債務の不履行の重大性判断の問題、将来に向けての解約告知か、一部解除か、全部解除（遡及効・巻き戻し）かといった問題があるものの、さしあたりは民法の規定と解釈論に委ねるとした場合、この対応で不足が生じないか検討を要する。
④ 不相当に長期の存続期間条項を無効とするリストの導入に対し、1年、2年といった一律の上限期間を設定するといった意見もあり得るが、一律の上限設定は、上限までは拘束できるという反作用を生むという問題点を指摘できる。その一方で、「不相当」に長期といった基準を用いる場合、不相当性の判断が困難となる可能性がある。この点は、契約目的に応じた、典型的な将来予見の困難性や事情変更の頻発性を考慮要因とすることを検討してはどうか。なお、不相当に長期の拘束に対する不当条項規制のグレイリストは、消費者契約一般に任意規定としての中途解除権が導入された場合には、不要となる可能性が高いので、任意規定としての中途解除権の導入と、長期拘束を制限するような不当条項リストの導入は、同時にその必要性を検討する必要がある。
⑤ 事情変更発生時の事業者の誠実対応義務などの導入は、消費者トラブルの実態に鑑みて導入の必要性を判断する必要がある。

5．その他（関連問題）

消費者を長期に拘束することに対する規制や消費者に対する中途解除権の保障といった問題は、不当条項規制において手当てすべき事項と継続的消費者契約に特有な権利・義務として規定を設けるべき事項とを精査する必要がある。

（参考資料）
不当条項研究会『消費者契約における不当条項の横断的分析（別冊 NBL128 号）』
民法（債権法）改正検討委員会編『詳解　債権法改正の基本方針 I 序論・総則』（2009 年、商事法務）。

『民法(債権関係)の改正に関する中間試案の補足説明』(2013年、商事法務)
近畿弁護士連合会　消費者保護委員会編『消費者取引法試案[消費者法ニュース別冊]』(2010年)
日本弁護士連合会『消費者契約法日弁連改正試案』(2012年)

第11章　消費者信用

担当：千葉恵美子（名古屋大学教授）

1．論点

① 抗弁接続の要件と基本的な効果について、以下の規定（以下、第1条という。）を導入してはどうか。

（1）消費者が、事業者（以下「供給者」という。）との間で、物もしくは権利を購入する契約又は有償で役務の提供を受ける契約（以下「供給契約」という。）を締結し、供給者とは異なる事業者（以下、「第三者」という。）の行為によって、消費者が供給者に対して負担する代金債務が消滅する場合に、消費者は、供給契約に関して生じた事由をもって第三者からの請求に対して履行を拒絶できる。

　ただし、供給契約に関して生じた事由が、消費者が作出した一方的事情による場合、又は、消費者が積極的に関与して抗弁事由が発生している場合など、抗弁事由の発生について消費者に背信性が認められる事情がある場合には、この限りではない。

（2）前項において、第三者からの請求に対して履行を拒絶する場合には、消費者は、第三者に対して、履行を拒絶する理由を明らかにしなければならない。

（3）第1項に反する特約であって、消費者にとって不利なものは、無効とする。

② 供給契約の無効・取消し、又は、供給者の債務不履行を原因として供給契約を解除できる事由がある場合、供給契約がクーリング・オフされた場合について、以下の条項（以下、第2条という。）の導入を検討してはどうか。

（1）消費者が供給者との間で供給契約を締結し、供給者とは異なる事業者（以下、「第三者」という。）の行為によって、消費者が供給者に対して負担する代金債務が消滅する場合に、供給契約に関して生じた事由が当該契約の無効原因又は取消原因となる事由であるときには、消費者は、当該供給契約に係る第三者と消費者間の契約の効力を否認できる。

　消費者が、供給者の債務不履行を原因として契約を解除できる事由がある場合又は、供給契約がクーリング・オフによって申込みの撤回又は解除された場合についても、同様とする。

（2）前項において、消費者は、当該供給契約に係る第三者と消費者間の契約の効力を否認する場合には、消費者は、供給契約の無効原因、取消原因もしくは解除原因となる事由があること、又は、供給契約がクーリング・オフによって申込みの撤回又は解除されたことを明らかにしなければならない。

（3）第1項において、第三者が、消費者の代金債務の消滅を目的として消費者から予め給付を受けていた場合、又は、第三者が消費者の代金債務の消滅を目的として出捐した後に消費者から一部ないし全部の給付を受けた場合には、第三者は消費者から当該代金債務の消滅のために給付された額の限度で消費者に金員を返還しなければならない。

（4） 第1項に反する特約であって、消費者にとって不利なものは、無効とする。
③ 一旦行った決済に影響を与えずに、問題となっている供給契約に関する清算を行うために、当該契約に関する代金債務の消滅について、以下の条項（以下、第3条という。）の導入を検討してはどうか。
（1） 第2条第1項において、消費者が、当該供給契約に係る第三者と消費者間の契約の効力を否認した場合には、<u>第三者が消費者の代金債務の消滅を目的として出捐した場合であっても、消費者の代金債務は消滅しなかったものとみなす。</u>
（2） 前項において、第三者は、消費者が供給者に負担する代金債務を消滅させるためにすでに出捐した限度において、<u>給付した相手方に対してその払い戻しを求めることができる。</u>
（3） 第1項に反する特約であって、消費者にとって不利なものは無効とする。

＜提案の趣旨＞
（1） 検討対象
　消費者信用取引（販売信用取引・消費者金融を包含する広義の意味）に係る紛争類型としては、①消費者の収入に見合わない利用、②高額な手数料や違約金・損害賠償額の予定、③無権限者による不正取引、④販売信用取引における抗弁の切断などが考えられる。このうち、①については、契約の締結過程をめぐる規律と適合性の原則に関連する問題、②は、利息制限法・出資法・貸金業法とも関連するが、消費者契約法9条・10条との関係で不当条項規制の問題となる。③については、カードの不正使用などが典型的な紛争事例となるが、預金者保護法3～5条の対象となるキャッシュカード（CD／ATM）の偽造カード、真正カードの盗難による不正利用の場合を除くと、消費者の責任に関する条項について消費者契約法10条の適用の可否が問題となる。本報告では、これまでに検討対象となっていない④の問題を中心に、改正の方向性を検討する。
　④は、抗弁接続問題と呼ばれているが、消費者取引に係る物・役務の対価の支払いにあって、消費者が負担する代金債務の消滅を物・役務を提供する事業者以外の第三者が行う場合に、消費者が、物・役務を提供する事業者との間の契約について生じた事由を主張して、第三者からの請求について履行を拒絶できるのか、また、第三者に既払金の返還を求められるのかという問題となる。
（2） 検討の指針
　現在、消費者信用取引は、割賦販売法・特定商取引法の改正によって規制が強化された「個別信用購入あっせん」から規制が緩い「包括信用購入あっせん」へ、さらに「包括信用購入あっせんに該当しない」クレジットカード決済へと利用される取引態様が変化してきている。また、クレジット決済以外にも電子マネー・収納代行など多様な決済システムが、物やサービスの利用代金の支払手段として利用されている状況にある。電子マネーは第三者型前払式支払手段の一つであるが、資金決済法によって主に行政規制がなされているだけであり、また、収納代行については資金移動がないことから、資金決済法の規制対象にもなっていない。
　IT技術の発展に伴って、決済システムが電子化（磁気・ICカード、携帯・PCによるネットワークを媒介）し、消費者取引についてもインターネット通販など電子商取引が

日常的に行われるようになっていることから、地理的には必ずしも隔地者間の消費者取引とはいえない場合にも、物やサービスの利用代金の支払手段として電子化した決済手段の利用が急速に拡大しているのが現状である。

　<u>消費者取引においては、法の間隙があることが悪徳商法を生み出す原因の一つとなっていることから、立法を考えるにあたっては、機能的に共通した取引についてできるだけ同様の規律が及ぶように制度設計することが必要となる。このような制度設計は、同種の取引を行う事業者にとっても公正な取引市場を保障することになる。</u>

　以上の点を踏まえると、改正にあたっては以下の①〜③に留意する必要がある。

① 消費者が供給者に負担する代金債務の消滅に関する規律として検討すること

　個別信用購入あっせんや包括信用購入あっせんに代表されるように、第三者与信型消費者信用取引は、第三者の出捐によって、販売業者・役務提供業者などの供給者に負担する消費者の代金債務を消滅させ、これを原因として第三者が出捐した金額の限度で消費者に与信する取引ということになる。第三者与信型消費者信用取引は、第三者が消費者の代金債務を消滅させた後に、消費者から債権回収を行うにあたって消費者に後払いが認められている点に特色があることになる。しかし、消費者契約が多様な決済システムと結びついている現状では、分割払いかどうか後払いかどうかは必ずしも重要ではない。後述するように、マンスリークリア方式によるクレジット決済や電子マネー決済などの利用によって、民事的規制が及ばなくなることが問題となっている。また、電子マネーへのチャージにクレジット決済が使われるなど、消費者が前払いをしているのか後払いをしているのかを区別することが難しい場合が生じている。

　したがって、<u>消費者が消費者取引に係る物の購入・役務の提供を受ける対価の支払いにあって、物の販売・役務の提供をする事業者（供給者）以外の第三者が、消費者が供給者に負担する代金債務を消滅させる場合に、どのような規律が必要かという観点から検討することが必要になる。</u>

② 決済システムを利用して消費者取引に係る商品・サービスの対価を支払う全体のシステムに、悪質な事業者を排除することを目的としたセキュリティー・ルールを組み込むことを検討すること

　これまで消費者信用取引では、与信業務と販売業務が分業化し供給者以外の第三者が消費者に与信する多様な取引形態が開発されてきた。これに加えて、電子化した多様な決済システムが結びつくことによって、これまで第三者与信型販売信用取引において与信主体が担ってきた業務の一層の分業化が進んでいる。

　現在、クレジットカードの多くは、世界規模で展開する決済サービスのスキームを主催する国際ブランド（VISA・MASTER・JCB・中国銀聯など）が定める条件にしたがった決済システム、国内取引については国内の決済システムを通じて行われている。そこでは、カード発行業務と加盟店管理業務の機能分担が進み、カード会員契約の主体であるカード発行業者（イシュア、以下では ISS と略記する。）と加盟店契約の主体とである事業者（アクワイアラ、以下では ACQ と略記する。）が事業主体として登場するのが一般的である。この結果、クレジットカード決済では、供給契約のほか、ISS と消費者の間の会員契約、ACQ と加盟店の間の加盟店契約、ISS と ACQ との間で決済システムを利

用してカード利用代金を清算する契約、以上の4者間の契約が結びついた取引が一般的である（このような取引をnon-on-us方式という。図1参照。なお、我が国では、ACQについてもクレジットカード会社が業務を行っていることが多いことから、消費者が、自己の保有するクレジットカード会社の加盟店を利用する場合には、カード会社はISSでありACQとなるが、他のクレジット会社の加盟店を利用する場合には、自己の保有するクレジットカードの発行会社がISSとなり、他のクレジット会社がACQとなる。）。

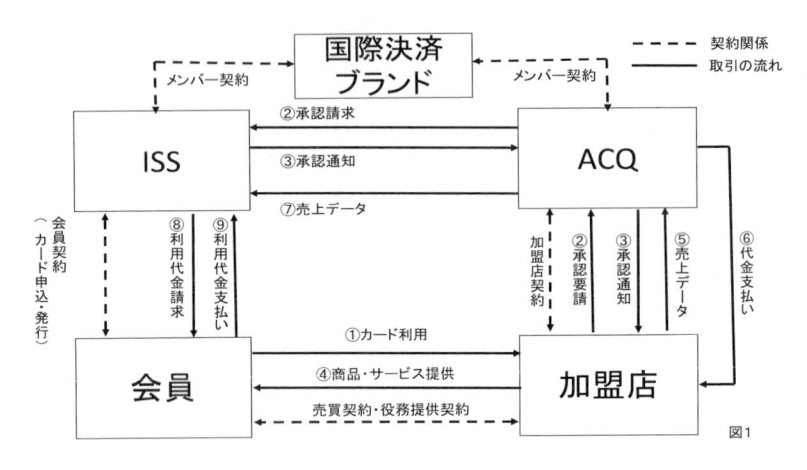

図1

割賦販売法では、カード発行業務と加盟店管理業務を同じ事業者主体が行う取引（このような3者間の取引をon-us方式という。）を念頭においており、消費者と会員契約、加盟店と加盟店契約が締結するカード会社の業務を規制すれば、カード発行会社を通じてその加盟店の行為を規制できるという考え方が採られてきた。割賦販売法の適用がある包括信用購入あっせんや個別信用購入あっせんの場合、クレジット会社は、加盟店管理業務も行うことになることから、消費者の供給者に対する代金債務の消滅は、供給者である加盟店に対して、クレジット会社による加盟店への出捐によって、消費者の代金債務の消滅とクレジット会社によるクレジット代金債権（消費者からすればクレジット代金債務）が一体的に発生する仕組みになっていた。この点から抗弁の接続規定を正当化することができた。

これに対して、non-on-us方式では、ISSとACQの加盟店の間には契約関係はなく、ISSとACQ間で決済システムを通じて消費者の代金債務が決済されているにすぎず、消費者の供給者に対する代金債務の消滅と消費者のISSへクレジット代金債務の発生が一体的に生じているわけではない。また、供給者が供給契約上の責任を果たさないことのリスク、供給契約の無効・取消・解除・クーリング・オフによる契約関係の清算が供給者の倒産などによって実現されないリスクは、ISSとカード利用者である消費者との間の会員契約から生じているわけではないことになる。

しかし、non-on-us方式においても、供給契約と決済システムが全体のシステムの構成部分として一定の機能を果たすように結びついており、相互に補完しあっている関係にあることから、供給者には供給契約上の債務の履行や契約関係の巻き戻しをしなけれ

ばならないとするインセンティブが働きにくい取引構造となっており、悪質な事業者を排除できにくい取引システムとなっている。また、供給契約に障害事由が発生する場合にだけ、契約相互の補完関係を否定し、契約主体を異にする別個の契約であると解して、消費者に供給契約上のリスクを負担させることは、当該消費者の利益を侵害するだけでなく、悪質な供給者を排除できない結果、決済システムを利用して正常な取引を行う事業者に取引の機会を喪失させることになる。

しかし、販売業務と与信業務の機能分化、カード発行業務と加盟店管理業務の機能分化は、消費者にとっても利便性があることから、機能分化によって複数の主体が複数の契約によって連鎖している点を事業者による一方的な契約関係の分断リスクと捉え、事業者主体が自己の責任を回避するために全体のシステムが構築されているとして事業者主体の共同責任を正当化し、消費者を保護するという観点から制度設計するべきではないものと解される。むしろ、<u>決済システムを利用して消費者取引に係る商品・サービスの対価を支払う全体のシステムに、悪意をもってシステムを利用する事業者を排除するためのルールが組み込まれていないことに、供給契約に履行障害事由が発生した場合、又は、効力が生じない場合に、消費者に被害が発生する原因があるからである。</u>

③ 決済の完了性（Finality）を維持した上で、消費者被害をもたらしている消費者契約だけを清算させるルールを検討すること

non-on-us 方式のクレジットカード決済では、4者間の契約が相互に補完関係にあるが、ISS の出捐によって消費者の個別の代金債務の消滅の効果が直ちに発生するわけではない。

ISS と ACQ 間には多数の債権債務が発生・消滅を繰り返しており、決済システムの所有・運営主体（クレジットカードの場合、国内取引では CAFIS、CARDNET などの情報処理センター、cross-border 取引では国際ブランド）が供給者として決済システム（プラットホーム）を提供する関係にあり、この決済ネットワーク（いわゆるインターチェンジネットワーク）を通じて清算されることになる。そこでは、個々の取引から発生する個別の債権債務の匿名性が失われていることになることから、第三者が出捐することによって、いつの時点でどのように消費者の代金債務が消滅することになるのかを検討することが必要になる。

non-on-us 方式のクレジットカードで決済が行われる過程は、カード利用時に取引ごとに行われるオーソリゼーション（Authorization：カードの加盟店および ACQ が ISS に対して当該カードの利用の承認をえる行為がおこなわれ、ISS は与信残高や用途などを確認して、カード取引を承認するかどうかを ACQ、当該加盟店に返信する）、クリアリング（Clearing：ISS によって承認をうけたカード利用内容について、加盟店から ACQ へ、ACQ から ISS へ売上データを送信し、ACQ は加盟店から代金債権の譲渡を受け、支払指図を集計して、ACQ・ISS 間で最終的に受取るべき金額・支払うべき金額を算出し、その代金を請求すること）、セトルメント（Settlement：クリアリングによって計算された金額について ISS から ACQ へ、ACQ から加盟店へカード利用代金を受払して、カード利用者の代金債務を消滅させること）の3つの段階に分けることができる。

クレジットカード決済では、ア）資金の移動を金融機関に間接的に指図するための方法が消費者から ISS に引き渡されることよって、加盟店と消費者の間で供給契約が成立

し、イ）ACQ を通じて送信された売上データが送信されることによって、ACQ は加盟店の顧客に対する代金債権を債権買取を行い、債権譲渡を受けた ACQ が ISS に対して代金債権を行使することになり、他方で、ISS は会員の代金債務について債務引受をし、消費者の代金債務を消滅させるための準備ができ、ISS は ACQ との間での決済が可能となる。この時点で、原因関係にあたる売上債権に関する情報と決済にかかる情報が一致し、取引は全体として成立したことになる。ウ）クリアリングによって計算された金額について清算がなされることによって、ISS と消費者間では消費者の代金債務が消滅し（ACQ が支払を受けた段階）、これを原因として第三者から消費者への請求権が発生することになる。on-us 方式の場合にも、決済ネットワークが利用されて決済される限り、基本的には異ならない。

相互利用が可能となっている交通系電子マネーによって各提携会社で物や役務の購入する場合（各電子マネー業者がそれぞれ ISS・ACQ の役割を果たすことになる。電子マネー業者とその提携会社だけで全体の取引が完結しているときには、on-us 方式に類似することになる）にも、電子マネーのチャージにクレジットカードが利用可能である場合（電子マネー業者が ACQ、クレジット会社が ISS の役割を果たすことになる）などにも、全体システムを構成するために各契約が相互に補完しあっている関係がある点では違いがないことになる。

もっとも、クリアリング・セトルメントによって、正常な取引によって発生した他の代金債務についても消滅することになることから、決済自体を取り消すことができず、決済の完了性（Finality）に影響を与えるわけにはいかない。**全体システムを構成するために各契約が相互に補完しあっている関係にあることを肯定するとしても、決済の効力を維持した上で、問題となる供給契約だけを巻き戻すためのルール作りが必要となる。**

(3) 各論点の補足説明
(ア) 正当化根拠

現行法においては、割賦販売法が、第三者与信型の販売信用取引のうち一定の類型について抗弁の接続の規定を設けている（包括信用購入あっせんについて同法 30 条の 4、30 条の 5、個別信用購入あっせんにつき同法 35 条の 3 の 19、ローン提携販売につき同法 29 条の 4 第 2 項、30 条の 4、29 条の 4 第 3 項、30 条の 5）。

最高裁判所は、後述するように、上記の規定を創設的規定と解しているが、第三者与信型の販売信用取引のうち割賦販売法の適用がない事案において、当該事案の事情を考慮して信義則を根拠に抗弁の接続を認めるべき場合があることを判示しており、契約の相対効の原則にもとづいて抗弁接続をすべて排除しているわけではない。また、検討指針に示したように、法の間隙があることが悪徳商法を生み出す原因の一つとなっていることから、機能的に共通した取引についてできるだけ同様の規律が及ぶように制度設計することが、悪質な供給者を排除し公正で健全な取引市場を形成するためにも必要となる。

この点、民法（債権関係）改正提案（部会資料 44 第 2 ７参照）では、ア）第三者と消費者の間の契約が消費者貸借契約であり、かつ、イ）一つの供給契約と消費貸借契約を一体としてなすことについての合意があること（甲-1 案）、ないしは、ウ）供給契約と与信に係る契約の一体性が認められ、かつ、供給者と与信者に一体性が認められること（甲-2 案）、以上を要件としている。しかし、現状の取引は、消費者が供給者に負担

する債務を支払うために多様な決済システムが利用されていること、また、割賦販売法がローン提携販売だけでなく、信用購入あっせんについても抗弁接続規定が導入されており、供給契約と消費貸借契約が一体としてなされている場合にだけ抗弁の接続を認める（甲-1案）は不十分である。また、事業主体がその機能によって分化している現状の取引を前提にすると、供給者と与信者の主体の一体性を要件とする（甲-2案）では、適用範囲が極めて限定されることになる。

もっとも、民法（債権関係）改正提案では、抗弁接続の要件として、二つの契約が相互に一方がなければいずれも締結されないこと、相互に他方を通じて初めて意味を持つ関係にあることに着目しており、この点では参考になる。

検討指針において言及したように、現行のシステムは、①供給契約と決済システムが取引全体のシステムの構成部分として一定の機能を果たすように結びついており、相互に補完しあっている関係にあることから、供給者には供給契約上の債務の履行や契約関係の巻き戻しをしなければならないとするインセンティブが働きにくい取引構造となっており、悪質な事業者を予め排除できにくい取引システムとなっている。また、②供給契約に障害事由が発生する場合、契約相互の補完関係を否定し、契約主体を異にする別個の契約であると解して、消費者に供給契約上のリスクを負担させることは、当該消費者の利益を侵害するだけでなく、悪質な供給者を排除できない結果、決済システムを利用して正常な取引を行う事業者に取引の機会を喪失させることになる。以上の点から、**各種の支払手段を利用して消費者取引に係る商品・サービスの対価を支払う全体としてのシステムに、悪意をもってシステムを利用する事業者を排除するためのルール（いわば全体システムのセキュリティー・ルール）を組み込むべきであり、この点から1条～3条のルールが正当化される。**

（イ）要件

第1条、第2条では、①消費者が、事業者である供給者との間で供給契約を締結していること、②供給者とは異なる事業者たる第三者の行為によって、消費者が供給者に対して負担する代金債務が消滅すること、及び、③供給契約に関して生じた事由があること、以上の要件を満たす場合に、後述する効果の発生を認めるものとした。

機能的に共通した取引についてできるだけ同様の規律が及ぶように制度設計するという本報告の検討指針から、「消費者が供給者に対して負担する代金債務を第三者が消滅させる場合」とし、第三者と消費者の間の契約の法形式を問わないこととした。また、消費者・第三者間に消費者の代金債務を消滅させる合意があることを要しないものとした。②が、複数の契約が一つのシステムの一定の機能を果たす構成部分として結びついていることを画定するための要件となる。

個別信用購入あっせんの場合には、第三者（クレジット会社）・消費者との間に立替払契約に基づいて、消費者の供給者への代金債務について第三者に対して立替払の委託があることになる。クレジット決済の場合には、会員契約おいてISSに対して包括的に支払の委託があることになる。また、電子マネーなど第三者支払手段の場合には、利用約款において、マネーの残高の範囲で加盟店における商品の購入又は役務の提供の代金決済に利用できる旨が約定されている。上記の取引は、いずれも②の要件を充足する。

これに対して、非提携のローンの場合には、ローン提携販売の場合とは異なり、与信者である第三者は、消費者の供給者への代金債務を消滅させるために金銭を交付しているのではなく、与信者と消費者間の消費貸借契約の成立のために消費者にかわって金銭交付を受けているにすぎない。したがって、非提携のローンには、②の要件を満たさないことになる。
　収納代行の場合には，収納代行業者は消費者の代金債務を受領し、供給者に対して送金しただけであるとして、資金移動がないことを理由に資金決済法の適用がないと解されている。しかし、収納代行業者は供給業者から代金債権の弁済受領権限を付与され、この権限に基づいて消費者から代金を受領することによって消費者の代金債務を消滅させていることになることから、消費者・収納代行業者間に消費者の代金債務を消滅させる合意がなくとも、②の要件を満たすことになる。
　上記の要件を満たす場合であっても、顧客に背信的事情がある場合には（顧客が作出した一方的事情による場合、積極的関与によって抗弁事由が発生している場合など）、抗弁事由の対抗が信義則に反することから、抗弁接続、既払金返還請求権の発生を障害するものとした（大阪高判平成16・4・16消費者ニュース60号137頁、静岡地浜松支判平成17・7・11判時1915号88頁、広島高岡山支判平成18・1・31判タ1216号162頁、津地松阪支判平成20・7・25消費者ニュース79号185頁など参照）。顧客に背信的事情があることについては、第三者に主張・立証責任があることになる。
　第三者に対して、対抗できる事由については、供給者と消費者の間の契約に関する事由に限定される。また、消費者は抗弁事由を第三者に示した上で、抗弁を対抗しなければならないとしているのは（第1条2項、第2条2項）、第三者は供給契約の当事者ではないことから、抗弁事由の有無や内容を知らないからである。
（ウ）効果
　クレジット決済のように、後払い方式の場合には、第三者から消費者に対して請求がなされることになるが、消費者は供給契約上の抗弁事由をもって履行を拒絶できるものとしている。第1条第1項の効果は、この点を定めたものである。
　クレジット決済の場合には、これによって、ISSが消費者へ支払を求めるためには、ISSからACQへ、さらにACQから加盟店に対して取引照会がなされることになり、供給契約上の抗弁事由の不存在を証明できないときには、ACQは加盟店に対して売上債権の買い戻しを請求することが可能となる（リトリーバルリクエスト）。これによって、供給契約上の問題が解決される可能性がある。
　しかし、後払い方式で消費者が第三者にすでに弁済をしている場合、電子マネー決済のように前払い式の場合には消費者は第三者との間の利用約款にもとづいて支払済みであることから、消費者に履行拒絶権を認めるだけでは供給契約上の問題は解決されない。そこで、供給契約の効力が生じない場合には、第三者との契約の効力を否認できるものとした。第2条第1項の効果は、この点を定めたものである。
　検討指針において指摘したように、供給契約と決済システムが全体のシステムの構成部分として一定の機能を果たすように結びついていることから、第三者によって消費者の供給者への代金債務が履行されてしまうと、供給者には供給契約上の債務の履行や契約関係の巻き戻しをしなければならないとするインセンティブが働きにくい取引構造

となっており、悪質な事業者を排除できにくい取引システムとなっている。供給者にその責任を負担させるためには、第三者が出捐した後であっても消費者の代金債務の消滅の効果を奪うことができるとするルールを取引システムに組み込む必要がある。

この点、割賦販売法の平成20年改正では、個別信用購入あっせんの場合に限定し、供給契約上の一部の事由について、立替払契約の効力を喪失させる規定を導入した。すなわち、①特定商取引のうち通信販売を除く5つの取引類型について、販売契約などがクーリング・オフできる場合には、与信契約自体のクーリング・オフが可能となる規定（35条の3の10、35条の3の11）、②過量販売によって解除された場合に、与信契約の法定解除権を認める規定（35条の3の12）、③販売契約など特定商取引法で消費者取消権が行使できる場合に、与信契約についても取消しを認める規定（35条の3の13～16）である。

しかし、上記の規定においては、供給契約上の取消し・解除・クーリング・オフと連動させて与信契約の効力の喪失を認めているわけでないことから、消費者が与信契約自体の効力を喪失させない限り、与信者に対する既払金の返還を求めることができない。与信契約が有効に成立していれば、第三者が消費者との間の契約に基づいて出捐し、これによって消費者の代金債務がすでに消滅している場合、第三者に利得はなく、利得しているのは、供給契約の効力がないにもかかわらず代金を受領した供給者となるからである。

そこで、本報告では、第2条において、供給契約に関して生じた事由が当該契約の無効原因又は取消原因となる場合、供給者の債務不履行を原因として契約を解除できる事由がある場合、又は、供給契約がクーリング・オフによって申込みの撤回又は解除された場合に、消費者は、当該供給契約に係る第三者と消費者間の契約の効力を否認できるとして、供給契約上の抗弁と連動して第三者と消費者の契約（基本契約ではない）の効力を喪失させるものとし（2条1項）、消費者から第三者に対する支払に法律上の原因がないことを根拠として、当該代金債務の消滅のために給付された額の限度で既払金の返還を基礎づけることにした（2条3項）。また、供給者に対する取消権・解除権の発生を要件とするのではなく、供給契約に取消原因・解除原因となる事由があることとしたのは、供給者に対する取消し・解除の意思表示を要しないとするためである。ただし、クーリング・オフについては、一定の期間に限定して、契約の拘束力を認めないことになることから、供給契約についてクーリング・オフがなされた場合とした。

(エ) 清算関係

前述したように（（2）②参照）、決済システムが利用される場合には、第三者の出捐と消費者の個別の代金債務の消滅の効果が直結しているわけではない。第2条1項による消費者・第三者の契約の効力の喪失によって消費者の第三者への支払指図自体が取り消されると解するべきではない。当該契約に関する支払指図が取り消されると、支払指図の集計をやり直す必要が生じ、決済を取り消すと、この結果、正常な取引によって発生した代金債務の消滅にも影響を与えることになる（（2）③のクリアリング参照）。したがって、第2条第1項で、第三者と消費者間の契約の効力を否認できると規定しても、事業者主体間では、決済によって問題となる供給契約に関する代金債務は消滅したままになる。

しかし、これでは、消費者との関係では、第三者が供給契約から生じるリスクについ

て第1次責任を負担するとしても、事業者間では、第三者が供給契約上のリスクについて本来的な責任を負担する供給者に責任を転嫁することができないことになり、悪質な事業者を排除することができないことになる。BtoC 取引を広く包含する決済システムについては、原因関係となる売上債権に関する情報と決済に係る情報が一致した時に全体の取引が成立することになることから、一定の範囲で原因関係との間の有因性を認める必要がある。

　この点、クレジット決済では、ISS が ACQ から取引データの提供を受けた後に、この内容が不当と判断される場合に、その理由を明示して異議を申立て、ISS が ACQ に対し、一定の理由がある取引（カード無効通知チェックもれ、サイン不一致、架空取引、サービスが提供されない、商品が届かない、欠陥商品ないし説明通りでないなど）について当該取引の売上提示分の支払を拒絶する、あるいは、支払分の立替金総額の返還を請求することができるとするルール（チャージバックルール）が約定されている。ISS から ACQ に対するチャージバック請求によって、問題となっているカード利用者の代金債務については免責の効果が発生しないことになる。

　ただ、チャージバックルールは ISS と ACQ 間の約定であり、カード利用者がチャージバックを行うように ISS に請求することができるわけではない。加えて、我が国では、加盟店が複数の ACQ と加盟店契約をするマルチアクワイヤリングが行われていることから、ISS から ACQ へのチャージバック請求が期待できない場合がある。

　そこで、本報告では、第3条第1項において、消費者が第三者間の契約の効力を否認した場合には、たとえ第三者が代金債務を消滅するために出捐していても、「消費者の代金債務は消滅しなかったものとみなす」とする規定を設けることにし、事業者主体間では、決済によって問題となる供給契約に関する代金債務は消滅しないことを明示的に規定することにした。消費者との関係だけでなく、供給者との関係でも第三者による出捐には法律上の原因がないことを明らかにした。また、現状では、チャージバックルールは、ISS と ACQ が cross-border 型の取引で、国際ブランドのネットワークを経由して決済がなされる場合に限られていることから、国内取引についても、同様のルールが採用されるように、第3条2項においてチャージバック請求ができるとする規定をおいた。

2．その背景・立法的対処の必要性
（1）既払金の返還請求・抗弁接続をめぐる法規制の間隙

　消費者の供給者に対する代金債務の決済されているために、消費者が供給者に対して主張できる抗弁事由（無効・取消し・解除・クーリング・オフなど）を原因として第三者に対する既払金の返還を求められないのかという点をめぐって問題が発生している、

　包括信用購入あっせんに該当するクレジットカード取引の場合、クレジット会社と消費者に会員契約がある点を除くと、クレジット会社と消費者、消費者と加盟店との間の契約については個別信用購入あっせんとの間に違いはない。それにもかかわらず、包括信用購入あっせんでは、抗弁接続規定で履行拒絶権が認められる点を除くと、個別信用購入あっせんとは異なり、販売契約が無効・取消し・解除された場合に与信契約の効力については契約の解釈に任されている。また、取引実務では、クレジットカード取引に

あたってマンスリークリア方式を選択しても、あとからリボ払いにすることができるなど、支払手段の選択は流動的であるのに、マンスリークリア方式による限り包括信用購入あっせんに該当しないという理由から抗弁接続規定の適用すらない。1枚のカードを利用して物やサービスの提供を受ける際に、消費者の権利に大きな違いが生じることは、悪質な商法との結びつきによって新たな消費者被害を生み出す原因の一つとなっている点に留意する必要がある。

また、既払金の返還の可否については、下級審裁判例は分かれていた（否定するものとして、松山地判昭和59・4・25判タ526号199頁、広島高判昭和60・10・17判タ594号75頁、東京地判平成5・9・27判時1496号103頁、広島地判平成8・5・29判タ928号248頁など、肯定するものとして、松山簡判昭和58・9・21判タ520号219頁、名古屋高判平成21・2・19判時2047号122頁など）。

最判平成23・10・25民集65巻7号3114頁は、昭和59年改正後、平成20年改正前の事案について、最判平成2・2・20判時1353号76頁の考え方である「創設的規定説」を踏襲する旨を判示し、①個品割賦購入あっせん契約において売買契約が公序良俗違反で無効であるときであっても、売買契約と別個の契約である立替払契約は無効とならないとしながら、②販売業者と斡旋業者の関係、販売業者の立替払契約締結への関与の内容及び程度、販売業者の公序良俗違反行為についてのあっせん業者の認識の有無及び程度に照らし、販売業者による公序良俗違反行為の結果をあっせん業者に帰せしめ、売買契約と一体的に立替払契約についてもその効力を否定することを信義則上相当とする特段の事情があるときには、立替払契約の効力を否定できるとした。

上記判例からすると、契約の相対効の原則を前提としながらも、売買契約と一体的に立替払契約についてもその効力を否定することを信義則上相当とする特段の事情がある場合には、消費者と加盟店との間に発生した抗弁事由（無効・取消し・解除・クーリング・オフ）を原因として立替払契約の効力が生じないと解することができることになり、消費者が既払金の返還をクレジット会社に求める余地は残されているものと解される。

(2) いわゆる決済代行者問題

決済代行者問題とよばれる紛争は、「サクラ」サイト詐欺商法と呼ばれる悪徳商法に関連して生じている。この商法では、サイト業者に雇われた「サクラ」が様々なキャラクターになりすまして、消費者の心理を利用してサイトに誘導し、メール交換等の有料サービスを利用させ、消費者がサイトを利用するために有料のポイントを購入するように仕組まれている。ポイント購入に当たって、サイト業者は、決済代行者を通じて、クレジットカード決済、電子マネー決済、コンビニ決済など、現金がなくてもいつでも支払ができるように、多様な支払手段を利用できる環境を消費者に提供している。上記サイトに誘い込まれた消費者は、多様な支払手段を利用して、ポイント購入代金を請求される仕組みになっており、高額の被害が発生している。

サイトによる役務の提供については実態がないといわれており、サイト利用のためのポイント購入代金の請求は架空請求ではないかといわれている。しかし、この点についての証明は困難な場合が多い。このため、振り込め詐欺救済法（犯罪利用預金口座等に係る資金による被害回復分配金の支払などに関する法律）8条以下の既払金返還制度の

適用は難しいケースが多い。
　また、決済代行業者が海外の業者、国内の決済代行者が海外の ACQ と加盟店契約を締結している場合や決済代行業者が海外の業者である場合には、紛争解決を一層難しくしている（国民生活センター　平成 22 年 9 月 1 日（報道発表資料）、同・平成 24 年 4 月 19 日（報道発表資料）、同・平成 24 年 7 月 26 日（報道発表資料）など）。
　「決済代行者問題」として指摘されている紛争事例では、決済代行業者がカード会社の加盟店となっている契約類型（包括加盟店型）が問題となっている。決済代行者の存在が違法というわけではないが、加盟店管理業務が ACQ と決済代行業者の間で分化することによって、さらに供給契約上の抗弁は切断されやすい取引構造になっている。
　また、電子マネー決済では電子マネー運営会社と決済代行者、収納代行ではコンビニエンスストア本部と決済代行者との間に提携関係にあり、クレジット決済の場合と比較すると、電子マネー運営会社・コンビニエンスストア本部が ISS、決済代行者が ACQ と同様の役割を果たすことになるが、資金決済法では、そもそも割賦販売法のような民事規制がなされていないことになる。

3．比較法的な動向との関係
（1）抗弁の接続に関する立法例
　ドイツ民法 358 条，359 条が抗弁の接続について規定している。ドイツでは、第 2 次世界大戦後、供給者・消費者間の売買契約と貸主・消費者の間の消費貸借契約が経済的に一体と評価される場合に，信義則を根拠に，抗弁の接続を認める判例法理が形成され、1990 年消費者信用法においてこの判例法理が明文化され、2001 年に制定された債務法の現代化に関する法律により，ドイツ民法に統合された。2002 年 7 月の BGB 改正によって融資一体型の不動産取引についても、BGB358 条 3 項の要件を満たせば結合取引として 358 条・359 条の適用を受けることになった。既払金の返還請求については、BGB813 条 1 項（支払時にすでに購入者が継続的抗弁権を取得していることが要件となっている）を適用して購入者は与信者に対して不当利得の返還請求ができるとする見解が、学説上は有力であるが、判例理論としては確定していない。
　フランスでは消費法典第 3 部第 1 章消費者信用　第 1 節　消費与信において、L.311-31 条に、個別の財の供給又は個別の役務の給付に関係する契約をもっぱら融資することに使用される与信（波及的与信）の場合について、借主の返還義務の発生時を物の引渡しまたは役務の提供時とし、継続的供給契約の場合には、物の引渡しまたは役務の提供の時に開始から借主の返還義務の効力が生じ、物の引渡しまたは役務の提供の中断があった場合には、借主の返還義務の効力は停止するものとしている。つまり、与信契約上の借主の返還義務の発生を供給契約に依存させていることになる。また、L.311-32 条において、供給契約について争いが生じた場合には、その争いが解決されるまで、裁判所は与信契約の履行を停止できるものとして、供給契約が裁判上、無効・解除された場合には与信契約は当然に解除・無効になるものとして扱われおり（貸主が訴訟に参加した場合）、L.311-33 条は、その場合に、供給者は貸主に対して借主の貸主に対する返済について担保責任を負うとしている。
　このほか、スイスでは連邦消費信用法（2001 年）21 条に，アメリカ合衆国ではクレ

ジットカード取引について、消費者信用保護法§1666i, 貸付真実法に関する規則§226, 統一消費者信用法典（1974年）§3.403に，それぞれ抗弁の接続に関する規定が置かれている。

（2）決済関係

決済関係については、EUの小口決済改革の動向が注目されるが、2007年の決済サービス指令、2009年の電子マネー指令2によって欧州における決済サービスの新たな枠組みが示されている。これまでEUでは、電子マネーの発行は金融機関（与信機関）に限定されており、我が国とは電子マネーの利用状況は異なっていた。しかし、上記指令によって、EUでも決済機関による電子マネーの発行ができるようになっており、それに関連して法制度の整備が進んでいるが、我が国のような立法事実の発生はこれからということになる。

ドイツでは、ドイツ民法 第12節 委任、事務処理契約及び決済サービス(Zahlungsdienste)の第3款 に、決済サービスに関する規定があり、同第675c条〜第675z条、第676条、第676a条〜第676c条に関連規定がある。

フランスでは、2013年1月28日の法律2013-100号で通貨・金融法典を改正して電子マネーをめぐる規律が導入され、2009年の電子マネー指令2を国内法化する立法がなされている。

4．立法を考えるとした場合の留意点（併せて、「消費者契約法に関する調査作業チーム」での議論状況）

（1）決済システムとの関係

消費者取引に多様な決済システムが結びついていることから、法の隙間を作らないためにも、決済制度全体を視野に入れた上で、消費者取引における特殊性を考慮した立法が必要となるが、上記の点に関連して、「消費者契約法に関する調査作業チーム」では、民法改正中間試案において「三面更改」については慎重でなければならないとする意見があった。中間的論点整理後の第2ステージ【部会資料40［10頁］】では、集中決済機関（CCP）による決済に加えて電子マネーによる取引やクレジットカードによる取引が取り上げられているが、「三面更改」は、AB間の債権をAX間の債権及びXB間の債権として置き換えるための法技術とされており、AB間の債権の消滅と同時に，AはX対してAB間の債権と同内容の債権を取得するとともに，XはBに対してAB間の債権と同内容の債権を取得するものとし、更改によって成立するAX間の債権とXB間の債権においては、AB間の債権に付着していた抗弁は消滅すると考えられているからである。

BtoCの取引を広く包含する決済システムについては、クレジット決済のように、原因関係にあたる売上債権に関する情報と決済にかかる情報が一致したときに初めて全体の取引が成立することから、有因性を一定の範囲で認める必要がある。したがって、消費者取引における決済の場合には、差引額を決済した段階で、初めて、消費者の供給者に対する債権債務が消滅するとすべきこと、チャージバックルールを組み込んだ決済システムであることが必要であるとする意見があった。

（2）消費者契約法5条との関係

下級審判例や学説の中には、non-on-us方式のクレジットの場合にも割賦販売法30

条の 5 の 2、同施行規則 60 条 1 項 1 号により、消費者からの苦情に対して、ISS は苦情内容を分析して必要な調査をすることが求められていることから、この規定を根拠に ISS の加盟店管理業務を認め、ISS であるカード会社の損害賠償責任を基礎づける見解が主張されている。消費者契約法 5 条では委託を受けた第三者の行為についての認識が事業者側に対する要件となっていないことから、割賦販売法の適用がないような取引形態の場合、消費者契約法 5 条を介して、ACQ は、ISS の加盟店管理業務をアウトソーシングし、決済代行者は ACQ の加盟店管理業務をアウトソーシングしたとして、ISS の義務違反を説明する構成が考えられないかとする意見があった。しかし、ACQ と ISS は相互に、国際ブランドとのメンバー契約、ないしは、清算機関を通じてネットワークを利用して代金債務を決済する関係があるにとどまることから、ACQ を ISS の履行補助者として捉えて ISS の責任を肯定する方向での制度設計には限界があるとの意見があった。また、ISS とカード利用者である消費者との間の契約に基づいて、ACQ の加盟店である供給者について調査する義務を肯定する構成についても限界があるとの指摘があった。

（3）消費者契約法と割賦販売法・資金決済法などの特別法との関係

　我が国において、決済をいかなる法律でどのように規律するのかについては、民法（債権関係）改正中間試案において審議中であり、なお立法政策の方向性が定まっているとはいえない状況にある。

　債権法改正において、決済に関する法が規律されない場合には、ア）決済に係る特別法の中で消費者取引における決済に係る特別な規律を置く方向性、及び、イ）消費者契約法の中で物・役務の対価の支払いという観点から規律する方向性が考えられる。

　一方、債権法改正の中で、中間試案で立法提案がされている「三面更改」の規定が導入される場合には、原則として抗弁の切断が定められることになることから、消費者契約法において、第 1 条〜第 3 条のルールを置いた上で、個別の決済手段と消費者取引の結びつきをふまえたルールについて、割賦販売法・資金決済法など特別法によって規律するという方向性が考えられる。

（参考資料）
❶ 販売信用取引における抗弁の接続、既払金返還請求権関係
○経済産業省商務情報政策局取引信用課編『平成20年度割賦販売法の解説』（日本クレジット協会、2009）
○消費者庁取引物価対策課・経済産業省商務情報政策局消費経済政策課『特定商取引に関する法律の解説〈平成 21 年版〉』（商事法務、2010）
○平成 23 年度調査研究「クレジットカードに係る決済代行業者登録制度に関する実証調査報告書」（消費者庁　平成 24 年 3 月）
○消費者委員会「決済代行業者を経由したクレジットカード取引の被害対策に関する提言」（2010 年 10 月 22 日）
○法制審議会・民法（債権関係）部会資料 16-2【参考 2】
○圓山茂夫『詳解 特定商取引法の理論と実務』（民事法研究会、2010）
○斎藤雅弘ほか『特定商取引法ハンドブック（第 4 版）』（日本評論社、2012）
○中崎隆『詳説改正割賦販売法』（きんざい、2010）
○福崎博孝編著『カード被害救済の法理と実務』（民事法研究会、2012）

○山本豊ほか「特集　ドイツ民法改正と消費者信用法制」クレジット研究 30 号（2003）
○千葉恵美子「『多数当事者の取引関係』をみる視点――契約構造の法的評価のための新たな枠組み」『現代取引法の基礎的考察』（椿寿夫先生古稀記念論文集）（有斐閣、1999）161 頁
○千葉恵美子「第三者与信型消費者信用取引と契約関係の清算（上）」北大法学論集 39 巻 5＝6 号 1331 頁
○川地宏行「融資付投資取引における抗弁の接続 (1) (2・完) 三重大学法経論集 15 巻 1 号 1 頁以下、同 2 号 25 頁
○川地宏行「第三者与信型販売における抗弁の接続と与信業者に対する既払金返還請求権」クレジット研究 40 号 62 頁
○増成牧「ドイツ消費者信用法における結合取引の清算」石田喜久夫先生古稀記念『民法学の課題と展望』（成文堂、2000）781 頁○後藤巻則ほか「特集　フランスの消費者信用法制」クレジット研究 28 号（2002）
○都筑満雄『複合取引の法的構造』（成文堂、2007）
○岡本裕樹「複合契約取引論の現状と可能性」『市民法の新たな挑戦』（加賀山茂先生還暦記念論文集）（信山社、2013）523 頁
○平野裕之「フランスにおける消費者信用の規制――消費法典による規律」現代消費者法 7 号 13 頁 (2010)
○都筑満雄「EU の指令によるフランス消費者信用法の変容―消費者信用の改正に関する 2010 年 7 厚保 1 日の法律 747 号について」現代消費者法 17 号 59 頁
○神野直弘「サクラサイト被害の実態と救済手段」現代消費者法 18 号 48 頁以下（2013）21 頁

❷決済関係
○山本正行『カード決済業務のすべて』（金融財政事情研究会，2012）
○中島真志＝宿輪純一『決済システムのすべて（第 3 版）』（東洋経済新報社；2013）
○高橋康文編著『詳説　資金決済に関する法制』（商事法務、2010）
○渡邉雅之＝井上真一郎『Q&A 資金決済法・改正割賦販売法―新しい決済サービスに関する法制の横断的解説』（金融財政事情研究会、2010）
○堀天子『実務解説　資金決済法』（商事法務、2011）
○根田正樹＝大久保拓也編『支払決済の法としくみ』（学陽書房、2012）
○岩原紳作『電子決済と法』（有斐閣、2003）
○小塚荘一郎＝森田果『支払決済法―手形小切手から電子マネーまで』（商事法務、2010）
○千葉恵美子「消費者取引における決済と立法政策の課題」名大法政論集 250 号（2013）26 頁
○野村総合研究所『平成 21 年度クレジット事業等環境調査（諸外国のクレジット等の決済ネットワークに関する調査研究）報告書』(2010)
○吉村昭彦・白神猛「欧州における決済サービスの新たな枠組み：決済サービス指令の概要」金融研究 2009 年 3 月号 119 頁
○平田健治「EU 支払サービス指令とドイツ法」阪大法学 61 巻 2 号 287 頁
○平野裕之「海外金融法の動向（フランス）　電子マネーについての法改正（2013 年 1 月 28 日の法律 2013-100 号）」金融法研究 29 号 131 頁（2013）
○森哲也「電子商取引における決済システムのあり方」現代消費者法 18 号 48 頁以下（2013）48 頁
○法制審議会・民法（債権関係）部会資料 17-2【別紙　比較法資料】11 特殊な寄託―流動性預金口座の抄訳

第12章　人的・物的適用範囲

担当：角田美穂子（一橋大学教授）
　　　山本健司（弁護士／清和法律事務所）

1．論点

① 消費者・事業者概念は、「人」の固定的・絶対的な属性ではなく、取引の性質・目的との関連で現れる流動的・相対的な属性であるとの理解は維持されるべきである。しかし、事業者は「人」のうち消費者でないものをいうとの理解については、検討の余地があるのではないか。概念の画定・判断基準を検討するにあたっては、消費者の要保護性と法的介入の正当化根拠を中心に構成することが妥当でないか。

② 消費者契約法は消費者保護関連諸法との関係において受皿的な機能が期待されているとの立法趣旨に鑑みれば、諸法で考慮されている要保護性とその法的介入の正当化根拠は異なっていることから、「消費者」概念の相対性の承認、概念の弾力化、ないし中間概念の創設も視野に入れて検討してはどうか。

③ 消費者概念については、事業者概念・事業概念の再検討と合わせて引き続き検討してはどうか。

④ 事業者概念については、学説における問題提起にとどまらず従来の理解を揺るがす下級審裁判例もみられるようになっていることに加え、比較法的にも異例な立法であることも考慮に入れながら、検討するものとしてはどうか。

＜提案の趣旨＞
（①について）

　消費者契約法は、人的適用範囲を画する概念として「消費者」と「事業者」を定義する一方、物的適用範囲については、消費者・事業者間で締結される「消費者」を労働契約については適用がない（消費者契約法48条）が、それ以外の契約については適用するものとされている。ただし、対象とされている「行為」は、契約の締結過程を問題として消費者取消権を付与するとともに、契約内容について消費者の利益を一方的に害する条項について契約を無効とする2類型である。繰り返しになるが、行為の客体については何ら制限が加えられていないことから、適用範囲に関する主要な課題は、「消費者」「事業者」概念の再検討といえる。

　「消費者」「事業者」概念の再検討にあたっては、いずれも「人」の固定的・絶対的な属性ではなく、取引の性質・目的との関連で現れる流動的・相対的な属性である、との今日確立した理解は維持されるべきである。しかしながら、両者の境界線をいずれに求めるかという点については、消費者契約法1条に明らかにされている「消費者と事業者との間の情報の質及び量並びに交渉力の格差にかんがみ」た取消権の付与と不当条項規制という消費者の要保護性と法的介入根拠を中心に構成することを基本方針とするのが正当ではないか。これにともない、これまで前提とされてきた、消費者と事業者とは補集合の関係にあるとの理解を維持する必要性については検討の余地があるのではないか。

(②について)

　消費者保護関連諸法のなかでも、(1)規制対象が「事業者」となっているのに対して保護対象が「消費者」とされているもの、(2)特定商取引法や割賦販売法など、「販売業者」と「相手方」とが対になっている一方で、「営業のために」といった適用除外があるもの、(3)金融商品取引法、商品先物取引法などのように「金融商品取引業者等」と「顧客」というものに対して適用除外がなされているもの、(4)業法関係で問題とされている事業の貸金業者や旅行業者等の「事業者」とその相手方とされているものといった諸類型がみられる。

　消費者保護関連諸法は、一般的には消費者保護法の一内実と言われているものの、もともと規制対象である主体（事業者）や行為（事業）に着目されて制定された法律（行政規制）であることから、保護対象が当該事業の反対当事者とされており、必ずしも個人に限定されていないという特徴がある。一方、消費者契約法は、消費者契約における消費者と事業者との情報・交渉力格差に着目して「消費者（個人事業者を除く個人）」を保護対象とし、規制対象となる主体は事業者一般で、行為類型も無限定としている点に特徴がある。同じく消費者保護法と位置づけられる法律においても、このようなアプローチの違いが、これまでの裁判例などにおいて、人的適用範囲の拡張や類推適用の広狭として争われてきたということができよう。

　しかし、アプローチの違いには、別の問題も含まれている。旅行契約などに顕著にあらわれている通り、サービスの利用者の契約目的が職業活動に関連しているかどうかというところで切り分ける合理性はどれほどあるのかという問題意識は諸外国においても共有されているところである。また、ドイツにおいては、消費者法が取り扱っている領域は、インターネット取引のような消費者売買からユニバーサルサービスという極めて特殊な消費者取引までと非常に広いこともあり、各々の領域で想定されている消費者像も多様で、消費者を保護するためにとられている法的措置も多様であることを踏まえ、消費者概念を分節化する必要があるのではないかという問題提起もなされている。このような議論の是非は措くとしても、消費者概念の相対化、弾力化については、一定の支持が見られる。

　以上の我が国における現状と諸外国における議論動向に加え、消費者契約法は消費者保護関連諸法との関係において受皿的な機能が期待されているとの立法趣旨に鑑みれば、「消費者」概念の相対性の承認、概念の弾力化、ないし中間概念の創設も視野に入れて検討してはどうか。

　また、その延長線上の検討課題として、消費者契約法の適用範囲を消費者取消権と不当条項規制とを一括して考えられてきた適用範囲について、領域毎の適用範囲を考える可能性についても検討してはどうか。

(③について)

　「消費者」概念の再検討にあたっては、自然人に限定する点については比較法的傾向とも一致している点でもあり、現行法の方針を基本的には維持することが望ましいということはできよう。

ただし、消費者契約法の制定時の議論に目を向けると、従来からある消費者保護法規（割賦販売法、特定商取引法）は、自然人に限定していなかったこともあり、消費者法の基本文献においても自然人に限定する必要性はないのではないかという見解が示されていたなかで自然人への限定が消費者契約法制定時になされた。その際には「法の適用範囲を明確にするためには、基本的には『自然人』という最低限の規定を設け、包括的な網をかぶせるということが立法技術的に見て望ましく、そこから先の保護は別途考える」とされていたが、これが別途考えられてはこなかった点に問題があるので、この際、考える必要があるのではないか。

また、中間報告の段階では、「消費目的において」という要件も提案されていたが、投資取引、不動産取引を含めるべきであり、これが重要な立法事実であるという点が考慮されて、この「消費目的において」という要件が外されている。

次に、現行法では、自然人が「事業として」または「事業のために」行為しているか否かで事業者・消費者の切り分けがなされる。この点、「混合目的事案」の処理について、立案担当者は、「事業のために」というのは「事業の用に供するためにするもの」との理解を前提に、まずは契約目的等、それから契約締結時において客観的・外形的基準によって、それのみによることが難しい場合には、物理的、実質的基準で判断するとしているが、学説ではさまざまな見解が示されており、理解は帰一しない。ただ、比較法的には、事業者が通常行っている領域の行為なのかどうかという視点に意味を持たせる例も確認される一方、DCFRにおいては意味を持たない視点として処理がされているなど、この考え方がスタンダードかというと若干疑問があるとの指摘もある。また、現実の裁判実務においても、消費者契約法の解釈は硬直的で十全に機能してきたとは言い難い（東京地判平14・10・18LLI15730370）。

消費者概念については、事業者概念・事業概念の再検討と合わせて引き続き検討する必要があるというべきである。

(④について)

東京地判平23・11・17判時2150号49頁は、権利能力なき社団Xは『団体』であれば定義上はアプリオリに事業者であるはずのところ、これは権利能力なき社団ではあるけれども消費者であるということを判示している。同判決は、理由としては、Xの主要な構成員が大学生であったこと、および、担当者も大学生であったことのほか、消費者契約法1条の趣旨を挙げているにとどまる。しかし、本判決は、消費者・事業者の境界線は立案担当者が考える以上に流動的なものであり、なおかつ両者は補集合の関係にあるとの前提はなかなか維持することが難しい状況になっていることを示しているといえるのではないか。

そもそも、「事業者概念」については、消費者契約法の制定以来、学説において厳しい批判にさらされてきたところである。

「『法人その他の団体』は即『事業者』」になるという、この政策判断を支えているとされてきたのが、こういう法人や団体であれば「何らかの形で取引に参入し、専門的知識、交渉力を有していると考えるのが妥当」との考え方である。しかし、立法に従事した研究者からも「例外の余地が全くないとしてよかったのかについては、立法論として

は検討の必要があるであろう。ちなみに、中間報告の段階では、法人その他の団体についても事業者として扱われるためには、事業性がEC指令等と同じく要求されていたのですが、これがどのような経緯で今のような規定になったのかは不明である」との疑問が提起されているほか、「事業」との関連を問題とすることなく「事業者」とすることには、根本的な問題がある。『事業』概念は、問題となる取引の特質として消費者・事業者間の構造的な情報格差・交渉力格差があらわれるという状況が認められるかどうかという評価との関連で、取引対象となる物品・役務・権利等の内容及び社会生活において物品・役務・権利等を取引しようとする際の典型的な目的ないし原因を考慮に入れながら確定していくのが適切ではないか。そのような機能的、相関的に把握される規範的概念としての事業概念が望ましいのではないか。立案担当者が考えている『事業』概念というものは、余りにも形式的かつ硬直的なものにすぎる点で無意味・無用である」と批判されてきた。

2．その背景・立法的対処の必要性

（1）消費者契約法の目的は、消費者と事業者との間の情報・交渉力格差に鑑み、消費者の利益の擁護を図ることにある（1条）。ところが、現行の消費者契約法2条1項及び2項が定める「消費者」「事業者」の定義規定は、本法の保護を及ぼして然るべき場合を狭くしてしまう規定ぶりとなっていないか、検証の必要があるように思われる。

まず、現行の消費者契約法2条1項及び2項の定義規定を形式的にあてはめると、個人事業者は「消費者」に該当しないが、その中には実態として何ら消費者と異ならないような小規模で零細な個人事業者が包含されている。

また、現行の消費者契約法2条1項及び2項では、「法人その他の団体」は全て「事業者」に該当するが、その中には実態として何ら消費者と異ならないような個人事業主が法人成りしただけの株式会社、営業活動の素人が集まっただけの団体（例・ＰＴＡ，マンション管理組合，ＮＰＯ法人など）などが広く包含されてしまっている。

このような、実態としては消費者と何ら異ならない事業者（消費者的事業者とも言いうる。）が、情報・交渉力を有する事業者から、本法に規定されているような不当な勧誘行為を受けて契約締結に至っている場合や、不当な免責条項や過大な違約金条項に基づく主張を受けているような場合、本法の保護を一切及ぼさないと取り扱うことは、情報・交渉力格差に劣る契約弱者の保護という本法の趣旨にも、社会正義の観点にも反するのではないか。

実際上も、現在の我が国では、消火器契約、電話機リース契約、ホームページリース契約等の被害実例など、形式的には消費者保護法の適用がないかのような状況を逆手にとった消費者的事業者の契約被害実例が多数存在しており、かかる被害実例を救済すべき社会的必要性は高い。

換言すれば、現行の消費者契約法では、文理上「個人事業者」「団体」であれば一律「消費者」ではないとして法的保護を否定されているかのように読める点を見直しする必要がないか、「個人事業者」「団体」の中でも消費者と同様ないしそれに準じる法的保護を及ぼすことが必要な場面はないだろうか。

（2）具体的な検討事例
2－1）個人の場合
　具体的には，まず，下記のような事例について，対象となる個人を消費者契約法によって救済することの当否につき，検討が必要であるように思われる。
　【1－①】契約の主目的が事業外か（具体例：生活と仕事の双方に使用するパソコンなど）
　【1－②】個人ビジネス勧誘行為（具体例：マルチ商法，内職商法）
　【1－③】事業目的に直接関連しない取引（具体例：変電器，消化器）
　【1－④】事業目的内の取引の不当勧誘（具体例：ホームページリース）
2－2）団体・法人の場合
　また，一歩進んで，下記のような事例において，団体や法人に対する不当勧誘行為等を消費者契約法やその準用によって救済することの当否につき，検討が必要であるように思われる。
　【2－①】営利活動をしていない団体（具体例：ＰＴＡ，マンション管理組合）
　【2－②】事業目的に直接関連しない取引（具体例：変電器，消化器）
　【2－③】事業目的内の取引の不当勧誘（具体例：ホームページリース）

（3）特定商取引法に関する行政解釈，裁判例
　この点，本来一般消費者を保護するための法律である特定商取引法においては，26条1項1号で「営業のため若しくは営業として」売買等が行われた場合は適用除外とされているが，消費者庁取引物価対策課・経済産業省商務情報政策局消費経済政策課編「特定商取引に関する法律の解説（平成21年版）」169頁では，「本号の趣旨は，契約の目的・内容が営業のためのものである場合に本法が適用されないという趣旨であって，契約の相手方の属性が事業者や法人である場合を一律に適用除外とするものではない。例えば，一見事業者名で契約を行っていても，購入商品や役務が，事業用というよりも主として個人用・家庭用に使用するためのものであった場合は，原則として本法は適用される。特に実質的に廃業していたり，事業実態がほとんどない零細事業者の場合には，本法が適用される可能性が高い。」とされている。
3－1）　個人事業者の裁判例
　実際の裁判例においても，名古屋高判平成19年11月19日判タ1270号433頁は，印刷画工がリース会社と締結した電話機リース契約につき，特定商取引法におけるクーリング・オフ規定の適用の可否が問題となった事案において，特定商取引法の適用を肯定し，デザイン業を営んでおり，個人事業者であるから特定商取引法は適用されないとした原判決を取り消している。
　また、東京地判平成20年7月29日消費者法ニュース77号178頁は，社会保険労務士が締結した電話機リース契約につき，特定商取引法におけるクーリング・オフ規定の適用の可否が問題となった事案において，リース物件である電話機は具体的業務との関係で業務上の必要性に乏しいこと等を理由に，特定商取引法の適用を肯定している。

3−2）　法人の裁判例

　さらに，大阪地判平成 20 年 8 月 27 日判決（消費者法ニュース 77 号 182 頁）は，建築設計業等を営む株式会社が締結した電話機リース契約につき，特定商取引法におけるクーリング・オフ規定の適用の可否が問題となった事案において，リース物件である電話機の機能は具体的業務との関係で業務上の必要性に乏しいこと等を理由に，株式会社に対してすら特定商取引法の適用を肯定している。

　また，大阪高判平成 15 年 7 月 30 日判決（兵庫県弁護士会ＨＰ）は，自動車販売等を業とする会社が締結した消火器薬剤充填整備，点検等作業等の実施契約につき，特定商取引法におけるクーリング・オフ規定の適用の可否が問題となった事案において，特定商取引法の適用を肯定している。

　加えて，東京地判平成 21 年 4 月 13 日判決（消費者法ニュース 80 号 198 頁）は，宗教法人が締結したセキュリティシステムを内蔵したパソコン関連商品のリース契約につき，特定商取引法におけるクーリング・オフ規定の適用の可否が問題となった事案において，特定商取引法の適用を肯定している。

　以上の考え方を上記の具体例にあてはめれば，【1−①】〜【1−③】や【2−①】〜【2−②】といった事例については，特定商取引法の消費者保護規定が適用される可能性があると解される。

（4）消費者契約法に関する行政解釈，裁判例

　一方，消費者契約法に関する消費者庁企画課編「逐条解説・消費者契約法（第 2 版）」では，例えば個人事業者がパソコンを購入したが，同時に個人の趣味としてそのパソコンを使用するといった場合には，個々の具体的契約に即して「事業者のために」契約の当事者となるかどうかを判断する。具体的には，ア：契約締結の段階で，当該事項が目的を達成するためになされたものであることの客観的・外形的基準（例：名目等）があるかどうかで判断し，イ：アのみで判断することにつき現実的に困難がある場合は，物理的，実質的（例：時間等）基準に従い，該当事由が主として（例：パソコンの使用時間のうちその 2 分の 1 以上を事業のために使用しているか等）目的を達成するためになされたものであるかどうかで判断する，とされている。

　また，同書によれば，消費者契約法 2 条 2 項の「その他の団体」には，民法上の組合をはじめ，法人格を有しない社団または財団が含まれる。各種の親善，社交等を目的とする団体，ＰＴＡ，学会，同窓会，法人格を有しないマンション管理組合も含まれるとされている。

　これを上記の具体例にあてはめれば，せいぜい【1−①】の事例でパソコンの使用時間の 2 分の 1 以上を個人の趣味に使用している場合にしか，消費者契約法の消費者保護規定が適用されないかのようにも解される。

　しかし，近時の裁判例においては，東京地判平成 23 年 11 月 17 日判時 2150 号 49 頁のように，大学のラグビークラブチームについて「主要な構成員は大学生であるものと認められ，現に，控訴人の担当者であったＡは，本件手配旅行契約締結当時大学生であったことからすると，控訴人は，情報の質及び量並びに交渉力において優位に立っているとは評価できず，「消費者」（法 2 条 1 項）に該当する」としたものも存

在する。
　上記の裁判例などは、上記【2-①】の事例について、消費者契約法の適用を肯定した裁判例とも評価できる。

3．比較法——ヨーロッパにおける消費者概念の動向
（1）「消費者概念の立法技術」
　「自然人」ということと「ある種の事業、営利的活動または商取引活動の範囲外の目的で行為する者」の2点を要素とすることに収斂している。一方、立法ではないが、「共通参照枠草案（DCFR）」では、自然人であるところは同じだが、目的に「主として」事業活動以外の目的とされており、混合目的事案について特徴あるルールを置いている。
（2）加盟国における消費者概念の拡張
　EUの加盟国にも各国それぞれの事情があり、またはその消費者概念というものを少し拡張する例がみられる。ただし、その方法は、民法典に入れて一般的に拡張する場合、EU法に即して拡張する場合のほか、個別的に拡張するなど、多様である。
　また、拡張に当たっては、最終名宛人あるいは最終受領者（final addressee）、あるいは通常のものでない契約（atypical contract）を締結した事業者の保護として考えている加盟国のほか、一定の法人について保護を及ぼしている国もある。
　たとえば、通例でない契約（atypical contract）を締結した事業者への拡張の例として**フランス**においては、確立した判例法によれば、消費者とは、その専門的職業に直接に関係しない契約を締結した者（自然人および法人）をいうとされている。リーディングケースは、1987年4月28日の破毀院の判決である（Cass.civ.28 April 1987, JCP 1987. II. 20893 Juris-classeur periodique）。問題となった事例では、不動産業者がその事業用の建物のために警報システムを購入したが、それが正常に機能しなかった。約款の条項によれば、買主は契約を解除することができず、損害賠償請求もできないことが明示されていた。
　フランスの破毀院の見解によれば、消費者法典をそれでもなお適用することができるとされた。その理由として、契約の対象は、事業活動の本体に直接的な関係がないこと、および、不動産会社の技術的な専門知識は警報システムの技術に及んでいなかったことを挙げ、それを根拠にして、買主は、その他の消費者と同じように扱われねばならないとしたのである。
　その後の判決で、破毀院は、そうした広い解釈から自ら距離を置いて、消費者法典の適用可能性についての決定的な基準は「専門職」の技術的な権能ではなく、むしろ契約が当該の事業活動に直接的な関係を有するかどうかであると判示した（Cass.civ, 24 January 1995, D. 1995, Jur. 327-329）。この判例法には、後に多くの判決が追随した。
　また、**英国**においても、R. & B. Customs Brokers Co. Ltd. v. United Dominions. Trust Ltd [1988] 1 .WLR 321 判決以後、1997年の不公正契約条項法 s.12(1)において、事業者が通常の事業目的の範囲外で取引を行った場合は、「消費者として扱われること」を求めることができるとされている。この事件は、海運業者である原告が、会社の理事の個人的および仕事用に中古車を購入したというものである。それ以前にも、数回同じような購入が行われていた。当該の契約は、一定の制定法上の規定違反による責任を排除

していた。不公正契約条項法 s.6(2)(b) によれば、事業者が消費者に販売する場合は、制定法が定める目的にとっての質と適合性に関する条項は、何らかの契約条項を援用することで排除または制限されることはできないのである。したがって、買主が消費者として扱われるかどうかによって決定されることになったのである。控訴院は、その行為が原告の事業の不可欠の一部であったことを証明することについて被告が提示した通常性は、十分な程度のものではないと判示した。むしろ、購入は、会社の事業活動にとって偶発的に行われたものである。したがって、原告は不公正契約条項法 s.12(1) の規定の範囲で消費者として扱われる、とした。もっとも、こうした広い消費者の定義が不公正契約条項法の文脈を越えて適用されることができるかどうかは疑問とされている。

次に「開業行為者の保護」については、EU 指令は明確に規定は置いていないが、オーストリアが唯一立法で規制している。すなわち、消費者保護法1条(3)は、自然人が、事業を開始する前に、必要な物品または役務を獲得するための取引をした場合には、それは事業目的の取引とならないとしている。ドイツではこういった場合の開業行為者というのは消費者ではないが、消費者と同じような保護を与えている。すなわち、ドイツ民法507条では、資金を借入れる場面での開業行為だけれども、概念的にはこれは将来的な事業の目的なんだという形で事業者として扱うが、消費者と同じような形で保護する必要性があるという考え方を明らかにしている。

(3) 共通参照枠草案にみる混合目的事案に関するルール

共通参照枠草案 (DCFR) Ⅰ.-1:105
(1)「消費者」とは、自然人であって、主として、自己の商取引、事業又は職業と関係しない目的のために行為する者をいう。
(2)「事業者」とは、その者が自ら営む商取引、仕事又は職業に関係する目的で行為する自然人又は法人をいう。法人については、公法人であるか私法人であるかを問わない。これらの者は、当該行為を通じて収益を得ることを目的としない場合であっても、事業者に当たる。
(3) (1) 及び(2)のいずれにも該当する者は、この者が消費者である場合に保護を与える規定に関しては、(1)にのみ該当するものとみなし、それ以外の規定に関しては、(2)にのみ該当するものとみなす。

第3項は、消費者と事業者の定義が交錯する場合にときおり生じる状況を処理するものである。このような状況が生じるのは、第2項に意図的に「主として (primarily)」という文言が置かれていないからである。主として、個人的な目的のために利用するが、ごく部分的に事業目的で利用することがあるコンピューターを購入した者は、消費者である買主を保護する規定の目的に照らして消費者としてみなされることになる。主として、個人的な目的で利用したが、ごく部分的に事業目的で使用したコンピューターを販売した者は、消費者である買主を保護する規定との関係では、事業者として扱われる。この目的は、買主が消費者であれば、この者に、事業者との関係で消費者に与えられる保護を与えることにある。買主は、売主が事業目的で行為している範囲に近づく必要は必ずしもないといえる。

4．立法を考えるとした場合の留意点

① 民法改正において、①約款規制として事業者間取引を含めた不当条項規制に関する一般条項、②信義則の具体化にあたって情報・交渉力の格差を考慮すべきである、との解釈原理の導入の可否が検討されており、民法と消費者契約法との機能分担については、民法改正の動向をみきわめつつ、検討する必要がある。

② 消費者契約法の適用範囲の拡張に当たっては、中小零細事業者のみならず、投資家である個人なども念頭に置く必要がある。
　その際に、消費者概念の解釈や定義を拡張するという方向で足りるのか。しかし、そうは言っても消費者概念や定義の操作で一定の事業者・投資家への拡張を行うことには限界もあるのではないかについても、引き続き検討する必要がある。

5．その他

(1) 消費者契約法日弁連改正試案（2012年2月）
　日本弁護士連合会が平成24年2月に公表している「消費者契約法日弁連改正試案」では、消費者契約法の人的適用範囲を拡大するという観点から、次のような立法試案を提言している。
　　(ア) 消費者の定義規定の拡張
　　　2条1項が定める「（事業として又は事業のために契約の当事者となる場合におけるものを除く。）」という除外規定を「（事業に直接関係する取引をするために）」と改めるという立法提案であり、前記の【1-①】～【1-③】のような事例に消費者契約法が適用されることを明文化するという趣旨に基づくものである。
　　(イ) 準用規定の創設
　　　新たに「事業者間の契約であっても、事業の規模、事業の内容と契約の目的との関連性、契約締結の経緯その他の事情から判断して、一方の事業者の情報の質及び量並びに交渉力が実質的に消費者と同程度である場合、当該契約においては当該事業者を第2条1項の消費者とみなして、この法律を準用する。」という規定を設けるという立法提案であり、前記の【1-④】、【2-①】～【2-③】のような事例にも、一定の条件が満たされる場合には、消費者契約法が適用されうることを明文化するという趣旨に基づくものである。
(2) 人的適用範囲の拡張や類推適用に対する消極意見の存在
　　(ア) もっとも、「事業者」「消費者」概念を見直すことで消費者法を一定の事業者へ拡張して適用する方向性を模索するとしても、拡張が必要となる場面については、不当条項規制や約款規制の場面、契約締結過程の場面など、更に考察が必要であるという意見もある。
　　(イ) また、例えばフランスでは判例が「事業活動と直接の関連性」基準によって消費法典の規定を一定の事業者に適用する可能性を抽象的には認めているが、実際に適用が認められた判例はほとんど存在しない。その背景には、消費法典の規定はあくまで消費者保護のための規定であり、事業者の保護や事業者間取引は民法典で規制をすべきであるという考え方が存在するという意見もある。

(参考資料)

【Ⅰ】 資料：人的適用範囲に関する各種消費者保護法の規定の在り方

1 消費者基本法
・ 目的規定
　この法律は，消費者と事業者との間の情報の質及び量並びに交渉力等の格差にかんがみ，消費者の利益の擁護及び増進に関し，消費者の権利の尊重及びその自立の支援その他の基本理念を定め，国，地方公共団体及び事業者の責務等を明らかにするとともに，その施策の基本となる事項を定めることにより，消費者の利益の擁護及び増進に関する総合的な施策の推進を図り，もつて国民の消費生活の安定及び向上を確保することを目的とする（第1条）。
・ 規制対象に関する規定の在り方
　「事業者」
・ 保護対象に関する規定の在り方
　「消費者」[1]

2 電子消費者契約及び電子承諾通知に関する民法の特例に関する法律
・ 目的規定
　この法律は，消費者が行う電子消費者契約の要素に特定の錯誤があった場合及び隔地者間の契約において電子承諾通知を発する場合に関し民法（明治二十九年法律第八十九号）の特例を定めるものとする（第1条）。
・ 規制対象に関する規定の在り方
　「事業者」[2]
・ 保護対象に関する規定の在り方
　「消費者」[3][4]

3 特定商取引に関する法律
・ 目的規定

---

[1] 第十二条（消費者契約の適正化等）国は，消費者と事業者との間の適正な取引を確保するため，消費者との間の契約の締結に際しての事業者による情報提供及び勧誘の適正化，公正な契約条項の確保等必要な施策を講ずるものとする。

[2] 第二条（定義）この法律において・・・「事業者」とは，法人その他の団体及び事業として又は事業のために契約の当事者となる場合における個人をいう。

[3] 第二条（定義）この法律において「消費者」とは，個人（事業として又は事業のために契約の当事者となる場合におけるものを除く。）。

[4] 第三条（電子消費者契約に関する民法の特例）民法第九十五条ただし書の規定は，消費者が行う電子消費者契約の申込み又はその承諾の意思表示について，その電子消費者契約の要素に錯誤があった場合であって，当該錯誤が次のいずれかに該当するときは，適用しない。ただし，当該電子消費者契約の相手方である事業者（その委託を受けた者を含む。以下同じ。）が，当該申込み又はその承諾の意思表示に際して，電磁的方法によりその映像面を介して，その消費者の申込み若しくはその承諾の意思表示を行う意思の有無について確認を求める措置を講じた場合又はその消費者から当該事業者に対して当該措置を講ずる必要がない旨の意思の表明があった場合は，この限りでない。

この法律は、特定商取引（訪問販売、通信販売及び電話勧誘販売に係る取引、連鎖販売取引、特定継続的役務提供に係る取引、業務提供誘引販売取引並びに訪問購入に係る取引をいう。以下同じ。）を公正にし、及び<u>購入者等</u>が受けることのある損害の防止を図ることにより、<u>購入者等の利益</u>を保護し、あわせて商品等の流通及び役務の提供を適正かつ円滑にし、もつて国民経済の健全な発展に寄与することを目的とする。

- 規制対象に関する規定の在り方
  「販売業者又は役務提供事業者」[5]
- 保護対象に関する規定の在り方
  「その相手方」[6]「顧客」[7]「購入者又は役務の提供を受ける者」[8]「申込者等」[9][10]
- 事業性取引に関する適用除外
  「営業のために若しくは営業として締結するもの」[11]

4 割賦販売法

- 目的規定
  この法律は、割賦販売等に係る取引の公正の確保、<u>購入者等</u>が受けることのある損害の防止及びクレジットカード番号等の適切な管理に必要な措置を講ずることにより、割賦販売等に係る取引の健全な発達を図るとともに、<u>購入者等の利益</u>を保護し、あわせて商品等の流通及び役務の提供を円滑にし、もつて国民経済の発展に寄与することを目的とする。
- 規制対象に関する規定の在り方

---

[5] 第三条（訪問販売における氏名等の明示）　<u>販売業者又は役務提供事業者</u>は、訪問販売をしようとするときは、その勧誘に先立つて、<u>その相手方</u>に対し、販売業者又は役務提供事業者の氏名又は名称、売買契約又は役務提供契約の締結について勧誘をする目的である旨及び当該勧誘に係る商品若しくは権利又は役務の種類を明らかにしなければならない。

[6] 前掲（注5）と同じ。

[7] 第六条（禁止行為）<u>販売業者又は役務提供事業者</u>は、訪問販売に係る売買契約若しくは役務提供契約の締結について勧誘をするに際し、又は訪問販売に係る売買契約若しくは役務提供契約の申込みの撤回若しくは解除を妨げるため、次の事項につき、不実のことを告げる行為をしてはならない。六、<u>顧客が</u>当該売買契約又は当該役務提供契約の締結を必要とする事情に関する事項。

[8] 第五条・2 <u>販売業者又は役務提供事業者</u>は、前項各号のいずれかに該当する場合において、その売買契約又は役務提供契約を締結した際に、商品を引き渡し、若しくは指定権利を移転し、又は役務を提供し、かつ、商品若しくは指定権利の代金又は役務の対価の全部を受領したときは、直ちに、主務省令で定めるところにより、前条第一号及び第二号の事項並びに同条第五号の事項のうち売買契約又は役務提供契約の解除に関する事項その他主務省令で定める事項を記載した書面を<u>購入者又は役務の提供を受ける者</u>に交付しなければならない。

[9] 第九条の二（通常必要とされる分量を著しく超える商品の売買契約等の申込みの撤回等）　<u>申込者等</u>は、次に掲げる契約に該当する売買契約若しくは役務提供契約の申込みの撤回又は売買契約若しくは役務提供契約の解除（以下この条において「申込みの撤回等」という。）を行うことができる。ただし、申込者等に当該契約の締結を必要とする特別の事情があつたときは、この限りでない。

[10] 第九条の三（訪問販売における契約の申込み又はその承諾の意思表示の取消し）　<u>申込者等</u>は、販売業者又は役務提供事業者が訪問販売に係る売買契約又は役務提供契約の締結について勧誘をするに際し次の各号に掲げる行為をしたことにより、当該各号に定める誤認をし、それによつて当該売買契約若しくは当該役務提供契約の申込み又はその承諾の意思表示をしたときは、これを取り消すことができる。

[11] 第二十六条（適用除外）前三節の規定は、次の売買契約若しくは役務の提供で訪問販売、通信販売又は電話勧誘販売に該当するものについては、適用しない。一、売買契約又は役務提供契約で、第二条第一項から第三項までに規定する売買契約若しくは役務提供契約の申込みをした者が<u>営業のために若しくは営業として締結するもの</u>又は購入者若しくは役務の提供を受ける者が<u>営業のために若しくは営業として締結す</u>るものに係る販売又は役務の提供

　　　　「割賦販売業者」[12]「個別信用購入あつせん関係販売業者又は個別信用購入あつせん関係
　　　　役務提供事業者」[13]など
　・　保護対象に関する規定の在り方
　　　　「その相手方」[14]「購入者又は役務の提供を受ける者」[15][16]「申込者等」
　・　事業性取引に関する適用除外
　　　　「営業のために若しくは営業として締結するもの」[17]

5　不当景品類及び不当表示防止法
　・　目的規定
　　　　この法律は，商品及び役務の取引に関連する不当な景品類及び表示による<u>顧客</u>の誘引を
　　　防止するため，一般消費者による自主的かつ合理的な選択を阻害するおそれのある行為の
　　　制限及び禁止について定めることにより，<u>一般消費者の利益</u>を保護することを目的とする。
　・　規制対象に関する規定の在り方
　　　　「事業者」[18]「事業者団体」

---

[12]第三条（割賦販売条件の表示）<u>割賦販売を業とする者（以下「割賦販売業者」という。）</u>は，前条第一項第一号に規定する割賦販売（カード等を利用者に交付し又は付与し，そのカード等の提示若しくは通知を受けて，又はそれと引換えに当該利用者に商品若しくは権利を販売し，又は役務を提供するものを除く。）の方法により，指定商品若しくは指定権利を販売しようとするとき又は指定役務を提供しようとするときは，<u>その相手方に対して</u>，経済産業省令・内閣府令で定めるところにより，当該指定商品，当該指定権利又は当該指定役務に関する次の事項を示さなければならない。

[13]第三十五条の三の二（個別信用購入あつせんの取引条件の表示）<u>個別信用購入あつせんを業とする者（以下「個別信用購入あつせん業者」という。）</u>と個別信用購入あつせんに係る契約を締結した販売業者（以下「個別信用購入あつせん関係販売業者」という。）又は<u>役務提供事業者（以下「個別信用購入あつせん関係役務提供事業者」という。）</u>は，個別信用購入あつせんに係る販売又は提供の方法により商品若しくは指定権利を販売しようとするとき又は役務を提供しようとするときは，<u>その相手方に対して</u>，経済産業省令・内閣府令で定めるところにより，当該商品，当該指定権利又は当該役務に関する次の事項を示さなければならない。

[14]前掲（注１２）（注１３）と同じ。

[15]第三十五条の三の十三（個別信用購入あつせん関係受領契約の申込み又はその承諾の意思表示の取消し）<u>購入者又は役務の提供を受ける者</u>は，個別信用購入あつせん関係販売業者又は個別信用購入あつせん関係役務提供事業者が訪問販売に係る個別信用購入あつせん関係販売契約若しくは個別信用購入あつせん関係役務提供契約に係る個別信用購入あつせん関係受領契約又は電話勧誘販売に係る個別信用購入あつせん関係販売契約若しくは個別信用購入あつせん関係役務提供契約に係る個別信用購入あつせん関係受領契約の締結について勧誘をするに際し，次に掲げる事項につき不実のことを告げる行為をしたことにより当該告げられた内容が事実であるとの誤認をし，又は第一号から第五号までに掲げる事項につき故意に事実を告げない行為をしたことにより当該事実が存在しないとの誤認をし，これらによって当該契約の申込み又はその承諾の意思表示をしたときは，これを取り消すことができる。

[16]第三十条の四（包括信用購入あつせん業者に対する抗弁）<u>購入者又は役務の提供を受ける者</u>は，第二条第三項第一号に規定する包括信用購入あつせんに係る購入又は受領の方法により購入した商品若しくは指定権利又は受領する役務に係る第三十条の二の三第一項第二号の支払分の支払の請求を受けたときは，当該商品若しくは当該指定権利の販売につきそれを販売した包括信用購入あつせん関係販売業者又は当該役務の提供につきその提供をする包括信用購入あつせん関係役務提供事業者に対して生じている事由をもって，当該支払の請求をする包括信用購入あつせん業者に対抗することができる。

[17]第八条（適用除外）この章の規定は，次の割賦販売については，適用しない。一，指定商品若しくは指定権利を販売する契約又は指定役務を提供する契約（次に掲げるものを除く。）であって，当該契約の申込みをした者が<u>営業のために若しくは営業として締結するもの</u>又は購入者若しくは役務の提供を受ける者が<u>営業のために若しくは営業として締結するもの</u>に係る割賦販売

[18]第二条（定義）１，この法律で「事業者」とは，<u>商業，工業，金融業その他の事業</u>を行う者をいい，当該事業を行う者の利益のためにする行為を行う役員，従業員，代理人その他の者は，次項及び第十一条の規定の適用については，これを当該事業者とみなす。

- 保護対象に関する規定の在り方
    「一般消費者」[19]「顧客」[20]

6 農林物資の規格化及び品質表示の適正化に関する法律

- 目的規定
    この法律は，適正かつ合理的な農林物資の規格を制定し，これを普及させることによって，農林物資の品質の改善，生産の合理化，取引の単純公正化及び使用又は消費の合理化を図るとともに，農林物資の品質に関する適正な表示を行なわせることによって<u>一般消費者の選択に資し</u>，もって農林物資の生産及び流通の円滑化，消費者の需要に即した農業生産等の振興並びに<u>消費者の利益の保護</u>に寄与することを目的とする（1条）。
- 規制対象に関する規定の在り方
    「製造業者等」[21]，「生産工程管理者」[22]，「流通工程管理者」[23]
- 保護対象に関する規定の在り方
    「一般消費者」（定義無し）[24]

7 金融商品取引法

- 目的規定
    この法律は，企業内容等の開示の制度を整備するとともに，<u>金融商品取引業を行う者</u>に関し必要な事項を定め，金融商品取引所の適切な運営を確保すること等により，有価証券の発行及び金融商品等の取引等を公正にし，有価証券の流通を円滑にするほか，資本市場の機能の十全な発揮による金融商品等の公正な価格形成等を図り，もって国民経済の健全な発展及び<u>投資者の保護</u>に資することを目的とする（1条）。
- 規制対象に関する規定の在り方
    「金融商品取引業者等」[25]

---

[19] 第四条（不当な表示の禁止） 事業者は，自己の供給する商品又は役務の取引について，次の各号のいずれかに該当する表示をしてはならない。 一 商品又は役務の品質，規格その他の内容について，<u>一般消費者</u>に対し，実際のものよりも著しく優良であると示し，又は事実に相違して当該事業者と同種若しくは類似の商品若しくは役務を供給している他の事業者に係るものよりも著しく優良であると示す表示であつて，不当に<u>顧客</u>を誘引し，<u>一般消費者</u>による自主的かつ合理的な選択を阻害するおそれがあると認められるもの

[20] 第二条（定義） 4，この法律で「表示」とは，<u>顧客</u>を誘引するための手段として，事業者が自己の供給する商品又は役務の内容又は取引条件その他これらの取引に関する事項について行う広告その他の表示であつて，内閣総理大臣が指定するものをいう。

[21] 第十四条（製造業者等の行う格付）1，農林物資の製造，加工（調整又は選別を含む。以下同じ。），輸入又は販売を業とする者（以下「製造業者等」という。）

[22] 第十四条（製造業者等の行う格付）2，農林物資の生産業者その他の農林物資の生産行程を管理し，又は把握するものとして農林水産省令で定めるもの（以下「生産工程管理者」という。）。

[23] 第十四条（製造業者等の行う格付）3，農林物資の販売業者その他の農林物資の流通行程を管理し，又は把握するものとして農林水産省令で定めるもの（以下「流通工程管理者」という。）。

[24] 第十九条の十三（製造業者等が守るべき表示の基準）3，内閣総理大臣は，飲食料品以外の農林物資（生産の方法又は流通の方法に特色があり，これにより価値が高まると認められるものを除く。）で，<u>一般消費者がその購入に際してその品質を識別することが特に必要であると認められるもののうち，一般消費者の経済的利益を保護するため</u>その品質に関する表示の適正化を図る必要があるものとして政令で指定するものについては，その指定のあつた後速やかに，その品質に関する表示について，その製造業者等が守るべき基準を定めなければならない。

- 保護対象に関する規定の在り方
  「顧客」「投資者」[26][27]
- 事業性取引に関する適用除外
  「特定投資家」[28][29]

8 　金融商品の販売等に関する法律
- 目的規定
  　この法律は、<u>金融商品販売業者等</u>が金融商品の販売等に際し顧客に対して説明をすべき事項等及び金融商品販売業者等が顧客に対して当該事項について説明をしなかったこと等により当該顧客に損害が生じた場合における金融商品販売業者等の損害賠償の責任並びに金融商品販売業者等が行う金融商品の販売等に係る勧誘の適正の確保のための措置について定めることにより、<u>顧客の保護</u>を図り、もって国民経済の健全な発展に資することを目的とする。（1条）。
- 規制対象に関する規定の在り方
  「金融商品販売業者等」[30]
- 保護対象に関する規定の在り方
  「顧客」[31][32]

---

[25] 第二条（定義）9，この法律において「<u>金融商品取引業者</u>」とは、第二十九条の規定により内閣総理大臣の登録を受けた者をいう。

[26] 第三十八条（禁止行為）<u>金融商品取引業者等又はその役員若しくは使用人</u>は、次に掲げる行為をしてはならない。ただし、第四号から第六号までに掲げる行為にあつては、<u>投資者の保護</u>に欠け、取引の公正を害し、又は金融商品取引業の信用を失墜させるおそれのないものとして内閣府令で定めるものを除く。一、金融商品取引契約の締結又はその勧誘に関して、<u>顧客</u>に対し虚偽のことを告げる行為、二、<u>顧客</u>に対し、不確実な事項について断定的判断を提供し、又は確実であると誤解させるおそれのあることを告げて金融商品取引契約の締結の勧誘をする行為。五、金融商品取引契約（当該金融商品取引契約の内容その他の事情を勘案し、投資者の保護を図ることが必要なものとして政令で定めるものに限る。）の締結につき、その勧誘に先立つて、<u>顧客</u>に対し、その勧誘を受ける意思の有無を確認することをしないで勧誘をする行為。

[27] 第四十条（適合性の原則等）<u>金融商品取引業者</u>等は、業務の運営の状況が次の各号のいずれかに該当することのないように、その業務を行わなければならない。一、金融商品取引行為について、<u>顧客</u>の知識、経験、財産の状況及び金融商品取引契約を締結する目的に照らして不適当と認められる勧誘を行つて投資者の保護に欠けることとなつており、又は欠けることとなるおそれがあること。二、前号に掲げるもののほか、業務に関して取得した<u>顧客</u>に関する情報の適正な取扱いを確保するための措置を講じていないと認められる状況、その他業務の運営の状況が公益に反し、又は<u>投資者の保護</u>に支障を生ずるおそれがあるものとして内閣府令で定める状況にあること。

[28] 第二条（定義）31，この法律において「<u>特定投資家</u>」とは、次に掲げる者をいう。一、<u>適格機関投資家</u>。二、国。三、日本銀行。四、前三号に掲げるもののほか、第七十九条の二十一に規定する投資者保護基金その他の内閣府令で定める法人。

[29] 第四十五条　次の各号に掲げる規定は、当該各号に定める者が<u>特定投資家</u>である場合には、適用しない。ただし、公益又は特定投資家の保護のため支障を生ずるおそれがあるものとして内閣府令で定める場合は、この限りでない。一、第三十七条、第三十八条第四号から第六号まで及び第四十条第一号　金融商品取引業者等が行う金融商品取引契約の締結の<u>勧誘の相手方</u>。二、第三十七条の二から第三十七条の六まで、第四十条の二第四項及び第四十三条の四　金融商品取引業者等が申込みを受け、又は締結した金融商品取引<u>契約の相手方</u>。三、第四十一条の四及び第四十一条の五　金融商品取引業者等が締結した投資顧問契約の相手方。四、第四十二条の五から第四十二条の七まで　金融商品取引業者等が締結した投資一任契約の相手方。

[30] 第二条（定義）3，この法律において「<u>金融商品販売業者等</u>」とは、金融商品の販売等を業として行う者をいう。

[31] 第二条（定義）4，この法律において「<u>顧客</u>」とは、<u>金融商品の販売の相手方</u>をいう。

- 事業性取引に関する適用除外
  「特定顧客」[33]

9 商品先物取引法
- 目的規定
  この法律は，商品取引所の組織，商品市場における取引の管理等について定め，その健全な運営を確保するとともに，<u>商品先物取引業を行う者</u>の業務の適正な運営を確保すること等により，商品の価格の形成及び売買その他の取引並びに商品市場における取引等の受託等を公正にするとともに，商品の生産及び流通を円滑にし，もつて国民経済の健全な発展及び商品市場における取引等の受託等における<u>委託者等の保護</u>に資することを目的とする（１条）。
- 規制対象に関する規定の在り方
  「商品先物取引業者」[34]
- 保護対象に関する規定の在り方
  「顧客」[35][36]
- 事業性取引に関する適用除外
  「特定委託者」[37][38]

---

[32] 第三条（金融商品販売業者等の説明義務）１，<u>金融商品販売業者等</u>は，金融商品の販売等を業として行おうとするときは，当該金融商品の販売等に係る金融商品の販売が行われるまでの間に，<u>顧客</u>に対し，次に掲げる事項（以下「重要事項」という。）について説明をしなければならない。

[33] 第三条（金融商品販売業者等の説明義務）７，第一項の規定は，次に掲げる場合には，適用しない。一，顧客が，<u>金融商品の販売等に関する専門的知識及び経験を有する者として政令で定める者</u>（第九条第一項において「特定顧客」という。）である場合

[34] 第三条（定義）２３，この法律において「商品先物取引業者」とは，商品先物取引業を行うことについて第百九十条第一項の規定により主務大臣の許可を受けた者をいう。

[35] 第二百十四条（<u>不当な勧誘等の禁止</u>）商品先物取引業者は，次に掲げる行為をしてはならない。一，顧客に対し，不確実な事項について断定的判断を提供し，又は確実であると誤認させるおそれのあることを告げて第二百条第一項第二号から第六号までに掲げる勧誘をすること。二，商品取引契約の締結又はその勧誘に関して，顧客に対し虚偽のことを告げること。六，顧客に対し，迷惑を覚えさせるような仕方で第二百条第一項第二号から第六号までに掲げる勧誘をすること。九，商品取引契約（当該商品取引契約の内容その他の事情を勘案し，委託者等の保護を図ることが特に必要なものとして政令で定めるものに限る。以下この号において同じ。）の締結の勧誘の要請をしていない顧客に対し，訪問し，又は電話をかけて，<u>商品取引契約の締結を勧誘すること</u>（委託者等の保護に欠け，又は取引の公正を害するおそれのない行為として主務省令で定める行為を除く。）。十，<u>前各号に掲げるもののほか，委託者等の保護に欠け，又は取引の公正を害するものとして主務省令で定める行為。</u>

[36] 第二百十五条（適合性の原則）商品先物取引業者は，顧客の知識，経験，財産の状況及び商品取引契約を締結する目的に照らして不適当と認められる勧誘を行つて委託者等の保護に欠け，又は欠けることとなるおそれがないように，商品先物取引業を行わなければならない。

[37] 第二条（定義）２５，この法律において「<u>特定委託者</u>」とは，次に掲げる者をいう。一，<u>商品先物取引業者</u>。二，<u>商品投資に係る事業の規制に関する法律</u>（平成三年法律第六十六号）<u>第二条第四項</u>に規定する商品投資顧問業者（以下「商品投資顧問業者」という。）。三，商品デリバティブ取引に係る専門的知識及び経験を有する者として主務省令で定める者。四，国。五，日本銀行。六，商品取引所の会員等。七，商品取引所に相当する外国の施設の会員等。八，前各号に掲げるもののほか，第六章に規定する委託者保護基金その他の主務省令で定める法人。

[38] 第二百二十条の四（禁止行為等の適用除外）次の各号に掲げる規定は，当該各号に定める者が<u>特定委託者</u>である場合には，適用しない。ただし，公益又は特定委託者の保護のため支障を生ずるおそれがあるものとして主務省令で定める場合は，この限りでない。一，第二百十三条の二，二百十四条第五号，第七号及び第九号並びに第二百十五条商品先物取引業者が行う第二百条第一項第二号から第六号までの

10　特定商品等の預託等取引契約に関する法律
・　目的規定
　　この法律は，特定商品及び施設利用権の預託等取引契約の締結及びその履行を公正にし，並びに預託等取引契約に係る預託者が受けることのある損害の防止を図ることにより，預託等取引契約に係る預託者の利益の保護を図ることを目的とする。（1条）。
・　規制対象に関する規定の在り方
　　「預託等取引業者」「勧誘者」[39]
・　保護対象に関する規定の在り方
　　「預託者」[40]「顧客」[41]
・　事業性取引に関する適用除外
　　「営業のために又は営業として締結するもの」[42]

11　貸金業法
・　目的規定
　　この法律は，貸金業が我が国の経済社会において果たす役割にかんがみ，貸金業を営む者について登録制度を実施し，その事業に対し必要な規制を行うとともに，貸金業者の組織する団体を認可する制度を設け，その適正な活動を促進するほか，指定信用情報機関の制度を設けることにより，貸金業を営む者の業務の適正な運営の確保及び資金需要者等の利益の保護を図るとともに，国民経済の適切な運営に資することを目的とする（1条）。
・　規制対象に関する規定の在り方
　　「貸金業者」[43]
・　保護対象に関する規定の在り方
　　「債務者等」「資金需要者等」[44][45]，「相手方」[46]「顧客等」「個人である顧客等」[47]

勧誘の相手方。二，第二百九条，第二百十四条第八号及び第二百十七条から前条まで　商品先物取引業者が申込みを受け，又は締結した商品取引契約の相手方。
[39] 第二条（定義）3，この法律において「勧誘者」とは，預託等取引業者が預託等取引契約の締結又は更新についての勧誘（当該預託等取引契約の目的とするために当該特定商品又は施設利用権を購入させることについての勧誘を含む。以下同じ。）を行わせる者をいう。
[40] 第二条（定義）4，この法律において「預託者」とは，預託等取引業者と預託等取引契約を締結した者をいう。
[41] 第三条（書面の交付）　預託等取引業者は，預託等取引契約を締結しようとするときは，顧客に対し，当該預託等取引契約を締結するまでに，内閣府令で定めるところにより，次に掲げる事項を記載した書面を交付しなければならない。
[42] 第十一条（適用除外）第三条から第六条まで，第八条及び第九条の規定は，預託等取引契約で預託者が営業のために又は営業として締結するものについては，適用しない。

[43] 第二条（定義）2，この法律において「貸金業者」とは，次条第一項の登録を受けた者をいう。
[44] 第二条（定義）4，この法律において「顧客等」とは，資金需要者である顧客又は保証人となろうとする者をいう。5，法律において「債務者等」とは，債務者又は保証人をいう。6，この法律において「資金需要者等」とは，顧客等又は債務者等をいう。
[45] 第十六条（誇大広告の禁止等）2，前項に定めるもののほか，貸金業者は，その貸金業の業務に関して広告又は勧誘をするときは，次に掲げる表示又は説明をしてはならない。一　資金需要者等を誘引することを目的とした特定の商品を当該貸金業者の中心的な商品であると誤解させるような表示又は説明

１２　宅地建物取引業法

- 目的規定

　　この法律は，宅地建物取引業を営む者について免許制度を実施し，その事業に対し必要な規制を行うことにより，その業務の適正な運営と宅地及び建物の取引の公正とを確保するとともに，宅地建物取引業の健全な発達を促進し，もつて購入者等の利益の保護と宅地及び建物の流通の円滑化とを図ることを目的とする。

- 規制対象に関する規定の在り方

　「宅地建物取引業者」[48]，

- 保護対象に関する規定の在り方

　「宅地建物業者の相手方等」[49]「相手方」「相手方及び代理を依頼した者」「各当事者」[50]「買主」[51]

１３　旅行業法

- 目的規定

　　この法律は，旅行業等を営む者について登録制度を実施し，あわせて旅行業等を営む者の業務の適正な運営を確保するとともに，その組織する団体の適正な活動を促進することにより，旅行業務に関する取引の公正の維持，旅行の安全の確保及び旅行者の利便の増進を図ることを目的とする（１条）。

- 規制対象に関する規定の在り方

　「旅行業者」[52]「旅行業者代理業」

---

[46]第十六条の二（契約締結前の書面の交付）貸金業者は，貸付けに係る契約（極度方式基本契約及び極度方式貸付けに係る契約を除く。）を締結しようとする場合には，当該契約を締結するまでに，内閣府令で定めるところにより，次に掲げる事項を明らかにし，当該契約の内容を説明する書面を当該契約の相手方となろうとする者に交付しなければならない。

[47]第十三条（返済能力の調査）１，貸金業者は，貸付けの契約を締結しようとする場合には，顧客等の収入又は収益その他の資力，信用，借入れの状況，返済計画その他の返済能力に関する事項を調査しなければならない。２，貸金業者が個人である顧客等と貸付けの契約（極度方式貸付けに係る契約その他の内閣府令で定める貸付けの契約を除く。）を締結しようとする場合には，前項の規定による調査を行うに際し，指定信用情報機関が保有する信用情報を使用しなければならない。

[48]第二条（用語の定義）３，宅地建物取引業者　第三条第一項の免許を受けて宅地建物取引業を営む者をいう。

[49]第三十五条（重要事項の説明等）宅地建物取引業者は，宅地若しくは建物の売買，交換若しくは貸借の相手方若しくは代理を依頼した者又は宅地建物取引業者が行う媒介に係る売買，交換若しくは貸借の各当事者（以下「宅地建物取引業者の相手方等」という。）に対して，その者が取得し，又は借りようとしている宅地又は建物に関し，その売買，交換又は貸借の契約が成立するまでの間に，取引主任者をして，少なくとも次に掲げる事項について，これらの事項を記載した書面（第五号において図面を必要とするときは，図面）を交付して説明をさせなければならない。

[50]第三十七条（書面の交付）宅地建物取引業者は，宅地又は建物の売買又は交換に関し，自ら当事者として契約を締結したときはその相手方に，当事者を代理して契約を締結したときはその相手方及び代理を依頼した者に，その媒介により契約が成立したときは当該契約の各当事者に，遅滞なく，次に掲げる事項を記載した書面を交付しなければならない。

[51]第四十条（瑕疵担保責任についての特約の制限）１，宅地建物取引業者は，自ら売主となる宅地又は建物の売買契約において，その目的物の瑕疵を担保すべき責任に関し，民法（明治二十九年法律第八十九号）第五百七十条において準用する同法第五百六十六条第三項に規定する期間についてその目的物の引渡しの日から二年以上となる特約をする場合を除き，同条に規定するものより買主に不利となる特約をしてはならない。２，前項の規定に反する特約は，無効とする。

- 保護対象に関する規定の在り方
  「旅行者」[53]

14 保険業法
- 目的規定
  　この法律は，保険業の公共性にかんがみ，保険業を行う者の業務の健全かつ適切な運営及び保険募集の公正を確保することにより，保険契約者等の保護を図り，もって国民生活の安定及び国民経済の健全な発展に資することを目的とする（1条）。
- 規制対象に関する規定の在り方
  「保険会社」「保険募集人」「保険仲立人」など[54][55]
- 保護対象に関する規定の在り方
  「保険契約者」「被保険者」

15 出資の受入れ，預り金及び金利等の取締りに関する法律
- 目的規定
  （目的規定なし）
- 規制対象に関する規定の在り方
  「金銭の貸付けを行う者」[56]

---

[52] 第十二条（料金の掲示）旅行業者は，事業の開始前に，旅行者から収受する旅行業務の取扱いの料金（企画旅行に係るものを除く。）を定め，これをその営業所において旅行者に見やすいように掲示しなければならない。これを変更するときも，同様とする。

[53] 第十二条の四（取引条件の説明）1，旅行業者等は，旅行者と企画旅行契約，手配旅行契約その他旅行業務に関し契約を締結しようとするときは，旅行者が依頼しようとする旅行業務の内容を確認した上，国土交通省令・内閣府令で定めるところにより，その取引の条件について旅行者に説明しなければならない。

[54] 第二条（定義）2，この法律において「保険会社」とは，第三条第一項の内閣総理大臣の免許を受けて保険業を行う者をいう。3，この法律において「生命保険会社」とは，保険会社のうち第三条第四項の生命保険業免許を受けた者をいう。4，この法律において「損害保険会社」とは，保険会社のうち第三条第五項の損害保険業免許を受けた者をいう。5，この法律において「相互会社」とは，保険業を行うことを目的として，この法律に基づき設立された保険契約者をその社員とする社団をいう。6，この法律において「外国保険業者」とは，外国の法令に準拠して外国において保険業を行う者（保険会社を除く。）をいう。

[55] 第三百条（保険契約の締結又は保険募集に関する禁止行為）保険会社等若しくは外国保険会社等，これらの役員（保険募集人である者を除く。），保険募集人又は保険仲立人若しくはその役員若しくは使用人は，保険契約の締結又は保険募集に関して，次に掲げる行為（次条に規定する特定保険契約の締結又はその代理若しくは媒介に関しては，第一号に規定する保険契約の契約条項のうち重要な事項を告げない行為及び第九号に掲げる行為を除く。）をしてはならない。一，保険契約者又は被保険者に対して，虚偽のことを告げ，又は保険契約の契約条項のうち重要な事項を告げない行為。七，保険契約者若しくは被保険者又は不特定の者に対して，将来における契約者配当又は社員に対する剰余金の分配その他将来における金額が不確実な事項として内閣府令で定めるものについて，断定的判断を示し，又は確実であると誤解させるおそれのあることを告げ，若しくは表示する行為。九，前各号に定めるもののほか，保険契約者等の保護に欠けるおそれがあるものとして内閣府令で定める行為。

[56] 第五条（高金利の処罰）1，金銭の貸付けを行う者が，年百九・五パーセント（二月二十九日を含む一年については年百九・八パーセントとし，一日当たりについては〇・三パーセントとする。）を超える割合による利息（債務の不履行について予定される賠償額を含む。以下同じ。）の契約をしたときは，五年以下の懲役若しくは千万円以下の罰金に処し，又はこれを併科する。当該割合を超える割合による利息を受領し，又はその支払を要求した者も，同様とする。2，前項の保証に係る貸付けの利息が利息の契約時以後変動し得る利率（次条第二項において「変動利率」という。）をもって定められる場合における前項の規定の適用については，次の各号に掲げる場合に応じ，当該各号に定める割合を貸付けの

「消費者契約法に関する調査作業チーム」論点整理の報告

- 保護対象に関する規定の在り方
   「債務者」「保証人」

１６　住宅の品質確保の促進等に関する法律
- 目的規定
   この法律は，住宅の性能に関する表示基準及びこれに基づく評価の制度を設け，住宅に係る紛争の処理体制を整備するとともに，新築住宅の請負契約又は売買契約における瑕疵担保責任について特別の定めをすることにより，住宅の品質確保の促進，住宅購入者等の利益の保護及び住宅に係る紛争の迅速かつ適正な解決を図り，もって国民生活の安定向上と国民経済の健全な発展に寄与することを目的とする（１条）。
- 規制対象に関する規定の在り方
   「請負人」[57]「売主」[58]
- 保護対象に関する規定の在り方
   「住宅購入者等」[59]「注文者」「買主」

利息の割合とみなす。一，当該保証に際し，当該貸付けの債権者と保証人の合意により利息制限法（昭和二十九年法律第百号）第八条第二項第一号に規定する特約上限利率（以下この条及び次条において「特約上限利率」という。）の定めをし，かつ，債権者又は保証人が主たる債務者に当該定めを通知した場合　当該特約上限利率　。二，前号に掲げる場合以外の場合　年十パーセント

[57]第九十四条（住宅の新築工事の請負人の瑕疵担保責任の特例）住宅を新築する建設工事の請負契約（以下「住宅新築請負契約」という。）においては，請負人は，注文者に引き渡した時から十年間，住宅のうち構造耐力上主要な部分又は雨水の浸入を防止する部分として政令で定めるもの（次条において「住宅の構造耐力上主要な部分等」という。）の瑕疵（構造耐力又は雨水の浸入に影響のないものを除く。次条において同じ。）について，民法　（明治二十九年法律第八十九号）第六百三十四条第一項　及び第二項　前段に規定する担保の責任を負う。

[58]第九十五条（新築住宅の売主の瑕疵担保責任の特例）　新築住宅の売買契約においては，売主は，買主に引き渡した時（当該新築住宅が住宅新築請負契約に基づき請負人から当該売主に引き渡されたものである場合にあっては，その引渡しの時）から十年間，住宅の構造耐力上主要な部分等の隠れた瑕疵について，民法第五百七十条　において準用する同法第五百六十六条第一項　並びに同法第六百三十四条第一項　及び第二項　前段に規定する担保の責任を負う。この場合において，同条第一項　及び第二項　前段中「注文者」とあるのは「買主」と，同条第一項　中「請負人」とあるのは「売主」とする。

[59]第二条（定義）４，この法律において「住宅購入者等」とは，住宅の購入若しくは住宅の建設工事の注文をし，若しくはしようとする者又は購入され，若しくは建設された住宅に居住をし，若しくはしようとする者をいう。

<参考①>

適合性原則に関する学説について

文責：河上正二（消費者委員会委員長）

○王冷然「適合性原則と私法秩序」（信山社、2010年）

いくら情報を開示しても投資トラブルが後を絶たないのは、勧誘する側が勧誘対象たる顧客の具体的状況を見ないで不適切な勧誘を行うからであり、顧客の属性を考慮して勧誘することを業者に要求するのが「適合性原則」である。すなわち、「適合性原則」は、顧客の財産状況・投資目的・投資経験といった属性に照らし、金融商品や投資方法が当該顧客に相応しいかどうかを判断してから勧誘すべしと業者に要求するルールである。同原則は、まず自ら勧誘しようとする商品や投資方法のことを熟知しなければならない義務（「商品・投資方法熟知義務」＝「合理的根拠適合性義務」）と、勧誘対象たる顧客の属性を熟知しなければならない義務（「顧客熟知義務」＝「具体的な顧客適合性義務」）という二つの義務を業者に課している。

適合性原則を「狭義」と「広義」に二分化して理解するのは望ましいものではない。なぜなら、「狭義」の捉え方によると、同原則の役割が限定的になり、「広義」の捉え方によると、同原則と説明義務との関係が曖昧になるからである。そこで、顧客を保護するにあたって、適合性原則の機能を最大限発揮するには、同原則を狭義・広義に区別すべきではなく、むしろ、個々の顧客の属性に応じて当該顧客に相応しい投資取引の勧誘に適合性原則を純化すること（適合性原則一本化）が有益である。

○川地宏行「投資取引における適合性原則と損害賠償責任（２・完）」明治大学法律論叢84巻1号〔2011年〕43―49頁

この見解は、適合性原則は、説明義務違反とは独立して損害賠償責任を発生させるというものである。

これによれば、適合性原則は、「顧客自身の適合性判断についての自己決定基盤を整備するためのルールであり、自己責任原則の枠内における顧客保護制度」とされる。すなわち、「勧誘によって示された業者の適合性判断が顧客自身の適合性判断に決定的な影響を及ぼす」ことになり、「業者が説明義務を果たしても、適合性原則違反の勧誘が顧客の適合性判断に与えた影響を排除することはできない」ので、「適合性原則違反の勧誘においては勧誘それ自体を禁止しなければ顧客の自己決定基盤を整備することができない」。したがって、適合性原則違反の勧誘は、説明義務を果たしたか否かとは無関係に違法性を帯び、損害賠償責任を発生させることになる。

また、この見解では、業者に対して、顧客の適合性を判断するために必要な情報を収集する「顧客情報収集義務」が課されることになる。

○村本武志「顧客限定合理性の下での適合性原則・説明義務と錯誤の役割と要件」新世代法政策学研究13号〔2011年〕246―247頁・307―308頁

この見解は、顧客が「合理性から逸脱した経済的意思決定を行うことが稀ではない」という「限定合理性」という観点から、「狭義」・「広義」という区別にこだわらず、顧客の適合性に応じて3つのレベルに分かれた内容の義務が事業者に課されるとするものである。

具体的には、第一段階では、適合性調査により対象商品について一般的理解力・判断力に欠けると判断される顧客に対する助言、および対象商品の情報提供が禁止される。第二段階では、第一段階をクリアし、当該商品が一般的な顧客意向に適合するものの、資産不適合と認められる顧客に対する一般的な情報提供を超えた助言が禁止される。第三段階では、第一・第二段階をクリアした顧客に対し、具体的な商品が当該顧客に具体的に適合するかどうかという観点から、商品の具体的特性や顧客の具体的属性に即した商品情報の提供や助言が義務づけられる。このような情報提供や助言の懈怠は、説明義務違反を構成する。

○宮下修一「適合性原則と民事責任(1)・(2・完)」国民生活研究52巻1号1～19頁、2号（以上、2012年）34～55頁

本論稿は、適合性原則を一般法化したうえで、それに違反した場合に契約の取消しまで含めた法的効果を生じさせるための立法のあり方を提言するものである。ここでは、適合性原則について、広義・狭義に分けて捉える「二分論」を前提としつつ、「①取引への参加を阻止・排除するためのルール」と「②取引に（実際に）参加した者の具体的な被害救済を図るためのルール」という2つの視座から捉えることが提唱されている。

具体的には、適合性原則は、当事者間の「交渉力格差」および「情報力格差」の存在を前提とするものであるから、従来の投資取引という枠組みを超えて、少なくともそうした格差の存在する消費者法の分野では一般ルール化することが可能であり、現段階では消費者契約法に規定することがもっとも適当であるとする。また、その際の判断基準としては、①当事者の知識・経験・年齢を考慮した「理解力」と②当事者の経済状況・契約目的・契約意向を考慮した「必要性」の2つがあげられている。

<参考②>

ヨーロッパにおける消費者概念の動向
―EU指令と加盟各国法における消費者概念をめぐる論点―

担当：中田邦博（龍谷大学教授）

I 序

　本稿では、EU法の消費者概念と各国の消費者概念の状況について整理する。EUの消費者関連指令は、各加盟国にその国内法化を求めるものであり、その多くは下限の平準化という方法によって各国の消費者法の基幹部分を形成するものとなっている。

　したがって、EU法における消費者関連指令において消費者概念がどのような特徴を持つのかを確認することが必要であろう。そのうえで、EU消費者法の「市場法」としての基本的性格を前提にしつつ、EU法の消費者概念と各国国内法のそれとを対比し、その偏差を明らかにすることで、消費者概念の基本的な意義を探ることにしたい。

　そのための叙述の順序としては、まず、消費者概念を国内法化するためにEU加盟国が用いている立法技術を概観する。その際、消費者概念を一般的に定義し、いくつかの消費者契約に適用できるようにしている加盟国があるかどうか、また、加盟国が選択した消費者概念がヨーロッパ法とどの程度異なっているのかをみておくことにしたい。

　また、上述した指令の消費者概念を文言通りに国内法に置き換えることをしていない加盟国もいくつか存在している。また、加盟国によっては、指令の消費者概念とは異なる考え方によって、指令の保護を消費者以外の人的グループに拡張しているケースも存在している。このこと自体は、指令が下限の平準化という方法を採用する限り、EU法上は許されることであるが、そこには各国の考え方の反映と傾向を見ることができる。

　具体的には、①いくつかの加盟国で使われている最終受領者（final addressee）の概念をとりあげる。次に、②通常ではない契約を締結した事業者への拡張の問題、③法人への拡張問題、それと同じく、③被用者を共同体法の保護範囲に取り込むかという問題を検討する。さらに、④事業を開始することに伴われる行為が消費者概念によってカバーされるのかどうか、そして、⑤いわゆる二重目的（dual-use）の契約が共同体法と各国でどのように扱われているかをみることにする（以下での整理の内容の多くは、基本的には、Hans Schulte- Noelke, Christian Twigg-Flesner, Martin Ebers (ed.) EC Consumer Law Compedium, Seilier, 2008, s. 455ff. および Christian von Bar, Eric Clive(ed.), Principles, Definitions and Model Rules of European Private Law, Draft Common Frame of Reference (DCFR) Full Edition, Oxford, 2010, s. 91ff. に依拠してまとめたものである。もっとも、前者のCompediumでは、消費者法関連の指令および構成各国の国内法の検討は、網羅的ではなく限定されている。委託研究としてこの研究作業を受託したという研究対象の制約によるものである。消費者信用関係指令および調査当時において国内法化されて間もない指令は、その調査研究の対象外とされている。Compediumの叙述は、DCFRのノートに流用されている。これについても、またその後の傾向についても適宜補っている。報告書という性格から文献引用は十分でないことをお断りしておく）。

Ⅱ ヨーロッパ法の状況

　以下では消費者概念を扱う EU 指令と関係する規則提案およびモデル法において消費者がどのように定義されているかをみておくことにしよう。

①訪問販売指令（85/577）Art.2：
　「消費者」とは、自然人であって、この指令が適用される取引において、その者の商取引および職業の範囲外にあるとみなすことができる目的で行為する者をいう。
②包括旅行指令（90/314）Art.2(4)：
　「消費者」とは、パッケージ旅行をすること、またはそれをすることに同意する者（<u>本人たる契約者</u>）、または、本人たる契約者がパッケージ旅行を購入することに同意することによってその利益を受ける者（他の受益者）、本人たる契約者あるいは他の受益者からパッケージ旅行を譲渡された者（譲受人）をいう。
③不公正条項指令（93/13）Art.2(b)：
　「消費者」とは、自然人であって、この指令が適用される契約において、その者の商取引、事業または職業の範囲外にある目的で行為する者をいう。
④タイムシェアリング指令（94/47）Art.2：
　「購入者」とは、自然人であって、この指令が適用される取引において、その者の職業の範囲外にあるとみなすことができる目的で行為する者であって、この者に譲渡された契約の対象となる権利を有し、または、この者のために契約の対象となる権利が設定されたものを意味することとする。
⑤通信販売指令（97/7）Art.2(2)：
　「消費者」とは、自然人であって、この指令が適用される契約において、その者の商取引、事業又は職業の範囲外にある目的で行為する者をいう。
⑥価格表示指令（98/6）Art.2(e)：
　消費者とは、自然人であって、製品をその者の商取引または職業上の活動の範囲に該当しない目的で購入する者をいう。
⑦消費者売買指令（99/44）Art.1(2)(a)：
　消費者とは、自然人であって、この指令が適用される契約において、その者の商取引、事業または職業に関係しない目的で行為する者をいう。
⑧消費者信用指令（87/102）Art.1(2)(a)：
　「消費者」とは、自然人であって、この指令が適用される取引において、その者の商取引および職業の範囲外にあるとみなすことができる目的で行為する者をいう。
⑨電子商取引指令（2000/31）Art.2(e)：
　「消費者」とは、自然人であって、この指令が適用される契約において、その者の商取引、事業又は職業の範囲外にある目的で行為する者をいう。
⑩通信金融サービス取引指令（2002/65）（完全平準化）　Art.2(d)：
　「消費者」とは、自然人であって、この指令が適用される隔地者間契約において、その

者の商取引、事業又は職業の範囲外にある目的で行為する者をいう。
⑪不公正取引方法指令（2005/29）Art.2(a)：
「消費者」とは、自然人であって、この指令が適用される取引方法において、その者の商取引、事業、手工業または職業の範囲外の目的で行為する者をいう。
⑫消費者権利指令（2011/83）Art.2(1)：
「消費者」とは、この指令が適用される契約において、自らの商業、工業、手工業又は職業とは関係のない目的で行為する自然人をいう。

Ⅲ　消費者概念の傾向分析

1　上記において取り上げたEU指令やモデル法は、おおむね次のようなパターンで整理できる。
（1）不公正条項指令（93/13）、通信販売指令（97/7）、消費者売買指令（99/44）、電子商取引指令（2000/31）、通信金融サービス取引指令（2002/65）、ヨーロッパ共通売買法規則提案、ＤＣＦＲ：
「消費者」とは、自然人であって、「その者の商取引、事業または職業」の範囲外にある目的で行為する者をいう。
（2）訪問販売指令（85/577）Art.2、消費者信用指令（87/102）：
「消費者」とは、自然人であって、この指令が適用される取引において、その者の商取引および職業の範囲外にあるとみなすことができる目的で行為する者をいう（（85/577）Art.2）。
（3）不公正取引方法指令（2005/29）Art.2(a)：
「消費者」とは、自然人であって、この指令が適用される取引方法において、その者の商取引、事業、手工業または職業の範囲外の目的で行為する者をいう。
（4）価格表示指令（98/6）Art.2(e)、タイムシェアリング指令（94/47）：
消費者とは、「自然人であって、製品をその者の商取引または職業上の活動の範囲に該当しない目的で購入する者」をいう。ただし、タイムシェアリング指令では、「消費者」ではなく、購入者（purchaser）としている。

2　消費者概念の定義における共通項
（1）共通する二つの要素
　これらの消費者概念に共通するものとして、おおむね次の二つの要素を取り出すことができる。一つは、①自然人（natural person）であることであり、もう一つは、②ある種の事業、営利的活動または商取引活動の範囲外の目的で行為する者であること、である。これらの特徴は、若干の例外を除けば、ＥＵ消費者保護指令のほとんどにおいてみられるのであり、（例外は後述）また、ヨーロッパ手法法（Brussels Convention arts. 13 to 15, 現在、Brussels. Regulation(Regulation 44/2001/EC) arts. 15 to 17）、さらに抵触法に関するヨーロッパの準則（Rome Convention art. 5）においてもみられるところである。
　もっとも、これらの消費者概念と異なる内包を有する消費者概念も存在している。包括旅行指

令 (90/314EEC) Art.2(4)がそれである。これによれば、事業目的で包括旅行契約を締結した者も同指令の消費者概念の下で保護されている。自然人が仕事のための旅行をする場合であっても、この指令の「消費者」概念の対象として保護される。こうしたことから、この指令では、消費者概念ではなく、旅行者ないし購入者という概念を用いるべきであるとの主張もある。消費者であっても、いわゆる事業者に該当する自然人であっても、共通の保護が必要な局面が存在していることが指摘できる。こうした保護の対象の拡張をどのように正統化するかは課題の一つとなる。

（2）ヨーロッパ司法裁判所（ECJ）の判決

消費者概念は、いわゆる現行共同体法を扱う場合には、一般に狭く解釈されてきた（see e.g. Criminal proceedings v. Patrice Di Pinto, ECJ 14 March 1991, C-361/89, ECR 1991, 1-1189 and Bayerische Hypotheken-und Wechselbank AG v. Edgard Dietzinger, ECJ 17 March 1998, C-45/96, ECR 1998, 1-1199、いずれも訪問販売指令に関するもの）。これについては、後述する。

3　加盟各国の状況
（1）統一的消費者概念を有する加盟国：
　　チェコ、デンマーク、フィンランド、ドイツ、ギリシャ、スペイン、イタリア、ラトビア、マルタ、オランダ、ポーランド、スロヴァキア、スロヴェニア、フィンランド、スウェーデン
　　　これらの加盟国は、多くの指令で使用されている消費者概念を平準化し、さまざまな消費者保護法において同じように適用される概念を国内法で確立している。
（2）全体に関係する消費者概念を複数有する加盟国：
　　ベルギー、エストニア、リトアニア、ポルトガル、スロヴァキア
（3）指令全体にわたる消費者概念を有しない加盟国：
　①キプロス、フランス、ハンガリー、アイルランド、ルクセンブルク、英国
　　これらの加盟国は、指令全体にかかるような消費者概念を有していない。各指令の国内法化作業において個別的に消費者概念を定義する手法や、あるいは、そうした概念を形成することに多かれ少なかれ距離を置く手法を採っている。
　②フランス
　　フランスの立法者は消費者概念をまったく定義していない。しかし判例法は、訪問販売の規定（ConsC art. L. 121-22）を拡張的に解して、消費者とは、専門的な活動と直接の関係にない契約を締結した者であるとした（不公正条項についてのもの, Civ. I, .3 and 30 January 1996, Bult Civ. I, no. 9 and 55, JCP1996.Ⅱ.22654, note Leveneur ; D.1996, 228, note.Paisant）。他方で、フランスの立法者は、この間、消費者概念を定義することには慎重であるとみられている。そうすることで事案における異なった事情をよりよく考慮することができると考えていることが理由ではないかと推測される。フランスの最近の国内法化の例としては、消費者売買指令があるが、その国内法化においても消費者概念は定義されなかった。

〔中田邦博〕　　　　　　　　　　　　　　　　　　　　　　　　　〈参考②〉

4　全体の傾向

　消費者概念は、各加盟国で様々な法制定行為において定義されているものの、だからといって、これらの定義がそれぞれ実質的に異なっていることを必ずしも意味しない。むしろ、ほとんどの加盟国で、個別的な立法によって準則がばらばらに置かれているにもかかわらず、それらの定義には、全体として一致がみられることが指摘されている。その理由は、加盟国の消費者法は、共同体法に適合するように作られており、共同体法それ自体が共通の中核部分を有していることにある。消費者保護立法を適用する際の困難が生じるのは、加盟国が異なった消費者概念を用い、個別の事例においてその法律が適用できるかどうかがはっきりしない場合である。

IV　加盟国における消費者概念の拡張的傾向

分布状況（一覧）

① 最終名宛人の概念　　　　　　　　　ES　EL　HU　LU　(4)

② 通常のものではない契約を　　　　　FR　LU　LV　PL　(UK)　(5)
　　締結した事業者の保護

③ 一定の法人の保護　　　　　　　　　AT　BE　CZ　DK　EL　ES　FR　HU　SK　(9)

④ 被用者（労働者）の保護　　　　　　DE　(1)

⑤ 事業を開始する行為における保護　　AT　(1)

⑥ 混合目的の契約
　・純粋な私的目的　　　　　　　　　 AT　BE　(2)
　・「混合」目的、優先目的による　　　DE,　DK,　FI,　SE　(4)
　・混合目的――私的目的の優先は不明　IT　(1)
　・明確なルールなし　　　　　　　　 CY　CZ　EE　EL　ES　FR　HU　IE　LU
　　　　　　　　　　　　　　　　　　 LT　LV　MT　NL　PL　PT　SK　UK　(17)

EU加盟国　（略記方法：ドメイン名）

ベルギー（BE）、ブルガリア（BG）、チェコ（CZ）、デンマーク（DK）、ドイツ（DE）、エストニア（EE）、ギリシャ（EL）、スペイン（ES）、フランス（FR）、アイルランド（IE）、イタリア（IT）、キプロス（CY）、ラトビア（LV）、リトアニア（LT）、ルクセンブルク（LU）、マルタ（MT）、ハンガリー（HU）、オランダ（NL）、オーストリア（AT）、ポーランド（PL）、ポルトガル（PT）、ルーマニア（RO）、スロヴァキア（SK）、フィンランド（FI）、スウェーデン（SE）、英国（UK）

1　最終名宛人（final addressee）の概念
（1）法状況
①スペイン：スペイン法では、かつて消費者またはユーザーが最終名宛人として、物品を取得、利用、享受し、かつ、それを生産、流通、商業化する過程に持ち込むことがない、ということが重要な要件とされていた。しかし、この考え方は、スペイン消費者保護法3条によって設定された新しい定義では脱落している。

②ギリシャ：ギリシャは、**最終名宛人**と同様の概念を今も有している。ギリシャ法は、これについて私的目的という制限を有していないという違いがある。ギリシャ消費者保護法1(4)(a)によれば、消費者とは、市場における製品またはサービスが向けられており、かつ、そうした製品またはサービスを、最終的な受領者（end recipient）として利用するすべての自然人または法人をいう。

③ハンガリー：最終受領者の概念がある。Art.2 Lit.(i)：消費者取引とは、物品の供給、サービスの提供、およびさらに、商品サンプルの無料の配布を最終的な受領者としての消費者に直接に行うことと定義されている。

④ルクセンブルク：消費者保護法が最終名宛人の概念を使っているが、この用語が何を意味するかの定義はない。

（2）検討
　ギリシャの「最終名宛人」の概念は、指令で確立された消費者の用語よりも広いものといえる。この概念は、転売に関係しないところの、通例でない取引（atypical transaction）を含んでいる。しかしながら、ギリシャの実務では、「消費者」に関するそうした広範な定義は、法適用に際して困難をもたらす可能性があることが認められてきた。目的論的な限定が必要となることも、学説で強調されており、規制はすべての最終名宛人に適用されるべきでないという見解も提示されている。EU法の国内法化との関係では、EU法が下限の平準化という規制方法を採る限り、こうした国内法による消費者保護の拡張は許されるものとなる。ただし、そのことで、消費者保護の水準が各国ごとに異なるものとなれば、事業者が、国境を越えて取引をする場合には、それに適切に対応することが求められることになる。

2　通例でない契約（atypical contract）を締結した事業者への拡張
（1）法状況
①フランス：確立した判例法によれば、消費者とは、その専門的職業に直接に関係しない契約を締結した者（自然人および法人）をいう。リーディングケースは、1987年4月28日の破毀院の判決である（Cass.civ. 28 April 1987, JCP 1987. II. 20893 Juris-classeur

periodique)。問題となった事例では、不動産業者がその事業用の建物のために警報システムを購入したが、それが正常に機能しなかった。約款の条項によれば、買主は契約を解除することができず、損害賠償請求もできないことが明示されていた。

　フランスの破毀院の見解によれば、消費者法典をそれでもなお適用することができるとされた。その理由として、契約の対象は、事業活動の本体に直接的な関係がないこと、および、不動産会社の技術的な専門知識は警報システムの技術に及んでいなかったことを挙げ、それを根拠にして、買主は、その他の消費者と同じように扱われねばならないとしたのである。その後の判決で、破毀院は、そうした広い解釈から自ら距離を置いて、消費者法典の適用可能性についての決定的な基準は「専門職」の技術的な権能ではなく、むしろ契約が当該の事業活動に直接的な関係を有するかどうかであると判示した（Cass.civ, 24 January 1995, D. 1995, Jur. 327-329）。この判例法には、後に多くの判決が追随したとされている。

②ポーランド、ラトビア、ルクセンブルク：通常の事業の範囲外で契約を締結した事業者に対する保護は、ポーランドおよびラトビアにも存在している。こうした考え方は、ルクセンブルクの消費者売買法の基礎に置かれているものでもある。同 art.2. no.2a によれば、「消費者」とは、自然人であって、自らの職業上または商業上の行為に直接関係しない目的で取引を行う者をいう。したがって、この人的グループの範囲は、「事業の通常の範囲 usual field of business」の概念を個別に解釈する作業に依拠することになる。その結果、この概念を基本となる中核的活動に限定すると、事業者は消費者保護規定から利益を得ることになることが多くなる。他方で、事業の通常の範囲が通例でないすべての取引を含むとすると、事業者が消費者とみなされることはまれになる。

③英国：R. & B. Customs Brokers Co. Ltd. v. United Dominions. Trust Ltd [1988] 1. WLR 321 判決以後、1997年の不公正契約条項法 s.12(1) において、事業者が通常の事業目的の範囲外で取引を行った場合は、「消費者として扱われること」を求めることができるとされている。この事件は、海運業者である原告が、会社の理事の個人的および仕事用に中古車を購入したというものである。それ以前にも、数回同じような購入が行われていたことが明らかにされていた。当該の契約は、一定の制定法上の規定違反による責任を排除していた。そこで、不公正契約条項法 s.6(2)(b) によれば、事業者が消費者に販売する場合は、制定法が定める目的にとっての質と適合性に関する条項は、何らかの契約条項を援用することで排除または制限されることはできない。そこでは、買主が消費者として扱われるかどうかが決定的となる。控訴院は、その行為が原告の事業の不可欠の一部であったことを証明することについて被告が提示した通常性は、十分な程度のものではないと判示した。むしろ、購入は、会社の事業活動にとって偶発的に行われたものであるとし、原告は不公正契約条項法 s.12(1) の規定の範囲で消費者として扱われる、とした。

　もっとも、こうした広い消費者の定義が不公正契約条項法の文脈を越えて適用することには疑問が提示されている。不公正契約条項法は指令（つまり、消費者売買法指令）の国

内法化ために部分的に用いられているものであり、その射程は限定されている。また、英国は、その他では、共同体法にきわめて忠実な消費者概念を用いているからである。

なお、Stevenson v. Rogers 事件では、控訴院は、1979 年動産売買法 s.14 の目的にとって、事業者の売買は事業の過程にあるもの（in the course of a business）とした（Stevenson v. Rogers [1999]QB1028）。このような理解によれば、事務弁護士が、もはや不要になったコンピューターおよびオフィス用品を処分したときには、この目的において、コンピューターを事業の過程において販売していることになる。

④イタリア：イタリアでは、いつかの裁判所がしばらくの間、人は、当該の取引がその者の中核的な事業活動に属するものでない場合には、消費者として扱われる、とする見解を示していた。他方で、破毀院はこの見解を否定し、狭い消費者概念を確立した。この見解は、以下のECJの判例法と一致している。

⑤ヨーロッパ司法裁判所（ECJ）：ECJは、Criminal proceedings v. Patrice Di Pinto, ECJ 14 March 1991, C-361/89, ECR 1991, I-1189 事件において訪問販売指令（85/577）の下での消費者概念を狭く解釈した。ECJ は、フランスの消費者概念を許容しうるものとみたが、同時に、共同体法は、通常の行為と、その性質上異例となる行為との区別をしていないこと（同、para15）を強調している。

なお、この見解は、消費者売買指令（99/44）の準備作業においても確認された。消費者売買指令の当初の提案（99/44 of 18 June 1996 (COM(95), 520 final)）では、消費者は、「その者の商取引、事業または職業に直接に関係しない目的で行為する者」をいうと定義されていたが、修正された指令提案(COM(98), 217 final)では、「直接に（関係）しない（not directly）」という言葉は入っていない。

3　一定の法人の保護
（1）法状況
①指令：指令では、自然人のみが消費者とされている。

②ECJ：　ECJ は、（併合訴訟の事案 Cape Snc. v. Idealservice Srl. and Idealservice MN RE Sas. v. OMAI Srl. (ECJ 22 November 2001, C-541/99 and C-542/99, ECR 2001, I-9049, para 16)で、不公正条項指令に関して）明確に、共同体法がこの点について広い解釈を採らないことを判示した。すなわち、「不公正条項指令 art.2 の文言から明らかなのは、自然人でない人が売主または供給者と契約を締結した場合、この者を当該条項の範囲で消費者として扱うことはできないということである」とした。

③多くの加盟国（キプロス、ドイツ、エストニア、フィンランド、アイルランド、イタリア、ラトビア、リトアニア、ルクセンブルク、マルタ、オランダ、ポーランド、スロヴェニア、スウェーデン）：こうした共同体法の考え方に従い、消費者保護の規定の範囲を明確

に自然人に限定している。

④英国：法によって異なる。判例法は、会社も不公正契約条項法の意味においては、消費者として扱われるとする(e.g. R. & B. Customs Brokers Co. Ltd. v. United Dominions Trust Ltd. [1988] 1 WLR 321)。その他の消費者法の保護手段においては、自然人のみが消費者となることができる。自然人への限定によって、中小規模の事業者および慈善団体、たとえば、スポーツ協会または教会の教区は保護から外れる。

⑤オーストリア、ベルギー、チェコ、デンマーク、フランス、ギリシャ、ハンガリー、スロヴァキア、スペイン：その購入が私的な使用を目的とする場合（ギリシャ、ハンガリーおよびスペインでは最終名宛人）に、法人を消費者として扱う規範がある。

⑥フランス：フランスは、破毀院が2005年3月15日判決で、ECJのIdealservice事件判決に従って消費者の概念は法人に持ち込むことはできないとし、他方で、非事業者（non-professionel）の概念（不公正契約条項に関する規定の文脈で）において、フランス法では法人にも消費者概念が該当することになる。

4　被用者の保護
　ドイツ法の特殊性は、それが一般に、その職業上の活動の範囲で行為する被用者を消費者としてみなしていることにある。BGB13条によれば、消費者とは、その事業にも、その自営業にも該当しない取引に入る者をいう。しかし、すべての被用者が消費者としての保護を受けるものではない。雇用契約における約款は、不公正契約条項指令を国内法化した規定の審査を受けるが、雇用関係を終了させるために仕事場で締結された契約は、訪問販売法の撤回権の規定に服さないと考えられている。なお、ヨーロッパ的な消費者概念が被用者を含んでいるかについては争いがある。

5　開業行為の保護
（1）　法状況
①指令：職業上の活動を準備する過程での取引（開業行為）を行う者が同じく消費者となるかは、当該の指令では明示的には規律されていない。

②ECJ：ECJは、ブリュッセル条約13条（現在、ブリュッセル条約Ⅰ　art.15）は、当事者が将来の職業または事業者活動のために契約を締結したときには適用されないとした。したがって、この規定によって与えられようとされてきた特別の保護は、商取引および職業上の活動の目的での契約の場合には、たとえその活動が将来のことであっても、保障されていないことになる。というのは、ある活動が将来のものであるという事実は、それから商取引的または職業上の性質を取り除くものではないからである。
　共同体法に関しては、支配的な見解によれば、事業を開始するための取引は一般的には

消費者契約とはならない。通信金融サービス取引指令においては、この見解が確認された。同指令の立法理由(29)において、この指令は、加盟国が、共同体法に一致して、この指令による保護を、事業者になるために金融サービスを利用する非営利団体や人に拡張することに対して態度を示すものではないと述べられている。

③ほとんどの加盟国：開業行為の問題は、ほとんどの加盟国において制定法でも判例法でも扱われていない。

④オーストリア：唯一立法で規制。消費者保護法1条(3)は、自然人が、事業者を開始する前に、必要な物品または役務を獲得するための取引をした場合には、それは事業目的の取引とならないとしている。

⑤ドイツ：オーストリアとは対照的に、裁判所は、開業行為者を消費者ではなく、事業者とした。ただし、開業行為をする事業者として与信を受けた場合においては、消費者に与えるのと同様の保護を付与している。BGB507条を参照。

6 混合目的取引
（1）EU指令

私的な目的と事業目的の両方に資する契約（例えば、フリーランサーが自動車を取得する契約）について、問題の指令は明示的な規定を置いていない（参照、訪問販売指令(85/577) art. 9 lit. (b) ii は「被害当事者によって主としてこの者自身の私的な利用または消費のために使用されていた」とする）とは対照的である。

Johann Gruber v. Bay Wa AG (ECJ 20 January 2005, C-464/01, ECR 2005, I-439)事件に関するECJの判決は、この点について明確にしていない。同裁判所は、同判決で次のことを判示した。すなわち、ある者がブリュッセル条約13条から15条まで（現在、Brussels I Regulation arts. 15-17）の特別の管轄権のルールの適用を求めることができるのは、商取引および職業上の目的が取引の全体を通じて取るに足りないものとなるほどに制約されている場合である（para.54）、と。しかしながら、この判決は、ヨーロッパ手続法にのみ関係しており、実体法に関係するものではない（cf. Ebers, in:Ajani/Ebers (eds), Uniform Terminology for European Contract Law, 115-126 =Ebers, ADC 2006, 229-238)。したがって、問題のある指令に関しては、二重の目的を有する事例をどのように扱うかは決まっていない。

（2）加盟国の法状況
①デンマーク、フィンランド、スウェーデン：主要な目的という基準による区別を用いている。

②ドイツ：ドイツの裁判所もまた私的な使用か、事業のための使用か、いずれが支配的か

を基準としている（自動車のリースに関する消費者信用法の適用可能性に関するものとして、CA Naumburg 11 December 1997, NJW-RR 1998, 1351)。

③イタリア：最近の判例法でドイツと同じような傾向が見られる。たとえば、小規模のタバコ販売店が、私的目的と事業目的の両方のために自動車をレンタルする契約を締結したときに、消費者として扱われた。しかしながら、この判決では、私的な利用が支配的なものであったかどうかについて明確にされていない(Giudice di pace Civitanova Marche 4 December 2001, Arch. Giur. circolaz. 2002, 405)。

④オーストリア、ベルギー：立法において、完全に私的な目的で締結された契約だけが含まれるものとされている(それぞれ ConsProtA § 1(1)、ConsProtA art. 1(7))。

⑤その他の加盟国：多くが明確な規定を置いていない（前掲・表１参照）。

（３）検討
　EU 法では、こうした場面の扱いについて明確な規定は設けられていない。それゆえ各国法に委ねられることになる。混合契約について各国の対応は様々であるが、明確な規定を置くところは多くない。いくつかの加盟国では、事業者であっても消費者と同じように扱われるべきであると考えられる場合には、消費者と同じように扱う可能性を残しているようである。

V　DCFR（共通参照枠）およびヨーロッパ共通売買法規則草案

　上記のような EU 消費者法の状況を見直して、一貫したものとして継続形成するために、現行 EU 法の見直し作業が行われた。これがいわゆるアキ・グループによる EU 消費者法の見直し作業であり、主として契約法とそれに関係する消費者法が対象になっている。最終的には、これはヨーロッパ民法典構想に統合されており、いわゆる共通参照枠（DCFR）という形でのモデル法として提案されている。以下では、本稿の対象に関わるものとして、消費者概念に関わる規定のみを取り上げることにする。さらに、この DCFR とのつながりもみられるところの、ヨーロッパ共通売買法規則提案についても簡単にみておくことにする。

1　共通参照枠草案（DCFR）
（１）規定
　まず、消費者概念に関する規定を紹介する。
　Ⅰ.-1:105(1)：「消費者」とは、自然人であって、主として、自己の商取引、事業又は職業と関係しない目的のために行為する者をいう。
　Ⅰ.-1:105(2)：「事業者」とは、その者が自ら営む商取引、仕事又は職業に関係する目的で行為する自然人又は法人をいう。法人については、公法人であるか私法人であるかを問わない。これらの者は、当該行為を通じて収益を得ることを目的としない場合であっても、

事業者に当たる。
＊Ⅰ.-1:105(3)　(1)及び(2)のいずれにも該当する者は、この者が消費者である場合に保護を与える規定に関しては、(1)にのみ該当するものとみなし、それ以外の規定に関しては、(2)にのみに該当するものとみなす。

（2）趣旨説明（以下の叙述については、DCFR の Full Edition94 頁以下に依拠している）
　消費者と事業者の概念は、消費者保護法の領域の EC 指令、および EC 手続法および抵触法に関する EC 立法に見られる共通の特徴に基づいて作られている。
　DCFR Ⅰ.-1:105(1)項は、消費者を①自然人であること、②その者の事業、営利的活動、商取引の範囲外で行為していることによって定義している。
　同２項は、事業者概念の全体を支配する定義を定めている。事業者概念の機能は、消費者がその相手方に対する関係で、情報提供義務（たとえば、DCFR Ⅱ.-3:102、物品あるいは役務を消費者に対して販売する際の事業者の特別の義務）、あるいは撤回権（DCFR Ⅱ.-5:201）などの特定の規定によって保護されるかどうかを決定する意味を持つ。
　最後に、同３項は、「複合目的の取引」、つまり、私的目的と事業目的の二つのために行われた契約に関する扱いを明確にしている。

（3）EU 消費者法と DCFR の消費者概念の違い
①消費者概念について
　(a)いくつかの加盟国は消費者保護のいくつかの規定範囲を一定の法人にも拡張しているが、それとは異なって、DCFR の消費者概念は自然人に制限されている。
　消費者であるためには、人は、主として、「その者の商取引、事業または職業に関係しない目的で行為する者」でなければならない。
　一方で、個人的、家族的、家事のための利用のために締結される契約は、消費者取引とみなされることになる。
　他方で、消費者の概念はまた、消費者が利益を得ることを意図している場合を含むことになる。たとえば、購入した物品を後に転売することも、それが恒常的に行われるものでない限り、消費者取引になる。偶発的な転売と事業活動とを区別する基準は、そうした取引の頻度と量であるとされる。
　事例１：Aは、ときおり本を購入したが、それを読了した後にインターネット・オークションで売却した。そうした取引の頻度が、どちらかといえば、低くかつ量が少ないものである場合には、Aはなお消費者とみなされる。
　(b)いくつかの加盟国は、消費者保護の準則の範囲を、通常のものではない契約（atypical contract）を締結した事業者にも拡張しているが、DCFR は、「消費者」という用語のそうした拡張を配慮することはしていない。
　DCFR で使用された定義は、自営業の行為には言及していないが、「商取引、事業、職業」には言及しているので、被用者が雇用者と契約を締結する場合には――ドイツ法とは異なって――消費者とはみなされない。

176

自称消費者が事業者の立場で行為しているように故意に相手方を欺罔した場合には、この自称消費者が信義誠実の原則に違反して行為している限りで、消費者保護規定は適用されない。他方で、自称消費者が不注意で、この者が事業の過程で行為しているという印象を創り出した場合に、消費者保護規定が適用されるかどうかはEC法の下では明確にされていない。

　(c)ECJの判決（Gruber v. Bay Wa AG, ECJ 20 January 2005, C-464/01, ECR, 2005, 1-43)によれば、この者が不注意で、この者が事業の過程で行為しているという印象を創り出した場合には、ブリュッセル条約の13条から15条までの保護を求めることはできないとしている(paras. 51 et seq)。しかしながら、消費者保護実体法の領域では、このような手法は、消費者保護強行法規の目的を侵食するものとなろうとの批判がある。

②事業者概念について
　「事業者」とは、この者の自営業の取引、仕事又は職業に関係する目的で行為する者をいう。事業者は、何か通例行っていることに基づいて、及び通常は対価を必要とする立場において行為する必要がある。もっとも、事業者がこの行為によって利益を得ることを意図していることは重要ではない。さらに、この行為が事業者によって通常行われていることも重要ではない。
　事例2：本屋が古いコンピューターおよびオフィス用品を私人に販売した。消費者保護規定は、買主のために適用される。販売された物品がこの事業者によって通例販売される種類のものかどうかは重要とはならない。
　公的なものか、あるいは私的なものかが重要ではないとの表現は、公的機関もまた「事業者」となることを明らかにしている。したがって、事業者がその活動において利益を得ることを意図していることは必要ではない（後掲参照）。したがって、DCFRの消費者と事業者間の取引に適用される規定は、消費者と公的機関との間の私法上の契約にも適用される。
　公法上の契約もまた規律されているかどうかはまた別の問題となる。DCFR I.-1:101条(2)によれば、DCFRは、公法上の性質を有する権利・義務との関係では、適用されることを意図していないし、また修正または補充なしに適用されることも意図していない。したがって、事情に応じて、DCFRが公法上の契約にも適用されるかどうかが決められねばならない。
　DCFRは、さらに、利益を得ようとしない者も事業者の概念に含まれることを明確にしている。利益を得えることは事業の内部的なファクターであって、これはいくつかの事例ではそれを証明することが困難なものであって、かつ、事業者が操作しうるものである（たとえば、共通のグループの中で利益は移動することができる）。事業者のこうした内部的なファクターは、消費者が保護されるかどうかとは何の関係もない。さらに、EC法は、利得の目的は、公的機関に関するいくつかの指令に関して重要なものとならないとする見解を支持している。
　事業者のために又はその名で行った第三者の行為は事業者の行為に帰責される（参照

DCFR Ⅱ.－6:105 代理人の行為が本人に法的効力を有する場合)。したがって、事業者は消費者をその代理人あるいは代表者として使用しても、その事業者たる性質を失わないのである。

　消費者が、事業者を間接的に、たとえば、商業代理人、ブローカー、その他の専門的な仲介者を、契約の締結のために利用した場合は、仲介者との内部的な関係においても消費者保護規定の利益を享受する。

　それとは対照的に、DCFRは、そうした場合に、消費者保護規定が、外部的な関係、たとえば、私人間において、他方が事業者によって代理されている場合にも適用されるかどうかという問題について決めていない。そうした場合には、相手方が事業者である仲介者の専門知識から利益を得ようとするときにも、通常の事業者・消費者関係におけるのと同様に消費者の保護が必要であるとの主張には十分な理由がある。しかし、消費者保護は、私人間での取引を成立させるプラットフォームまで、つまり、オンラインでの市場までをも含むものとすべきではない。もっとも、プラットフォームを提供する者が契約の締結過程に関与している場合は別である。

③混合目的の契約
　同3項は、消費者と事業者の定義が交錯する場合に、ときおり生じる状況を処理するものである。このような状況が生じるのは、2項に意図的に「主として（primarily)」という文言が置かれていないからである。主として、個人的な目的のために利用するが、ごく部分的に事業目的で利用することがあるコンピューターを購入した者は、消費者である買主を保護する規定の目的に照らして消費者としてみなされることになる。主として、個人的な目的で利用したが、ごく部分的に事業目的で使用したコンピューターを販売した者は、消費者である買主を保護する規定との関係では、事業者として扱われる。このようにする趣旨は、この取引において、買主が消費者である場合において、この者に、事業者との関係で消費者に付与される保護を認めることにある。買主は、売主が事業目的で行為しているかどうかを評価しなくてもよいのである。

（4）検討
　DCFRは、消費者概念についてEU消費者法の概念に従っている。もっとも、いわゆる二重の目的の契約について一定の規定を設けているところは目新しいものと評価できる。この限りで、消費者概念が相対化されることが予定されている。もっとも、EU法の見直し作業が前提となっていることから、一般的な消費者概念の拡張までは踏み出していない。こうした規定ぶりは、わが国の消費者契約法の改正にとっても参考にされて良い提案であると思われる。

2　ヨーロッパ共通売買法規則草案（CESL)
（1）消費者概念については次のように規定されている。
Art.2(1)(f)：「消費者」とは、自然人であって、その者の商取引（trade）、事業(business)、

手工業(craft)、又は職業(profession)以外の目的のために行為する者をいう。
Art.2(1)(d)「事業者」とは、自然人または法人であって、その者の商取引、事業、手工業又は職業に関する目的のために行為する者をいう。
Cf. ＊内田貴監訳『共通欧州売買法（草案）』44頁：
Art.2(1)(f) 「消費者」とは、自然人であって、その者の取引、事業、仕事又は職業以外の目的のために行為する者をいう。
Art.2(1)(d)「事業者」とは、自然人または法人であって、その者の取引、事業、仕事又は職業に関する目的のために行為する者をいう。

（2）検討

　CESLにおける消費者概念は、EU法の概念に基本的に忠実に従っており、また、その限りでDCFRと一致しているものである。しかし、DCFRが設けたような行為者が二重の目的をもって行為しているときに関する規律は設けられていない。また、消費者と事業者との規律について、一定の範囲で、特に約款規制などについて、中小事業者にもその保護を拡張する規定も存在していることは、中小「事業者」の保護の要請が市場にあることを示唆している。

VI　まとめにかえて

　以上において、EUの消費者概念と各国の消費者概念との偏差をいくつかの論点において簡単に考察し、それを総合する形での提案としてDCFRを取り上げ、最後にヨーロッパ共通売買法規則提案にふれた。そこでの一般的な傾向を分析する中で、ごく簡単ではあるが、日本法への示唆を得ることにしたい。

　先に見てきたところのEU法における消費者概念は、自然人であること、事業の範囲外の目的で行為するものであること、という明確な要素を有している。しかしながら、各国法では、EU消費者法上の保護を、事業者にも拡張する傾向が少なからず見られる。とりわけ、約款規制の分野では、程度の差はあるが、「事業者」もその保護の対象となる。UKやフランスでも、またドイツも民法典でそうした規定を設けている。加盟国の国内法は、事業者であればまったく保護されないという立場を貫くのではなく、むしろ傾向的には、消費者と同じように保護する必要性、いわゆる要保護性を基準にしながら、その保護を事業者にも拡張する可能性を秘めている。

　また、ドイツのように、開業準備行為者は事業者であるとみなしながら、他方で、その要保護性のある状況を考慮して、消費者保護の規定を事業者にも及ぼすとする明文の規定を設けている場面もみられる。

　消費者概念の「拡張」傾向は、EU法自体にも、包括旅行契約などの場面においてみられるのであり、顧客や購入者、旅行者というカテゴリーが存在する。それは、事業目的の有無で消費者と事業者を区別するのではなく、両者を特定の分野の事業者の約款などでの不利な取扱から保護するものなのである。とりわけ、経済生活のインフラともなるような生活に必須となる産業分野（通信事業、ガス、電気など）での消費者保護においては、より

状況に適合した一定の保護が導入される必要性が指摘されるところである。通信事業に関して、料金設定や不当な約款からの保護は、消費者であっても事業者であってもその保護の必要性は変わりないとみるべきであろう。EU消費者法はそうした側面を捉える傾向にある。

もっとも、このような場面でも、消費者概念を中核にしながら、それを事業者に拡張する可能性を見いだすことが可能である。加盟国での消費者立法や判例の動向はそれを示唆しているものがある。こうしてみると、分野においては、事業者と消費者との区別は相対的にすぎないのである。こうした場面の区分は明確な基準に馴染まない。むしろ、司法の場面で消費者となるかを個別の事情を考慮しつつ、判断することが必要となるであろう。

わが国の消費者概念は、消費者契約法2条にみられるように、事業目的の範囲外で行為する個人のみを消費者としており（2条1項)、事業者とは事業目的で行為する個人と団体、法人でなる。しかし、このような硬直的な処理は、現実の問題の処理、また消費者概念の拡張というヨーロッパ加盟国にみられる傾向からしても、必ずしも適切なものではないように思われる。

事業者となる個人であっても、消費者として保護される必要がある場面もある。DCFRに明確にみられるところの、いわゆる、二重目的の契約の処理は、まさにこのような問題の処理のために考えられている工夫なのである。他方で、団体であっても、当該取引との関係では、情報や交渉力の不均衡という消費者と同じような状況に構造的に置かれるのであれば、消費者と同じに扱うことが許されるべきであろう。

このようにみると、わが国の消費者契約法におけるような消費者概念を維持することは困難ではなかろうか。

国際消費者契約

担当：横溝　大（名古屋大学教授）

１．問題の所在と論点の提示

　本章では、国際裁判管轄や準拠法選択において消費者契約に関する特則が導入された現在でもなお国際消費者契約を巡る紛争につき十分対処出来ていない点はあるか、とりわけ消費者契約法に関し立法論的に対応が必要な点があるか否かという問題を扱う。

　消費者契約に関する法の適用に関する通則法 11 条は、契約準拠法如何に拘らず消費者の常居所地法における保護レヴェルが保障される仕組を実現したが、その適用範囲、特定の強行規定を適用すべき旨の意思表示の解釈においてなお不明確さを残している。また、消費者契約法 8～10 条は、日本に常居所を有する消費者による意思表示を待って適用されるべき法規なのか、それとも、意思表示がなくとも日本と一定の密接関連性があれば常に適用されるべき強行的適用法規なのか、現状では不明確であり、検討する必要がある。

　適格消費者団体による差止請求に関する国際裁判管轄については、消費者契約法中に明文規定がなく、新設された国際裁判管轄に関する規定の適用可能性に関しては、未だ不明確な状態にある。公益的目的のために政策的に導入された同制度の制度趣旨からして、外国事業者が「不特定かつ多数の消費者に対し」一定の行為を現に行い又は行うおそれがあるときには日本に国際裁判管轄があるとすることを検討すべきである。また、消費者契約法 12 条の国際的適用範囲についても、「勧誘」「申込み又はその承諾の意思表示」が「日本で」行われているか行われるおそれがある場合といった文言の追加を検討することが望ましい。

２．問題の背景と立法的対処の必要性

　人と物の国境を越えた移動の益々の増大やインターネット等の技術革新の進展により、国境を越えた消費者契約及びそれを巡る紛争が増加している。それに伴い、我が国在住の消費者が外国事業者との間で外国法を準拠法とした消費者契約を締結することにより被害を受ける可能性も高まっている。そこで、消費者契約を巡る国際的紛争に関し抵触法（用語の用い方が統一されていないが、ここでは、国際裁判管轄・準拠法選択・外国判決承認執行を全てカヴァーする所謂広義の国際私法の意味で「抵触法」の語を用いる。）上対応する必要がある。

　日本におけるこの問題に関する抵触法的対応としては、法の適用に関する通則法（以下「通則法」とする。従来の法例を改正したもので 2007 年 1 月 1 日に施行された。）における消費者契約の準拠法に関する 11 条の導入、及び、2011 年民事訴訟法改正における、消費者契約に関する訴えについての国際裁判管轄規定の導入（民訴法 3 条の 4 第 1 項・第 3 項、3 条の 7 第 5 項）が挙げられる。そこで、これらの特則が導入されても猶国際消費者

契約を巡る紛争につき十分対処出来ていない点があるか、とりわけ消費者契約法に関し、立法論的に対応が必要な点があるかどうかが検討されなければならない。

私見に依れば、この問題に関し追加的に準拠法選択規則を導入する必要はない。だが、①消費者契約法8-10条の抵触法的性質には争いがあり、この点を明確化することが有益であり、また、②適格消費者団体による差止請求に関する12条以下と上記特則との関係が必ずしも明確でなく、この点を明確化することが望まれる。

以下、先ず法の適用に関する通則法11条と消費者契約法8-10条について（3.）、次に適格消費者団体による差止請求の抵触法的問題点について（4.）、問題点を指摘した上で検討の方向性を示す。

3．法の適用に関する通則法11条と消費者契約法8-10条
（1）現行法による処理と問題点
① 関連法令

国境を越えた私法的法律関係には複数の法秩序が関与することになるため、関連法秩序間の調整により私法的法律関係を安定させるシステムとして抵触法が存在する。その中核となる制度は、国際裁判管轄・準拠法選択・外国判決承認執行の3つである。現状では、世界で統一された普遍的抵触法は存在せず、各国がそれぞれ自らの抵触法を有している。日本においては、国際裁判管轄については民訴法3条の2以下が、準拠法選択については主として通則法が、外国判決承認執行については民訴法118条・民事執行法24条がこれを定めている。

国際契約に関する準拠法については、通則法制定前は法例7条がこれを規律しており、そこでは、当事者に準拠法の選択を認める当事者自治の原則が採用されていた。これは、①国際契約の多様性から来る適切な連結点（ある法的問題とある法秩序を連結する基準を連結点・連結素と言う。通則法では、「物の所在地」「結果発生地」「本国」等々）の選択の困難という消極的理由と、②実質法（抵触法に対し、抵触法により選択される具体的な要件効果を定める各法秩序の法を実質法と言う。典型的には民商法）上の契約自由の原則の抵触法的反映という積極的理由に基づくものであった。また、法例には消費者契約に関する特則は置かれていなかった。これは、消費者保護といった各国の実質法的法政策から準拠法選択規則は中立的であるべきという伝統的な考え方を反映したものであった。

これに対し、通則法では消費者契約に関する特則が導入された（11条）。これは、ローマ条約5条（後述）の影響を受け、準拠法選択規則においても弱者保護を図る必要性を認めたものである。通則法（参考資料参照）においては、①契約における当事者自治の原則は維持されたが（7条）、②準拠法に関する当事者の合意があっても、消費者の意思表示を条件に、消費者の常居所地法における特定の強行規定の適用が認められている(11条1項)。また、③準拠法に関する当事者の合意がない場合には、消費者の常居所地法が適用される（2項）。これらの規定は、消費者の常居所地法における消費者保護レヴェルを保障するべきであるという考えを反映したものである。

注意すべきは、保護の対象となる消費者が、所謂受動的消費者に限られている点である

(11条6項)。すなわち、消費者が自ら海外に出向いて契約を締結したり、海外で契約の履行を受けたりした場合はこの特則の対象外とされるのである（能動的消費者の排除。但し、消費者が事業者から国内において勧誘を受けた場合には排除されない）。
② 裁判例
　次に裁判例であるが、通則法11条が問題となった公表事例は現在のところ下記の事例のみである。

【東京地判平成22年4月27日判例集未登載（WLJPCA04278023）】
　原告Xは、訴外A社外8名との間でデラウェア州法に基づいてベンチャー企業への投資についてのパートナーシップ契約を締結し被告Yを組成した。その後、任意脱退禁止規定が契約中に存在するにも拘らず、Xは、Y脱退の意思表示の上、脱退を理由とする出資金5000万円の払戻しを請求したという事例である。
　Xは、本件契約はデラウェア州法であるが、①「日本の消費者契約法10条は、いわゆる絶対的強行法規であるから、準拠法のいかんに関わらず強行的に適用されるべきである」、また、②「Xの常居所地は日本であり、Xは、本件組合員らに対し、日本の消費者契約法10条を適用すべき旨の意思を表示した。同条は、日本法中の強行規定である」ため、通則法11条1項により同条も適用される、と主張した。
　裁判所は、適用根拠に触れることなく直截に、本件脱退禁止規定が消費者契約法10条により無効になるかどうかを検討し、無効と解することは出来ないと判示した。

（2）学説の動向
① 通則法11条6項にいう「勧誘」
　学説においては、通則法11条6項の適用範囲との関係で、何が「勧誘」に該当するかが議論されている。立法担当者解説に依れば、事業者の「勧誘」が認められるためには具体的且つ積極的な働きかけが必要であり、電話・ダイレクトメール等の個別的行為を意味し、一般的な広告のみでは「勧誘」と看做されるには不十分であるとされている（小出・141頁）。だが、学説においては、個別的でなくともある程度ターゲットを絞った広告であれば「勧誘」に該当するという主張も見られる。例えば、甲国にある物品販売店が「当店で一定金額以上を購入した場合には、乙国・甲国間の同費用をすべて当店で負担します」といった内容をウェブサイトに公開していた場合（神前＝早川＝元永・99頁）や、一定期間内の韓国から日本への航空機の座席表示券を持参した顧客には格安で販売する旨のインターネット上の広告（澤木＝道垣内・211頁）等は、「勧誘」に該当するというのである。但し、この点は通則法11条6項の解釈問題であり、立法論的な対応は特に必要ない。

② 消費者による特定の強行規定適用の意思表示
　学説上より問題視されているのは、消費者の常居所地法における特定の強行規定の適用を消費者の意思表示に委ねた点である。このような解決は、「消費者保護の要請と実務の運用可能性との妥協点」として採用されたものである（神前・85頁）。だが、弱者である消

費者に主張責任を負わせる点が、弱者保護という規定の制度趣旨から問題視されている（石黒・103 頁。西谷・32 頁も、「このように経済的弱者である消費者に主張責任を負わせるルールが十分な保護を与えるとは解されない。そもそも消費者がこの複雑な抵触規則を理解し、常居所がどの国にあるかを正確に認識し、選択された法よりも自己の常居所地法の方が消費者保護に厚いことを理解したうえで、その常居所地法上の特定の強行規定の効果まで主張することは期待できないであろう」と指摘する。

「特定の強行規定を適用すべき旨」の意思表示の解釈については、「自己の常居所地法上契約は無効である」等では不十分とされている（神前・91 頁）。だが、上記の視点を踏まえ、「消費者の常居所地法のうちのどの法令中のどのような攻撃防御方法に関するものかが客観的に認識出来れば」十分という主張が学説上は有力になりつつある（神前・92 頁、林・57 頁。制定法の場合には条文を引用すれば項や号までは特定する必要はなく、判例法であれば、その判決を特定することまでは必要はなく、適用を求める判例法理を特定出来れば足りるとするのは、澤木＝道垣内・209 頁）。とは言え、この点も矢張り通則法 11 条の解釈問題であり、特に立法論的な対応は必要ない。

③　強行的適用法規との関係

通則法制定においては、強行的適用法規（国家の社会的・経済的政策を体現しており準拠法如何に拘らず通常常に適用される法規。「絶対的強行法規」「渉外実質法」「介入規範」などとも呼ばれるが、ここではこの名称を用いる）の適用に関する解釈論に影響を与えるものではないとされた。外国の、とりわけ準拠法国以外の第三国の強行的適用法規の適用可能性については争いがあるが、法廷地の強行的適用法規については（対象となる事実・行為がその適用範囲に含まれる限り）準拠法如何に拘らず適用されることに学説上異論はない（横溝・注釈 40 頁）。そこで、消費者保護に関する規定も、強行的適用法規と看做されれば、消費者の意思表示を待つことなく適用されることとなる（例えば、特定商取引に関する法律 9 条 8 項、24 条 8 項、40 条 4 項、48 条 8 項、58 条 4 項等が挙げられる。澤木＝道垣内・224 頁）。

ある法規が強行的適用法規であるか否かのメルクマールは、当該法規の趣旨・目的に示される強行性乃至公権力性とされる。但し、契約の一方当事者についての特定の私的利益を保護する法規までも強行的適用法規と看做すべきかどうかについては、我が国では否定的見解が強い（西谷・前掲 36 頁）。各法規の保護法益が一般的か具体的かによる区別は、当該法規が強行的適用法規であるか否かを判断する上で有益である。というのも、保護法益が一般的な場合、利益侵害に基づく請求権者の決定といった問題に国家政策の介入する要素が大きいと考えられるからである（横溝・注釈 36 頁以下）。

消費者契約法 8 条から 10 条が強行的適用法規に該当するかという点については、従来見解が対立している（澤木＝道垣内・224 頁はこれらの規定を強行的適用法規と看做す。これに対し、西谷・44 頁は、「第一義的には民法法理を修正し、私人間の権利義務の調整を図る規範」に過ぎず、強行的適用法規と看做す必要はないとする尚、上述の裁判例においては、双方の見解に基づく主張がなされていた）。

(3) 比較法

我が国通則法との関係で参考となるのは、契約債務の準拠法に関するEEC条約（ローマ条約）〔1980年〕5条2項である。そこでは、「当事者による準拠法の選択は、消費者が常居所をもつ国の強行法規によって与えられた保護を奪う結果となってはならない。」と規定されていた（所謂優遇原則）。この点は裁判所により職権で判断されていた。

ローマ条約の後身である 契約債務の準拠法に関するEC規則（ローマⅠ規則）〔2008年〕6条は、消費者契約の準拠法につき、原則としては消費者の常居所地法だが、契約準拠法の選択も可能であり、但し、それによって消費者の常居所地法上の強行法規によって与えられた保護は奪われないと規定する。原則・例外等ニュアンスに若干の差異はあるものの、優遇原則が維持されている。

(4) 分析の結果及び立法に向けた考え方・方向性

① 分析の結果

消費者契約に関する通則法11条は、契約準拠法における消費者保護の程度がどうであれ、消費者の常居所地法における保護レヴェルまでは保障される仕組を実現したと評価出来る。但し、適用範囲、及び、特定の強行規定を適用すべき旨の意思表示の解釈において不明確さを残している。

消費者契約法との関係では、8〜10条が、日本に常居所を有する消費者による意思表示を待って適用されるべき法規なのか、それとも、意思表示がなくとも日本と一定の密接関連性があれば常に適用されるべき強行的適用法規なのか、学説上対立がある。唯一の裁判例では、この点は明確にされなかった。

② 立法に向けた考え方・方向性

消費者契約法8条から10条が、契約準拠法が外国法である場合であれば消費者が意思表示しない限り適用されなくとも良いのであれば、現行法のままで良いが、消費者の意思表示如何に拘らず適用されるべきであるとするのであれば、「この規定は、契約準拠法如何に拘らず、・・・場合には適用される」といった文言の挿入を検討すべきである。この点は、これらの規定が、当事者間の権利義務の調整を主たる目的とした規定なのか、それとも消費活動が行われる日本市場の健全性といった公益の保護を目的とした規定なのかという問題に関っている。

また、後者の立場を採用する場合には、これらの規定の適用範囲に関するメルクマールも併せて定める必要がある（例えば「消費者の常居所」や「消費地」が日本である場合等）。

とは言え、これらの規定は、我が国の民商法の適用を前提としてそれを消費者契約の特性から調整する規定と看做すことが出来る。そこで、これらの規定を強行的適用法規と看做す必要はないように思われる（前者の立場）。

4．適格消費者団体による差止請求の抵触法的問題点
（1）現行法による処理と問題点

　適格消費者団体による差止請求に関する消費者契約法12条以下は、「通常の民事訴訟（個別訴訟）とは異なり、消費者全体の利益を擁護するという、いわば公益的な目的のために、直接被害を受けていない第三者である特定の団体に、政策的に差止請求権を付与するもの」であると理解されている（消費者庁企画課編・44頁）。そこで、抵触法上これらの規定は強行的適用法規であり（西谷・44頁）、契約準拠法が外国法であることはこれらの規定の適用に何ら影響を及ぼすものではない。

　消費者契約法43条は差止請求に係る訴訟についての国内土地管轄を定めるが、同法には国際裁判管轄に関する規定がない（①）。

　この点につき、国際裁判管轄に関する民訴法の新設規定は、消費者契約に関する訴えについての国際裁判管轄規定を導入している（参考資料参照）。すなわち、消費者から事業者に対する訴えは、訴えの提起時又は消費者契約の締結時における消費者の住所が日本国内にあれば日本の裁判所に提起することが可能である（民訴法3条の4第1項）。これに対し、事業者からの消費者に対する訴えの国際裁判管轄については、義務履行地管轄等の所謂特別裁判籍に関する規定は適用されず（3条の4第3項）、消費者の住所地が日本にある場合に限定される（3条の2）。また、事前の管轄合意についても、契約締結時に消費者が住所を有していた国に対する合意、及び、消費者が当該合意に基づき合意された国の裁判所に訴えを提起したとき、又は事業者が訴えを提起した場合に消費者が当該合意を援用したときについてのみ有効となる（3条の7第5項）。これらは、消費者に対する弱者保護的配慮の結果である。但し、これらの規定が適格消費者団体による事業者に対する訴えにも適用されるかどうかという点は、法制審議会国際裁判管轄法制部会においては特に議論されていない。

　また、差止請求権に関する消費者契約法12条は、「不特定かつ多数の消費者に対し」一定の行為を現に行い又は行うおそれがあることをその要件として定めているが、例えば外国サーバー上のウェブサイト等、外国事業者による行為がこの要件に該当するかどうかは必ずしも明らかではない（②）。

　これらの点に関する裁判例はこれまで見当たらない。

（2）学説の動向
① 国際裁判管轄

　消費者契約に関する訴えについての国際裁判管轄規定が適格消費者団体による事業者に対する訴えにも適用されるかどうかという点については、学説上特に議論がなされていない。

　私見に依れば、適格消費者団体は、訴訟追行能力において事業者との間に格差がある者とは想定されていない。形式的にも、民訴法3条の4以下にいう「消費者」は個人であり、適格消費者団体を「消費者」に含めるのは困難である。従って、消費者契約に関する訴えについての国際裁判管轄規定は、適格消費者団体による差止請求には適用されないと解す

るべきである(「集団的消費者被害回復に係る訴訟制度案」との関係で、横溝・NBL80頁)。

② 消費者契約法12条の国際的適用範囲
　消費者契約法12条の国際的適用範囲については、「絶対的強行法規として属地的に適用される」という見解がある(西谷・44頁)。

(3) 分析結果及び立法に向けた考え方・方向性
① 分析の結果
　適格消費者団体による差止請求に関する国際裁判管轄については、消費者契約法中に明文規定がなく、また、新設された国際裁判管轄に関する規定の適用可能性に関しては、未だ十分に議論がなされていない。
　また、消費者契約法12条が外国事業者による行為につきどのように適用されるべきかについても、未だ十分に議論がなされていない。

② 立法に向けた考え方・方向性
　適格消費者団体による差止請求に関する国際裁判管轄については、明文規定を導入する必要がある。すなわち、民訴法3条の2以下の国際裁判管轄規定は、基本的に二当事者間の訴訟を念頭に置いたものであり、公益的目的のために政策的に導入されたこの制度にどこまで適合するかは、検討の余地がある。寧ろ、同制度の趣旨からして、外国事業者が「不特定かつ多数の消費者に対し」一定の行為を現に行い又は行うおそれがあるときには日本に国際裁判管轄があるとするのはどうか(独禁法の適用に関する公取委の国際管轄と同様の発想〔並行原則〕)。
　また、消費者契約法12条の国際的適用範囲についても、明文規定を導入することが望ましい(例えば、「勧誘」「申込み又はその承諾の意思表示」が「日本で」行われているか行われるおそれがある場合)。但し、その際12条につき厳格な属地的適用をすべき理由はない。寧ろ、制度趣旨の実現のためには、外国事業者の行為が外国でなされていたとしても、我が国に常居所を有する不特定かつ多数の消費者に対し重大な影響を与えている場合には(海外のサーバーに置かれた日本語によるウェッブサイトでの広告等)、当該行為が「日本で」行われていると規範的に評価し同規定が適用されるべきである(尚、「勧誘」に関する同規定の解釈は、通則法12条6項の解釈と平仄を合わせる必要はない)。

(参考資料)
- 横溝大「集団的消費者被害救済の国際的側面－抵触法的考察」NBL NBL986号(2012年)80頁
- 林貴美「消費者契約・労働契約の準拠法決定についての特則」日本国際経済法学会編『国際経済法講座Ⅱ　取引・財産・手続』(法律文化社・2012年)57頁
- 神前禎＝早川吉尚＝元永和彦『国際私法〔第3版〕』(有斐閣・2012年)
- 澤木敬郎＝道垣内正人『国際私法入門〔第7版〕』(有斐閣・2012年)
- 櫻田嘉章＝道垣内正人編『注釈国際私法　第1巻』(有斐閣・2011年)「国際私法の範囲」〔横溝大〕

・　消費者庁企画課編『逐条解説　消費者契約法〔第2版〕』（商事法務・2010年）
・　小出邦夫編著『逐条解説　法の適用に関する通則法』（商事法務・2009年）
・　西谷祐子「消費者契約及び労働契約の準拠法と絶対的強行法規の適用問題」国際私法年報9号（2008年）29頁
・　石黒一憲『国際私法〔第2版〕』（新世社・2007年）
・　神前禎『解説　法の適用に関する通則法』（弘文堂・2006年）

［法の適用に関する通則法］
7条
「法律行為の成立及び効力は、当事者が当該法律行為の当時に選択した地の法による。」、

8条
「前条の規定による選択がないときは、法律行為の成立及び効力は、当該法律行為の当時において当該法律行為に最も密接な関係がある地の法による。
2　前項の場合において、法律行為において特徴的な給付を当事者の一方のみが行うものであるときは、その給付を行う当事者の常居所地法（その当事者が当該法律行為に関係する事業所を有する場合にあっては当該事業所の所在地の法、その当事者が当該法律行為に関係する二以上の事業所で法を異にする地に所在するものを有する場合にあってはその主たる事業所の所在地の法）を当該法律行為に最も密接な関係がある地の法と推定する。
3　第1項の場合において、不動産を目的物とする法律行為については、前項の規定にかかわらず、その不動産の所在地法を当該法律行為に最も密接な関係がある地の法と推定する。」

9条
「当事者は、法律行為の成立及び効力について適用すべき法を変更することができる。ただし、第三者の権利を害することとなるときは、その変更をその第三者に対抗することができない。」

11条
「1　消費者（個人（事業として又は事業のために契約の当事者となる場合におけるものを除く。）をいう。以下この条において同じ。）と事業者（法人その他の社団又は財団及び事業として又は事業のために契約の当事者となる場合における個人をいう。以下この条において同じ。）との間で締結される契約（労働契約を除く。以下この条において「消費者契約」という。）の成立及び効力について第7条又は第9条の規定による選択又は変更により適用すべき法が消費者の常居所地法以外の法である場合であっても、消費者がその常居所地法中の特定の強行規定を適用すべき旨の意思を事業者に対し表示したときは、当該消費者契約の成立及び効力に関しその強行規定の定める事項については、その強行規定をも適用する。
2　消費者契約の成立及び効力について第7条の規定による選択がないときは、第8条の規定にかかわらず、当該消費者契約の成立及び効力は、消費者の常居所地法による。

3 消費者契約の成立について第7条の規定により消費者の常居所地法以外の法が選択された場合であっても、当該消費者契約の方式について消費者がその常居所地法中の特定の強行規定を適用すべき旨の意思を事業者に対し表示したときは、前条第1項、第2項及び第4項の規定にかかわらず、当該消費者契約の方式に関しその強行規定の定める事項については、専らその強行規定を適用する。
4 消費者契約の成立について第7条の規定により消費者の常居所地法が選択された場合において、当該消費者契約の方式について消費者が専らその常居所地法によるべき旨の意思を事業者に対し表示したときは、前条第2項及び第4項の規定にかかわらず、当該消費者契約の方式は、専ら消費者の常居所地法による。
5 消費者契約の成立について第7条の規定による選択がないときは、前条第1項、第2項及び第4項の規定にかかわらず、当該消費者契約の方式は、消費者の常居所地法による。
6 前各項の規定は、次のいずれかに該当する場合には、適用しない。
一 事業者の事業所で消費者契約に関係するものが消費者の常居所地と法を異にする地に所在した場合であって、消費者が当該事業所の所在地と法を同じくする地に赴いて当該消費者契約を締結したとき。ただし、消費者が、当該事業者から、当該事業所の所在地と法を同じくする地において消費者契約を締結することについての勧誘をその常居所地において受けていたときを除く。
二 事業者の事業所で消費者契約に関係するものが消費者の常居所地と法を異にする地に所在した場合であって、消費者が当該事業所の所在地と法を同じくする地において当該消費者契約に基づく債務の全部の履行を受けたとき、又は受けることとされていたとき。ただし、消費者が、当該事業者から、当該事業所の所在地と法を同じくする地において債務の全部の履行を受けることについての勧誘をその常居所地において受けていたときを除く。
三 消費者契約の締結の当時、事業者が、消費者の常居所を知らず、かつ、知らなかったことについて相当の理由があるとき。
四 消費者契約の締結の当時、事業者が、その相手方が消費者でないと誤認し、かつ、誤認したことについて相当の理由があるとき。」

[民事訴訟法]
3条の4
「1 消費者(個人(事業として又は事業のために契約の当事者となる場合におけるものを除く。)をいう。以下同じ。)と事業者(法人その他の社団又は財団及び事業として又は事業のために契約の当事者となる場合における個人をいう。以下同じ。)との間で締結される契約(労働契約を除く。以下「消費者契約」という。)に関する消費者からの事業者に対する訴えは、訴えの提起の時又は消費者契約の締結の時における消費者の住所が日本国内にあるときは、日本の裁判所に提起することができる。
2 労働契約の存否その他の労働関係に関する事項について個々の労働者と事業主との間に生じた民事に関する紛争(以下「個別労働関係民事紛争」という。)に関する労働者からの事業主に対する訴えは、個別労働関係民事紛争に係る労働契約における労務の提供の地(その地が定まっていない場合にあっては、労働者を雇い入れた事業所の所在地)が日本国内にあるときは、日本の裁判所に提起することができる。

3　消費者契約に関する事業者からの消費者に対する訴え及び個別労働関係民事紛争に関する事業主からの労働者に対する訴えについては、前条の規定は、適用しない。」

3条の7第5項
「5　将来において生ずる消費者契約に関する紛争を対象とする第1項の合意は、次に掲げる場合に限り、その効力を有する。
一　消費者契約の締結の時において消費者が住所を有していた国の裁判所に訴えを提起することができる旨の合意（その国の裁判所にのみ訴えを提起することができる旨の合意については、次号に掲げる場合を除き、その国以外の国の裁判所にも訴えを提起することを妨げない旨の合意とみなす。）であるとき。
二　消費者が当該合意に基づき合意された国の裁判所に訴えを提起したとき、又は事業者が日本若しくは外国の裁判所に訴えを提起した場合において、消費者が当該合意を援用したとき。」

消費者契約法に関する調査作業チーム　討議経過

回　数	日　時	議　題
第1回	平成23年12月28日（水） 10:00－12:00	●今後の進め方 ●フリーディスカッション
第2回	平成24年2月9日（木） 10:00－12:30	●消費者契約法の現状と課題についてフリーディスカッション
第3回	平成24年2月28日（火） 13:00－15:30	●消費者契約法の現状と課題についてフリーディスカッション（契約締結過程について）
第4回	平成24年3月28日（水） 10:00－12:30	●消費者契約法の現状と課題についてフリーディスカッション（不当条項規制について）
第5回	平成24年4月9日（月） 13:00－15:30	●消費者契約法の現状と課題についてフリーディスカッション（海外の現状について）
第6回	平成24年5月7日（月） 13:00－15:30	●論点についての議論（1）
第7回	平成24年6月4日（月） 13:00－15:30	●論点についての議論（2）
第8回	平成24年7月2日（月） 13:00－15:30	●論点についての議論（3）
第9回	平成24年9月21日（金） 9:30－12:00	●広告／契約締結過程における論点整理
第10回	平成24年10月29日（月） 17:45－20:15	●約款規制との関係における論点整理
第11回	平成24年11月12日（月） 17:45－20:15	●適合性原則／不招請勧誘における論点整理
第12回	平成24年12月3日（月） 17:45－20:15	●不当条項リストの補完における論点整理
第13回	平成25年1月28日（月） 9:30－12:00	●一般条項（不当条項／不当勧誘のミニ一般条項）における論点整理
第14回	平成25年2月18日（月） 9:30－12:00	●各論・各種契約／継続的契約における論点整理
第15回	平成25年3月18日（月） 9:30－12:00	●消費者信用における論点整理
第16回	平成25年4月15日（月） 17:00－19:30	●国際消費者契約／団体訴訟関係における論点整理（※）
第17回	平成25年5月20日（月） 18:00－20:30	●人的・物的適用範囲における論点整理

（※）「国際消費者契約」に関し、横溝大教授（名古屋大学大学院法学研究科）にご協力いただきました。

消費者契約法に関する調査作業チームメンバー

調査作業チームは以下のメンバーで構成する。

　　　チーム長：河上正二消費者委員会委員長

　　　メンバー：消費者委員会委員（有志）

　　　　　　　私法学者等の学識経験者

　　　　　　　弁護士等の実務経験者

　　　　　　　委員会事務局

有識者メンバーは以下のとおり。

（五十音順・敬称略）

氏名	現職
大澤　彩	法政大学法学部准教授
沖野　眞已	東京大学大学院法学政治学研究科教授
鹿野　菜穂子	慶應義塾大学大学院法務研究科教授
北村　純子	弁護士
角田　美穂子	一橋大学大学院法学研究科教授
千葉　恵美子	名古屋大学大学院法学研究科教授
中田　邦博	龍谷大学法科大学院教授
平尾　嘉晃	弁護士
丸山　絵美子	名古屋大学大学院法学研究科教授
山本　健司	弁護士（清和法律事務所）

（2013年7月現在）

資料編

参考資料1

消費者契約法条文（抜粋）

第一章　総則

第一条（目的）
　この法律は、消費者と事業者との間の情報の質及び量並びに交渉力の格差にかんがみ、事業者の一定の行為により消費者が誤認し、又は困惑した場合について契約の申込み又はその承諾の意思表示を取り消すことができることとするとともに、事業者の損害賠償の責任を免除する条項その他の消費者の利益を不当に害することとなる条項の全部又は一部を無効とするほか、消費者の被害の発生又は拡大を防止するため適格消費者団体が事業者等に対し差止請求をすることができることとすることにより、消費者の利益の擁護を図り、もって国民生活の安定向上と国民経済の健全な発展に寄与することを目的とする。

第二条（定義）
　この法律において「消費者」とは、個人（事業として又は事業のために契約の当事者となる場合におけるものを除く。）をいう。
2　この法律（第四十三条第二項第二号を除く。）において「事業者」とは、法人その他の団体及び事業として又は事業のために契約の当事者となる場合における個人をいう。
3　この法律において「消費者契約」とは、消費者と事業者との間で締結される契約をいう。
4　この法律において「適格消費者団体」とは、不特定かつ多数の消費者の利益のためにこの法律の規定による差止請求権を行使するのに必要な適格性を有する法人である消費者団体（消費者基本法（昭和四十三年法律第七十八号）第八条　の消費者団体をいう。以下同じ。）として第十三条の定めるところにより内閣総理大臣の認定を受けた者をいう。

第三条（事業者及び消費者の努力）
　事業者は、消費者契約の条項を定めるに当たっては、消費者の権利義務その他の消費者契約の内容が消費者にとって明確かつ平易なものになるよう配慮するとともに、消費者契約の締結について勧誘をするに際しては、消費者の理解を深めるために、消費者の権利義務その他の消費者契約の内容についての必要な情報を提供するよう努めなければならない。
2　消費者は、消費者契約を締結するに際しては、事業者から提供された情報を活用し、消費者の権利義務その他の消費者契約の内容について理解するよう努めるものとする。

第二章　消費者契約
第一節　消費者契約の申込み又はその承諾の意思表示の取消し

第四条（消費者契約の申込み又はその承諾の意思表示の取消し）
　消費者は、事業者が消費者契約の締結について勧誘をするに際し、当該消費者に対して次の各号に掲げる行為をしたことにより当該各号に定める誤認をし、それによって当該消費者契約の申込み又はその承諾の意思表示をしたときは、これを取り消すことができる。
一　重要事項について事実と異なることを告げること。　当該告げられた内容が事実であるとの誤認
二　物品、権利、役務その他の当該消費者契約の目的となるものに関し、将来におけるその価額、将来において当該消費者が受け取るべき金額その他の将来における変動が不確実な事項につき断定的判断を提供すること。　当該提供された断定的判断の内容が確実であるとの誤認
2　消費者は、事業者が消費者契約の締結について勧誘をするに際し、当該消費者に対してある重要事項又は当該重要事項に関連する事項について当該消費者の利益となる旨を告げ、かつ、当該重要事項について当該消費者の不利益となる事実（当該告知により当該事実が存在しないと消費者が通常考えるべきものに限る。）を故意に告げなかったことにより、当該事実が存在しないとの誤認をし、それによって当該消費者契約の申込み又はその承諾の意思表示をしたときは、これを取り消すことができる。ただし、当該事業者が当該消費者に対し当該事実を告げようとしたにもかかわらず、当該消費者がこれを拒んだときは、この限りでない。
3　消費者は、事業者が消費者契約の締結について勧誘をするに際し、当該消費者に対して次に掲げる行為をしたことにより困惑し、それによって当該消費者契約の申込み又はその承諾の意思表示をしたときは、これを取り消すことができる。
一　当該事業者に対し、当該消費者が、その住居又はその業務を行っている場所から退去すべき旨の意思を示したにもかかわらず、それらの場所から退去しないこと。
二　当該事業者が当該消費者契約の締結について勧誘をしている場所から当該消費者が退去する旨の意思を示したにもかかわらず、その場所から当該消費者を退去させないこと。
4　第一項第一号及び第二項の「重要事項」とは、消費者契約に係る次に掲げる事項であって消費者の当該消費者契約を締結するか否かについての判断に通常影響を及ぼすべきものをいう。
一　物品、権利、役務その他の当該消費者契約の目的となるものの質、用途その他の内容

二　物品、権利、役務その他の当該消費者契約の目的となるものの対価その他の取引条件
5　第一項から第三項までの規定による消費者契約の申込み又はその承諾の意思表示の取消しは、これをもって善意の第三者に対抗することができない。

　第五条（媒介の委託を受けた第三者及び代理人）
　　前条の規定は、事業者が第三者に対し、当該事業者と消費者との間における消費者契約の締結について媒介をすることの委託（以下この項において単に「委託」という。）をし、当該委託を受けた第三者（その第三者から委託（二以上の段階にわたる委託を含む。）を受けた者を含む。以下「受託者等」という。）が消費者に対して同条第一項から第三項までに規定する行為をした場合について準用する。この場合において、同条第二項ただし書中「当該事業者」とあるのは、「当該事業者又は次条第一項に規定する受託者等」と読み替えるものとする。
2　消費者契約の締結に係る消費者の代理人（復代理人（二以上の段階にわたり復代理人として選任された者を含む。）を含む。以下同じ。）、事業者の代理人及び受託者等の代理人は、前条第一項から第三項まで（前項において準用する場合を含む。次条及び第七条において同じ。）の規定の適用については、それぞれ消費者、事業者及び受託者等とみなす。

　第六条（解釈規定）
　　第四条第一項から第三項までの規定は、これらの項に規定する消費者契約の申込み又はその承諾の意思表示に対する民法（明治二十九年法律第八十九号）第九十六条の規定の適用を妨げるものと解してはならない。

　第七条（取消権の行使期間等）
　　第四条第一項から第三項までの規定による取消権は、追認をすることができる時から六箇月間行わないときは、時効によって消滅する。当該消費者契約の締結の時から五年を経過したときも、同様とする。
2　会社法（平成十七年法律第八十六号）その他の法律により詐欺又は強迫を理由として取消しをすることができないものとされている株式若しくは出資の引受け又は基金の拠出が消費者契約としてされた場合には、当該株式若しくは出資の引受け又は基金の拠出に係る意思表示については、第四条第一項から第三項まで（第五条第一項において準用する場合を含む。）の規定によりその取消しをすることができない。

第二節　消費者契約の条項の無効

第八条（事業者の損害賠償の責任を免除する条項の無効）
　次に掲げる消費者契約の条項は、無効とする。
一　事業者の債務不履行により消費者に生じた損害を賠償する責任の全部を免除する条項
二　事業者の債務不履行（当該事業者、その代表者又はその使用する者の故意又は重大な過失によるものに限る。）により消費者に生じた損害を賠償する責任の一部を免除する条項
三　消費者契約における事業者の債務の履行に際してされた当該事業者の不法行為により消費者に生じた損害を賠償する民法の規定による責任の全部を免除する条項
四　消費者契約における事業者の債務の履行に際してされた当該事業者の不法行為（当該事業者、その代表者又はその使用する者の故意又は重大な過失によるものに限る。）により消費者に生じた損害を賠償する民法の規定による責任の一部を免除する条項
五　消費者契約が有償契約である場合において、当該消費者契約の目的物に隠れた瑕疵があるとき（当該消費者契約が請負契約である場合には、当該消費者契約の仕事の目的物に瑕疵があるとき。次項において同じ。）に、当該瑕疵により消費者に生じた損害を賠償する事業者の責任の全部を免除する条項
2　前項第五号に掲げる条項については、次に掲げる場合に該当するときは、同項の規定は、適用しない。
一　当該消費者契約において、当該消費者契約の目的物に隠れた瑕疵があるときに、当該事業者が瑕疵のない物をもってこれに代える責任又は当該瑕疵を修補する責任を負うこととされている場合
二　当該消費者と当該事業者の委託を受けた他の事業者との間の契約又は当該事業者と他の事業者との間の当該消費者のためにする契約で、当該消費者契約の締結に先立って又はこれと同時に締結されたものにおいて、当該消費者契約の目的物に隠れた瑕疵があるときに、当該他の事業者が、当該瑕疵により当該消費者に生じた損害を賠償する責任の全部若しくは一部を負い、瑕疵のない物をもってこれに代える責任を負い、又は当該瑕疵を修補する責任を負うこととされている場合

第九条　（消費者が支払う損害賠償の額を予定する条項等の無効）
　次の各号に掲げる消費者契約の条項は、当該各号に定める部分について、無効とする。
一　当該消費者契約の解除に伴う損害賠償の額を予定し、又は違約金を定める

条項であって、これらを合算した額が、当該条項において設定された解除の事由、時期等の区分に応じ、当該消費者契約と同種の消費者契約の解除に伴い当該事業者に生ずべき平均的な損害の額を超えるもの　当該超える部分

二　当該消費者契約に基づき支払うべき金銭の全部又は一部を消費者が支払期日（支払回数が二以上である場合には、それぞれの支払期日。以下この号において同じ。）までに支払わない場合における損害賠償の額を予定し、又は違約金を定める条項であって、これらを合算した額が、支払期日の翌日からその支払をする日までの期間について、その日数に応じ、当該支払期日に支払うべき額から当該支払期日に支払うべき額のうち既に支払われた額を控除した額に年十四・六パーセントの割合を乗じて計算した額を超えるもの　当該超える部分

第十条（消費者の利益を一方的に害する条項の無効）
　民法、商法（明治三十二年法律第四十八号）その他の法律の公の秩序に関しない規定の適用による場合に比し、消費者の権利を制限し、又は消費者の義務を加重する消費者契約の条項であって、民法第一条第二項に規定する基本原則に反して消費者の利益を一方的に害するものは、無効とする。

第三節　補則

第十一条（他の法律の適用）
　消費者契約の申込み又はその承諾の意思表示の取消し及び消費者契約の条項の効力については、この法律の規定によるほか、民法及び商法の規定による。
2　消費者契約の申込み又はその承諾の意思表示の取消し及び消費者契約の条項の効力について民法及び商法以外の他の法律に別段の定めがあるときは、その定めるところによる。

参考資料２

消費者契約法に関するこれまでの経緯

内閣府消費者委員会事務局

1 消費者契約法の位置付け

○ 消費者契約法は、国民生活審議会等による審議等を経て、平成12年4月28日に成立、平成13年4月1日から施行された法律であるところ[1]。

○ 消費者契約法は、従来の適用対象を厳格に画した取締法規の性質も包含していた特別法（例えば特商法や割販法など）とは異なり、広く消費者・事業者間の契約に適用される、契約ルールであり、法律の構造を階層式にたとえた場合、三階建て部分の二階部分に位置づけられているところ[2]。

2 学界

○ 消費者契約法については、同法制定前・制定当初から様々な見解・意見が発表されていたところ[3]。

○ 消費者契約法は昨年施行から10年を迎え、これを機に学会においても消費者契約法が大きく取り上げられたほか[4]、施行時からの裁判例の整理の試みも多数なされているところ[5]。

3 判決

○ 消費者契約法に関する裁判例等の概況については、参考資料3のとおり。

---

[1] 消費者契約法の検討経緯については、消費者庁企画課編「逐条解説消費者契約法[第2版]」607頁以下を参照されたい。

[2] 司法研修所編「現代型民事紛争に関する実証的研究―現代型契約紛争（1）消費者紛争」46頁などを参照。

[3] 多数の論文が発表されているがここでは紹介を省略する。

[4] 消費者契約法は2011年の日本私法学会におけるシンポジウムのテーマのひとつとして取り上げられ、角田美穂子「消費者契約法の私法体系上の独自性」、後藤巻則「契約締結過程の規律の進展と消費者契約法」、大澤彩「消費者契約法における不当条項リストの現状と課題」、山本豊「消費者契約法10条の生成と展開」、笠井正俊「適格消費者団体による差止請求に関する諸問題」、松本恒雄「消費者契約法の10年と今後の課題―民法（債権法）改正との関係を含めて」の各報告がなされた（これら報告についてはNBL958号、959号に掲載）。また、法律時報（2011年7月号）は、「特集 消費者契約法をめぐる法の展望―消費者契約法施行10年に寄せて」として、宮下修一「契約の勧誘における情報提供」、丸山絵美子「消費者取消権」、野澤正充「不当条項規制の意義と展望」等の各論文が掲載されている。

[5] 宮下修一「消費者契約法4条の新たな展開―「誤認類型」・「困惑類型」をめぐる議論と裁判例の動向（1）～（3）」（国民生活研究第50巻第2号～4号）、坂東俊矢・五條操「事例にみる消費者契約法における不当条項」（新日本法規）などがある。

4 改正に向けての動き

○ 消費者契約法が成立した国会（第 147 回通常国会）において、5 年を目途に必要に応じて法の見直しを含む適切な措置を講ずることが付帯決議とされていたところ【資料 1】。

○ 上記国会における付帯決議及び消費者基本計画（平成 17 年 4 月閣議決定）を踏まえ、国民生活審議会消費者政策部会（当時）に「消費者契約法評価検討委員会」が設置され、平成 19 年 1 月から 8 月まで 9 回にわたり開催され[6]、「消費者契約法の評価及び論点の検討等について」がとりまとめ、公表されているところ[7]。

○ 平成 19 年 11 月、独立行政法人国民生活センターが、「調査研究報告 消費生活相談の視点からみた消費者契約法の在り方」をとりまとめ、公表されているところ[8]。

○ 内閣府消費者委員会が平成 23 年 8 月 26 日に消費者契約法の改正に向けた検討についての提言」を行い、民法（債権関係）改正の議論と連携しつつ、消費者庁に対して早急に消費者契約法の改正の検討作業に着手するよう求めたところ【資料 2】。

○ 内閣府消費者委員会では、消費者庁における検討作業の進展に合わせて委員会で本格的な調査審議を行いうる体制が整うまでの間、事前の準備作業として、論点の整理や選択肢の検討等を行うための調査作業チームを運営することとされ、平成 23 年 12 月からほぼ月 1 回のペースで検討が行われているところ。

○ なお、日本弁護士連合会は平成 24 年 2 月 16 日に、消費者契約法改正試案を公表しているところ[9]（参考資料 5）。

○ また、消費者庁は、平成 24 年 6 月、「平成 23 年度消費者契約法（実体法部分）の運用状況に関する調査結果報告」を公表しているところ[10]。

---

[6] http://www.consumer.go.jp/seisaku/shingikai/keiyaku.html
[7] http://www.consumer.go.jp/seisaku/shingikai/hokokusyo/hokokusyo.html
[8] http://www.kokusen.go.jp/pdf/n-20071109_2.pdf
[9] http://www.nichibenren.or.jp/library/ja/opinion/report/data/2012/opinion_120216_2.pdf
[10] http://www.caa.go.jp/planning/23keiyaku.html

「消費者契約法に関する調査作業チーム」論点整理の報告

【資料1】
○国会における附帯決議
1　消費者契約法案に対する附帯決議
衆議院　商工委員会　消費者契約法案に対する附帯決議（平成12年4月14日）

> 政府は、本法が、消費者と事業者との間に情報の質・量及び交渉力の格差が存在することにかんがみ、消費者利益の擁護のための新たな民事ルールを定めようとするものであることの意義を十分に認識し、本法施行に当たり、消費者契約に係る紛争の防止とその公正かつ円滑な解決を図るため、次の諸点について適切な措置を講ずべきである。
>
> 1　立法趣旨や各条項の解釈等、当委員会の審議を通じて明らかにされた本法の内容について、消費者、事業者、各種の裁判外紛争処理機関、都道府県及び市町村自治体における消費者行政担当者等に十分周知徹底すること。
>
> 2　消費者契約に係る紛争の簡易、迅速な解決を図るため、裁判外の紛争処理機関の強化を図ること。
> 　特に、
> （1）　国民生活センター、都道府県及び市町村自治体に設置された消費生活センターが、消費者契約に係る紛争の解決について果たすべき役割の重要性にかんがみ、その充実・強化を図ること。都道府県及び市町村自治体に対しても、その住民が身近な消費生活センターで消費者契約に係る適切な情報提供、苦情相談、苦情処理が受けられる体制を確保されるよう要請すること。
>
> （2）　消費生活センターにおいて、消費者契約に係る紛争（トラブル）についての相談、あっせんを行っている消費生活相談員は、その専門的な知識を基に本法を活用した消費者利益の擁護のために重要な役割を果たすことが期待されることにかんがみ、その育成・人材の確保及び本法のみならず民法や各般の個別法を総合的に活用できる専門性の向上のため、適切な施策の実施を行うこと。
>
> （3）　都道府県等において条例で設置されている苦情処理委員会が、消費生活センターと手続的連続性を有しながら、消費者契約に係る紛争を解決するための公正かつ中立的機関として活用できることにかんがみ、高度に専門的な紛争の処理能力を向上させるため、苦情処理機関の要請に応じて専門家を地方に派遣するなど、その活性化のための支援策を講ずること。
>
> （4）　消費者契約に係る紛争が裁判外で適切に解決されるための手段を十分確保するため、各地の弁護士会が設置する弁護士仲裁センターが消費者契約に係る紛争解決に当たり、利用しやすいものとなるよう、日本弁護士連合会に協力を要請すること。
>
> 3　紛争の究極的な解決手段である裁判制度を消費者としての国民に利用しやすいものとするという観点から、司法制度改革に係る検討に積極的に参画するとともに、その検討を踏まえ、本法の施行状況もみながら差し止め請求、団体訴権の検討を行うこと。
>
> 4　本法の施行状況について十分に把握し、消費者契約に係る紛争防止のための是正策に資するため、国民生活センターと全国の消費生活センターを結ぶオンライン・ネットワーク・システムである全国消費生活情報ネットワーク・システム（ＰＩＯ－ＮＥＴ）により消費者契約に係る紛争及びその解決の実態についての情報を正確に収集、整理し、その情報を可能な限り国会等に公表するとともに、ＰＩＯ－ＮＥＴの拡充を図ること。

5　消費者が本法を活用しつつ、自己責任に基づいて主体的・合理的に行動できる能力を培うため、消費者が、本法をはじめとする民事ルールの意義・役割、契約に関する的確な知識や契約に当たっての消費者の役割について理解を深め、判断能力を向上させることができるよう、学校教育などにおける消費者契約に関する消費者教育の支援に積極的に取り組むこと。

6　電子商取引の進展など消費者契約の内容や形態が急速に多様化・複雑化してくることを踏まえ、また本法が主として裁判等の規範としての性格を有することにかんがみ、消費者契約に係る判例に関する情報及び消費生活センター等の裁判外紛争処理機関における処理例の情報の蓄積に努め、本法施行後の状況につき分析、検討を行い、必要があれば5年を目途に本法の見直しを含め所要の措置を講ずること。

　右決議する。

参議院　経済・産業委員会 消費者契約法案に対する附帯決議（平成12年4月27日）

政府は、本法施行に当たり、次の諸点について適切な措置を講ずべきである。

1　消費者契約に係る紛争の簡易・迅速な解決を図るため、裁判外紛争処理機関の充実・強化を図るとともに、その積極的な活用に努めること。

　特に、都道府県及び市町村に設置された消費生活センター、苦情処理委員会等について、専門家の派遣等を含め、その支援に努めるとともに、紛争解決機能を充実する観点からセンター等の役割の明確化、消費生活相談員の育成及び人材の確保を図ること。

2　消費者契約に係る紛争を防止するため、国民生活センターの全国消費生活情報ネットワーク・システム（PIO-NET）を活用し、本法制定の趣旨に沿うよう、紛争及び解決の事例に関する情報の的確な収集・分析を行うとともに、その結果を可能な限り国会等に公表するよう努めること。

3　消費者が、契約に関して自己責任に基づいた主体的・合理的な判断及び行動ができるよう、消費者教育の支援等に積極的に取り組むこと。

4　商品等に係る情報等が高度化・専門化してきている実情から、事業者が、特に高齢者にみられる判断力の不足している者に対し、その状況に乗じて不当な消費者契約をすることのないよう消費者の利益の擁護に特段の配慮をすること。

5　紛争の最終的な解決手段である裁判制度が消費者にとって利用しやすいものとなるよう、司法制度改革の動向及び本法の施行状況を踏まえ、差止請求に係る団体訴権について検討すること。

6　消費者契約が今後ますます多様化かつ複雑化することにかんがみ、本法施行後の状況につき分析・検討を行い、必要に応じ5年を目途に本法の実効性をより一層高めるため、本法の見直しを含め適切な措置を講ずること。

　右決議する。

【資料２】
消費者契約法の改正に向けた検討についての提言

2011 年 8 月 26 日
消費者委員会

　消費者契約法は平成 13 年 4 月 1 日の施行から 10 年余が経過し、消費者取引の適正化に一定の貢献をするとともに、多くの裁判例の集積などにより、法律の不十分な点も指摘されるようになってきた。

　平成 17 年 4 月に閣議決定された第 1 期消費者基本計画では、同法の見直しが明記され、平成 22 年 3 月に閣議決定された第 2 期消費者基本計画でも同法を「民法（債権関係）改正の議論と連携して検討」するとされた。

　ところが、主務官庁たる消費者庁においては、現在までのところ、消費者契約法改正に向けた検討作業は実質的な進展がみられない。

　他方、平成 21 年 11 月から法務省の法制審議会で本格的に開始された民法（債権関係）改正の検討作業は、平成 23 年 5 月に中間的な論点整理が公表され、同年 7 月から中間試案の作成に向けた作業にすでに入っている。民法（債権関係）改正の重要論点のひとつが、消費者契約法を民法に統合するかどうかであり、また消滅時効や債権譲渡などの分野で消費者の利益に直結する法改正も議論されている。

　このような事態をふまえると、消費者庁においても早急に消費者契約法改正の検討作業に着手し、民法（債権関係）改正の検討作業と連携することが極めて重要となっている。そして、民法（債権関係）改正に遅れることなく消費者契約法改正を実現することが望ましいと考えられる。

　もとより、消費者委員会としても、消費者庁の検討作業の進展を見つつ、意見を述べるなど必要な役割を果たしていく用意がある。

　以上提言する。

参考資料3

消費者契約法に関する裁判例等の概況[1]

内閣府消費者委員会事務局

○　はじめに

　本資料においては、国民生活審議会消費者政策部会消費者契約法評価検討委員会「消費者契約法の評価及び論点の検討等について」（平成19年8月）で対象となっていない平成19年6月1日以降に公表された消費者契約法に関する巻末のＷｅｂ及び雑誌に掲載された判決を対象として、その中から注目すべき事案を適宜抽出し、その概況をまとめたものである。

1　1条関係（条文の解釈・法的意義確定の根拠としての機能）

○　大津地長浜支判平成21・10・2（消費者法ニュース82号206頁）は、いわゆるデート商法において個別クレジットが利用された事案であるが、個別クレジット業者と、正規の代理店ではない（加盟店が無断で代理店としていた）販売業者との関係につき、消費者契約法5条該当性が争点となっていたところ、「なお、被告らは消費者契約法5条について、消費者保護と事業者側の取引の安全との衡平の見地から、事業者の第三者利用に落ち度があるために消費者保護を重視してもやむを得ない事情がある場合を想定した規定である旨主張するが、このような消費者と事業者が対等な当事者であることを前提とする解釈は、同法の目的（1条）と相容れず、採用の限りではない」として、同法の目的規定を根拠にクレジット会社側の主張を退け、同条該当性を認めている。

○　東京地判平成20・10・15（宮下修一「消費者契約法4条の新たな展開―「誤認類型」・「困惑類型」をめぐる議論と裁判例の動向（1）～（3）」（国民生活研究第50巻第2号～4号）は、別荘地売買契約で、隣接地に産業廃棄物の最終処分場及び中間処理施設の建設計画があること（申請書が県に提出されているだけ、地元住民、自治体が反対。県も地元住民と環境保全協定が締結されない限り許可しない方針）につき、実現性は客観的に具体化・現実化していないが、法1条・3条の趣旨を考慮すれば説明義務を負うべき不利益事実にあたるとした。

○　大阪高判平成21・8・27（判時2062号40頁）は、更新料特約の効力が争点となったところ、法10条の後段要件につき「この要件に該当するかどうかは、契約条項の実体的内容、その置かれている趣旨、目的及び根拠はもちろんのことであるが、消費者契約法の目的規定である消費者契約法1条が、消費者と事業者との間に情報の質及び量並びに交渉力の格差があることにかんがみ、消費者の利益を不当に害することとなる条項の全部又は一部を無効と

---

[1]　但し、内閣府消費者委員会の消費者契約法調査作業チームは専ら、個々の消費者と事業者に関する消費者契約事件を主に念頭において議論がなされてきたことから、適格消費者団体を原告とする差止請求に関する判決については、本概況では取り上げない。これらについては、以下ＵＲＬを参照されたい。
（http://www.caa.go.jp/planning/）

することにより消費者の利益の擁護を図ろうとしていることに照らすと、契約当事者の情報収集力等の格差の状況及び程度、消費者が趣旨を含めて契約条項を理解できるものであったかどうか等の契約条項の定め方、契約条項が具体的かつ明確に説明されたかどうか等の契約に至る経緯のほか、消費者が契約条件を検討する上で事業者と実質的に対等な機会を付与され自由にこれを検討していたかどうかなど諸般の事情を総合的に検討し、あくまでも消費者契約法の見地から、信義則に反して消費者の利益が一方的に害されているかどうかを判断すべきであると解される。」とした（結果として法10条無効を認めた）。

2 「消費者」（法2条）該当性について

○ 事業性のある取引と「消費者」該当性

三島簡判平成22・9・2（消費者法ニュース88号225頁他）は、連鎖販売取引において被勧誘者の契約締結の動機や連鎖販売に基づく活動を行っていなかった等の事実から「自らの消費のためだけに」に購入したものであるとして、同人を「消費者」に該当するとして、消費者契約法の適用を認めた（4条関係）。

一方、大阪地判平成22年12月2日（判タ1350号217頁）は、同じく連鎖販売取引の事案であるところ、被勧誘者が親名義の店舗に隣接する倉庫を改装しそこに連鎖販売取引に関する広告宣伝写真が飾られていた事実などから、被勧誘者の改装は代理店としての活動を営むためにしたものと認められるとして、被勧誘者は「消費者」に該当しないとしている。

そのほか、「消費者」該当性を否定した判決としては、東京地判平成23・1・27（WestlowJapan＊会社を賃借人とする賃貸借契約における当該代表者を保証人とする保証契約）、東京地判平成22・10・29（同＊フランチャイズ契約）、東京地判平成22・6・10（同＊弁護士業を行う事務所としての賃貸借契約）などがある。

○ 団体・法人と「消費者」該当性

東京地判平成23・11・17（判時2150号49頁ほか）は、「権利能力なき社団」（私立大学ラグビー部）につき、法2条2項が「事業者」の定義を「法人その他の団体及び事業として又は事業のために契約の当事者となる個人をいう」としているところ、当該定義につき「法において『法人のその他の団体』が『事業者』とされているのは、消費者との関係で情報の質及び量並びに交渉力において優位に立っているからである。そうすると権利能力なき社団のように、一定の構成員により構成される組織であっても、消費者との関係で情報の質及び量並びに交渉力において優位に立っていると評価できないものについては『消費者』に該当すると解するのが相当である」として消費者契約法の適用を認めている（法9条1項1号）。

一方、東京地判平成22・4・26（ＬＬＩ／ＤＢ判例秘書）は、建物賃貸借契約における更新料請求。賃借人が外国語授業を業とする株式会社であり、連帯保証人が代表取締役となっていた。10条類推適用の有無が争われたという事案につき、「消費者契約法は、消費

者と事業者との間の情報の質及び量並びに交渉力の格差にかんがみ、一定の場合に消費者を保護することを目的とする法律である（同法1条）。確かに、事業者同士であっても、その事業の内容により、情報及び交渉力に格差が存在する場合がある。しかしながら、消費者契約法は、法人その他の団体や事業として又は事業のために契約の当事者となる個人は、その事業の内容にかかわらず、自らの事業を実施する上で行う取引に関しては、情報を収集し、また交渉力を備えることが十分に期待できることから、その事業の内容を特段考慮せず「消費者」と「事業者」を明確な基準により分け（同法2条）、「消費者」を保護の対象とし「事業者」を保護対象から外したものと解される。そうすると、仮に契約の一方当事者である事業者が、他方当事者である事業者と比べ、相対的に当該契約締結に関し情報及び交渉力の点で劣っていたとしても、当該契約に同法は類推適用されないと解すべきである。」として、株式会社は「消費者」には該当しないという前提のもと、情報等の格差があったとしても類推適用を認めないとしている。

3　法3条関係
○ 事業者の努力義務につき（1項）

　事業者に課せられた情報提供努力義務（本条1項）につき、東京地判平成20・10・15（前掲宮下（2）3-追⑩）は、別荘地売買契約で、隣接地に産業廃棄物の最終処分場及び中間処理施設の建設計画があること（申請書が県に提出されているだけ）を告げなかった（故意は、近辺の物件を多く取り扱うことが多く、関係者の大多数は計画の存在を知っていたと認められるとして推認）ところ、法3条の趣旨に照らして、不作為による不法行為責任（弁護士費用賠償責任）を肯定した。また、東京地判平成21・12・9（前掲宮下「情-③」）は、パチンコ攻略法の事件であるところ、断定的判断提供取消しを認めさらに、3条1項に情報提供義務が規定されていることを考慮したうえで、断定的判断の提供を用いた勧誘が不法行為を構成するとした。

○ 消費者の努力義務につき（2項）

　京都簡判平成22・2・19（法ニュース84号22頁要旨のみ※敷引条項）は、建物賃貸借契約について、敷引条項が無効であるとして返還請求を認めた事例であるが、消費者が契約内容を理解するよう努めるとの3条2項は努力義務であり、仮に違反があっても消費者契約法が適用されないことにはならないと判示した。

4　取消権関係（法4条）
○不法行為に基づく損害賠償請求との関係

　仙台高判平成21・12・10（法ニュース84号389頁）は、金・白金の商品先物取引の事案につき、消費者側が①主位的請求として不法行為に基づく損害賠償請求権、②予備的に消費者契約法に基づく取消し（断定的判断提供による取消し）を主張したところ、①については認容する一方で4割の過失相殺、さらに、主位的請求の認容額を控除した残額につ

き、予備的請求に基づく支払いを認容（主位的請求に基づき、業者・担当者に対する金128万2890円の損害賠償を認め（過失相殺4割＋弁護士費用）、予備的請求に基づき、業者に対し、実損（交付金）188万8150円から係る賠償金を控除した金60万5260円の返還義務を認めた）した。

○不当条項規制との関係
　東京地判平成21・11・16（ｗｅｓｔｌａｗＪａｐａｎ）は、ゴルフ会員権売買業者である原告が、被告に対して、被告所有のゴルフ会員権を原告から第三者に転売する契約が成立することを停止条件として原告と被告との間に上記会員権の売買契約を締結したのに、被告が売却意思を翻したとして、被告が自認した約定違約金の支払を内容とする和解契約に基づき、和解金の支払を求めた事案につき、上記和解契約の締結に際して原告が被告に告知した違約金額につき、ゴルフ会員権の売却申し出の撤回により生じる一般的な損害は、広告宣伝費や名義書換準備のための実費及び販売管理費等であり、違約金として定めた490万円のうち49万円を超える部分は、消費者契約法9条1号より無効であるとしたうえで、この490万円の違約金の支払いが必要であるとの説明を前提とする和解契約は、同法4条1項1号の取消原因が存するとして、消費者契約法4条1項1号による和解契約の取消しを認めて請求を棄却した。

○　和解契約と不実告知取消し
　横浜地判平成24・6・26（消費者法ニュース93号75頁）は、貸金業者・本人間の残債務があることを前提とする和解契約につき、貸金債務の存否は重要事項に該当し、事業者は重要事項につき事実と異なることを告げているとして、不実告知取消しを認めた。

○　条文に規定された取消対象となる行為相互の関係
　最判平成22・3・30（判時2075号32頁）は、「消費者契約法4条2項本文にいう『重要事項』とは、同条4項において、当該消費者契約の目的となるものの『質、用途その他の内容』又は『対価その他の取引条件』をいうものと定義されているのであって、同条1項2号では断定的判断の提供の対象となる事項につき『将来におけるその価額、将来において当該消費者が受け取るべき金額その他の将来における変動が不確実な事項』と明示されているのとは異なり、同条2項、4項では商品先物取引の委託契約に係る将来における当該商品の価格など将来における変動が不確実な事項を含意するような文言は用いられていない。そうすると、本件契約において、将来における金の価格は『重要事項』に当たらないと解するのが相当」とした。

○　断定的判断提供取消しについて
　名古屋地判平成23・5・19（消費者法ニュース89号138頁）は、パチンコ・パチスロ攻略法事案であるところ、①パチスロ機等の開発業者が「攻略法は存在しないと回答してい

ること、②業界団体であるセキュリティー対策委員会や全日本遊技事業協同組合連合会におけるホームページの記載、③事業者の作成した規約には「当社は本サービスを通じて利用者が得る情報及びその利用の結果等について、その確実性、正確性等いかなる保証も行わないものとします」とされていること、④事業者がパチスロ攻略法等の確実性や有用性につき具体的に主張立証していない事実から「確実に利益を得られる攻略法は存在しない」と判断したうえで、消費者契約法4条1項2号に基づく取消しを認めた。

○ 不実告知と不利益事実不告知の関係
　東京地判平成21・6・19（判時2058号69頁）は、①不実告知につき、亀頭コラーゲン注入術が必要ないのにこれがあるかのように告げたという主張については、「コラーゲン注入療法自体は手術による陥凹の修復にも有用と認められるのであって、本件で行われた包茎手術（亀頭直下術）においては効果がないとか、効果が低いと直ちに断じることは証拠上困難である」などとして不実告知取消は否定した。一方、②不利益事実の不告知については、「手術を受ける者は、特段の事情がない限り、自己が受ける手術が医学的に一般に承認された方法（術式）によって行われるものと考えるのが通常」、「仮に亀頭コラーゲン注入術が医学的に一定の効果を有するものであったとしても、当該術式が医学的に一般に承認されたものとはいえない場合には、その事実は消費者契約法4条2項の「当該消費者の不利益となる事実」に該当するものと解するのが相当である」、「包茎手術における亀頭コラーゲン注入術の実施例に関する文献は皆無であることに照らし、亀頭コラーゲン注入術が医学的に一般に承認された術式であると認めることは困難であるというべきである」として、不利益事実の不告知があった事実を認め（利益告知については特に言及していない）、「亀頭コラーゲン注入術は医学的に一般に承認されたものではなく、訴外医院は、本件診療契約及び本件立替払契約の締結にあたり、同事実を認識しながら（同術式の実施例に関する医学的文献がない以上、訴外医院が同事実を認識していたことは明らかである）」として事業者の故意を認めた。

○ 不利益事実不告知に関する「利益告知」要件
　前掲東京地判平成21・6・19（判時2058号69頁）のほか、大阪地判平成23・3・4（法ニュース88号272頁）は、高齢者（寺院ではなく、設置場所も未定で梵鐘奉納を希望）が事業者との間における50トン3億円の大梵鐘制作請負契約につき、2億円支払後に作成された請負契約書に中途解約の際には支払い済みの2億円が違約金として返金されない事が明らかになったという事案で、上記不利益を告げなかったとして、4条2項の取消しを認めている。

○ 重要事項該当性について（法4条4項関係）
　前掲東京地判平成21・6・19（判時2058号69頁）は、消費者契約たる立替払契約につき、「亀頭コラーゲン注入術は医学的に一般に承認されたものではなく、訴外医院は、本件

診療契約及び本件立替払契約の締結にあたり、同事実を認識しながら（同術式の実施例に関する医学的文献がない以上、訴外医院が同事実を認識していたことは明らかである。）、同事実を被告に故意に告げなかった結果、被告は、亀頭コラーゲン注入術が医学的に一般に承認された術式であると誤認して本件診療契約及び本件立替払契約を締結したものであるから、被告は、消費者契約法四条二項により本件立替払契約を取り消すことができる（なお、包茎手術と亀頭コラーゲン注入術は一つの診療契約に基づく一体の手術と認められるから、亀頭コラーゲン注入術に関して被告に誤認があった以上、被告は本件立替払契約全部を取り消すことができると解するのが相当である。）」として、診療契約に関する不利益事実を立替払契約の重要事項であるとして取消しを認めている。

○ 取消権の行使

さいたま地判平成23・6・22（裁判所Web）は、消費者（70歳代女性）が信用情報収集調査等を目的とする事業者と調査委任契約をした事案につき、当該消費者が契約締結から4日後に「本件契約を電話で解除する」旨の意思表示をしたことにつき「かような意思表示は、消費者契約法4条3項2号に基づき、本件契約を取り消す旨の意思表示にも当たるということができる」とした。

5 媒介の委託を受けた第三者（法5条関係）

肯定判決として、個別クレジット契約（立替払契約）につき、大津地長浜支部判平成21・10・2（法ニュース82号206頁）、前掲東京地判平成21・6・19（判時2058号69頁）などがある。なお、前掲東京地判は前述のとおり法5条を明確に示さずに立替払契約の取り消しを認めている。

否定判決として、京都地判平成21・5・21（消費者法ニュース84号23頁）は、「「媒介の委託を受けた第三者」（5条）とは、事業者が第三者に媒介を委託して事業活動を拡大し、利益を得ている以上、その第三者の行為による責任を事業者も負担すべきであえるという趣旨にかんがみ、その第三者が媒介の委託を受けた事業者との共通の利益のために契約が締結されるように尽力し、その契約締結について勧誘をするに際しての第三者の行為が事業者の行為と同視できるような両者の関係が必要となる。本件借主は、事業者である貸金業者の事業活動拡大等のためではなく、あくまでも自らが資金を獲得するという利益のために保証人となるように依頼したのであり、貸金業者と共通の利益を有しているということはできず、第三者にあたらない。」とした。

6 不当条項規制（全般）
○ 対価条項（中心条項）と消費者契約法の適用について

大阪高判平成22・2・24（消費者法ニュース84号233頁）は、「なお、X（賃貸人）は、本件更新条項が、いわゆる中心条項にあたり、前段要件を充足しないと主張する。しかし、そういえるためには、前提として、当該条項の性質について当事者が十分理解しうる状況

にあることが必要であると解すべきであるところ、Y（賃借人）は更新料について十分な知識を有していなかったことが認められ、Xの主張はその前提を欠く」とした（10条無効を認めた）。

京都地判平成24・1・12（判時2165号106頁ほか）は、消費者が携帯電話を利用する電気通信役務提供契約における通信料金を定める契約条項のうち、一般消費者が上記サービスを利用する際に通信料金として通常予測する額である1万円を超える部分は、消費者契約法10条若しくは公序良俗に反し無効であるなどと主張したところ、①パケットという単位は、通信情報量を示すものとして客観的なものであり、通信役務提供契約においては、利用者が提供を受けた役務の量である通信情報量に従い利用料金を算定する合理的なものであるといえるから、本件パケット料金条項が定める価格決定方法が任意規定（明文の規定のみならず、一般的な法理等も含まれる（最高裁平成22年（オ）第863号同23年7月15日第二小法廷判決参照））から乖離するとはいえない。このことは、我が国において、本件契約と同じく、消費者が供給量に応じて便益を受ける水道、電気及びガス等の供給契約において、利用量に応じた従量制の料金システムが広く採用され、これが水道法、電気事業法及びガス事業法等の上記各事業を規律する事業法等において是認されていることからも明らかである。

② 本件パケット料金条項には、1パケットあたり0.2円という役務提供の単価が一義的かつ具体的に記載されており、当事者間において上記単価につき明確な合意がなされたと解される。このような場合において、合意された役務提供の単価の額の当否は、基本的には市場による評価及び調整に委ねるべき事柄であり、これを規律する明文の規定及び一般法理は存在しないといわざるを得ないとして、消費者契約法10条前段要件には当たらないとした（ただし、通信料金が高額化した段階における被告の情報提供義務違反を認め、原告の請求を一部認容（過失相殺あり・原告の過失3割））。

<u>○ 8条・9条と10条の関係</u>

東京簡判平成21・2・20（裁判所Ｗｅｂ）は、賃貸借契約において、予告に代えて予告期間分の賃料・共益費を原告に支払い即時解約することができるとする、解約予告金条項に関する事案であるところ、①「本件のような解約予告期間を設定することは賃借人の解約権を制約することは明らかであるが、このような解約予告期間の設定は、民法上にも期間の定めのない建物賃貸借につき3ヶ月間とし、期間の定めのある場合でも期間内に解約する権利を留保したときはこれを準用するとの定めがある（民法617条1項2号、同法618条）ことからすると、本件契約上の解約予告期間の定めが民法その他の法律の任意規定の適用による場合に比して、消費者の権利を制限し又は義務を加重して、民法1条2項の信義則に反し消費者の利益を一方的に害するものとして一律に無効としなければならないものとはいえない。」として、10条に基づく無効は認めなかった一方、②「一般の居住用建物の賃貸借契約においては、解約予告期間及び予告に代えて支払うべき違約金額の設定は1ヶ月（30日）分とする例が多数であり（乙1標準契約書の10条）、解約後次の入居者を

獲得するまでの一般的な所要期間として相当と認められること、及び弁論の全趣旨に照らすと、解約により原告が受けることがある平均的な損害は賃料・共益費の1ヶ月分相当額であると認めるのが相当である（民事訴訟法248条）。そうすると、原告にこれを超える損害のあることが主張立証されていない本件においては、1ヶ月分を超える違約金額を設定している本件約定は、その超える部分について無効と解すべきである。」、「本件契約上の遅延損害金利率は、消費者契約法9条2号に規定する損害賠償の予定に当たるので、本条項に規定する年14.6パーセントを超える部分は無効といわなければならない」として、9条に基づく無効を認めた。

7　9条関係

　最判第三小平成22年3月30日（裁判所時報1505号4頁）は、「専願等を資格要件としない大学の平成18年度の推薦入学試験に合格し、初年度に納付すべき範囲内の授業料等を納付して、当該大学との間で納付済みの授業料等は返還しない旨の特約の付された在学契約を締結した者が、入学年度開始後である平成18年4月5日に同契約を解除した場合において、学生募集要項に、一般入学試験の補欠者とされた者につき4月7日までに補欠合格の通知がない場合は不合格となる旨の記載があり、当該大学では入学年度開始後にも補欠合格者を決定することがあったなどの事情があっても、上記授業料等は、上記解除に伴い当該大学に生ずべき平均的な損害を超えるものではなく、上記解除との関係では、上記特約は、すべて有効である」（裁判所Webの記載を引用）とした。

　名古屋高判平成23・7・22（消費者法ニュース90号188頁）は、事業者が専門学校であるところ、大学の授業料等の不返還特約の有効性判断に関する最高裁判例（平成18年11月27日第二小法廷民集60巻9号3437頁）を前提に、被告学校が定める専願入試が、上記判例における「専願入試等」に該当するか実質的に検討したうえで、これを否定し、「その在学契約の解除の意思表示が3月31日までになされた場合は、被控訴人に生ずべき法9条1号所定の平均的な損害は存しないものと認められ、したがって、本件不返還特約は同号により無効と解すべきである」とした。

8　10条関係

○　前段要件について

　消費者契約法10条前段要件につき、平成23年7月15日第二小法廷（民集65巻5号2269頁）は、「民法等の法律の公の秩序に関しない規定、すなわち任意規定には、「明文の規定のみならず、一般的な法理等も含まれると解するのが相当である」とした。

○　後段要件の判断要素

　平成24年3月16日第二小法廷（裁判所時報1552号1頁）は、生命保険契約に適用される約款中の保険料の払込みがされない場合に履行の催告なしに保険契約が失効する旨を定める条項は、①これが、保険料が払込期限内に払い込まれず、かつ、その後1か月の猶予期

間の間にも保険料支払債務の不履行が解消されない場合に、初めて保険契約が失効する旨を明確に定めるものであり、②上記約款に、払い込むべき保険料等の額が解約返戻金の額を超えないときは、自動的に保険会社が保険契約者に保険料相当額を貸し付けて保険契約を有効に存続させる旨の条項が置かれており、(3)保険会社が、<u>保険契約の締結当時、上記債務の不履行があった場合に契約失効前に保険契約者に対して保険料払込みの督促を行う実務上の運用を確実にしているときは</u>、消費者契約法10条にいう「民法第1条第2項に規定する基本原則に反して消費者の利益を一方的に害するもの」に当たらないとして、約款外の措置は、本件保険約款自体の有効性を判断する際の考慮要素となる旨の判断を示した。

○　10条無効の効果（全部無効か一部無効か）

　東京簡判平成20・11・27（裁判所Ｗｅｂ＊少額訴訟異議事件）は賃借人たる原告が、未払賃料分を控除した敷金残額相当額につき、賃貸人たる被告に請求したところ、被告は本件賃貸借契約には、日歩20銭（年73％）の遅延損害金条項があり、当該条項に基づいて従前の未払賃料に関する遅延損害金を算出すると、その額は原告の請求額を超えることから相殺の抗弁等を主張し、これに対し、原告は当該条項は消費者契約法10条に基づきあるいは公序良俗違反により無効と主張したところ、本件契約書（甲1）7条の遅延損害金の規定は、本件契約における消費者ともいうべき賃借人が、同契約に基づく賃料債務の支払を遅延した場合における損害賠償額の予定又は違約金の定めと解せられるところ、その場合は、遅延損害金の率の上限は年14.6パーセントとし、それより高率の遅延損害金が定められている場合には、民法420条の規定にかかわらず、年14.6パーセントを超える額の支払を請求することができず、その超過部分は無効と判断されるものである」、「本件契約書7条に基づく日歩20銭（年73％）の遅延利息を求めるのは、通常の場合と比較して著しく高額で賃借人の予測をはるかに超える負担義務を課し、一方的に原告に不利益を強制することになるといえる。したがって、原告は、本件遅延利息として消費者契約法の規定する範囲で責任を負うものと解するのが相当」であるとした。

　大阪簡判平成23・3・18（消費者法ニュース88号276頁）は、礼金の主たる性質を「広義の賃料」＋賃借権設定の対価・契約締結の謝礼とし、礼金に前払賃料としての期間対応性を持たせると、契約期間経過前退去の場合に前払分賃料相当額が返還されないとする部分について消費者の利益を一方的に害するものとして、一部無効であるとした。そして、実際の賃貸借期間相当額＋謝礼等の総額を超える部分を差し引いた額の返還を認めた。

　西宮簡判平成23・8・2（消費者法ニュース90号186頁）は、敷引特約（敷引率80％）につき、①敷引金以外には更新料及び礼金等の金銭を徴収していないこと、②賃貸借期間が6年間であったこと、③賃貸借契約に先立ち、敷引特約につき説明を受け、その趣旨を十分に理解した上で賃貸借契約を締結していること等事情は、敷引額を考慮する合理的な理由を認めるのが相当であるとしたうえで、月額賃料3か月分を超える部分については、消費者契約法10条に基づき無効であるとした。

○10 条に関する最高裁判決

敷引特約および更新料特約につき、以下の最高裁判決がある。

（1）敷引特約

ア　平成 23 年 3 月 24 日第一小法廷（民集 65 巻 2 号 903 頁）
● 消費者契約である居住用建物の賃貸借契約に付されたいわゆる敷引特約は、信義則に反して賃借人の利益を一方的に害するものであると直ちにいうことはできないが、賃借人が社会通念上通常の使用をした場合に生ずる損耗や経年により自然に生ずる損耗の補修費用として通常想定される額、賃料の額、礼金等他の一時金の授受の有無及びその額等に照らし、敷引金の額が高額に過ぎると評価すべきものであるときは、当該賃料が近傍同種の建物の賃料相場に比して大幅に低額であるなど特段の事情のない限り、信義則に反して消費者である賃借人の利益を一方的に害するものであって、消費者契約法 10 条により無効となる。
● 消費者契約である居住用建物の賃貸借契約に付されたいわゆる敷引特約は、賃貸借契約締結から明渡しまでの経過期間に応じて 18 万円ないし 34 万円のいわゆる敷引金を保証金から控除するというもので、上記敷引金の額が賃料月額の 2 倍弱ないし 3.5 倍強にとどまっていること、賃借人が、上記賃貸借契約が更新される場合に 1 か月分の賃料相当額の更新料の支払義務を負うほかには、礼金等の一時金を支払う義務を負っていないことなど判示の事実関係の下では、上記敷引金の額が高額に過ぎると評価することはできず、消費者契約法 10 条により無効であるということはできない。

（以上裁判所Ｗｅｂの要約を引用）

イ　平成 23 年 7 月 12 日第三小法廷（裁判所時報 1535 号 5 頁）
　消費者契約である居住用建物の賃貸借契約に付されたいわゆる敷引特約は、保証金から控除されるいわゆる敷引金の額が賃料月額の 3.5 倍程度にとどまっており、上記敷引金の額が近傍同種の建物に係る賃貸借契約に付された敷引特約における敷引金の相場に比して大幅に高額であることはうかがわれないなど判示の事実関係の下では、消費者契約法 10 条により無効であるということはできない。
〃

（2）更新料特約

ア　平成 23 年 7 月 15 日第二小法廷（民集 65 巻 5 号 2269 頁）
1　消費者契約法 10 条は、憲法 29 条 1 項に違反しない。
2　賃貸借契約書に一義的かつ具体的に記載された更新料の支払を約する条項は、更新料の額が賃料の額、賃貸借契約が更新される期間等に照らし高額に過ぎるなどの特段の事情がない限り、消費者契約法 10 条にいう「民法第 1 条第 2 項に規定する基本原則に反して消費者の利益を一方的に害するもの」には当たらない。

○その他の下級審判決

名古屋地判平成23・4・27（消費者法ニュース88号208頁）は、いわゆる追い出し屋事案であるところ、賃料支払を1回滞納しただけで保証委託契約が自動的に解除されるとの特約は消費者契約法10条違反であり無効であるとした。

9　11条2項関係

福岡高判平成20・3・28（判時2024号32頁）は宅建業者を売主、消費者を買主とするマンションの売買契約に関する違約金条項につき、宅建業法（38条＊違約金の上限）の規定があるから、法11条2項に基づき消費者契約法9条1項および10条の適用はないとした。

東京高判平成22・6・29（ＬＬＩ／ＤＢ判例秘書）は、ＮＨＫの受信料請求訴訟につき、受信機を廃止しない限り放送受信契約の解約を禁止している条項が10条違反かが争われた事案であるところ、放送法32条が、他の法律に別段の定めがある場合にあたり、11条2項により、消費者契約法10条が適用される余地はないとした。

【参考となるＷｅｂおよび書籍】
（１）Ｗｅｂ

○	裁判所Ｗｅｂ http://www.courts.go.jp/search/jhsp0010?action_id=first&hanreiSrchKbn=01
○	消費者庁「平成23年度消費者契約法（実体法部分）の運用状況に関する調査結果報告」（平成24年6月） http://www.caa.go.jp/planning/23keiyaku.html
○	国民生活審議会消費者政策部会消費者契約法評価検討委員会 「消費者契約法の評価及び論点の検討等について」（平成19年8月） 　（参考１０）ないし（参考１２）※ただし、平成18年11月までのもの http://www.consumer.go.jp/seisaku/shingikai/hokokusyo/hokokusyo.html
○	独立行政法人国民生活センター（※１） http://www.kokusen.go.jp/pdf/n-20121101_3.pdf
○	兵庫県弁護士会　消費者問題判例検索システム http://www.hyogoben.or.jp/hanrei/

（※１）消費者契約法に関連する消費生活相談と裁判の概況」と題して、2002年から毎年主要な判決の紹介等が行われている。上記ＵＲＬは2012年のもの

（２）書籍

○	日本弁護士連合会消費者問題対策委員会編「コンメンタール消費者契約法（第2版）」 　　　　　　　　　　　　　　　　　　　　（商事法務）巻末資料
○	消費者法ニュース発行会議事務局「消費者法白書」（同）※2
○	宮下修一「消費者契約法4条の新たな展開—「誤認類型」・「困惑類型」をめぐる議論と裁判例の動向（１）〜（３）」（国民生活研究第50巻第2号〜4号）
○	坂東俊矢・五條操「事例にみる消費者契約法における不当条項」（新日本法規）

※2　年4回発行される「消費者法ニュース」に掲載された裁判例につき、1年に1回白書として取りまとめられている。

参考資料4

【民法（債権関係）の改正に関する消費者契約関連の状況】

内閣府消費者委員会事務局

H23.4.12[中間論点整理]	H25.2.26「中間試案」	消費者契約法関連論点
第3　債務不履行による損害賠償 **6　金銭債務の特則（民法第419条）** (1)要件の特則：不可抗力免責について 　金銭債務の不履行について不可抗力免責を否定する民法第419条第3項の合理性に疑問を呈し、一定の免責の余地を認めるべきであるとする考え方に関しては、同条第3項を削除して債務不履行の一般原則による免責を認めるという意見や、金銭債務の不履行の特則を残した上で不可抗力免責のみを認めるという意見等があることを踏まえ、免責を認めるための要件の在り方について、更に検討してはどうか。 (2)効果の特則：利息超過損害の賠償について 　金銭債務の不履行における利息超過損害の賠償請求を一般的に否定する判例法理の合理性を疑問視し、利息超過損害の賠償請求が認められることを条文上明記すべきであるという考え方に関しては、消費者や中小企業等が債務者である事案において過重な責任が生ずるおそれがあるとの指摘があった一方で、上記の考え方を支持する立場から、債務不履行による損害賠償の一般法理が適用されるため、損害賠償の範囲が無制限に拡張するわけではないとの意見もあった。これらの意見を踏まえて、利息超過損害の賠償請求を認める考え方の当否について、更に検討してはどうか。	**第10　債務不履行による損害賠償** **9　金銭債務の特則（民法第419条関係）** (1)民法第419条の規律に付け加えて、契約による金銭債務の不履行による損害について、同条第1項及び第2項によらないで、損害賠償の範囲に関する一般原則に基づいて、その賠償を請求することができるものとする。 (2)民法第419条第3項を削除するものとする。 (注1)上記(1)について、規定を設けないという考え方がある。 (注2)上記(2)について、民法第419条第3項を維持するという考え方がある。	不当条項規制（利息超過損害を含む損害賠償予定条項の許容範囲）
第4　賠償額の予定（民法第420条、第421条） 1　予定された賠償額が不当に過大である場合に、裁判所がその額を減額することができる旨を明文化するという考え方に関しては、公序良俗（民法第90条）等の一般条項に委ねるほうが柔軟な解決が可能となり望ましいなどとする否定的な意見がある一方で、一般条項の具体化として規定する意義があること、公序良俗に反するような賠償額の減額を認める裁判例があるところ、裁判所による額の増減を認める同法第420条第1項後段のような救済法理の適用が可能であるとの指摘があるにも関わらず、賠償額の予定を禁止する意見等が存在しているおそれがあることに悪影響を与えているおそれがあることに、賠償額の予定による紛争解決にも適用しない労働者保護を図る必要があること、労働基準法が適用されない労働契約において労働者保護を図る必要があることなどを理由に明文化を支持する意見となり望ましいなどとする意見がある。	**第10　賠償額の予定** **10　賠償額の予定（民法第420条関係）** (1)民法第420条第1項後段を削除するものとする。 (2)賠償額の予定をした場合において、予定した賠償額が、債権者に現に生じた損害の額、債務者が予定をした目的その他の事情に照らして過大であるときは、債権者は、相当な部分を超える部分につき、債務者にその履行を請求することができないものとする。	不当条項規制

(216)

H23. 4. 12[中間論点整理]	H25. 2. 26「中間試案」	消費者契約法関連論点
に、明文化に肯定的な意見があった。これらを踏まえて、予定された賠償額が不当に過大であった場合に、裁判所がその額を減額することができる旨を明文化することの可否について、不当条項規制及び一部無効の効力に関する議論との関連性に留意しつつ、更に検討してはどうか。予定された賠償額による減額を認める旨の規定を設ける場合には、要件として、予定された賠償額と実損額との比較だけではなく、賠償額の予定がされた経緯や当事者の属性等の様々な要素を考慮できるものとすべきであるという意見等を踏まえて、具体的な要件の在り方について、更に検討してはどうか。また、効果については、合理的な額までの減額を認める考え方のほか、著しく過大な部分のみを無効とすべきであるという意見があるが、後者については「著しく過大な部分」を特定した上での改訂が裁判所に可能か疑問であるとの指摘もある。これらの意見を踏まえて、効果について、更に検討してはどうか。 2 予定された賠償額が不当に過小であった場合について 予定された賠償額が不当に過小であることの可否については、上記1と同様に消極的な意見と積極的な意見とは問題状況が異なるので区別して検討すべきであるとの意見があった。この立場から、過小な賠償額の予定について検討する場合には、賠償額の予定を全部無効にした上で、賠償額算定の一般則の適用に委ねるべきであるという意見があったが、これに対しては、過大な場合も過少な場合も必要な規定は同じになるのではないかという意見があった。これらを踏まえて、予定された賠償額が不当に過大であった場合と不当に過小であった場合とですべきかという点について、不当条項規制及び一部無効の効力に関する議論との関連性に留意しつつ、更に検討してはどうか。 3 債務者に帰責事由がない場合にも賠償額の予定に基づく損害賠償請求が認められるかという点や、賠償額の予定に基づく損害賠償請求に関し過失相殺が認められるかという点について、検討してはどうか。 **第5 契約の解除** 5 複数契約の解除 同一当事者間の複数の契約のうち一つの契約の不履行に基づき複数契約全体の解除を認めた	とする。 (注1)上記(1)については、民法第420条第1項後段を維持するという考え方がある。 (注2)上記(2)については、規定を設けないという考え方がある。 **第11 契約の解除** 2 複数契約の解除 同一の当事者間で締結された複数の契約につき、それ	第5条 媒介の委託を受けた第三

H23.4.12［中間論点整理］	H25.2.26「中間試案」	消費者契約法関連論点
判例（最判平成8年11月12日民集50巻10号2673頁）を踏まえて、一つの契約の不履行に基づく複数契約全体の解除に関する規定を新たに設けるべきであるという考え方に反対する意見や、適切な要件設定が困難であるなどとして反対する意見があった。また、仮に明文化する場合における具体的な要件設定に関しては、複数契約が同一当事者間で締結された場合に限らず、異なる当事者間で締結された場合も規律すべきであるという意見もあったのに対し、複数契約の解除を広く認めることが取引実務に与える影響を懸念する意見や、適切な要件設定が可能か否かという点並びに複数契約の法律行為の無効に関する論点及び抗弁の接続に関する論点との整合性に留意しつつ、一つの契約の不履行に基づく複数契約全体の解除を認める規定を設けるという考え方の採否について、更に検討してはどうか。 **第12 保証債務** **1 保証債務の成立** (2)保証契約締結の際における保証人保護の方策 　保証は、不動産等の物的担保の対象となる財産を持たない債務者が自己の信用を補う手段として、実務上重要な意義を有しているが、他方で、個人の保証人が後に定められた多額の保証債務の履行を求められ、生活の破綻に追い込まれるような事例が後を絶たないこともあって、より一層の保証人保護の拡充を求める意見がある。保証契約締結の際における保証人保護の拡充の観点から、債権者に対して、保証契約の際に、保証人がその知識や経験に照らして保証の意味を理解するのに十分な説明をすることを義務付けたり、主債務者の資力に関する情報を保証人に提供することを義務付けるなどの方策を採用するかどうかについて、保証に限らない一般的な説明義務や情報提供義務との関係や、主債務者の信用情報に関する守秘義務などにも留意しつつ、更に検討してはどうか。 　また、より具体的な提案として、一定額を超える保証契約の締結には保証人に対して説明した内容を公正証書に残すことや、保証契約書における一定の重要部分について保証人に上記の手書きを要求すること、過大保証の禁止を導入すること、保証人が上記の説明義務等に違反している場合に保証人が保証契約を取り消すことができることなどの方策が示されていることから、これらの方策の当否についても、検討してはどうか。	らの契約の内容が相互に関連付けられている場合において、そのうちの一つの契約に債務不履行による解除の原因があり、これによって複数の契約をした目的が全体として達成できないときは、相手方は、当該複数の契約の全てを解除することができるものとする。 （注）このような規定を設けないという考え方がある。 **第17　保証債務** **6　保証人保護の方策の拡充** (2)契約締結時の説明義務、情報提供義務 　事業者である債権者が、個人を保証人とする保証契約を締結しようとする場合には、保証人に対し、次のような事項を説明しなければならないものとし、債権者がこれを怠ったときは、保証人がその保証契約を取り消すことができるものとするかどうかについて、引き続き検討する。 ア　保証人は主たる債務者がその債務を履行しないときにその履行をする責任を負うこと。 イ　連帯保証である場合には、連帯保証人は催告の抗弁、検索の抗弁及び分別の利益を有しないこと。 ウ　主たる債務の内容（元本の額、利息・損害金の内容、条件・期限の定め等） エ　保証人が主たる債務の委託を受けて保証した場合には、主たる債務者の［信用状況］	者についての対象領域についての留意 第3条 情報提供義務関係

(218)

H23.4.12「中間論点整理」	H25.2.26「中間試案」	消費者契約法関連論点
	(3)主たる債務の履行状況に関する情報提供義務 事業者である債権者が、個人を保証人とする保証契約を締結した場合には、保証人に対し、以下のような保証契約の主債務者に対する求償権の範囲を制限する規定の要否について、不当条項規制との関係に留意しつつ、検討してはどうか。 ア 債権者は、保証人から照会があったときは、保証人に対し、遅滞なく主たる債務の残額［その他の債務の履行状況］を通知しなければならないものとする。 イ 債権者は、主たる債務の履行が遅滞したときは、保証人に対し、遅滞なくその事実を通知しなければならないものとする。	
(4)保証に関する契約条項の効力を制限する規定の要否 事業者の債務の担保保存義務を免除する条項や保証人が保証債務を履行した場合の主債務者に対する求償権の範囲の要否について、不当条項規制との関係に留意しつつ、検討してはどうか。 6 連帯保証 (1)連帯保証制度の在り方 連帯保証人は、催告・検索の抗弁が認められないほか、分別の利益も認められず、また、通常の保証人よりも不利な立場にあり、このような連帯保証制度に対して保証人保護の観点から問題があるという指摘がされている。そこで、連帯保証人の保護を拡充する方策について、例えば、連帯保証の効果の説明を具体的に受けて理解した場合にのみ連帯保証となるとすべきであるなどの意見が示されていることを踏まえて、更に検討してはどうか。 他方、事業者がその経済事業（反復継続する事業であって収支が相償うことを目的として行われるもの）の範囲内で保証したときには連帯保証になるとすべきであるとの考え方も提示されている。この考え方の当否について、更に検討してはどうか。 第21 新たな債権消滅原因となる法的概念（決済手法の高度化・複雑化への民法上の対応） 1 新たな債権消滅原因となる法的概念に関する規定の要否 多数の当事者間における債権債務の決済の過程において、取り参加者AB間の債権が、集中決済機関（CCP）に対するAの債権とBに対するCCPの債権とに置き換えられることがあるが、この置き換えに係る法律関係を民法において明快に説明するのに適した法的概念が民法には存在しないと指摘されている。具体的な問題点としては、法律関係の対象となるAB間の債権について、譲渡や差押えがされた場合に、法律関係の不明確さがそれぞれ生ずるおそれがあることや、CCPが取得する債権についての不履行が、置き換えの合意そのものが解除されるおそれがあるとの指摘がされている。 このような指摘を踏まえて、決済の安定性を更に高めるため、上記のような法律関係を新たな法的概念に基づくものとすべきであるという考え方が提示されている。この考え方を踏まえて、法的概念に関する規定に置くべきであるか、より一般的で、普遍性のある債権消滅原因として、集中決済を念頭に置きつつ、次のよう	第24 更改 6 三面更改 (1)債権者、債務者及び第三者の間で、債権者の第三者に対する新たな債権と、債務者の第三者に対する新たな債務とが成立する契約をしたときも、従前の債権は、更改によって消滅するものとする。 (2)上記(1)の契約によって成立する新たな債権は、いずれも、消滅する従前の債権と同一の給付を内容とするものとする。 (3)将来債権について上記(1)の契約をした場合においては、債権の発生をしたときは、その時に、その債権に係る債	多数当事者間による決済方法

H23. 4.12［中間論点整理］	H25. 2.26［中間試案］	消費者契約法関連論点

第23 契約交渉段階

2 契約締結過程における説明義務・情報提供義務

契約を締結するに際して必要な情報は当事者間で自ら収集するのが原則であるが、当事者間に情報量・情報処理能力の格差などがある場合などについては当事者の一方が他方に対して契約締結過程における説明義務・情報提供義務を負うことがあるとされており、このことは従来からも判例上認められている。そこで、このような説明義務・情報提供義務に関する個別の事案から導かれるべき共通の考え方を規定を設けるべきであるとの考え方があるが、これに対しては、説明義務の存否や内容に関する一般規定を設けることが困難であることに加えて信義則の適用の一般規定としての性格が不明確になるとの指摘などもある。そこで、説明義務・情報提供義務に関する規定を設けるかどうかについて、規定の具体的な内容を含めて更に検討してはどうか。説明義務・情報提供義務に関する規定を設ける場合の規定内容に当たっては、説明義務等の対象となる事項、説明義務違反の効果や当事者の属性等）などが問題になると考えられる。 | (4) 上記(1)の更改による第三者対抗要件として、前記3(2)（債権者の交替による更改の第三者対抗要件）の規律を準用するものとする。

（注）これらのような規定を設けないという考え方がある。また、上記(4)については、規定を設けない（解釈に委ねる）という考え方がある。

第27 契約交渉段階

2 契約締結過程における情報提供義務

契約の当事者の一方がある情報を契約締結前に知らずに当該契約を締結したために損害を受ける場合であっても、相手方は、その損害を賠償する責任を負わないものとする。ただし、次のいずれかに該当する場合には、相手方は当該情報を契約締結前に知り、又は知ることができたこと。
(1) 相手方が当該情報を契約締結前に知り、又は知ることができたこと。
(2) その当事者の一方が当該情報を知っていれば当該契約を締結せず、又はその内容では当該契約を締結しなかったと認められ、かつ、それを相手方が知っていたこと。
(3) 契約の性質、当事者の知識及び経験、契約を締結する | 第3条
情報提供義務関係 |

(220)

H23. 4. 12「中間論点整理」	H25. 2. 26「中間試案」	消費者契約法関連論点
いては、損害賠償のほか相手方が契約を解除することができるかどうかも問題になり得るが、この点については意思表示に関する規定との関係などに与える影響などにも留意する必要がある。これについては、説明のコストの増加など取引実務に与える影響などにも留意しながら、更に検討してはどうか。 3 契約交渉に関与した第三者の行為による交渉当事者の責任 当事者が第三者を交渉等に関与させ、当該第三者の行為によって交渉の相手方が損害を被ることがあるが、このような場合に交渉当事者が責任を負うための要件や効果は必ずしも明らかではない。そこで、これらの点を明らかにするため、新たに規定を設けるかどうかについて、その規定内容を含めて更に検討してはどうか。 規定内容について、例えば、被用者その他の補助者、代理人、媒介者、共同して交渉した者など、交渉当事者が契約の交渉や締結に関与させられた第三者が、契約前に信義則上の義務に違反する行為を行った場合に、交渉当事者が損害賠償責任を負うとする考え方があるが、これに対しては、交渉当事者がコントロールすることのできない第三者の行為についてまで責任を負うことにならないかとの懸念も示されている。そこで、交渉当事者と関与した第三者との関係、関与の在り方などにも配慮した上で、上記の双方の当事者について、更に検討してはどうか。 **第 27 約款（定義及び組入要件）** 1 約款の組入要件に関する規定の要否 現代社会においては、鉄道、バス、航空機等の運送約款、各種の保険約款、銀行取引約款等など、様々な分野でいわゆる約款が利用されており、大量の取引を合理的、効率的に行うための手段として重要な意義を有している。個別の業法等には約款に関する規定が設けられているものの、民法には約款に関する特別な規定はない。約款については、約款をあらかじめ準備してこれを利用する者（約款使用者）とする一方の当事者）が、その内容を契約の内容とすることを合意しているわけではないから、約款が契約内容になっているかどうかが不明確であるなどの指摘がある。そこで、約款を利用した取引の安定性を確保するなどの観点から、約款を契約内容とするための要件（以下、「組入要件」という。）に関する規定を民法に設ける必要があるかどうかについて、約款を使用する取引の実情や、約款に関する規定を有する業法、労働契約法その他の法令との関係などにも留意しながら、更に検討してはどうか。	目的、契約交渉の経緯その他当該契約に関する一切の事情に照らし、その当事者の一方が自ら当該情報を入手することを期待することができないこと。 (4) その内容で当該契約を締結したことによって生ずる不利益をその当事者の一方に負担させることが、上記(3)の事情に照らして相当でないこと。 (注) このような規定を設けないという考え方がある。 **第 30 約款** 1 約款の定義 約款とは、多数の相手方との契約の締結を予定してあらかじめ準備される契約条項の総体であって、それらの契約の内容を画一的に定めることを目的として使用するものをいうものとする。 (注) 約款に関する規律を設けないという考え方がある。 2 約款の組入要件の内容 契約の当事者がその契約に約款を用いることを合意し、かつ、その約款を準備した者（以下「約款使用者」という。）によって、その約款が契約締結時までに、相手方が合理的	約款規制

(221)

H23. 4. 12 [中間論点整理]	H25. 2. 26 「中間試案」	消費者契約法関連論点
2　約款の定義 約款の組入要件に関する規定を設けることとする場合に、約款の定義をどのようにするかについて、更に検討してはどうか。 その場合の規定内容としては、例えば、「多数の契約に用いるためにあらかじめ定式化された契約条項の総体」という考え方があるが、これに対しては、契約書のひな形などを広く約款に含まれることになるという理解とは異なることにより、労働契約その他の労働関係に関する指摘や、就業規則が約款に該当するとされることにより労働契約法その他の労働関係法令の規律によるのではなく約款に関する規律によって労働条件の内容が変更されるなどの指摘もあるところ、このような指摘にも留意しつつ、上記の考え方の当否について、更に検討してはどうか。 **3　約款の組入要件の内容** 仮に約款の組入要件についての規定を設けるものとする場合に、その内容をどのようにするかについて、更に検討してはどうか。 例えば、原則として当事者の合意が必要であるとしつつ、約款が相手方に開示されている又は開示される方法があるという考え方がある。このうち開示を要件とすることについては、多大なコストを要する割に相手方の実質的な保護につながらないとの指摘などがあり、また、当事者の合意を要件とする場合の合意を認めるべき約款全体としての拘束力について条項を含む約款全体の合意があった旨の合意した後実際に個別的交渉が行われなくても、相手方が個別に交渉に付することができるという事実があった場合の合意、更に約款が使用されていることの考え方や、そもそもの機会が相手方に保障されていることが周知の事実となっていることから約款の内容は当然に契約内容になるとの考え方もある。 約款の組入要件の内容を検討するに当たっては、相手方が約款の内容を知る機会などの程度を保障するか、約款を契約内容にする旨の合意が常に必要であるかどうかなどが問題になるとも考えられるが、これらを含め、現代の取引社会における約款の有用性、組入要件と公法上の規制・労働関係等他の法分野との関係に留意しつつ、規定の内容について更に検討してはどうか。 また、上記の原則的な組入要件を満たす場合であっても、約款の中に相手方が合理的に予	な行動を取れば約款の内容を知ることができる機会が確保されている場合には、約款は、その契約の内容となるものとする。 (注)約款使用者が相手方に対して、契約締結時までに定めた契約条項を提示することを原則的な要件として定款に含まれることとすることを認める場合に例外を設けた上で、開示が困難な場合に例外を設けるとする考え方がある。 **3　不意打ち条項** 約款に含まれている契約条項であって、他の契約条項の内容、約款使用者の説明、相手方の知識及び経験その他の当該契約に関する一切の事情に照らし、相手方が約款に含まれていることを合理的に予測することができないものは、上記2によっては契約の内容とはならないものとする。 **4　約款の変更** 約款の変更に関して次のような規律を設けるかどうかについて、引き続き検討する。 (1)　約款が前記2のいずれかに該当することにより契約内容となっている場合において、次のいずれかに該当するときは、約款使用者は、当該約款を変更することにより、相手方の同意を得ることなく契約内容の変更をすることができるものとする。 ア　当該約款を使用した契約内容を画一的に変更すべき合理的な必要性があること。 イ　当該約款を使用した契約内容の変更が多数あり、その全ての相手方から契約内容の変更についての同意を得るこ	

(222)

H23.4.12[中間論点整理]	H25.2.26[中間試案]	消費者契約法関連論点
測することができないい内容の条項が含まれていたときは、当該条項は契約内容とならないという考え方があるが、このような考え方の当否について、更に検討してはどうか。 **4 約款の変更** 約款を使用した契約が締結された後、約款使用者が当該約款を変更する場合がある。民法には約款に関する規定がないため、約款使用者が一方的に約款を変更することの可否、要件、効果等は明確でない。そこで、この点を明らかにするため、約款使用者による契約内容の変更について相手方の個別の合意がなくとも、変更後の約款の約款が契約内容になるかどうか、どのような場合に契約内容になるかについて、検討してはどうか。	とが著しく困難であること。 ウ 上記ウの必要性に照らして、当該約款の変更の内容が合理的であり、かつ、変更の範囲及び程度が相当なものであること。 エ 当該約款の変更の内容が相手方に不利益なものである場合にあっては、その不利益の程度に応じて適切な措置が講じられていること。 (2) 上記(1)の約款の変更は、約款使用者が、当該約款を使用した契約の相手方に、約款を変更する旨及び変更後の約款の内容を合理的な方法により周知することにより、効力を生ずるものとする。 **5 不当条項規制** 前記2によって契約の内容となった契約条項は、当該条項が存在しない場合に比し、約款使用者の相手方の権利を制限し、又は相手方の義務を加重するものであって、その制限又は加重の内容、契約条項の全体、契約締結時の状況その他一切の事情を考慮して相手方に過大な不利益を与える場合には、無効とする。 (注) このような規定を設けないという考え方がある。	不当条項規制（第10条）
第28 法律行為の効力 **1 法律行為の効力** (2)公序良俗違反の具体化 公序良俗違反の一類型として暴利行為が学説が蓄積されていることを踏まえ、一般条項の適用の安定性や予測可能性を高める観点から、暴利行為に関する明文の規定を設けるものとするかどうかについて、自由な経済活動を委縮させるおそれがあるとの指摘、特定の場面についてのみ具体化することによって公序良俗の一般規定としての性格が不	**第1 法律行為総則** **2 公序良俗（民法第90条関係）** 民法第90条の規律を次のように改めるものとする。 (1)公の秩序又は善良の風俗に反する法律行為は、無効とするものとする。 (2)相手方の困窮、経験の不足、知識の不足その他の相手方が法律行為をするかどうかを合理的に判断すること	消費者公序規定 適合性原則 困惑類型

(223)

H23. 4. 12 [中間論点整理]	H25. 2. 26 「中間試案」	消費者契約法関連論点
明確になるとの指摘などがあることに留意しつつ、更に検討してはどうか。暴利行為の要件には、伝統的には、①相手方の困窮、軽率又は無経験に乗じるという主観的要素と、②著しく過大な利益を獲得するという客観的要素からなるとされてきたが、暴利行為に関する明文化する場合には、主観的要素に関して、相手方の従属状態、抑圧状態、知識の不足に乗じることを付け加えるか、客観的要素に関して、利益の獲得だけではなく相手方の権利の不当な侵害が暴利行為に該当し得るか。また、「著しく」という要件が必要かについて、更に検討してはどうか。また、暴利行為のほかに、例えば「状況の濫用」や取締法規に違反する法律行為のうちら公序良俗に反するものなど、公序良俗に反する行為の類型であって明文の規定を設けるべきものがあるかどうかについても、検討してはどうか。 **第30 意思表示** **3 錯誤** (1)動機の錯誤に関する判例法理の明文化 錯誤をめぐる紛争の多くは動機の錯誤が問題となるものであるにもかかわらず、動機の錯誤に関する現存の規律は条文上分かりにくいことから、判例法理を踏まえ動機の錯誤に関する明文の規定を設ける方向で、更に検討してはどうか。 規定の内容については、事実の認識が法律行為の内容になっている場合にはその認識の誤りのリスクを相手方に転嫁できることから当該事実に関する民法第95条を適用するとの考え方がある。他方、動機の錯誤を他の錯誤と区別せず、表意者が錯誤に陥っていると相手方に認識可能性がある場合には同条を適用するとの見解もある。そこで、上記の考え方を踏まえながら、動機の錯誤の当否を含め、動機の錯誤に関する規律の内容について、更に検討してはどうか。 (2)要素の錯誤の明確化 民法第95条にいう「要素」について、判例は、意思表示の内容の主要な部分であり、この点についての錯誤がなかったならば表意者は意思表示をしなかったであろうし、かつ、意思表示をしないことが一般取引の通念に照らして正当と認められることを意味するとしてい	がつできない事情があることを利用して、著しく過大な利益を得、又は相手方に著しく過大な不利益を与える法律行為は、無効とするものとする。 (注)上記(2) (いわゆる暴利行為)について、相手方の困迫、軽率又は無経験に乗じて著しく過当な利益を獲得する法律行為は無効とする旨の規定を設けるという考え方がある。また、規定を設けないという考え方がある。 **第3 意思表示** **2 錯誤(民法第95条関係)** 民法第95条の規律を次のように改めるものとする。 (1)意思表示に錯誤があった場合において、表意者がその真意と異なることを知っていたとすれば表意者はその意思表示をせず、かつ、通常人であってもその意思表示をしなかったであろうと認められるときは、表意者は、その意思表示を取り消すことができるものとする。 (2)目的物の性質、状態その他の意思表示の前提となる事項に錯誤があり、かつ、次のいずれかに該当する場合において、当該錯誤がなければ表意者はその意思表示をせず、かつ、通常人であってもその意思表示をしなかったであろうと認められるときは、表意者は、その意思表示を取り消すことができるものとする。 ア 意思表示の前提とする当該事項に関する表意者の認識が法律行為の内容になっていること。 イ 表意者方が、相手方が異なる事実と異なることを表示	誤認類型

H23. 4. 12 [中間論点整理]	H25. 2. 26 「中間試案」	消費者契約法関連論点
る。このような判例法理を条文上明記することとしてはどうか。 (3)表意者に重過失がある場合の無効主張の制限の例外 表意者に重過失があったときは意思表示の錯誤無効を主張することができないとされている（民法第95条ただし書）が、①表意者の意思表示が錯誤によるものであることを相手方が知っている場合又は知らなかったことについて相手方に重過失がある場合、②当事者双方が同一の錯誤に陥っている場合、③相手方も表意者の錯誤を引き起こした場合には、表意者は重過失があっても無効を主張できるものとすべきであるとの考え方がある。このような考え方も踏まえ、相手方が重過失なく表意者の錯誤を引き起こすのは適当でないなどの指摘があることも踏まえ、表意者が錯誤無効を主張することができるとすべき場合にも重過失があることも踏まえ、更に検討してはどうか。 (4)効果 錯誤があった場合の意思表示の効力について、民法は無効としているが（同法第95条本文）、無効の主張は原則として表意者だけがすることができると解されているため、その効果は取消しに近づいているとして、錯誤による意思表示は取り消すことができるものとすべきであるとの考え方がある。このような考え方に対しては、取消権の行使期間には制限があることから、これらを踏まえ、錯誤による意思表示の効果をどのようにすべきかについて、更に検討してはどうか。 その検討に当たっては、錯誤に基づく意思表示の効力を否定することができる者の範囲、効力を否定することができると考えられるが、これらについて、法律行為全体の制度設計にも留意しつつ、検討してはどうか。 (5)錯誤者の損害賠償責任 錯誤は、錯誤者側の事情で意思表示の効力を否定する制度であるから、錯誤者はこれによって相手方が被る損害を賠償する責任を伴うとして、錯誤無効が主張されたために相手方や第三者が被った損害について錯誤者は無過失損害賠償責任を負うという考え方がある。これに対して、無過失責任を負わせるのは錯誤者にとって酷な場合があり、損害賠償責任の有無は不法	したために生じたものであるとき。 (3)上記(1)又は(2)の意思表示をしたことについて表意者に重大な過失があった場合には、次のいずれかに該当するときを除き、上記(1)又は(2)による意思表示の取消しをすることができないものとする。 ア 相手方が、表意者が上記(1)又は(2)の意思表示をしたことを知り、又は知らなかったことについて重大な過失があったとき。 イ 相手方が表意者と同一の錯誤に陥っていたとき。 (4)上記(1)又は(2)による意思表示の取消しは、善意かつ過失がない第三者に対抗することができないものとする。 (注)上記(2)イ（不実表示）については、規定を設けないという考え方がある。	

H23. 4. 12 [中間論点整理]	H25. 2. 26 「中間試案」	消費者契約法関連論点
	第3 意思表示 **3 詐欺（民法第96条関係）** 民法第96条の規律を次のように改めるものとする。 (1) 詐欺又は強迫による意思表示は、取り消すことができるものとする。 (2) 相手方のある意思表示において、相手方から契約の締結について媒介をすることの委託を受けた者又は相手方の代理人が詐欺を行ったときも、上記(1)と同様とする（その意思表示を取り消すことができる）ものとする。 (3) 相手方のある意思表示について第三者が詐欺を行った場合においては、上記(2)の場合を除き、相手方がその事実を知り、又は知ることができたときに限り、その意思表示を取り消すことができるものとする。 (4) 詐欺による意思表示の取消しは、善意でかつ過失がな	誤認類型 第5条 媒介の委託を受けた第三者
第30 意思表示 **4 詐欺及び強迫** (1) 沈黙による詐欺 積極的な欺罔行為をするのではなく、告げるべき事実を告げないことで表意者を錯誤に陥れて意思表示をさせることも、詐欺に該当することがあるとされている。そこで、このことを条文上明記すべきであるという考え方があるが、これに対しては、現行の詐欺の規定があれば沈黙による詐欺に関する規定を設ける必要性を疑問視する指摘もある。このような指摘に該当する範囲（沈黙が詐欺に該当する場合の内容等）について、更に検討してはどうか。 (2) 第三者による詐欺 第三者が詐欺をした場合について、相手方がその詐欺の事実を知っていた場合だけではなく、知ることができた場合にも、表意者はその意思表示を取り消すことができるものとしてはどうか。また、法人が相手方である場合の従業員等、その行為について相手方が責任を負うべき者がした詐欺については、相手方が詐欺の事実を知っていたかどうかにかかわりなく取消しを認めるものとする方向で、相手方との関係に関する要件等について更に検討してはどうか。 **5 意思表示に関する規定の拡充**		
行為の一般原則に委ねるべきであるとの指摘もある。このような指摘も踏まえ、上記の考え方の当否について、更に検討してはどうか。 (6) 第三者保護規定 錯誤によってされた意思表示の存在を前提として新たに利害関係を有するに至った第三者を保護するための規定はなく、解釈に委ねられているが、このような第三者が保護される要件を明らかにするために新たに規定を設ける方向で、更に検討してはどうか。その際、心裡留保・通謀虚偽表示・詐欺に関する規定との整合性に留意しながら、第三者保護規定の配置の在り方について、更に検討してはどうか。規定内容については、例えば、表意者の犠牲の下に第三者を保護するには第三者の信頼が正当なものでなければならないとして、錯誤のリスクは本来表意者が負担すべきものであり、第三者は善意でかつ無過失であれば保護されるとの考え方と、これらの考え方の当否を含めて検討してはどうか。		

H23.4.12[中間論点整理]	H25.2.26[中間試案]	消費者契約法関連論点
詐欺、強迫など、民法上意思表示の取消しを許す場合とされていることがあるかについて、更に検討してはどうか。例えば、契約を締結するか否かの判断に影響を及ぼすべき事項に関して誤った事実を告げられたことによって表意者が意思表示をした場合には、意思表示を誤認し、錯誤に基づいて誤ってした意思表示を取り消すことができるという考え方があるが、表意者の相手方にとって有利な事実を告げなかったがために表意者にこれと表裏一体の関係にある不利益な事実の存在について誤認し、その誤認に基づいて意思表示をした場合（誤った事実を告げられたことに基づいて意思表示をした場合と併せて「不実表示」と呼ぶことがある。）には、表意者は意思表示を取り消すことができるという考え方がある。これらの考え方に対しては、適用の対象をそれを指摘する指摘や、表意者が事業者であって相手方が消費者である場合にはこのような規律を適用するのは適当ではないとの指摘、相手方に過大な負担を課す場合に認めるのであれば相手方の保護に欠けるとの指摘などもあるが、これらの指摘も踏まえ、上記の考え方について、更に検討してはどうか。 **第31 不当条項規制** **1 不当条項規制の要否、適用対象等** (1) 契約関係については基本的に契約自由の原則が妥当し、契約当事者は自由にその内容を決定できるのが原則であるが、今日の社会においては、対等な当事者が自由に交渉して契約内容を形成することによって契約内容の合理性が保障されるというメカニズムが働かない場合があり、このような場合には一方当事者の利益が不当に害されるような内容を持つに至った契約条項を規制する必要があるという考え方がある。このような考え方に従い、不当な契約条項の規制を民法上に設ける必要があるかについて、その必要性を判断する前提として不当条項規制に関する規定が民法に設ける必要があるとの指摘などにも留意しつつ、更に検討してはどうか。 (2) 民法に不当条項規制に関する規定を設けることを対象とする考え方があるとの指摘があるが、どのような契約であっても不当条項が使用されている場合には規制すべきであるとして、約款のほか、一定の契約類型を対象として不当条項を規制すべきであるという考え方がある。他方当事者が契約内容の形成に関与しないもの、例えば、約款は一方当事者が作成し、消費者契約においては消費者が情報量や交渉力等において劣位にあること	い第三者に対抗することができないものとする。 (注) 上記(2)については、媒介受託者及び代理人のほか、その行為について相手方が責任を負うべき者が詐欺を行ったときも上記(1)と同様とする旨の規定を設けるという考え方がある。 **[再掲]** **第30 約款** **5 不当条項規制** 前記 2 によって契約の内容となった契約条項のうち、当該条項が存在しない場合に比し、約款使用者の相手方の権利を制限し、又は相手方の義務を加重するものであって、その制限又は加重の内容、契約内容の全体、契約締結時の状況その他の一切の事情を考慮して相手方に過大な不利益を与える場合には、無効とする。 (注) このような規定を設けないという考え方がある。	不当条項規制

H23. 4.12 [中間論点整理]	H25. 2.26 [中間試案]	消費契約法関連論点
から、これらの契約においては契約内容の合理性を保障するメカニズムが働かないとして、これらをも不当条項規制の対象とする考え方がある。また、消極的な方法でも不当条項規制の対象を限定する考え方として、労働契約は不当な条項を使用した場合には規制の対象からの除外すべきであるとの考え方や、労働契約においては、使用者が不当な条項を使用しても規制の対象としないという片面的な考え方が、労働者が不当な条項を使用しても規制の対象としないという片面的な考え方も主張されている。これらの当否を含め、不当条項規制の対象について、更に検討してはどうか。 2 不当条項規制の対象から除外すべき契約条項 不当条項規制の対象とすべき契約類型に含まれる条項であっても、契約交渉の経緯等によって例外的に不当条項規制の対象から除外すべき条項があるかどうか、どのようなものを対象から除外すべきかについて、更に検討してはどうか。 例えば、個別に交渉された条項又は個別に合意された条項を不当条項規制の対象から除外すべきであるとの考え方がある。このような考え方の当否について、どのような条項は個別交渉又は個別合意があったとしても不当条項規制の対象から除外されないという例外を設ける必要がないかなどに留意しながら、更に検討してはどうか。 また、契約の中心部分に関する契約条項を不当条項規制の対象から除外すべきかどうかについて、中心部分とそれ以外の部分の区別の明確性や、一定の契約類型（例えば、消費者契約）に含まれる条項は中心部分に関する規制の可能性、一定の契約類型（例えば、消費者契約）に含まれる条項は中心部分に関する規制であっても不当条項規制の対象から除外されないという例外を設ける必要はないかなどに留意しながら、更に検討してはどうか。 3 不当性の判断枠組み 民法に不当条項規制に関する規定を設けることとする場合には、問題となる条項の不当性をどのように判断するかが問題となる。具体的には、条項の不当性を判断するに当たって比較対照すべき標準的な内容を任意規定に限定するか、条項の使用が予定されている多数の相手方と個別の相手方のいずれを想定して不当性を判断するか、不当性を判断するに当たって考慮すべき要素は何か、どの程度まで不当なものを規制の対象とするかなどが問題となり得るが、これらの点について、更に検討してはどうか。		

(228)

H23. 4.12 [中間論点整理]	H25. 2.26 [中間試案]	消費者契約法関連論点
4 不当条項の効力 民法に不当条項規制に関する規定を設けることとする場合には、ある条項が不当と評価された場合の効果が問題になるが、この点に関しては、不当条項規制の対象となる条項は不当とされる限度で一部の効力を否定されるとの考え方と、当該条項全体の効力を否定されるとの考え方がある。いずれが適当であるかについては、「条項全体」が契約内容のうちどの範囲を指すかを明確にすることができるか、法律行為の一部に含まれる特定の条項の無効原因がある場合の当該条項の効力をどのように考えるかなども留意しつつ、更に検討してはどうか。 また、不当な条項を無効とするか、取り消すことができるものとするかなどについて、更に検討してはどうか。 **5 不当条項リストを設けることの当否** 民法に不当条項規制に関する規定を設けることとする場合には、どのような条項が不当と評価されるのかについての予測可能性を高めることなどを目的として、不当条項規制に関する一般的規定（前記3及び4）に加え、不当と評価される可能性のある契約条項のリストを作成すべきであるとの考え方がある。これに対しては、硬直的な運用をもたらさないかとして反対する意見もある。そこで、不当条項のリストを設けるという考え方の当否について、一般的規定は民法に設けるとしてもリストは特別法に設けるという考え方の当否を含め、更に検討してはどうか。 また、不当条項のリストを作成する場合には、該当すれば常に不当とされ、条項使用者が不当性を阻却する事由を主張立証することができないものを列挙したリスト（ブラックリスト）と、条項使用者が不当性を阻却する事由を主張立証することによって不当性の評価を覆すことができるものを列挙したリスト（グレーリスト）を作成すべきであるとの考え方がある。これに対し、ブラックリストについては、どのような状況で使用されるかにかかわらず常に不当性が肯定される条項が少ないのではないかなどの問題が、グレーリストについては、使用者がこれに掲載された条項を回避することにより事実上ブラックリストとして機能するものではないかなどの問題が、それぞれ指摘されている。そこで、どのようなリストを作成するかについて、リストに掲載すべき条項の内容を含め、更に検討してはどうか。	**第32 無効及び取消し** 2 一部無効 **第5 無効及び取消し** 1 法律行為の一部無効	不当条項規制

(229)

H23. 4.12［中間論点整理］	H25. 2.26「中間試案」	消費者契約法関連論点
		決済の多様化
(1)法律行為に含まれる特定の条項の一部無効	法律行為の一部が無効となる場合であっても、法律行為のその余の部分の効力は妨げられないものとする。ただし、当該一部が無効であることを知っていれば当事者がその法律行為をしなかったと認められる場合には、その法律行為は無効とするものとする。 （注）このような規定を設けないという考え方がある。	
法律行為に含まれる特定の条項の一部に無効原因がある場合における当該条項の効力は、民法第604条などの個別の規定が設けられているときを除いて明らかではないため、原則として無効原因がある一部を除いた残部の効力は維持される旨の限度で一般的な規定を新たに設ける方向で、更に検討してはどうか。 このような原則を規定する場合には、併せてその例外を設けるかどうかが問題になる。例えば、一部に無効原因のあるものであって、無効原因がある部分以外の残部の全部が無効になるとすることが当該条項の性質から相当でない場合、当該条項の全部が無効になるとの考え方がある。また、民法に消費者概念を取り入れるべきであるとする場合、消費者契約の特則として、無効原因がある条項の全部を無効にすべきであるとの考え方がある。他方、これらの考え方に対しては「条項の全部」がどこまでを指すのかが不明確であるとの批判もある。そこで、無効原因がある限度で一部無効になるという原則の例外を設けることとその内容について、更に検討してはどうか。		
(2)法律行為の一部無効		
法律行為に含まれる一部の条項が無効である場合における当該法律行為の効力について、明らかにするため、原則として、当該条項のみが無効となり、法律行為の残部の効力は維持される旨の一般的な規定を新たに設ける方向で、更に検討してはどうか。 もっとも、このような場合に法律行為全体が無効になる場合について、例えば、当事者が無効となる条項を含んでいれば法律行為をしなかったという判断基準はどうか。また、どのような場合に法律行為全体が無効と認識していれば当該法律行為をしなかったと認められるかを判断する基準はどうか。このような判断基準となるかどうかを判断する基準はどうか。該条項が無効であるかどうかを判断する基準はどうか。該条項が無効であるにつきは当事者の意思をどのように考慮するかとの考え方などがある。このような考え方についてはどうか。 また、法律行為の一部が無効とされ、これを補充する必要が生じた場合における補充の方法について、例えば、個別の法律行為の趣旨や目的に適合した補充方法によるべきであるとする考え方などがある。これらの考え方を最優先とする考え方や、合理的な意思解釈によれば足りるとする考え方などがある。これらの考え方の当否を含め、上記の補充の方法について、更に検討してはどうか。		

(230)

H23.4.12 [中間論点整理]	H25.2.26 [中間試案]	消費者契約法関連論点
(3)複数の法律行為の無効 ある法律行為が無効であっても、原則として他の法律行為の効力に影響しないと考えられるが、このような原則には例外もあるとして、ある法律行為が無効である場合に他の法律行為が無効になることがある旨を条文上明記すべきであるとの考え方がある。これに対しては、適切な要件を規定することは困難になるとの指摘や、ある法律行為が無効である場合における他の法律行為の効力が問題になる場面には、これらの契約の当事者が同じである場合と異なる場合があり、その両者を区別すべきであるとの指摘がある。そこで、上記の指摘に留意しつつ、例外を条文上明記することの当否について、更に検討してはどうか。 例外を規定する場合の規定内容については、複数の法律行為の間に密接な関連性があり、当該法律行為が無効であるとすれば当事者が他の法律行為をしなかったと合理的に考えられる場合には他の法律行為も無効になることを明記することとする考え方があるが、これに対しては、密接な関連性という要件が不明確でなく、無効となる場合の範囲が拡大するのではないかとの懸念を示す指摘や、当事者が異なる場合に相手方の保護に欠けるとの指摘もある。そこで、例外を規定する場合の規定内容について、上記の指摘のほか、一つの契約の不履行に基づいて複数の契約の解除が認められるための要件との整合性にも留意しながら、更に検討してはどうか。 第32 無効及び取消し 3 無効な法律行為の効果 (1) 法律行為が無効である場合には、①無効な法律行為に基づく履行を請求することができないこと、②無効な法律行為に基づく履行がされているときは相手方に対してその返還を請求することができること、とは現在の解釈上も異論なく承認されているが、これを条文上明記することに関する規律との関係にも留意しながら、更に検討してはどうか。 (2) 返還請求権の範囲 ア 無効な法律行為に基づく履行がされているときは相手方に対してその返還を求めることができるが、この場合における返還請求権の範囲を明らかにする観点から、民法第703条以下の	第5 無効及び取消し 2 無効な法律行為の効果 (1) 無効とされた法律行為(取り消された法律行為を含む。)に基づく債務の履行として給付を受けた者は、その給付を返還しなければならないものとする。この場合において、果実を生じた果実を返還しなければならないものとする。この場合において、給付を受けたときから生じた果実の償還をしなければならないものとする。 (2) 上記(1)の無効な法律行為が有償契約である場合において	第5条関係 取消の効果

H23.4.12「中間論点整理」	H25.2.26「中間試案」	消費契約法関連論点
不当利得に関する規定とは別に、新たに規定を設けるかどうかについて、更に検討してはどうか。 イ 上記アの規定を設けるとした場合の内容については、例えば、次の①から③までを記載した内容の規定を設けることの考え方があることを踏まえ、更に検討してはどうか。 ① 原則として、受領した物を返還することができるときはこれを返還することとし、それができないときはその価額を償還しなければならない。 ② 上記①の原則に対する例外として、無効な法律行為が双務契約又は有償契約以外の法律行為である場合において、相手方が当該法律行為の無効を知らずに給付を受領したときは、利益が存する限度で返還すれば足りる。 ③ 無効な法律行為が双務契約又は有償契約である場合には、相手方が当該法律行為の無効を知らなかった場合にも、返還すべき価額は現存利益に縮減されない。ただし、この場合に返還すべき額は、給付受領者が当該法律行為に基づいて相手方に給付すべきであった価額を限度とする。 ウ 上記イ記載の考え方に加え、詐欺の被害者の返還義務を軽減する特則を設けるかどうかについて、無効原因等の性質によって返還義務を軽減する特則を設けるかどうかについても、検討してはどうか。 (3) 制限行為能力者・意思無能力者の返還義務の範囲 民法第121条は、契約が取り消された場合の制限行為能力者の返還義務を現存利益の範囲に縮減しているが、制限行為能力者がこのような利得消滅の抗弁を主張できる場面を限定する必要がないかどうかについて、更に検討してはどうか。その場合の規定内容については、例えば、制限行為能力者が、取消しの意思表示後、制限行為能力者が、利得消滅の抗弁を主張できることを知りながら受領したときは利得消滅の抗弁を認めないとの考え方がある。そこで、制限行為能力者の保護に欠けることにならないかとの指摘もある。そこで、制限行為能力者の返還義務の規定内容を限定する場合の規定内容について、更に検討してはどうか。 また、意思無能力に関する規定を新たに設ける場合に、意思無能力者の返還義務を制限行為能力者の返還義務と同様の規定を設ける方向で、更に検討してはどうか。この場合、自己の責めに帰すべき事由により一時的に意思能力を欠く状態になった者についても制限行為能力者と同様の利得消滅の抗弁を認めるかどうかについても、更に検討してはどうか。	て、給付を受けた者が給付を受けた当時、その法律行為の無効であること又は取り消すことができることを知らなかったときは、給付を受けた者が当該法律行為に基づいて現に受けている利益の額又は受けた価値の額のいずれか多い額を限度とする。 (3) 上記(1)の無効な法律行為が有償契約以外の法律行為である場合において、給付を受けた者が給付を受けた当時、その法律行為の無効であることを知らなかったときは、給付を受けた者は、それを受けた法律行為によって現に利益を受けている限度で上記(1)の返還の義務を負うものとする。 (4) 民法第121条ただし書に付け加えて、次のような規定を設けるものとする。 意思能力を欠く状態で法律行為をした者は、その法律行為によって現に利益を受けている限度で、返還の義務を負うものとする。ただし、意思能力を回復した後、その行為を知ってした時点でできてその法律行為によって現に利益を受けていた限度において、返還の義務を負うものとする。 (注)上記(2)については、「給付を受けた者に給付すべきであった価額又は現に受けている利益の額のいずれか多い額」を限度とするのではなく、「給付を受けた者が給付すべきであった価値の額」を限度とする考え方がある。	

H23. 4. 12 ［中間論点整理］	H25. 2. 26 ［中間試案］	消費者契約法関連論点
(4) 無効行為の転換 無効な行為が他の法律行為に適合している場合に、当該他の法律行為としての効力を認められることの有無及びその要件を明らかにするため、明文の規定に新たに設けるかどうかについては、その場合の他の規定の内容については、例えば、類似の法律効果が生ずる他の法律行為が無効な場合であっても、当該他の法律行為の要件を満たしているときは、当該他の法律行為としての効力を認めることができる旨の規定を設けるべきであるとの考え方の当否を含めて、更に検討してはどうか。 (5) 追認 無効な行為は追認によっても効力を生じないとされている（民法第119条本文）が、これを改め、錯誤や意思無能力による無効な行為などを事由の一方を保護することを目的として遡及的に有効とすることができるものとするかどうかについては、当該当事者が追認することによって遡及的に有効とすることができるものとするかどうかについて、これらの法律行為の効果の在り方の見直しとの関係にも留意しつつ、相手方の法的地位の安定を図る観点から、無効な行為を追認することができるものとする場合には、相手方に追認権者に催告する権利を与えるべきであるとの考え方を含め、どのような原因について、検討してはどうか。 4 取り消すことができる行為の追認 (1)追認の要件 取り消すことができる行為を追認するための要件（民法第124条第1項）については、取消原因となった状況が消滅したことだけではなく、対象となる行為について取消権を行使することができることを知っていることが必要であるとの考え方の当否について、更に検討してはどうか。 また、制限行為能力者（成年被後見人を除く。）について、法定代理人、保佐人又は補助人の同意を得て自ら追認することができることに加え、この場合には、法定代理人、保佐人又は補助人が補助又は対象となる行為について取消権を行使することができることを知っていることを要件とすることの当否について、更に検討してはどうか。 (2)法定追認	の額」を限度とするという考え方がある。 3 追認の効果（民法第122条関係） 民法第122条ただし書を削除するものとする。 4 取り消すことができる行為の追認（民法第124条関係） 民法第124条の規律を次のように改めるものとする。 (1) 取り消すことができる行為の追認は、取消権者が取消権を行使することができる状況が消滅し、かつ、追認をすることを知った後にしなければ、その効力を生じないものとする。 (2) 次に掲げるいずれかの場合には、上記(1)の追認は、取消しの原因となっていた状況が消滅した後にすることを要しないものとする。 ア 法定代理人又は制限行為能力者の保佐人若しくは補助人が追認をする場合 イ 制限行為能力者（成年被後見人を除く。）が法定代理人、保佐人又は補助人の同意を得て追認をする場合 5 法定追認（民法第125条関係） 民法第125条の規律は、法定追認事由として、「弁済の受領」及び「担保権の取得」を付け加えるものとする。 （注）「弁済の受領」及び「担保権の取得」を付け加えないという考え方がある。 6 取消権の行使期間（民法第126条関係） 民法第126条の規律を改め、取消権は、追認をすることができる時から3年間行使しないときは時効によって消滅するものとし、行為の時から10年を経過したときも、同様とするものとする。	取消権の行使期間

(233)

H23.4.12［中間論点整理］	H25.2.26［中間試案］	消費者契約法関連論点
法定追認事由について、判例や有力な学説に従って、相手方の債務の全部又は一部の受領及び担保の受領が法定追認事由であることを条文上明記すべきとの考え方があるが、追認することを知らなくても、単なる外形的事実によって追認の効果が生ずるとすれば、追認権者が認識しないまま追認が擬制されそれがあるとの指摘もある。このような指摘を踏まえ、上記の考え方の当否について、更に検討してはどうか。 **5 取消権の行使期間** (1) 期間の見直しの要否 取消権の行使期間については、追認可能時から5年間、行為時から20年間とされている（民法第126条）ところ、これは長すぎるとして、例えば、これを追認可能時から2年間又は3年間、行為時から10年間に短縮すべきとの考え方がある。これに対し、消費者には現行法の行使期間でも取消権を行使することができない者があり、行使期間を短縮すべきではないとの意見もある。そこで、取消権の行使期間の短縮の可否及び具体的な期間について、債権の消滅時効期間の在り方にも留意しつつ、更に検討してはどうか。 (2) 抗弁権の永続性 取消権の行使期間の制限が、取消権者が相手方からの履行請求を免れるために取消権を行使する場合にも及ぶかどうかについては、明文の規定がなく解釈に委ねられている。この点を明らかにするため、上記の場合には行使期間の制限はなくいつまでも取消権を行使できる旨の規定を新たに設けるべきとの考え方があるが、このような考え方の当否について、更に検討してはどうか。 **第36　消滅時効** **1　時効期間と起算点** (1) 原則的な時効期間について 債権の原則的な時効期間は10年である（民法第167条第1項）が、その例外として、時効期間を職業別に細かく区分している短期消滅時効制度（民法第170条から第174条まで）や商事消滅時効（商法第522条）などがあるため、実際に原則的な時効期間が適用されている債権の種類は、貸付債権、債務不履行に基づく損害賠償債権などのうち商事消滅時効の適	（注）民法第126条の規律を維持するという考え方がある。 **第7　消滅時効** **2　債権の消滅時効における原則的な時効期間と起算点（民法第166条第1項）** 【甲案】「権利を行使することができる時」という起算点を行使できた上で、10年間（同法第167条第1項）という時効期間を5年間に改めるものとする。 【乙案】「権利を行使することができる時」（民法第166条第1項）という起算点から10年間（同法第167条第1項）とい	 消滅時効の時効期間と起算点

(234)

H23. 4.12 [中間論点整理]	H25. 2.26 [中間試案]	消費者契約法関連論点

H23. 4.12 [中間論点整理]

用されないものや、不当利得返還債権などがその主要な例となる。しかし、短期消滅時効制度については、後記(2)アの問題点が指摘されており、この問題への対応として短期消滅時効制度を廃止して統一化を図ることとする場合には、短期消滅時効期間が適用されていた債権にも原則的な時効期間が適用されることとなる。そこで、短期消滅時効制度の廃止を含む時効期間の統一ないし単純化することとする場合には、短期消滅時効期間が実際に適用される債権の範囲の確定に留意しつつ、その時効期間の見直しの要否について、更に検討してはどうか。

具体的には、債権の原則的な時効期間を5年ないし3年に短期化すべきであるという考え方が示されているが、これに対しては、短期化の必要性を疑問視する指摘や、商事消滅時効の5年を下回るのは実務上の支障が大きいとの指摘がある。また、時効期間の長短は、起算点の定め方と関連付けて検討する必要があり、時効期間の進行の阻止が容易かどうかという点で時効障害事由の定め方とも密接に関わるとの指摘もある。そこで、これらの考え方を踏まえつつ、債権の原則的な時効期間を短期化すべきかどうかという上記の考え方の当否について、更に検討してはどうか。

(2) 時効期間の特則について

ア 短期消滅時効制度について

短期消滅時効制度については、時効期間が職業別に細かく区分されていることに対して、理論的にも実務的にも様々な問題が指摘されていることを踏まえ、見直しに伴う実務上の様々な影響に留意しつつ、職業に応じた区分（民法第170条から第174条まで）を廃止する方向で、更に検討してはどうか。

その際には、現在短期消滅時効の対象とされている一定の債権など、比較的短期の時効期間を定めるのが適当であると考えられるものを、どのように取り扱うかが問題となる。この点について、特別な対応は不要であるとする考え方がある一方で、①一定の債権を対象として比較的短期の時効期間を定める考え方（時効期間の短期化によって相当程度吸収することができても、時効期間の方が大きい）とする考え方、②職業別の区分によらない新たな短期消滅時効として、元本が一定額に満たない少額の債権を対象として短期の時効期間を設けるとする考え方などがあることを踏まえ、更に検討してはどうか。

イ 定期金債権

H25. 2.26 [中間試案]

う時効期間を維持した上で、「債権者が債権発生の原因及び債務者を知った時（債権者が権利を行使することができることを知った時）より前に債権発生の原因及び債務者を知っていたときは、権利を行使することができる起算点から [3年間／4年間／5年間] という時効期間を新たに設け、いずれかの時効期間が満了した時に消滅時効が完成するものとする。

(注) [甲案] と同様に「権利を行使することができる時」という起算点に「権利を行使することができる時」という起算点を新たに設けるという考え方もある。

民法第166条第1項と同法第167条第1項という2つの起算点を維持した上で、事業者間の契約に基づく消費者に対する債権については5年間、消費者契約に基づく事業者に対する債権については3年間の時効期間を新たに設けるという考え方がある。

3 定期金債権の消滅時効（民法第168条第1項関係）

(1) 民法第168条第1項前段の規律を改め、定期金の債権についての消滅時効は、次の場合に完成するものとする。

ア 第1回の弁済期から [10年間] 行使しないとき

イ 最後に弁済があった時において未払となっている給付があるときは、最後の弁済の時から [10年間] 行使しないとき

ウ 最後に弁済があった時において未払となっている給付がない場合には、次の弁済期から [10年間] 行使しないとき

(2) 民法第168条第1項後段を削除するものとする。

4 不法行為による損害賠償請求権の消滅時効（民法第724条関係）

民法第724条の規律を改め、不法行為による損害賠償の請求権は、次に掲げる場合のいずれかに該当するときは、時効によって消滅するものとする。

(1) 被害者又はその法定代理人が損害及び加害者を知っ

(235)

H23. 4.12 [中間論点整理]	H25. 2.26 「中間試案」	消費者契約法関連論点

H23. 4.12 [中間論点整理]

定期金債権の消滅時効に関しては、長期に及ぶ定期的な給付を負担する者が、未発生の定期給付債権（支分権）があるとして消滅時効の利益を受けられないという不都合を避けるために、例外的な取扱いが規定されている（民法第 168 条）。その趣旨を維持することを踏まえつつ、消滅時効期間を「第 1 回の弁済期から 20 年」としているのを改め、各定期給付債権の弁済期が最後に弁済された時から 10 年とする案などを対象として、規定の見直しの要否について、更に検討してはどうか。

ケ 判決等で確定した権利

確定判決等によって確定した権利は、高度の確実性をもって確定されたものであり、その後も時効完成を阻止するために短期間のうちに権利行使することを求めるのは適当でないことなどから、短期の時効期間に対する例外規定が設けられている（民法第 174 条の 2）。この規定に関しては、消滅時効期間の見直しや原則的な時効期間に関する見直しを踏まえつつ、現在と同様に、短期の時効期間に対する例外的な取扱いを定める方向で、更に検討してはどうか。

エ 不法行為による損害賠償請求権

不法行為による損害賠償請求権の期間制限に関しては、債権一般の消滅時効に関する見直しを踏まえ、債務不履行に基づく損害賠償請求権と異なる取扱いをする必要性の有無に留意しつつ、現在のような特則（民法第 724 条）を廃止することの当否について、更に検討してはどうか。また、不法行為の時から 20 年という客観的起算点からの長期の期間制限（同条後段）に関し、判例は除斥期間としているが、これを時効であることを明確にする方向で、更に検討してはどうか。

他方、生命、身体等の侵害による損害賠償請求権に関しては、債権（被害者）を特に保護する必要性が高いことを踏まえ、債権一般の原則的な時効期間の見直しにかかわらず、現在の不法行為による損害賠償請求権よりも時効期間を長期とする特則を設ける方向で、生命及び身体の侵害を中心に検討してはどうか。その際、特則の対象範囲や期間について、被侵害利益とは異なる観点（例えば、加害者の主観的態様）からの限定の要否等に留意しつつ、更に検討してはどうか。

(3) 時効期間の起算点について

H25. 2.26 「中間試案」

た時から 3 年間行使しないとき

(2) 不法行為の時から 20 年間行使しないとき

5 生命・身体の侵害による損害賠償請求権の消滅時効

生命・身体［又はこれらに類する］の侵害による損害賠償請求権の消滅時効については、前記 2 における債権の消滅時効における原則的な時効期間に応じて、それよりも長期の時効期間を設けるものとする。

(注) このような特則を設けないという考え方がある。

7 時効の停止事由

時効の停止事由に関して、民法第 158 条から第 160 条までの規律を維持するほか、次のように改めるものとする。

(1) 次に掲げる事由がある場合において、前記 6(1)の更新事由が生ずることなくこれらの手続が終了したときは、その終了の時から 6 か月を経過するまでの間は、時効は、完成しないものとする。この場合において、その期間中に行われたこれらの手続の再度の効力については、時効の停止の効力を有しないものとする。

ア 裁判上の請求

イ 支払督促の申立て

ウ 和解の申立て又は民事調停法・家事事件手続法による調停の申立て

エ 破産手続参加、再生手続参加又は更生手続参加

オ 強制執行、担保権の実行としての競売その他の民事執行の申立て

カ 仮差押命令その他の保全命令の申立て

(2) 上記(1)アによる時効の停止の効力は、債権の一部についてのみ訴えが

H23. 4.12［中間論点整理］	H25. 2.26［中間試案］	消費者契約法関連論点
時効期間の起算点に関し、時効期間に関する検討を踏まえつつ、債権者の認識や権利行使の期待可能性といった主観的事情を考慮する起算点（主観的起算点）を導入するとした場合における各種の債権の時効期間との関係について、実務に与える影響に留意しつつ、更に検討してはどうか。 また、「権利を行使することができる時」（民法第166条第1項）という客観的起算点についても、債権の種類や発生原因等によって必ずしも明確とは言えず、紛争が少なくないとの指摘があることから、一定の類型ごとに規定内容の明確化を図ることの要否及びその内容について、検討してはどうか。 さらに、預金債権等に関して、債権に関する記録（銀行等）に関する債務者（銀行等）による債権の管理・保存の便宜としての権利行使の期待可能性を見ると、起算点に関する例外的な取扱いを設けるべきであるとする考え方の当否について、預金債権等に限ってそのような法的義務が課されているといないとの指摘があることも踏まえ、更に検討してはどうか。 (4)合意による時効期間等の変更 当事者間の合意で法律の規定と異なる時効期間や起算点を定めることの可否について、現在の解釈論では、時効完成を容易にする方向での合意は許容される等の学説があるものの、必ずしも明確ではない。そこで、合意による時効期間等の変更を原則として許容しつつ、合意の内容や時期等に関する所要の制限を条文上明確にするという考え方がありうることから、このような考え方の当否について、交渉力において劣る当事者への配慮に留意しながら、更に検討してはどうか。 交渉力に劣る当事者への配慮の在り方として、例えば、消費者概念を民法に取り入れることとする場合には、消費者契約においては法律の規定により消費者に不利となる合意による変更を認めないという特則を設けるべきであるとする考え方があるが、このような考え方の当否について、強行規定か任意規定かの区別の明記（法律行為に関する通則）の議論との整合性に留意しつつ、強行規定かどうか	損記された場合であっても、その債権の全部に及ぶものとする。 (3)民法第155条の規律を改め、上記(1)オ又はカの申立ては、時効の利益を受ける者に対してしていないときは、その者に通知をした後でなければ、時効の停止の効力を生じないものとする。 (4)民法第153条の規律を改め、催告があったときは、その時から6か月を経過するまでの間は、時効は、完成しないものとする。この場合において、その期間中に行われた再度の催告は、時効の停止の効力を有しないものとする。 (5)民法第161条の規律を改め、時効期間の満了の時に当たり、天災その他避けることのできない事変のために上記(1)アからカまでの手続を行うことができないときは、その障害が消滅した時から6か月を経過するまでの間は、時効は、完成しないものとする。 (6)当事者間で権利に関する協議を行う旨の［書面による］合意があったときは、次に掲げる期間のいずれかを経過するまでの間は、時効は、完成しないものとする。 ア 当事者の一方が相手方に対して協議の続行を拒絶する旨の［書面による］通知をした時から6か月 イ 上記の［書面による］合意があった時から［1年］ (注)上記(6)については、このような規定を設けないという考え方がある。	不当条項規制関係（現行第10条）
	なし	

第37 契約各則―共通論点

2 強行規定と任意規定の区別の明確化

契約各則の規定のうち、どの規定が任意規定であり、どの規定が強行規定であるかを条文上明らかにすることが望ましいとの考え方について、前記第28（法律行為に関する通則）、

3（強行規定と任意規定の区別の明記）の議論との整合性に留意しつつ、強行規定かどうか

(237)

H23.4.12[中間論点整理]	H25.2.26[中間試案]	消費者契約法関連論点
を区別することの可否やその程度、区別の基準の在り方、区別をする場合における個々の規定の表現等を含め、検討してはどうか。 **第40 売買—売買の効力（担保責任以外）** **4 その他の新規規定** (3)消費者と事業者との間の売買契約においては、消費者である買主の権利を制限したり消費者である売主の責任を加重する条項の効力を制限する方向で何らかの特則を設けるべきであるとの考え方の当否について、更に検討してはどうか。 **第44 消費貸借** **1 消費貸借の成立** (3)目的物の交付前における消費貸借の借主の解除権 仮に消費貸借を諾成契約として規定する場合であっても、貸主が事業者であり借主が消費者であるときには、利息の有無や書面の有無を問わず、貸主が目的物を借主に交付するまでは、借主は消費貸借を解除することができるとの特則を設けるべきであるという考え方が示されている。このような考え方の当否について、そもそも解除する必要があるかどうかなど義務から解放されることを想定しているのかなどを整理するとの意見や、その適用場面を営業的金銭消費貸借（利息制限法第5条）の場合にまで拡張して、借主が事業者であるものも含めるべきであるなどの意見を踏まえて、更に検討してはどうか。	なし **第37 消費貸借** **1 消費貸借の成立等（民法第587条関係）** 民法第587条の規律を次のように改めるものとする。 (1)消費貸借は、当事者の一方が金銭その他の物を相手方から借り受けることを約し、相手方がその借り受けた物と種類、品質及び数量の同じ物をもって返還をすることを約することによって、その効力を生ずるものとする。 (2)上記(1)にかかわらず、書面でする消費貸借は、当事者の一方が金銭その他の物を引き渡すことを約し、相手方がその受け取った物と種類、品質及び数量の同じ物をもって返還をすることを約することによって、その効力を生ずるものとする。 (3)消費貸借がその他の電磁的記録（電子的方式、磁気的方式その他の人の知覚によっては認識することができない方式で作られる記録であって、電子計算機による情報処理の用に供されるものをいう。）によってされたときは、その消費貸借は、書面によってされたものとみなすものとする。 (4)上記(2)又は(3)の消費貸借の借主は、貸主から金銭その他の物を受け取るまで、その消費貸借の解除をすることができるものとする。この場合において、貸主に損害が生じたときは、	売買契約 不当条項規制（損害賠償予定条項との関係）

(238)

H23. 4.12［中間論点整理］	H25. 2.26「中間試案」	消費者契約法関連論点
	借主は、その損害を賠償しなければならないものとする。 (5) 上記(2)又は(3)の消費貸借は、借主が貸主から金銭その他の物を受け取る前に当事者の一方が破産手続開始の決定を受けたときは、その効力を失うものとする。 (注) 上記(4)第2文については、規定を設けない（解釈に委ねる）という考え方がある。	
4 期限前弁済に関する規律の明確化 (2)事業者が消費者に融資をした場合の特則 仮に、返還時期の定めのある利息付消費貸借において、貸主が事業者であり借主が消費者であるときには、借主は返還時期の定めにかかわらず期限前弁済をすることができるとの特則を設けた上、期限前弁済をすることが許されるときの適用場面に生ずる損害を賠償することなく期限前弁済をすることができるとの考え方が示されている。このような考え方の当否について、借主が事業者である場合にまで拡張して、期限前弁済があった場合に貸主に生ずる損害を賠償する義務を負うこと（利息制限法第5条）の当否の一方で、期限前弁済の意見があるなどの意見があることなどを踏まえて、更に検討してはどうか。	**6 期限前弁済（民法第591条第2項、第136条第2項関係）** 民法第591条第2項の規律を次のように改めるものとする。 (1) 当事者が返還の時期を定めなかったときは、借主は、いつでも返還をすることができるものとする。 (2) 当事者が返還の時期を定めた場合であっても、借主は、いつでも返還をすることができるものとする。この場合において、貸主に損害が生じたときは、借主は、その損害を賠償しなければならないものとする。	不当条項規制（損害賠償予定条項との関係）
5 抗弁の接続 消費貸借の規定の見直しに関連して、消費者が物品若しくは権利を購入する契約又は有償で役務の提供を受ける契約を締結する際に、これらの供給者とは異なる事業者との間で消費貸借契約を締結して信用供与を受けた場合に、一定の要件の下で、借主である消費者が供給者に対して生じている事由をもって貸主である事業者に対抗することができる（抗弁の接続）との規定を新設すべきであるとの考え方が示されている。このような考え方の当否について、民法に抗弁の接続の規定を設けることを疑問視する意見があることも踏まえつつ、割賦販売法の規定内容をも踏まえて、どのような要件を設定すべきかについて、更に検討してはどうか。 また、その際には、どのような要件を設定すべきかについて、更に検討してはどうか。	なし	決済関係

(239)

H23. 4.12［中間論点整理］	H25. 2.26［中間試案］	消費者契約法関連論点
第45 賃貸借 **7 賃貸借の終了** (2)賃貸借終了時の原状回復 　賃貸借終了時における賃借人の原状回復に関して、使用賃借についての簡略な規定（民法第598条）が賃貸借に準用されるのみである（同法第616条）という現状を改め、収去権とは区別して、賃借人の原状回復義務の規定を整備する方向で、更に検討してはどうか。 　その際には、賃借物に附属させた物がある場合と賃借物に損傷がある場合の区別に留意し、後者（賃借物の損傷）に関しては原状回復の範囲に通常損耗の部分が含まれないことを条文上明記することの当否について、更に検討してはどうか。これを条文上明記する場合には、賃貸人が事業者であり賃借人が消費者であるときはこれに反する特約を無効とすべきであるとの考え方が併せて示されているが、このような考え方の当否についても、更に検討してはどうか。 　また、「原状に復して」（同法第598条）という表現は分かりにくいという指摘があることから、これに代わる適切な表現について、検討してはどうか。	**第38 賃貸借** **13 賃貸借終了後の収去義務及び原状回復義務（民法第616条、第598条関係）** 　民法第616条（同法第598条の準用）の規律を次のように改めるものとする。 (1)賃借人は、賃借物を受け取った後にこれに附属させた物がある場合において、賃貸借が終了したときは、その附属させた物を収去する権利を有し、義務を負うものとする。ただし、賃借物から分離することができない物又は賃借物から分離するのに過分の費用を要する物については、この限りでないものとする。 (2)賃借人は、賃借物を受け取った後にこれに生じた損傷がある場合において、賃貸借が終了したときは、その損傷を原状に復する義務を負うものとする。この場合において、その損傷が賃貸借契約の趣旨に照らして賃借人の責めに帰することができない事由によって生じたものであるときは、賃借人は、その損傷を原状に復する義務を負わないものとする。 (3)賃借人は、賃借物の通常の使用及び収益をしたことにより生じた賃借物の劣化又は価値の減少については、これを原状に復する義務を負わないものとする。	不当条項規制関係（賃貸借契約）
第49 委任 **2 委任者の義務に関する規定** (3)受任者が受けた損害の賠償義務 　受任者は、受任者が委任事務を処理するに当たって過失なく被った損害について無過失責任を負うとされている（民法第650条第3項）が、消費者及び事業者概念を民法に取り入れる場合には、受任者が事業者であり委任者が消費者である場合の特則として、委任者が無過	**第41 委任** **3 受任者が受けた損害の賠償義務（民法第650条第3項関係）** 　民法第650条第3項の規律に付け加えて、委任事務が受任者にとって専門的な知識又は技能を要するものである場合において、その専門的な知識又は技能を有する者であればその委任事務の処理に伴ってその損害が生ずるおそれがある	

H23. 4. 12 [中間論点整理]	H25. 2. 26 [中間試案]	消費者契約法関連論点
第52 寄託の義務 (1)寄託者の損害賠償責任（民法第661条） 民法第661条に対しては、委任者の無過失責任を定めた同法第650条第3項との権衡を失しているのではないかという立法論的な批判がされており、学説上、無償寄託の場合には同項を類推適用して寄託者に無過失責任を負わせるべきであるという見解が主張されていることを踏まえて、同法第661条の規定を見直し、一定の場合に寄託者に無過失責任を負わせるべきであるとの考え方が示されている。これに対しては、取引実務の観点からは現在の規定が合理的であって見直しの必要がないとの意見がある一方で、見直しの必要性を肯定しつつも、無過失責任とすることに反論する意見に応じて寄託者の責任を軽減する特約を締結する余地もあることにも留意しつつ、上記の考え方の当否について、具体的な規定の在り方を含めて、更に検討してはどうか。 仮に規定を見直す場合には、寄託者に無過失責任を負わせる考え方、有償寄託と無償寄託のいずれについても、原則として、受寄者が事業者で、寄託者が消費者である場合に、受寄者が寄託物の性質又は状態を過失なく知らなかった場合には免責されることとする考え方があることを踏まえて、更に検討してはどうか。	第43 寄託 5 寄託者の損害賠償責任（民法第661条関係） 民法第661条の規律を次のように改めるものとする。 (1) 寄託者は、寄託物の性質又は状態に起因して生じた損害を受寄者に賠償しなければならないものとする。 (2) 上記(1)にかかわらず、次のいずれかに該当する場合には、寄託者は、上記(1)の損害を賠償する責任を負わないものとする。 ア 受寄者が有償で寄託を受けた場合において、寄託者が過失なく上記(1)の性質又は状態を知らなかったとき。 イ 受寄者が上記(1)アに代えて、寄託物の性質又は状態を知っていたとき。 (注) 上記(2)アに代えて、寄託者が専門的な知識又は技能を要するものであり、その専門的な知識又は技能を有する受寄者であればその寄託物の保管に伴ってその損害が生ずるおそれがあることを知り得ることを知り得ることとする考え方がある。	
第59 契約の解釈 1 契約の解釈に関する原則を明文化することの要否 民法は契約の解釈を直接規律した規定を設けていないが、この作業が契約内容を確定するに当たって重要な役割を果たしていることからすれば、その基本的な考え方が不明確な状態にあることは望ましくないことなどから、契約の解釈に関する基本的な原則（具体的な内容として、例えば、後記2以下参照）を民法に規定する考え方がある。これに対しては、契約の解釈に規定を設ける必要性は感じられないとの指摘や、解釈に関する抽象的・一般的な規定を設けることの当否に	第29 契約の解釈 1 契約の内容について当事者が共通の理解をしていたときは、契約は、その理解に従って解釈しなければならないものとする。 2 契約の内容について当事者の共通の理解が明らかでないときは、契約は、当事者が用いた文言その他の表現の通常の意味のほか、当該契約に関する一切の事情を考慮し	契約の解釈

(241)

H23. 4. 12「中間論点整理」	H25. 2. 26「中間試案」	消費者契約法関連論点
関するルールと事実認定の問題との区別に留意しながら、事実認定すべきであるなどの指摘がある。これらの指摘も考慮しながら、契約の解釈に関する規定を設けるかどうかについて、更に検討してはどうか。 **2 契約の解釈に関する基本原則** 契約の解釈に関する基本的な原則として、契約は、当事者の意思が一致しているときはこれに従って解釈しなければならない旨の規定を設けてはどうか。他方、当事者の意思が一致していないときは、当該事情の下において合理的に考えたならば理解したであろう意味に従って解釈するという考え方の当否について、更に検討してはどうか。 また、上記の原則によって契約の内容を確定することができない事項について補充する必要がある場合、当事者がそのことを知っていれば合意したと考えられる内容が確定できるときはこれに従って契約を解釈するという考え方の当否について、更に検討してはどうか。 **3 条項使用者不利の原則** 条項の意義を明確にする義務を条項を準備した側の当事者（あらかじめ当該条項に合意する側の当事者）に負わせるという観点から、約款又はこれに準ずるものに含まれる条項の意義が一般的な手法で解釈してもなお多義的である場合には、条項使用者にとって不利な解釈を採用するのが信義則の要請に合致するとの考え方（条項使用者不利の原則）がある（消費者契約法第62、2回）。このような考え方に対しては、予見不可能な事象についてのリスクを一方的に条項使用者に負担させることになって適切ではないとの指摘や、このような原則を規定する結果として、事業者が戦略的に不明確な条項を設ける行動をとるおそれがあるとの指摘がある。このような指摘も考慮しながら、上記の考え方の当否について、更に検討してはどうか。 条項使用者不利の原則の適用範囲については、上記のとおり約款と消費者契約を対象とすべきであるとの考え方があるが、労働の分野において労働組合が労働協約に該当するとしても同原則を適用すべきではないかとの指摘もあることから、このような指摘の当否も含めて、更に検討してはどうか。 **第60 継続的契約等** **1 規定の要否等** 継続的契約に関しては、その解消をめぐる紛争が多いことから、主に支払の解消の場面について、裁判例を分析することを通じて、期間の定めの有無を考慮しつつ、継続的契約一般に妥当する規定を設けるべく	で、当該契約の当事者が合理的に考えれば理解したと認められる意味に従って解釈しなければならないものとする。 3 上記1及び2によって確定することができない事項が残る場合において、当事者がそのことを知っていれば合意したと認められる内容を確定することができるときは、契約は、その内容に従って解釈しなければならないものとする。 （注）契約の解釈に関する規定を設けないという考え方がある。また、上記3のような規定のみを設けないという考え方がある。 **第34 継続的契約** **1 期間の定めのある契約の終了** (1) 期間の定めのある契約は、その期間の満了によって終了するものとする。	継続的契約

H23. 4. 12「中間論点整理」	H25. 2. 26「中間試案」	消費者契約法関連論点
さできるとの考え方がある。このような考え方の当否について、多種多様な継続的契約を統一的に取り扱うとすることに慎重な意見があること、仮に継続的契約一般に妥当する規定を設ける場合には、隣接する典型契約の規定との関係を整理する必要があることに留意しつつ、更に検討してはどうか。 **2 継続的契約の解消の場面に関する規定** (1) 期間の定めのない継続的契約の終了 仮に継続的契約一般に妥当する規定を設ける場合 (前記1参照) には、期間の定めのない継続的契約に関し、当事者の一方が他方に対し、あらかじめ合理的な期間を置いて解約の申入れをすることにより、将来に向かって終了するとする方向で、他方当事者との関係について裁判例が存在することも踏まえ、より厳格な要件を課すとの指摘があることも踏まえて、更に検討してはどうか。 (2) 期間の定めのある継続的契約の終了 仮に継続的契約一般に妥当する規定を設ける場合 (前記1参照) には、期間の定めのある継続的契約に関し、期間の満了によって契約が終了することを原則としつつ、更新を拒絶することが信義則上相当でないと認められるときは、例外的に更新の申出を拒絶することができないとする規定を設けるかどうかについて、期間の定めのある継続的契約が改めて締結されたとみなされるなどの指摘があることも踏まえて、更に検討してはどうか。 (3) 継続的契約の解除 仮に継続的契約一般に妥当する規定を設ける場合 (前記1参照) には、継続的契約の解除に関し、契約当事者間の信頼関係を破壊するような債務不履行があれば解除することができるとの考え方について、債務不履行解除と別に、やむを得ない事由がある場合には、継続的契約を解除させてもよいという意見があることも踏まえて、更に検討してはどうか。 (4) 消費者・事業者間の継続的契約の解除 消費者・事業者間の継続的契約の解除については、消費者は将来に向けて契約を任意に解除することができるとすべきであるとの考え方(後記第62、2②参照)が提示されている。そこで、この考え方の当否について、検討してはどうか。	(2) 上記(1)にかかわらず、当事者の一方が契約の更新を申し入れた場合において、当該契約の趣旨、契約に定めた期間の長短、従前の更新の有無及びその経緯その他の事情に照らし、当該契約を存続させることについて正当な事由があると認められるときは、当該契約は、従前と同一の条件で更新されたものとみなすものとする。ただし、その期間は、定めがないものとする。 (注) これらのような規定を設けない (解釈に委ねる) という考え方がある。 **2 期間の定めのない契約の終了** (1) 期間の定めのない契約の当事者の一方は、相手方に対し、いつでも解約の申入れをすることができるものとする。 (2) 上記(1)の解約の申入れがされたときは、当該契約は、解約の申入れの日から相当な期間を経過することによって終了するものとする。この場合において、解約の申入れに相当な予告期間が付されていたときは、当該契約は、その予告期間を経過することによって終了するものとする。 (3) 上記(1)及び(2)にかかわらず、当事者の一方が解約の申入れをした場合において、当該契約の趣旨、契約の締結から解約の申入れまでの期間の長短、予告期間の有無その他の事情に照らし、当該契約を存続させることについて正当な事由があると認められるときは、当該契約は、その解約の申入れによっては終了しないものとする。 (注) これらのような規定を設けない (解釈に委ねる) という考え方がある。	

H23. 4.12 [中間論点整理]	H25. 2. 26「中間試案」	消費者契約法関連論点
(5)解除の効果 仮に継続的契約の一般に妥当する規定を設ける場合（前記1参照）には、民法上、賃貸借や委任等の継続的契約について設けられている規定（民法第620条、第652条等）と同様に、継続的契約の解除は将来に向かってのみその効力を生ずるものとする方向で、更に検討してはどうか。	3 解除の効力 前記1(1)又は2(1)の契約を解除した場合には、その解除は、将来に向かってのみその効力を生ずるものとする。	
第62 消費者・事業者に関する規定 1 民法に消費者・事業者に関する規定を設けることの当否 (1) 今日の社会においては、市民社会の構成員が多様化し、「人」という単一の概念で把握することが困難になっており、民法が私法の一般法としての役割を果たすためには、現実の人に注目する必要があるとの問題意識が示されている。一般法への対応は消費者契約法や労働関係法などの特別法に委ねるべきであり、民法には抽象的な「人」を念頭に置いて原則的な規定を設けることにとどめるべきであるとの指摘もある。以上を踏まえ、民法が当事者間の格差に対してどのように対応すべきかについて、消費者契約法や労働関係法令等の特別法との関係にも留意しながら、例えば下記(2)や(3)記載の考え方が示されていることを踏まえて、更に検討してはどうか。 (2) 上記(1)で述べた対応の在り方の一つとして、当事者間に知識・情報・交渉力等の格差がある場合には、劣後する者の利益に配慮する必要があるとの抽象的な解釈理念を規定すべきであるとの考え方がある（下記(3)の考え方を排斥するものではない）。このような考え方の当否について、検討してはどうか。 (3) また、上記(1)で述べた対応の他の在り方として、抽象的な「人」概念に加え、消費者や事業者の考え方を民法に取り入れるべきであるという考え方がある（上記(2)の考え方を排斥するものではない）。このような考え方については、現実の社会において大きな比重を占めていることや、消費者に関する法理の発展させていく見地から支持する意見がある一方で、法律の規定が複雑で分かりにくくなり実務に混乱をもたらすとの指摘、民法に消費者に関する特別規則を設けることにつながるとの指摘、抽象的な規定が設けられることにより本来規制されるべきでない経済活動を委縮させるとの指摘などが示されてい	第26 契約に関する基本原則等 4 信義則等の適用に当たっての考慮要素 消費者と事業者との間で締結される契約（消費者契約）のほかに、情報の質及び量並びに交渉力の格差がある当事者間で締結される契約に関しては、民法第1条第2項及び第3項その他の規定の適用に当たって、その格差の存在を考慮しなければならないものとする。 (注)このような規定を設けないという考え方がある。また、「消費者と事業者との間で締結される契約（消費者契約）」のほかという例示を設けないという考え方がある。	第1条 目的

(244)

H23. 4.12 [中間論点整理]	H25. 2.26 [中間試案]	消費者契約法関連論点
る。これらの指摘も考慮しながら、民法に「消費者」や「事業者」の概念を取り入れるかどうかについて、設けるべき規定の具体的内容の検討も進めつつ、民法と特別法との役割分担の在り方が問題となる。「消費者」の定義については、消費者契約法上の「消費者」と同様に定義すべきであるとの考え方や、これよりも拡大すべきであるとの考え方がある。また、民法と特別法との役割分担の在り方については、消費者契約に関する特別則（具体的な内容は後記 2 参照）や事業者に関する特別則（具体的な内容は後記 3 参照）を民法に規定するという考え方、このような個別の規定の制定は特別法に委ね、民法には、消費者契約や事業者に関する民法の解釈に関する理念的な規定を設けるという考え方などがある。これらの考え方を民法と特別法に取り入れる場合の民法と特別法の役割分担について、更に検討してはどうか。 **2 消費者契約の特則** 仮に消費者・事業者概念を民法に取り入れることとする場合に、消費者契約（消費者と事業者との間の契約）に関する特別則としてどのような規定を設ける必要があるかについて、これらを含め、消費者契約に適用される特別則としてどのような規定を設ける必要があるかについて、更に検討してはどうか。 ① 消費者契約における不当条項規制の対象とすること（前記第 31） ② 消費者契約における、法律行為に含まれる条項の一部について無効原因がある場合に、当該条項全体を無効とすること（前記第 32、2(1)） ③ 消費者契約においては、債権の消滅時効の時効期間や起算点について法律の規定により消費者に不利となる合意をすることができないとすること（前記第 36、1(4)） ④ 消費者と事業者との間の売買契約において、消費者である買主の権利を制限し、又は消費者である売主の責任を加重する合意の効力を制限する方向で何らかの特則を設けること（前記第 40、4(3)） ⑤ 消費者貸借を諾成契約とする場合であっても、貸主が事業者であり借主が消費者であるときには、目的物交付前は、借主は消費貸借を解除することができるものとすること（前記第 44、1(3)） ⑥ 貸主が事業者であり借主が消費者である消費貸借においては、借主は貸主に生ずる損害を賠償することなく期限前弁済をすることができるとすること（前記第 44、4(2)） ⑦ 消費者が物品若しくは権利を購入する契約又は有償で役務の提供を受ける契約を締結	[前述のとおり]	消費者契約の特則

(245)

H23. 4.12［中間論点整理］	H25. 2.26「中間試案」	消費者契約法関連論点
する際に、これらの供給者とは異なる事業者との間で消費貸借契約を締結して信用供与を受けた場合は、一定の要件の下で、借主である消費者は、貸主である事業者に対して生じている事由をもって貸主に対抗することができるとすること（前記第 44, 5）		
⑧ 賃貸人が事業者であり賃借人が消費者である賃貸借においては、終了時の賃借人の原状回復義務に通常損耗の回復が含まれる旨の特約の効力は認められないとすること（前記第 45, 7(2)）		
⑨ 受任者が事業者であり委任者が消費者である委任契約においては、委任者が無過失であった場合、受任者が委任事務を処理するに当たって過失なく被った損害についての賠償責任（民法第 650 条第 3 項）が免責されるとすること（前記第 49, 2(3)）		
⑩ 受託者が事業者であり寄託者が消費者である寄託契約においては、寄託者が寄託物の性質又は状態を過失なく知らなかった場合、これによって受寄者に生じた損害について の賠償責任（民法第 661 条）が免責されるとすること（前記第 52, 5(1)）		
⑪ 消費者契約の解釈について、条項使用者不利の原則を採用すること（前記第 59, 3）		
⑫ 継続的契約が消費者契約である場合には、消費者は将来に向けて契約を任意に解除することができるとすること（前記第 60, 2(3)）	なし	
3 事業者間契約に関する特則 (1) 事業者間契約に関する特則 仮に事業者概念を民法に取り入れることとする場合に、例えば、次のような事項について事業者と事業者との間の契約に適用される特則を設けるべきであるという考え方がある。これらを含め、事業者間契約に関する特則としてどのような規定を設ける必要があるかについて、更に検討してはどうか。 ① 事業者間契約においては、債務者が帰責事由に該当しないことを主張立証した場合に限り、債務不履行を理由として契約を解除することができるとすること。重大な契約違反に該当しない場合は、解除が否定されるとすること ② 事業者間の定期売買においては、履行を遅滞した当事者は相手方が履行の請求と解除のいずれを選択するかの確答を催告することができ、確答がなかった場合は契約が解除されたものとみなすこと ③ 事業者間の売買について買主の受領拒絶又は受領不能の場合における供託権、自助売却権について買について的物の相場がある場合には任意売却ができるとすること		事業者間契約

参考資料5

消費者契約法日弁連改正試案

２０１２年（平成２４年）２月１６日
日本弁護士連合会

＜「消費者契約法日弁連改正試案」の提言に当たって＞

1 消費者契約法の制定と意義

　消費者契約法（以下「本法」という。）は，消費者・事業者間の情報・交渉力格差の是正という観点から，消費者契約に関する包括的民事ルールを規定する民法，商法の特別法として，２０００年（平成１２年）４月に制定され，２００１年（平成１３年）４月に施行された。

　本法が施行されてから既に１０年以上が経過した。その間に本法が消費者の権利実現のために果たした重要な役割，裁判例の蓄積，実務への定着等によって，今や本法は消費者の権利実現のために欠かせない極めて重要な法律となっている。

2 実体法改正の必要性

　もっとも，本法の施行後も消費者契約被害の発生は後を絶っておらず，現在もその被害の実情は深刻かつ多数である。

　この点，本法の私法実体法規定は，もともと制定過程において提唱されていた第１６次国民生活審議会消費者政策部会中間報告等に比して縮小・後退した内容で制定された経緯があり，本法制定時の衆議院商工委員会及び参議院経済・産業委員会の附帯決議でも，施行後の状況について分析・検討を行い，５年を目途に見直しを含めた措置を講ずることとされていた。また，２００５年（平成１７年）４月に閣議決定された「消費者基本計画」では，「消費者契約法施行後の状況について分析・検討するとともに，消費者契約に関する情報提供，不招請勧誘の規制，適合性原則等について，幅広く検討する。」，「平成１９年までに消費者契約法の見直しについて一定の結論を得る。」とされていた。さらに，２０１０年（平成２２年）３月に閣議決定された「消費者基本計画」では，「消費者契約法に関し，消費者契約に関する情報提供，不招請勧誘の規制，適合性原則を含め，インターネット取引の普及を踏まえつつ，消費者契約の不当勧誘・不当条項規制の在り方について，民法（債権関係）改正の議論と連携して検討します。」とされた。加えて，２００９年（平成２１年）１１月から開始されている法務省法制審議会民法（債権関係）部会における民法改正論議の中でも，新たな消費者保護規定の要否や内容が論じられている状況にある。

このように，現在の消費者契約被害の実情，本法制定時に積み残した課題，本法制定後の社会状況や議論の進展等を考慮した場合には，本法の私法実体法規定を現行法よりも充実させる方向で法改正することは急務である。
3　当連合会の従前の活動と今般の提言
　この点，当連合会では，本法制定過程において「消費者契約法日弁連試案」（１９９９年（平成１１年）１０月）等を提言し，本法施行後も「消費者契約法の実体法改正に関する意見書」（２００６年（平成１８年）１２月１４日）や，「消費者契約法の実体法規定の見直し作業の早期着手を求める意見書」（２０１１年（平成２３年）１１月２４日）等を公表し，本法の私法実体法規定のあるべき改正内容や早期見直しの必要性を提言してきた。
　今般，当連合会が提言する「消費者契約法日弁連改正試案」（以下「本試案」という。）は，消費者契約被害の実情や本法のこれまでの施行状況及び議論状況等を踏まえ，日々消費者被害の救済に当たっている法律実務家の視点から見たあるべき消費者契約に関する包括的民事ルールという観点より，本法の私法実体法規定の改正試案を提言するものである。
4　本試案の前提ないし留意点
　なお，本試案は，あくまでも現行の民法の規定，及び，現行の民法と消費者契約法の役割分担の在り方を前提としている。また，本試案は，法務省法制審議会等における民法（債権関係）改正論議は視野に入れつつも，将来的な民法の諸規定の在り方や民法と消費者契約法との役割分担の在り方といった問題については，特定の立場を前提としていない。すなわち，本試案は，民法改正論議において消費者契約に限定しない形での立法の是非が議論されている問題も含んでいるが（例：約款規制，複数契約の無効など），民法典における上記のような立法について積極的に反対する趣旨ではない。また，本試案の提案内容の一部を民法典で立法することが望ましいか否かという問題（民法典への消費者概念導入の是非及び内容という問題）は，本試案とは別に議論されるべき問題と位置付けている。
　最後に，本試案は，そこに列挙されていない消費者保護規定の立法の必要性を否定する趣旨ではない。本試案は，現代社会で立法化が必要な消費者契約に関する私法実体法規定の全てを網羅したものではなく，今後も，消費者契約に関する包括的民事ルールを定める法律としてその内容の充実に向けた検討を重ねてゆくこととしている。

参考資料5

消費者契約法日弁連改正試案

第1章 総則

第1条（目的）
　この法律は，消費者と事業者との間の情報の質及び量並びに交渉力の格差にかんがみ，消費者の利益を不当に害する事業者の行為により消費者が契約の申込み又はその承諾の意思表示をした場合についてその意思表示を取り消すことができることとするとともに，消費者の利益を不当に害する契約条項を無効とする等のほか，消費者の被害の発生又は拡大を防止するため適格消費者団体が事業者等に対し差止請求をすることができることとすることにより，消費者の利益の擁護を図り，もって国民生活の安定向上と国民経済の健全な発展に寄与することを目的とする。

第2条（定義）
1　この法律において「消費者」とは，個人（事業に直接関連する取引をするために契約の当事者となる場合における個人を除く。）をいう。
2　この法律（第43条第2項第2号を除く。）において「事業者」とは，法人その他の団体及び事業に直接関連する取引をするために契約の当事者となる場合における個人をいう。
3　この法律において「消費者契約」とは，消費者と事業者との間で締結される契約をいう。
4　この法律において「適格消費者団体」とは，不特定かつ多数の消費者の利益のためにこの法律の規定による差止請求権を行使するのに必要な適格性を有する法人である消費者団体（消費者基本法（昭和43年法律第78号）第8条の消費者団体をいう。以下同じ。）として第13条の定めるところにより内閣総理大臣の認定を受けた者をいう。

第2章　消費者契約
第1節　契約の成立

第3条（事業者の情報提供義務）
1　事業者は，消費者契約の締結に先立ち，消費者に対し，消費者が理解することができる方法で重要事項について情報を提供しなければならない。
2　前項において「消費者が理解することができる方法」とは，一般的に消費者契約の当事者となる消費者が理解することができる方法，消費者が特に詳しく説明を求めた内容については消費者が当該内容を理解することができる方法，及び消費者契約の当事者となる消費者が理解することが困難であると認められる事情がある場合に当該事業者が当該事情を知っていた又は知り得べきときには当該消費者が理解することができる方法をいう。

第4条（不当勧誘行為による取消し）
1 消費者は，事業者が消費者契約の締結について勧誘をし，又は消費者を誘引するための手段として行う広告その他の表示をするに際し，当該消費者に対して次の各号に掲げる行為（以下「不当勧誘行為」という。）をしたときは，当該消費者契約の申込み又は承諾の意思表示を取り消すことができる。ただし，当該各号に該当する行為がなかったとしても当該消費者が当該消費者契約の申込み又は承諾の意思表示をした場合は，この限りではない。
一 前条第1項に規定する情報提供を行わなかったこと。
二 重要事項について事実と異なること（主観的評価を含む。）を告げること。
三 物品，権利，役務その他の当該消費者契約の目的となるものに関し，不確実な事項につき断定的判断を提供すること。
四 ある重要事項又は当該重要事項に関連する事項について当該消費者の利益となる旨（主観的評価を含む。）を告げ，かつ，当該重要事項について当該消費者の不利益となること（主観的評価を含む。当該告知により当該不利益となることが存在しないと消費者が通常考えるべきものに限る。）を告げなかったこと。
五 当該事業者に対し，当該消費者が，その住居又は業務を行っている場所から退去すべき旨の意思を示したにもかかわらず，それらの場所から退去しないこと。
六 当該事業者が当該消費者契約の締結について勧誘をしている場所から当該消費者が退去する旨の意思を示したにもかかわらず，その場所から当該消費者を退去させないこと。
七 当該消費者を威迫すること。
八 当該消費者の私生活又は業務の平穏を害すること。
九 当該消費者に心理的な負担を与えること。
十 当該消費者の知識が不足していること，加齢，疾病，恋愛感情，急迫した状態等によって判断力が不足していることを知っていた又は知り得べき場合であって当該消費者に対し勧誘を行うべきでないにもかかわらず勧誘を行うこと。
十一 あらかじめ当該消費者の要請がないにもかかわらず，当該消費者を訪問し，又は当該消費者に対して電話をかけ，ファクシミリ装置を用いて送信し，若しくは電子メールを送信すること。
十二 当該消費者の知識，経験，理解力，契約締結の目的，契約締結の必要性及び財産の状況に照らして不適当な勧誘を行うこと。
十三 消費者の利益を不当に害する行為を行うこと。
2 本法における「重要事項」とは，消費者が当該消費者契約を締結するか否かについての判断に通常影響を及ぼすべきもの（不確実な事項を含む。）をいう。
3 第1項の規定による消費者契約の申込み又はその承諾の意思表示の取消しは，これをもって善意の第三者に対抗することができない。

第5条（媒介の委託を受けた第三者及び代理人）

1　前条第1項の規定及び民法（明治29年法律第89号）第96条第1項の規定のうち詐欺による意思表示の取消しの規定は，事業者が第三者に対し，当該事業者と消費者との間における消費者契約の締結について媒介をすることの委託（以下この項において単に「委託」という。）をし，当該委託を受けた第三者（その第三者から委託を受けた者（二以上の段階にわたる委託を受けた者を含む。）を含む。次項において「受託者等」という。）が消費者に対して前条第1項各号に規定する行為及び民法第96条第1項に規定する詐欺行為をした場合について準用する。
2　消費者契約の締結に係る消費者の代理人（復代理人（二以上の段階にわたり復代理人として選任された者を含む。）を含む。以下同じ。），事業者の代理人及び受託者等の代理人は，前条第1項各号及び民法第96条第1項（前項において準用する場合を含む。次条及び第7条において同じ。）の各規定の適用については，それぞれ消費者，事業者及び受託者等とみなす。

第6条（解釈規定）
　　第4条第1項の規定は，同項に規定する消費者契約の申込み又はその承諾の意思表示に対する民法第96条の規定の適用を妨げるものと解してはならない。

第7条（取消権の行使期間等）
1　この法律の規定による取消権は，取消しの原因となっていた状況（心理的な影響を含む。）が消滅した時から3年間これを行使しないときは，時効によって消滅する。当該消費者契約の締結の時から10年を経過したときも，同様とする。
2　会社法（平成17年法律86号）その他の法律により詐欺又は強迫を理由として取消しをすることができないものとされている株式若しくは出資の引受け又は基金の拠出が消費者契約としてされた場合には，当該株式若しくは出資の引受け又は基金の拠出に係る意思表示については，第4条第1項（第5項第1項において準用する場合を含む。）の規定によりその取消しをすることができない。

第8条（追認及び法定追認の排除）
　　民法第122条ないし第125条の規定は，この法律の規定による取消しについては適用しない。

第9条（消費者契約約款）
1　この法律において，「消費者契約約款」とは，名称や形態のいかんを問わず，事業者が多数の消費者契約に用いるためにあらかじめ定式化した契約条項の総体をいう。
2　消費者契約約款は，事業者が契約締結時までに消費者にその消費者契約約款を提示して（以下「開示」という。），当事者の双方がその消費者契約約款を当該消費者契約に用いることに合意したときは，当該消費者契約の内容となる。
3　消費者契約の性質上，契約締結時に消費者契約約款を開示することが著しく困難な場合において，事業者が，消費者に対し契約締結時に消費者契約約款を

用いる旨の表示をし，かつ，契約締結時までに，消費者契約約款を消費者が知ることができる状態に置いたときは，当該消費者契約約款は当該契約締結時に開示されたものとみなす。
4　消費者契約の類型及び交渉の経緯等に照らし，消費者にとって予測することができない消費者契約約款の条項は契約の内容とならない。

第2節　契約の内容

第10条（契約条項の明瞭化）

事業者は，消費者契約の条項を定めるに当たっては，消費者の権利義務その他の消費者契約の内容について消費者にとって明確かつ平易な表現を用いなければならない。

第11条（契約条項の解釈準則）

消費者契約の条項が不明確であるため，その条項につき複数の解釈が可能である場合は，消費者にとって最も有利に解釈しなければならない。

第12条（不当条項の無効）

1　消費者の利益を不当に害する消費者契約の条項（以下本法において「不当条項」という。）は無効とする。
2　消費者契約の条項であって，当該条項が存在しない場合と比較して，消費者の権利を制限し又は消費者の義務を加重するもの及び事業者の責任を制限又は免除するものは，不当条項と推定する。

第13条（不当条項とみなす条項）

次に掲げる消費者契約の条項は，不当条項とみなす。
一　事業者の債務不履行により消費者に生じた損害を賠償する責任の全部を免除する条項
二　事業者の債務不履行（当該事業者，その代表者又はその使用する者の故意又は重大な過失によるものに限る。）により消費者に生じた損害を賠償する責任の一部を免除する条項
三　消費者契約における事業者の債務の履行に際してされた当該事業者の不法行為により消費者に生じた損害を賠償する民法の規定による責任の全部を免除する条項
四　消費者契約における事業者の債務の履行に際してされた当該事業者の不法行為（当該事業者，その代表者又はその使用する者の故意又は重大な過失によるものに限る。）により消費者に生じた損害を賠償する民法の規定による責任の一部を免除する条項
五　消費者契約が有償契約である場合において，当該消費者契約の目的物に隠れた瑕疵があるとき（当該消費者契約が請負契約である場合には，当該消費者契

約の仕事の目的物に瑕疵があるとき。以下同じ。）に，当該瑕疵により消費者に生じた損害を賠償する事業者の責任の全部を免除する条項。ただし，次に掲げる場合を除く。
  イ　当該消費者契約において，当該消費者契約の目的物に隠れた瑕疵があるときに，当該事業者が瑕疵のない物をもってこれに代える責任又は当該瑕疵を修補する責任を負うこととされている場合で，当該責任に基づく義務が履行された場合
  ロ　当該消費者と当該事業者の委託を受けた他の事業者との間の契約又は当該事業者と他の事業者との間の当該消費者のためにする契約で，当該消費者契約の締結に先立って又はこれと同時に締結されたものにおいて，当該消費者契約の目的物に隠れた瑕疵があるときに，当該他の事業者が，当該瑕疵により当該消費者に生じた損害を賠償する責任の全部若しくは一部を負い，瑕疵のない物をもってこれに代える責任を負い，又は当該瑕疵を修補する責任を負うこととされている場合で，当該責任に基づく義務が履行された場合
六　損害賠償の額を予定し，又は違約金を定める消費者契約の条項。ただし，これらを合算した額が，当該消費者契約と同種の消費者契約につき，当該事業者に生ずべき平均的な損害の額を超えない部分を除く。
七　当該消費者契約に基づき支払うべき金銭の全部又は一部を消費者が支払期日（支払回数が二以上である場合には，それぞれの支払期日。以下この号において同じ。）までに支払わない場合における損害賠償の額を予定し，又は違約金を定める条項であって，これらを合算した額が，支払期日の翌日からその支払をする日までの期間について，その日数に応じ，当該支払期日に支払うべき額から当該支払期日に支払うべき額のうち既に支払われた額を控除した額に年１４．６パーセントの割合を乗じて計算した額を超えるものについて，当該超える部分。
八　契約文言の解釈，事業者の消費者に対する権利の発生若しくは行使の要件に関する判断，又は事業者が消費者に対して負担する責任若しくは責任免除に関する判断について事業者のみが行うものとする条項
九　消費者の法令に基づく解除権を認めない条項
十　民法第２９５条又は第５０５条に基づく消費者の権利を制限する条項。ただし，民法その他の法令の規定により制限される場合を除く。
十一　事業者が消費者に対して役務の提供を約する契約において，当該消費者の事前の同意なく，事業者が第三者に当該契約上の地位を承継させることができるものとする条項
十二　事業者が契約上，消費者に対して有する債権を第三者に譲渡する場合に，消費者があらかじめ異議をとどめない承諾をするものとする条項
十三　消費者が限度額を定めない根保証契約（一定の範囲に属する不特定の債務を主たる債務とする保証契約をいう。）をする条項
十四　事業者が任意に債務を履行しないことを許容する条項
十五　事業者の債務不履行責任を制限し又は損害賠償額の上限を定めることによ

り，消費者が契約を締結した目的を達成することができないこととなる条項
十六　民法その他の法令の規定により無効とされることがない限りという旨の文言を付加して，最大限に事業者の権利を拡張し又は事業者の義務を減免することを定める条項
十七　他の法形式を利用して，この法律又は公の秩序若しくは善良の風俗に反する法令の規定の適用を回避する条項。ただし，他の法形式を利用することに合理的な理由があり，かつ，消費者の利益を不当に害しない場合を除く。

第14条（不当条項と推定する条項）
　次に掲げる消費者契約の条項は，不当条項と推定する。
一　消費者の一定の作為又は不作為により，消費者の意思表示がなされたもの又はなされなかったものとみなす条項
二　一定の事実があるときは，事業者の意思表示が消費者に到達したものとみなす条項
三　消費者に対し，事業者の債務の履行に先立って対価の支払を義務づける条項
四　消費者の権利行使又は意思表示について，事業者の同意を要件とする条項，事業者に対価を支払うべきことを定める条項，その他形式又は要件を付加する条項
五　事業者の消費者に対する消費者契約上の債権を被担保債権とする保証契約の締結を当該消費者契約の成立要件とする条項
六　事業者が消費者に対し一方的に予め又は追加的に担保の提供を求めることができるものとする条項
七　事業者の保証人に対する担保保存義務を免除する条項
八　消費者の利益のために定められた期限の利益を喪失させる事由（民法第137条各号所定の事由を除く。）を定めた条項
九　事業者に対し，契約上の給付内容又は契約条件を一方的に決定又は変更する権限を付与する条項
十　消費者が通常必要とする程度を超える多量の物品の販売又は役務の提供を行う条項
十一　消費者が通常必要とする程度を超える長期間にわたる継続した物品の販売又は役務の提供を行う条項
十二　事業者が契約の締結又は債務の履行のために使用する第三者の行為について事業者の責任を制限し又は免除する条項
十三　消費者である保証人が保証債務を履行した場合における主債務者に対する求償権の範囲を制限する条項
十四　事業者の消費者に対する債務の履行責任，債務不履行又は不法行為に基づく損害賠償責任，瑕疵担保責任その他の法令上の責任を制限する条項
十五　消費者の法令に基づく解除権を制限する条項
十六　事業者のみが消費者契約の解除権を留保する条項
十七　継続的な消費者契約において，消費者の解約権を制限する条項

十八　期間の定めのない継続的な消費者契約において，事業者に対し，解約申し入れにより直ちに消費者契約を終了させる権限を付与する条項
十九　消費者契約が終了した場合に，前払金，授業料などの対価，預り金，担保その他の名目で事業者に給付されたものの全部又は一部を消費者に返還しないことを定める条項
二十　消費者に債務不履行があった場合に，事業者に通常生ずべき損害の金額を超える損害賠償の予定又は違約金を定める条項
二十一　消費者契約が終了した場合に，給付の目的物である商品，権利，役務の対価に相当する額を上回る金員を消費者に請求することができるとする条項
二十二　事業者の証明責任を軽減し，又は消費者の証明責任を加重する条項
二十三　管轄裁判所を事業者の住所地又は営業所所在地に限定する条項，法律上の管轄と異なる裁判所を専属管轄とする条項その他消費者の裁判を受ける権利を制限する条項

第15条（不当条項の効果）
1　不当条項に該当する消費者契約の条項は，当該条項全体を無効とする。ただし，この法律その他の法令に特別の定めがある場合を除く。
2　前項の場合においても，消費者契約の他の条項は効力を妨げられない。ただし，当該条項が無効であった場合には当該消費者が当該消費者契約を締結しなかったものと認められる場合，当該消費者契約は無効とする。

第3節　その他の規定

第16条（消費者契約の取消し及び無効の効果）
1　この法律の規定により消費者契約が取り消された場合又は無効である場合，消費者は，その契約によって現に利益を受けている限度において，返還の義務を負う。
2　前項の場合において，事業者が行った行為の態様等が極めて悪質であるときには，当該事業者は，消費者に対し，利益の全部又は一部について返還を請求することができない。

第17条（複数契約の取消し，無効及び解除）
1　一の消費者が締結した複数の消費者契約について，各契約の目的が相互に密接に関連しており，社会通念上いずれかの契約が存在するだけでは契約を締結した目的が全体として達成することができない場合であって，各契約の相手方である事業者がそれを知っているときは，消費者は一の消費者契約の取消原因又は無効原因に基づき，複数の消費者契約全部の取消しないし無効を主張できる。
2　一の消費者が締結した複数の消費者契約について，各契約の目的が相互に密接に関連しており，社会通念上いずれかの契約が履行されただけでは契約を締結した目的が全体として達成することができない場合であって，各契約の相手方であ

る事業者がそれを知っているときは，消費者は一の消費者契約の解除原因に基づき，複数の消費者契約全部の解除を主張できる。

第18条（損害賠償請求権）
　事業者が不当勧誘行為を行ったとき，又は不当条項を含む消費者契約の申込み若しくはその承諾の意思表示を行ったときは，消費者は，事業者に対し，これによって生じた損害の賠償を請求することができる。

第19条（継続的契約の中途解約権）
　消費者は，消費者契約にかかる継続的契約を，将来に向かって解除することができる。

第4節　補則

第20条（他の法律の適用）
1　消費者契約の申込み又はその承諾の意思表示の取消し及び消費者契約の条項の効力については，この法律の規定によるほか，民法及び商法の規定による。
2　消費者契約の申込み又はその承諾の意思表示の取消し及び消費者契約の条項の効力について民法及び商法以外の他の法律に別段の定めがあるときは，その定めるところによる。

第5節　準用規定

第21条（準用規定）
　事業者間の契約であっても，事業の規模，事業の内容と契約の目的との関連性，契約締結の経緯その他の事情から判断して，一方の事業者の情報の質及び量並びに交渉力が実質的に消費者と同程度である場合，当該契約においては当該事業者を第2条1項の消費者とみなして，この法律を準用する。

第3章　差止請求（略）

第4章　雑則（略）

第5章　罰則（略）

附則（略）

参考資料6

比較法　条文一覧

1　【契約締結過程の規律】①広告規制
【フランス消費法典】

第1編　消費者への情報提供および契約の成立
第2章　取引方法
前加節　不公正取引方法
L. 120-1条　Ⅰ. ― 不公正取引方法は、禁止される。取引方法は、それが職業上の注意の要請に反するとき、かつ、それが、物または役務に関して、標準的に知識を有しており合理的に注意深く慎重な消費者の経済的態度を実質的に歪めまたは歪める可能性を有するとき、不公正である。

　精神的もしくは身体的な弱さ、年齢、もしくは信じやすさゆえに脆弱である消費者の特別のカテゴリーまたは消費者のグループを対象とする取引方法の不公正性は、当該カテゴリーまたはグループの平均的な事理弁識能力に照らして評価される。

　Ⅱ. ― L. 121-1条およびL. 121-1-1条に定める誤認惹起取引方法ならびにL. 122-11条およびL. 122-11-1条に定める攻撃的取引方法は、とりわけ、不公正取引方法を構成する。

第1節　規制対象となる取引方法
第1款　誤認惹起取引方法および広告
第1目　誤認惹起取引方法[※1]
L. 121-1条　Ⅰ. ― 取引方法は、それが以下の状況のうちの一つにおいて犯された場合に、誤認惹起的である：
　1°　取引方法が、他の物または役務、競争者の商標、商号、その他の識別記号との混同を生じさせるとき；
　2°　取引方法が、虚偽のもしくは誤解を生じさせる性質を有する言明、記載、または表示によるものであり、かつ、それらが以下に掲げる要素の一または複数を対象とするとき：
　　a）物もしくは役務の存在、入手・利用可能性、または性質；
　　b）物または役務の本質的特徴、すなわち、実質的品質、構成、付属物、原産地、数量、製造の方法および日付、使用条件および使用適性、属性および使用により期待されうる結果、ならびに、物または役務に対して行われた試験および検査の結果ならびに主な特徴；
　　c）価格または価格の計算方法、価格の販売促進性、および、物または役務の販売・支払・引渡に関する条件；
　　d）アフター・セールス・サービス、アフター・セールス・サービスの必要性、部品の必要性、交換の必要性、修理の必要性；
　　e）広告主の約務の範囲、売買もしくは役務提供の性質、手順、または動機；
　　f）事業者の身元、資格、適性、および権利；
　　g）クレームの処理および消費者の権利；
　3°　取引方法を行わせた者の身元がはっきりしないとき。

Ⅱ.― 取引方法は、用いられた通信手段に固有の制限およびそれを取り囲む諸事情を考慮した上で、それが、実質的な情報を提供せず、隠蔽し、もしくは理解不可能な、曖昧な、もしくは時期を外した仕方で提供するとき、または、それが、真の取引上の意図を示さず、当該状況からその意図を知ることもできないときも同様に、誤認惹起的である。

　購入への誘引を構成し、消費者に宛てられ、申し入れられた物または役務の価格および特徴を記載するすべての取引上の通信において、以下の情報は、実質的と見なされる：
1°　物または役務の主な特徴；
2°　事業者の宛先および身元；
3°　すべての税を含めた価格および消費者が負担する配達料金、または、事前に確定できない場合には、それらの計算方法；
4°　当該事業活動の領域において通常用いられるものとは異なる方法である限りにおいて、支払方法、配達方法、履行方法、および消費者によるクレームの処理方法；
5°　法律に定めがある場合には、撤回権の存在。

Ⅲ.― 本条Ⅰは、事業者を対象とする取引方法にも適用される。

L. 121-1-1条　[以下の事項] を目的とする取引行為は、L. 121-1条の意味において誤認惹起的とみなされる：
1°　事業者が、そうでないにもかかわらず、自主行動基準の署名者であると自称すること；
2°　必要な許可を得ていないにもかかわらず、証明書、品質保証票、その他これに類するものを掲示すること；
3°　自主行動基準が、そうでないにもかかわらず、公的または民間の機関の承認を受けたと主張すること；
4°　事業者（取引方法を介する場合を含む）または生産物もしくは役務が、そうでないにもかかわらず、公的もしくは民間の機関により認可され、承認され、もしくは許可されたと主張すること、または、受けた認可、承認、もしくは許可の条件を遵守しないこと；
5°　生産物または役務、生産物または役務について行われた広告の規模、および申し入れられた価格を考慮して合理的であるはずの表示価格、期間、および数量で、当該生産物もしくは役務または同等の生産物もしくは役務を事業者自らが供給することも他の事業者に供給させることもできないと考える、事業者側の、もっともらしい理由を示すことなく、その表示価格で当該生産物の購入または役務の供給を申し入れること；
6°　表示価格で生産物の購入または役務の供給を申し入れること、かつ、
　別の生産物もしくは役務の販売促進を目的として、
a）広告の対象である商品を消費者に見せることを拒むこと；
b）または、これらの生産物もしくは役務に関する注文を受けることを拒むこと、もしくは、それらを合理的な期間内に引き渡すこともしくは供給することを拒むこと；
c）または、広告商品の欠陥ある見本を見せること；
7°　即座に決断させ、事情を知った上での選択を行うための機会または十分な期間を消費者から奪うために、非常に限られた期間しか生産物もしくは役務を利用できない、または、非常に限られた期間に特別の条件の下でしか利用できないと偽って述べること；

8° 事業者が、営業所を有するヨーロッパ連合加盟国の公式言語ではない言語で取引前に通信した消費者に対してアフター・セールス・サービスを供給することを約束すること、かつ、当該取引において消費者が約束する前に消費者に明瞭に説明することなく、別の言語のみを用いてこのサービスを実施すること；
9° 生産物の販売もしくは役務の供給が、そうでないにもかかわらず、適法であると述べること、または、そのような印象を与えること；
10° 法律により消費者に与えられる権利を、事業者によりなされる申入れに固有の特徴として示すこと；
11° 事業者自身が販売促進に資金提供しているにもかかわらず、そのことをコンテンツのなかで明瞭に示さずに、または、消費者が明瞭に確認できる映像もしくは音声を用いて、生産物または役務の販売促進を行うためにマスメディアにおける編集コンテンツを利用すること；
12° 消費者が当該生産物または役務を購入しない場合に、消費者が本人の安全または家族の安全の面でさらされるリスクの性質および規模について、実質的に不正確な主張を述べること；
13° 明瞭に特定される他の供給者のそれと類似する生産物または役務を、当該生産物または役務が、そうでないにもかかわらず、この供給者に由来すると消費者に故意に思い込ませる仕方で販売促進すること；
14° 事業者が、そうでないにもかかわらず、活動をやめようとしている、または、他の場所で活動を行おうとしていると述べること；
15° 生産物または役務について、それが賭事に勝つ機会を増大させると主張すること；
16° 生産物または役務提供が、疾病、機能障害、または奇形を治す性質を有すると偽って主張すること；
17° 生産物または役務を市場の通常の条件より不利な条件で消費者に取得させる目的で、市場の条件について、または、生産物もしくは役務を入手する可能性について、実質的に不正確な情報を伝えること；
18° 記述された賞品または合理的な同等品が与えられないにもかかわらず、競争［による賞金提供］が企画されていること、または、賞品が与えられるかもしれないことを取引方法の枠内において主張すること；
19° 取引方法への応答および商品の入手・配達行為に関する免れ得ない費用を除く何らかの費用を消費者が支払わなければならない場合に、生産物または役務を「無償 gratuit」「無料 à titre gracieux」「費用負担なし sans frais」その他類似の表現で説明すること；
20° そうでないにもかかわらず、販売されている生産物もしくは役務をすでに注文してしまったとの印象を消費者に与える請求書または支払いを求める類似の文書を広告媒体に含めること；
21° 事業者が、その商業、工業、手工業、もしくは専門職活動の枠内に入る目的で行動しないと偽って主張すること、もしくは、そのような印象を与えること、または、消費者であると偽って自称すること；
22° 生産物または役務が販売された国とは別のヨーロッパ連合加盟国において、当該生産物または役務に関するアフター・セールス・サービスが利用できるとの印象を偽って生じさせること。
　本条は、事業者を対象とする取引行為に適用される。

L. 121-3 条　誤認惹起取引方法の差止めは、あるいは検察の請求に基づき、あるいは［裁判官の］職権により、予審判事または受訴裁判所が命ずる。こうして講じられた措置は、あらゆる不服申立てにかかわらず、執行力を有する。差止めの解除は、差止めを命じた裁判所または事件を受理した裁判所が与える。この措置は、免訴または無罪が決定された場合には、効力を有することをやめる。

　　解除請求について下される決定は、決定が予審判事により言い渡されたか受訴裁判所により言い渡されたかに応じて、［控訴院］予審部または控訴院における不服申立ての対象となりうる。

　　予審部または控訴院は、書類の受理から起算して10日の期間内に判決を下す。

L. 121-4 条　有罪判決が下された場合には、裁判所は、判決の公表を命ずる。裁判所は、加えて、受刑者の費用で、一または複数の訂正広告の伝播を命ずることができる。判決は、訂正広告の文言およびその伝播手段を定め、受刑者にそれを行わせるための期間を与える。履行されない場合には、L. 121-7条に定める刑罰にかかわらず、検察の発意により、受刑者の費用で、この伝播が行われる。

L. 121-5 条　他者に誤認惹起取引方法を行わせた者は、犯された犯罪について、主犯として、責任を負う。

　　本軽罪は、取引方法が行われた時、または、フランスにおいて効果を生じた時に成立する。

L. 121-6 条　誤認惹起取引方法は、L. 213-1条1項に定める刑で罰せられる。

　　罰金は、軽罪を構成する広告または取引方法の費用の50％を上限とする。

　　法人の刑事責任について定めるL. 213-6条の諸規定は、これらの犯罪に適用される。

L. 121-7 条　L. 121-6条を適用するために、裁判所は、当事者に対しても広告主に対しても、あらゆる有用な文書の提出を求めることができる。これを拒む場合には、裁判所は、これらの文書の押収またはあらゆる適切な証拠調べを命ずることができる。裁判所は、加えて、これらの文書の提出のために裁判所が定めた日から起算して1日の遅滞につき4500ユーロを上限とするアストラントを言い渡すことができる。

　　L. 121-6条1項に定める刑罰は、L. 121-2条1項に定める条件において求められた証拠または伝播された広告の提出を拒む場合、および取引方法の差止めを命ずる決定を遵守しない場合または猶予期間内に訂正広告を履行しない場合にも適用される。

第2目　広告※2

L. 121-8 条　黙示的であれ明示的であれ、競争者または競争者により提供される物もしくは役務を特定することによって物または役務を比較するあらゆる広告は、［以下の場合］でなければ、適法でない：

　1°　広告が、誤認惹起的でない、または、誤解を生じさせる性質を有しない場合；

　2°　広告が、同一の要求に応えるもしくは同一の目的を有する物または役務を対象とする場合；

　3°　広告が、これらの物または役務の本質的で、関連性を有し、検証可能で、代表的な一または複数の特徴（価格もそのなかに含まれうる）を客観的に比較する場合。

　　特別提供にかかわるあらゆる比較広告は、提供される物または役務を入手・利用できる日を、場合により、在庫品を限度とするという提供の制限および適用される特有の条件を、明瞭に記載しなければならない。

L. 121-9 条　比較広告は、［以下のこと］をすることができない：

　1°　競争者の商標、商号、その他の識別記号、または、競合産品の原産地呼称および地理的保護表示

に結びついた周知性から不正に利益を引き出すこと；
　2° 　競争者の商標、商号、その他の識別記号、物、役務、活動、もしくは状況の信用失墜または中傷をもたらすこと；
　3° 　広告主と競争者の混同、または、広告主の商標、商号、その他の識別記号、物、もしくは役務と競争者のそれらとのあいだの混同を生じさせること；
　4° 　保護された商標もしくは商号を使用する物もしくは役務の模造または複製として、物または役務を表示すること。

L. 121-10 条　原産地呼称または地理的保護表示を使用する生産物については、比較は、それぞれ同一の原産地呼称または同一の地理的保護表示を使用する生産物のあいだでなければ許されない。

L. 121-11 条　包装、請求書、乗車券、決済手段、見せ物または公共施設への入場券に、L. 121-8 条および L. 121-9 条に定めるような比較広告を掲載することは、禁止される。

L. 121-12 条　L. 121-2 条の規定を妨げることなく、他人に比較広告を伝播させた広告主は、当該広告に含まれる言明、記載、および表示の実質的な正確さを短期間内に証明することができなければならない。

…中略…

L. 121-15 条　加えて、［以下の事項］を対象とするあらゆる広告は、禁止される：
　1° 　あるいは商業および手工業の発展ならびに向上に関する 1996 年 7 月 5 日の法律 603 号の 26 条、27 条、28 条、29 条、および 30 条、あるいは商業および手工業の方向付けに関する 1973 年 12 月 27 日の法律 1193 号の 29 条および 32 条に基づく許可に服する、かつては許可の対象でなかった取引行為；
　2° 　それを行うためには労働法典第 1 編第 3 章第 2 節に基づき許可を申請する従業員の雇用を必要とし、かつ、この許可の事前取得をせずに行われる取引行為、または、モーゼル県、バーラン県、オーラン県において適用される職業法典 41 a 条および b 条、105a 条ないし 105i 条に違反する取引行為；
　3° 　労働法典 L. 3132-29 条の規定に違反して行われ、または行われたはずの取引行為；
　4° 　商法典 L. 740-2 条に定める申請に服する、かつては申請の対象でなかった商業イベント。
　　前数項により禁止される広告を実施しまたは実施させるあらゆる広告主は、37500 ユーロの罰金で罰せられる。罰金の上限額は、違法な広告にあてられた費用総額の 50 パーセントとする。
　　裁判所は、前数項に定める犯罪につき有罪と認められる者の費用で、禁止される広告の差止めを命ずることができる。

L. 121-15-1 条　電子メールにより送信される広告、とりわけ値引き、景品またはプレゼントのような販売促進のための提供や販売促進のための競争または賭事は、その受け手がそれを受領するや否や、または、それが技術的に不可能な場合には、メッセージの本文において、明瞭にかつ不明確でないように確認できなければならない。

L. 121-15-2 条　L. 121-1 条に定める誤認惹起取引方法を罰する規定を妨げることなく、販売促進のための提供を受けることの可否および販売促進のための競争または賭事に参加することの可否が服する条件は、これらの提供、競争、または賭事が電子的手段により申し入れられるときは、明瞭に説明され、かつ、容易に理解できるものでなければならない。

L. 121-15-3 条　L. 121-15-1 条および L. 121-15-2 条は、同様に、事業者に対してなされる広告、提供、

競争、または賭事に適用される。
　　L. 121-15-1 条およびL. 121-15-2 条の規定に対する違反は、L. 121-6 条に定める刑罰が科される。違反は、L. 121-2 条に定める条件において調査され、検証される。L. 121-3 条およびL. 121-4 条も、同様に、適用される。

第5款　攻撃的取引方法
L. 122-11-1 条　［以下のこと］を目的とする取引行為は、L. 122-11 条の意味において攻撃的と見なされる：
　1°～4°　（省略）
　5°　広告のなかで、広告の対象である生産物を購入するよう、または、それを彼らに買い与えるように両親その他の大人を説得するよう、子どもに直接的に推奨すること；
　6°～8°　（省略）
L. 122-12 条　攻撃的取引方法を行う行為は、2年を上限とする拘禁刑および150000ユーロを上限とする罰金で罰せられる。
L. 122-13 条　L. 122-12 条に定める軽罪を犯した自然人は、最長で5年間、直接的にまたは間接的に取引活動を行うことの禁止が科される。
L. 122-14 条　L. 122-12 条に定める軽罪を犯した法人は、刑法典131-39条に掲げる刑罰が科される。
L. 122-15 条　攻撃的取引方法により契約締結に至ったとき、当該契約は、無効である。

※1　誤認惹起広告を含む広い概念
※2　比較広告

【不正競争防止法（UWG）】

UWG1条（本法の目的）
　本法は、競争事業者、消費者及びその他市場参加者を不公正な取引行為から保護することに資するものである。本法はまた、健全な競争についての公共の利益をも保護する。

UWG2条（定義）
(1) 本法では、次の定義を用いる。
1. 「取引行為」とは、自己又はその他事業者のためになす、商品若しくは役務の販売若しくは購入の促進若しくは商品若しくは役務に関する契約の締結若しくは履行と客観的に関連のある取引の締結の前の、締結の際の、又は締結の後のすべての行為をいう。物については不動産も含み、役務については権利及び義務も含む。
2. 「市場参加者」とは、競争事業者及び消費者を除いて、商品若しくは役務の供給者又は需要者として行動するすべての者をいう。
3. 「競争事業者」とは、商品若しくは役務の供給者又は需要者として、一つ若しくは複数の事業者と具体的な競争関係に立つすべての事業者をいう。
4. 「通知」とは、公に開放された電子通信サービスを通じて、一定数の当事者間において交換され、又は転送されるすべての情報をいう。これについては、情報を、これを取得する本人確認可能な関係者又は利用者と関連づけることができない限りで、放送サービスの一部として電子通信ネットワーク

を通じて公衆に転送される情報を含まない。
5. 「行為準則」とは、経済分野又は個々の取引行為について、事業者が拘束されることを引き受けた行為態様に関する合意又は規定であり、そのような行為義務が法律上又は行政上の規定により生じるものではないものをいう。
6. 「事業者」とは、営業活動、手工業活動又は職業活動の範囲内で取引行為を行うすべての自然人又は法人、及びその者の名において、又はその者の委託を受けて行動するすべての者をいう。
7. 「専門的な注意」とは、事業者が、その行動範囲において、市場慣行を考慮して信義誠実に基づいて消費者に対して遵守することが正当であると認めることができる専門的知識及び注意の基準をいう。
(2) 消費者概念については、民法典第13条の規定を準用する。

UWG4条（不正な取引行為の例）
次に掲げる行為を行う者は、不正な行為をするものとなる。
1. 圧力の行使、軽蔑又はその他不適切な事実に即さない影響を通じて、消費者又はその他市場参加者による決定の自由を侵害するに足りる取引行為を行う者
2. 消費者の精神障害、身体障害、年齢、取引上の経験のなさ、だまされやすさ、不安又は窮地を利用するに足りる取引行為を行う者
3. 取引行為が広告の性質を有することを隠蔽する者
4. 割引、景品又は贈物といった販売促進手段において、その利用のための条件を明白かつ明確に示さない者
5. 広告の性質を有する懸賞又は賞金ゲームにおいて、参加条件を明確に述べることをしない者
6. 懸賞又は賞金ゲームがその性質上、商品又は役務と関連する場合を除き、消費者が懸賞又は賞金ゲームに参加するにあたって商品の購入又は役務の利用を条件とさせる者
7. 競争事業者の標識、商品、役務、活動又は個人的な関係若しくは取引上の関係を誹謗又は中傷する者
8. 競争事業者の商品、役務若しくは事業又は事業者若しくは事業者幹部構成員について、事業の経営又は事業者の信用を傷つけるに足りる事実が真実であることを実証できない場合に、その事実を主張し、又は流布する者；機密情報の通知が問題となり、かつこれを通知した者と通知された者が、その通知について正当な利益を有するときは、通知された事実が真実に反して主張され、又は流布された場合に限り、その通知行為は不正である。
9. 次に掲げるいずれかのときに、競争事業者の商品又は役務を模倣した商品又は役務を提供する者
   a) その者が、経営上の出所について購入者の避けることのできない欺罔を惹起するとき
   b) その者が、模倣された商品又は役務の価値を不当に利用又は侵害するとき
   c) その者が、模倣のために必要とされる知識又は書類を不誠実な方法で入手したとき
10. 特定の競争事業者を標的とし、これを妨害する者
11. 市場参加者のために市場行動を規制するための法規に違反する者

UWG5条（誤認惹起的な取引行為の禁止）

(1) 誤認惹起的な取引行為を行う者は、不正な行為をするものとなる。取引行為は、次に掲げるいずれかの事情について虚偽の表示又は欺罔行為とされるに足りるその他表示を含む場合において、誤認惹起的となる。
 1. 処分可能性、種類、品質、利点、危険、構成、付属品、生産、供給若しくは提供の手続若しくは時期、目的有用性、数量、性状のような商品若しくは役務の主たる特徴、顧客サービス及び苦情処理申立手続、地理上若しくは経営上の出所、利用により期待される結果又は商品テスト若しくは役務テストの結果若しくは重要部分
 2. 価格について特別なメリットが存在するような販売の誘因、価格若しくは価格算定方法又は商品供給若しくは役務提供の条件
 3. 人、識別情報のような事業者の資格若しくは権利、知的財産を含む財産、債務負担の範囲、能力、地位、許認可、構成員の資格若しくはその関連性、表彰もしくは顕彰、取引行為の動機又は販売方法
 4. 直接的又は間接的な支援と関連し、又は事業者若しくは商品若しくは役務の許認可に関する表現又は符号
 5. 給付、交換部品、交換又は修理の必要性
 6. 事業者が、自ら拘束されることを引き受け、これに拘束されることを示した行為準則を遵守すること
 7. 消費者の諸権利、たとえば保証の約束に基づく権利又は給付障害における瑕疵担保権など。
(2) 取引行為は、比較広告である場合を含む商品又は役務の商品化との関連で、これとは異なる商品若しくは役務又は競争事業者の商標若しくはその他標識と混同する危険を生じさせるときも、誤認惹起的である。
(3) 第1項第2文にいう表示は、比較広告に含まれる範囲内での表示並びにその表示の代わりとなることを目的とし、かつそれで足りる図表を用いた表現及びその他行為も該当する。
(4) 価格の値下げについての広告は、不当に短い期間についてのみ値下げ価格が実施されていた限りで、誤認惹起的であると推定される。値下げ価格が実施されていたかどうか、及びどの期間に価格の値下げが実施されていたかについて争いがあるときは、証明責任は価格の値下げを広告する者にある。

UWG5a条（不作為による誤認惹起）
(1) ある事実の沈黙が誤認惹起的であるかどうかを判断するにあたって、特に、取引通念上、取引上の決定について沈黙が有する意義及び沈黙がその決定に及ぼす適性が考慮されなければならない。
(2) 第3条第2項にいう消費者が決定する能力に対して、具体的な事例において伝達手段の制限を含むすべての事情を考慮して重要である情報を提供しないことで影響を及ぼす者は、不正な行為をするものとなる。
(3) 商品又は役務が、利用される伝達手段にとって適切な方法で特徴及び価格を指摘することで提供され、平均的な消費者がその取引を結ぶことができるときは、次に掲げる情報、これが必ずしも直接的に諸々の事情から生じない限りで、第2項にいう重要であるとみなされる。
 1. 商品又は役務及び利用される伝達手段にとって適切な範囲における商品又は役務のすべての主たる特徴
 2. 事業者の識別情報及び住所、場合により、その事業者のために取引を行う事業者の識別情報及び住

所
3. 最終価格、その価格が商品若しくは役務の性状に基づいて事前に算定することができない場合には価格算定の方法並びに、場合により、すべての追加的な運送費用、供給費用及び配達費用又はこれらの費用が事前に算定することができない場合にはそのような追加的な費用が生じうる事実
4. 支払条件、供給条件、提供条件及びこれらが専門的な注意として求められるものとは異なる限りで、苦情を取り扱うための手続
5. 解除権又は撤回権の発生

(4) 共同体法上の規則に基づき、又は広告及びマーケティングも含む商業通信に関する共同体法上の指令を国内法化するための法規定に従い、消費者に対して提供することを差し控えてはならない情報も、第2項にいう重要なものとみなされる。

UWG6条（比較広告）
(1) 比較広告とは、直接的若しくは間接的に、競争事業者を認識可能とさせ、又は競争事業者によって提供される商品若しくは役務を認識可能とさせるすべての広告をいう。
(2) 次に掲げるいずれかのときに比較広告を行う者は、不正な行為をするものとなる。
1. 比較広告が、類似の必要性又は同一の目的設定を有する商品又は役務に関係しないとき
2. 比較広告が、商品若しくは役務について、客観的にみて、一つ若しくは複数の重要で、関連性があり、事後的に検証可能かつ典型的な性質又は価格に関係しないとき
3. 比較広告が、商取引において、広告主と競争事業者との間、この競争事業者によって提供されている商品若しくは役務との間又はこの競争事業者によって用いられている標識との間で混同を生じさせる危険があるとき
4. 比較広告が、競争事業者によって用いられている標識の評判を不正な方法で利用し、又は侵害するとき
5. 比較広告が、競争事業者の商品、役務、活動又は個人的な関係若しくは取引上の関係を誹謗し、又は中傷するとき
6. 比較広告が、商品又は役務を、保護される標識の下で販売される商品若しくは役務の模造品又は模倣品として提示するとき

UWG7条（受忍を求めることができない迷惑行為）
(1) 市場参加者が受忍を求めることができない方法で迷惑を受ける取引行為は、許容されない。これは特に、名宛人とされた市場参加者がこれを要望していないことが明確に認識可能となる広告にも妥当する。
(2) 次に掲げるいずれかの場合には、常に、受忍を求めることができない迷惑行為となる。
1. 広告が、消費者が望まないにもかかわらず、第2号及び第3号に該当せず、かつ通信販売に適切な商業上の伝達手段を利用してその消費者に対して執拗に行われる場合
2. 広告が、消費者に事前の明示的な同意なしに、又はその他市場参加者に少なくとも推定的な同意なしに架電することで行われる場合
3. 広告が、名宛人による事前の明示的な同意なしに、自動架電機、ファックス、電子メールを利用し

て行われる場合
4. 通知を伴う広告において、通知の伝達を委託する送信者の識別情報を隠蔽し、若しくは秘匿する場合又は名宛人が、基本料金による通知費用以外の費用をかけることなく、その通知の中止を要求することができる有効な住所が存在しない場合

(3) 第2項第3号の規定にかかわらず、次に掲げる内容のすべてを充たすときは、電子メールを利用して行われる広告において受忍を求めることができない迷惑行為とならない。
1. 事業者が、商品又は役務の販売に関連して、顧客からその電子メールアドレスを取得したこと
2. 事業者が、このアドレスを、自己の類似の商品又は役務を直接的に広告するために用いること
3. 顧客が、その利用に対して異議を申し立てなかったこと
4. 顧客が、そのアドレスを収集される際に、及び、そのアドレスが利用されるたびに、基本料金による通知費用以外の費用をかけることなく、いつでも異議を申し立てることができることを明白かつ明確に顧客に対して指摘していること

2 【契約締結過程の規律】②誤認類型
【ドイツ民法】

第119条（錯誤による取消し）
(1) 意思表示をなすにあたり、その内容につき錯誤があった者、または当該内容の表示をする意思をまったく有さなかった者は、表意者が事情を知っており、かつ、事実関係を合理的に判断していれば意思表示をしなかったであろうと認められるときは、当該意思表示を取り消すことができる。
(2)取引上重要と認められる人または物の性質に関する錯誤も、意思表示の内容に関する錯誤とみなす。

第120条（誤った伝達による取消し）
　意思表示が伝達のために用いられた人または機関によって誤って伝達されたときは、第１１９条の規定にいう錯誤による意思表示と同一の要件において、これを取り消すことができる。

【オランダ民法】

第6編第228条
(1) 錯誤の影響の下で成立し、かつその行為についての正しい認識があれば締結されなかったであろう契約は、以下の場合に取り消すことができる。
(a) 錯誤が相手方からの情報によるものであるとき。ただし、その情報がなかったとしても契約が締結されただろうと相手方が想定できた場合はこの限りでない。
(b) 相手方が錯誤について知りまた知るべきことに関して錯誤者に知らせるべきであったとき。
(c) 相手方が契約の締結に際して錯誤者と同一の誤った前提を有していたとき。
　ただし、相手方が、その行為に関して正しい認識を有していたとしたら、それによって錯誤者が契約の締結を思いとどまったであろうことを知るべきであったとはいえない場合はこの限りでない。
(2) 錯誤がもっぱら将来の事情のみに関するとき、または契約の性質、取引通念、ならびに当該事案の状況に照らして錯誤者がその錯誤について責任を負うべきときは、その錯誤によっては取消しは基礎付けられない。

第6編第229条
　当事者間で既に存在する法律関係を拡張することを目的とする契約は、この法律関係が存在しないと

きは、取り消すことができる。ただし、契約の性質、取引通念、または当該事案の状況に照らして、この法律関係の不存在を主張する者が責任を負うべき場合はこの限りでない。

【スイス債務法】

第18条
(1) 契約をその方式および内容から評価するにあたっては、当事者間で一致した真意を考慮しなければならず、当事者が錯誤に陥り、または真実の性質を隠蔽する意図をもってなした不実の表示または記載は考慮しないものとする。
(2) 債務者は、書面による債務承認を信頼して債権を取得した第三者に対し、それが仮装行為である旨の抗弁を対抗することができない。

第23条
契約は、その締結に際して本質的な錯誤があった者に対しては拘束力を有さない。

第24条
(1) 錯誤は、とりわけ以下の場合に本質的であると認められる。
1. 錯誤者が同意を表示した契約とは別の契約をなすことを欲していたとき
2. 錯誤者の意思が表示されたのとは異なる物を対象とし、または特定の人を考慮しながらも別人を対象とする契約が締結されたとき
3. 錯誤者がその真の意思よりも著しく過重な給付を約し、または、著しく過少な反対給付での約束をさせられていたとき
4. 取引上の信義誠実に照らして錯誤者により契約の必要不可欠な基礎とされた事情に関して錯誤があったとき
(2) 契約締結の動機に錯誤があるに止まるときは、本質的な錯誤があったとは認められない。
(3) 単なる計算上の過誤は、契約の拘束力を妨げない。ただし、これを訂正することを要する。

第25条
(1) 錯誤の援用は、それが信義誠実に反するときは許されない。
(2) 錯誤者は、とりわけ、錯誤者の意図した内容で契約が有効に成立したことを相手方が認容する旨を表示した場合については、その内容で有効に成立したものとしなければならない。

第26条
(1) 錯誤者が契約を自己に対して有効なものと認めていない場合であって、当該錯誤が自己の過失に帰せられるべきときは、契約の消滅によって生じた損害を賠償する義務を負う。ただし、相手方が錯誤を知りまたは知るべきであったときは、この限りでない。
(2) 裁判官は、衡平の観点から、その他の損害についても賠償すべき旨の判断を下すことができる。

第27条
　契約締結に際して申込みまたは承諾が、使者またはその他の方法により、誤って伝達されたときについては、錯誤に関する規定を準用する。

【フランス民法】

第1109条
　同意がもっぱら錯誤によって与えられた場合、または強迫によって強いられ、もしくは詐欺によって騙取された場合には、なんら有効な同意がない。

第 1110 条
(1) 錯誤は、合意の目的物の実体そのものに関わるときでなければ、その無効の事由ではない。
(2) 錯誤は、契約を締結しようとする相手方のみに関わるときは、なんら無効原因でない。ただし、その者についての考慮が合意の主たる原因である場合には、その限りでない。

第 1117 条
　錯誤、強迫または詐欺によって締結された合意は、なんら法律上当然に無効ではない。それは、単に、この章第 5 節第 7 款に説明する場合および方法にしたがって、無効または取消しの訴権を生じさせる。

【フランス民法改正草案（カタラ草案）】

第 1110 条
(1) 契約当事者のうち、他方の当事者にとって決定的な重要性がある情報を知る者、または知るべき者で、その重要性を知っている者は、他方当事者に情報を与える義務を有する。
(2) ただし、この情報提供義務は、自ら情報を取得することができない状況にある者、または、とりわけ契約の性質、もしくは当事者の資質を理由として、契約相手方に対して正当に信頼をすることができた者のためにしか存在しない。
(3) 情報提供義務の債権者であると主張する者が、他方当事者が問題となっている情報を知っていた、または知るべきであったことを証明する義務を負う。情報保有者は、自らの義務を果たしたことを証明することにより解放される。
(4) 契約の目的または原因と直接的かつ不可欠な関係を示す情報は、関連性がある pertinent とみなされる。

第 1110－1 条
　欺く意図のない情報提供義務の違反は、その義務を負う者の責任を生じさせる。

第 1111 条
　同意がもっぱら錯誤によって与えられた場合、または詐欺によって騙取され、もしくは強迫によって強いられた場合には、有効な同意は存在しない。

第 1111－1 条
(1) 錯誤、詐欺および強迫は、それらの性質が著しかったために、それらがなかったのであれば、当事者の一方またはその代理人が契約を締結しなかったであろう場合、または異なる条件で契約をしていたであろう場合は、同意を無効とする。
(2) それらを決定づける性質は、人と状況を考慮して評価される。

第 1113 条
　詐欺とは、契約の一方当事者が他方当事者の同意を術策または虚言により騙取する行為である。

第 1113－1 条
　契約の一方当事者が、もし他方当事者が知っていたならば、少なくとも合意された条件で契約することを思いとどまったであろう事実を、意図的に隠ぺいした場合も同様に、詐欺となる。

【フランス民法改正草案（司法省 2008 年草案）】

第 50 条
(1) 契約当事者のうち、他方当事者の同意にとって決定的な重要性を有する情報を知る、または知ることができる状態にある者は、他方当事者がその情報を知らないことが正当である場合、または契約相手方を信頼することが正当である場合には、情報を提供しなければならない。

(2) 契約の内容または当事者の資質と直接的かつ不可欠の関係を有する情報は、決定的である。
(3) 情報提供義務違反の不履行を主張する契約当事者は、他方当事者がこの情報を知っていた、または知ることができる状態にあったことを証明しなければならない。ただし、他方当事者が、自分も知らなかったこと、またはその義務を果たしたことを証明することを妨げない。
(4) この情報提供義務の違反はすべて、合意の瑕疵の場合の契約の無効を妨げることなく、この義務を負う者の不法行為責任を負わせる。

【フランス民法改正草案（司法省2009年草案）】

第44条
(1) 契約当事者のうち、他方当事者の同意にとって決定的な重要性を有する情報を知る、または知ることができる状態にある者は、他方当事者がその情報を知らないことが正当である場合、または契約相手方を信頼することが正当である場合には、情報を提供しなければならない。
(2) 契約の内容または当事者の資質と直接的かつ不可欠の関係を有する情報は、決定的である。
(3) 情報提供義務（devoir）の不遵守を主張する契約当事者は、他方当事者がこの情報を知っていた、または知ることができる状態にあったことを証明しなければならない。ただし、他方当事者が、自分も知らなかったこと、またはその義務を果たしたことを証明することを妨げない。
(4) この情報提供義務（devoir）の違反はすべて、合意の瑕疵の場合の契約の無効を妨げることなく、この義務を負う者の不法行為責任を負わせる。

第45条
(1) 錯誤、詐欺および強迫は、それらの性質が著しかったために、それらがなかったのであれば、当事者の一方またはその代理人が契約を締結しなかったであろう場合、または異なる条件で契約をしていたであろう場合は、同意を無効とする。
(2) それらを決定づける性質は、当該事案における人と状況を考慮して評価される。

第52条
　詐欺とは、契約の一方当事者が、術策、虚言、又は同意にとって決定的な事実の意図的な隠ぺいにより、他方当事者の同意を騙取する行為である。

第53条
　詐欺が、契約相手方の代理人、事務管理者、被用者、または請合人により生ぜしめられた場合、並びに、第三者により詐欺が生ぜしめられ、契約相手方がそれを知り、そこから利益を引き出した場合も同様に、詐欺となる。

【フランス民法改正草案（テレ草案）】

第33条
(1) 他方当事者にとって決定的な性質を有する情報を知る、または知るべき当事者で、その情報が決定的な性質を有することを知っている者は、他方当事者が知らないことが正当であるとき、情報を提供しなければならない。
(2) 一方当事者の知らないことは、その者が自ら情報を取得することができない場合、または、とりわけ契約の性質、もしくは当事者の資質のために、その者が適切に契約の相手方を信頼していた場合、正当である。
(3) 情報が提供されるべきであったと主張する者が、他方当事者がその者に情報を提供すべきであった

ことを証明する義務を負う。他方当事者は、自らが情報を提供したことを証明しなければならない。
第34条
　情報提供義務の違反は、その義務を負う者の責任を生じさせ、場合によっては、35条以下の条件で、契約の無効を生じさせる。
第44条
　契約の一方当事者が、33条にしたがって提供しなければならない情報を意図的に隠ぺいすることも同様に、詐欺となる。

【ユニドロワ国際商事契約原則2010】

第3.2.1条（錯誤の定義）
　錯誤とは、契約締結時に存在する事実または法に関する誤った想定をいう。
第3.2.2条（取消原因となる錯誤）
(1) 当事者が錯誤により契約を取り消すことができるのは、錯誤に陥った当事者と同じ状況に置かれた合理的な者が、真の事情を知っていれば、実質的に異なる条項のもとでのみ契約を締結し、または契約を全く締結しなかったであろうほどに、錯誤が契約締結時において重要なものであり、かつ以下の各号のいずれかに該当するときに限られる。
(a) 相手方が、同じ錯誤に陥っていた場合、錯誤当事者の錯誤を生じさせた場合またはその錯誤を知りもしくは知るべき場合であって、錯誤当事者を錯誤に陥ったままにすることが公正な取引についての商取引上の合理的な基準に反するとき。
(b) 相手方が、取消時までに、契約を信頼した合理的な行動をしていないとき。
(2) 前項の規定にかかわらず、以下の各号のいずれかに該当するときには当事者は契約を取り消すことができない。
(a) 錯誤に陥るにつき重大な過失があったとき。
(b) 錯誤が、錯誤のリスクが錯誤当事者によって引き受けられた事柄にかかわるとき、または、諸事情を考慮すれば、錯誤のリスクが錯誤当事者によって負担されるべきとき。

【ヨーロッパ契約法原則】

第4：103条　事実または法律に関する本質的な錯誤
(1) 当事者は、次の各号のすべてを充たす場合には、契約締結時に事実または法律に関する錯誤が存在することを理由として、当該契約を取り消すことができる。
(a)（ⅰ）錯誤が相手方によって与えられた情報によって惹起された場合、（ⅱ）相手方が錯誤を知りまたは知るべきであって、錯誤者を錯誤に陥った状態に放置することが信義誠実および公正取引に反する場合、または、（ⅲ）相手方が同一の錯誤に陥っている場合
(b) 錯誤者が真実を知っていたならば契約を締結しなかったであろうこと、または、本質的に異なる条件でなければ契約を締結しなかったであろうことを、相手方が知りまたは知るべきであった場合
(2) 前項の規定にかかわらず、次の各号のいずれかに該当する場合には、当事者は契約を取り消すことができない。
(a) 当該状況において、その者の錯誤が宥恕されない場合
(b) その者によって錯誤のリスクが引き受けられていたか、または当該状況において引き受けられるべきであった場合

第4:106条 不正確な情報
　相手方により与えられた不正確な情報を信頼して契約を締結した当事者は、その情報が4:106条に定める本質的な錯誤を生じさせていない場合であっても、4:117条2項および3項に従って損害賠償を請求することができる。ただし、情報を与えた当事者がその情報が真実であると信じる理由を有していた場合は、このかぎりでない。

第4:107条 詐欺
(1) 当事者は、言葉によるものであれ行為によるものであれ相手方の詐欺的な告知によってまたは信義誠実および公正取引によれば開示すべきであった情報の詐欺的な不開示によって契約を締結させられた場合には、当該契約を取り消すことができる。
(2) 当事者の告知または不開示は、欺罔の故意をもってされた場合には、詐欺的である。
(3) 当事者がある情報を開示するよう信義誠実および公正取引が要求しているか否かについて判断する際には、次に掲げるものを含むあらゆる事情が考慮されなければならない。
(a) その当事者が特別な専門性を有していたか否か
(b) その当事者が当該情報を取得するために支払った費用
(c) 相手方が合理的に独力でその情報を得ることができたか否か
(d) 相手方にとってのその情報の明白な重要性

【アメリカ第2次契約法リステイトメント】

第164条 いかなる場合に不実表示によって契約を取消すことができるか
①当事者の一方による同意の表示が、相手方による詐欺的または重大な不実表示によって誘引され、かつその表示を受領者が信頼するのが正当であった場合、その受領者は契約を取り消すことができる。
②当事者の一方による同意の表示が、当事者ではない者による詐欺的または重大な不実表示によって誘引され、かつその表示を受領者が信頼するのが正当であった場合、その受領者は契約を取り消すことができる。ただし、取引の相手方が、善意（in good faith）かつ不実表示について知りうべきでない状態で（without reason to know）、対価（value）を与えまたは当該取引を著しく信頼した場合は、この限りでない。

3 　**【契約締結過程の規律】③困惑類型**
【ドイツ民法】

第138条（良俗違反の法律行為；暴利）
　1　善良の風俗に反する法律行為は、無効とする。
　2　特に相手方の強制状態、無経験、判断力の不足または著しい意志薄弱に乗じて、給付に対して著しく不相当な財産的利益を自己または第三者に約束または提供させる法律行為は、無効とする。

【オランダ民法】

第3編第44条
　1　法律行為が強迫、詐欺または状況の濫用によって成立したときは、その法律行為を取り消すことができる。
　4　状況の濫用は、相手方が窮状、従属、軽率、異常な精神状態、または無経験のような、特別の状況によって法律行為への着手に導かれたことを知りまたは理解しなければならない者が、その者が知りまたは理解しなければならない事情によればそれを思いとどまるべきであったにもかかわらず、当該法律行為の実現を促したときに、認められる。

【フランス民法改正草案（カタラ草案）】

第1114-3条
1　一方当事者が窮乏状態、または従属状態の下で債務を負担し、他方当事者が当該合意から明らかに過剰な利益を取得して、この衰弱状態を利用した場合も。強迫が存在する。
2　衰弱状態は、とりわけその状態に服している当事者の脆弱性、両当事者の以前の関係の存在、またはそれらの者の経済的不平等を考慮に入れながら、状況の相対から評価がなされる。

【ヨーロッパ契約法原則】

第4：109条（過大な利益取得または不公正なつけ込み）
1　当事者は、契約締結時に以下に掲げる全ての事情が存在した場合には、当該契約を取り消すことができる。
(a)　その当事者が、相手方に依存し、もしくは相手方と信頼関係にあった場合、経済的に困窮し、もしくは緊急の必要があった場合、または、軽率であり、無知であり、経験が浅く、もしくは交渉技術に欠けていた場合
(b)　相手方が、このことを知りまたは知るべきであり、かつ、当該契約の事情および目的を考慮すると、著しく不公正な方法でその当事者の状況につけ込み、または過大な利益を取得した場合
2　裁判所は、適当と認める場合には、取消権者の請求により、信義誠実および公正取引の要請するところに従っていたならば合意されていたであろう内容へと、当該契約を改訂することができる。

【EU・不公正取引方法指令（2005/5/11）】

第5条　不公正商慣行の禁止
4．商慣行は、とりわけ次の場合には不公正とされる：
(a)第6条及び第7条にいう誤認させる場合　または
(b)第8条及び第9条にいう攻撃的である場合

第8条　攻撃的な商慣行
　商慣行は、現実の前後関係を含めて、その特徴の全てと諸事情を考慮した場合に、困惑、物理的圧力の行使を含む強制、又は不当威圧によって、平均的消費者の製品に対する選択や行動の自由を著しく侵害し、又は侵害の恐れがあると認められ、平均的消費者にそれがなければしなかったであろう取引上の決定を下させ、又は下させる恐れがあるとき、攻撃的であるとみなされる。

第9条　困惑（harassment；Belästigung）、強制（coercion）及び不当威圧（undue influence）の行使
　商慣行が困惑、物理的圧力の行使を含む強制、又は不当威圧を行使しているか否かを決するに当っては、次の事情を考慮するものとする：
(a)そのタイミング、場所、性質又はしつこさ
(b)威迫的又は濫用的な言動の行使
(c)事業者が特別の不幸又はその他の重大な事情を認識した上で、当該製品に対する消費者の決定に影響を与えるべく活用して消費者の決定を侵害していること
(d)契約の解除、又は他の製品もしくは他の事業者への変更を含む、契約上の権利を行使しようとする消費者に対して事業者が課す、煩わしい、又は不相当な契約外の障壁
(e)適法性を欠くような強迫手段の行使

4 【契約締結過程の規律】④取消しをめぐる問題

【フランス民法】

第1312条
　未成年者または後見に付された成年者がその資格ゆえにその約務を取り消すことを認められる時は、それらの者に対して未成年または成年後見の間にその約務の結果として弁済されたものの償還を要求することができない。ただし、弁済されたものがそれらの者の利益に転じたことが証明される場合には、この限りでない。

【フランス民法改正草案（カタラ草案）】

第1130-3条
(1) 無効の合意は、初めから存在しなかったものと見なされる。
(2) 履行された給付については、第1161条から第1164-7条に定められる区別に従って、現実の、または価額による原状回復が認められる。

【フランス民法改正草案（テレ草案）】

第88条
(1) 無効とされた契約は、初めから存在しなかったものと見なされる。
(2) 履行された給付については、原状回復に関する権限についての要件の下で、原状回復が認められる。

【ユニドロワ国際商事契約原則2010】

第3.2.15条（原状回復）
(1) 取消により、各当事者は、契約または契約の取り消された部分に基づき自己が給付したものの返還を請求することができる。ただし、契約または契約の取り消された部分に基づき自己が受領したものを同時に返還するときに限る。
(2) 現物による返還が可能でないときまたは適切でないときは、それが合理的である限り金銭による価額の返還がなされなければならない。
(3) 現物による返還が不可能となった原因が相手方にあるときは、その給付の受領者は金銭による価額の返還をすることを要しない。
(4) 受領された給付の保存または保守のために合理的に要した費用については、その賠償を請求することができる。

【ヨーロッパ契約法原則】

第4:115条 取消しの効果
取消しがされた場合には、各当事者は、当該契約により給付されたものの原状回復を請求することができる。ただし、その者は、自らが受領したものを同時に原状回復しなければならない。何らかの理由により現物による原状回復が不可能である場合には、受領したものに対応する合理的な金額が支払われなければならない。

5 約款の採用条件

【ドイツ民法】

第305条 約款の契約への組み入れ
(1) 約款とは多数の契約に用いるためにあらかじめ定式化されたすべての契約条項であって、一方の契約当事者（約款使用者）が他方の契約当事者に対して契約締結の際に設定したものをいう。その規定が外観上区別された契約の構成部分となっており、または、契約証書に記載されている場合も同様とし、その規定の範囲、書式、契約の方式は問わない。契約条項につき契約当事者間で個別に交渉がなされたものは、約款ではない。

(2) 約款は、次の各号に定める要件をすべて満たし、かつ、他方当事者が約款の適用につき了解した場合に限り、契約に組み入れられるものとする。
   1. 約款使用者が、他方の契約当事者に対して約款を明示的に提示し、または、契約締結の形態故に明示的な提示が不相当に困難を伴う場合には契約締結の場所に約款を明確に認識可能な状態に置くこと
   2. 約款使用者が、他方の契約当事者に対して、約款の内容を認識する機会を、約款使用者に認識できる同人の身体的障害も考慮したうえで期待可能な形で与えたこと
(3) 契約当事者は、本条第2項の定める要件に鑑みて、特定の種類の法律行為のための約款の適用につき、あらかじめ合意をすることができる。

第305a条 特別な場合における契約の組入れ
　次に掲げる各号のいずれかに該当する場合において、契約相手方が約款の効力を了解したときは、第305条第2項第1号および第2号所定の要件を満たさなくとも、約款は契約に組み入れられる。
   1. 権限ある交通当局が認可した料金表または国際条約に基づいて告示された料金表、運送契約のための定期交通に関する鉄道の施行規則、旅客運送法に準拠して認可された市街電車、トロリーバスおよび自動車の運送規定
   2. テレコミュニケーションおよび郵便のために監督官庁の官報において公表され、かつ、約款使用者の営業所に用意された約款であって、次に掲げるいずれかに関するもの
      a 営業所以外の場所にある郵便ポストに郵便物を投函することにより締結される郵送契約
      b テレコミュニケーション、情報その他のサービス提供に関する契約であって、直接、隔地的コミュニケーション手段の使用によりもたらされ、かつ、当該テレコミュニケーションサービスが1度に履行される場合であって、契約締結前に契約相手方に対して約款を入手可能にすることが極めて困難であるとき

第305c条 不意打ち条項および多義的な条項
(1) 約款中の条項であって、諸事情とりわけ契約の外形に照らして、約款使用者の相手方が予期する必要がないほどに異例なものは、契約の構成部分とならない。
(2) 約款の解釈に疑義があるときは、約款使用者に不利に解釈しなければならない。

【オランダ民法】

第6編第231条
　本節においては、次に掲げる語は、以下のように解するものとする。
   a. 約款とは、多数の契約において用いられることを目的とした、一つまたは多数の書面による条項をいう。ただし、明確かつ分かりやすい言葉で表現されている限り、給付の核心について定める条項は除かれる。
   b. 使用者とは、契約において約款を用いる者をいう。
   c. 相手方とは、書面への署名またはその他の方法により、約款の適用を承諾した者をいう。

第6編第232条
　相手方は、相手方が約款の内容を知らないことを契約締結に際して使用者が知りまたは知るべきであったときでも、約款に拘束される。

第6編第233条
　約款中の条項は、以下のいずれかの場合には、無効とされ得る。

a. その条項が、契約の種類およびその他の内容、約款が作成された方法、相互に認識し得る当事者の利益、ならびにその他の事態の状況を考慮して、相手方にとって不当に不利益となるとき。
   b. 約款使用者が、相手方に対して、約款を了知する合理的な機会を与えなかったとき。

第6編第234条
(1) 使用者は、以下のいずれかの場合には、第233条第b号において定められた機会を与えたものとする。
   a. 使用者が、相手方に対し、契約締結の前または契約締結時に約款を交付したとき。
   b. 以上が合理的に可能ではないときは、使用者が約款の閲覧を可能にし、または、約款を使用者によって指定された商工会議所または裁判所の文書課に保管されていること、および、求めに応じて相手方に送付されるべきことを、契約締結前に使用者が相手方に対して知らせたとき。
   c. 契約が電子的方法で締結された場合において、相手方が後に約款を精査できるように相手方が約款を保存することを可能にすることによって、契約締結の前または契約締結時に約款が相手方に利用可能とされていたとき、または、以上が合理的に可能でないときは、約款の条項を電子的方法で調べることができ、また求めに応じて約款が電子的またはその他の方法で送付されることを、契約の締結に先立って相手方が知らされたとき。
(2) 約款が契約締結の前または契約締結時に相手方に交付されなかった場合において、使用者が求めに応じて遅滞なく自らの費用で相手方に約款を送らないときは、その条項は無効となり得る。
(3) 約款の送付義務に関する第1項第b号および第2項は、約款を送付することが使用者に対し合理的に要求され得ない限り、適用されない。

第6編第235条
(1) 以下の者は、第233条および第234条において定められた無効原因を主張することができない。
   a. 契約締結時にその直近の年次決算を公表している第2編第360条所定の法人、またはその時点において直近に第2編第403条第1項が適用された法人。
   b. 第a号の規定が適用されない当事者で、同号に定める時点において50人以上の者がそこで働いている場合、または、その時点で1996年商業登記法に基づく記載によって50人以上の者がそこで働いていることが示されている場合における当事者。
(2) 約款がその代理人によって使われていた当事者は、相手方が同一の約款またはほとんど同一の約款が適用される契約を複数回締結していたときは、第233条第a号の定める無効原因を主張することができる。
(3) 契約において同一の約款またはほとんど同一の約款を複数回使用している当事者は、第233条および第234条の定める無効原因を主張することができない。
(4) 第3編第52条第1項第d号所定の期間は、条項が主張された日の翌日の初めをもって開始する。

【韓国約款規制法】

第6条（一般原則）
①信義誠実の原則に反し、公正を失した約款条項は無効である。
②約款において次の各号の一に該当する内容を定めている場合においては、当該約款条項は公正を失したものと推定される。
   1 顧客に対して不当に不利な条項
   2 契約の取引形態など、諸事情に照らし、顧客が予想し難い条項
   3 契約の目的を達成できないほど、契約上の本質的権利を制限する条項

【フランス民法改正草案（カタラ草案）】

第1102-5条
(1) 附合契約は、条件が、討議を経ずに他方当事者があらかじめ一方的に定めた通りに当事者の一方によって承諾される契約である。
(2) ただし、そのような契約は、交渉に基づく個別的な条件をそれに付加することができる。

【フランス民法改正草案（テレ草案）】

第23条
(1) 当事者の一方は、その同意を他方当事者による約款の承諾にかからしめることができる。
(2) ある当事者によって示された約款は、状況から他方当事者がそれを承諾したことが明らかとなるときは、他方当事者に対して効力を有する。
(3) 当事者の一方と他方とによって示された約款の間に不一致があるときは、両立し得ない条項は効力を有しない。

【フランス民法改正草案（司法省草案2008年版）】

第10条2項
　附合契約は、本質的な約定が討議を経ずに予め一方的に定められる契約である。

第29条
　申込みが約款を参照させている場合、承諾者がそれを知っており、かつ反対の意思を表明しなかった場合には、承諾は約款の承認をもたらす。

【フランス民法改正草案（司法省草案2009年版）】

第11条第2項（2008年版第10条第2項）
　附合契約は、本質的な約定が討議を経ずに予め一方的に定められる契約である。

第24条
　申込みが約款を参照させている場合、承諾者がそれを知っており、かつ、状況から他方当事者がそれを承諾したことが明らかになるときのみ、承諾は約款の承認をもたらす。
一方当事者と他方当事者とによって示された約款の間に不一致があるときは、両立し得ない条項は効力を有しない。

【フランス消費法典】

L.132-1条
①事業者と非事業者または消費者の間の契約において、非事業者または消費者を害する形で、契約当事者の権利義務の間の判然とした不均衡を生みだすことを目的または効果とする条項は、濫用的である。
④これらの規定〔濫用条項に関する規定〕は、契約の形式、媒体が何であれ、適用される。自由に交渉された条項もしくはそうでない条項、または既に作成された約款への参照を含んだ注文書、請求書、保証書、引渡明細書もしくは引渡証書、切符もしくは券についても同様である。
⑦第1項の意味における条項の濫用的な性質の評価は、条項が明確かつ理解可能な形で規定されている限り、契約の主たる目的の決定、および売買された物または提供された役務の代金または報酬の適合性を対象としない。

【1993年4月5日付けヨーロッパ共同体閣僚理事会指令】

第3条
1. 個別に交渉されなかった契約条項は、それが、信義誠実の要請に反して、契約から生じる当事者の権利および義務に重大な不均衡を生じさせて消費者の利益を害する場合、不公正なものとみなされる。

2. 条項は、それがあらかじめ作成され、そのために消費者が当該条項の内容に影響を及ぼすことができなかった場合、とりわけ、あらかじめ書式化された標準契約を用いる場合、常に、個別に交渉されなかったものとみなされる。
　条項のある一定の側面またはある特定の条項について個別に交渉されたという事実があっても、契約の全体的評価から、あらかじめ書式化された標準契約であることが示される場合、契約の残余に対する本条の適用を排除するものではない。
　売主または提供者は、標準契約条項について個別の交渉があった旨を主張する場合、その立証責任を負う。

【ユニドロワ国際商事契約原則 2010】

第 2.1.10 条（不意打ち条項）
(1) 定型条項に含まれる条項のうち、相手方が合理的に予期し得なかった性質の条項は、効力を有しない。ただし、相手方がそれに明示的に同意していたときはこの限りではない。
(2) ある条項が前項の性質を有するか否かを判断するにあたっては、その内容、言語および表示の仕方が考慮されなければならない。

【ヨーロッパ契約法原則】

第 2:104 条 個別に交渉されなかった条項
(1) 当事者の一方は、個別に交渉されなかった契約条項を相手方が知らなかった場合において、契約の締結前または締結時にその条項につき相手方に注意を促すための合理的な措置を講じたときにかぎり、相手方に対し、その条項を主張することができる。
(2) 契約書において条項を参照するだけでは、相手方がその契約書に署名したとしても、その条項について相手方の注意を適切に促したことにはならない。

【アメリカ第二次契約法リステイトメント】

第 211 条 標準化された合意書
① 第 3 項に定める場合を除き、合意の当事者の一方が書面に署名し、または他の方法で同意を表示した場合において、同様の書面が同種の合意の条項を表現するために常に用いられているとその者が考えるべきであったときは、その者は当該書面を書面に含まれている条項に関する完成合意書として採用したことになる。
② そのような書面は、類似の状況におかれているすべての者を同様に扱うことが合理的である場合には、それらの者が書面の標準的条項について知りまたは理解していたかどうかにかかわらず、常にそのように解釈される。
③ 書面にある特定の条項が含まれていることを知ったならば当事者はそのような同意を表示しないであろうと相手方が考えるべきであった場合は、その条項は合意の一部とはならない。

6　約款の明確性

【1993 年 4 月 5 日付けヨーロッパ共同体閣僚理事会指令】

第 3 条
1　個別に交渉されなかった契約条項は、それが、審議誠実の要請に反して、契約から生じる当事者の権利および義務に重大な不均衡を生じさせて消費者の利益を害する場合、不公正なものとみなされる。
2　以下省略
第 4 条
2　条項の不公正性の評価は、当該条項が平易かつ明瞭な言葉で表現されている限りにおいて、契約の主たる目的の確定、ならびに提供されるサービスや物品の対価として支払われる代金や報酬の金額の妥

当性には及ばない。
第5条
　消費者に対して契約の全部または一部の条項が書面によって提示されるときは、それらの条項は、つねに平易かつ明瞭なことばで起草されなければならない。ある条項の意味について疑問がある場合、消費者にとってもっとも有利な解釈が優先する。この解釈準則は、第7条第2項で定められた手続きとの関係においては、適用されない。

【ドイツ民法】

第307条　内容規制
(1) 約款中の条項は、当該条項が審議誠実の原則に反して約款使用者の契約相手方を不相当に不利益に取り扱うときは、無効とする。不相当な不利益は、条項が明確でなく、または平易でないことからも生ずる。
(2) 省略

【オランダ民法】

第6編第231条
　本節においては、次に掲げる語は、以下のように解するものとする。
a　約款とは、多数の契約において用いられることを目的とした、一つまたは多数の書面による条項をいう。ただし、明確かつ分かりやすい言葉で表現されている限り、給付の核心について定める条項は除かれる。
b　以下省略

第6編第233条
　約款中の条項は、以下のいずれかの場合には、無効とされ得る。
a　その条項が、契約の種類およびその他の内容、約款が作成された方法、相互に認識し得る当事者の利益、ならびにその他の事態の状況を考慮して、相手方にとって不相当に不利益となるとき。
b　約款使用者が、相手方に対して、約款を了知する合理的な機会を与えなかったとき。

【フランス消費法典】

L132−1条
① 事業者と非事業者または消費者の間の契約において、非事業者または消費者を害する形で、契約当事者の権利義務の間の判然とした不均衡を生み出すことを目的又は効果とする条項は、濫用的である。
②・・省略
⑦ 第1項の意味における条項の濫用的な性質の評価は、条項が明確かつ理解可能な形で規定されている限り、契約の主たる目的の決定、および売買された物または提供された役務の代金または報酬の適合性を対象としない。

【オランダ民法】

第6編238条44
(1)　（略）
(2)　第236条および第237条所定の契約における条項は、明確かつ理解可能な言葉で記載されなければならない。条項の意味に疑義があるときは、相手方の有利に解釈するものとする。

【ユニドロワ国際商事契約原則2010】

第2.1.10条（不意打ち条項）
(1)定型条項に含まれる条項のうち、相手方が合理的に予期しえなかった性質の条項は、効力を有しない。

ただし、相手方がそれに明示的に同意していたときはこの限りではない。
(2) ある条項が前項の性質を有するか否かを判断するにあたっては、その内容、言語および表示の仕方が考慮されなければならない。

【ヨーロッパ契約法原則】

第4：110条　個別に交渉されていない不公正条項
(1) 個別に交渉されていない条項が、審議誠実および公正取引の要請に反して、当該契約において生じる両当事者の権利義務に著しい不均衡をもたらし、当事者の一方に損害を与える場合には、その当事者は、当該条項を取り消すことができる。その際、当該契約の下で提供されるべき履行の性質、当該契約における他の全ての契約条件および契約締結時の事情が考慮される。
(2) 本条の規定は、次の各号のいずれかに該当するものについては、適用されない。
　(a) 契約の主たる内容を定める条項。ただし、その条項は、平易でわかりやすい言葉によるのでなければならない。
　　・・・

7　約款条項の解釈
①　＜約款使用者不利の解釈準則について＞

【ドイツ民法】

第305条 c
(1) 略
(2) 約款の解釈に疑義があるときは、約款使用者に不利に解釈しなければならない。

【オランダ民法】

第6編238条
(1)（略）
(2) 第236条および第237条所定の契約における条項は、明確かつ理解可能な言葉で記載されなければならない。条項の意味に疑義があるときは、相手方の有利に解釈するものとする。

第6編240条第1項
(1) 第3項所定の法人の請求に基づいて、特定の約款における特定の条項につき、不相当に不利益なものと宣言することができる。第233条a号、第236条および第237条は、準用される。前2文の適用に関しては、強行的な法律上の規定に反する約款中の条項は、不相当に不利益なものと見なされる。条項の評価に際しては、第238条第2項第2文に定める解釈規定は、適用しない。

【ユニドロワ国際商事契約原則】

第4.6条（「作成者不利に（contra proferentem）」の原則）
　当事者の一方により準備された契約条項が不明瞭なときは、その当事者に不利となるように解釈されることが望ましい。

【ヨーロッパ契約法原則】

5：103条「作成者に不利に」の準則
　個別に交渉されなかった契約条項の意味について疑いがあるときは、当該条項をもち出した当事者に不利となる解釈が優先されなければならない。

【DCFR第2編第8章 解釈 第1節：契約の解釈】

II.-8:103：条項の供給者または支配的な当事者に不利な解釈
(1) 個別に交渉されていない条項の意味について疑問が生じた場合には、当該条項を与えた当事者に不利な解釈が望ましい。
(2) その他の条項の意味について疑問が生じた場合であって、かつその条項が一方当事者の支配的な影響力の下で定められた場合には、当該当事者に不利な解釈が望ましい。

【フランス消費法典】

L.133-2条
　事業者によって消費者または非事業者に提案される契約の条項は、明瞭かつ理解しやすい方法で提示および作成されなければならない。
　疑いがある場合には、当該条項は消費者または非事業者に最も有利に解釈される。ただし、前条は［消費法典］L421-6条に基づいてなされる訴訟手続［訳注：消費者団体による不正行為差止訴権のことである］には適用されない。

②＜個別交渉条項の優先について＞

【DCFR第2編第8章 解釈 第1節：契約の解釈】

II.-8:104：交渉された条項の優先
個別に交渉された条項は、交渉されなかった条項よりも優先される。

【ヨーロッパ契約法原則】

5:104条　交渉された条項の優先
個別に交渉された条項は、個別に交渉されていない条項に対して優先する。

＜契約の解釈について＞

【フランス民法】

第1156条　合意においては、その文言の時義に拘泥するよりもむしろ、契約当事者の共通の意図がどのようなものであったかを探求しなければならない。
第1157条　ある条項が二つの意味にとれるときは、なんらの効果も生じることができない意味においてよりもむしろ、何らかの効果を有することができる意味において理解しなければならない。
第1158条　二つの意味にとれる文言は、契約の内容に最もふさわしい意味にとらなければならない。
第1159条　曖昧なものは、契約が締結される地方において慣習とされているところに従って解釈される。
第1160条　契約においては、それが明示されない場合であっても、その地方で慣習とされている条項を補充しなければならない。
第1161条　合意のすべての条項は、それぞれにその行為全体から生じる意味を与えるように、相互に解釈される。
第1162条　疑いがある場合には、合意は、債務を負わせたものに不利に債務を負った者に有利に解釈される。
第1163条　合意は、それを言い表す文言がどのように一般的であっても、当事者がそれについて締結し

ようとしたと思われるものでなければ、含まない。
第 1164 条　契約において債務の説明のために一つの場合を表示したときも、そのことによって、表示されていない場合に約務に当然与えられる範囲を制限しようとしたとはみなされない。

【フランス民法改正草案（カタラ草案）】

第 1136 条 ①合意においては、その文言の時義に拘泥するよりもむしろ、契約当事者の共通の意図がどのようなものであったかを探求しなければならない。
②同様に、単独行為においては、行為者の真の意図を優先させなければならない。
③集団による決定行為の解釈において、集団の構成員の共通の利益に最も適合的な意味を優先させなければならない。
第 1137 条 ①　合意のすべての条項は、それぞれに行為全体の一貫性を尊重した意味を与えるように、相互に解釈される。
② 　複数の契約が形成する契約の統合体 ensemble contractuel において、相互依存的な契約は、それらの契約が命じられている作用に応じて、解釈される。
第 1138 条　明白で正確な条項は、解釈を要さず、せいぜい行為の変性をもたらすのみである。
第 1138-1 条　合意は、それを言い表す文言がどのように一般的であっても、当事者がそれについて締結しようとしたと思われるものでなければ、含まない。
第 1138-2 条　契約において債務の説明のために一つの場合を表示したときも、そのことによって、表示されていない場合に約務に当然与えられる範囲を制限しようとしたとはみなされない。
第 1139 条　契約は合理的に、公平に解釈される。
第 1139-1 条　ある条項が二つの意味にとれるときは、なんらの効果も生じることができない意味においてよりもむしろ、何らかの効果を有することができる意味において理解しなければならない。
第 1139-2 条　二つの意味にとれる文言は、契約の内容に最もふさわしい意味にとらなければならない。
第 1139-3 条　曖昧なものは、契約が締結される場所において慣習とされているところ、および当事者の慣行にしたがって解釈される。
第 1140 条　疑いがある場合には、合意は、債務を負わせたものに不利に債務を負った者に有利に解釈される。
第 1140-1 条　ただし、契約上の法規範が、一方当事者の支配的な影響下で作成されたときは、他方当事者に有利に解釈しなければならない。
第 1141 条　契約の解釈は、その構成要素全体の分析に根拠を置く。契約の本質的な要素の誤解は、変性となる。

【フランス民法改正草案（テレ草案）】

第 136 条 ①　契約は、条項の文言どおりの意味に基づいてというよりもむしろ、当事者の共通の意図に基づいて、解釈される。
② 　当事者の共通の意図を見つけだすことができないとき、契約は、同様の状況に置かれた合理人が与えるであろう意味に基づいて、解釈される。
第 137 条 ①　契約のすべての条項は、それぞれに行為全体の一貫性を尊重した意味を与えるように、相互に解釈される。
② 　契約当事者の意図において、複数の契約が一つの全体的な作用へと競合しているとき、それらの契

約は、その作用に応じて解釈される。
第138条 明白で正確な条項は、解釈を要さず、せいぜい行為の変性をもたらすのみである。
第139条 ある条項が二つの意味にとれるときは、なんらの効果も生じない意味においてよりも、何らかの効果を有することができる意味を優先しなければならない。
第140条① 疑いがある場合、契約は債務者に有利に解釈される。
② あいまいな場合は、交渉されていない契約条項は、むしろ作成者に不利に解釈される。

【フランス民法改正草案（司法省草案（2008年7月版））】

第152条① 契約は、条項の文言どおりの意味に基づいてというよりもむしろ、当事者の共通の意図に基づいて、解釈される。
② 当事者の共通の意図を見つけだすことができないとき、契約は、同様の状況に置かれた合理人が与えるであろう意味に基づいて、解釈される。
第153条① 契約のすべての条項は、それぞれに行為全体の一貫性を尊重した意味を与えるように、相互に解釈される。
② 複数の契約が形成する契約の統合体 ensemble contractuel において、相互依存的な契約は、それらの契約が命じられている作用に応じて、解釈される。
第154条 解釈は、明白で正確な契約条項の変性をもたらさない。
第155条① ある条項が二つの意味にとれるときは、なんらの効果も生じない意味においてよりも、何らかの効果を有することができる意味を優先しなければならない。
② 曖昧な場合は、契約条項は作成者の不利に解釈される。

【オランダ法】

第6編238条44
(1) （略）
(2) 第236条および第237条所定の契約における条項は、明確かつ理解可能な言葉で記載されなければならない。条項の意味に疑義があるときは、相手方の有利に解釈するものとする。

第6編240条第1項
(1) 第3項所定の法人の請求に基づいて、特定の約款における特定の条項につき、不相当に不利益なものと宣言することができる。第233条a号、第236条および第237条は、準用される。前2文の適用に関しては、強行的な法律上の規定に反する約款中の条項は、不相当に不利益なものと見なされる。条項の評価に際しては、第238条第2項第2文に定める解釈規定は、適用しない。

【ユニドロワ国際商事契約原則】

第4.1条（当事者の意思）
(1) 契約は当事者の共通の意思に従って解釈されなければならない。
(2) 前項の意思を証明することができないときは、契約は、当事者と同種の合理的な者が同じ状況のもとでその契約に与えるであろう意味に従って解釈されなければならない。
第4.2条（言明およびその他の行為の解釈）
(1) 当事者の言明およびその他の行為は、相手方がその意思を知りまたは知らないことはあり得なかったときは、その意思に従って解釈されなければならない。
(2) 前項の規定が適用されないときには、当事者の言明およびその他の行為は、相手方と同種の合理的

な者が同じ状況のもとでその行為に与えるであろう意味に従って解釈されなければならない。

第4.3条（考慮すべき事情）
前2条の適用にあたっては、次に掲げる事情その他一切の事情を考慮しなければならない。
 (a) 契約準備段階における当事者間の交渉
 (b) 当事者がその間で確立させている慣行
 (c) 契約締結後の当事者の行為
 (d) 契約の性質および目的
 (e) 当該取引分野において条項や表現に一般に与えられている意味
 (f) 慣習

第4.4条（契約全体または言明全体との一貫性）
条項および表現は、それらが含まれている契約または言明の全体に照らして解釈されなければならない。

第4.5条（すべての条項に効果を与える解釈）
契約条項は、そのうちのいくつかの条項の効果を奪うよりも、それらすべての条項に効果を与えるように解釈されなければならない。

第4.6条（「作成者に不利に（contra proferentem）」の原則）45
当事者の一方により準備された契約条項が不明瞭なときは、その当事者に不利となるように解釈されることが望ましい。

第4.7条（言語間の齟齬）
契約に2つ以上の言語で作成された版があり、それらが等しく拘束力を有する場合において、それらの間に齟齬があるときは、最初に作成された版に従って解釈されることが望ましい。

第4.8条（条項の欠缺とその補充）
 (1) 契約の当事者が、双方の権利義務の確定にとって重要な条項について合意していないときは、当該状況のもとで適切な条項が補充されなければならない。
 (2) 何が適切な条項であるかを判断するにあたっては、他の要素とともに以下の各号に定める要素が考慮されなければならない。
  (a) 当事者の意思
  (b) 契約の性質および目的
  (c) 信義誠実および公正取引
  (d) 合理性

【ヨーロッパ契約法原則】

5：101条 解釈の一般的準則
 (1) 契約は、文言の字義と異なるときであっても、両当事者の共通の意思に従って解釈されなければならない。
 (2) 当事者の一方が契約に特別の意味を与える意思を有していたこと、および、相手方が契約締結時にその意思を知らずにいることなどありえなかったことが証明されたときは、契約は、その当事者の意思に従って解釈されなければならない。
 (3) 1項または2項によって意思を証明することができないときは、契約は、両当事者と同種の合理的な者であれば同じ状況の下で与えるであろう意味に従って解釈されなければならない。

5：102条 考慮すべき事情
　契約を解釈するにあたっては、とりわけ、次の各号に掲げる事情を考慮しなければならない。
　(a) 契約が締結された際の諸事情。契約準備段階における交渉を含む。
　(b) 当事者の行為。契約締結後の行為も含む。
　(c) 契約の性質および目的。
　(d) 両当事者が類似の条項に対してかつて与えていた解釈、および両当事者間で確立されている慣行。
　(e) 当該活動分野において条項および表現に対し一般に与えられている意味、ならびに類似の条項に対してすでに得られた解釈。
　(f) 慣習。
　(g) 信義誠実および公正取引。
5：103条 「作成者に不利に」の準則
　個別に交渉されなかった契約条項の意味について疑いがあるときは、当該条項をもち出した当事者に不利となる解釈が優先されなければならない。
5：104条 交渉された条項の優先
　個別に交渉された条項は、個別に交渉されていない条項に対して優先する。
5：105条 契約全体との関連
　条項は、それが含まれている契約全体に照らして解釈されなければならない。
5：106条 条項を有効とする解釈
　契約条項を適法または有効とする解釈は、そうでない解釈よりも優先されなければならない。
5：107条 言語間の齟齬
　契約に異なった言語で作成された複数の版があり、それらのいずれについても正文である旨が表示されていない場合において、それらの間に齟齬があるときは、当該契約を最初に作成した際の版に従った解釈が優先する。

【DCFR第2編第8章 解釈 第1節：契約の解釈】

II.-8:101：原則
(1) 契約は、それが文言の言葉上の意味と異なる場合であっても、両当事者の共通の意思に従って解釈される。
(2) 一方当事者が契約またはこれに用いられる条項もしくは表現に特定の意味を持たせようとした場合であって、かつ契約締結時に他方当事者が当該一方当事者の意図に気付けていたか、または気付くことが合理的に期待された場合には、契約は、当該一方当事者の意図していたように解釈される。
(3) ただし、契約は、以下の場合には、合理的な人がそのように解するであろう意味にしたがって解釈される。
　(a) 前項に基づいて意図が明確にできない場合。
　(b) 合理的かつ誠実に契約の表現上の意味に依拠した、契約の当事者でなく、また法律上そのような当事者以上の権利は有しない人について、問題が生じた場合。

II.-8:102：関連事項
(1) 契約を解釈するにあたり、特に以下の事項につき考慮することができる。
　(a) 事前の交渉を含め、契約が締結された状況。
　(b) 契約締結の後も含めた、当事者の行動。
　(c) 当事者間において確立している契約または実務において用いられるものと同一または類似の、当

事者によって既に与えられている条項または表現への解釈。
    (d) 問題となっている活動の一分野においてそのような条項または表現について一般的に与えられる意味、およびそのような条項または表現について通常与えられる解釈。
    (e) 契約の性質および目的。
    (f) 慣行。
    (g) 誠実かつ公正な取引。
(2) 合理的かつ誠実に契約の表現上の意味に依拠した、契約の当事者でなく、また譲受人等のように法律上そのような当事者以上の権利は有しない人について問題が生じた場合、上記(a)から(c)に述べられた状況は、当該人物が知っていたまたは合理的に知っていることが期待された状況の範囲においてのみ、考慮することができる。

II.-8:103: 条項の供給者または支配的な当事者に不利な解釈
(1) 個別に交渉されていない条項の意味について疑問が生じた場合には、当該条項を与えた当事者に不利な解釈が望ましい。
(2) その他の条項の意味について疑問が生じた場合であって、かつその条項が一方当事者の支配的な影響力の下で定められた場合には、当該当事者に不利な解釈が望ましい。

II.-8:104: 交渉された条項の優先
    個別に交渉された条項は、交渉されなかった条項よりも優先される。

II.-8:105: 契約全体としての参照
    条項および表現は、これらが表された契約全体に照らして解釈される。

II.-8:106: 条項を有効にする解釈の優先
    契約の条項を合法または有効にする解釈は、そうしない解釈よりも望ましい。

II.-8:107: 言語上の不一致
    契約文書が二つ以上の言語によって存在し、いずれも正式であるとの記述がない場合において、これらの文書間に不一致があったときには、契約が最初に起草された際の文書に従った解釈が優先される。

8　不招請勧誘

【フランス消費法典】

第2節　違法な取引方法
第5款　攻撃的な取引方法
L.122-11条　I．—取引方法は、それを取り囲む諸事情を考慮して、反復される執拗な勧誘または物理的もしくは精神的強制の使用により、[以下] のときに攻撃的である：
    1°　取引方法が、消費者の選択の自由を著しく歪めまたは歪める性質を有する［とき］；
    2°　取引方法が、消費者の同意を瑕疵あるものにし、または瑕疵あるものにする性質を有する［とき］；
    3°　取引方法が、消費者の契約上の権利の行使を妨げる［とき］。
II．—　取引行為が、困惑行為、有形力を含む強制、または不当な影響を用いているか否かを判断するために、以下の要素が考慮される；
    1°　取引行為が行われた時および場所、その性質および執拗さ；
    2°　物理的または口頭による脅しの使用；

3° 生産物に関する消費者の決断に影響を与える目的で、事業者が、事情を知った上でする、消費者の判断を歪めてしまうほど重大なあらゆる不幸または特別な事情へのつけ込み；

4° 消費者が、自らの契約上の権利、とりわけ契約を終了させる権利または生産物もしくは供給者を変更する権利を主張しようとするときに、事業者によって課される、重大なまたは並外れた契約外のあらゆる障害；

5° 法律上可能でないにもかかわらず行われる、あらゆる訴訟提起の脅し。

L.122-11-1 条　［以下のこと］を目的とする取引行為は、L.122-11 条の意味において攻撃的と見なされる：

1° 契約が締結されるまでその場を離れることができないという印象を消費者に与えること；

2° 事業者がその場所を離れる旨またはその場所に再び現れない旨の消費者による求めを無視して、消費者の自宅への個人的訪問を行うこと。ただし、国の定める法が、契約上の債務の履行を行うために事業者が個人訪問を行うことを許可している場合は、この限りでない；

3° 電話、ファックス、電子メール、その他のあらゆる遠隔通信手段による、反復されかつ招請されていない勧誘を行うこと；

4° 保険証券の名義で補償金を請求しようとする消費者に対して、請求の有効性を証明するにつき関連性を有するとみなすことが合理的に不可能な文書を提出するよう義務づけること、または、この消費者に契約上の権利を行使することを断念させることを目的として、関連性を有する通信文に対して故意に返信しないこと；

5° 広告のなかで、広告の対象である生産物を購入するよう、または、それを彼らに買い与えるように両親その他の大人を説得するよう、子どもに直接的に推奨すること；

6° 消費者により求められていないにもかかわらず事業者により供給された生産物に対する即時のもしくは繰延べられた支払いを求めること、または、その返送もしくは保存を求めること。ただし、それが、L.121-20-3 条に従って供給された代替品である場合は、この限りでない；

7° 消費者が当該生産物または役務を購入しないと、事業者の雇用または生活手段が脅かされることを消費者に明示的に述べること；

8° 実際には［以下のようである］にもかかわらず、消費者が賞品もしくは他の同等の利益をすでに獲得した、これから獲得する、または、ある行為を行うことにより獲得するという印象を与えること；

— あるいは賞品も他の同等の利益も存在しない；

— あるいは賞品または他の同等の利益の請求と関係する行為を行うことが、消費者の金銭支払債務または費用負担債務に従属している。

L.122-12 条　攻撃的取引方法を行う行為は、2 年を上限とする拘禁刑および 150000 ユーロを上限とする罰金で罰せられる。

L.122-13 条　L.122-12 条に定める軽罪を犯した自然人は、最長で 5 年間、直接的にまたは間接的に取引活動を行うことの禁止が科される。

L.122-14 条　L.122-12 条に定める軽罪を犯した法人は、刑法典 131-39 条に掲げる刑罰が科される。

L.122-15 条　攻撃的取引方法により契約締結に至ったとき、当該契約は、無効である。

【郵便通信法典】（フランス）

L.34-5 条　当該方法による直接的勧誘を受けることにつき事前の同意を示していない自然人の連絡先をいかなる形であれ利用する、自動音声装置、ファックス、電子メールによる直接的勧誘は、禁止される。

【フランス民法】
1369条の2　契約締結のために求められる情報または契約履行過程において送信される情報は、情報の受け手が当該通信手段の使用を承諾した場合には、電子メールによって伝達することができる。
1369条の3　事業者が自らのメールアドレスを伝えた場合には、事業者のための情報は、電子メールによりその者に送ることができる。

【ドイツ民法典】
BGB241a条（注文のない給付）
(1) 事業者が消費者に対して、注文されていない物を引き渡し、又は注文されていないその他給付を提供することでは、消費者に対する請求権は生じない。
(2) 給付が受領者のために向けられたものではないこと又は給付が注文を誤って理解したことで行われたことについて、受領者が認識していたとき、又は取引上必要とされる注意を払っていれば認識したであろうときは、法律上の請求権は排除されない。
(3) 注文された給付ではなく、性質及び価格に関して同等の価値を有する給付が消費者に提供された場合において、消費者がこの給付について受領義務を負わないこと、かつ返送費用を負担する必要もないことが明示されていたときは、注文のない給付とはならない。

【不正競争防止法（UWG）】
UWG7条（受忍を求めることができない迷惑行為）
(1) 市場参加者が受忍を求めることができない方法で迷惑を受ける取引行為は、許容されない。これは特に、名宛人とされた市場参加者がこれを要望していないことが明確に認識可能となる広告にも妥当する。
(2) 次に掲げるいずれかの場合には、常に、受忍を求めることができない迷惑行為となる。
 1. 広告が、消費者が望まないにもかかわらず、第2号及び第3号に該当せず、かつ通信販売に適切な商業上の伝達手段を利用してその消費者に対して執拗に行われる場合
 2. 広告が、消費者に事前の明示的な同意なしに、又はその他市場参加者に少なくとも推定的な同意なしに架電することで行われる場合
 3. 広告が、名宛人による事前の明示的な同意なしに、自動架電機、ファックス、電子メールを利用して行われる場合
 4. 通知を伴う広告において、通知の伝達を委託する送信者の識別情報を隠蔽し、若しくは秘匿する場合又は名宛人が、基本料金による通知費用以外の費用をかけることなく、その通知の中止を要求することができる有効な住所が存在しない場合

9　適合性原則
【FINRA規則2111(a)】
2111(a)　会員または関係者は、顧客の投資プロファイルを確認するため合理的努力により得られた情報に基づいて、勧誘した取引または単一証券あるいは複数証券を含む投資戦略が当該顧客に適合すると信ずるに足る合理的根拠を持つべきである。顧客の投資プロファイルは、顧客の年齢、他の投資状況、財産状態とニーズ、納税状況、投資目的、投資経験、投資期間、流動性の必要、リスク耐性、および顧客により会員または関係者に開示された勧誘に関係する他の情報を含むが、これらに限られない。
2111(b)　会員または関係者は、(1)会員または関係者が、機関投資家が一般的、かつ特定の取引や単

一証券あるいは複数証券を含む投資戦略の双方において独自に投資リスクを評価する能力があると信ずるに足る合理的根拠を持つ場合、及び(2) 機関投資家が会員または関係者の勧誘を評価するにおいて独自な判断を行っていると積極的に表明する場合には、規則 4512(c)に定められる機関投資家に対して、特定顧客への適合性義務を果たしている。機関投資家が、投資助言者または銀行信託部門のような代理人（agent）に判断権限を与えている場合、この規定は当該代理人（agent）に適用される。

（王　冷然　訳）

注：規則 4512(c)は機関投資家の条件を定めるものである。FINRA の正式名称は金融取引業規制機構「Financial Industry Regulatory Authority」である）

さらに、FINRA は付記 2111.05 において、業者の適合性義務を三つに分けて説明している。

(a)商品の複雑さやリスク及び自社の職員の理解度についての合理的な精査に基づき、勧誘した商品および投資戦略が少なくとも一定の顧客に 適合すると信ずる合理的根拠があるという「合理的根拠適合性(reasonable-basis suitability)義務」、(b)顧客の投資 投資プロファイル に照らして、取引が当該顧客に適合すると信ずる合理的根拠があるという「特定顧客の適合性(customer-specific suitability)義務」、(c)個々の取引だけでなく、顧客の投資プロファイル全体からみて一連の取引が過剰あるいは不適合になっていないと信じる合理的根拠があるという「量的適合性(quantitative suitability)義務。」

10　不当条項リストの補完
（1）損害賠償の予定・違約金条項について
①損害賠償額の予定・違約金条項、違約罰条項を規制する規定
【消費者契約における不公正条項に関するＥＣ指令（1993年）】

3条3項　付表には、不公正とみなすことのできる条項の例示的かつ非網羅的リストが含まれる。
　付表
　1　以下の目的または効果を有する条項
　　(e)　義務を履行していない消費者に対して、不当に高い賠償額を課する

【ドイツ民法】

309条（評価の余地のない禁止条項）
　法規定からの逸脱が許される場合であっても、普通取引約款における以下に定める条項は無効である。
5号　（損害賠償請求の包括定額化）次の場合における、約款使用者の損害賠償請求または減価賠償請求の包括的予定額の合意
　(a)　条項の定める場合において事物の通常の成り行きによれば予測される損害もしくは価値減少を、包括予定額が超えるとき、または
　(b)　損害または価値減少がまったく生じていないか予定額よりも著しく少ないことの証明が契約相手に明らかには許されていない場合

309条
6号　（違約罰）給付の不受領もしくは受領遅滞、支払い遅滞、または契約相手方が契約を解消する場合に、約款使用者に対して違約罰の支払いを約束する条項

【韓国約款規制法】

8条　（損害賠償の予定）
　顧客に対し不当に過重な遅延損害金等の損害賠償義務を負担させる条項は、無効とする。

【フランス消費法典】

R.132-2条
事業者と非事業者または消費者の間の契約において、以下のような目的または効果を持つ条項は、事業者が反証を提出した場合を除いて、L.132-1条第1項及び第2項の規定の意味で、濫用的であると推定される。
1.　（略）
2.　（略）
3.　債務を履行しない非事業者または消費者に、明らかに均衡を欠いた額の賠償金を義務付けること。
（以下略）

②契約解消時の清算に関する条項を規制する規定

　ＥＣ指令付表1（d）（f）は、事業者にある権利を認め、あるいは義務を免除しておきながら、消費者にはこれを認めないことは不公正であるという観点からの規制がなされている点に特徴がある。

【1993年ＥＣ指令】

付表
1　以下の目的または効果を有する条項
　(d)事業者が契約の締結や履行を放棄した場合には、消費者にそれと同額の賠償金をあたえることを予定せずに、消費者が契約を締結すること、又は履行することを放棄した場合において、事業者は消費者が支払った金銭を保持できるとする
　(f)同様の権利が消費者には認められていないにもかかわらず、事業者には、自由に契約を解消することが認められている。または、事業者が自ら契約を解消しておきながら、未だ提供されていないサービスに対して消費者が支払った代金を保持しうるとする

【ドイツ民法】

308条　普通取引約款においてとくに以下の条項は無効である。
7号　（契約の清算）
　契約相手方が契約を解除または解約告知するときに、約款使用者が
(a)物または権利の使用もしくは利用または履行された給付について、不相当に高額の対価を請求できることになる条項、または
(b)費用について不相当に高額な償還請求ができることになる条項

【韓国約款規制法】

9条　契約の解除・解約に関して定める条項のうち、各規定の一に該当する内容を定める条項はこれを無効とする。
3号　契約の解除もしくは解約による顧客の原状回復義務を相当な理由なく過重に負担させ、又は原状回復請求権を不当に放棄させる条項
4号　契約の解除・解約による事業者の原状回復義務又は損害賠償義務を不当に軽減する条項

（２）契約条項の明瞭化
①代価関連条項として審査対象外となる場合には明瞭化が必要というもの
【オランダ民法】

第6編第231条a
　約款とは、多数の契約において用いられることを目的とした、一つまたは多数の書面による条項をいう。ただし、明確かつ分かりやすい言葉で表現されている限り、給付の核心について定める条項は除かれる。

【フランス消費法典】

L．132－1条⑦
　第1項の意味における条項の濫用的な性質評価は、条項が明確かつ理解可能な形で規定されている限り、契約の主たる目的の決定、および売買された物または提供された役務の代金または報酬の適合性を対象としない。

【1993年4月5日付ＥＣ指令】

第4条2
　条項の不公正性の評価は、当該条項が平易かつ明瞭な言葉で表現されている限りにおいて、契約の主たる目的の確定、ならびに提供されるサービスや物品の対価として支払われる代金や報酬の金額の妥当性には及ばない。

②条項の不明確性が不当条項審査の際の考慮要素となること
【ドイツ民法】

307条　約款中の条項は、当該条項が信義誠実の原則に反して約款使用者の契約相手方を不相当に不利益に取り扱うときは、無効とする。
　不相当な不利益は、条項が明確でなく、または平易でないことからも生ずる。

【フランス消費法典】

L．133-2条
　事業者によって消費者または非事業者に提案される契約の条項は、明瞭かつ理解しやすい方法で提示および作成されなければならない。
　疑いがある場合には、当該条項は消費者または非事業者に最も有利に解釈される。ただし、前条は［消費法典］L．421－6条に基づいてなされる訴訟手続［訳注：消費者団体による不正行為差止訴権のことである］には適用されない。

11　人的・物的適用範囲
（１）消費者概念－指令の状況
【訪問販売指令】(85/577) Art.2

「消費者」とは、自然人であって、この指令が適用される取引において、その者の商取引および職業の範囲外にあるとみなすことができる目的で行為する者をいう。

【包括旅行指令】(90/314) Art.2(4)

「消費者」とは、パッケージ旅行をすること、またはそれをすることに同意する者（本人たる契約者）、または、本人たる契約者がパッケージ旅行を購入することに同意することによってその利益を受ける者

(他の受益者)、本人たる契約者あるいは他の受益者からパッケージ旅行を譲渡された者（譲受人）をいう。

【不公正条項指令】(93/13) Art.2(b)

「消費者」とは、自然人であって、この指令が適用される契約において、その者の商取引、事業または職業の範囲外にある目的で行為する者をいう。

【タイムシェアリング指令】(94/47) Art.2

「購入者」とは、自然人であって、この指令が適用される取引において、その者の職業の範囲外にあるとみなすことができる目的で行為する者であって、この者に譲渡された契約の対象となる権利を有し、または、この者のために契約の対象となる権利が設定されたものを意味することとする。

【通信販売指令】(97/7) Art.2(2)

「消費者」とは、自然人であって、この指令が適用される契約において、その者の商取引、事業又は職業の範囲外にある目的で行為する者をいう。

【価格表示指令】(98/6) Art.2(e)

消費者とは、自然人であって、製品をその者の商取引または職業上の活動の範囲に該当しない目的で購入する者をいう。

【消費者売買指令】(99/44) Art.1(2)(a)

消費者とは、自然人であって、この指令が適用される契約において、その者の商取引、事業または職業に関係しない目的で行為する者をいう。

【消費者信用指令】(87/102) Art.1(2)(a)

「消費者」とは、自然人であって、この指令が適用される取引において、その者の商取引および職業の範囲外にあるとみなすことができる目的で行為する者をいう。

【電子商取引指令】(2000/31) Art.2(e)

「消費者」とは、自然人であって、この指令が適用される契約において、その者の商取引、事業又は職業の範囲外にある目的で行為する者をいう。

【通信金融サービス取引指令】(2002/65) Art.2(d)

「消費者」とは、自然人であって、この指令が適用される隔地者間契約において、その者の商取引、事業又は職業の範囲外にある目的で行為する者をいう

【不公正取引方法指令】(2005/29) Art.2(a)

「消費者」とは、自然人であって、この指令が適用される取引方法において、その者の商取引、事業、手工業または職業の範囲外の目的で行為する者をいう。

【消費者権利指令】(2011/83) Art.2(1)

「消費者」とは、この指令が適用される契約において、自らの商業、工業、手工業又は自由専門職と関係のない目的で行動する自然人をいう。（馬場圭太訳）

【ヨーロッパ共通売買法草案 (CESL)】Art.2(1)(f)

「消費者」とは、自然人であって、その者の商取引 (trade)、事業(business)、手工業(craft)、又は職業(profession)以外の目的のために行為する者をいう。
＊Art.2(1)(d)「事業者」とは、自然人または法人であって、その者の商取引、事業、手工業又は職業に関する目的のために行為する者をいう。

Cf. ＊内田貴監訳『共通欧州売買法（草案）』44 頁：
Art.2(1)(f) 「消費者」とは、自然人であって、その者の取引、事業、仕事又は職業以外の目的のために行為する者をいう。
Art.2(1)(d) 「事業者」とは、自然人または法人であって、その者の取引、事業、仕事又は職業に関する目的のために行為する者をいう。

【モデル法：★共通参照枠草案（DCFR）】Ⅰ.-1:105(1)

「消費者」とは、自然人であって、主として、自己の商取引、事業又は職業と関係しない目的のために行為する者をいう。
Ⅰ.-1:105(2) 「事業者」とは、その者が自ら営む商取引、仕事又は職業に関係する目的で行為する自然人又は法人をいう。法人については、公法人であるか私法人であるかを問わない。これらの者は、当該行為を通じて収益を得ることを目的としない場合であっても、事業者に当たる。
Ⅰ.-1:105(3) (1) 及び(2)のいずれにも該当する者は、この者が消費者である場合に保護を与える規定に関しては、(1)にのみ該当するものとみなし、それ以外の規定に関しては、(2)にのみ該当するものとみなす。

（２）加盟国における消費者概念の拡張

①最終名宛人の概念	ES EL HU LU （4）
②通常のものではない契約を締結した事業者の保護	FR LU LV PL （UK）（5）
③一定の法人の保護	AT BE CZ DK EL ES FR HU SK （9）
④被用者（労働者）の保護	DE （1）
⑤事業を開始する行為における保護	AT （1）
⑥混合目的の契約	
・純粋な私的目的	AT BE （2）
・「混合」目的、優先目的による	DE, DK, FI, SE （4）
・混合目的――私的目的の優先は不明	IT （1）
・明確なルールなし	CY CZ EE EL ES FR HU IE LU LT LV MT NL PL PT SK UK（17）

※EU 加盟国　（略記方法：ドメイン名）
ベルギー（BE）、ブルガリア（BG）、チェコ（CZ）、デンマーク（DK）、ドイツ（DE）、エストニア（EE）、ギリシャ（EL）、スペイン（ES）、フランス（FR）、アイルランド（IE）、イタリア（IT）、キプロス（CY）、ラトビア（LV）、リトアニア（LT）、ルクセンブルク（LU）、マルタ（MT）、ハンガリー（HU）、オランダ（NL）、オーストリア（AT）、ポーランド（PL）、ポルトガル（PT）、ルーマニア（RO）、スロヴァキア（SK）、フィンランド（FI）、スウェーデン（SE）、英国（UK）

参照文献等
　本資料の条文の和訳については、以下の文献等から引用、提供いただいた。
〇法制審議会民法（債権関係）部会　部会資料
〇丸山絵美子「損害賠償額の予定・違約金条項および契約解消時の清算に関する条項」別冊ＮＢＬ128号『消

費者契約における不当条項の横断的分析』(商事法務、2009 年) 169 頁以下
○大澤彩「フランスにおける濫用条項のリストについて－2008 年の消費法典改正および 2009 年のデクレの紹介－」法学志林 107 巻 2 号 (2009 年) 37 頁以下
○角田美穂子「EU における競争法の動向─2004 年ドイツ不正競争防止法と 2005 年 EU 不公正取引慣行指令」(研究ノート) クレジット研究 35 号(2005 年 10 月)126～156 頁
○石田喜久夫編『注釈ドイツ約款規制法改訂普及版』(同文館出版、1999 年)
○潮見佳男＝中田邦博＝松岡久和監訳オーレ・ランドー/ヒュー・ビール編『ヨーロッパ契約法原則Ⅰ・Ⅱ』(法律文化社　2006 年)
○潮見佳男＝中田邦博＝松岡久和監訳オーレ・ランドー/エリック・クライフ/アンドレ・プリュム/ラインハルト・ツィンマーマン編『ヨーロッパ契約法原則Ⅲ』(法律文化社、2008 年)
○フランス消費者法典の不招請勧誘および広告関係規定については、馬場圭太教授 (関西大学) から翻訳の提供を受けた。
○不正競争防止法、ドイツ民法典の不招請勧誘および広告関係規定については、寺川永准教授 (関西大学) から翻訳の提供を受けた。

【補　論】

I　消費者契約法(実体法部分)の見直しに関する諸課題　　　河上正二

II　契約締結過程・誤認類型に関わる比較法的動向
　　　── EU法における情報提供義務と合意の瑕疵に関する
　　　　法制度設計の動向　　　丸山絵美子

III　困惑類型等（非情報型不当勧誘行為）に関する規律　　　鹿野菜穂子

IV　消費者契約法における不当条項規制の「独自性」と
　　「領分」を求めて　　　大澤　彩

V　インターネット取引における現状と課題　　　山田茂樹

VI　消費者像の広がりと消費者概念　　　中田邦博

＊　報告書［第11章　消費者信用］追加参考文献（千葉恵美子）

I 消費者契約法(実体法部分)の見直しに関する諸課題

河上 正二
(東京大学教授)

1 これまでの経緯

　消費者契約法は、国民生活審議会等による審議を経て平成12［2000］年4月2日に成立した法律である（平成13年4月1日施行）。同法は、従来の、適用対象を限定した行政取締規定を包含する特別法等（特商法・割販法・金商法など）とは異なり、広く事業者・消費者間の契約に適用される民事実体ルールとして制定され、法律の構造を階層的に見た場合には、民法を最基層にある1階とすると、3階建てのうち2階部分に位置づけられるものである（あるいは中2階とでもいうべきか［→次頁の図参照］）。同法は、一昨年に施行から10年を迎え（その間に適格消費者団体による差止請求手続きに関する規定の整備が行われた）、裁判例・相談例の集積とともに、様々な機会に、学会・弁護士会等でその見直しが議論され、蓄積された判例の整理なども多数存在する。

　実体法部分の改正に向けての動きには次のようなものがある。
　まず、同法の成立した平成12年国会での**付帯決議**および**消費者基本計画**（平成17年4月閣議決定）を踏まえ、国民生活審議会消費者政策部会（当時）に消費者契約法評価検討委員会が設置され、平成19年1月から8月までの9回にわたって開催され、その成果が「**消費者契約法の評価及び論点の検討等について**」として公表されている。また、平成19（2007）年11月には、独立行政法人国民生活センターから「**調査研究報告　消費者相談の現場からみた消費者契約法の在り方**」が公表されている。また、内閣府消費者委員会（第1次）は、平成23（2011）年8月に「**消費者契約法の改正に向けた提言**」を発出し、民法（債権関係）改正の議論と連携しつつ、消費者庁に対して早急に消費者契約法の改正の検討作業に着手するよう求めた。次いで第2次内閣府消費者委員会では、消費者庁の検討作業に合わせて、庁と委員会による本格的調査審議を行い得る体制が整うまでの間、事前の準備作業として、論点の整理や選択肢の検討等を行うための調査作業チームを運営することとし、平成23（2011）年11月より、ほぼ月1回のペースで検討を行っているところである。なお、この間、日本弁護士連合会からは、平成24（2012）年2月16日に**日弁連消費者契約法改正試案**が公表され、消費者庁からは同法の運用状況を調査・分析した委託調査の報告書である「**平成23年度消費者契約法（実体法部分）の運用状況に関する調査結果報告**」が公表されている。

　なお、現在、法務省における**民法（債権法部分）**の改正作業が精力的に進められており、平成25（2013）年3月には、「**中間試案**」が公表されており、当初案からは限定されてはいるものの、なお消費者取引に深く関わる規定も審議対象となっている。それゆえ、民法改正との関係にも十分な配慮が必要である。

　今回の報告は、消費者委員会の調査作業チームによる1年半にわたる検討の結果報

【補　論】

告である。どちらかというと理論的分析が中心となっているが、これまでの検討や実態調査等の成果にも十分配慮しつつとりまとめたものであり、今後の改正に向けた本格的審議のたたき台となることを期している。もとより、万全とは言い難く、各界からの忌憚のないご意見を頂戴して、よりよい形での立法につながることを祈念するものである。

　検討された消費者契約法改正に向けた課題は、実体法部分に限っても、多岐にわたる。
　詳しくはそれぞれの項目において解説されているため、ここで詳論の限りではないが（中間段階のものとして、河上「消費者契約法の展望と課題」現代消費者法14号［2012年3月］所収がある）、大部であることから、以下では、筆者なりに見た、その要点と概要を示すことにしたい。

2　前提的諸問題
（1）民法と消費者契約法の関係について

　民法（債権法部分）改正との関係では、①民法における「人」と「消費者」の関係（人の分節化）をどう考えるべきか、②民法（債権法）への消費者関連規定の一般化と統合化問題にどう対応するか、③民法の改正によって消費者契約法に留保あるいは具体化すべき規定がないかの検討、④約款規制との関係、⑤民法に交渉力不均衡状態に対する配慮を定めた一般規定を導入することの要否、これに関連して、⑥中小事業者保護の問題にどう対処するか（消費者契約法規定の「滲み出し」あるいは適用範囲の拡張）などの問題がある。①②については、中間試案からは落ちているものの、なお多くの課題が法制審議会において継続的に審議されている。

　本報告では、基本的には、民法（債権法）改正の動向いかんに関わらず、現行法を前提に消費者契約法における規律として、どのような規律が全体として望ましいかを考える形で検討している。もっとも、民法典が、事業者間取引への法的配慮の下で修正される可能性がある場合には、消費者取引においてなお留保すべき具体的規律があるかを検討することとした。

　さしあたり、民法典には、中間試案第26-4に示されたような、民法と消費者契約法の諸規定を連結する上での源泉となる一般既定があることが望ましいのではないかとの意見がある。

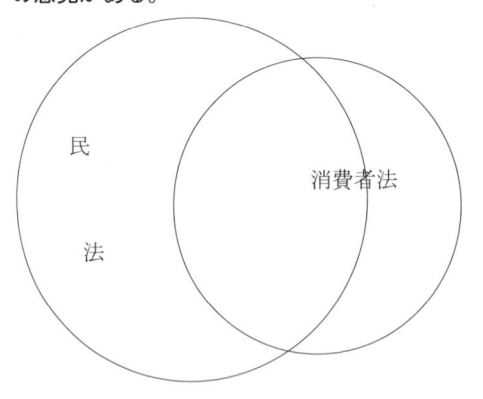

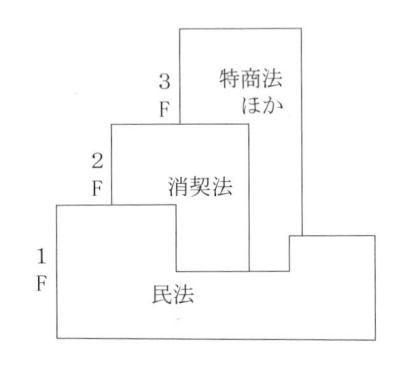

（2） 人的・物的適用範囲 ＜第12章関連＞

消費者契約法は、人的適用範囲を画する概念として **「消費者」** と **「事業者」** を定義する一方、物的適用範囲については、消費者・事業者間で締結される「消費者契約」を、労働契約については適用がない（消費者契約法48条）が、それ以外の契約については適用するものとされている。対象とされている「行為」は、契約の締結過程を問題として消費者取消権を付与するとともに、契約内容について消費者の利益を一方的に害する条項について契約を無効とする2類型である。繰り返しになるが、行為の客体については何ら制限が加えてられていないことから、適用範囲に関する主要な課題は、「消費者」・「事業者」概念の再検討といえる。

「消費者」・「事業者」概念の再検討にあたっては、いずれも「人」の固定的・絶対的な属性を示すものではなく、取引の性質・目的との関連で現れる流動的・相対的な属性である、との今日確立した理解が維持されるべきである。しかしながら、両者の境界線をいずれに求めるかという点については、消費者契約法1条に明らかにされている「消費者と事業者との間の情報の質及び量並びに交渉力の格差にかんがみ」た取消権の付与と不当条項規制という、消費者の要保護性と法的介入根拠を中心に構成することを基本方針とするのが正当であろう。これに伴い、これまで前提とされてきた、**消費者と事業者とは補集合の関係にあるとの理解を維持する必要性については検討の余地がある**のではないか。

消費者保護関連諸法のなかでも、（1）規制対象が「事業者」となっているのに対して保護対象が「消費者」とされているもの、（2）特定商取引法や割賦販売法など、「販売業者」と「相手方」とが対になっているものがある一方で、「営業のために」といった適用除外があるもの、（3）金融商品取引法、商品先物取引法などのように「金融商品取引業者等」と「顧客」に対して適用除外がなされているもの、（4）業法関係で問題とされている事業の貸金業者や旅行業者等の「事業者」とその相手方とされているものといった諸類型がみられる。

消費者保護関連諸法は、一般的には消費者保護法の一内実と言われているものの、もともと規制対象である主体（事業者）や行為（事業）に着目されて制定された法律（行政規制）であることから、保護対象が当該事業の反対当事者とされており、必ずしも個人や自然人に限定されていないという特徴がある。一方、消費者契約法は、消費者契約における消費者と事業者との情報・交渉力格差に着目して「消費者（個人事業者を除く個人）」を保護対象とし、規制対象となる主体は事業者一般で、行為類型も無限定としている点に特徴がある。同じく消費者保護法と位置づけられる法律においても、このようなアプローチの違いが、これまでの裁判例などにおいて、人的適用範囲の

【補 論】

拡張や類推適用の広狭として争われてきたといえよう。
　しかし、アプローチの違いには、別の問題も含まれている。旅行契約などに顕著にあらわれている通り、サービスの利用者の契約目的が職業活動に関連しているかどうかというところで切り分ける合理性がどれほどあるのかという問題意識は諸外国においても共有されているところである。また、ドイツにおいては、消費者法が取り扱っている領域は、インターネット取引のような消費者売買からユニバーサル・サービスという極めて特殊な消費者取引までと非常に広いこともあり、各々の領域で想定されている消費者像も多様で、消費者を保護するためにとられている法的措置も多様であることを踏まえ、消費者概念を分節化する必要があるのではないかという問題提起もなされている。このような議論の是非は措くとしても、消費者概念の相対化、弾力化については、一定の支持が見られる。
　以上の我が国における現状と諸外国における議論動向に加え、消費者契約法が消費者保護関連諸法との関係において受皿的な機能が期待されているとの立法趣旨に鑑みれば、「消費者」概念の相対性の承認、概念の弾力化、ないし中間概念の創設も視野に入れて検討してはどうか。また、その延長線上の検討課題として、消費者契約法の適用範囲を消費者取消権と不当条項規制とを一括して考えられてきた適用範囲について、領域毎の適用範囲を考える可能性についても検討してはどうか。
　「消費者」概念の再検討にあたっては、自然人に限定する点については比較法的傾向とも一致している点でもあり、現行法の方針を基本的には維持することが望ましいということはできよう。
　ただし、消費者契約法の制定時の議論に目を向けると、従来からある消費者保護法規（割賦販売法、特定商取引法）は、自然人に限定していなかったこともあり、消費者法の基本文献においても自然人に限定する必然性はないのではないかという見解が示されていたなかで自然人への限定が消費者契約法制定時になされた。その際には「法の適用範囲を明確にするためには、基本的には『自然人』という最低限の規定を設け、包括的な網をかぶせるということが立法技術的に見て望ましく、そこから先の保護は別途考える」とされていた。まさに、これが別途考えられてはこなかった点に問題があり、この際、検討する必要があるのではないか。
　また、中間報告段階では、「消費目的において」という要件も提案されていたが、投資取引、不動産取引を含めるべきであり、これが重要な立法事実であるという点が考慮され、この「消費目的において」という要件は不要とされ、「事業として又は事業のために」契約の当事者となる個人を除くものとされたわけであるが、「事業のために」というしばりには再考の余地があるのではないか。
　次に、現行法では、自然人が「事業として」または「事業のために」行為しているか否かで事業者・消費者の切り分けがなされている。この点、「混合目的事案」の処理について、立案担当者は、「事業のために」というのは「事業の用に供するためにするもの」との理解を前提に、まずは契約目的等、それから契約締結時において客観的・外形的基準によって、それのみによることが難しい場合には、物理的、実質的基準で判断するとしているが、学説ではさまざまな見解が示されており、理解は帰一しない。ただ、比較法的には、事業者が通常行っている領域の行為なのかどうかという視点に意味を持たせる例も確認される一方、DCFRにおいては意味を持たない視点と

して処理がされているなど、この考え方がスタンダードかには若干疑問があるとの指摘もある。また、現実の裁判実務においても、消費者契約法の解釈は硬直的で十全に機能してきたとは言い難い（東京地判平14・10・18 LLI15730370）。消費者概念については、事業者概念・事業概念の再検討と合わせて引き続き検討する必要があるというべきである。

ちなみに、東京地判平23・11・17判時2150号49頁は、権利能力なき社団Xは『団体』であれば定義上はアプリオリに事業者であるはずのところ、これは権利能力なき社団ではあるけれども消費者であるということを判示している。同判決は、理由としては、Xの主要な構成員が大学生であったこと、および、担当者も大学生であったことのほか、消費者契約法1条の趣旨を挙げるにとどまる。しかし、本判決は、消費者・事業者の境界線は立案担当者が考える以上に流動的なものであり、なおかつ両者は補集合の関係にあるとの前提はなかなか維持することが難しい状況になっていることを示しているといえるのではないか。

そもそも、「事業者概念」については、消費者契約法の制定以来、学説において厳しい批判にさらされてきたところである。

「『法人その他の団体』は即『事業者』になる」という、この政策判断を支えているとされてきたのが、こういう法人や団体であれば「何らかの形で取引に参入し、（事業を遂行する過程で）専門的知識、交渉力を有していると考えるのが妥当」との考え方である。しかし、立法に従事した研究者からも「例外の余地が全くないとしてよかったのかについては、立法論としては検討の必要があるであろう。ちなみに、中間報告段階では、法人その他の団体についても事業者として扱われるためには、事業性がEC指令等と同じく要求されていたが、これがどのような経緯で今のような規定になったのかは不明である」との疑問が提起されているほか、「事業」との関連を問題とすることなく「事業者」とすることには、根本的な問題がある、『事業』概念は、問題となる取引の特質として消費者・事業者間の構造的な情報格差・交渉力格差があらわれるという状況が認められるかどうかという評価との関連で、取引対象となる物品・役務・権利等の内容及び社会生活において物品・役務・権利等を取引しようとする際の典型的な目的ないし原因を考慮に入れながら確定していくのが適切ではないか。そのような機能的、相関的に把握される規範的概念としての事業概念が望ましいのではないか。立案担当者が考えている『事業』概念というものは、余りにも形式的かつ硬直的なものにすぎる点で無意味・無用である」と批判されてきた。

以上から、具体的な検討提案として、次の点が挙げられている。

① 消費者・事業者概念は、「人」の固定的・絶対的な属性ではなく、**取引の性質・目的との関連で現れる流動的・相対的な属性であるとの理解は維持**されるべきである。しかし、事業者は「人」のうち消費者でないものをいうとの理解については、検討の余地があるのではないか。概念の画定・判断基準を検討するにあたっては、**消費者の要保護性と法的介入の正当化根拠を中心に再構成**することを検討してはどうか。

② 消費者契約法は消費者保護関連諸法との関係において受皿的な機能が期待されているとの立法趣旨に鑑みれば、諸法で考慮されている要保護性とその法的介入

【補　論】

の正当化根拠は異なっていることから、「消費者」概念の相対性の承認、概念の弾力化、ないし中間概念の創設も視野に入れて検討してはどうか。
③　消費者概念については、事業者概念・事業概念の再検討と合わせて引き続き検討してはどうか。
④　事業者概念については、学説における問題提起にとどまらず従来の理解を揺るがす下級審裁判例もみられるようになっていることに加え、比較法的にも異例な立法であることも考慮に入れながら、検討するものとしてはどうか。

　なお、改正法を考えるに当たっては、民法改正において、約款規制として事業者間取引を含めた不当条項規制に関する一般条項、②信義則の具体化にあたって情報・交渉力の格差を考慮すべきである、との解釈原理の導入の可否が検討されており、民法と消費者契約法との機能分担について、民法改正の動向をみきわめつつ検討する必要があり、②消費者契約法の適用範囲の拡張に当たっては、中小零細事業者のみならず、投資家である個人なども念頭に置く必要がある。その際、消費者概念の解釈や定義を拡張するという方向で足りるのか、消費者概念や定義の操作で一定の事業者・投資家への拡張を行うことには限界もあるのではないか、についても、引き続き検討する必要がある。

（3）「約款規制」について　＜第3章関連＞
　約款の有する隠蔽効果がもたらす当事者意思の希薄化と合意による正当性保障の欠如に対して、何らかの手当が必要ではないかという意見は少なくない。**約款問題は、消費者契約に限られない問題を含んでおり、少なくとも通則的規定は民法典に規定されることが望ましいとしても、個別の補完が必要な場面では消費者契約法に規律を設けることが望ましく、その点についてさらに検討すべきではないか。**

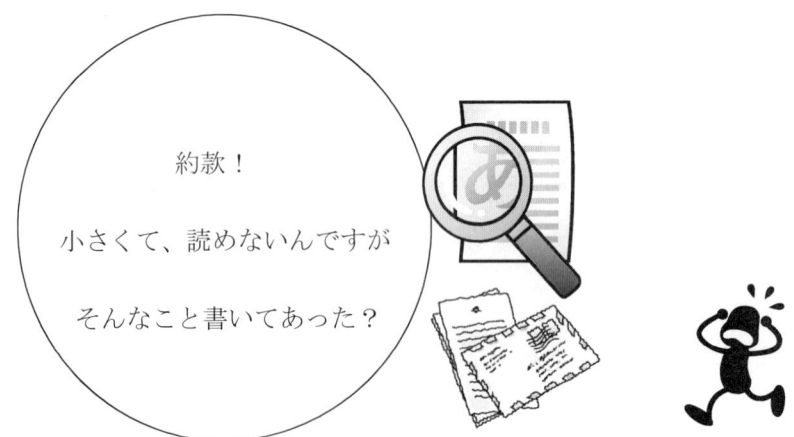

約款！
小さくて、読めないんですが
そんなこと書いてあった？

　本報告では、以下のような具体的検討提案がある。
　約款規制に関しては、民法改正で「約款の組入れ」の規定が設けられなかった場合、消費者契約において約款が用いられる場合につき、基本的に、用いられる約款が特定されそれを認識する機会が用意されたうえで、それを契約内容とすることに消費

者が同意した場合に限り契約内容となる旨のいわゆる「約款の組入れ」の規定の新設が考えられる。この規定を設ける場合には、消費者契約において約款が用いられる場合、約款の組入要件を充たした場合にあっても、消費者にとって約款中に含まれるものと合理的に期待することができない条項については、個別の了解がない限り、契約内容とならない、または契約条項としての効力を有しないとする「不意打ち条項の禁止」に関する規定の新設、および、約款の定義に該当しない場合にあっても、消費者にとってその存在を合理的に期待することができない条項については契約内容から排除され、もしくは効力を有しないとする規定の新設の検討が望ましい。また、消費者契約における約款中の条項や実質交渉を経ていない条項の解釈準則を新設し、消費者の合理的な理解に即して解釈されるべきことや、内容を確定できない場合には消費者に有利な解釈がとられるべきことを定めることが考えられる。消費者契約法3条1項を改め、消費者契約中の条項についてその内容が消費者にとって明確かつ平易なものになるよう定めることを努力義務ではなく端的に義務とする規定とすることの検討も必要となろう。

そこで、具体的検討課題として、

① 約款が契約内容となるためのいわゆる組入れの要件および効果を定める規定を設けることを検討してはどうか。
② 「不意打ち条項」については契約内容として効力を有しないとする規定を設けることを検討してはどうか。
③ 約款中の条項や実質交渉を経ていない条項の解釈準則について、消費者の合理的な期待や理解の扱いを定める規定を設けることを検討してはどうか。
④ 契約条項の定め方について、消費者契約法3条1項を改め、努力義務ではなく義務とする規定を設けることを検討してはどうか。

が提案される。
　立法を考えるに当たっては、次の点に留意すべきである。
　第1に、約款の組入れについては、約款を基軸とする限りは、消費者契約における約款に特有の問題ではなく、むしろ民法一般に規定するのが適切である。仮に、民法に規定されなかった場合は、消費者契約法において規定を設けることが考えられる。その場合、消費者契約法において「約款」というアプローチのみを採用すべきかどうかが1つの問題である。
　また、具体的な規律にあたっては、「約款」の定義の問題がある。約款の定式については、多数の取引での利用を想定するものであること、定型性をもった契約条項・条件であること、その総体であること、を要素として抽出することになるが、特に消費者契約においては、書面であるかどうかを問わないことや名称を問わないことを確認的に明らかにすることが有用である。また、「組入要件」については、次の点に留意する必要がある。すなわち、(ア) 約款によるという点についての消費者の同意・意思が鍵であること、(イ) 「約款による意思」の前提として約款の特定や消費者の認識をどこまで確保するべきか、またそのために事業者にどのような行動が求められる

【補　論】

かという問題として「開示」をとらえること、(ウ) 消費者契約における約款の場合、約款の冊子を交付されても消費者はそれを読み、吟味して判断するのが困難である点に問題がある。したがって、「開示」があれば当然にすべて契約内容となるというものではなく、契約締結意思を左右する重要な条項については、個別の条項や内容についての明確な注意喚起や説明が必要である。

　このような観点からすれば、約款一般について民法に規定が設けられた場合においても、消費者契約法に、(イ) の観点からのより詳細な規律を設けることや、(ウ) の観点からの規定を別途設けることが考えられる。

　第2に、「不意打ち条項」は、約款の組入要件と対になって消費者の同意の範囲の外延を画する消極的要件として位置づけられる。この観点からは、当該約款の利用において想定される平均的な顧客を基準として不意打ちかどうかが判断されることになろう。消費者にとって合理的に予想できる条項の存在は約款の利用の場面に限定されるものではない。そうだとすれば、約款に限らず、不意打ち条項の排除の規定を設けることも考えられる。その場合においては、平均的な顧客の基準、あるいは取引慣行等の客観的・類型的な考慮要素のみならず、当該消費者を基準として具体的な契約プロセスにおける事業者の説明など具体的な考慮要素を勘案する必要がある。「不意打ち条項」の効果については、約款の組入要件との関係では契約内容とならないという効果が論理的であり、約款の組入要件と切り離しても、合意の範囲の問題とすることが理論的には精緻であるが、不意打ち条項かどうかの判断においては内容の勘案が不可避であること、個別の条項について契約内容を構成しないという構成がわかりにくい面もあることから、契約内容とならず、契約条項としての効力を否定されるという意味で「無効」とすることも考えられる。「不意打ち」性については、条項の存在を予想し得ないというもののみならず、多岐にわたって複雑な定めとなっているために理解を期待できないような場合（複雑に仕組まれた対価内容の決定方法、給付内容の決定方法など）など、透明性の観点も「不意打ち」として考慮すべきではないかという指摘や、契約条項の不当性判断において、その一考慮として、当該条項が透明性を欠くことが考慮要素となりうることを明らかにすべきではないかという指摘もある。

　第3に、解釈準則について、いわゆる不明確解釈準則の導入の検討において、不明確解釈準則にどのような内容を盛り込むかについては、複数の可能性がある。端的に条項使用者の相手方や消費者に有利な解釈による、というのではなく、約款中の条項や個別に交渉されていない条項の意味について疑義が存する場合においては、その意味は、その条項が事業者によって提示されたことを踏まえ、消費者の利益を顧慮して解釈するものとする旨の規定を設けることも考えられる。

　このほか、個別交渉条項（個別合意）の趣旨が個別交渉を経ていない条項より優先されるべき旨の規定を設けることなども条項の解釈準則として考えられる。

　約款の場合には、個別の条項に対する意思が存在しないことが少なくないため、その解釈において平均的顧客を標準とした客観的解釈も説かれる。事業者の一方的な理解が通用するわけではなく、顧客や消費者の合理的な期待がとりこまれるべきであるという限りでは適切であるが、その一方で、個別の交渉の中での事業者の言明から期待が形成された場合のその期待の取り込みがおよそ遮断されるとすれば、契約の一般法理からは例外的な扱いであろう。もっとも、その取り込みを、情報提供や錯誤など

の法理によって行うのか、端的に条項の意味内容の確定とするのかという問題がある。また、約款の場合には、定型的画一的な取引条件の普遍性が重要な場合もあるため（例えば保険約款や旅客運送約款などの場合）、個別事情がどこまで考慮されうるか、されるべきかについては、その観点からの検討も必要である。

　第4に、**透明性原則**については、不意打ち条項の考慮要素となり、また、透明性を欠く場合には不明確解釈準則の対象となりうること、不当条項の判断において考慮要素となりうることのほか、特に契約の中心的給付条項についても、透明性を欠く場合には、不当条項審査の対象となることを確認するべきことが指摘されている。これらの諸種の効果の大元に、契約条項の透明性確保についての事業者の義務が存在すると考えられることから、少なくとも、<u>事業者の義務を明確にしたうえで、透明性原則に立脚した規律を明らかにすることが望ましい。</u>

　その他、約款規制に関連しては、①不当条項の一般規定との関係、②契約内容についての情報提供、③契約条項についての錯誤、④事業者の行為規範のルール化、⑤団体訴訟における働き方、⑥約款や標準化された契約の適正化の取組みのための手法などについても、更に検討されるべきである。

③　契約締結過程の規律
（1）　契約締結過程（広告・表示・勧誘行為など）＜第2章関係＞
（a）　誤認類型　（＋広告）

まずは、実際にPio=Netに寄せられた次のような相談事例を見ていただこう。

EX.①　中古車業者から中古車（120万円）を購入した。後日、別の業者に見積もりをしてもらったところ、事故車であることが判明し、10万円でしか買い取れないと言われた。（40代　女性）

Ex②　20歳の息子が、エステ店で、エステの他、健康食品、美容器具等（総額230万

【補 論】

円）を次々に契約した。息子はニキビに悩んでおり、「必ず結果を出す」と言われ信じて契約したようだ。（50代　女性）

　Ex ③　広告を見て、厚労省認可の資格が取れるとあったので、カイロプラクティック講座（120万円）を申し込んだが、資格が取れないことがわかった。（20代　女性）

　Ex ①は事業者が重要な事実を告げなかったために、消費者が誤認して契約を締結してしまったもの、Ex ②は、事業者が商品・サービスの効用といった将来的に不確実な事項について断定的な判断を提供したため、消費者が誤認して契約を締結してしまったもの、Ex ③は、消費者が広告上の不実表示を信じて契約を締結してしまったものである。しかし、そのいずれもが現行法の適用では解決困難とされている事案である。Ex ①での事業者は、事故車であることの事実について単に沈黙していただけであり、故意であるかも明らかでない（民法上の動機の錯誤・沈黙による詐欺・瑕疵担保責任の可能性などはひとまずおく）。Ex ②の断定的判断は、金額その他の経済的事項に関するものではないとの理由で、解釈・運用上、取消までは認められていない（cf. 4条1項2号の「将来におけるその価額、将来において当該消費者が受け取るべき金額その他将来における変動が不確実な事項につき」という表現、参照）。Ex ③は、不特定多数を相手にした広告であるために、4条各項冒頭の「消費者契約の締結について勧誘をするに際し」という要件に当たらないとの解釈・運用が妥当している。

　契約締結過程に関するいる規律のうち、現在、不実告知（法4条1項1号）、断定的判断の提供（法4条1項2号）、不利益事実の不告知（法4条2項）、そして情報提供努力義務（3条1項）として規定されている事項を中心に、現行法において合理的な理由なく置かれている制限的要件や制限的解釈を排し、また、消費者・事業者間に構造的な情報格差を前提に意思表示の瑕疵の拡張理論を具体化する形で取消規定を手当てするという本来の立法コンセプトに合致するように取消要件を再構成することが考えられる。また、情報提供義務違反について努力義務という形ではなく、法的義務として消費者契約法に明確化し、損害賠償責任規定などを導入することが考えられる。具体的な検討提案は次の通りである。

①　誤認類型（消費者契約法〔以下、「法」という〕4条1項2項）における**「勧誘」要件を削除することを検討してはどうか**。「勧誘」要件については**広告**などを含まないという制限的な解釈が存在するものの、このような解釈に合理的な理由はなく、事業者の行為が消費者の意思形成に影響を与えたかどうかが重要だからである。

②　不実告知型（法4条1項1号）は、事業者が積極的に虚偽の情報を提供する場合であり、不実告知の対象となる**重要事項を狭く限定する**（法4条4項1号2号の列挙事由を厳格に解釈して限定する）必要はない。**「消費者の当該契約を締結するか否かについての判断に通常影響を及ぼすべきもの」**について、契約締結の過程において事業者が不実告知をし、消費者が事実を誤認し、この誤認に基づき契約をした場合に取消しを認めることを検討してはどうか。

③ 断定的判断の提供型（法4条1項2号）について、財産上の利得にかかわらない事項についての断定的判断の提供にも適用が可能であることを明確化することを検討してはどうか。また、断定的判断の提供類型を設定することの意義については議論があるため、不実告知型・不利益事実不告知型・断定的判断の提供型の相互の関係、および三類型を設定することの意義について更に検討してはどうか。
④ 不利益事実の不告知型（法4条2項）について、**法4条4項1号2号の列挙事由に該当する事項の情報不提供がある場合には、事業者の故意・過失を要件に、利益告知の先行を問わずに、当該情報の提供があれば契約しなかった消費者に取消しを認めること**を検討してはどうか。また、利益告知の先行と故意の事実不告知を要件とする場合には、事業者の積極的な行為があった場合に等しいので、重要事項を列挙事由のみに限定する必要はなく、**重要事項を「消費者の当該契約を締結するか否かについての判断に通常影響を及ぼすべきもの」とすること**を検討してはどうか。
⑤ 取消規定のほか情報提供義務違反に対する損害賠償責任規定を導入し、因果関係や損害額の推定規定を置くなどして、民法の損害賠償規定の具体化を図るとともに、訴訟上の情報格差を埋めるような手当てを検討してはどうか。
⑥ 法律の作り方として、まず、事業者の行為規範として不適切な情報提供や重要情報の不提供に該当する行為類型を列挙したうえで、取消・損害賠償・差止という効果別に付加的要件も含めて規定するという編纂方式を採用する可能性を検討してはどうか。
⑦ **広告**は、1）迷惑メールなど迷惑勧誘行為（招請の訪問・電話・ポスティングなども含まれる）の一つとして、禁止行為の違反などを民事効に結びつける可能性、2）消費者契約法4条の「勧誘」の解釈に広告などを含める方向での対応（①参照）、3）わかりにくいWeb広告やリンクなど約款における開示や不明瞭条項への対応、4）広告の契約内容化と事業者の債務不履行の認定問題などを明確化する必要性といった問題と結びついている。広告が消費者契約法においていかに扱われるべきかについては、関連する各論的な報告の中で検討してはどうか。

なお、立法を考える際には、民法（民法改正）との関係を整理する必要がある。とくに、「消費者」「消費者契約」概念を踏まえ、特別法として契約締結過程に関する規律を意思表示の瑕疵の拡張理論の具体化というコンセプトで設定する意義を確認する必要がある。また、不実表示取消の一般法化などの提案が民法改正において実現した場合、消費者契約に特有の契約締結過程に関する規律をどの範囲で残すのかも問題となる。さらに、不告知型において取消要件を緩和する場合、消費者自らが収集すべき情報や消費者が当然知っているべき事項についてまで、事業者に情報提供義務を課すような結果とならないよう、要件を設定する際には留意する必要がある。また、損害賠償責任規定を導入する場合、過失相殺規定と関連して、消費者の過失をどのように扱うべきかを検討する必要がある。取消規範との評価矛盾問題などの整理も重要である。

誤認類型や広告に関わる消費者契約法の規律を考えるにあたっては、個別訴訟を念

【補論】

頭に置いた取消しや損害賠償請求の要件のみならず、差止めの要件や集団的消費者被害回復における違法行為の確認要件に関する議論とあわせて検討を進める必要がある。

　（ｂ）　困惑類型
　ここでも、次のような相談事例を見ていただこう。

Ex.④　訪問販売で布団のシーツ（10万円）を購入した。勧誘員が、以前に販売した布団のシーツができたので持ってきたと言って、無断で家に上がり込み、押し入れから布団を出してシーツをかけた。怖くて嫌と言えなかった。（80代　女性）
Ex.⑤　電話勧誘で、3年前から次々に教材（総額70万円）を購入した。断っても何度も職場に電話があり、「私のため」、「今回限り」などとしつこく言われたため、契約してしまった。（30代　男性）

　Ex.④は、事業者に帰って欲しいと思ったものの、怖くて口に出せないまま契約に至っており、Ex.⑤では、執拗かつ強引に勧誘されたために、断れないで契約を締結しているが、いずれも、相手の弱みにつけ込んだり、心理的に断固たる態度がとれない状態で契約締結に持ち込まれてしまったものであるが、直ちには消契法4条3項の要件に該当すると言い難い問題事例である。
　困惑類型に関しては、消契法の契約締結過程に関する規律のうち、現在、不退去および退去妨害による困惑（法4条3項1号・2号）として規定されている事項を中心に、現行法の限界が明らかであり、同条に関する立法コンセプトをさらに推し進める方向で、より広い場面を対象とできるように取消しの要件の改正し、あるいは、新たな類型の追加するべく、次のような具体的な検討提案がある。

① 困惑類型として、現行の消費者契約法が規定する「不退去」「退去妨害」以外の類型を設けることを検討してはどうか。例えば、**執拗な勧誘行為、契約目的を隠匿した接近行為など**を検討してはどうか。
② 従来型の困惑類型と上記①の類型の両方を包含する上位概念として、**「意に反する勧誘の継続」**と**「それによる困惑」**を掲げ、その具体的な類型として、従来の不退去・退去妨害型や執拗な勧誘行為等を例示として示すということも検討してはどうか。
③ 困惑類型の延長線上の問題として、民法の暴利行為規定とは別に、**状況の濫用**を理由とする取消しの規定を設けることを検討してはどうか。
④ 新たに問題となりうる多様な不当勧誘行為を適切に捕捉するために、不当勧誘行為に関する一般規定（受け皿規定）を併せ立法化することを検討してはどうか。
⑤ 困惑類型またはその延長線上に存する不当な勧誘行為について、取消しという効果だけではなく、**損害賠償責任規定**を導入してはどうか。その際、因果関係や

損害額の推定規定を置くなどして、民法の損害賠償規定の具体化と立証責任の転換等を図ることが考えられる。

威迫・困惑・・・・
それだけで大丈夫？

困惑類型における改正法を考えるに際しても、① 民法（民法改正）との関係を整理する必要がある。現行法の公序良俗違反との関係や、現在民法に導入する論議が進められている暴利行為規定との関係で、消費者契約の特性を踏まえ、特別法として規律を設ける意義を確認する必要があり、また、② 損害賠償責任規定を導入する場合、過失相殺の規定と関連して、消費者の過失をどのように扱うべきか検討する必要がある。また、取消規範との評価矛盾が生じないかといった問題なども整理する必要がある。その他、関連して、困惑類型に関わる消費者契約法の規律を考えるにあたっても、個別訴訟を念頭に置いた取消しや損害賠償請求の要件のみならず、差止めの要件や集団的消費者被害回復における違法行為の確認要件に関する議論とあわせて検討を進める必要がある。

（c） 取消しの効果、法定追認など

取消の効果、取消期間、法定追認、契約締結過程における第三者の関与については、解釈上の疑義があることや現行法による解決には限界があることが、しばしば指摘されている。現行法だけでは不合理な解決となる可能性があることから、新たな規定を設けることにより、解釈上の疑義を解消し、かつ現行法では対応に限界のある問題に対し法改正による説得的な解決を提供することが提案されている。具体的な検討提案は、次の通りである。

① 消費者契約法（以下「法」）に基づく取消の効果について、**不当利得返還・原状回復規定の特別規定を設けることを検討してはどうか。**
② 消費者が法に基づき契約を取り消した場合、消費者は現に利益を受ける範囲で返還する義務を負うことを原則とすることを検討してはどうか。
③ ②の場合において、商品が消費・使用され、役務が受領された場合、利益は現存しないものと推定する規定を置くことなどを検討してはどうか。

【補　論】

④　②③の規定を置く場合、これらの規定は民法708条の規定の適用を妨げない旨を明記することを検討してはどうか。
⑤　消費者による取消し前に、消費者が商品を受領している場合、事業者がその商品を引き取るまでの間、消費者は自己の財産と同一の注意をもってその商品を保管する規定を置くことを検討してはどうか。また、事業者が引取りについて合理的な措置をとるべき規定などを置くことを検討してはどうか。

〈取消期間〉
⑥　法7条の取消期間の起算点について、「誤認であったことを知った時」「困惑を惹起する行為及びその影響から脱した時」など、起算点は、消費者が不当な影響を免れて自由な意思決定ができるようになった時を指すことを明確に示す規定を置くことを検討してはどうか。
⑦　法7条の期間制限を民法よりも短期とする合理的理由はなく、少なくとも民法とあわせることを検討してはどうか。

〈法定追認〉
⑧　法に基づいて取消しが行われる場合、法定追認（民法125条）の適用がないことを明記することを検討してはどうか。

〈契約締結過程に第三者が関与する場合〉
⑨　法5条1項の媒介委託を受けた第三者及び代理人について、「媒介の委託」に限らず、事業者が勧誘や契約締結の交渉に自ら関与させた者（複数段階にわたる場合にはそれらの者も含む）の行為を対象とすることを検討してはどうか。また、これらの者への直接的な責任追及は妨げられない旨を明記することを検討してはどうか。
⑩　民法96条2項と同趣旨の規定を法に明文化することを検討してはどうか。

改正法を考えるに当たっては、①　不当利得返還・原状回復規定の特別規定を消費者契約法に設けるとした場合、このような改正と同時に、取消の要件が緩和され取消しできる場面も拡大されるとすれば、すべての場面にそのような特則を適用してよいか検討する必要がある。また、民法96条を用いる場合との原状回復ルールの整合性などを検討する必要がある。また、②　取消期間を長期化し、法定追認制度を適用しないという法改正を行う際、とりわけ、このような改正と同時に、取消の要件が緩和され取消しできる場面も拡大されるとすれば、完全に履行が終わった契約を安定化させる制度的工夫も必要ではないかを検討する必要がある。さらに、③「媒介の委託」ではなく、「勧誘や契約締結過程の情報提供の委託」を受けた第三者の行為を、複数段階の委託も含め広く事業者に帰責する場合、帰責の範囲が広すぎないかについて検討する必要がある。

(d) インターネット取引について （特に広告関連）
ここでも、典型的な相談事例を見てみよう。

> Ex⑥　アレルギー体質で悩んでいたため、体質改善の実体験に基づくハウツーサイトを閲覧していたところ、画面の横に、「この水に変えただけで、1週間でアレルギー体質克服！」と記載された浄水器販売業者Aの広告が表示された。サイトの運営者が推薦するものと思って浄水器を購入し、1週間飲み続けたが、何の効果もなかった（40代　女性）。
>
> Ex⑦　芸能人Aのブログを見ていたところ、「ついに届きました！英会話習得プログラム！早速使ってみたところ、寝言が英語になっちゃったくらい（＾＿＾;）絶対ネイティブなEnglishがGetできちゃう　♪おすすめ♪」という記事があった。そこで、さっそく同教材を購入してみたが、英語で書かれてる教材で、とても一人では学習できる代物ではなかった（30代　男性）。

Ex⑥は、インターネット上の広告を事実であると誤信し契約をしてしまった事案、Ex⑦は、有名人のブログ記事の不実表示を信じて契約を締結してしまったというものである。いずれも、景表法上の問題は別としても、消契法の適用対象外と考えられてきたものである。

しかしながら、<u>インターネット広告については、ターゲティング広告の発達など広告が消費者の意思形成に働きかける影響力が大きく、また、事業者からみてもその対応は個別の「勧誘」と異にする合理的な理由は見いだせない。しかし、現行法においては、インターネット広告に関する不当な表示については専ら景品表示法等に基づく行為規制が課せられているにとどまり、インターネット広告の不当な表示に起因する契約被害に対応する民事規定を欠く状況にある。そこで、</u>

①消費者契約法4条の取消の対象となる事業者の行為として、「インターネット広告」も含める方向で検討してはどうか。

との提案がある。

【補論】

インターネット取引
への対応は？

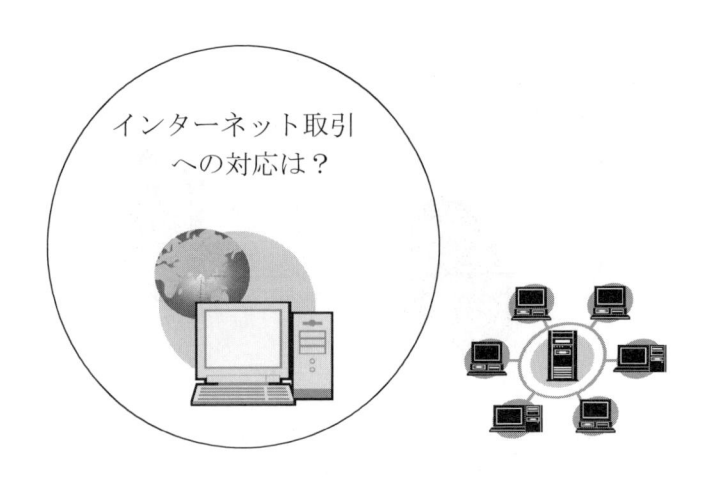

　インターネット取引においては、非対面取引であることから、広告が消費者の意思形成に与える影響が極めて大きいといえる（商品等の内容だけでなく、事業者そのものの信用性についてもWebに掲載された内容・体裁等が指標となりうる）。事業者側からみると、インターネット広告は、事業者が様々な技術を駆使して、広告によって商品を購入してくれそうな消費者向けにターゲットを絞って広告を提供しており、事業者の行為態様としては、顧客名簿等なんらかの資料をベースに勧誘先を選定して勧誘を行うリアル取引と類似した側面があるということができる。また、消費者側からみると、特定のターゲット層に対する「広告」については、当該消費者の意思形成過程に与える影響がいわゆるマス広告に比べ大きく、「勧誘」と区別する合理的な理由がより希薄になると考えることができるものと思われる。

　検索サイトにおける検索結果は、検索上位に表示されたサイトが必ずしも優れている、信頼がおけるサイトであるとは限らないにも関わらず（検索サイトの上位にサイトが表示されるように、いわゆるSEO対策がとられている場合も少なからず存在する。なお、検索サイトにおいては、不正に上位にスパムサイトが表示されないよう、様々な対策がとられている。）、PIO-NETの相談事例等をみると、検索上位にあったことで著名なサイトであると誤認したり、公式のサイトであるかのように消費者が誤信したケースがみられる。直接契約の相手方とあわずに契約がなされるインターネット取引において、検索結果が消費者にとっての相手方に対する信頼性の指標となっているともいえる現状がみられる。

　インターネット取引の場合において、個人の情報処理過程のどこに問題があったのかという点を詐欺の場合における意思形成過程のどこに問題があったのかという点よりも、さらに細かい分析をしたうえで、どのような民事責任を考えたらいいかを検討すべきではないかという意見や、当該広告表示につき相手が誤認するおそれがあることは十分認識をしていながら、黙って取引をしたという不作為が、例えば説明義務違反に当たるのではないかといった意見が出された。また、国際私法との関連でいえ

ば、「法の適用に関する通則法」第11条6項の「勧誘」の定義につき、個別的ではなくともある程度ターゲットを絞った広告であれば「勧誘」にあたるという考え方も示されている。

関連して、以下の点にも配慮が必要である。

（ⅰ）事業者以外の者による広告　アフィリエイトなどのように、現行消契法5条の「媒介の委託を受けた第三者」には必ずしも該当しないと解釈されうる第三者による広告がなされるケースがみられる。なお、景品表示法における不当な表示の禁止（法4条）の規制対象は「自己の供給する」商品又は役務の取引に限定されるため、アフィリエイト等におけるアフィリエイター等の第三者の不当表示は対象外となっている（一方、広告主のバナー広告（アフィリエイターがアフィリエイトサイトに掲載するもの）における表示は対象となりうる。消費者庁「インターネット消費者取引に係る広告表示に関する景品表示法上の問題点及び留意事項」の一部改定について」（平成24年5月9日）を参照）。

（ⅱ）第三者の「評価」が指標となることの危険性　インターネット取引においては、当該事業者の広告に加え、インターネット上における第三者の評価も意思形成に与える影響が少なからずあるところ、いわゆるステマ（ステルスマーケティング）（口コミ）の手法によって、外形的には「広告」と認識することが困難な「広告」手法がとられるケースがみられる（消費者庁・前掲脚注19では、口コミサイト（ステマ）につき、「口コミサイトに掲載される情報は、一般的には、口コミの対象となる商品・サービスを現に購入したり利用したりしている消費者や、当該商品・サービスの購入・利用を検討している消費者によって書き込まれていると考えられる。これを前提とすれば、消費者は口コミ情報の対象となる商品・サービスを自ら供給する者ではないので、消費者による口コミ情報は景品表示法で定義される『表示』には該当せず、したがって、景品表示法上の問題が生じることはない。ただし、商品・サービスを提供する事業者が、顧客を誘引する手段として、口コミサイトに口コミ情報を自ら掲載し、又は第三者に依頼して掲載させ、当該『口コミ』情報が、当該事業者の商品・サービスの内容又は取引条件について、実際のもの又は競争事業者に係るものよりも著しく優良又は有利であると一般消費者に誤認されるものである場合には、景品表示法上の不当表示として問題となる」とする）。

（2）　不招請勧誘　＜第4章関連＞

不招請勧誘ルールは、行政ルールの領域において、立法例の蓄積、拡充をみている。具体的には、とりわけ投機性が高い金融商品（店頭金融先物取引、店頭デリバティブ取引、商品先物取引）について金融商品取引法における禁止行為として、あるいは商品先物取引法上の不当な勧誘等の禁止として定められている。これらは、執拗な勧誘や利用者の被害の発生といった適合性原則の遵守をおよそ期待できない事態にかんがみて、そもそも顧客が要請していない限り勧誘自体を禁止すべきとする不招請勧誘規制が導入されたものである。さらには、平成24年8月の特定商取引法改正により、訪問購入に係る売買契約の締結について、勧誘を要請していないものにつきその勧誘を禁止するルールが導入されたことも注目に値する（58条の6第1項）。そこでは、訪問購入における被害は単なる経済的損失にとどまらず、また、未然防止の必要性が極めて大きいこと、そして、在宅していることが多い高齢者、専業主婦に集中してい

【補　論】

るといった事情が考慮されている。

呼んでないのに……

　以上のほか、不招請勧誘禁止そのものではないものの、電子メール広告について承諾をしていない者に対する送信の禁止、制限がなされているほか、訪問販売については承諾意思確認の努力義務、再勧誘の禁止、電話勧誘販売についても再勧誘の禁止といった行政ルールが置かれている。
　これらの規制は顧客の保護を目的とした法規定であることから、これらの規定に違反した［勧誘・販売］行為については民事上も違法となるといった形で、行政ルールに民事効を付与する旨の規定（行政ルールとの架橋）を導入するのが適切ではないか。その際の理論構成としては、「適合性原則から著しく逸脱した証券取引の勧誘をしてこれを行わせたときは、当該行為は不法行為法上も違法となる」とした最判平 17・7・14 のほか、「他人の保護を目的とする法律に違反した者」も違法な権利侵害をしたとして「これによって生じた損害を賠償する責任を負う」と定めるドイツ民法 823 条 2 項などが参考になる。
　不招請勧誘に関する消費者被害の相談は多く寄せられている一方、裁判実務においては、不招請勧誘を理由とする不法行為責任を認めた裁判例も、適合性原則等と相まった形で認めているほか、問題とされている領域も一定の領域に集中している。したがって、消費者契約一般を対象に、不招請勧誘禁止そのものについて単独での実体法規範を考えるよりは、不当勧誘に関する一般条項（受皿規定）を置くこととしたうえで、その解釈・適用にあたっての一考慮要素とするのが、立法の早期実現という観点からは望ましいのではないか。また、不招請勧誘独自の実体法規範を定める方向についても、困惑取消類型の拡張という議論、損害賠償義務をもたらす不当勧誘行為規制といった議論も踏まえつつ、引き続き検討が必要であるように思われる。
　そこで、具体的な検討課題として、次の点が挙げられる。

①　とりわけ投機性が高い金融商品（店頭金融先物取引、店頭デリバティブ取引、商品先物取引）や訪問購入といった取引方法について、執拗な勧誘や利用者の被害の発生といった適合性原則の遵守をおよそ期待できない事態にかんがみて、そもそも顧客が要請していない限り勧誘自体を禁止すべきとする、不招請勧誘を禁止

する行政ルールが蓄積されてきている。これらの規制は顧客の保護を目的とした法規定であることから、これらの規定に違反した［勧誘・販売］行為につき、民事上も違法となる旨の規定を導入することを検討してはどうか。
② 不招請勧誘に関する消費者被害の相談が多く寄せられている一方、裁判実務上は適合性原則違反、説明義務違反とあわせて民事責任を基礎づけるとされていることにかんがみ、不招請勧誘ルールの消費者契約法への導入にあたっては、不当勧誘に関する一般条項（受皿規定）を置くこととしたうえで、その解釈・適用にあたっての一考慮要素とする方向などを検討してはどうか。また、不招請勧誘独自の実体法規範を定める方向についても、困惑取消類型の拡張という議論、損害賠償義務をもたらす不当勧誘行為規制といった議論も踏まえつつ、引き続き併せ検討してはどうか。

改正法を考えるに当たっては、
① 不招請勧誘ルールによって消費者契約トラブルの被害の「元を絶つ」意味は大きい。その法的介入根拠として、しばしば「私生活の平穏の侵害」が挙げられる。しかし、それによって生ずる損害（精神的損害以外の損害について）については引き続き検討の必要がある。
② ルールの射程として、消費者取引一般について考えてよいのか、勧誘態様も一般化可能かということも意識する必要がある。
③ 行政ルールと民事効との架橋の要件について、適合性原則の最高裁判決が、行政ルールからの「著しい」逸脱という「著しい」という要件が入っているところ、ドイツ法的に「保護法規」性を認めることができる法規の違反については「著しい」という要件を不要とすることが検討されてよいのではないか。また、再勧誘の禁止については、フランス法を参考に、これも保護法規に含めて考えることができないか検討してはどうか。

なお、不招請勧誘ルールは、広告規制のあり方のほか、困惑取消類型の拡張という議論、損害賠償をもたらす不当勧誘行為規制という議論、消費者公序規定の導入という議論とも密接にかかわるので、これらの議論状況も考慮に入れながら検討する必要がある。

(3) 適合性原則 ＜第5章関連＞

適合性原則は、もともとは投資サービス領域における業者ルールである。それを著しく逸脱した勧誘行為は不法行為法上の違法性を基礎づけるとする、民事効へと架橋する判例法理は確立しているものの、裁判実務においては極めて限定的にしか機能していないとされている。他方、業者ルールの領域では、適合性原則は新たな機能を獲得する等、適合性原則は強化される傾向にある。消費者法の領域においても、「消費者との取引に際して、消費者の知識、経験及び財産の状況等に配慮すること」を事業者の責務とするプログラム規定（消費者基本法5条1項3号）のほか、訪問販売、電話勧誘販売、連鎖販売取引、個人過剰貸付契約などの（広い意味での）「過大なリスクを伴う商品・サービス」につき適合性原則が行政ルールとして導入されている。また、適合性原則そのものではないが、判断力の低下に乗じた契約締結、過量販売を禁ずる

【補論】

行政ルールが導入されている。ただし、過量販売取引については解除権付与という契約解放型の救済が認められるに至っている。これらルール化の拡充の背景事情として、適合性原則に関する消費者被害の相談は多く寄せられていることのほか、高齢社会における消費者法のあり方として、適合性原則の立法化のニーズが高まっている点を指摘できる。

他方で、裁判規範としては十全な機能を果たしているとは言い難い状況、および、投資サービス分野を超えて消費者契約一般を対象とする民事ルールを定める消費者契約法への導入を検討するという2段階での展開を要することを踏まえれば、「過大なリスクを伴う商品・サービスを目的とする」消費者契約における「販売・勧誘ルールの原則規定」として消費者契約法に導入する在り方などが、考えられる。また、もっと広く適合性原則の実体法規範を定める方向についても、引き続き併せ検討される必要があるのではないか。

適合性原則に関する消費者被害の相談は多く寄せられているほか、高齢社会における消費者法のあり方として、適合性原則の立法化のニーズが高まっているということができる。過量販売、過剰与信等に関する特別規定など、適合性原則に密接に関連する法理は立法化されているところであるが、それらによる対応可能性とその限界等を見極めながら、適合性原則の立法化の必要性について、引き続き検討していくのが適切であろう。具体的な在り方については、一般的な不当勧誘行為規制や消費者公序規定の導入といった議論も踏まえつつ、引き続き検討される必要があろう。

そこで、本報告では、次のような検討課題が挙げられる。

① 適合性原則を「過大なリスクを伴う商品・サービスを目的とする」消費者契約における「販売・勧誘ルールの原則規定」として消費者契約法に導入するあり方などを検討してはどうか。また、もっと広く適合性原則の実体法規範を定める方向についても、引き続き併せ検討してはどうか。
② 適合性原則について民事効果を伴った形での消費者契約法への導入を検討するにあたっては、消費者被害の実態、過量販売、過剰与信等に関する特別規定によ

る対応可能性とその限界等を見極めながら、引き続き検討することとしてはどうか。また、具体的な在り方について、一般的な不当勧誘行為規制や消費者公序規定の導入といった議論も踏まえつつ、引き続き併せ検討してはどうか。

　改正法を考えるに当たっては、民法改正において、公序良俗の現代化（暴利行為論）、意思能力の定義、保証人の保護のあり方等について、適合性原則の要請を一部実現するような提案がされている。このような提案がなされていること自体、適合性原則の要請というものを民事ルールのなかで受けとめる必要性を反映していると言うことができる。しかし、民法改正によって適合性原則の要請が部分的に実現されたとしても、これを消費者契約法において導入する必要性はある。導入の必要性を考える際には、適合性原則の機能を考慮にいれる必要がある。すなわち、適合性原則が勧誘の適正性を確保するための管理態勢を要請しているという機能に着目すれば、消費者契約法が販売勧誘ルールの原則規定として、固有の必要性があるといえるのではないか。

　なお、適合性原則は、消費者公序規定の導入の検討とも密接にかかわるため、これらの議論状況も考慮に入れながら検討する必要がある。

④　契約内容の適正化

　評価余地のないブラック・リストのほか、評価余地のあるグレイ・リストの存在は、消費者相談の現場での判断の指針となるだけでなく、契約条件を策定する際の指針として、事業者にとってもメリットがあることに鑑み、リストの補完・充実が検討されるべきではないか。

　EU、韓国などでのリストに比して我が国のリストがきわめて貧弱であることは否めず、グローバルスタンダードに近づけることが必要である。この点、現実の発生しているトラブルにも配慮しつつ、リストの策定が検討されるべきではないか。なお、立法事実にこだわることによる「後追い」のデメリットに鑑み、危険性の予見できる条項は積極的にリスト化することが望ましい。

（1）　無効とすべき不当条項の補完
　＜課　題＞
① 　該当すれば不当条項であるとみなされる「ブラック・リスト」と、不当条項であると推定される（当事者が不当性を阻却する事由を主張立証することによって不当性が覆る）「グレイ・リスト」を設けてはどうか。また、この他に、例えば業種毎のリストなどを政令レベルで設けること等も検討してはどうか。
② 　不当条項リストのうち、特に裁判例で活用されており、それゆえに解釈論上・立法論上も多くの問題点が指摘されている違約金・損害賠償額の予定条項規制について、規制基準、立証責任、対象となる条項の種類などの点から、更に検討してはどうか。
③ 　実際の事案においては、そもそも問題となっている条項がいかなる趣旨のものであるかが不明確で、具体的にどの不当条項リストに当てはまるかが問題となることがある。そこで、条項の性質決定に関する解釈準則を創設してはどうか。具体的には、不明確条項に関しては、消費者の合理的意思を重視する解釈準則を創

【補　論】

無効となるべき条項のリスト化

設することを検討してはどうか。

＜留意点＞

①について。ブラック・リストとグレイ・リストを設けるにあたっては、以下の点に留意する必要がある。

第1に、リストの文言の抽象度について。現行消契法8条、9条については、例えば消契法9条1号が「解除の場合」に限定されているなど、リストの射程が文言上制限されている点を問題点としてあげることができる。この点については、確かに前述したリストの機能を発揮するためには、具体的かつ明確な基準を設けることで誰でも簡単に問題となっている条項がリストに当てはまるか否かを判断できるようにすることがのぞましい。しかし、あまりにも細かい文言でリストを設けると現行法において問題となっているように、リストの射程を狭める危険性がある。また、リストが細かい文言で射程が狭いものとなっていると、現在は想定されていないものの将来的に生ずる新たな不当条項について妥当な解決を行うことが困難になる。

そのことから、リストの文言については、学説でも指摘されているように、グローバル・スタンダードに合わせて、民法の条文程度か、これをやや具体化した程度の抽象度をすることが考えられる。

使い勝手や、リストの効用を発揮させるには、ある程度の具体性と明確な指標を用いた基準が必要となる。客観的に、誰にでも判定が容易な基準であることが、相談現場などの対応の際にも説得力を高めよう。しかし、消契法の適用領域が広いことや、判断者にとって一覧性の高いリストであることが望ましいことをあわせ考えると、あまり細かな規定も非現実的である。したがって、比較的重要な条項や問題条項について具体化し、問題発見を容易にして無効となる場合の予測可能性を高めつつ、他方で、多様な局面の可能性を視野に入れて、包括的ながら簡明な指標と評価余地のある留保を組み合わせながら規定を整備することが適切である。不当条項リストは、グローバル・スタンダードに合わせて、民法の条文程度か、これをやや具体化した程度の抽象度とすることが現実的である。

第2に、第1の点とも関連するが、リストにおける不当性の基準の定め方は慎重な検討を要する。例えば、リストに「過度に」「著しく」等といった要件を入れてしまうと、結局、不当だということを消費者が立証する必要が出てきてしまい、不当性の推定というグレイ・リストの機能を害するおそれがある。

第3に、条項との実質との関係でいかなる種類の条項をリストにおいてカバーすべきかを検討する必要がある。例えば、条項の「実質」を重視すると、対価不返還条項は消契法9条1号の損害賠償額の予定条項とみることができ、また、債務免除条項も消契法8条の責任制限条項とみることができる。しかし、実務上は、例えば老人ホームの入居契約のように、入居一時金を地位の対価や権利金と構成することによって規制を免れるという弊害も生じている。あらゆる条項をリスト化することは困難であるが、形式的に区別可能なものをリスト化することは必要ではないか。

　②について。前述のように、審議では「平均的な損害」基準を維持することが多数の見解であったが、文言として、「平均的な損害」基準を維持するか、それ以外の「損害」概念を用いるか、諸外国にも見られるようにそもそも「損害」概念を用いないかはなお検討を要するように思われる。我が国における諸提案では、「平均的な損害」概念を維持するものを提案するものが多いものの、「当該契約につき契約締結時に両当事者が予見しまたは予見すべきであった損害が事業者に生じているときは、その損害額を定める部分については、消費者の利益を信義則に反する程度に害するものと推定されない」とする提案もみられる（民法（債権法）改正検討委員会編『詳解債権法改正の基本方針Ⅱ』（商事法務、2009年）135頁以下）。また、わが国の裁判例でも「実損害」に比べて当該予定賠償額が過大であるか否かが1つの判断基準とされていたことも踏まえる必要がある。さらにいえば、違約金・賠償額の予定条項の有効性を判断する上で考慮要素となる「解除の時期」や「解除の事由」と「平均的な損害」の有無とのつながりが明確でない事案もあることや、損害てん補目的よりも履行確保目的で設けられている条項の場合には、単に「平均的な損害」や「実損害」と対比するだけでは条項の合理性を判断することが困難であることも踏まえると、「損害」概念は、解除の時期や事由と同じく条項の合理性を判断する上での考慮要素にとどめる可能性を模索する必要も残されているように思われる。もっとも、消契法の規制基準は団体訴訟における条項不当性判断基準ともなることから、「平均的な損害」のようにある程度抽象的な基準であることにも一定の合理性があることに留意しなければならない。
　また、仮に「平均的な損害」基準を維持するとしても、前述したように、「原則として『平均的な損害』には履行利益は含まれない」とする考え方を明示するにあたっては、民法の原則から言えば本来は履行利益が含まれること、そのことから、消費者契約であるとしてもどのような理論的根拠で信頼利益に限定されるということになるのかについては緻密に検討する必要がある。また、「平均的な損害」に含まれる損害の内容として、信頼利益と履行利益の区別という観点のみから論じることに限界はないのかについても留意する必要がある。
　③について。「約款規制」のところで問題となる作成者不利の原則や契約条項の明瞭化ルールとの関係を整理しつつ、不明確条項の解釈準則として内容確定ルールを設けることが必要である。

　なお、学説、実務による消契法改正提案の中には、過量販売に関する条項など、契約の目的物・対価そのものに関する条項をリスト化するものがある。例えば、「消費

【補　論】

者に過量な又は不相当に長期にわたる物品又は役務を購入させる条項」をリストの候補として掲げる提案が見られる。これらの中心条項についての規制の可否については、消契法10条の見直しにあたって再度検討する必要があるが、仮に規制するとしてこれらの条項をリスト化することの是非も問題となろう。つまり、不当条項リストに列挙するという形以外の方法、例えば、「ミニ一般条項」あるいは「消費者公序規定」による対応などもふまえて、検討する必要がある。

（2）　不当条項に関する「一般条項」＜第7章関連＞
＜課　題＞
（a）消契法第10条前段要件は、「当該条項がない場合と比較して」といった文言に修正してはどうか。
　そもそもこの要件が必要なのかについても検討する必要がある。任意規定を明文の規定に限らない最高裁判決や学説のように、実質的に対象となる規定が限定されないのであれば前段要件自体には意味はなくなる。
（b）消契法第10条後段要件については、「消費者の利益を一方的に害する」を維持するが、「信義則に反して」という要件については削除を検討してはどうか。
　以上の点については、「消費者の利益を一方的に害する」という要件に加えて「信義則に反して」という要件が存在することで、よほど悪質な条項以外は無効とならないような印象を与えかねないという指摘が学説でなされている。また、「信義則に反して」という文言が残っていることで、消契法第10条と民法の信義則はそれほどかわらないのではないかという誤った見方も存在する。そのため、「消費者の利益を一方的に害する」といった文言にして、不当性判断基準をより明確かつ具体的なものとして定めることが必要であると考える。
（c）「消費者の利益を一方的に害する」か否かの判断要素を列挙すべきか、仮に列挙する場合にいかなる要素を考慮すべきかについては検討する必要がある。
　ア　（3）の点を検討する上で、条項の不当性判断にあたって個別の相手方との関係で判断するのか、当該条項の使用が予定されている多数の相手方について画一的に判断するのかが問題となる（さらにいえば、個別訴訟と団体訴訟とで不当性の基準、考慮要素をわける必要があるかも問題となる）。
　イ　考慮要素については、各種提案や諸外国の立法を見ると、①契約の性質・趣旨、②契約締結時のすべての事情、③取引慣行、④他の条項、⑤契約のもとで提供されるべき履行の性質が列挙されている。学説でも、消契法制定時より、消契法10条後段要件該当性を判断する上では、「契約の対象となる物品・権利・役務の性質、当該契約の他の条項、当該契約が依存する他の契約の全条項を含む契約時点のすべての事情」が考慮されるとされている。これについては、以下の点が問題となる。
　第1に、契約締結時の事情に限られるか。契約履行時や、契約締結後の事情変更を考慮することはできるのか。
　第2に、契約締結過程の事情（説明の有無）のうち、裁判例で問題となっている考慮要素の中には、果たして条項の内容規制レベルで考慮に入れることが妥当といえるかどうかが問題となるものがある。
　第3に、約款外の事情（取引慣行など）を考慮に入れることが妥当か。これは条項

の援用レベルの問題であると捉えることはできないであろうか（最判平成24年3月16日66巻5号2216頁参照）。

　条項の不当性判断にあたっては、契約の個別的プロセスにかかわる要素によって条項の不当性判断が異なってくるものはあるが、基本的には条項の客観的な内容面での要素を重視すべきではないか。具体的には、条項自体の内容が合理的なものであるか否か、その条項を設けることが不利益回避手段として合理的と言えるか否か、その条項以外に事業者の不利益回避の方法は無いか、他の代替的条項の存在などが挙げられる。

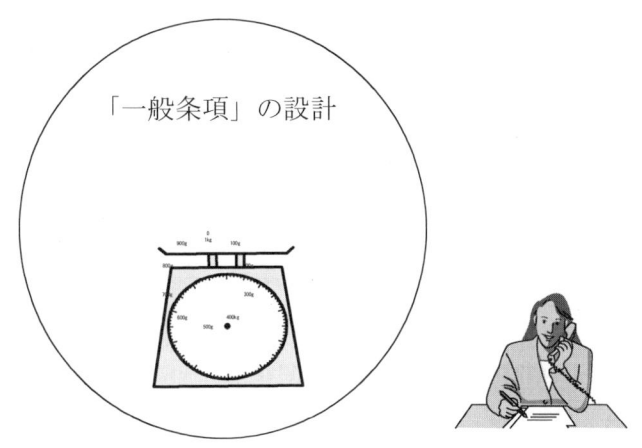

「一般条項」の設計

(3) 中心条項に対する考え方
＜課　題＞
(1) 「中心条項」の定義（中心条項と付随条項の区別基準）と、仮に定義化・区別をするのであれば、中心条項についての規制のあり方が問題となる。
(2) そもそも中心条項を定義化すること自体、慎重な検討を要するが、仮に定義化するとしても、「契約の主要な目的および対価」そのものに限定する方向で考えるべきではないか。
(3) 中心条項の規制のあり方については、以下の方法がありうる。
　①**中心条項**については一切不当条項規制の対象としない。もっとも、この場合にはさらに
　　ａ）中心条項は不当条項規制の対象とはしないが、別途、消費者公序規定で規制の対象とすべきである、という見解と、ｂ）消契法において中心条項への介入は一切認めないという見解に分けることができる。
　②中心条項については、その条項が平易かつ明瞭な言葉で表現されており、消費者がいかなる意味での対価なのかを理解できる限りにおいて、不当条項規制の対象外となる（フランス、1993年ＥＣ指令で採用されている規制スタイルである）。もっとも、明瞭な言葉で表現されていても、消費者公序規定による規制の対象となりうる。
　③不当条項規制において、中心条項、付随条項を一切区別しない考え方について

【補　論】

は、例えば法制審の中間論点整理第 31．2第 3 文にあるように、民法における不当条項規制においては契約の中心部分に関する条項［対価に関する条項］は不当条項規制の対象としないが、その例外として消費者契約においては中心部分に関する条項［対価に関する条項］も不当条項規制の対象とする旨の規定を設けるといった考え方に現れているように、「消費者契約においては」中心条項も規制の対象とするという考え方がある。

　以上のうち、どれが妥当であるかを考えるにあたっては、理論的側面だけではなく、ａ）給付・対価部分について消費者が合理的に判断できるだけの基盤が契約準備交渉・締結段階で整備されているのか、ｂ）市場において競争メカニズムが完全に機能しているのか、ｃ）消費者の場合、そもそも情報提供が十分であっても合理的な選択・決定はできないのではないかといった、実際上の観点も考慮する必要がある。さらには、下記の「多くの契約条項が多かれ少なかれ価格決定に反映されることは紛れもない事実であり、まして「価格・対価の決め方」、複雑に仕組まれた給付内容決定方法などのような条項は、顧客が不用意にそれを受け入れてしまうおそれが高いだけに、むしろ不当条項規制に服すると考えるべきである」といった指摘も重要である。このように考えると、中心条項と付随条項を区別することには、なお慎重な検討が必要である。

　<u>対価そのものへの介入は、原則として開示規制の手法によることが望ましいが、民法の暴利行為論に関する規律の在り方にも配慮しつつ、競争の期待できない局面では、消費者契約にとって有用な規律やセーフティネットとなる規律が模索されるべきではないか。</u>

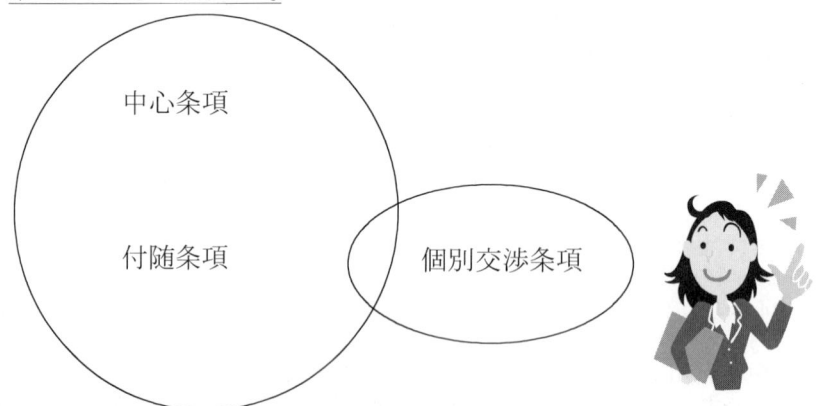

（4）　個別に交渉を経た条項の規制の可否
＜課　題＞
　個別の交渉を経た条項の規制の可否については、①個別の交渉を経ているか否かは消費者契約では問わない、②個別の交渉を経ている場合には、規制の対象外となるとする立場がある。不当条項規制の根拠を、当事者間の交渉力の格差ゆえ、一方当事者に不利な内容の条項が締結されることへの配慮に求めるのであれば、個別の交渉を経ている場合には規制の対象外となる。しかし、②の考え方については以下の問題点を

指摘することができる。第1に、実質的な個別交渉を経たといえるか否かをどのようにして判断するのかが問題となる。第2に、そもそも消費者契約においては構造的に当事者間の交渉力の格差があり、実質的な交渉は不可能であるという見方も可能である。消費者契約法が事業者・消費者間の構造的な情報・交渉力の格差から生じる意思表示の瑕疵・不当な内容の条項を問題にしていることをふまえると、①のように消費者契約においては個別な交渉を経ているか否かは消費者契約では問わない方向で考えるべきではないか。

(5) 不当条項規制の効果
＜課　題＞
　原則として全部無効とし、例外的に一部無効となりうるものを定めることを明文化してはどうか。

　多くの学説においては、条項全体を無効にすることは無効原因のない部分については当事者の私的自治に基づく決定を覆すことを意味するとして、一部無効を原則とすべきであるが、例外的に契約自由への介入を正当化する理由がある場合、例えば、約款や消費者契約の場合のように、契約当事者の一方が契約条項を一方的に作成する場合には不当条項を作成した者に対する制裁や帰責の考え方から全部無効となることがあるとされている。なぜなら、仮に条項の作成者が包括的な不当条項を定めても、規制に抵触する限度で無効とされ、残りは有効とされるとすると、ともかく包括的に不当な条項を定めておけば、後は裁判所の方でぎりぎり有効な範囲で条項を維持してくれることになり、それでは不当条項が流布するのを防ぐことができないからである。

(6) 消費者公序規定
＜課　題＞
　対価に直接かかわる条項や、次々販売・過量販売に効果的に対処するには、無効とすべき不当条項の客観的評価にかかわる一般条項のほか、契約締結過程での問題と条項の不当性を総合して（合わせて一本）、契約の一部もしくは全部を無効化する「ミニ一般条項」の策定が検討されるべきではないか（客観的評価基準を超えた個別事情への配慮が可能となるような、一般条項として、民法90条の具体化したものが考えられないか。

　　消費者契約に適合した公序良俗規定（「消費者公序規定」、ここでいう公序良俗とは、旧来型の限定的な公序良俗の理解とは異なる。）の創設を検討してはどうか。
　　すなわち、従来の消費者契約法は、契約締結過程における不当勧誘行為規制と契約条項の内容に関する不当条項規制という二元的構成であったが、このような二元的構成だけでは不当な契約を十分に補足できない局面があり、契約締結過程と条項内容を融合した、新たな法規制のカテゴリーの創設を検討する必要がある。

【補　論】

　　　　公序？
　　契約締結過程の違法性
　　　　内容の不当性
　　　　当事者の状況

＜留意点＞
　このような消費者公序規定の創設については、以下の点に留意する必要がある。
　①　民法改正で議論されている現代的暴利行為論（特に客観的要素といわれる部分）は参考になるが、消費者契約法の趣旨（情報の質及び量の格差・交渉力の格差を是正するために、契約の効力を修正）に則った要件立てをする必要があること。
　②　状況の濫用の法理は参考にはなるが、これ自体は、困惑類型（威迫的類型）を拡張するものであるから、行為態様に関する不当性の一要素として位置付けることはできるとしても、これに限定した要件立てにしないこと。
　③　勧誘時の行為態様に関する不当性の要素（例示）としては、（ア）困惑類型（威迫的類型）の拡張、（イ）状況の濫用、既存の消費者の状況（不安心理や特殊な経済的状況など）の悪用、つけ込みなど、（ウ）適合性原則違反や不招請勧誘など、（エ）目的隠匿型、誤認類型などが考えられるが、さらに整理が必要である。
　④　不当条項の対象か否かに争いのあるいわゆる中心条項に関する問題であっても、消費者公序規定の対象となることを明確化すること（具体例：おとり価格や二重価格のような誤認的な勧誘手段（景表法の有利誤認表示など）が用いられた場合など）。
　⑤　上記④に観点から、過量販売や次々販売といった類型も対象とすること。

　立法に際しては、次の点を含めて、民法改正における現代的暴利行為論との比較が必要である。
　①　主観的事情、客観的要素という組み立てでよいか。
　②　暴利行為論における主観的要素としては、「相手方の困窮、経験の不足、知識の不足その他の相手方が法律行為をするかどうかを合理的に判断することができない事情があることを利用して」とされているが、このような要件に限定するのでは狭くないか。消費者契約の特質を考慮したより広い要件立てが必要ではないか。
　③　暴利行為論における客観的要素としては、「著しく過大な利益を獲得し、又は相手方に著しく過大な義務を負担させる法律行為」とされているが、この「著しく過大な」という要件は、一般民法でならともかく、消費者契約では狭すぎるので修正する必要はないか。

　なお、契約締結過程に関する不当勧誘行為規制は、消費者公序規定の創設とは別に

充実させる必要がある。

5 各種契約について ＜第９章関連＞
　消費者契約法に、契約類型に即した規定を置くことについて検討することが必要である。この点については、現在進行中の民法（債権関係）改正との関係も問題となるが、現時点では、民法中に、各種の契約に即して消費者契約に関する具体的な特則を置くことになる可能性は高くない。そこで、あらためて消費者契約法において、このような各論的な規定を導入することの是非について検討する必要性が高いのではないか。

＜課　題＞
① 契約類型に即した特則規定の必要性について検討してはどうか。
② 消費者契約一般に関する各論的規定の必要性について検討してはどうか。
③ 売買契約に即して、契約の履行・清算過程に関する規定を設けることについて検討してはどうか。

　この点に関する細目的検討項目として、以下のものが挙げられる。
　（ア）一定の類型の契約につき、消費者に一定の権利が認められ、あるいは事業者に一定の義務が課されることを明確にする旨の規定を置くことが検討されるべきであろう。具体的には、役務提供契約（準委任契約）における消費者の解除権、継続的契約における消費者の解除権、第三者与信型の信用供与契約における消費者の抗弁の対抗規定、消費貸借契約における消費者の期限前弁済規定等が考えられる。
　（イ）一般法において、任意規定とされているものの中でも、消費者契約において、消費者に不利な形での特約の効力は認めないという形で、片面的強行法規制を明確にする必要のあるものを検討することが必要である。もっとも、これについては、不当条項規制の中の一つの作業として位置づけることも考えられる。

　さらに、契約類型ごとというわけではないが、個別の問題につき、消費者契約に一定のルールを設けることが適切と考えられるものもある。たとえば、条項使用者不利の解釈準則については、たとえ民法に一般的な準則としては設けられないことになったとしても、消費者契約法において、その趣旨を規定することが必要なのではないか。また、複合契約における解除・取消しの規定についても、消費者契約に関する規定を置くことが検討の対象となりうる。
　上記①とも関連して、特に消費者売買に関する一群の規律を設けることが検討されてよい。売買に関する規律は、契約各則の中でも最も重要な部分であり、売買の規定が他の有償契約に準用されている点（民法559条）からも分かるように、契約（有償契約）に関する規律の基本的な骨格を形成するものであり、それ故、売買については、議論の蓄積が相当に見られる。現在の消費者契約法では、契約締結過程および契約内容の規制に関する規定はあるが、契約の履行過程や不履行における消費者の救済手段について、売買に即して基本的な規律を明らかにしておくことには意味があると思われる。

【補論】

＜留意点＞
① 特別法との関係に対する配慮
　上記に掲げた例以外においても、各種の類型における消費者契約の特則規定として検討の対象になりうるものがある。ただし、賃貸借や消費貸借などをはじめとして、別途、関係する特別法（借地借家法、利息制限法、割賦販売法など）がある契約類型については、これら特別法と消費者契約法の各論の定めとの関係をどうするかにつき、慎重に考える必要がある。特別法でも規定がないところ（原状回復ルールや更新料などの費用の問題）については、消費者契約法が、積極的に受け皿になって一定の規定を設けるということも考えられ、その点も含めた検討が必要である。
② 不当条項規定との関係
　消費者契約法に各種契約類型に即した規定を置くとした場合、各種契約に即してデフォルトのルール（任意規定）を規定することとなる。その場合、任意規定を外れる特約の効力については、不当条項規制を重なってくることとなる。不当条項リストを考えるにあたっては、この点をさらに検討する必要がある。
③ 権利付与型の規定における対象の限定と抽象度
　消費者契約法において、契約類型ごとの特則規定を設けることを考える際、その対象の限定や規定の具体性をどのようにするのかも問題となる。消費者契約に関する一般法としての消費者契約法の性質からすれば、特定商取引法のような個別的な取引を対象とした定め方は適切とはいえまい。しかし、民法の契約各論に見られる程度の具体度は、前提としてよいのではないかと考えられる。いずれにしても、この点にも留意して検討を進める必要があろう。
④ 権利付与型の規定の法的性質
　権利付与型の規定について（継続的契約の中途解約権など）は、それを片面的な強行法規として置くのか、任意規定として置いた上でそれと異なる特約の効力は不当条項規制に委ねるのか、その場合に不当条項規制の内容をどうするか（例えば、当該規定と異なる消費者に不利な特約をグレイ・リストに掲げるのか、現行消費者契約法10条のような一般規定に委ねるにとどめるか）など、いくつかの選択肢が考えられる。結局は付与された権利の強さをどの程度のものと位置づけるかによって、そこから外れる特約の効力について、その合理的理由をどこまで厳格に要求するかが異なってくるといえようが、この点についても、それぞれについてさらに検討する必要がある。

6　継続的契約　＜第10章関連＞
　契約の継続性ゆえに強まる特徴として、①周辺事情の変化や当事者の状況変化生じやすい、②既履行部分と未履行部分、あるいは不履行部分とそれ以外の部分との区別が生じるということを挙げることができる。そして、このような特徴があることに伴い、1）消費者の長期拘束・消費者からの任意の中途解除と効果をめぐる問題、2）事情変更や事業者の債務不履行に対する消費者からの解除要件と効果をめぐる問題、3）事業者からの解除の可否をめぐる問題、4）契約内容・条件の変更をめぐる問題が生じている。このような問題に対処するため、継続的消費者契約の特徴に鑑みた法規定の手当てを行うことが考えられる。

〈課　題〉
① 継続的消費者契約における消費者の中途解除権（任意法規）の導入を検討してはどうか。消費者契約においては、消費者のみが履行自体に利益を有し、事業者は解除による損害を賠償されれば足りることが多く、とくに継続的契約では消費者にとって履行が無駄となるリスクが大きい点に鑑み、継続的消費者契約において任意規範として（別段の合意がない限り認められる）中途解除権を導入することが可能か検討してはどうか。
② 継続的消費者契約における事情変更を理由とする消費者解除権（強行法規）の導入を検討してはどうか。従来、継続的契約について論じられてきた重大な事由（やむを得ない事由）による解除権は、債務の重大な不履行を理由とする解除権と契約継続の要求不能を理由とする解除権の性質を合わせもつものと考えられる。後者についての解除権を、解除事由の例示とともに、消費者契約の特性に即して（大量取引における事業者のリスク分配可能性などを考慮し消費者の一身上の事由も含み得るものとして）法規定として導入することを検討してはどうか。その際、消費者に解除の事態を惹起したことについて過失がない限り、消費者は損害賠償責任を負担しないとする規定を設けることを検討してはどうか。
③ 不相当に長期の拘束期間、不相当に長い告知期間、更新拒絶要件の加重、事業者の解除権留保・解除要件の緩和、一方的契約条件の変更などに対応する法規定は、不当条項規制のグレイリストの導入問題としてまずは検討してはどうか。不相当に長期の存続期間条項を無効とするリストの導入は、期間を定めること自体は自由であるところ、不当条項規制の対象が期間を定める条項にまで及ぶことを明らかにする意義がある。もっとも、①において提案した中途解除権が継続的消費者契約一般に対し導入される場合には、中途解除権を排除しての長期拘束条項の規制は、法10条に委ねることで足り、このような規制は不要となる可能性も高い。
④ 事情変更発生時の事業者の誠実対応義務などを定める法規定の導入を検討してはどうか。

【補　論】

<留意点>
① 継続的消費者契約における消費者の中途解除権（任意法規）については、そもそも、**消費者契約に特有の任意規定**というものを導入することが可能か検討する必要がある。また、任意規定の根拠づけが問題となる。消費者契約における任意規定としての中途解除権は、一般に、消費者契約では、消費者だけが履行自体に利益を有し、事業者は解除による損害を賠償されれば足りるといった事情により基礎づけられると考えられる。もっとも、広範囲に及ぶ中途解除権の導入は契約安定化への影響が大きいので、消費者にとって履行が無駄となるリスクの大きい継続的契約において、任意規定として（別段の合意がない限り認められる）中途解除権を導入することが考えられるのではないか。そして、このような中途解除権（効果を含め）を排除・制限する一方的に設定された契約条項については、事業者が合理的理由や必要性（たとえば、事業者が履行それ自体に利益を有する、消費者側で転売・転貸・転用により非効率性に対処できる、包括的な損害賠償を請求してよい事情があるなど）を示さない限り無効とするといった不当条項規制に関する法規定もあわせて整備することが考えられる。
② 継続的消費者契約における事情変更を理由とする解除権（強行法規）については、消費者契約の特性に即する形で（大量取引における事業者のリスク分配可能性などを考慮し、消費者の一身上の事由も含み得るものとして）、強行規定として導入することが、やむを得ない事由による解約告知権に関する従来の議論に照らして可能かつ必要か検討する必要がある。また、消費者の一身上の事由に該当するような事情変更について、損害賠償負担なしの解除権を消費者に認める場合、事業者にとって過度の負担となるような取引類型が存在しないか検討する必要がある。
③ 継続的消費者契約における事業者の債務不履行に対する消費者の解除権をめぐっては、債務の不履行の重大性判断の問題、将来に向けての解約告知か、一部解除か、全部解除（遡及効・巻き戻し）かといった問題があるものの、さしあたりは民法の規定と解釈論に委ねるとした場合、この対応で不足が生じないか検討を要する。
④ 不相当に長期の存続期間条項を無効とするリストの導入に対し、1年、2年といった一律の上限期間を設定するといった意見もあり得るが、一律の上限設定は、上限までは拘束できるという反作用を生むという問題点を指摘できる。その一方で、「不相当」に長期といった基準を用いる場合、不相当性の判断が困難となる可能性がある。この点は、契約目的に応じた、典型的な将来予見の困難性や事情変更の頻発性を考慮要因とすることを検討してはどうか。なお、不相当に長期の拘束に対する不当条項規制のグレイリストは、消費者契約一般に任意規定としての中途解除権が導入された場合には、不要となる可能性が高いので、任意規定としての中途解除権の導入と、長期拘束を制限するような不当条項リストの導入は、同時にその必要性を検討する必要がある。
⑤ 事情変更発生時の事業者の誠実対応義務などの導入は、消費者トラブルの実態に鑑みて導入の必要性を判断する必要がある。

（関連問題）
　　消費者を長期に拘束することに対する規制や消費者に対する中途解除権の保障と

いった問題は、不当条項規制において手当てすべき事項と継続的消費者契約に特有な権利・義務として規定を設けるべき事項とを精査する必要がある。

7 消費者信用 ＜第11章関連＞

２当事者間の取引に加えて、複合的な取引関係において消費者の利益を守るための規律が必要ではないかと考えられ、この点についての規律を検討すべきではないか。とりわけ、消費者信用が組み込まれた場合の３面関係については具体的な手当が必要ではないか

＜課　題＞

① 抗弁接続の要件と基本的な効果について、以下の規定（以下、第１条という）を導入してはどうか。

【第１】消費者が、事業者（以下「供給者」という。）との間で、物もしくは権利を購入する契約又は有償で役務の提供を受ける契約（以下「供給契約」という。）を締結し、<u>供給者とは異なる事業者（以下、「第三者」という。）の行為によって、消費者が供給者に対して負担する代金債務が消滅する場合</u>に、消費者は、供給契約に関して生じた事由をもって第三者からの請求に対して履行を拒絶できる。

　ただし、供給契約に関して生じた事由が、消費者が作出した一方的事情による場合、又は、消費者が積極的に関与して抗弁事由が発生している場合など、抗弁事由の発生について消費者に背信性が認められる事情がある場合には、この限りではない。

　前項において、第三者からの請求に対して履行を拒絶する場合には、消費者は、第三者に対して、履行を拒絶する理由を明らかにしなければならない。

　第１項に反する特約であって、消費者にとって不利なものは、無効とする。

② 供給契約の無効・取消、又は、供給者の債務不履行を原因として供給契約を解除できる事由がある場合、供給契約がクーリング・オフされた場合について、以下の条項（以下、第２条という）の導入を検討してはどうか。

【第２】消費者が供給者との間で供給契約を締結し、供給者とは異なる事業者（以下、「第三者」という。）の行為によって、消費者が供給者に対して負担する代金債務が消滅する場合に、<u>供給契約に関して生じた事由が当該契約の無効原因又は取消原因となる事由であるときには、消費者は、当該供給契約に係る第三者と消費者間の契約の効力を否認できる。</u>

　<u>消費者が、供給者の債務不履行を原因として契約を解除できる事由がある場合、又は、供給契約がクーリング・オフによって申込みの撤回又は解除された場合についても、同様とする。</u>

　前項において、消費者は、当該供給契約に係る第三者と消費者間の契約の効力を否認する場合には、消費者は、供給契約の無効原因、取消原因もしくは解除原因となる事由があること、又は、供給契約がクーリング・オ

【補　論】

フによって申込みの撤回又は解除されたことを明らかにしなければならない。

第1項において、第三者が、消費者の代金債務の消滅を目的として消費者から予め給付を受けていた場合、又は、第三者が消費者の代金債務の消滅を目的として出捐した後に消費者から一部ないし全部の給付を受けた場合には、第三者は消費者から当該代金債務の消滅のために給付された額の限度で消費者に金員を返還しなければならない。

第1項に反する特約であって、消費者にとって不利なものは、無効とする。

③　一旦行った決済に影響を与えずに、問題となっている供給契約に関する清算を行うために、当該契約に関する代金債務の消滅について、以下の条項（以下、第3条という。）の導入を検討してはどうか。

【第3】第2条第1項において、消費者が、当該供給契約に係る第三者と消費者間の契約の効力を否認した場合には、第三者が消費者の代金債務の消滅を目的として出捐した場合であっても、消費者の代金債務は消滅しなかったものとみなす。

前項において、第三者は、消費者が供給者に負担する代金債務を消滅させるためにすでに出捐した限度において、給付した相手方に対してその払い戻しを求めることができる。

第1項に反する特約であって、消費者にとって不利なものは無効とする。

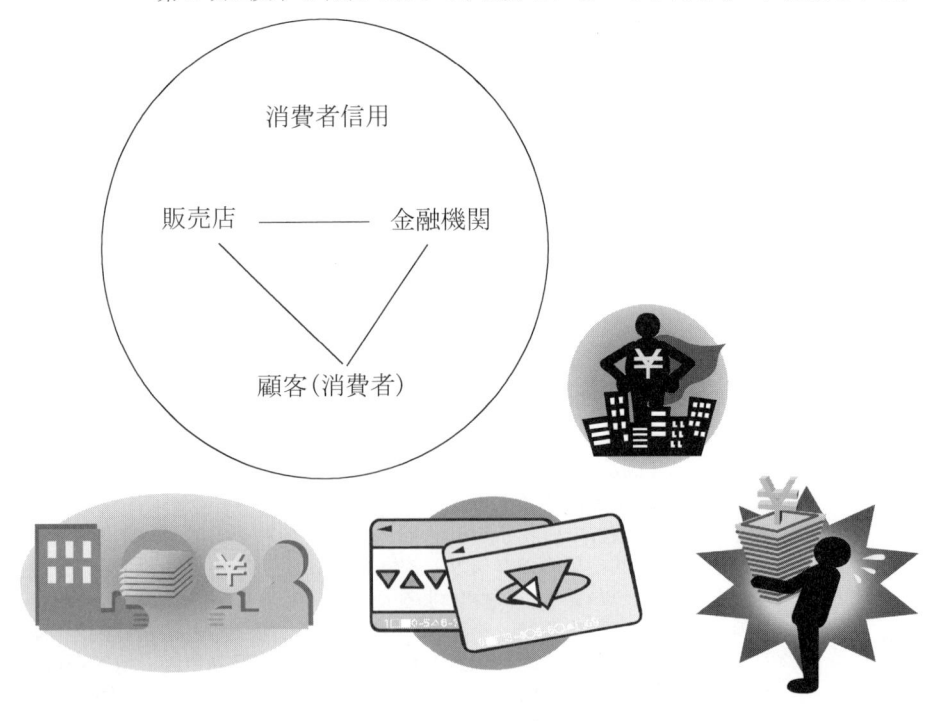

330

<留意点>
① 決済システムとの関係
　消費者取引に多様な決済システムが結びついていることから、法の隙間を作らないためにも、決済制度全体を視野に入れた上で、消費者取引における特殊性を考慮した立法が必要となるが、上記の点に関連して、WTでは、民法改正中間試案において「三面更改」については慎重でなければならないとする意見があった。中間的論点整理後の第2ステージ【部会資料40［10頁］】では、集中決済機関（CCP）による決済に加えて電子マネーによる取引やクレジットカードによる取引が取り上げられているが、「三面更改」は、AB間の債権をAX間の債権及びXB間の債権として置き換えるための法技術とされており、AB間の債権の消滅と同時に、AはX対してAB間の債権と同内容の債権を取得するとともに、XはBに対してAB間の債権と同内容の債権を取得するものとし、更改によって成立するAX間の債権とXB間の債権においては、AB間の債権に付着していた抗弁は消滅すると考えられているからである。
　B2Cの取引を広く包含する決済システムについては、原因関係にあたる売上債権に関する情報と決済にかかる情報が一致したときに初めて全体の取引が成立することから、有因性を一定の範囲で認める必要がある。したがって、消費者取引における決済の場合には、差引額を決済した段階で、初めて、消費者の供給者に対する債権債務が消滅するとすべきこと、チャージバックルールを組み込んだ決済システムであることが必要であるとする意見があった。
② 消費者契約法5条との関係
　下級審判例や学説の中には、non-on-us方式の場合にも割賦30条の5の2、同施行規則60条1項1号により、消費者からの苦情に対して、ISSは苦情内容を分析して必要な調査をすることが求められていることから、この規定を根拠にISSの**加盟店管理業務**を認め、ISSのカー損害賠償責任を基礎づける見解が主張されている。消費者契約法5条では委託を受けた第三者の行為についての認識が事業者側に対する要件となっていないことから、割賦販売法の適用がないような取引形態の場合、消費者契約法5条を介して、ACQは、ISSの加盟店管理業務をアウトソーシングし、**決済代行者**はACQの加盟店管理業務をアウトソーシングしたとして、ISSの義務違反を説明する構成が考えられないかとする意見があった。しかし、ACQとISSは相互に、国際ブランドとのメンバー契約、ないしは、精算機関を通じてネットワークを利用する関係にあることから、ACQをISSの履行補助者として捉えてISSの責任を肯定する方向での制度設計には限界があるとの意見があった。また、ISSとカード利用者である消費者との間の契約に基づいて、ISSにACQの加盟店である供給者について調査する義務が肯定する構成についても限界があるとの指摘があった。
③ 消費者契約法と割賦販売法・資金決済法などの特別法との関係
　我が国において、決済をいかなる法律でどのように規律するのかについては、民法（債権）改正中間試案において審議中であり、なお立法政策の方向性が定まっているとはいえない状況にある。
　債権法改正において、決済に関する法が規律されない場合には、ア）決済に係る特別法の中で消費者取引における決済に係る特別な規律を置く方向性、及び、イ）消費者契約法の中で物・役務の対価の支払いという観点から規律する方向性が考えられ

【補　論】

る。
　一方、債権法改正の中で、中間試案で立法提案がされている「三面更改」の規定が導入される場合には、原則として抗弁の切断が定められることになることから、消費者契約法において、第1条～第3条のルールを置いた上で、個別の決済手段と消費者取引の結びつきを踏まえたルールについて、割賦販売法・資金決済法など特別法によって規律するという方向性が考えられる。

[8]　その他　抵触規定（渉外消費者契約における準拠法など）
　基本的には「通則法」に委ねるべき問題とも言えるが、問題の重要性、消費者契約に関する規律の一覧性に鑑みると、消費者契約法において明文化することが望ましいとも考えられ、この点について更に検討すべきではないか。また、渉外消費者取引の拡大に鑑み、国際的調和・共通ルールの策定に向けた努力が必要ではないか。

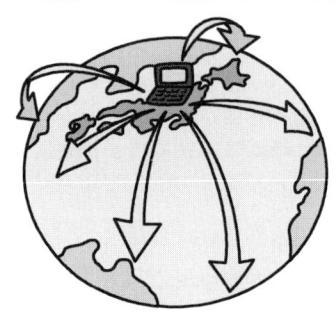

II 契約締結過程・誤認類型に関わる比較法的動向
—EU法における情報提供義務と合意の瑕疵に関する法制度設計の動向

丸山絵美子
(名古屋大学教授)

序

EU法(ここでは、モデル規定や草案を含めEU法と言う)においては、情報提供義務の明文化や情報提供義務と合意の瑕疵に関する規定との接合に関わる制度設計について、一定の展開がみられる。もちろん、消費者契約法という日本の国内法について法改正を考えるにあたり、法の統一化を睨んだEU法を参照する際には慎重な態度で臨むべきであるが、情報提供義務や誤認取消権を考察するにあたり、消費者契約の一部の取引領域・消費者契約一般・契約一般という各レベルにおける制度的な手当ての在り方、契約法の関連規定との接合や救済規定の在り方などについて、EU法の展開は一定の参考資料となるものではあろう。インデックス的な紹介にとどまるが、報告の追加修正として、以下概観する。

1 PECL、ACQP、DCFR

1980年代以降、EUは、消費者契約の一部取引領域に対し、指令という形で、EU加盟各国の消費者法制について最低限の調和を獲得してきた。そして、各指令の中で、消費者に対し事業者が負う契約締結前の情報提供義務が規定されてきた。訪問販売指令(85/577/EEC)、消費者信用指令(87/102/EC)、パック旅行指令(90/314/EC)、タイムシェアリング指令(94/47/EC)、隔地者間取引指令(97/7/EC)、消費用動産売買指令(1999/44/EC)、消費者金融サービス通信販売指令(2002/65/EC)などである。これらの指令における情報提供義務の対象は、指令毎に異なるものの、たとえば、事業者の同定情報、商品・サービスの本質的特徴、契約期間・期限などの契約条件、価格、その他の費用、撤回権に関する情報などである。もっとも、義務違反の効果としては、いわゆる撤回権行使期間の不起算と結びつく制度設計を除き、情報提供義務違反の効果・救済手段の具体化は各国に委ねられる状況であった。

いわゆるランドー委員会による作業の成果であるPECL(ヨーロッパ法原則:Von Ole Lando/ Hugh Beale, Principles of European Contract Law, 2000)は、上述のような消費者保護関連の指令を考慮の対象としておらず、積極的に情報を提供する義務を一方当事者に課すような規定を有していない。PECLにおける関連規定としては、欺罔の故意をもってされた告知または開示すべき情報の不開示がある場合に、詐欺取消しが用意されているほか(PECL 4:107)、相手方の提供した不正確な情報を信頼して契約を締結した場合、本質的な錯誤を生じなくとも、損害賠償請求できるという規定が設けられている(PECL 4:106)。詐欺的(故意)ではなくとも、不注意で不正確な情報が与えられた場合について、損害賠償責任規定を手当てしていることになる。また、PECLの錯誤取消し規定は、その要件として、本質的な錯誤であることに加え、相手方が付与

【補論】

した情報による錯誤の惹起や共通錯誤であることなどを挙げている（PECL 4:103）。
　PECL に対し、契約締結前の情報開示・提供義務をより広い取引領域に対し設定し、義務違反の効果・救済手段を具体的に設け、かつ合意の瑕疵に関する規定や契約解釈との接合を図るといった法制度設計は、いわゆるアキ・グループ（Acquis-Group）の作業成果である ACQP（現行欧州共同体契約法原則：Acquis Group, Principles of the Existing EC Contract Law, Contract II, 2009）と、研究者グループによる DCFR（共通参照枠草案：Draft Common Frame of Reference : Ed. Christian von Bar = Eric Clive, Principles, Definitions and Model Rules of European Private Law Draft Common Frame of Reference Full Edition, 2009）にみられるようになる。DCFR は ACQP の成果を参照し、その内容をかなりの部分で踏襲しているので、DCFR における情報提供義務に係る規定や合意の瑕疵に関する規定等との接合状況を確認すると、次のような特徴がある。まず、物品その他の財及び役務の供給に関する事業者の他方当事者に対する情報開示義務が定められており、情報開示の対象・内容は、物品その他の財及びサービスの質や性能に関するもので、かつ他方が与えられることを合理的に期待してよい情報とされている（DCFR II-3:101）。この DCFR II-3:101 は個別事情に応じての一般的な情報提供義務を定めるものではなく、対象となる取引の範囲も、情報提供の対象・内容も限定されたものとなっている。この情報提供義務に違反した場合、損害賠償責任を帰結し得るほか、情報の不提供や不正確な情報の結果として合理的に期待される契約上の債務の発生も規定されている（DCFR II-3:109）。その他、消費者契約に特有の情報提供義務等は従前の諸指令の内容を取り込んだものであり、市場活動における誤解を招く情報提供の禁止や隔地者取引等における情報提供義務、電話勧誘等における氏名等明示義務等が規定されている（DCFR II 3-102、3-103、3-104）。そして、義務違反に対する救済は、撤回権が予定される取引における撤回期間の不起算だけではなく、損害賠償責任等を帰結し得るとされている（DCFR II-3:109）。情報提供義務違反の救済手段と錯誤取消しという救済手段との競合は妨げられない（DCFR II-3:109）。なお、DCFR の詐欺取消し・錯誤取消し、不正確な情報を信頼して契約を締結した場合の損害賠償責任に関する規定は、その内容が PECL と類似したものとなっているが、たとえば、PECL では、錯誤取消しの要件の一つとなり得るものとして、相手方によって与えられた情報による錯誤の惹起が挙げられていたが、DCFR では、不作為である情報提供義務違反による錯誤の惹起が掲げられているといった違いがある（DCFR II-7:201〜DCFR II-7:205 参照）。

2　2011 年の消費者権利指令と CESL 草案

　EU 消費者法は、最低限の調和から完全調和へと方針転換し、既存の諸指令の統合を図り完全平準化を目指すというコンセプトの下で登場したのが、2011 年の消費者権利指令案である（Directive 2011/83/EU of the European Parliament and of the Council on Consumer Rights OLJ304, 22.11.2011, p.64）。この指令による統廃合の中心は、最終的には、訪問販売指令（85/577/EEC）、隔地者間取引指令（97/7/EC）となったが、消費者権利指令は、事業者の消費者に対する情報提供義務について、営業所外契約または隔地者間取引における情報提供義務のみならず、営業所外契約または隔地者間取引に該当しない消費者契約における情報提供義務をも定める。すなわち、消費者権利指

令案では、隔地者間取引と営業所外契約を除く消費者契約に対する情報提供義務（消費者権利指令5条）と隔地者間取引・営業所外契約における消費者への情報提供義務（消費者権利指令6条）を定めるという構造を有する。後者は、従来の訪問販売指令（85/577/EEC）及び隔地者間取引指令（97/7/EC）を引き継ぐものであり、いわゆる撤回権に関する情報の提供を含む。消費者権利指令6条の情報提供義務は、消費者が申込みや契約に拘束される前に、当該事情の下で明らかではない限りで、事業者は列挙事項について情報提供義務を負うと規定する。もっとも、加盟国は日用品取引や現実売買を適用除外とでき（消費者権利指令5条3項）、また加盟国は付加的な契約締結前の情報提供義務を定め、維持できる（消費者権利指令5条3項）となっており、情報提供義務については、加盟国間での完全調和・平準化が行われなかったことになる。また、そもそも消費者権利指令3条の適用範囲に関する規定において、適用除外とされている取引領域は広く存在する。さらに、消費者権利指令6条の情報提供の対象・内容は、消費者の契約締結の判断に影響を及ぼす事項を包括的にカバーしている訳でも、そのような事項に限定されている訳でもなく、違反の効果も定められていない。そして、消費者権利指令の前文理由(34)によれば、情報提供の際に、事業者は、心理的・身体的・精神的脆弱性や年齢軽率さのためとくに弱い消費者に対する特別の必要性を、事業者は合理的に予見できた範囲で考慮しなければいけないが、この特別な必要性の考慮は、消費者保護水準の多様化をもたらすべきものではないと説明されている。

　同じ時期に公表された2011年のCESL草案（共通欧州売買法草案: Proposal for a Regulation of the Europarliament and of the Council on a Common European Sales Law, COM (2011) 636final)は、EU加盟国間における越境取引（CESL草案4条）としての売買契約（CESL草案5条）を主たる対象として、選択できる共通契約法として起草されているものであり、EU消費者法をその中に組み込みつつ、契約の一生をカバーするような内容を、違反の場合の救済・サンクションとともに規定している。その付属文書Ⅰにおいて、消費者契約については、まず、隔地者取引・営業所外契約を締結する際の情報提供義務が置かれ（付属文書13条～19条）、隔地者取引・営業所外契約以外の契約に対する情報提供義務も規定される（付属文書20条）。この点においては消費者権利指令と同じ構造を有するが、CESL草案は、事業者間契約に対しても、情報の開示義務に関する規定を置き（付属文書23条）、さらに、電子的手段によって契約が締結される場合についての特則が置かれている（付属文書24条）。情報提供義務の対象・内容は、消費者に対するものは比較的細目にわたるが、事業者に対して開示すべき情報はその要件の立て方から限定的なものとなっていると評価できる。なお、情報を提供する当事者は情報の正しさ・誤解を招くものではないことについて配慮義務を負うことも規定されている（付属文書28条）。情報義務違反に対する救済は、損害賠償責任とされるが（付属文書29条1項）、付加的料金や費用に関する情報提供を怠ったとき消費者は支払い責任を負担しないとされ（同条2項）、また、意思表示の瑕疵等を理由とする救済手段に影響を与えないことが確認されている（同条3項）。消費者契約では、消費者に不利な適用排除や内容変更は禁じられる片面的強行法規とされる（付属文書27条、28条3項、29条4項）。次に、CESL草案の中の合意の瑕疵に関する規定である詐欺・錯誤をみると、その要件において情報提供義務との接合がみられ

【補　論】

る。相手方を錯誤に陥らせる意図をもって、不実表示が行われ、あるいは信義誠実・公正取引により開示が要請される情報の不開示があった場合、詐欺取消しができるとされる（付属文書49条）。また、錯誤は錯誤がなければ当該内容で契約を締結していなかったと認められ、かつ相手方が当該事情を知りまたは知ることを期待し得たことを要件とするほか、①相手方による錯誤の惹起、②第2章第1節～4節の情報提供義務違反によって錯誤による契約を締結させた場合、③当該錯誤を知りまたは知り得たと認められ、かつ指摘を要請される錯誤にかかわる情報を指摘しないことによって錯誤による契約を締結させた場合（ただし、信義誠実と公正取引に照らして、相手方が錯誤を認識し指摘することが要請されることを要する）、④同一の錯誤に陥っていた場合、のいずれかの要件をみたすことが挙げられている（付属文書48条）。

≪参考文献≫
- Von Ole Lando/ Hugh Beale, Principles of European Contract Law, Part Ⅰ, Ⅱ, 2000
- 潮見佳男・中田邦博・松岡久和監訳『ヨーロッパ契約法原則Ⅰ・Ⅱ』（法律文化社、2006年）
- Acquis Group, Principles of the Existing EC Contract Law, Contract Ⅱ, 2009
- Draft Common Frame of Reference, Ed. Christian von Bar = Eric Clive, Principles, Definitions and Model Rules of European Private Law Draft Common Frame of Reference Full Edition, 2009
- 大中有信「共通準拠枠草案における契約締結前の情報提供義務（1）（2・完）ドイツ法におけるヨーロッパ契約法に関する議論の一端」（2009年、2010年）法政法科大学院紀要5巻1号57頁、6巻1号47頁
- 鹿野菜穂子「錯誤規定とその周辺－錯誤・詐欺・不実表示について」池田真朗＝平野裕之＝西原慎治『民法（債権法）改正の論理』（新青出版、2010年）233頁
- 鹿野菜穂子「契約における錯誤と情報提供義務－錯誤規定をめぐる近時の潮流（PECL、PICC、DCFR）と日本法－」法学研究84巻12号（2011年）371頁
- 和久井理子「欧州共通販売法に係る欧州議会及び理事会規則（案）」（http://studylaw.web.fc2.com）
- 内田貴＝石川博康＝石田京子＝大澤彩＝角田美穂子『共通欧州売買法（草案）』別冊NBL140号（2012年）
- 右近潤一「消費者の権利に関する欧州議会及び理事会の指令に関する提案（試訳）」京都学園法学2009年2・3号57頁、71頁
- 和久井理子「消費者の権利に関する欧州議会・理事会指令2011/83/EU号」（2011年10月25日）」（http://studylaw.web.fc2.com）
- 寺川永＝馬場圭太＝原田昌和訳「2011年10月25日の消費者の権利に関する欧州議会及び理事会指令」関西大学法学論集62巻3号（2012年）436頁
- 大塚哲也「欧州私法における情報提供義務違反に対する新たな救済」法学政治学論究96号（2013年）107頁

III 困惑類型等（非情報型不当勧誘行為）に関する規律
―― 若干の補論 ――

鹿野菜穂子
（慶應義塾大学教授）

1 はじめに
　消費者契約法に関する調査作業チームの報告書では、同チームにおいて行われた議論を受け、現行法が4条3項においてその対象を「不退去」と「退去妨害」の二類型に限定していることの不都合を指摘するとともに、見直しのための検討を行うべき点を広く列挙した。もっとも、その検討に当たっては、留意すべき点も多く存在するように思われる。そこで、本補論においては、その点を若干補足することとしたい。
　ところで、消費者契約法制定の準備過程においては、困惑概念は現在より広く、私生活の平穏を害する場合を含むものと捉えられていたこともあり[1]、威迫・困惑のように消費者が十分に自由な意思決定ができない状況を事業者が積極的に作り出している場合のほか、状況の濫用型の規定を導入する可能性につき言及されることもあったが[2]、結局は現行の限定的な規定になったものである[3]。そこで、今あらためて困惑類型に関する改正の検討を行う際には、その当時の議論も踏まえる必要がある。

2 新たな類型の導入について
（1）　事業者からの積極的働きかけ
　ひとつは、事業者から消費者に対して積極的働きかけがあり、それによって消費者が困惑して契約を締結したという場合には、消費者の意思決定（自己決定）が歪められたものとして、消費者に取消権を付与するという考え方を前提とし、そうであれば、そのような困惑惹起行為は、現行法4条3項に掲げられた二類型以外にも見出せるのではないかとして、新たな類型を設けようというものである。
　ただし、報告書において記載した例のうち、「隣人の家」や「エステの施術中」における強引な勧誘等については、現在の4条3項の類型の要件緩和という形での対処の方法も考えられるので、その両方からの検討が必要である。一方、「執拗な電話勧誘」については、どの限度まで達すれば取消しという効果を与えるに適したものとなるのか、その際、その要件の明確性をどのようにして確保するのか等の点にも留意が

---

[1] 経済企画庁国民生活局消費者行政第一課編『消費者契約法＜仮称＞の制定に向けて』（1999年）35頁。そこでは、消費者を威迫するような言動や、消費者の私生活または業務の平穏を害するような言動が念頭に置かれていた。
[2] たとえば、現代契約法制研究会「消費者契約法（仮称）の論点に関する中間整理」NBL664号（1999年）44頁以下、54頁、沖野眞已「『消費者契約法（仮称）』の一検討（1）」NBL652号20～21頁など。
[3] 困惑類型をめぐる消費者契約法制定過程および制定後の議論については、内山敏和「オランダ法における状況の濫用（1）―― 我が国における威圧型不当勧誘論のために ――」北研45巻3号（2009年）445頁以下参照。

【補 論】

必要である。
　（2）　状況の濫用型
　もうひとつは、事業者がその積極的な行為によって消費者の困惑を惹起するわけではないが、消費者の困窮状態や依存状態等につけこみ、それを利用して契約を締結させるという類型（いわゆる状況の濫用型）が、困惑類型とは別に取消原因として設けられるべきではないかという点である。
　報告書に既に記載したとおり、諸外国でも、このような行為はそれぞれ様々な形で考慮されてきたし、日本でも 90 条の下で考慮されることがあった。そこで、このような類型の検討においては、まず、この場合において消費者が契約の効力を否定できる根拠はどこに求められるのか、それとも関連して、民法とは別に消費者契約法にこれに関する規律を特に設ける必要性があるのかについても、検討することが必要となろう。さらに、状況の濫用においては、要件の明確化の困難やそれによる予測可能性の阻害などが従来から指摘されてきたところであり[4]、具体的な要件の絞り込みも課題となろう。仮に、柔軟性に配慮して信義則などの概念を用いた一般条項的な規定を設ける方向を目指す場合には、消費者公序規定との関係も整理しておく必要がある。
　（3）　その他（不招請勧誘など）
　このほか、非情報型の取消規定のひとつの根拠として、私生活の平穏やプライバシーの侵害を挙げ、不招請勧誘を、この観点から困惑類型の拡張のひとつとして位置付けることを示唆する見解もある[5]。自己決定とは別の根拠ないし観点に基づく取消規定の導入の是非も、検討課題となろう。

3　勧誘行為の不当性と内容の不当性の総合考慮

　現行消費者契約法は、締結規制として、消費者に取消権を認め、内容規制として、不当条項の無効という効果を定めている。しかし、実際のトラブル事例においては、締結過程と内容の双方に不当性があり、それを合わせて考慮すると当該契約の効力が否定されるべきだというものも少なくない。そこで、締結過程規制と内容規制を融合した 3 番目のカテゴリーを設けることが必要と考えられる[6]。
　そこで、報告書でも、消費者公序規定を設け、このような問題に対処することが予定されている。もっとも、困惑類型の拡張というテーマの中で取り上げた状況の濫用などにおいても、行為の不当性のみならず内容の不当性も考慮に入れる余地を残し、一方、不当条項に関する一般規定などにおいても、内容の不当性のみならず行為の不当性をも考慮に入れる余地を残した方が、より柔軟で実際に即した対応が可能になるという見方もありえよう。このように総合考慮の可能性をどこに入れるか、その際、消費者公序規定とそれらの規定との関係をどのように整理するのかもまた問題となろう。

---

[4] 現代契約法制研究会・前掲注(2)53 頁。
[5] 後藤巻則「契約の締結過程と消費者法」現代消費者法 4 号（2009 年）13 頁以下、21-22 頁。
[6] すでに例えば、沖野・前掲注(2)20-21 頁が、この点を指摘する。

4 おわりに

　以上、困惑類型に関して、若干の補足を行った。要件の明確化、とりわけ下限の明確化の必要性については、従来から指摘され、このことが、現行消費者契約法の4条3項がその対象につききわめて限定的なものとなった一つの理由とも言えよう。取消規定の基礎となる思想をどのように捉えるのか、果たして自己決定のみで捉えることが可能かつ適切なのかという問題とともに、より具体的な要件とその下での運用についても、諸外国の例をも参考にしながら、さらに検討を進めたい。

IV　消費者契約法における不当条項規制の「独自性」と「領分」を求めて

大澤　彩
（法政大学准教授）

1　はじめに ── 現状と問題の所在

　消費者契約法8条から10条による不当条項規制については、不当条項リストが8、9条の2箇条しかない点、一般条項たる10条についても文言上の問題が残されている点、その他にも中心条項や個別交渉を経た条項の規制の可否など、立法後もなおいくつかの問題点が指摘されている。それらについてはすでに報告書本文において詳細に述べているためここで繰り返さないが、施行後約12年の間に出された消費者契約法適用裁判例を見ると特に次のような問題点を指摘することができる。

　第1に、消費者契約法10条に過剰な役割が求められているように思われる。この点はさらに次の2つに分けて説明することができる。第1に、不当条項リストが乏しいため、解除権制限条項など諸外国であれば当然に不当条項リストに基づいて条項の不当性判断がなされている条項の多くが我が国では消費者契約法10条に基づいて判断されている。このような一般条項による不当条項規制が中心となることは、事業者や消費者にとっての予測可能性を欠き、実効的なものとは思われない。第2に、不当条項規制の範疇を超えるような問題について、消費者契約法10条に基づく判断がなされている。多くの裁判例で問題になっている賃貸借契約における更新料条項、敷引特約の有効性を判断する上では、中心条項規制の是非や賃貸借契約特有の慣習についての当事者間の情報・交渉力の不均衡の問題をさけて通ることができないが、これらの問題を消費者契約法10条だけに基づいて判断することには後に述べるように限界があるものと思われる。

　第2に、数少ない不当条項リストのうち、消費者契約法9条1号については多くの裁判例が存在する。しかし、そこで不当性判断の対象となっている条項の中には損害賠償額の予定条項とは言いがたいものが存在する。その結果、本来であれば「平均的な損害」の有無という基準による条項の不当性判断がなじまない条項であるにもかかわらず、「平均的な損害」の有無という基準による不当性判断がなされることとなり、それによって当該条項の不当性判断に違和感が残るばかりか、「平均的な損害」概念の解釈論そのものについても混乱を来している。このことから、数少ない不当条項リストも決して実効性が高いものとはなっていない。

　以上の現状をふまえ、本稿は報告書本文の「補論」として、消費者契約法における不当条項規制の「独自性」と「領分」の探求に向けて以下の点を検討するものである。

　第1に、消費者契約法ならではの実効性を有する不当条項規制を行うためにはどのような法改正が求められるのかについて検討する。具体的には、これまで消費者契約法9条1号、10条という2つの規定に不当性判断が委ねられていた多種多様な条項を整理し、不当条項リストの充実に向けた一材料とする。もっとも、不当条項リスト

【補 論】

は数多くの種類の条項を列挙さえすれば直ちに実効性が確保されるというわけではない。不当条項リストが真に実効性を有するためには、不当条項リストが「使いやすい」ものでなければならない。この「使いやすさ」について、本稿では不当条項リストの文言のあり方という観点から検討する。また、一般条項である消費者契約法10条についても、消費者契約法ならではの実効性を有する規定となるためにはどのような改正が望まれるかについて検討する必要があるが、立法論の詳細についてはすでに報告書本文で述べられているため、ここでは報告書の「一般条項」部分の執筆者ではない筆者個人の見解として若干の点を付け加えるに留める。以上の検討によって、消費者契約法による不当条項規制だからこそ求められる実効性確保のために、消費者契約法に求められる（民法とは異なる）「独自性」の一端を示すことを目的とする。

第2に、前述したように、現在の消費者契約法における不当条項規制を見ると、わずかな不当条項リストと一般条項に、ともすればその範疇を超える（本来であれば民法学・消費者法学の他の分野にも視野を広げなければならない）理論的問題が提起されていると言ってよい。そのことによって、消費者契約法による不当条項規制に無理が生じており、有効性判断に疑問の余地が残されている。そこで、本稿では、消費者契約法における不当条項規制をより実効的なものとするために、契約締結過程の規制など不当条項規制以外の分野で検討すべき問題と不当条項規制本来の「領分」を分けて整理したい[1]。

2　不当条項リストについて
（1）不当条項リストの種類の充実について

消費者契約法10条が適用された裁判例を見ると、実に様々な種類の条項が問題となっており、その中には諸外国ではすでに不当条項リストに掲げられているような条項も存在している。不当条項規制を実効的なものとするには、まずはこれらの裁判例で問題となっている条項をリスト化できないか、検討する必要がある。

これまでに消費者契約法10条によって有効性が判断されたもの（ただし、すべての事案で無効とされたわけではない）として、具体的には、解除制限条項、専属管轄合意、年金支給額の変更条項、代金支払債務の弁済期を先履行とする条項、クレジットカードの不正利用がカード名義人の家族・同居人による場合には、カード名義人の損害は填補されない旨の規定、請負予約における工事申込金の不返還条項、早期完済違約金条項、老人ホームの入居一時金の償却合意、保険契約における無催告失効条項、中古車の買い取り契約において、「本件売買契約締結後、被告（筆者注：消費者）の認識の有無にかかわらず、本件自動車に接合車等の重大な瑕疵があることが判明した場合、原告が本件売買契約を解除することができ、この場合、陸送代、オークション

---

[1] なお、消費者契約法8条から10条をめぐる論点はすでに報告書本体で十分に論じられていることや本稿執筆のための時間が限られていることから、個々の論点の詳細や文献の詳細な引用の大部分を省略せざるをえない（最近の文献や既に公表した拙稿の引用が中心とならざるを得ない）。あくまで報告書本体とは異なる観点から、報告書本体では論じることができなかった点を私見として覚書程度に述べるにとどまる点をお許しいただきたい。

キャンセル代等の損害賠償を求めることができる旨の本件特約」、税理士との委任契約における解除時の報酬支払について定める条項、NHK 放送受信規約において原告の放送を受信することのできる受信機を廃止しない限り原告との放送受信契約の解約を禁止する規定、ベンチャーの脱退禁止規定がある[2]。ごく最近でも、成年被後見人や被保佐人の開始審判や申立てを解除事由とする賃貸借契約における解除条項[3]や賃貸借契約における明渡義務違反に伴う損害賠償額の予定条項[4]の有効性が消費者契約法 10 条に基づいて判断されている。

　これらの条項を抽象化して列挙すると、解除制限条項、解除禁止条項、専属管轄条項、先履行条項、事業者からの解除の要件を緩和した条項（無催告失効条項も含めてよかろう）といったものであり、報告書本文の別表にもあるようにすでに諸外国では不当条項リストに掲げられている条項ばかりである。

　また、多様な条項の「受け皿」となっているのは消費者契約法 10 条だけではない。数多くの裁判例において適用されている消費者契約法 9 条 1 号についても、典型的な損害賠償額の予定条項以外の条項についての「受け皿」になってしまっている様子が伺える。例えば、消費者契約法施行後比較的早い時期に頻出したいわゆる在学契約における学納金不返還特約の有効性判断をめぐっては、授業料を返還しないとする特約は対価保持条項（原状回復義務免除特約）であり、消費者契約法 9 条 1 号ではなく消費者契約法 10 条の問題となるとする見解が有力に主張されている[5]。損害賠償額の予定条項類似の条項について、損害賠償額の予定条項ではなく対価不返還特約であるとして消費者契約法 10 条に基づく有効性判断がなされている裁判例は学納金不返還特約以外の条項でも見られる[6]。

　さらに、最近多くの下級審裁判所で有効性判断がなされている携帯電話サービス利用契約における「携帯電話利用サービス契約において契約期間を 2 年間の定期契約とした上で基本使用料金を通常の契約の半額とし、この 2 年間の期間内（当該期間の末日の属する月の翌日を除く。）に消費者が本件契約を解約する場合には、消費者の死亡後の一定期間内に解約する場合や中途解約と同時に一般契約の身体障がい者割引を受けることになった場合等を除き、Y に対して、9975 円（消費税込み）の解約金を支払わなければならない」という条項についても同様の問題を指摘することができる。この条項について、下級審では一貫して解約金の金額である 9975 円が消費者契約法 9 条 1 号の「平均的な損害」を超えるか否かという観点から有効性判断がなされてい

---

[2] 裁判例の引用等は、拙稿「不当条項規制関連裁判例の傾向から見る消費者契約法の課題」平成 23 年度消費者庁委託調査「消費者契約法（実体法部分）の運用状況に関する調査結果報告」(http://www.caa.go.jp/planning/23keiyaku.html) 82 頁以下を参照。
[3] 大阪地判平成 24 年 11 月 12 日判時 2174 号 77 頁
[4] 東京地判平成 24 年 7 月 5 日判時 2173 号 135 頁
[5] 潮見佳男「学納金不返還条項の不当性——立命館大学学納金返還請求訴訟第 1 審判決（大阪地判平成 15・12・1）を契機として——」NBL797 号（2004 年）23 頁、同『学納金返還請求』最高裁判決の問題点——民法法理の迷走（下）」NBL852 号（2007 年）61 頁以下。学説の概要につき、松本恒雄「入学辞退と学納金返還請求」廣瀬久和＝河上正二編『消費者法判例百選』（有斐閣、2010 年）92 頁を参照。
[6] 拙稿・前掲注(2)70 頁以下。

【補　論】

る。しかし、これに対しては、本件携帯電話利用サービス契約には2年間の期間の定めがあり、その定めの見返りとして基本料金の半額割引というサービスを受けることができるという本件契約の特殊性をふまえれば、期間途中で消費者が自己都合で解約した場合には残金を支払うのが原則であり、本件解約金条項はその残金の精算額を定める条項であるということ、また、精算額の妥当性を考える上では、2年間の期間の定めが「顧客を不相当に長期に拘束する条項」にあたらないかという視点や「解除の事由を一切問わずに残金の支払いを求める条項」が不当と言えないのかといった視点も必要であるということを指摘することができる[7]。そうすると、「長期拘束条項」、「解除の事由を一切問わずに（一定額の）残金の支払いを求める条項」といった、諸外国であれば不当条項リストに列挙されているような条項の有効性をも消費者契約法9条1号において判断していることになる。さらに言えば、本件解約金条項は、解約金を残期間の利用料金全額ではなく9975円に限定していることから、残期間の利用料金の徴収よりも利用者の契約継続を確保することが主目的である違約罰であると見ることもできる。現行法では、違約罰の有効性については消費者契約法9条1号ではなく10条によって判断されるというのが学説の見解であるが[8]、違約罰についても消費者契約法9条1号が対象としている損害賠償額の予定条項と別にリスト化する必要があるのではないだろうか。

　以上のように、現行消費者契約法10条、9条1号において、諸外国ではすでに不当条項リストに列挙されているような多種多様な条項の有効性判断がなされていることになる。我が国で不当条項リストを設けるという提案に対して、多くの不当条項リストを掲げる立法事実に乏しい点を理由として反対する声も見られるが、消費者契約法10条、9条1号をめぐる裁判例における条項の性質決定を丹念に行えばすでに立法事実は出揃っていることが見てとれるのである。そうであれば、現行法の責任制限条項、損害賠償額の予定条項に加えて、例えば対価不返還特約、長期拘束条項、解除権制限条項等をリスト化することが必要であるのはもちろん、その他の種類の条項についても（候補の詳細は報告書本文を参照）、諸外国の不当条項リスト例に照らして列挙を検討すべきである。

（2）不当条項リストの文言について

　報告書本文でも述べたように、消費者契約法の改正に当たってはブラック・リストとグレイ・リストを併用することが望ましい。不当条項とされる条項の中には、常に不当であるとされるもののみならず契約の他の条項や価格等を考慮すると不当になり得るに過ぎないものも存在するからである。

　もっとも、真にこれらのリストが有用となるためには以下に述べるように不当条項リストの規制基準を定める文言のあり方について検討する必要がある。この点につい

---

[7] 詳細は、拙稿「携帯電話利用契約における解約金条項の有効性に関する一考察 ── 役務提供契約における商品設計のあり方と民法・消費者法 ── 」NBL1004号（2013年）17頁以下を参照。

[8] 山本豊「消費者契約法（3・完）── 不当条項規制をめぐる諸問題」法学教室243号（2000）61頁。

て、消費者契約法9条1号の「平均的な損害」および「解除に伴う」という文言を例に検討する。

(a)「平均的な損害」

「平均的な損害」をめぐっては、報告書本文にもあるように対象となる損害や算出方法をめぐって活発な議論が展開されている。具体的には、「平均的な損害」の対象となる損害は信頼利益に限定されるのか、それとも民法の原則通り履行利益まで含まれるのか、どこまでの範囲の顧客を一体として考えて「平均的な損害」を算定するのか、他の顧客によって利益が得られる可能性（代替可能性）を考慮に入れる場合の考慮方法などが裁判例、学説によって分かれている。

ここではこれらの議論を繰り返すことはしないが、私見として以下の点を付け加えたい（私見であり、報告書本文の内容とは異なる点をご容赦頂きたい）。

第1に、違約金・損害賠償額の予定条項の規制基準として、現行法のように「平均的な損害」のみを基準とすることへの疑問がある。

例えば、学納金返還請求訴訟最高裁判決について、学納金不返還特約を仮に損害賠償額の予定条項と性質決定したとしても（前述したように、他の性質決定も十分考えられる）、同特約をめぐる最高裁の有効性判断枠組みが「平均的な損害」の有無だけで正当化できるかについては疑問がある。最高裁は3月31日までに学生が在学契約を解除した場合には「平均的な損害」は存在しないが、4月1日以降に在学契約が解除された場合には授業料全額相当額が「平均的な損害」として生じるというロジックを展開しているが、これに対しては、3月31日に解除されても新たな学生を補充できない以上、「平均的な損害」がないとは言えないという見方も可能である。このように特約の有効性が当該解除時期に生じる「平均的な損害」の有無だけでは説明困難な場合もある。3月31日を境に特約の有効性が異なるのは、「平均的な損害」の有無の違いによるのではなく、新学年が4月1日から始まる以上、3月31日までに学生は解除を申し出るべきであるという実質的な判断が潜んでいるからではないだろうか[9]。

このように、損害賠償額の予定条項をめぐるあらゆる事情を「平均的な損害」の有無という1つの基準に盛り込んで判断することへの違和感を禁じ得ない。「平均的な損害」の有無は、損害賠償額の予定条項の有効性を判断する上での判断材料の1つとなるのは間違いないが、有効性判断にあたってはそれ以外の事情も考慮する必要があるのではないか。この点に関連して、民法（債権関係）改正中間試案において、賠償額の予定条項につき、「予定した賠償額が、債権者に現に生じた損害の額、当事者が賠償額の予定をした目的その他の事情に照らして著しく過大であるときは、債権者は、相当な部分を越える部分につき、債務者にその履行を請求することができないものとする」としており、賠償額が「著しく過大」か否かの判断にあたって、「債権者に現に生じた損害の額」のみならず、当事者が賠償額の予定をした目的その他の事情を考慮するという考え方を示している点[10]も参考となる。

以上のように、現行法のように、「平均的な損害」のみを基準とすることは、「平均

9　詳細は、拙著『不当条項規制の構造と展開』（有斐閣、2010年）26頁以下を参照。
10　法制審議会民法（債権関係）部会『民法（債権関係）の改正に関する中間試案の補足説明』129頁以下の「第10　債務不履行による損害賠償」「10　賠償額の予定」を参照。

【補　論】

的な損害」概念が（しかも後述するようにこの概念自体、曖昧な点が残されている）一人歩きすることになり、妥当ではない。そこで、私見としては、「平均的な損害」概念（これも後述するように、その他の「損害」概念を用いる方向性も検討すべきである）を唯一の基準とするのではなく、その他の事情も同様に考慮要素として掲げるか、あるいは、基準とするとしても、その他の事情も考慮に入れるべきであるということを明文化することが望ましいと考える[11]。

　第2に、仮に損害賠償額の予定条項の不当性判断の「基準」あるいは「考慮要素」の1つとして「平均的な損害」概念を掲げるとしても、果たして現行法同様の「平均的な損害」という概念でよいのかについては一考を要する。

　ここで、消費者契約法についても、民法における違約金・損害賠償額の予定条項の規制基準として裁判例や近時の民法改正提案の中で用いられている民法416条の「通常生じる損害」概念を「基準」または「考慮要素」とすることも検討に値するのではないだろうか。

　仮に、消費者契約においては事業者が大量取引を行っており、一消費者との間で生じる損害をすべて消費者に転嫁するのは妥当ではないということや、消費者契約法9条1号が適格消費者団体訴訟における判断基準となることを踏まえると、損害の「平均値」のみの徴収を認めるという発想は1つのありうる方向性であろうが、「平均値」をどのようにして算定するかの基準が曖昧なままであるとかえって不当条項リストとしての機能性を害することになる。そこで、1つの具体的な「基準」または「考慮要素」として考えられるのは、消費者契約においては事業者は民法416条の通常損害のうち、同種の取引が複数ある場合にはそれらの複数の取引において生じる通常損害の「平均値」のみを徴収することができるといったように、民法416条の通常損害をベースとしつつ、その「平均値」が上限となるという基準である。むろん、現行法の「平均的な損害」概念についても、民法416条を前提としつつ、それを「平均的な」という定型化した基準を用いることで消費者契約に関して強行法規化したものと捉える説はあるが、これに対して次に述べるようにその損害の範囲のとらえ方等について消費者契約特有の概念であると述べる学説もあった[12]。基準または考慮要素として損害概念を設ける場合にはこの点について明確にする必要があるだろう。

　第3に、以上のように基準または考慮要素の1つに何らかの「損害」概念を掲げるとしても、その範囲をどのようにするかについても慎重な検討を要する。報告書本文にもあるように、消費者契約の履行前の段階においては、契約解除に伴う損害賠償額は原状回復賠償に限定されるという点を明文化することは、民法の特則である消費者契約法において採用しうる方向性の1つである。しかし、なぜ消費者契約であれば原状回復賠償に限定されるのかという点を正当化する理論を慎重に構築する必要がある。また、そもそも民法学説において、信頼利益と履行利益の区別自体の妥当性が問われていることもふまえると、「消費者契約の場合には信頼利益に限られる」という点を定型的な基準として掲げることには躊躇を感じる。

11　この点については、拙稿「消費者契約法における不当条項リストの現状と課題」NBL958号（2011年）51頁を参照。
12　詳細は、報告書本文の他、拙稿・前掲注(11)50頁を参照。

前述したように、事業者が大量取引を行っており、当該消費者の解除によって生じた損害を別の顧客を確保することで補填できるという点を予定賠償額の妥当性を判断する上で考慮に入れるべきであるとすれば、「考慮要素」および「基準」である「損害」概念は民法の「通常生じる損害」と同様のものとし、ただ、同種の取引における「通常生じる損害」の「平均値」のみの徴収を認めるという算定方法でも考慮に入れることは可能であり、消費者契約であれば「信頼利益」に限られるというロジックをとることは必然的な方法ではないのではないだろうか。また、代替可能性の有無については、報告書本文にもあるように、そのとらえ方自体が問題となるため、むしろ、同種取引における通常損害の平均値を計算させるという方向が望ましい。本来であれば、事業者は「通常生じる損害」を徴収できるところ、その「平均値」の徴収しか認めないという基準を提示するだけでも十分消費者契約法の独自性を示すことができるのではないだろうか。
　その他の考慮要素としては、現行法同様、解除の時期や民法改正論議でも指摘されている当該条項を定めた目的、他の条項の内容などが考えられる。ただし、考慮要素を列挙する上でどこまでの事情をもりこむことが妥当であるかについては、後に消費者契約法10条をめぐる議論でも同様に問題となる。また、考慮要素として「解除の事由」を掲げることについては、解除の事由によって損害賠償額の予定条項の妥当性が変わりうるとすれば、それは「損害額」が変わるからではなく、解除の事由によっては損害賠償額の支払を求めること自体が不当となり得るからであろう。そうであれば、例えば「消費者に全く帰責事由がない場合に損害賠償額の予定を定める条項」を別途リスト化するなど、帰責事由の有無等をリストの種類に反映させることも可能であろう。

（ｂ）「解除に伴う」
　報告書本文でも指摘されているように[13]、現行消費者契約法9条1号には「解除に伴う」という文言があることから、解除と関係なく損害賠償額の予定・違約金を定める条項については消費者契約法9条1号の適用対象外となる。しかし、解除と関係なく損害賠償額の予定・違約金を定める条項の有効性についても裁判例上少なからず争われており[14]、「解除に伴う」という文言があることによって消費者契約法の不当条項リストが適用されないような状況を作り出すのは適切ではない。

　以上の2点から、不当条項リストを作成するにあたっては、条項の不当性についての明確性・予測可能性を保証する見地からはある程度具体的な文言であることが求められるが、現行法の「解除に伴う」といった不当条項リストの射程を限定するような文言や、「平均的な損害」のような、内実に曖昧な点が残されている文言を用いるべ

13　報告書81頁。
14　賃貸借契約終了後に明渡しが遅滞した場合に賃料等相当額の2倍相当の損害金を支払う旨を定める条項につき、消費者契約法9条1号は適用されず、消費者契約法10条に基づいて有効性判断を行った東京地判平成24年7月5日判時2173号135頁がその例である。

【補　論】

きではない。仮に、「平均的な損害」概念が損害賠償額の予定条項の有効性を判断する上で一定の意義を有しているとしても、それを基準としてではなく、条項の不当性判断の考慮要素の1つにとどめる方向性が望ましいのではないかと考える。

　（3）小　　括
　このように、不当条項リストを作成するにあたっては、不当条項リストの実効性を確保するために不当条項リストの文言から解釈の余地を極力排除し、明確な文言としつつも、射程を限定することのないような文言の工夫が求められる。
　もっとも、文言をなるべく解釈の余地がない客観的なものとすると、条項の不当性が抽象的な文言で個別事情を度外視した形で機械的に判断されることへの危惧も見られるが、特にグレイ・リストについては、（個別事情、という言葉が具体的に何を指すのかは後述するように問題となるが）、他の条項の存在、対価など当該契約における事情を考慮して条項の不当性を判断することになるため、個別事情を一切排除しているわけではない。ただし、どこまでの個別事情を考慮に入れることが妥当なのかについては、消費者契約法10条の不当性判断をめぐる問題と共通する問題があるため後述する。
　また、実効性確保にあたっては、不当条項リストが個々の紛争解決にあたっての条項の不当性の指針を示すという事後規制の見地のみならず、事業者に対してリストにあがっているような条項を契約書に盛り込まないようなインセンティブをもたせる事前規制としての見地が重要である。この観点からは、報告書本文でも述べたように、以上で検討してきた契約の類型や業種を問わない総合的な不当条項リストのみならず、個々の契約類型（例えば賃貸借契約、教育契約など）や個別業種毎のリストを設けることが検討に値する。むろん、これも報告書本文で述べたように個別業種毎のリストの作成主体や法的効果のあり方については慎重な検討を要するが、ここでは多種多様な不当条項リストを活用して不当条項規制の実効性を確保しているフランスの近時の動向のみ指摘するにとどめたい。フランスでは、一般条項である消費法典L132-1条のほか、ブラック・リストであるR132-1条、グレイ・リストであるR132-2条、さらには濫用条項委員会の勧告による不当条項規制がなされており、とりわけ濫用条項委員会の勧告は、法的拘束力がないとされているものの、多くの裁判例で条項内容の妥当性判断において参考とされているほか、事業者が勧告に含まれた条項を用いるのを避けるなど、不当条項の予防、自主規制という観点からも大きな役割を果たしている。しかし、フランスでは以上のような不当条項リストの活用にとどまらず、最近の消費法典改正に向けた法案の中で、不当条項リスト違反の効果として行政罰を付与する旨の提案がなされていることが興味深い[15]。不当条項は本来不当な条項が用いられること自体を防ぐという事前規制の観点の重要性をふまえると、民事効のみならず行政規制との関係も含めた、消費者法独自の不当条項規制としての役割・意義を考える必要がある。

15　Projet de loi relatif à la consommation, JOAN, 2 mai 2013, n° 1015, p. 85.

3 一般条項について

　周知のように後述する最判平成23年7月15日民集65巻5号2269頁が出たことにより、前段要件が実質的な意義をもたない、後段要件の考慮要素が広く捉えられるなど、一般条項は広い射程を有するものとして今後一層活用されることになる。

　たしかに、一般条項は不当条項リストの欠落部分を補うものであることから、ある程度柔軟で射程が広いものであることが望ましい。しかし、現在の運用を前提とした現行消費者契約法10条は、消費者契約法における契約内容規制としての不当条項規制という本来の趣旨と合致しているのだろうか。具体的には、消費者契約法10条の柔軟性ゆえに同条が不当条項規制以外の問題をも吸収する受け皿として機能してしまっている面があるように思われる。

　そこで、消費者契約法における不当条項規制の射程について、条項の不当性の評価方法という観点から検討する。

（1）条項の不当性の評価方法

　報告書本文にもあるように、条項の不当性判断にあたっては客観的な内容面を重視すべきであるが、当該契約の個別具体的な事情や状況によって不当性判断が分かれる場合があり、不当性判断を適切なものとするためにはこれらの当該条項をとりまく個別具体的な事情や状況も考慮に入れることが必要となることは否定できない。学説上、個別具体的な事情や状況として考慮に入れられるべきであるとされるものとして、契約の性質・趣旨、契約締結時のすべての事情、取引慣行、他の条項、契約のもとで提供されるべき履行の性質など、契約締結時点のすべての事情があげられている。最高裁も、最判平成23年7月15日民集65巻5号2269頁で「当該条項の性質、契約が成立するに至った経緯、消費者と事業者との間に存する情報の質及び量並びに交渉力の格差その他諸般の事情を総合考慮して判断されるべきである」、としている。

　もっとも、そこでの個別事情の中には、果たして不当条項規制において考慮することが妥当であるのか疑問が残るものがある。具体的には、最高裁が用いている文言で言えば、「契約が成立するに至った経緯」契約締結時点の事情である。

　裁判例でも、例えば更新料条項に関する最高裁判決では、「……更新料条項が賃貸借契約書に一義的かつ具体的に記載され、賃借人と賃貸人との間に更新料の支払に関する明確な合意が成立している場合に、賃借人と賃貸人との間に、更新料条項に関する情報の質及び量並びに交渉力について、看過し得ないほどの格差が存するとみることもできない」といったように、契約締結過程における事情（ここでは契約書の記載、合意の成立の有無）が条項の不当性を否定する理由の1つとしてとりあげられている。同様の判断枠組みは、敷引特約をめぐる最高裁判決でもとられている。もっとも、最高裁の判断枠組みについては、とりわけ更新料条項が契約書に一義的かつ具体的に記載さえされていれば契約当事者間の情報・交渉力の格差が存在しないとしている点など、民法における不当条項規制と消費者契約法における不当条項規制を同列のものと捉えているようにも思われ、疑問が提起されている[16]。

　これに対して、下級審では、更新料条項の趣旨・対価性が不明瞭であることのほか、更新料の法的性質についての説明が不十分であったことが、条項を無効とする理

【補論】

由の1つとしてあげられている。

むろん、以上の裁判例が賃貸借契約における各種条項の有効性が問題となったものであり、後述するように対価関連条項の問題と関連した特殊な問題がその根底にあるのは間違いない。しかし、それでも条項の不当性判断にあたって契約締結時の事情を考慮することは以下の理由により妥当ではないと思われる。

第1に、契約締結時の説明の有無を条項の不当性判断にあたっての考慮要素の1つとすることによって、例えば、「条項についての十分な説明等があった」ことを理由とすることによって、かえって条項の内容面を問わずに条項が有効とされてしまう可能性がある。例えば、更新料条項については、更新料条項の存在や内容、趣旨についての説明をすれば、更新料条項の趣旨不明瞭さ、対価性の乏しさ、金額の高低といった内容面に立ち入らずに条項が有効とされる可能性もあるが、それでよいのかということである。契約締結時の事情が契約内容の不合理性を治癒するわけではないだろう。

第2に、契約締結時点の事情を条項内容の妥当性を判断する上で考慮することには理論的な問題も残されている。具体的に言えば、契約締結時点の事情は以下のように他のレベルの問題として捉えるべきであり、契約条項の内容の妥当性を判断する上で考慮に入れることは問題があるのではないだろうか。

まず、仮に更新料条項の契約書への記載が不十分であるとすれば、そもそも条項の成立自体や約款の組み入れ自体が問題となる。ここで、条項の成立や約款の組み入れレベルでの問題となるのは、条項の記載がなかったという場合に限られない。最判平成17年12月16日判時1921号61頁は通常損耗についての原状回復義務を負わせる特約の効力について、「……賃借人が補修費用を負担することになる通常損耗の範囲が賃貸借契約書の条項自体に具体的に明記されているか、仮に賃貸借契約書では明らかでない場合には、賃貸人が口頭により説明し、賃借人がその旨を明確に認識し、それを合意の内容としたものと認められる」ことが原状回復義務を有効に負わせるための要件であるとしており、通常損耗補修特約の内容が具体的に明記されているとは言えなかった本件では通常損耗補修特約の合意が成立しているとは言えないとしている。このように、条項が成立するために求められる説明の内容やレベルの解釈如何によっては、条項の成立自体が問題となるのであり[17]、これらの事情は条項の内容の妥当性を判断する上で考慮する事情ではないのではないか。

また、契約締結時点の事情によっては、充実した個別交渉を経た条項であり、そもそも不当条項規制が及ばないと判断される可能性もありうることになる。個別交渉を経た条項を消費者契約法の規制対象とするか否かという問題については後述するが、ここでは、契約締結時点の事情は個別交渉の有無の問題として捉えられることになり、契約内容の妥当性そのものの問題とは一線を画するものであることを一言しておく。

16　拙稿「更新料条項の効力と消費者契約法10条（最判平成23年7月15日）」判例セレクト2011年〔Ⅰ〕21頁。

17　拙稿「建物賃貸借契約における更新料特約の規制法理（下）——消費者契約法10条における『信義則』違反の意義・考慮要素に関する一考察」NBL932号（2010年）61頁以下を参照。

さらに、団体訴訟においては、個別事情ではなく、契約内容の妥当性そのものを客観的に判断することが妥当である[18]。消費者契約法10条が個別訴訟・団体訴訟に共通した一般条項であり、今後の法改正にあたっても共通した一般条項として策定される可能性がある以上、個別の契約締結時点の事情を契約内容の妥当性判断の上で考慮に入れることには疑問がある。

以上をまとめると、契約条項の内容の妥当性を判断する上では、契約の目的物・対価、他の契約条項の内容、その条項を設けることが不利益回避手段として合理的と言えるか否か、その条項以外に事業者の不利益回避の方法は無いかなどの客観的な要素を考慮に入れるべきであり、契約締結に伴う事情は契約締結過程の規制、条項の明確性（不明確条項の問題）、約款の組み入れレベルで考慮に入れるべきである。

(2) 価格関連条項について

報告書本文でも述べられているように、価格や目的物について定めるいわゆる中心条項については、消費者契約法による不当条項規制の対象外であると解さざるを得ない。しかし、価格の決定方法を定める条項や、目的物に付随する価格を定める条項など、目的物の価格そのものを定めるものではないが、当該条項の存在によって価格形成の仕組みが不透明となったり、「隠れた値上げ」にもなりかねない条項は数多く存在する（これらの条項を以下では「価格関連条項」と呼ぶ)[19]。これらの条項についても中心条項同様に消費者契約法の規定対象外とすることが妥当であるかについては疑問が残る。

もっとも、価格関連条項とはいえ、条項が不明確であるために価格形成の仕組みが不透明となっている場合と、そもそも当該条項で徴収しようとしている金銭の対価性そのものに疑問があるという場合があるのではないだろうか。

まず、前者のように条項自体が不明瞭である場合には、中心条項であっても不当条項の対象とすべきであろう。例えば、フランス消費法典L132-1条7項や1993年の消費者契約における不当条項に関するEC指令のように、「中心条項については、その条項が平易かつ明瞭な言葉で表現されており、消費者がいかなる意味での対価なのかを理解できる限りにおいて、不当条項規制の対象外となる」という原則を掲げることが考えられる。

これに対して、後者のように対価性そのものに疑問がある場合については不当条項規制のレベルだけでは解決できるものではない。例えば、これまでの裁判例で言えば、敷引特約（とりわけ原状回復特約とは別に敷引金を徴収する旨定めているもの）や更新料条項といった条項については、どのような趣旨で敷引金や更新料を徴収するのか自体が不明確であるという問題点が残されている。この場合には、価格関連条項自体

---

[18] 集合訴訟においては、条項の類型的・客観的評価をまずは示すことを促すことになり、個別事情は無効・有効の主張を封じる民法の信義則判断等において考慮されうることを示唆するものとして、丸山絵美子「契約の内容規制と消費者の利益・公正な市場の実現」現代消費者法12号（2011年）39頁。

[19] 河上正二「債権の効力（8）債務不履行に基づく損害賠償請求（その6）免責条項」法学セミナー704号（2013年）69頁、横山美夏「約款」法学教室394号（2013年）11頁など、多くの文献でこの点が指摘されている。

【補論】

が明確に記載されているとしても、条項の趣旨までの具体的な説明を求めることが困難となりうる（趣旨が不明瞭である以上、賃貸人が賃借人に条項の趣旨についての具体的な説明を行うことを求めることは現実的ではないと思われる）。このように、条項自体は明瞭に記載されていたとしても、消費者がいかなる意味での対価なのかが理解できない以上、不当条項規制の対象となり得る。もっとも、前述した更新料条項や敷引特約に関する最高裁判決に見られるように、対価性について裁判所の介入が謙抑的であるという事実をふまえると、もはや不当条項規制のレベルだけで対価の妥当性を判断することに限界があるようにも思われる。対価性そのものに疑問があるような金銭を徴収する条項が設けられる場合には、その分だけ対価そのものを低廉にしたい（その代わりに、消費者にとって目に付きにくい契約条項の形で別途金銭を徴収する）という意図のもとでなされていることが多いとすると、これは商品設計の方法そのものの妥当性を問うことになる。こうなるともはや不当条項規制の問題を越える問題である（報告書本文で言えば消費者公序の問題となろうか）。

　価格以外にも、目的物の量や提供期間を定める条項が、場合によっては消費者にとって著しい負担を課すことがある（例えば、過剰な量の購入を義務づける条項や、不相当に長期間の契約期間を定める条項）。これらの条項について消費者契約法の不当条項規制の対象とし、さらには不当条項リストに掲げることも一案ではある（例えば、諸外国では不相当に長期間の契約期間を定める条項がリスト化されている）。もっとも、どのぐらいの量であれば「不相当」と言えるのか、どのぐらいの期間であれば「不相当に長期」と言えるのかは事案によっても異なり、一律な判断は難しいだろう。そのことから、これらの問題を独り不当条項規制の問題とすべきではない。例えば、過量販売に関する特定商取引法の規定に見られるように、過量販売そのものの法的妥当性を問題視することや継続的契約に関するルールを明確にすることが求められるのではないだろうか。

（3）消費者契約法による不当条項規制の独自性
　ここでは以下の2点を指摘して、消費者契約法によって不当条項を規制することの独自性を追求する際の素材としたい。
　第1に、報告書本文でも論点としてとりあげられている、個別交渉を経た条項の規制の可否について。不当条項規制の根拠を、当事者間の交渉力の格差ゆえ、一方当事者に不利な内容の条項が締結されることへの配慮に求めるのであれば、個別の交渉を経ている場合には規制の対象外となる。しかし、規制の対象外と言えるためには、当事者が共に契約内容の実質的な意味やその契約内容によって生じる利害得失を理解した上で納得して契約を締結することが求められることから、形式的な交渉にとどまらず実質的な個別の交渉を経ていることが必要となることは言うまでもない。そうすると、実質的な交渉を経ているか否かをどのようにして判断するかも問題となる。
　しかし、翻って見るに、そもそも消費者契約においては構造的に当事者間の交渉力の格差があり、以上のような意味での実質的な交渉がなされることはほとんど期待できないとも言える。そうすると、事業者・消費者間の構造的な情報・交渉力の格差を問題としている消費者契約法においては個別交渉を経ているか否かを問わないというのが1つのありうる方策である。このことは、前述した近時の最高裁判決のように、

契約書に明示されていたというだけで条項が不当ではないとされることを避けることにもつながる。

ただし、交渉力の違いを問題にするのであれば、実際に（実りある）交渉を経た条項であっても不当条項規制の対象となるという点は説明がつきにくい。そこで、原則として個別交渉の有無を問わないが、万が一消費者が条項内容変更をももたらすに至った実質的な交渉があった場合には、消費者は信義則上当該条項の無効を主張できないとするといったような形で対処することが考えられる。その際、前述したように、個別交渉の有無（言い換えれば、条項に関する説明の有無）を条項内容の妥当性を判断する際に考慮することは避けるべきであろう。

第2に、現行消費者契約法10条後段要件には、「民法第1条第2項に規定する基本原則に反して」という要件があるが、この「信義則に反して」という要件があることでよほど悪質な条項以外は無効とならないような印象を与えかねないという批判や、消費者契約法10条と民法の信義則による不当条項規制がそれほど変わらないかのような誤った印象を与えるという批判がある。

信義則は、民法による契約条項規制を支える原理の1つであることには異論がないものと思われるが、信義則自体、曖昧な概念であり、解釈の余地を多分に残している。規制の明確性が要求されるのみならず、民法による不当条項規制では必ずしも十分に是正できない事業者と消費者の間の債務の不均衡を是正することが目的である消費者契約法において、このような「原理」をそのまま「基準」として用いるのは妥当ではない。現行法のように、信義則の概念を不当条項規制において具体化した「消費者の利益を一方的に害する」といった文言のみを後段要件とすれば十分ではないだろうか[20]。

(4) 小　括

以上のように、一般条項である消費者契約法10条、さらには、消費者契約法における不当条項規制全体を見直すにあたっては、本来の不当条項規制の場面と、契約締結過程の規制（開示規制や勧誘行為の適正化など）、価格規制との関係（暴利行為論や消費者公序論との関係）、信義則による条項の援用規制の問題との関係を的確に分離・整理することが求められる。消費者契約法が消費者契約に関する一般法である以上、分野や取引類型を問わずに現下の消費者契約をめぐるトラブルにくまなく対応することができるのは望ましいとしても、それらの問題の大部分を不当条項規制の一般条項である消費者契約法10条が引き受けるという状態（そこに消費者契約法における不当条項規制の一般条項の「独自性」を求めること）は決して好ましいものではない。契約締結過程の規制や不明確条項規制、消費者公序規定の活用といった、報告書本文でとりあげられている他の論点との役割分担を適切に行うことによって、消費者契約法の実効性も確保されるものと思われる。その上で、信義則を具体化した基準を設けることや個別交渉を経た条項の規制など、消費者契約であるゆえに契約への介入が求められることに基づく消費者契約法の独自性を追求することが考えられるのではないだろうか。

20　この点は、拙著『不当条項規制の構造と展開』で論じた。

【補　論】

4　おわりに－今後の課題

　第1に、不当条項規制の規制基準、特に不当条項リストに掲げられた各条項の不当性判断基準を適切に設定するためには、言うまでもなく民法の実体法規範との関係を理論的に整理することが必要となる。例えば、継続的契約における長期拘束条項がいかなる場合に不当となり得るかについては、継続的契約論における中途解約論や継続期間の妥当性を考えた上でなければ判断が困難である。また、損害賠償額の予定条項の不当性判断基準を設けるにあたっては暴利行為論を無視することはできないのはもちろん、前述したように何らかの「損害」概念を「基準」または「考慮要素」の1つとして掲げるのであれば、民法の損害賠償法との関係を十分に考慮する必要がある。さらにいえば、消費者契約法10条は更新料条項、敷引特約など賃貸借契約において明文を欠く事項についての「受け皿」となっているが、この問題は本来であれば民法の賃貸借や借地借家法にも及ぶ検討が必要である[21]。

　第2に、現在行われている民法改正論議においては、約款の組み入れ要件とともに約款内の不当条項を規制する一般条項を設けることが提案されている[22]。約款内の条項については、約款使用者が相手方の合理的無知および交渉可能性の欠如につけ込んで相手方の利益を不当に侵害することのないよう、個別合意による契約に比して積極的な内容規制が要請されるというのが約款における不当条項規制の根拠であるが、消費者契約においては前述したように消費者が実質的な交渉を行うことが困難である場面が約款による場合に限られるわけではない。そのことから、消費者契約においては個別交渉を経ているか否かを問わないという点を消費者契約法の「独自性」として打ち出すことが考えられる。しかし、翻って見るに、消費者契約以外の契約においても当事者間に情報・交渉力の格差がある場合は存在し（大企業と中小企業の間でなされる契約など）、それは約款が用いられる場合に限られない。消費者契約法においては個別交渉の有無を問わない、また、約款である場合に限定しないという態度決定をとることによって、消費者契約以外の類型において契約への介入がいかなる場合に正当化されるか、具体的には、民法における不当条項規制の範囲を約款の場合に限定することが妥当なのか否かという点を考える上での礎となることもありうるのではないだろうか。

　消費者契約法による不当条項規制ならではの実効性を確保することが求められ、そのために不当条項リストの充実化や文言のあり方、一般条項の考慮要素のあり方や消費者契約法による不当条項規制の射程（価格関連条項、個別交渉を経た条項）について検討してきたが、検討にあたっては消費者契約法の独自性を追求しつつも、契約締結過程や各種契約類型論といった他の分野、さらには民法理論との関係もふまえて、消費者契約法における不当条項規制に「できること」、および、それを適切に行うための制度設計を模索することが必要であるという点を課題として提示して、結びとする。

21　原状回復特約について、前掲注(10)「第38　賃貸借」「13　賃貸借終了後の収去義務及び原状回復義務」464頁を参照。
22　前掲注(10)「第30　約款」「5　不当条項規制」。横山・前掲注(20)10頁も参照。

V　インターネット取引における現状と課題

山田茂樹
（司法書士・内閣府消費者委員会事務局委嘱調査員）

1　はじめに
　本編においては、インターネット取引における広告の種類および特徴並びに立法状況の紹介を中心に行い、立法を考えるとした場合の留意点としてごく簡単に検討すべき項目を列記するにとどめた。そこで、本稿においては、①あらためてインターネット広告を「取消権」の対象とすべきか否か、②ステマなど第三者の表示（広告）によって消費者が意思形成をすることが少なくない現状から、このような第三者の行為を広告主との関係でいかに捉えるべきかという二点につき、私見を述べることとしたい。

2　インターネット広告は「取消権」の対象とすべきか
（1）「勧誘に際して」に係る立案担当者解釈
　消費者契約法4条の各取消しは「勧誘をするに際し」、事業者が同条所定の行為をした場合を対象としている。
　立案担当者によれば「勧誘に際し」につき、「「勧誘」とは消費者の契約締結の意思の形成に影響を与える程度の勧め方をいう」、「直接的に契約の締結を勧める場合のほか、その商品を購入した場合の便利さのみを強調するなど客観的にみて消費者の契約締結の意思の形成に影響を与えていると考えられる場合も含まれる」、「特定の者に向けた勧誘方法は「勧誘」に含まれるが、不特定多数向けのもの等客観的にみて特定の消費者に働きかけ、個別の契約締結の意思の形成に直接に影響を与えているとは考えられない場合（例えば、広告、チラシの配布、商品の陳列、店頭に備え付けあるいは顧客の求めに応じて手交するパンフレット・説明書、約款の店頭提示・交付・説明等や、事業者が単に消費者からの商品の機能等に関する質問に回答するにとどまる場合等）は「勧誘」に含まれない。」との解釈が示されている（消費者庁企画課編「逐条解説　消費者契約法〔第2版〕」108頁）。
　上記のとおり、上記立案担当者の解釈は、「勧誘に際し」該当性基準として、広告表示と消費者の誤認との客観的因果関係を求めているようであり、これによれば、不特定多数向けの広告（マス広告）表示に虚偽記載があり、同表示内容を事実であると誤認して消費者が契約締結に至ったという場合には、主観的に因果関係があるか否かは別として、客観的因果関係が明確ではないから、同条の取消権の対象とはしていないようにも読み取ることができる[1]。

（2）インターネット広告のみを例外的に取り扱うことの是非
　インターネット広告につき学説では、「インターネット上の広告の場合は、それが販売業者によって行われているものである限り、不特定多数に向けられた一般広告で

【補　論】

あるウェブページから容易に瞬時に契約の申込みのウェブページに移行することができる。製品の情報や販売条件のために、広告ページと申込みページを行ったり来たりすることができる。したがって、広告からそのまま連続して申込みができるような場合には、インターネット上の広告は、消費者契約法でいう「勧誘」にあたると考え、そこに消費者を誤認させる事項が記載されていた場合には、取消しの原因となると考えるべきである」とする見解[2]や、「インターネットによる情報通信は双方向性があるし、その仕組みからネット通販では消費者に対する契約締結に向けた働きかけとなる情報は不特定多数ではなく、直接、当該消費者に向けられて提供されている点で質的な相違がある。また、新聞、テレビや雑誌、パンフレット等のリアルなツールによる宣伝・広告等の場合に比べ、インターネットでは当該消費者に特化したり個別化した情報を伝えることが可能であり、新聞、テレビや雑誌、パンフレット等による働きかけより、消費者に契約締結の意思表示をさせる点での影響力はインターネットの場合の方が高い効果がある。これらの特質からすれば、消費者庁解釈を前提にしてもネット通販の場合には、通販業者のウェブページ上の表示は「勧誘」に該当すると解される」とする見解[3]が示されている。

　確かに、4条の取消しの対象範囲を客観的因果関係の有無で画するというのであれば、客観的因果関係の明確性は「ターゲティング広告＞インターネット広告＞マス広告」という整理ができるものと思われ、インターネット広告あるいはターゲティング広告につき、「広告」の例外として取消権の対象とすることも考えられる。

　しかしながら、ターゲティング広告は、潜在的顧客に対象を絞った広告手法であって、当該広告によって契約締結に至る消費者の割合はマス広告に比べて高いといえるかもしれないが、それは広告が消費者の意思形成に与える影響力の差異ではなく、単に購入する可能性が高い層に対する広告をした結果にほかならないともいえ、そうであれば、従来述べられてきているように、マス広告であれ、インターネット広告であれ、ターゲティング広告であれ、消費者の意思形成に影響を与える行為は広く4条の取消権の対象と考えるべきである[4]。

　また、表示に起因して生じた誤認は是正機会の有無という観点からも[5]、インターネット広告は他の広告手法と必ずしも大きく異なるとはいえず、この点からも同様の結論が導かれよう。

　なお、仮に消費者契約法4条につき「勧誘をするに際し」要件を削除して、宣伝・広告をも広く同条の対象とした場合、事業者側としては「広告には多少の誇張もやむなし」といった価値判断は修正を迫られることもあろうが[6]、この場合であっても、

1　一方、現在の消費者契約法4条に関する裁判例につき、宮下修一「消費者契約法4条の新たな展開（1）」（国民生活研究第50巻2号）96頁は、「④消費者の誤認と⑤因果関係の存在のうち、とりわけ後者の⑤については、消費者契約法が成立する以前から、その立証の困難性が指摘されている。もっとも、現実の裁判例では、例えば、とりわけ②重要事項と③不実告知が認められれば、④消費者の誤認と⑤因果関係の存在はあまり議論されることなく認められるのが通例であり、学説でもこの点についてはあまり議論がなされていない」とする。
2　松本恒雄・齋藤雅弘・町村泰貴編「電子商取引法」（21頁）＊松本恒雄執筆担当
3　前注2（309頁）＊齋藤雅弘執筆担当

広告表示と意思表示との因果関係の立証責任は消費者側に属する事項であるから、個別紛争を前提する場合、上記改正がなされたとして事業者側においては、直ちに現行法下と比べ過大な負担を負うとはいえないであろう[7]。

(3) 債権法改正との関係

インターネット上の虚偽広告表示を真実であると誤認して契約締結の意思を形成した場合、民法においては動機の錯誤が生じているとして錯誤無効の主張も検討しうるが、当該表意者の動機が相手方に表示されるという場面は観念できないことから、現在の動機の錯誤に関する判例法理からすれば、このような場合において錯誤無効が有効に機能しているとは言えない現状があるといえる[8]。

一方、法務省法制審議会民法（債権関係）部会がとりまとめた中間試案において

---

4 前注3齋藤は主意的には同様の見解をとる。その他、同様の見解をとるものとして、落合誠一「消費者契約法」（73頁）、山本豊「消費者契約法（2）」法学教室242号87頁、池本誠司「不実の告知と断定的判断の提供」（法セミ549号20頁）、道垣内弘人「消費者契約法と情報提供義務」（ジュリスト1200号51頁）、日弁連「消費者契約法コンメンタール（第2版）」（65頁）がある。また、山本敬三「消費者契約法における契約締結過程の規制に関する現状と立法課題」（18頁）（消費者庁平成24年6月「平成23年度　消費者契約法（実体法部分）の運用状況に関する調査結果報告」に登載（http://www.caa.go.jp/planning/23keiyaku/03-2.pdf）は、「勧誘」に関する裁判例につき「どのような媒体に記載されたものであれ、また、それが契約の締結過程のどの時点で提示されたものであれ、当該消費者の意思形成に対して実際に働きかけがあったと評価される場合は、不実告知等の有無を判断する際に考慮されていると考えられる」としたうえで、「以上のような考え方を明確に示すためには、消費者契約法4条1項および2項について「事業者が消費者契約の締結について勧誘をするに際し」という文言を削除することも十分検討に値する」と指摘する。なお、日本弁護士連合会は、「日弁連消費者契約法改正試案」（2012年2月16日）において、現行4条につき、(http://www.nichibenren.or.jp/library/ja/opinion/report/data/2012/opinion_120216_2.pdf)、「第4条（不当勧誘行為による取消し）
1　消費者は、事業者が消費者契約の締結について勧誘をし、又は消費者を誘引するための手段として行う広告その他の表示をするに際し、当該消費者に対して次の各号に掲げる行為（以下「不当勧誘行為」という。）をしたときは、当該消費者契約の申込み又は承諾の意思表示を取り消すことができる。ただし、当該各号に該当する行為がなかったとしても当該消費者が当該消費者契約の申込み又は承諾の意思表示をした場合は、この限りではない。」との改正案を公表している。
5　山本豊「消費者契約法（2）」法教242頁87頁
6　現行法下では広告につき虚偽記載等があった場合に、取消等の民事規定を設けた規定はなく、著しく虚偽の広告表示がなされた場合につき行政規制等の対象となる特商法12条につき、立案担当者は「著しい」場合のみを同条の対象とした理由につき「通常の商取引においては顧客をひきつけるためにある程度の誇張がなされ、かけ引きが行われるのが常態であり、顧客においても当然に予想し得るところであるので、そのような通常の場合を超えた「著しい」場合のみを適用することとした」としている（消費者庁取引・物価対策課／経済産業省商務情報政策局消費経済政策課編「特定商取引に関する法律の解説　平成21年版」110頁）。本稿のテーマからは外れるが、消費者契約法4条につき、本文に記載したような改正がなされた場合、3階部分である特商法等の規律の在り方を如何に考えるべきかも検討すべきであろう。

【補論】

は、動機の錯誤の一類型として「動機の錯誤が相手方によって惹起された場合」を明文化する旨の提案がなされている[9]。同提案は錯誤に関する規定であり、消費者契約法の取消権とは法的性質、その意義が必ずしも同一ではないものの[10]、動機の錯誤が相手方の「表示」によって惹起されたものであれば、相対の勧誘であれ、広告表示であれ、錯誤取消の対象としている点は着目すべきである[11]。

すなわち、仮に中間試案に沿った動機錯誤取消しが明文化されるのであれば、民法の特別法たる消費者法の取消権が民法の錯誤取消しよりも取消権の対象が限定的であるのは、消費者契約法の立法目的からすれば妥当ではないとの説得力のある批判が可能となるし、最終的に明文化が見送られるような場合には、消費者契約法の目的規定にある事業者・消費者間の格差の存在を踏まえれば、民法の特別法たる消費者契約法において、広告表示をも取消権の対象とする改正をすべきであるとの主張が成り立ちうるものと思われる。

3　第三者の関与
(1) 問題の所在

報告書で触れたように、インターネット取引においては、事業者自身のウェブに限らず、ブログやCGM[12]（例えば口コミサイトやSNS）など、第三者のウェブにおいても、当該事業者の商品等についての表示がなされる場合が少なくない。

この場合、ア．バナー広告等のように、当該事業者が広告の表示場所として第三者のウェブを利用するにとどまる場合（すなわち、表示主体はあくまでも当該事業者であ

7　もっとも、適格消費者団体による差止請求訴訟の場面については、従来広告表示については、広告表示のうち「著しく」虚偽や優良であると誤認させる表示に至る場合に限って対象としていたところ（特商法58条の19、景表法10条）、「不実な表示」レベルであっても差止請求の対象とすることについては、個別紛争と同列に検討すればよいか否かについては慎重な検討を要するものと思われる。

8　松本恒雄・齋藤雅弘・町村康貴編「電子商取引法」（306頁）

9　法務省法制審議会民法（債権関係）部会「民法（債権関係）の改正に関する中間試案」第3-2-(2)-イ

10　前注8の補足説明（19頁）は「本文(2)イは、動機が法律行為の内容になっているという本文(2)アのほか、相手方が事実と異なる表示をした場合も、表意者はそれを信じて誤認をする危険性が高く、表意者をその意思表示から解放する必要性があること、相手方は自ら誤った事実を表示して表意者の錯誤を引き起こした以上、その意思表示の取消しという結果を受忍するのもやむを得ないことから、意思決定の基礎となる情報の誤りのリスクを相手方に転嫁することができるという考え方に基づくものである。このような考え方は、当事者間に一般的な意味での交渉力や情報の格差があるかどうかにかかわらず妥当するものであって、本文(2)イは、いわゆる弱者の保護などの政策的な目的から導入が主張されているものではない。」とする（下線部は筆者）。

11　なお、法制審議会民法（債権関係）部会：部会資料66B（第1-2）。

12　「インターネットなどを活用して消費者が内容を生成していくメディア。個人の情報発信をデータベース化、メディア化したWebサイトのこと。商品・サービスに関する情報を交換するものから、単に日常の出来事をつづったものまでさまざまなものがあり、クチコミサイト、Q&Aコミュニティ、ソーシャルネットワーキングサービス．（SNS）、ブログ、COI（Community Of Interest）サイトなどがこれにあたる」などと説明される。（http://e-words.jp/w/CGM.html）

る場合)と、イ．①アフィリエイトにおけるアフィリエイター、② CGM における投稿者や芸能人ブログにおける当該芸能人など、それ自体からは直ちに広告とはわからない[13]ステルスマーケティングにおける第三者の表示行為が消費者の当該商品購入等の意思形成に強く働きかける場合がみられる。アについては、事業者の表示行為であると整理できるが、イについては当該事業者からは独立した第三者の表示行為であることから、当該第三者の行為を消費者契約法においていかに位置づけるのかが問題となる。

(2) 現行法の状況
ア　消費者契約法5条について

　消費者契約法においては、事業者から当該事業者と消費者との間における消費者契約の締結について媒介をすることの委託を受けた第三者(以下「媒介の委託を受けた第三者」という)が、消費者契約法4条所定の行為をし、これにより消費者が誤認あるいは困惑して契約締結に至った場合は、媒介の委託を受けた第三者の行為をもって、当該事業者・消費者間における消費者契約を取り消すことができる旨規定されている(同法5条)。ところが、立案担当者は、「媒介の委託を受けた第三者」に該当するための「媒介」の程度として「「媒介」とは、ある人と他の人との間に法律関係が成立するように、第三者が両者の間に立って尽力することであり、「両者の間に立って尽力する」とは、通常、契約締結の直前までの必要な段取り等を第三者が行っており、事業者が契約締結さえ済ませればよいような状況」までをも求めるいわゆる「厳格説」の立場をとっている[14]。

　したがって、当該事業者が自身が販売する商品についての宣伝を第三者に委託するといった「宣伝契約」における第三者は、「媒介の委託を受けた第三者」には該当しないことになり、インターネット取引において上記(1)で例示した第三者もこれに該当しないこととなる[15]。その結果、仮にインターネット広告を取消権の対象とする改正が行われたとしても、第三者が宣伝を行っているような場合は同条の適用対象外と解さざるを得なくなる。

イ　広告表示規制法について

　広告表示規制法については、前述のとおり、例えば景品表示法においてはその対象を「自己の供給する商品または役務の取引について」表示した場合に限定されるため(景表法4条)、広告主が第三者から委託を受けて宣伝行為を行ったとしても、同法の対象とはならないと解される。この点につき、消費者庁は「インターネット消費者取引に係る広告表示に関する景品表示法上の問題点及び留意事項」の一部改定につい

---

[13] 一部のブログ事業者は芸能人や有名人のブログにおける記事について、当該記事が広告であることを明らかにするための「PR マーク」制度の導入などをはじめたり、ブログを商業目的や広告目的で利用することを禁止するガイドラインを定めており、違反があった場合はアカウント利用停止措置等をとるなどの対応がとられている。
(第8回インターネット消費者取引連絡会「資料4」「資料5」等を参照されたい)
[14] 前掲逐条解説 155 頁
[15] 前掲逐条解説 155 頁「[事例5-1] 宣伝契約」

【補 論】

て」(平成24年5月9日)において、①口コミサイトにつき、「口コミサイトに掲載される情報は、一般的には、口コミの対象となる商品・サービスを現に購入したり利用したりしている消費者や、当該商品・サービスの購入・利用を検討している消費者によって書き込まれていると考えられる。これを前提とすれば、消費者は口コミ情報の対象となる商品・サービスを自ら供給する者ではないので、消費者による口コミ情報は景品表示法で定義される「表示」には該当せず、したがって、景品表示法上の問題が生じることはない。ただし、商品・サービスを提供する事業者が、顧客を誘引する手段として、口コミサイトに口コミ情報を自ら掲載し、又は第三者に依頼して掲載させ、当該「口コミ」情報が、当該事業者の商品・サービスの内容又は取引条件について、実際のもの又は競争事業者に係るものよりも著しく優良又は有利であると一般消費者に誤認されるものである場合には、景品表示法上の不当表示として問題となる。」とし、②アフィリエイトにつき「アフィリエイターがアフィリエイトサイトに掲載する、広告主のバナー広告における表示に関しては、バナー広告に記載された商品・サービスの内容又は取引条件について、実際のもの又は競争事業者に係るものよりも著しく優良又は有利であると一般消費者に誤認される場合には、景品表示法上の不当表示として問題となる。広告主のサイトへのリンク(バナー広告等)をクリックさせるために行われる、アフィリエイターによるアフィリエイトサイト上の表示に関しては、アフィリエイターはアフィリエイトプログラムの対象となる商品・サービスを自ら供給する者ではないので、景品表示法で定義される「表示」には該当せず、したがって、景品表示法上の問題が生じることはない。」との解釈を公表している[16]。以上のとおり、上記消費者庁解釈は、口コミサイトにおいては第三者による表示であっても、広告主との間において宣伝契約類似の法律関係が認められる場合は景表法の対象となりうるとの解釈を示す一方、アフィリエイトについては、「バナー広告は同法の対象となる」という、いわば確認的な解釈基準を示すにとどまっている。この点については、広告主とブロガー等の間において①商品等の無償提供があった場合、②記事掲載に対する対価支払関係が認められる場合は、同法の対象とすることもなども検討に値するだろう[17]。

(3) 事業者の行為と同視すべき第三者について
　広告主が第三者に広告記事の掲載を依頼するなど、消費者の意思形成にかかる行為の一部を担わせているような場合は、債務不履行における履行補助者の位置づけ等の観点からすれば、消費者契約法5条の「媒介の委託を受けた第三者」につき厳格説は事業者の行為と同視する第三者を限定的に捉えすぎているといえ、妥当ではないといえる[18]。
　すなわち、尽力の対象が一部であっても、事業者が第三者に契約締結に関する宣伝等を委託しているのであれば、その宣伝等において消費者の意思形成に影響を与える

16　http://www.caa.go.jp/representation/pdf/120509premiums_1.pdf
17　アメリカ連邦取引委員会(FTC)による「推奨広告に関するガイドライン」。和訳については以下からダウンロード可能である(資料1)。
　　http://www.nichibenren.or.jp/library/ja/event/data/2012/event_siryou_120303.pdf

行為が認められる場合、かかる責任は委託をした当該事業者に帰するものと解するのが妥当であり、そうであれば、同法5条については、その対象をいわゆる「実質説」[19]で解すべきであるとする解釈基準を明確化する改正をすべきであろう。

なお、この場合であっても、ブロガーと広告主の関係が明確でない場合は同条の対象となるか否かを判断することは困難である。このような点からすれば、当該ブログ記事が広告主から依頼を受けたものであるか否かを表示する運用を併せて確立する必要があろう[20]。

18　個別クレジットの錯誤無効に関する判決であるが、岐阜地裁多治見支部平成19年7月19日判決（消費者法ニュース75号153頁）は、販売店が詐欺的行為をして販売契約及びクレジット会社とのクレジット契約（立替払契約）を締結したという事案につき、「‥当該立替払契約が、販売店等の締約行為上の代行者の詐欺的行為の手段として利用された場合には、債務不履行責任の判定上、履行補助者の過失が債務者の過失とみなされるのと同様に、錯誤の成否の判定上、締約行為上の代行者の認識を当該割賦購入あっせん業者自身の認識と同視するのが、信義則及び報償責任の原則に合致する」として、個別クレジット契約自体についても動機の錯誤無効を認めている。

19　落合誠一「消費者契約法」（98頁）は、「事業者が第三者に委託する尽力の対象が、消費者契約締結に至る一連の過程の一部に限定される場合があるが、かかる場合も本要件の「媒介」に該当し得る。本項は、事業者が委託した第三者による不適切な行為を事業者の行為として扱うことにより、本法の定める消費者の取消権の保護を確保する趣旨であるから、委託する尽力の対象が、契約締結に至る一連の過程の全部であろうと、一部であろうと、等しくカバーされるべきであるからである。例えば、保険業においては、単に顧客の紹介だけを委託され、それ以上の尽力はしないいわゆる紹介代理店があるが、この場合であっても本要件の「媒介」に該当する場合がないとは言えない。例えば、紹介代理店による紹介の際の断定的判断提供が結局のところ顧客の契約締結意思形成に決定的影響を与える場合が考えられないではないからである。」とする。

20　一部のブログ事業者は芸能人や有名人のブログにおける記事について、当該記事が広告であることを明らかにするための「PRマーク」制度の導入などをはじめたり、ブログを商業目的や広告目的で利用することを禁止するガイドラインを定めており、違反があった場合はアカウント利用停止措置等をとるなどの対応がとられている。
（第8回インターネット消費者取引連絡会「資料4」「資料5」等を参照されたい）。
　また、当該第三者と事業者との「関係性」を明確にするための立法も考えられるのではないかという意見も示されている（第7回インターネット消費者取引連絡会：資料6　森亮二「口コミサイトに関する課題」などを参照）。
http://www.caa.go.jp/adjustments/pdf/121205shiryo6.pdf

VI　消費者像の広がりと消費者概念

中田邦博
（龍谷大学教授）

1　はじめに

本文のまとめにおいても述べたように、消費者概念の比較法的な考察において、その機能を捉えることが求められているように思う。また、消費者法が、その目的に市場を健全に機能させることを内包する以上、消費者像や消費者概念は、それが対象とする市場に依拠して多元的に用いられている。

もっとも、そうした消費者像は個別の場面の消費者概念を基礎づけ、また消費者法を方向付けるものとなる。消費者像は、具体的には消費者概念として個別の法律において定義されるが、それをどのように把握すべきなのかはなお議論のあるところである。

法律上の規律をみても、消費者基本法は消費者についての一般的な定義を置いておらず、消費者契約法第2条においてのみ消費者概念の定義が置かれているにすぎない。現在の消費者法の広がりを意識しながら、全体として消費者像や消費者概念をどのように捉えるかについてはさらなる検討が必要となろう（消費者概念については、さしあたり、大村敦志『消費者法［第4版］』（有斐閣、2011年）20頁以下および長尾治助・中田邦博・鹿野菜穂子『レクチャー消費者法』（法律文化社、2012年）20頁を参照。最近のものとして、谷本圭子「消費者概念の法的意義」鹿野菜穂子・中田邦博・松本克美編『消費者法と民法』所収（法律文化社、2013年）47頁以下を参照。以下の叙述については中田邦博・鹿野菜穂子編『基本講義　消費者法』（日本評論社、2013年）10頁以下［中田邦博執筆］を参照）。

なお、ヨーロッパとの比較という点では、窪田充見・潮見佳男・中田邦博・松岡久和・山本敬三・吉永一行監訳クリスチャン・フォン・バール他編『ヨーロッパ私法の原則・定義・モデル準則　共通参照枠草案（DCFR）』（法律文化社、2013年10月刊行予定）の消費者（契約）法に関する準則を検討しておく必要があろう。同書では、消費者概念に関する規定が置かれている。また、同書で示された消費者契約に関する規律は、基本的にはEU消費者法をまとめたものであるが、その規律のあり方はわが国の今後の消費者法のあり方を考えるうえでも参照されるべきであろう。

2　消費者像の広がり

以下では、消費者法の方向性を探るために次のような三つの消費者像を簡単にみておくことにしたい。なお、この点については、ハンス・ミクリッツ教授の第69回ドイツ法曹大会の報告（Hans-W. Micklitz, Brauchen Konsumenten und Unternehmen eine neue Architektur des Verbraucherrechts?, in: Verhandlungen des 69. Deutschen Juristentages München 2012, S. A1-129）に大きな示唆を受けている。当時の大会の様子と同大会でのミクリッツ教授の報告内容の紹介として、角田美穂子「ドイツ法曹大会傍聴記

【補 論】

NBL994号22頁以下、特に25頁を参照。なお、EU消費者法および消費者概念については、Hans-W. Micklitz / Norbert Reich / Peter Rott, Understanding EU Consumer Law, Intersentia, 2009, p. 45 を参照（同書については中田も所属する消費者法の研究グループで翻訳作業を進めている）。

（1）弱者としての消費者

　消費者基本法の前身である消費者保護基本法が前提としていた消費者像は「弱者としての消費者」として捉えることができるであろう。50～60年代において、福祉国家的な観点から消費者を保護するという課題が強調された時代に由来するものである。とくに、人の生命や身体の安全の確保、食品の安全、製品の安全といった場面では保護の客体ないし弱者としての消費者像が強調されることになる。

（2）自立した賢い消費者 ―― 市場の主体

　消費者基本法や消費者契約法が前提とする消費者像は、自立した合理的な消費者としてみることができる。それは、市場における消費者である。この意味での消費者には、市場を機能化させるための能動的な役割が付与される。市場とは、物品や役務の流通が行われる場所であり、私的自治・契約自由の原則が支配することで円滑な取引が行われる。事業者間取引も、最終的には消費者を名宛人とした市場を前提としている。これは、消費者が理想的な状況で事業者の提供する商品・役務を選択し自己や決定を行い、自己責任を負うことで市場が活性化するとのモデルである。事業者間の競争が存在し、それによって提供される良質・廉価な商品・役務を消費者が選択し、それらを提供できない事業者を市場から淘汰するプロセスを重視するものである。そのための前提として、消費者に対してその自己決定の前提となる情報提供が十全に行われる必要がある（事業者の情報提供義務）。また虚偽の情報を提供した事業者には、ルール違反に対する制裁を課し、責任をとらせる必要がある（市場からの淘汰、他の市場参加者からの損害賠償・利益剥奪）。さらに、競争を可能とする公平な市場を成立させるには、その基礎的な条件（消費者の選択メニュー）を整備する必要がある（不当条項規制や約款規制）。他方で、競争原理が働かない状況は、市場の失敗として把握され、国家（裁判所）の市場への介入を正当化する根拠となる（経済法的・行政的・私法的規制）。私法的にも、事業者と消費者との情報格差、交渉力格差の是正としての法的手段が消費者法として提供されているのはこのためである。こうした市場のルールを構築するときには、合理的で賢い消費者概念が用いられるのは、このような理由からである。わが国での消費者基本法や消費者契約法は、このようなモデルに基本的に依拠している。EU消費者法も域内市場を確立し拡大することを主たる目的としており、同じようなモデルに依拠していると見ることができよう。たとえば、EU指令による不公正な取引方法を排除する規制などは、確かに消費者保護的側面を持つことは否定できないが、第一次的には競争事業者の国内法レベルの既得権を排除し、域内市場における競争条件の整備し、市場への信頼性を高める側面を有しているのである。このような市場ルールの構築と実効性の確保には、加盟国によって異なるが、競争事業者やその団体が関与しているのである。こうした市場ルールの維持には事業者の協力は不可欠である（全体としてのEU消費者法の動向については、中田邦博＝鹿野菜穂子編

『ヨーロッパ消費者法・広告規制法の動向と日本法』（日本評論社、2011 年）を参照）。

（3）社会的弱者としての消費者（要保護性の高い消費者）
　高齢者、未成年者、身体障害者、精神的な障害を有する者、貧困者など市場のルールの中では市場にアクセスできない、あるいはそれが困難な「消費者」が存在している。たとえば、通信販売の活況をみても明らかなように、インターネットへのアクセスは、現在の情報化社会の中では情報を得て消費生活を送るために不可欠となっている。これに対して、様々な理由（機器や接続料が高額であることやスキルを利用する能力の欠如）で、それによる情報を得て活用できない者も社会には数多く存在している。この意味での「社会的弱者としての消費者」に対しては、社会（消費）生活を営むために生活の基盤としての情報市場にアクセスすることが保障される必要がある。これらの者に、一般的な消費者に与えられる以上の武器を付与し、支援することが要請される。このことには、あらゆる人に社会の構成員として市場（ユニバーサル・サービス）にアクセスをする権利を保障するという意味がある。この領域の消費者（像）は、社会法との接点を有しているが、消費者法の対象として考慮されるべきであろう。

3　今後の課題
　いずれにせよ、以上見てきた消費者像は、それぞれが、消費者概念として具体化され、今後の消費者法の展開の中核を形成することになる。つまり、個別の消費者法が対象とする法領域の性質によって消費者像そのものが変化することになる。そこでは、多元的な消費者概念が前提とされ、各規制領域における消費者像に対応する消費者概念の類型化が求められるであろう。あらためて、消費者概念の分析が、消費者法を発展させるための重要な課題となることを指摘しておきたい。

報告書［第11章 消費者信用］への追加参考文献

千葉恵美子

○神作裕之「市場法の観点からみた消費者信用規制 —— EU 新消費者信用契約指令の成立」前田重行・神田秀樹・神作裕之編『企業法の変遷（前田庸先生喜寿記念論文集）』（有斐閣、2009）91 頁

○池本誠司「割賦販売法改正後の販売信用・決済に関する論点」鹿野菜穂子・中田邦博・松本克美編『消費者法と民法（長尾治助先生追悼論文集）』（法律文化社、2013）188 頁

【参　考】

I　消費者契約法における締結過程の規制に関する現状と立法課題
　　―不実告知・不利益事実の不告知・断定的判断の提供・情報提供
　　義務を中心として　　　　　　　　　　　　　　　　山本敬三

II　消費者契約法の運用状況と今後のあるべき方向性について
　　―困惑類型およびその周辺に位置する問題を中心として　　後藤巻則

＊本論稿は、消費者庁報告書『平成 23 年度消費者契約法（実体法部分）の運用状況に関する調査結果報告』第 2 章および第 3 章から転載したものであり、同報告書の全文は、http://www.caa.go.jp/planning/23keiyaku.html で公表されている。なお本文中の【　】内は、同報告書における裁判例等の分析における整理番号である。
　また著者の指示により、一部誤植の訂正を施した。

I 消費者契約法における締結過程の規制に関する現況と立法課題
―不実告知・不利益事実の不告知・断定的判断の提供・情報提供義務を中心として

山本敬三
（京都大学）

　本稿では、消費者契約法（以下では必要に応じて「法」と略する）における締結過程に関する規制のうち、特に不実告知（法4条1項1号）、不利益事実の不告知（法4条2項）、断定的判断の提供（法4条1項2号）および情報提供義務に関する事項を中心として、本委託調査研究により調査した裁判例等の現況を整理し、立法課題を明らかにすることとする。具体的には、Ⅰで勧誘、Ⅱで不実告知、Ⅲで不利益事実の不告知、Ⅳで重要事項（法4条4項）、Ⅴで断定的判断の提供を順次取り上げ、ⅡⅢⅤではそれぞれに関連する情報提供義務違反を理由とする損害賠償責任に関する裁判例の動向をあわせて整理・検討することとする。

Ⅰ．勧　誘
1．勧誘の意味と射程
　消費者契約法では、不実告知・不利益事実の不告知・断定的判断の提供について、それらの行為が「事業者が消費者契約の締結について勧誘をするに際し」されたことを要件としている（法4条1項・2項）。
　この「勧誘」は、消費者の契約締結の意思の形成に影響を与える程度の勧め方をいうとされる。その上で、そのような勧誘方法が特定の者に向けられた場合のほか、広告やチラシの配布等、不特定多数の者に対して向けられる場合も、ここでいう「勧誘」に含まれるかどうかについては、争いがある。立法担当者によると、「勧誘」とは、特定の消費者の意思形成に対する働きかけを意味し、「個別の契約締結の意思の形成に直接に影響を与えているとは考えられない場合（例えば、広告、チラシの配布、商品の陳列、店頭に備え付けあるいは顧客の求めに応じて手交するパンフレット・説明書、約款の店頭掲示・交付・説明等や、事業者が単に消費者からの商品の機能等に関する質問と回答するにとどまる場合等）」は「勧誘」に含まれないとされている[1]。それに対して、学説では、不特定多数の者に対する宣伝でも、それによって当該消費者の意思形成に対して実際に働きかけがあったと評価される場合は、勧誘に当たるとする見解も有力である[2]。このような場合も、事業者の行為によって消費者に誤認が生じていることに変わらない以上、取消しを認めるべきであるというのが、その理由である。

---

[1] 消費者庁企画課編『逐条解説消費者契約法〔第2版〕』（商事法務、2010年、以下では「逐条解説」として引用する）108頁を参照。
[2] 山本豊「消費者契約法（2）」法教242号（2000年）89頁、落合誠一『消費者契約法』（有斐閣、2001年）73頁等。

【参　考】

2．裁判例等の現況と立法課題

「勧誘」に関する裁判例をみるかぎり、特定の消費者に対する具体的な働きかけがないまま、消費者が広告やチラシ等のみを信じて契約したケースはみあたらない。もっとも、パンフレットやチラシが特定の顧客に交付され、契約の締結に向けた働きかけがなされるケースでは、交付されたパンフレットやチラシに記載されたことが不実告知や不利益事実の不告知に関する利益事実の告知、断定的判断の提供の有無を判断するための手がかりとされることが多い[3]。また、雑誌に掲載された広告についても、それをみた消費者が事業者に連絡をして契約の締結にいたった場合に、その広告に記載されたこと－これは、厳密にいえば、特定の顧客に対する働きかけがなされる前に提示されたものに当たる－同様に手がかりとされている[4]。

このような傾向は、不実告知や不利益事実の不告知、断定的判断の提供に相当する行為がされているが、情報提供義務・説明義務違反を理由として損害賠償責任を認める裁判例にもみてとることができる[5]。

以上の裁判例をみるかぎり、どのような媒体に記載されたものであれ、また、それが契約の締結過程のどの時点で提示されたものであれ、当該消費者の意思形成に対して実際に働きかけがあったと評価される場合は、不実告知等の有無を判断する際に考慮されていると考えられる。これは、上記の学説の主張におおむね対応する。

また、国民生活センターの相談例【B2-7】でも、「ネット上で情報商材を購入し、その記載内容に従ってサイドビジネスのための代金および手数料を支払った申請人が、実際の仕事内容が異なるとともに収入を得ることができなかったとして、購入代金と手数料の返還を求めた事案」が問題とされている。このようなケースでも、当該消費者の意思形成に対して実際に働きかけがあったと評価されるかぎり、同様に不実告知等に当たるとみてよいと考えられる。

---

[3] ①不実告知に関する東京地判平成22・2・18【A1-69】（2010WLJPCA02188007）（刀剣の売買に関するケース）、東京地判平成23・3・23【A1-44】（2011WLJPCA03238004）（沈没船の引上げを目的とした匿名組合契約に関するケース）、②不利益事実の不告知に関する東京地判平成18・8・30【A1-240】（2006WLJPCA08308005）（マンションの売買に関するケース）。

[4] 断定的判断の提供に関する東京地判平成17・11・8判タ1224号（2007年）259頁【A1-119,178】（2005WLJPCA11080008）（パチンコ攻略法の販売に関するケース）。

[5] ①不動産取引に関する東京地判昭和51・8・23判時824号（1976年）31頁【A3-644】（1976WLJPCA08230005）、京都地判平成12・3・24判タ1098号（2002年）184頁【A3-483】（2000WLJPCA03240010）、②金融取引に関する札幌地判平成17・2・24先物取引裁判例集39号（2005年）471頁【A3-233】（2005WLJPCA02246001）、札幌地判平成15・6・27先物取引裁判例集34号（2003年）409頁【A3-239】（2003WLJPCA06276002）（【A3-211】の原審）、札幌高判平成16・2・26先物取引裁判例集36号（2004年）161頁【A3-211】（2004WLJPCA02266005）、③パチンコ攻略法の販売に関する名古屋地判平成19・1・29【A1-176】（2007WLJPCA01296001）、大阪高判平成19・4・27判時1987号（2008年）18頁【A1-175】（2007WLJPCA04276001）、東京地判平成21・5・25【A1-162】（2009WLJPCA05258009）、東京地判平成22・8・30【A1-63】（2010WLJPCA08308010）、東京地判平成22・4・28【A1-149】（2010WLJPCA04288024）、④パソコン講座の受講契約に関する大津地判平成15・10・3【A3-628】（2003WLJPCA10039006）等。

3．立法課題

以上のような考え方を明確に示すためには、消費者契約法4条1項および2項について、「事業者が消費者契約の締結について勧誘をするに際し」という文言を削除することも十分検討に値する。これを削除しても、不実告知等によって消費者が誤認をし、それによって当該消費者契約の申込みまたは承諾の意思表示をしたことが要件とされるため、当該消費者の意思形成に対して実際に働きかけがあった場合にかぎり、取消しが認められると考えられる。

Ⅱ．不実告知
1．不実告知の意味

消費者契約法4条1項1号は、事業者が「重要事項について事実と異なることを告げること」により、消費者が「当該告げられた内容が事実であるとの誤認」をし、それによって当該消費者契約の申込みまたはその承諾の意思表示をしたときは、消費者はその意思表示を取り消すことができると定めている。

1）事業者の主観的態様

このように、消費者契約法4条1項1号は、事業者が「重要事項について事実と異なることを告げること」を要件として定めていることから、客観的にそのような不実告知に当たる行為があれば足り、事業者の主観的態様を問わない趣旨であると考えられる[6]。

裁判例をみても、事業者側が事実と異なることを告げたかどうかのみが問題とされ、それが事実と異なることを知っていたかどうかは問題とされていない[7]。実際、事業者側がみずから告げたことが事実と異なることを知っていたと考えられる場合のほか[8]、事業者側もそれが事実と異なることを知らなかったと考えられる場合にも、不実告知による取消しが認められている[9]。

2）「事実と異なること」の告知

次に、消費者契約法4条1項1号は、「事実と異なること」を告げることを要件として定めている。立法担当者によると、これは、「告知の内容が客観的に真実または

6　消費者庁・前掲注（1）逐条解説108頁以下。
7　例えば、前掲注（3）東京地判平成22・2・18【A1-69】（2010WLJPCA02188007）は、刀剣の売買契約をする際に、事業者が刀剣の制作時期に関して事実と異なる説明をしたケースで、事実について事業者が知っていたかどうかをまったく問題とすることなく、消費者契約法4条1項1号による取消しを認めている。
8　例えば、大阪簡判平成16・10・7【A1-126】（2004WLJPCA10076001）は、事業者が、光ファイバーを敷設するためにはデジタル電話に替える必要があり、電話機を交換しなければならない旨を告げて、電話機等のリース契約とその施工工事を締結させたケースで、消費者契約法4条1項1号による取消しを認めている。
9　例えば、東京地判平成17・8・25【A1-122】（2005WLJPCA08250002）は、土地売買契約と建物建築請負契約が締結された際に、売買代金についてローン審査が通らない場合は契約を解除できる旨の条項が定められていたのに対して、請負代金についてローン審査が通らない場合は契約を解除できないものとされていたのに、それができるものと仲介業者—消費者契約法5条1項の「委託を受けた第三者」にあたる—も誤信して、その旨を消費者に告げていたケースで、消費者契約法4条1項1号による取消しを認めている。

【参 考】

真正でないこと」を意味し、「主観的な評価であって、客観的な事実により真実または真正であるか否かを判断することができない内容（例えば、「新鮮」、「安い」、「（100円だから）お買い得」という告知）」は、「事実と異なること」の告知の対象にはならないとされている[10]。

　裁判例をみると、実際に、このような意味での「事実と異なること」が告げられたわけではないとして、不実告知による取消しを否定したものもある[11]。しかし、他方で、「客観的に真実または真正でないこと」の告知に当たるもののほか、将来の見通しや判断にかかわる事柄の告知についても、消費者契約法4条1項1号の適用を認めたものもある。例えば、①パソコン入力の在宅業務をおこなうための研修プログラムの販売契約について、研修後に事業者から仕事が紹介され、それにより研修費用の返済額を上回る収入が得られる旨の説明がされたケースで、消費者契約法4条1項2号だけでなく、1号による取消しを認めた裁判例がある[12]。また、②沈没船の引上げを目的とした匿名組合契約について、「100万円出資すれば、1年後には倍になる。」、「100万円出資すれば、1、2年後には倍になる。」等と説明されたケースで、消費者契約法4条1項1号による取消しを認めた裁判例もある[13]。②は、実質的には断定的判断の提供に相当するものとみることができるが、そこでは、消費者契約法4条1項および2項に定められた取消事由を厳密に区別せず、消費者の誤認を基礎づける表示があったことが重視されていると考えられる。

　いずれにしても、事業者が「事実と異なること」を告げたかどうかについては、その告知が一般的な消費者によって通常どのように理解されるかが決め手とされている。例えば、家庭教師派遣契約で、事業者が「成績は必ず有名校合格の線まで上がり、有名校に合格できる」と説明したとしても、一般的な消費者は、事業者が目的達成のために全力を尽くす旨を約束したものと理解するのが通常であるとして、「事実と異なることを告げること」にあたらないとした裁判例がある[14]。

3）事実と異なることの「告知」

　最後に、消費者契約法4条1項1号は、事実と異なることを「告げる」ことを要件として定めている。これは、かならずしも口頭によることを必要とせず、書面に記載して消費者に知悉させるなど、消費者が実際にそれによって認識しうる態様の方法で

10　消費者庁・前掲注（1）逐条解説109頁。
11　福岡地判平成18・2・2判タ1224号（2007年）255頁【A1-117,242】（2006WLJPCA02020003）は、新築マンションの売買契約で、居室から海を眺望できることがセールスポイントとされていた場合に、買主が3階と5階のいずれの部屋にするか決定する際に、眺望に変わりはないと説明されて3階の部屋に決めたところ、マンションが完成してから電柱および電線により3階の部屋の眺望が阻害されていることが判明したケースで、消費者契約法4条1項1号にいう「事実と異なること」とは、「主観的な評価を含まない客観的な事実と異なること」をいい、3階と5階の眺望が同一かどうかということは「主観的な評価を含む」ため、「事実」に該当しないとして、消費者契約法4条1項1号による取消しを否定している。ただし、後述するように、この裁判例は、その上で、説明義務違反を理由とする損害賠償を認めている。
12　東京地判平成21・3・25【A1-83,164】（2009WLJPCA03258026）。
13　東京地判平成23・3・23【A1-44】（2011WLJPCA03238004）。
14　東京地判平成21・6・15【A1-79】（2009WLJPCA06158005）。

あればよいとされている[15]。消費者契約法の立法時に情報提供義務違反に基づく取消しが定められなかったことのほか、同法4条2項に不利益事実の不告知が定められていることに照らすと、この告知は、相当程度明確なものであるというのが一般の理解ではないかと推察される。

消費者契約法4条1項1号の適用を認めた裁判例をみると、ほとんどがこの意味での告知が認められるケースであるが、四囲の事情から黙示的に表示されたとみることができるケースも存在する。例えば、連帯保証契約において、主たる債務者が実質的には別人であり、貸付金がその別人の事業資金にあてられることのほか、主たる債務者が信用情報のブラックリストに載っていて支払能力がないことを秘匿し、主たる債務者がその別人の事業に投資するために借入れをおこなう旨の虚偽の説明を主たる債務者が保証人に対してしていることを債権者が知りながら、それらの事実を保証人にあえて告げなかったケースで、消費者契約法4条1項1号による取消しを認めた裁判例がある[16]。

2．情報提供義務・説明義務違反に基づく損害賠償責任

消費者契約法が制定されてから後も、不実告知に相当する行為がなされたケースで、情報提供義務ないし説明義務違反を理由として不法行為ないし債務不履行に基づく損害賠償責任を認める裁判例が相当数存在する。このような裁判例がみられる要因を分析すると、おおむね次の2つのものにまとめられる。

1）複合的誤認惹起行為

第1は、不実告知だけではなく、その他の誤認惹起行為が複合的におこなわれる場合である。

例えば、不実告知とともに、将来の見通しや判断に関して断定的判断の提供に相当する行為がなされた結果、消費者が誤認したケースでは、上述したように、消費者契約法4条1項1号と2号をともに適用する裁判例や消費者契約法4条1項1号のみを適用する裁判例があるほか、情報提供義務ないし説明義務違反を理由として損害賠償責任を認める裁判例もある。これらのなかでは、いわゆる原状回復的損害賠償－消費者が支出した金銭等を損害としてその賠償を認めるもの－に加えて慰謝料の賠償を認めるものもあるが[17]、前者の原状回復的損害賠償のみを認め、しかも過失相殺を認めないもの－つまり取消しを認めたのと結果においてまったく変わらないもの－もある[18]。

このほか、例えば取引への適合性を欠く者に危険性の高い商品を購入させ、利益相反に類する行為を繰り返すなど、悪質性の高い組織的欺瞞行為に当たるものがおこな

15　消費者庁・前掲注（1）逐条解説113頁。
16　千葉地判平成15・10・29消費者法ニュース65号（2005年）32頁【A1-129】（2003WLJPCA10296002）（ただし、詐欺取消しと錯誤無効の主張も認めている）。
17　東京地判平成22・8・10【A3-41】（2010WLJPCA08108001）（未公開株の売買で、もうすぐ上場する株式であり、必ず儲かると告げられたケース）。
18　東京地判平成20・12・22【A1-90, 167, 222】（2008WLJPCA12228004）（未公開株の売買で、具体的な上場時期が決まっていないにもかかわらず、具体的な上場予定があり、値上がりが確実であると誤解させる説明をしていたケース）。

【参 考】

われているケースでは、不法行為に基づく損害賠償責任を認める裁判例が多い。これは、一つには、そうした複合的な権利侵害行為がおこなわれているケースでは、その一部を不実告知や断定的判断の提供として切り取るのではなく、全体として不法行為としてとらえることが事案全体の評価として適当であるという感覚に根ざしたものとみることもできそうである。しかし、それと同時に、これらの裁判例の多くは、原状回復的損害賠償のみを認めるのではなく[19]、次に述べるように、弁護士費用の賠償のほか[20]、慰謝料の賠償を認めるなど[21]、取消構成だけでは導けない救済を認めていることも、あわせて指摘しておく必要がある。

2）取消構成では導けない効果の付与

第2は、取消構成だけでは導けない効果を認める場合である。

（1）原状回復型損害賠償以外の損害賠償

そのような効果として、まず、原状回復型損害賠償以外の損害の賠償が考えられる。上記のように、原状回復型損害賠償のほか、弁護士費用の賠償や慰謝料の賠償を認めた裁判例が少なくない。特に、給付内容に説明と異なるところがあったとしても、契約を解消するのではなく、給付自体は保持するケースでは、原状回復的損害賠償を認めることはできないため、慰謝料によって必要な救済を認める裁判例がみられる[22]。

さらに、契約にもとづき相手方に給付したものとは別に、無駄に支出することになった費用等の信頼利益に相当するものの賠償を認める裁判例もある[23]。

（2） 過失相殺

このほか、取消構成だけでは導けない効果として、過失相殺も考えられる。もっとも、このような過失相殺は、上述したような複合的誤認惹起行為、とりわけ悪質性の高い組織的欺瞞行為に当たるものがおこなわれているケースでは、認められていない。過失相殺が認められているのは、顧客に取引経験があり、判断能力が劣っているとはいえず、取引の危険性を知りつつ取引を拡大したと認められるようなケースである[24]。

---

19 金融派生商品の取引に関する札幌高判平成16・2・26先物取引裁判例集36号（2004年）161頁【A3-211】（2004WLJPCA02266005）（相対取引であることを説明せず、個人投資家が機関投資家と並んで新たに外国為替市場に参加するかのような先物取引であるかのような印象を与える説明をし、要するに外貨建て預金である旨の虚偽の説明をしていたケース）。

20 ①未公開株の売買に関する札幌地判平成21・12・9証券取引被害判例セレクト36巻（2010年）104頁【A1-71, 156】（2009WLJPCA12096005）、②金融派生商品の取引に関する札幌地判平成15・6・27先物取引裁判例集34号（2003年）409頁【A3-239】（2003WLJPCA06276002）（【A3-211】の原審）、札幌地判平成16・9・22金判1203号（2005年）31頁【A3-234】（2004WLJPCA09220001）、札幌地判平成17・2・24先物取引裁判例集39号（2005年）471頁【A3-233】（2005WLJPCA02246001）、③商品先物取引に関する千葉地判平成22・1・28判時2076号（2010年）144頁【A3-340】（2010WLJPCA01286001）。

21 外国為替証拠金取引に関する東京地判平成19・3・30【A3-229】（2007WLJPCA03308020）。

Ⅲ. 不利益事実の不告知
1. はじめに

　消費者契約法4条2項は、事業者が、重要事項またはそれに関連する事項について消費者の利益となる旨を告げながら、その重要事項について消費者の不利益となる事実（当該告知により当該事実が存在しないと消費者が通常考えるべきものにかぎられる。）を故意に告げなかったことにより、消費者が当該事実が存在しないとの誤認をし、それによって当該消費者契約の申込みまたはその承諾の意思表示をしたときは、消費者はその意思表示を取り消すことができると定めている。この規定は、情報の不提供という単なる不作為があるだけでは、消費者に取消しを認めないという立場を前提とした上で、①利益となる旨の告知という先行行為、②その先行行為により、そのような事実が存在しないと消費者が通常考えるべき不利益事実、③その不利益事実の故意の

22　①京都地判平成12・3・24判タ1098号（2002年）184頁【A3-483】（2000WLJPCA03240010）は、「全戸南向き」と宣伝してマンションを販売したが、実際には「全戸南向き」ではないことが判明したケースで、売主に不正確な表示・説明をおこなわないという信義則上の付随義務の違反があったとして債務不履行による損害賠償責任を認めている。消費者契約法制定前のケースだが、②大阪地判平成7・5・23判タ886号（1995年）196頁【A3-638】（1995WLJPCA05230002）も、外国大学が日本校を開設するにあたり学生らにおこなった表示・説明に虚偽または誇大な点があったケースで、財産的損害賠償を認めず、慰謝料の賠償のみを認めている。このほか、③神戸地判平成14・3・19【A3-632】（2002WLJPCA03199007）は、音楽塾への入会契約において、音大プラス・アルファの授業をおこなうことや特別のカリキュラムを組むなどと説明してカリキュラム代等を納めさせたことが不法行為にあたるとして、カリキュラム代相当額の賠償を認めたほか、月謝・維持費については、レッスン内容が不十分・不完全であることを理由として2割の減額を認めている。これは、実質的には、役務提供契約において不完全履行を理由に代金減額請求を認めたのに等しいものとみることができる。

23　東京地判平成20・9・19【A3-596】（2008WLJPCA09198011）は、自動車の売買契約において、Aという仕様とBという仕様の組み合わせは不可能であると告げられたが、両者の組み合わせができる特別仕様車が近日中に発売することが予定されていたというケースで、事業者側からの未払いの売買代金の支払請求については、錯誤無効の抗弁を認めた上で、不法行為を理由として、支払い済みの手付金のほか、支出した自動車税の賠償請求を認めている。支払い済みの手付金は、錯誤無効を認める以上、不当利得として返還請求が認められるが、自動車税相当分については、損害賠償構成でしか認められないと考えられる。

24　①外国為替証拠金取引に関する東京地判平成17・10・17判時1951号（2007年）82頁【A1-120, 179, 243】（2005WLJPCA10170007）は、適合性原則違反や断定的判断の提供を否定した上で、当事者間に利益相反関係があり、両建の不利益面を説明していないことから不法行為責任を認めたケースで、本文に述べたような考慮から1割の過失相殺を認めている。また、②札幌地判平成17・8・12判タ1213号（2006年）205頁【A3-503】（2005WLJPCA08120002）は、メディカルビルの賃貸借契約において、他の医療機関が入居する確実性がないにもかかわらず、確実であるかのような虚偽の説明を繰り返しおこなったケースで、信頼利益に相当する損害―旧賃貸借契約を期間内解約したために敷金の返還を受けることができず、内装工事費用を支出したことを損害とした―の賠償を認めつつ、そのような支出を最終的に自己の判断でおこなった点を斟酌して、5割の過失相殺を認めている。これは、被害者も事業者にあたることによるものとみることができる。

【参　考】

不告知という3つの要件が備わるときについて、特に消費者に取消しを認めたものと理解するのが一般である[25]。

これによると、問題となる不利益事実は、消費者の利益になる旨を告げることにより、そのような事実は存在しないと消費者が通常考えるべきものである。その意味で、ここでは、消費者にとって利益となることと不利益事実が表裏一体をなしている場合が対象とされているとみることができる。そのため、不利益事実の不告知とは、それにもかかわらず、利益となる旨のみを告げて、不利益事実は存在しないと思わせる行為であり、一つの表裏一体をなす事実の一面のみを告げる行為であって、それ自体一つの不実表示と評価することができるという指摘もなされている[26]。

不利益事実の不告知に関する裁判例をみると、実際に、利益となる旨の告知が具体的であり、不利益事実との関連性が強くなればなるほど、それと不利益事実が表裏一体をなす度合いが高まるため、不実表示といっても差し支えない場合が数多くみられる。これをさしあたり、不実表示型と呼んでおこう。

しかし、他方で、利益となる旨の告知が具体性を欠き、不利益事実との関連性が弱いため、両者が表裏一体をなす度合いが低い場合でも、不利益事実の不告知を認める裁判例もある。この場合は、不利益事実が告知されないという側面が際立つことになり、実質的には故意の不告知による取消しを認めていることに等しくなる。これをさしあたり、不告知型と呼んでおこう。

2．不実表示型
1）意　味

まず、不実表示型として考えられるのは、利益となる旨の告知が具体性の高いものである場合である。例えば、当該契約により得られると予想される利益の額を具体的に算出し、経済的なメリットが高いことを告げたが、目的物の価格が高額で、通常よりも相当程度割高に設定されていたケースで、消費者契約法4条1項1号と2項を並べて取消しを認めた裁判例がある[27]。これはまさに、不実告知と不利益事実の不告知が連続性を有するものであることを示しているとみることができる。

また、具体的な利益を提供することが説明されたが、実質的にそれと相容れない条項が契約書に含まれていることを説明しなかった場合について、不利益事実の不告知による取消しを認めた裁判例も、全体として不実表示がなされたものと評価される場合に当たると考えられる[28]。

このほか、利益となる旨の告知の具体性が相対的に低い場合でも、不利益事実が存在しないことを当然に含意するようなケースで、不利益事実の不告知による取消しを認める裁判例も、この類型に属する。例えば、①別荘地の売買契約において、隣接地

25　消費者庁・前掲注（1）逐条解説96頁は、「取消しという効果を付与するのにふさわしい類型というのは、積極的にある事実が告知される一方でそれに密接に関連する別の事実が告知されないことによって、消費者が重要事項について誤認してしまうようなケースに限られるのではないかと考えられる。それ以外の情報の不提供の類型については努力義務にとどめることが適当であると考えられる。」としている。

26　山本敬三「消費者契約法と情報提供法理の展開」金法1596号（2000年）8頁、「消費者契約法の意義と民法の課題」民商123巻4・5号（2001年）43頁を参照。

域に産業廃棄物の最終処分場等の建設計画があることが告げられなかったケース[29]、②マンションの売買契約において、隣接地に眺望・採光・通風を害する建物が建設される計画があることが告げられなかったケース[30]、③手術を目的とする診療契約において、当該術式が医学的に一般に承認されたものといえないことが告げられなかったケースなどが[31]、これに当たる。

また、消費者が実際に誤信していたとしても、消費者にとって不利益となる事実を事業者が告げていたと解釈される場合に、利益となる旨の告知を否定したり、不利益事実の不告知を否定したりしている裁判例も、全体として以上の意味での不実表示がなされていないと評価される場合に当たるとみることができる[32]。

2）将来の事実・判断に関する不利益事実の不告知

上述したように、不実告知については、立法担当者によると、「告知の内容が客観的に真実または真正でないこと」を意味し、「主観的な評価であって、客観的な事実により真実または真正であるか否かを判断することができない内容」は告知の対象に

---

[27] 神戸地姫路支判平成18・12・28【A1-113,237】（2006WLJPCA12286006）は、太陽光発電システム・オール電化光熱機器類の売買および工事請負契約において、契約を締結すれば、月額にして、光熱費の節約分1万3,200円、水道代の節約分3,000円、売電代金1万2,200円の合計2万8,400円の得になり、本件契約にかかるクレジット代金月額3万1,762円と従前の光熱費月額2万3,500円を比較すると8,000円程度負担が増えるけれども、クレジット期間15年で代金の支払いを完了した後、本件システムの寿命を30年と考えれば、長期的にはやはり本件契約によるのが得である旨の説明を受けて、自己負担金を432万5,600円とする契約を締結したが、実際には代金が標準価格よりも割高であり、最高額に近い金額であったというケースで、消費者契約法4条1項1号、同2項および特定商取引法9条の2（当時）による取消しを認めている。

[28] 東京地判平成22・2・25【A1-206】（2010WLJPCA02258009）は、LPガス供給契約において、そのために必要なバルク設備を設置するにあたり、設置費用はかからず、その所有権は事業者側にある旨を説明したが、契約の終了時に消費者にバルク設備の買取義務が発生することが契約書に定められていたというケースで、消費者契約法4条2項による取消しを認めている。

[29] 東京地判平成20・10・15【A1-224】（2008WLJPCA10158005）は、別荘地の売買契約において、緑が豊かで、空気のきれいな、大変静かな環境が抜群の別荘地であるなどと説明されたが、隣接地域に産業廃棄物の最終処分場等の建設計画があることが告げられなかったケースで、そのような説明を受ければ、「一般平均的な消費者においても、緑が豊かで、空気のきれいな、大変静かであるという、本件各土地周辺の自然環境を阻害するような要因は存在しないであろうと通常認識するであろう」として、消費者契約法4条2項所定の不利益事実の不告知に該当するとしている。

[30] 東京地判平成18・8・30【A1-240】（2006WLJPCA08308005）は、マンションの売買契約において、北西角の窓から公園が望める旨を告げて眺望の良さを強調したほか、パンフレット等でも採光や通風の良さを強調していたが、北側隣接地に3階建ての建物が建設される計画があることを知りつつ告げなかったケースで、消費者契約法4条2項による取消しを認めている。

[31] 東京地判平成21・6・19判時2058号（2010年）69頁【A1-78,214】（2009WLJPCA06196003）は、診療契約において、包茎手術およびこれに付随する亀頭コラーゲン注入術を施術する際に、手術により一定の効果があることが説明されたが、当該術式が医学的に一般に承認されたものといえないことが告げられなかったというケースで、消費者契約法4条2項による取消しを認めている。

【参　考】

ならないとされていた。これに対し、不利益事実の不告知については、立法担当者によると、「当該消費者の利益となる旨」とは、「消費者契約を締結する前の状態と後の状態とを比較して、『当該消費者』（＝個別具体的な消費者）に利益（必ずしも財産上の利益に限らない。）を生じさせるであろうこと」をいうとされ、「当該消費者の不利益となる事実」とは、「消費者契約を締結する前の状態と後の状態とを比較して、『当該消費者』（＝個別具体的な消費者）に不利益（必ずしも財産上の利益に限らない。）を生じさせるおそれがある事実」をいうとされている[33]。これは、将来に生じるおそれがある事実を念頭に置いたものであり、厳密にいうと「客観的な事実により真実または真正であるか否かを判断することができない内容」のものでも不利益事実の不告知の対象となることを排除するものではないと考えられる。

　裁判例をみても、将来の見通しや判断にかかわる事柄について、不利益事実の不告

32　①福岡地判平成16・9・22【A１-246】（2004WLJPCA09229009）は、マンションの売買契約において、ペット飼育の可否に関して、制定予定の管理組合規約等によれば、危害迷惑をかける行為に該当しない場合にかぎり、ペット飼育が可能であり、その管理組合規約等に照らせば、買主が飼育している犬の飼育は可能と思われると告げたケースで、特にペット飼育可能ということを広告しているマンションでないかぎり、売主が買主に告げた制定予定の管理組合規約の内容はマンションにおいて制定予定の管理組合規約としては通常のものであり、買主が現に飼っているペットの飼育に関しても、その管理組合規約の解釈を述べたにすぎず、買主は、本件マンションに入居する以前もマンションにおいて管理上一定の制限を受けつつペットを飼っていたことからすると、売主は買主に利益になることを述べたとはいえないとして、消費者契約法４条２項による取消しを否定している。また、②東京地判平成23・3・29【A１-190】（2011WLJPCA03298001）は、リゾートマンションに関する請負契約において、注文者が内装をモデルルームと同様にしてほしいと述べたため、請負人が当初工事の見積額に含まれていない部分について追加工事の見積書を提示して施工したのに対し、注文者は追加費用がかからないものと誤信していたというケースで、請負人は注文者に不利益となる事実を告げなかったとはいえないし、「故意」にそれを告げなかったとも認められないとして、消費者契約法４条２項による取消しを否定している。このほか、③岡山地判平成18・11・30証券取引被害判例セレクト29巻（2007年）325頁【A１-238】（2006WLJPCA11306009）は、簡易保険生命契約において、顧客（当時74歳）は年間18万円の年金を生涯受け取れること、顧客が死亡しても10年間の保証期間があり顧客の相続人が残存期間分の年金を受け取れること、顧客が契約締結から16年３ヶ月を経過して生きていれば払込保険料を上回る年金を受け取れることを説明し、「保険料の総額に比べて年金支払総額が少なくなることがあります。」と太字で記載され、その下に細字で「保証期間内に被保険者が死亡された場合は、お支払いする年金の総額が、ほとんどの場合、お払込みいただいた保険料の合計額に比べて少なくなります。」と記載された確認書を提示して契約を締結したケースで、受取年金額が払込保険料を下回る危険性があるという事実を故意に告げなかったとは認められないとして、消費者契約法４条２項による取消しを否定している。ただし、この裁判例は、その上で、顧客は、それにもかかわらず、保証期間の意味あいについて十分に認識、理解せず、契約の内容について、90歳を超えるまで生存しなければ自分自身では払込保険料を上回るだけの年金は受領できないものの、その場合には、払込保険料からすでに受け取った年金額を差し引いた額が遺族に支払われると認識し、受取年金額が払込保険料を下回る危険性の認識を欠いていたとして、錯誤無効―これは契約内容の意味に関する表示錯誤にあたると考えられる―を認めている。

33　消費者庁・前掲注（１）逐条解説119頁以下。

知があるとし、消費者契約法4条2項による取消しを認めたものが少なくない[34]。ただし、この点は、すでに述べたように、不実告知についても同様であり、結論として、両者の間に大きな違いはみてとれない。

3）故　意

消費者契約法4条2項によると、不利益事実の不告知の場合に取消しが認められるためには、事業者が不利益事実を故意に告げなかったことが必要とされる。立法担当者によると、この「故意」とは、①「当該事実が当該消費者の不利益となるものであることを知っており」、かつ、②「当該消費者が当該事実を認識していないことを知っていながら」、「あえて」という意味であるとされている[35]。

不実表示型に属すると考えられる裁判例では、取消しを認める場合、取引の経過に関する一連の事実を認定した上で、特に「故意」の意味を示すことなく、「故意」があるとのみ述べる－したがって①および②に当たる事実を具体的に摘示していない－ものがほとんどである。「故意」についてまったく言及せずに、取消しを認めている裁判例もある[36]。「故意」を否定している裁判例も、多くは、そもそも不利益事実の不告知がない－つまり告知されている－場合であり、①ないし②に当たる事実があるといえないことを具体的に摘示しているわけではない[37]。

もっとも、上述したように、不実表示型とは、一体をなす事実のうち、告げているのは一部であり、全体として「事実と異なることを表示した」と評価できる場合である。このように実質的に不実告知と同視できる場合に「故意」を要件とするのは、不

34　①さいたま地判平成22・10・12証券取引被害判例セレクト39巻（2011年）238頁【A1-199】（2010WLJPCA10126003）は、イラクディナールの購入契約で、イラクディナールの価値が上がるなど、買主に有利な事実を告げるのみで、イラクディナールの価値が下がる可能性もあることや、当時1イラクディナールは10銭以下であることなど、買主に不利益となる事実を故意に告げずに契約させたケースで、消費者契約法4条2項に該当するとして取消しを認めている（さらに、イラクディナールの価値が上がるか否か、上がるとしてもいつ上がるかについては不確実であったにもかかわらず、近いうちにイラクディナールが10倍以上値上がりすると説明した点について、断定的判断の提供にあたり、消費者契約法4条1項2号にも該当するとしている）。また、②東京地判平成19・10・15【A1-229】（2007WLJPCA10158013）は、パチンコ攻略法の使用許諾契約で、事業者が消費者に対し、実行方法は「難しくないと思います。物理的に実現不可能な手順を攻略法として販売している会社が多く存在しているのが現状ですが、当社の情報はそのようなものではありません。」と述べ、この攻略法は「日頃の勝率をアップすることを目的とするということを十分に認識ください。」と利用規約に記載し、問い合わせに対して「もちろん当社は収支向上に効果があると判断しております。」と答えたが、実際にはその攻略法は実行することがかなり困難であり、かつ、通常の確率を超える確率で大当たりを出すことが不可能であって、消費者にとって経済的効果がまったくないという事実を故意に告げなかったケースで、消費者契約法4条2項の不利益事実の不告知に該当するとしている。

35　消費者庁・前掲注（1）逐条解説120頁。

36　前掲注（27）神戸地姫路支判平成18・12・28【A1-113,237】（2006WLJPCA12286006）、前掲注（29）東京地判平成20・10・15【A1-224】（2008WLJPCA10158005）。

37　前掲注（32）岡山地判平成18・11・30証券取引被害判例セレクト29巻（2007年）325頁【A1-238】（2006WLJPCA11306009）、前掲注（32）東京地判平成23・3・29【A1-190】（2011WLJPCA03298001）。

【参　考】

実告知について主観的要件を問わないものとされている－したがって事実と異なることを知っていたかどうかを問わない－ことと相容れないとも考えられる。不実表示型に関して、「故意」の意味を明確にせず、「故意」に当たる事実を具体的に摘示しない裁判例がしばしばみられるのも、このような考慮からすると、むしろ積極的に評価することもできる。

　もっとも、不実表示型に属する裁判例でも、まさに「故意」が認められないことを理由に取消しを否定したものも存在する[38]。これは、新築マンションの売買契約において、居室から海を眺望できることがセールスポイントとされていた場合に、買主が3階と5階のいずれの部屋にするかを決定する際に、眺望に変わりはないと説明されて3階の部屋に決めたが、マンションが完成してから電柱および電線により3階の部屋の眺望が阻害されていることが判明したというケースに関する。そこでは、まず、消費者契約法4条1項1号にいう「事実と異なること」とは、「主観的な評価を含まない客観的な事実と異なること」をいい、3階と5階の眺望が同一かどうかは「主観的な評価を含む」ため、「事実」に該当しないとして、消費者契約法4条1項1号による取消しを否定している。さらに、不利益事実の不告知についても、事業者側も電柱の存在を知らなかったのであるから、その事実を「故意に」告げなかったということはできないとして、消費者契約法4条2項による取消しも否定している。これはまさに、上記の①に当たる事実がないことを理由として、「故意」の存在を否定したものということができる。

　ただ、この裁判例は、その上で、「建築前にマンションを販売する場合においては、購入希望者は現物を見ることができないのであるから、売主は、購入希望者に対し、販売物件に関する重要な事項について可能な限り正確な情報を提供して説明する義務があり、とりわけ、居室からの眺望をセールスポイントとしているマンションにおいては、眺望に関係する情報は重要な事項ということができるから、可能な限り正確な情報を提供して説明する義務があるというべきである。そして、この説明義務が履行されなかった場合に、説明義務が履行されていれば買主において契約を締結しなかったであろうと認められるときには、買主は売主の説明義務違反（債務不履行）を理由に当該売買契約を解除することができる」とし、本件では、売主は電柱および送電線が眺望に影響を与えることを具体的に説明すべき義務を怠ったとして、契約の解除を認めている。これは、実質的には、（過失による）不実表示を理由として取消しを認めたのと変わりないと考えられる。

4）立法課題

　現在、民法の改正について、不実告知と不利益事実の不告知による取消しを「不実表示」として統合し、消費者契約にかぎらず、法律行為一般に適用されるものとして民法に規定する－一般法化する－という立法提案がおこなわれている[39]。

　それによると、まず、消費者契約法4条1項1号が「事実と異なることを告げる」ことを要件としているのに対し、これを「事実と異なることを表示した」ことに改めることが提案されている。これは、「告げる」という文言では、実際に積極的な告知

38　前掲注（11）福岡地判平成18・2・2判タ1224号（2007年）255頁【A1-117, 242】（2006WLJPCA02020003）

行為をしたことが必要となり、四囲の事情から黙示的に表示されたと評価される場合は含まれないと解される余地があることによる。そのような場合でも、表意者がそれによって事実を誤って認識するならば、同様に取消しを認めてもよいと考えられるため、これを「事実と異なることを表示した」と改めるべきだというわけである[40]。

また、不利益事実の不告知の場合も、一体をなす事実のうち、告げているのは一部であるが、全体として「事実と異なることを表示した」場合に当たるとみることができる。したがって、以上の意味での不実表示について定めておけば、不利益事実の不告知の場合はそれに含まれるため、不利益事実の不告知について特に定める必要はないと考えられることになる[41]。

この立法提案が、以上のような不実表示を民法に一般法化して規定すべきであるとするのは、次のような考慮に基づく。まず、事実に関して取引の相手方が不実の表示をおこなえば、消費者でなくても、誤認をしてしまう危険性が高い。しかも、前提となる事実が違っていれば、それを正確に理解しても、その結果おこなわれる決定は不適当なものとならざるをえない。したがって、事実に関する不実表示については、表意者を保護すべき必要性は一般的に存在し、かつその必要性は特に高いと考えられる。相手方もみずから誤った事実を表示した以上、それによって錯誤をした表意者からその意思表示を取り消されてもやむをえない。民法に不実表示に関する一般的なルールを定める理由は、このように説明されている[42]。

このように、不実表示に関する規定を法律行為一般に適用されるものとして民法に定めるかどうかについては、現在、法制審議会民法（債権関係）部会でも審議されているところであり[43]、その帰趨は定かではない。しかし、その点は置くとしても、上述したような不実告知と不利益事実の不告知に関する裁判例の状況に照らすと、不実告知―「事実と異なることを告げること」―を不実表示―「事実と異なることを表示

---

39 民法（債権法）改正検討委員会編『債権法改正の基本方針〔別冊 NBL126 号〕』（商事法務、2009 年、以下では「基本方針」として引用する）30 頁以下、民法（債権法）改正検討委員会編『詳解債権法改正の基本方針Ⅰ』（商事法務、2009 年、以下では「詳解Ⅰ」として引用する）124 頁以下。山本敬三「民法改正と錯誤法の見直し―自律保障型規制とその現代化」曹時 63 巻 10 号（2011 年）38 頁以下も参照。
40 民法（債権法）改正検討委員会・前掲注（39）基本方針 31 頁、民法（債権法）改正検討委員会・前掲注（39）詳解Ⅰ 129 頁。山本・前掲注（39）39 頁以下も参照。
41 民法（債権法）改正検討委員会・前掲注（39）基本方針 31 頁、民法（債権法）改正検討委員会・前掲注（39）詳解Ⅰ 131 頁。山本・前掲注（39）41 頁以下も参照。
42 前掲注（39）基本方針 31 頁、前掲注（39）詳解Ⅰ 128 頁。
43 法制審議会民法（債権関係）部会「民法（債権関係）の改正に関する中間的な論点整理（平成 23 年 5 月）」（これは、法務省のホームページに公表されているほか（http://www.moj.go.jp/content/000074384.pdf）、NBL953 号（2011 年）の付録としても公刊されている。以下では「中間論点整理」として引用する。）93 頁以下。また、この中間論点整理に即して、法制審議会民法（債権関係）部会における議事の概況等を整理したものとして、法務省民事局参事官室「民法（債権関係）の改正に関する中間的な論点整理の補足説明（平成 23 年 5 月）」があり（これも法務省のホームページに公表されているほか（http://www.moj.go.jp/content/000074425.pdf）、商事法務編『民法（債権関係）の改正に関する中間的な論点整理の補足説明』（商事法務、2011 年）として公刊されている。以下では「補足説明」として引用する。）、その 231 頁以下も参照。

【参　考】

すること」―へと拡充し、不利益事実の不告知のうち不実表示型に相当するものもこれによりカバーするという方向性は、消費者契約法の改正についても十分に検討に値すると考えられる。

3．不告知型
1）意　味

　以上に対し、不利益事実の不告知が問題とされる場合でも、利益となる旨の告知が具体性を欠くなどして、不利益事実との関連性が弱いケースも存在する。この場合は、一方で利益となる旨の告知があり、他方で消費者の不利益となる事実の不告知があるとしても、前者の告知により後者の事実が存在しないと消費者が通常考えるべきものに当たるということが難しいため、消費者契約法4条2項による取消しは認められないことになりそうである。

　しかし、裁判例をみると、このような場合に、消費者契約法4条2項による取消しを認めたものも存在する。例えば、寺院に奉納するために梵鐘の製作を依頼する旨の請負契約において、前払金として支払う2億円が契約解除の場合には違約金となる旨の条項が契約書に定められていることを請負人が故意に告げなかったケースで、消費者契約法4条2項による取消しを認めた裁判例がある[44]。このケースでは、注文者は91歳と高齢であり、かねてから梵鐘の製作を希望し、請負人に相談してきたのに対し、請負人は、それまでは、梵鐘の奉納場所があらかじめ確保される前に梵鐘を作ることは無理であることから、慎重に対応してきたにもかかわらず、今回にかぎって、設置すべき寺院すら決まっていない段階で契約の締結に踏み切ったという事情があることから、請負人は、不利益事実に当たる違約金の約定をみずから契約書に定めながら、故意にそれを告げていない―つまり不利益事実の故意の不告知がある―と考えられる。ただ、この裁判例は、注文者が利益となる旨を告げたことを特に認定しないまま、不利益事実の不告知による取消しを認めているため、実質的には、故意の不告知による取消しを認めたのと等しいことになっている。

　このほか、マンションの2階にある区分建物の売買において、パンフレット等でマンションの防犯性・安全性が高いことがうたわれ、実際に各住戸に防犯センサーが設置され、侵入者がある場合には警備会社が速やかに対応することとされていたケースで、買主が購入した住戸のバルコニー開口部の近くに電話線等の引込柱が立っていることが特に告げられていなかったとしても、マンションの防犯性・安全性について抽象的に買主の利益となる旨を告げたことから、消費者がその引込柱が存在しないと通常考えると断ずることは困難であるとして、消費者契約法4条2項による取消しを認めなかった裁判例がある[45]。これはまさに、利益となる旨の告知が具体性を欠き、引込柱が存在するという不利益事実との関連性が乏しいことから、不利益事実の不告知にあたらないと判断したものとみることができる。もっとも、この裁判例は、消費者契約法4条2項による取消しを否定する際に、それと同時に、売主が買主に対しその

44　大阪地判平成23・3・4判時2114号（2011年）87頁【A1-191】（2011WLJPCA 03046001）。
45　東京地判平成19・1・29【A1-236】（2007WLJPCA01290007）。

引込柱の存在を「故意に告げなかった」と認めることもできないことも指摘している。これによると、上記のように故意の不告知による取消しを認めるとしても、本件では、故意があるといえないため、いずれにしても取消しが認められないと説明することも可能である。

2）情報提供義務・説明義務違反に基づく損害賠償責任

以上のように、不告知型では、先行行為がないか、あるとしても、不利益事実との関連性が弱いため、不利益事実を告げなかったという点が前面に出てくることになる。そのため、これは、情報提供義務ないし説明義務違反を理由として損害賠償責任を認めるケースと交錯することになる。

（1）情報提供義務・説明義務違反が認められる要因

裁判例をみると、消費者契約法の制定後も、事業者に情報提供義務・説明義務の違反があるとして、損害賠償責任を認めるものが少なくない。これは、債務不履行ないし不法行為を根拠とするため、帰責事由ないし過失に当たるものがあれば足り、故意があることまで要求されない。特に、効果として原状回復的損害賠償が認められ、過失相殺が否定されるケースでは、これは実質的に、過失による不告知を理由とする取消しを認めたのに等しいということができる。

問題は、事業者にそのような情報提供義務・説明義務の違反が認められるのは、どのような場合かである。これまでの裁判例をみるかぎり、少なくとも次の２つの要因の一方または双方が認められる場合に、情報提供義務・説明義務違反を理由として原状回復的損害賠償が認められているということができる[46]。

第一は、契約をすることにより消費者の生命・身体・財産等が害される危険性が高い場合である。この場合は、そうした消費者の権利を保護するために、危険性とその程度に関する情報を伝えることが要請されると考えられる。例えば、①出資契約において、出資先が実質的に債務超過の状態にあり、経営破綻の現実的な危険があることを説明しなかった場合や[47]、②先物取引等において、利益相反関係が生ずる可能性の高い取引方法を採用することを説明しなかった場合[48]等が、それに当たる。

第二は、事業者が専門的知識を有することが契約上予定されている場合である。この場合は、契約をするかどうかを決めるために必要な情報を事業者が提供しなければ、消費者にとって不利な取引がおこなわれる可能性が高い。しかも、事業者も、自己の専門性に対する社会的な信頼があってはじめて営業活動が可能になっているのであり、そこから利益を得ているのだから、それに応じた情報提供義務が課せられることも正当化されると考えられる。例えば、③銀行から融資を受けて容積率の上限に近い建物を建築した後で、その敷地の一部を売却して返済資金を調達するという計画を

---

46 これは、山本・前掲注（39）61頁以下の提案に対応している。
47 最二判平成23・4・22民集65巻3号1405頁【Ａ3-557】（2011WLJPCA04229002）（契約の締結に先立ち、信義則上の説明義務に違反して、当該契約を締結するか否かに関する判断に影響を及ぼすべき情報を相手方に提供しなかった場合には、契約上の債務の不履行による賠償責任を負うことはないとするが、不法行為による賠償責任を負う可能性があることは認めている）のほか、大阪高判平成22・2・26判タ1326号（2010年）218頁【Ａ3-573】（2010WLJPCA02266006）、大阪地判平成21・8・31判時2073号（2010年）69頁【Ａ3-581】（2009WLJPCA08318026）。

【参　考】

立案した建築会社と銀行が、計画で予定された敷地の一部を売却すると容積率の上限を超えてしまうほか、その敷地の一部についても建築許可が得られなくなることを説明しなかった場合[49]、④一定の大きさの建物を新築する目的で宅建業者から土地を購入した際に、建ぺい率を考慮すると買主が予定していた建物を建築することは法的に不可能である旨を宅建業者が買主に説明しなかった場合[50]、⑤フランチャイズ契約で、フランチャイザーがフランチャイジーに自社競合店の出店予定等の情報を提供しなかった場合[51]等が、それに当たる[52]。

（２）取消構成では導けない効果の付与

　不実告知のところでも指摘したように、ここでも、情報提供義務・説明義務違反に基づく損害賠償責任を認める裁判例のなかには、取消構成だけでは導けない効果を認めているものが少なくない。

（ａ）原状回復型損害賠償以外の損害賠償

　そのような効果として、まず、原状回復型損害賠償以外の損害の賠償が挙げられる。ここでも、原状回復型損害賠償のほかに、慰謝料の賠償や弁護士費用の賠償を認

48　最二判平成21・12・18判時2072号（2010年）14頁【Ａ３-343】（2009 WLJPCA 12189003）は、「商品取引員が本件取引手法を用いている場合に取引が決済されると、委託者全体の総益金が総損金より多いときには商品取引員に損失が生じ、委託者全体の総損金が総益金より多いときには商品取引員に利益が生ずる関係となるのであるから、本件取引手法には、委託者全体の総損金が総益金より多くなるようにするために、商品取引員において、故意に、委託者に対し、投資判断を誤らせるような不適切な情報を提供する危険が内在することが明らかである」とし、「商品取引員が本件取引手法を用いていることは、商品取引員が提供する情報一般の信用性に対する委託者の評価を低下させる可能性が高く、委託者の投資判断に無視することのできない影響を与える」として、「少なくとも、特定の商品（商品取引所法２条４項）の先物取引について本件取引手法を用いている商品取引員が専門的な知識を有しない委託者から当該特定の商品の先物取引を受託しようとする場合には、当該商品取引員の従業員は、信義則上、その取引を受託する前に、委託者に対し、その取引については本件取引手法を用いていること及び本件取引手法は商品取引員と委託者との間に利益相反関係が生ずる可能性の高いものであることを十分に説明すべき義務を負う」としている。

49　最一判平成18・6・12判時1941号（1986年）94頁【Ａ３-615】（2006 WLJPCA 06120001）。

50　東京地判平成21・4・13【Ａ３-448】（2009WLJPCA04138007）。

51　東京地判平成17・12・20【Ａ３-538】（2005WLJPCA12208001）。

52　このほか、最二判平成15・11・7判時1845号（2004年）58頁【Ａ３-473】（2003 WLJPCA11070001）は、金融機関の従業員が融資契約を成立させる目的で顧客が土地を購入することにかかわったが、その土地が接道要件を満たさないことを顧客に説明しなかったケースで、融資契約と土地の売買契約は別個の契約であり、土地が接道要件を満たしているかどうかは、宅建業法上、売主側の仲介業者が重要事項として説明義務を負い、金融機関に同様の義務があるわけではないとし、金融機関の従業員が信義則上説明義務を負うためには、接道要件が具備されていないことを金融機関の従業員が認識していながら、ことさら顧客に知らせなかったり、または知らせることを怠ったときや、金融機関が土地の売主等と業務提携等をし、土地の売主等の販売活動に深くかかわったときなど、特段の事情が必要であるとしている。ここにも、金融機関が土地の購入に関する情報を収集し、顧客に提供することが契約上予定されているときは、特別な情報提供義務・説明義務が認められるという考え方をみてとることができる。

めたものが少なくない[53]。特に、情報提供義務・説明義務の違反があるとしても、契約を解消するのではなく、給付自体は保持するケースでは、原状回復型損害賠償を認めることができないため、慰謝料によって必要な救済を認める裁判例がみられる[54]。

さらに、契約に基づいて相手方に給付したものとは別に、無駄に支出することになった費用等の信頼利益に相当するものの賠償を認める裁判例があるほか[55]、適切な情報提供・説明があれば得られたであろう利益の賠償を認める裁判例もある[56]。

（b）過失相殺

このほか、取消構成だけでは導けない効果として、過失相殺も考えられる。明確な不実告知に相当するものがある場合と異なり、ここでは、実際に過失相殺を認めた裁判例が少なくない。例えば、顧客が特に告げなければ、事業者もその顧客の主たる関心が認識できない場合に、顧客が契約時にそれを明確に述べたり、確認したりしなかったケースや[57]、顧客の側でも必要な情報や知識を収集することができたのに、そ

53　例えば、東京高判平成13・12・26判タ1115号（2003年）185頁【A3-480】（2001WLJPCA12260028）は、不動産の仲介業務を委託された宅建業者は、買主が売買契約を締結するかどうかを決定づけるような重要な事項について知り得た事実については、信義則上これを買主に説明、告知する義務を負うとし、本件不動産が軟弱地盤であったことを説明しなかったとして、瑕疵担保を理由とする解除により原状回復が認められるのに加えて、慰謝料の賠償を認めている。

54　①大阪高判平成13・10・31判時1782号（2002年）124頁【A3-260】（2001WLJPCA10310011）は、火災保険契約を締結する際に、地震保険の内容および地震保険確認欄に押印することの意味－それによって地震保険不付帯の法律効果が生じること－についての情報提供・説明をすべき信義則上の義務があるとし、その違反により、自己決定の機会－地震保険契約締結の申込みをした可能性－を喪失したとして、慰謝料の賠償を認めている。もっとも、②最三判平成15・12・9・民集57巻11号1887頁【A3-257】（2003WLJPCA12090001）は、「このような地震保険に加入するか否かについての意思決定は、生命、身体等の人格的利益に関するものではなく、財産的利益に関するものであることにかんがみると、この意思決定に関し、仮に保険会社側からの情報の提供や説明に何らかの不十分、不適切な点があったとしても、特段の事情が存しない限り、これをもって慰謝料請求権の発生を肯認し得る違法行為と評価することはできない」とし、本件ではそうした「特段の事情」があるとはいえないとして、慰謝料請求権を否定している。このほか、③東京地判平成14・2・22【A3-478】（2002WLJPCA02220012）は、マンションの居室の売買契約がマンションの建築前もしくは建築中に締結されるようなときは、マンション購入者は、現場に臨んだとしても、購入する居室と嫌悪施設との位置関係を知ることは容易でないため、そのことを知りうる立場にあるマンションの販売業者は、購入者に対し、嫌悪施設－本件ではバルコニーの先端から3ｍの距離にある変圧器付き電柱－の存在・その内容・位置関係等をあらかじめ説明する信義則上の義務があり、それに違反したとして、マンションの減価額のほか、慰謝料の賠償を認めている。このうち、減価額の賠償は、実質的には、不完全履行を理由に代金減額請求を認めたのに等しいものということができる。

55　大阪高判平成19・9・27金判1283号（2008年）42頁【A3-508】（2007WLJPCA09276002）は、前掲注（49）最一判平成18・6・12判時1941号（2006年）94頁【A3-615】（2006WLJPCA06120001）の差戻審で、投資プランを全部断念したわけではないことから、原状回復型損害賠償にあたるものを否定した上で、投資プランにしたがって銀行から借り入れた貸付けについて期限の利益を喪失したことにより負担した遅延損害金の一部を損害として賠償を認めている。

【参 考】

れを怠ったケース[58]などで、過失相殺が認められている。
3）立法課題
　上述したように、不利益事実の不告知のうち、不実表示型に関しては、不実告知を不実表示へと拡充することでカバーすべきであると考えるならば、不告知型についてどのように考えるべきかが問題となる。
（1）故意の不告知を理由とする取消し
　この関係では、現在、特定商取引法が適用される取引に関して、故意の不告知による取消しが認められていることを考慮する必要がある。それによると、所定の重要事項について、事業者に相当する者が故意に事実を告げないことにより、そのような事実がないと顧客が誤認した場合に、取消しが認められている（特定商取引法9条の3、24条の2、40条の3、49条の2、58条の2）。これは、先行行為を必要とせずに、故意の不告知による場合を一般的に取消しの対象としたものにほかならない。
　先ほどみたように、不利益事実の不告知に関する裁判例でも、先行行為との関連が乏しい不利益事実について、故意にその事実を告知していないといえるかどうかによって、取消しの可否を判断しているものが存在する。このようなケースを受けとめるためには、消費者契約法4条2項についても、特定商取引法と同様に、先行行為に関する要件を削除し、端的に故意の不告知による取消しを認める規定へと改めることが十分検討に値すると考えられる。
　もっとも、現行法のもとでも、いわゆる沈黙による詐欺も民法96条1項の「詐欺」に当たると考えられている[59]。これによると、故意の意味について若干の違いが残る

56　①東京高判平成10・4・22判時1646号（1998年）71頁【A3-491】（1998WLJPCA04220001）は、節税のために等価交換方式によるマンションの建築を勧誘した際に、等価交換方式について正しい知識を持ち、十分な理解をした上で、顧客に対し誤解を招くことがないよう正しく説明すべき義務、顧客に多額の税負担が生じることのないように打合せ・調整を図り、工夫をする等すべき義務の違反があったとして、民事訴訟法248条にのっとり、顧客が納付した所得税および地方税の3分の1を損害としてその賠償を認めている（その上で、2割の過失相殺を認めている）。また、②大津地判平成15・10・3【A3-628】（2003WLJPCA10039006）は、パソコン講座を受講する際に、厚生労働省の教育訓練給付制度を利用して受講する旨の希望を述べていたにもかかわらず、事業者側の説明が不十分だったために、結果としてその給付制度が利用できない予約制を受講したケースで、説明義務違反を理由として、給付制度を利用することができたならば得られたであろう利益を損害として賠償を認めている（その上で、2割の過失相殺を認め、弁護士費用の賠償も認めている）。このほか、③東京地判平成18・4・24判時1955号（2007年）43頁【A3-617】（2006WLJPCA04240002）は、年金制度が破綻するなどして年金支給が困難になる具体的な可能性が生じており、かつ、事業者がこれを予見しまたは予見することができた場合には、その可能性を説明し、あるいは加入者に認識させるに足りるような年金財政に関する重要な情報を示して適切な説明をおこなった上で選択をさせるべき義務があるのに、それを怠ったとして、適切な選択をしていれば得られたはずの金額と現実に受け取った金額の差額を損害として賠償を認めている。

57　前掲注（56）大津地判平成15・10・3【A3-628】（2003WLJPCA10039006）（2割の過失相殺）。

58　前掲注（56）東京高判平成10・4・22判時1646号（1998年）71頁【A3-491】（1998WLJPCA04220001）では、顧客がみずからの顧問税理士にまったく相談していないことを過失として2割の過失相殺を認めている。

可能性があるものの、故意の不告知と沈黙による詐欺が認められる場合はほぼ重なると考えられるため、故意の不告知について規定することは、詐欺に関する規定の明確化ないし具体化という意味を持つにとどまるということもできる。

（2）情報提供義務・説明義務違反を理由とする取消し

これに対して、先ほどみたように、情報提供義務・説明義務に関する裁判例では、事業者に故意があるかどうかにかかわりなく、事業者に情報提供義務・説明義務の違反があるとして、原状回復型損害賠償を認めることにより、実質的に過失による不告知を理由とする取消しを認めたのと等しいものが数多く存在する。消費者契約法については、当初の立法段階から、事業者に情報提供義務を認め、その違反を理由とする取消しを認めるかどうかが議論されてきた。現行消費者契約法はこれを否定していると考えるのが一般であるが、事業者と消費者の間に情報格差があるという消費者契約法の前提からすると、むしろ事業者に情報提供義務を原則として認め、その違反がある場合に取消しを認めるべきであるとする見解も根強く主張されている[60]。

上述したように、これまでの裁判例をみるかぎり、少なくとも、①契約をすることにより消費者の生命・身体・財産等が害される危険性が高い場合と、②事業者が専門的知識を有することが契約上予定されている場合については、事業者に情報提供義務・説明義務を認めるという傾向がうかがえる。このような方向性は、消費者契約にかぎらず、より一般的に妥当すると考えられるものの[61]、少なくとも消費者契約について、これを明文化し、それをもとに情報提供義務・説明義務による取消しを認める規定を定めることは、十分検討に値するというべきだろう。

もっとも、その場合に残るのは、損害賠償責任を認める裁判例のなかに、取消構成では導けない効果を認めているものが数多くみられることをどのように受け止めるかである。そのうち、原状回復的損害賠償以外の損害賠償は、取消しを認めることと相容れないものではない。したがって、取消しを認める規定を設けたとしても、原状回復以外の救済を必要とする場合は、別途、情報提供義務・説明義務違反を理由として債務不履行ないし不法行為に基づく損害賠償を認めれば足りる。

それに対して、原状回復的損害賠償について過失相殺を認めることは、取消しを認めることと抵触する。実際、裁判例のなかでは、消費者契約法による取消しの要件をみたし、不当利得返還請求権が認められるほか、債務不履行ないし不法行為に基づく損害賠償責任についても、要件をみたすが、過失相殺を認めるべきであると判断した

---

59 大判昭和 16・11・18 法学 11 号 617 頁（1941WLJPCA11186001）のほか、我妻榮『新訂民法総則』（岩波書店、1965 年）309 頁、四宮和夫『民法総則〔第 4 版〕』（弘文堂、1986 年）184 頁等を参照。民法（債権法）改正検討委員会・前掲注（39）基本方針 32 頁以下では、これをリステイトするかたちで、沈黙による詐欺を民法に明文化することが提案されている。さらに、現在のところ、法制審議会民法（債権関係）部会でも、沈黙による詐欺に関する規定を設けるかどうかが検討事項の一つとされている（法制審議会民法（債権関係）部会・前掲注（43）中間論点整理 83 頁のほか、商事法務・前掲注（43）補足説明 230 頁も参照）。

60 さしあたり、山本敬三「契約規制の法理と民法の現代化（1）」民商 141 巻 1 号（2009 年）38 頁以下を参照。

61 山本・前掲注（39）61 頁以下・67 頁を参照。

【参　考】

上で、前者の不当利得返還請求権の方が原告に有利なのでそれを認めると判示したものがある[62]。このような判断は、現行法のもとではやむをえないのかもしれないが、まさにこのような問題があるがゆえに、取消しに関する判断を回避し、損害賠償責任のみを認める場合もあるのではないかと推察される。これは、民法の無効・取消しおよび不当利得制度の問題なのかもしれないが、無効・取消しについて一部無効・一部取消しを認めることで対処するほか、不当利得の返還請求についても、無効・取消原因の発生に対する寄与度等を基準とした減額の可能性[63]を認めることができないかどうかが、重要な検討課題になると考えられる。こうした可能性を認めることは、消費者を救済する可能性を狭めるものではなく、むしろ取消構成の効果を適正なものにすることにより、その利用可能性を高めるものというべきだろう。

IV. 重要事項
1. 重要事項の意味

消費者契約法によると、以上の不実告知と不利益事実の不告知による取消しが認められるのは、それが「重要事項について」おこなわれた場合にかぎられている。消費者契約法4条4項によると、そこでいう「重要事項」とは、①「物品、権利、役務その他の当該消費者契約の目的となるものの質、用途その他の内容」（1号）、または、②「物品、権利、役務その他の当該消費者契約の目的となるものの対価その他の取引条件」（2号）であって、「消費者の当該消費者契約を締結するか否かについての判断に通常影響を及ぼすべきもの」をいうとされている。

これまでの裁判例をみると、①の契約客体の「内容」に当たるものとして、例えば、刀剣の売買契約における刀剣の製作時期[64]、別荘地の売買契約における土地の周辺環境[65]、マンションの売買契約における建物の眺望・採光・通風[66]、診療契約において採用される術式が医学的に一般に承認されたものかどうか[67]等が認められている。また、②の契約客体を入手するための「取引条件」に当たるものとして、例えば、LPガス供給契約において契約の終了時にバルク設備の買取義務が発生すること[68]、土地売買契約と建物建築請負契約においてローン審査が通らない場合に契約を

62　断定的判断の提供に関するケースであるが、名古屋地判平成19・12・26証券取引被害判例セレクト31巻（2008年）399頁【A1-102,174】（2007WLJPCA12266012）を参照。

63　断定的判断の提供に関するケースであるが、東京地判平成21・9・24【A1-157】（2009WLJPCA09248007）は、取消しを原因とする不当利得返還請求を信義則により合理的な範囲に限定する可能性を認めている。

64　前掲注（3）東京地判平成22・2・18【A1-69】（2010WLJPCA02188007）〔法4条1項1号〕。

65　前掲注（29）東京地判平成20・10・15【A1-224】（2008WLJPCA10158005）〔法4条2項〕。

66　前掲注（30）東京地判平成18・8・30【A1-240】（2006WLJPCA08308005）〔法4条2項〕。

67　前掲注（31）東京地判平成21・6・19判時2058号（2010年）69頁【A1-78,214】（2009WLJPCA06196003）〔法4条2項〕。

68　前掲注（28）東京地判平成22・2・25【A1-206】（2010WLJPCA02258009）〔法4条2項〕。

解除できるかどうか[69]、梵鐘の製作請負契約で前払金が契約解除の場合に違約金とされていること[70]等が認められている。

「消費者の当該消費者契約を締結するか否かについての判断に通常影響を及ぼすべきもの」かどうかは、立法担当者によると、「契約締結の時点における社会通念に照らし、当該消費者契約を締結しようとする一般平均的な消費者が当該消費者契約を締結するか否かについて、その判断を左右すると客観的に考えられるような、当該消費者契約についての基本的事項（通常予見される契約の目的に照らし、一般平均的な消費者が当該消費者契約の締結について合理的な意思形成を行ううえで通常認識することが必要とされる重要なもの）」をいうとされている[71]。裁判例をみると、例えば、中古車売買において、車体の底面に特に修理の必要性の認められない損傷があることは、売買契約を締結するか否かについての判断に通常影響を及ぼすものであるとまではいえないとしたものがある[72]。また、傍論であるが、マンションの売買において、「空気孔の位置が低いことにより、一般人から見て、著しく美観を損ねるとか、不便を生じる程度に居室のスペースが狭くなるなどの事実が認められないことからすると、空気孔の位置が、通常、マンションの購入者にとって売買契約を締結するか否かの判断に影響を及ぼすものとは認め難」いとしたものもある[73]。

2．拡張の可能性
1）従来の議論状況

消費者契約法が制定されてから後、重要事項に関して特に議論されてきたのは、消費者契約法4条4項1号および2号にあたらない事項について不実告知や不利益事実の不告知に相当する行為があった場合に、重要事項に関するものではないとして、取消しを否定すべきかどうかである。

立法担当者によると、取消しが認められるのは、規定の文言通り、契約客体の内容または取引条件について不実告知や不利益事実の不告知がおこなわれた場合にかぎられるとされる[74]。それに対して、学説では、消費者契約法4条の基礎にあるのは、事業者が積極的な行為によって消費者を誤認させた以上、契約を取り消されてもやむをえないという考え方である以上、消費者の意思決定に通常影響をおよぼすべき事項について不実告知や不利益事実の不告知がおこなわれた場合は、取消しを認めるべきであるとする―消費者契約法4条4項で契約客体の内容・取引条件が挙げられているのは例示にすぎないと理解する―見解も主張されている[75]。

2）裁判例の現況

---

69 前掲注（9）東京地判平成17・8・25【A1-122】（2005WLJPCA08250002）〔法4条2項〕。
70 前掲注（44）大阪地判平成23・3・4判時2114号（2011年）87頁【A1-191】（2011WLJPCA03046001）〔法4条2項〕。
71 消費者庁・前掲注（1）逐条解説142頁。
72 東京地判平成19・8・27【A1-105】（2007WLJPCA08278010）〔法4条1項1号〕。
73 東京地判平成21・3・16【A1-216】（2009WLJPCA03168005）（不法行為または債務不履行（説明義務違反）が認められないとしたケース）。
74 消費者庁・前掲注（1）逐条解説146頁。

【参 考】

　重要事項に関する裁判例をみると、当該契約をする必要性も重要事項に含まれるとして、その点について不実告知や不利益事実の不告知がおこなわれた場合に、取消しを認めるものが少なくない[76]。こうした事項は、厳密にいうと、「当該消費者契約の目的となるものの質、用途その他の内容」にも、その「対価その他の取引条件」にもあたらない。実際また、立法担当者も、電話機の購入契約で、現在使っている黒電話が使えなくなることや、エステ契約で、このままだと肌がぼろぼろになることは、重要事項にあたらないとしている[77]。しかし、契約をする必要性は、この点について誤認していなければ、当該契約を締結しなかったと考えられ、まさに「消費者の当該消費者契約を締結するか否かについての判断に通常影響を及ぼすべきもの」にほかならない。その意味で、これもまた重要事項に含まれるとすることに十分理由があると考えられる。

　また、連帯保証契約において、実質的な借主（主たる債務者）は別人であり、借主（主たる債務者）とされている者が信用情報のブラックリストに載っていて支払能力がまったくないことなどが秘匿されていた場合に、これもまた重要事項に当たるとして、消費者契約法４条１項１号による取消しを認めた裁判例がある[78]。こうした主たる債務者の支払能力も、厳密にいえば、「当該消費者契約の目的となるものの質、用途その他の内容」にも、その「対価その他の取引条件」にも当たらない。しかし、このような事項も、その点について誤認していなければ、当該連帯保証契約を締結しなかったと考えられ、まさに「消費者の当該消費者契約を締結するか否かについての判断に通常影響を及ぼすべきもの」にほかならない。その意味で、これもまた重要事項に含まれるとすることには十分理由があると考えられる。

　これに対し、金の商品先物取引の委託契約において、将来の金の価格は、契約の目的となるものの質であり、その契約を締結するか否かの判断に通常影響を及ぼすべきものであるとして、重要事項に当たるとした下級審裁判例もあるが[79]、最高裁はこれを否定している[80]。消費者契約法４条１項２号では、断定的判断の提供の対象となる

75　山本・前掲注（26）金法 1596 号（2000 年）12 頁、同・前掲注（26）民商 123 巻 4・5 号（2001 年）46 頁以下等を参照。

76　例えば、①前掲注（8）大阪簡判平成 16・10・7【Ａ１-126】（2004WLJPCA10076001）は、事業者が、光ファイバーを敷設するためにはデジタル電話に替える必要があり、電話機を交換しなければならない旨を告げて、電話機等のリース契約とその施工工事請負契約を締結させたケースで、消費者契約法４条１項１号による取消しを認めている（同様のケースとして、神戸簡判平成 16・6・25【Ａ１-300】（2004WLJPCA06256001）も参照）。また、②東京地判平成 17・3・10【Ａ１-125】（2005WLJPCA03100009）は、「床下がかなり湿っているため、家が危ない」などと説明して不必要な床下換気扇や防湿剤を購入させたケースで、商品の設置の必要性、相当性等も重要事項に含まれるとして、消費者契約法４条１項１号による取消しを認めている。

77　消費者庁・前掲注（１）逐条解釈 146 頁以下。

78　前掲注（16）千葉地判平成 15・10・29 消費者法ニュース 65 号（2005 年）32 頁【Ａ１-129】（2003WLJPCA10296002）。

79　札幌高判平成 20・1・25 判時 2017 号（2008 年）85 頁【Ａ１-227】（2008WLJPCA01256001）（【Ａ１-203】の原審判決）〔法４条２項〕。

80　最三判平成 22・3・30 判時 2075 号（2010 年）32 頁【Ａ１-203】（2010WLJPCA03309004）〔法４条２項〕。

事項について「将来におけるその価額、将来において当該消費者が受け取るべき金額その他の将来における変動が不確実な事項」と明示されているのとは異なり、同法4条2項・4項では「商品先物取引の委託契約に係る将来における当該商品の価格など将来における変動が不確実な事項を含意するような文言は用いられていない」というのがその理由である。

こうした最高裁判決の結論の当否については、議論の余地があるとしても、同様の結論は、消費者契約法4条4項1号と2号のような限定があるかどうかにかかわりなく、認めることが可能である。特にリスクのある契約では、将来に得られる利益や将来にこうむるリスクの存否・程度を左右する蓋然性があるにとどまる事実は、それを知ったとしても、なおリスクを覚悟して当該契約をおこなうことも可能である。そのような事項は、この種の契約においては「消費者の当該消費者契約を締結するか否かについての判断に通常影響を及ぼすべきもの」には当たらないと考えることも可能である。最高裁判決は、まさにそのような解釈を示したものとして理解することもできるだろう。

3）錯誤要件との関係

民法95条は、「法律行為の要素」について錯誤があることを錯誤無効の要件としている。この「法律行為の要素」については、錯誤がなければ、表意者はそのような意思表示をしなかったし（主観的因果性）、通常人でもそのような意思表示をしなかったと考えられる－そのような意思表示をしないことが取引通念に照らして正当と認められる－こと（客観的重要性）を意味すると理解するのが、判例[81]および通説[82]である。

これに対し、消費者契約法4条4項の「重要事項」は、上述した1号および2号が定められているほか、「通常影響を及ぼすべき事項」かどうかを基準とする点で、客観的・定型的な要件を設定しているところに特徴があると考えられる。

もっとも、これまでのところ、消費者契約法4条1項1号ないし2項と錯誤無効の成否の双方が問題とされたケースで、両者で結論を異にした裁判例は存在しない。例えば、①LPガス供給契約において、そのために必要なバルク設備を設置するにあたり、設置費用はかからず、その所有権は事業者側にある旨を説明したが、契約の終了時に消費者にバルク設備の買取義務が発生することが契約書に定められていたというケースで、消費者契約法4条1項1号による取消しと錯誤無効がともに認められたほか[83]、②連帯保証契約において、実質的な借主（主たる債務者）は別人であり、借主（主たる債務者）とされている者が信用情報のブラックリストに載っていて支払能力がまったくないことなどが秘匿されていたケースで、消費者契約法4条2項による取消しと錯誤無効がともに認められている[84]。また、③マンションの売買契約において、ペット飼育の可否に関して、制定予定の本件管理組合規約等によれば、危害迷惑をか

---

[81] 大判大正3・12・15民録20輯1101頁（1914WLJPCA12156001）、大判大正7・10・3民録24輯1852頁（1918WLJPCA10036002）等。
[82] 我妻・前掲注（59）299頁以下、四宮和夫＝能見善久『民法総則〔第8版〕』（弘文堂、2010年）222頁以下等。
[83] 前掲注（28）東京地判平成22・2・25【A1-206】（2010WLJPCA02258009）。
[84] 前掲注（16）千葉地判平成15・10・29消費者法ニュース65号（2005年）32頁【A1-129】（2003WLJPCA10296002）。

【参　考】

ける行為に該当しない場合にかぎり、ペット飼育が可能であり、その管理組合規約等に照らせば、買主が飼育している犬の飼育は可能と思われると告げたケースで、特にペット飼育可能ということを広告しているマンションでないかぎり、売主が買主に告げた制定予定の管理組合規約の内容はマンションにおいて制定予定の管理組合規約としては通常のものであり、買主が現に飼っているペットの飼育に関しても、その管理組合規約の解釈を述べたにすぎないとされるケースでは、消費者契約法4条2項による取消しも錯誤無効もともに否定されている[85]。

3．立法課題

重要事項に関しては、上述したように、消費者契約法4条4項1号および2号にかならずしも含まれないものについても不実告知や不利益事実の不告知による取消しを認める裁判例が少なくないことからすると、同項1号および2号が例示であることを明示し、重要事項を「消費者の当該消費者契約を締結するか否かについての判断に通常影響を及ぼすべきもの」とするように改めることが、十分検討に値する。

このほか、不実表示の対象に関しては、民法により錯誤無効が認められる対象と特に区別する必要があるかどうかも、検討に値する。上述したように、両者で結論を異にした裁判例は、これまでのところ存在しない。少なくとも個別的な紛争に関するかぎり、不実表示についても、錯誤と同様に、その不実表示がなければ消費者がその意思表示をしなかったと考えられ、かつ、そのように考えるのが合理的であるときに、取消しを否定すべき理由はない。「消費者の当該消費者契約を締結するか否かについての判断に通常影響を及ぼすべきもの」という客観的・定型的な要件は、個別的な紛争を離れた差止めが認められる対象となる行為を特定するものとして位置づけることも考えられる[86]。

V．断定的判断の提供
1．意　味

消費者契約法4条1項2号は、事業者が「物品、権利、役務その他の当該消費者契約の目的となるものに関し」、①「将来におけるその価額」、②「将来において当該消費者が受けるべき金額」、③「その他の将来における変動が不確実な事項につき断定的判断を提供すること」により、消費者が「当該提供された断定的判断の内容が確実であるとの誤認」をし、それによって当該消費者契約の申込みまたはその承諾の意思表示をしたときは、消費者はその意思表示を取り消すことができると定めている。規定の文言および構造から明らかなように、断定的判断の提供が認められる対象は、③「将来における変動が不確実な事項」であり、①と②はその例示として位置づけられている。

立法担当者によると、「将来における変動が不確実な事項」とは、「消費者の財産上の利得に影響するものであって将来を見とおすことがそもそも困難であるもの」であるとされ、①と②のほか、例えば「証券取引に関して、将来における各種の指数・数

85　前掲注（32）福岡地判平成16・9・22【A1-246】（2004WLJPCA09229009）。
86　山本・前掲注（39）44頁以下を参照。

値、金利、通貨の価格」が含まれるとされている。その上で、こうした断定的判断の提供が問題となるのは、典型的には「保険、証券取引、先物取引、不動産取引、連鎖販売取引の分野における契約」であるとされている[87]。

これに対し、消費者契約法が制定されてから後、学説では、「将来における変動が不確実な事項」についてではなくても、事業者による誤った断定的判断の提供が消費者の誤認を惹起するかぎり、取消しを認めるべきであるとする見解も主張されている[88]。これは、事業者が積極的な行為によって消費者を誤認させた以上、契約を取り消されてもやむをえないというのが本条の基礎にある考え方であるとするならば、「将来における変動が不確実な事項」にかぎるべき理由はないという考慮に基づく。

２．裁判例の現況
１）将来における変動が不確実な事項

これまでの裁判例をみるかぎり、断定的判断の提供を理由とする取消しが認められてきたのは、主として次の２つの領域に整理することができる。

第一は、投資取引の領域であり、まさに「将来におけるその価額」や「将来において当該消費者が受けるべき金額」について断定的判断が提供されたと評価できる場合である[89]。

第二は、パチンコ攻略法の販売に関する紛争である。それによると、パチンコは、複合的な要因により出玉がさまざまに変動する遊技機であって、遊技者がどれほどの出玉を獲得できるかはそれらの複合的要因に左右されることの多い偶然性の高いものであることから、パチンコ攻略法は「将来における変動が不確実な事項」に関するものであるとされ、それにもかかわらず確実に利益を得られると思わせる内容の説明をすることは、断定的判断の提供に当たるとされている[90]。

以上はいずれも、「将来における変動が不確実な事項」に関する場合に当たると考えられる。もっとも、裁判例のなかには、将来における不確実な事項であっても、かならずしも「変動」するわけではないと考えられる事項について、断定的判断の提供による取消しを認めたものもある。例えば、相手方である事業者が外国為替証拠金取

87　消費者庁・前掲注（１）逐条解釈115頁。
88　山本・前掲注（26）金法1596号（2000年）12頁等を参照。
89　例えば、①東京地判平成19・１・29【Ａ１-111,177】（2007WLJPCA01298013）は、未公開株の売買において、上場が間近であり、上場されれば値上がりすることは間違いない旨の勧誘を受けたケースで、断定的判断の提供があったとして、取消しを認めている。また、②前掲注（62）名古屋地判平成19・12・26証券取引被害判例セレクト31巻（2008年）399頁【Ａ１-102,174】（2007WLJPCA12266012）も、未公開株の売買において、上場時期の目標を掲げ、１株30万円のものが、「上場すれば120万円以上になり、200万円くらいにはなる」と述べられたケースで、断定的判断の提供があったとして、取消しを認めている。
90　東京地判平成21・５・25【Ａ１-162】（2009WLJPCA05258009）のほか、東京地判平成17・11・８判タ1224・259【Ａ１-119,178】（2005WLJPCA11080008）、名古屋地判平成19・１・29【Ａ１-176】（2007WLJPCA01296001）、東京地判平成21・９・24【Ａ１-157】（2009WLJPCA09248007）、東京地判平成21・12・９【Ａ１-155】（2009WLJPCA12098007）、東京地判平成22・１・27【Ａ１-152】（2010WLJPCA01278023）等を参照。

【参 考】

引の営業停止処分を受ける可能性があるとして、それまでの取引を精算すること等を内容とする和解契約を締結する際に、その事業者がおそらく6ヶ月ぐらいの営業停止になり、そうなると会社がつぶれ、預託金がほとんど戻って来ないとして、それよりも行政処分が出る前の今なら100万円を確実に返すことができると述べて、残金の返還請求権を放棄させたケースで、断定的判断の提供による取消しを認めた裁判例がある[91]。これは、たしかに、営業停止の程度によって、得られる利益が「変動」するとみることも不可能ではないが、少なくとも、上記の投資取引やパチンコ攻略法の場合とはかなり性質を異にするというべきだろう。しかし、いずれにしても、これは「将来における」「不確実な事項」であることに変わりはない。

2）財産上の利得に影響するもの

これまで断定的取引の提供による取消しを認めてきた裁判例は、いずれも、立法担当者が述べるように、「財産上の利得に影響するものであって将来を見とおすことがそもそも困難であるもの」に関するケースだった。

実際また、裁判例のなかには、このような理解から、改名により子供のけがや病気などの不幸を免れ、ペンネームを付け、印鑑を購入することで「運勢が良くなる」こと強調して易学受講契約等を締結させたケースで、断定的判断の提供による取消しを否定したものもある[92]。

3．情報提供義務・説明義務違反に基づく損害賠償責任

不実告知について指摘したのと同様に、消費者契約法が制定されてから後も、断定的判断の提供に相当する行為がなされたケースで、情報提供義務ないし説明義務違反を理由として不法行為ないし債務不履行に基づく損害賠償責任を認める裁判例が相当数存在する。このような裁判例がみられる要因を分析すると、おおむね次の2つのものにまとめられる。

1）複合的誤認惹起行為

第一は、断定的判断の提供知だけではなく、その他の誤認惹起行為が複合的におこなわれる場合である。特に、断定的判断の提供に関しては、不実告知や不利益事実の不告知に相当する行為だけでなく、取引への適合性を欠く者に危険性の高い商品を購入させ、利益相反に類する行為を繰り返すなど、悪質性の高い組織的欺瞞行為に当たるものがおこなわれているケースで、不法行為に基づく損害賠償責任を認める裁判例が多い。不実告知について指摘したように、これも、一つには、そうした複合的な権利侵害行為がおこなわれているケースでは、その一部を不実告知や断定的判断の提供として切り取るのではなく、全体として不法行為としてとらえることが事案全体の評価として適当であるという感覚に根ざしたものとみることもできそうである。しかし、それと同時に、これらの裁判例の多くは、原状回復的損害賠償のみを認めるので

---

91 大阪高判平成19・4・27判時1987号（2008年）18頁【A1-106, 175】（2007WLJPCA04276001）。
92 大阪高判平成16・7・30【A1-185, 258】（2004WLJPCA07306001）。もっとも、この裁判例は、顧客を動揺させ、暗示にかかったことを奇貨として契約をさせたことから、暴利行為にあたり、契約は公序良俗に反し無効であるとしている。

はなく[93]、次に述べるように、弁護士費用の賠償のほか[94]、慰謝料の賠償を認めるなど[95]、取消構成だけでは導けない救済を認めていることも、あわせて指摘しておく必要がある。

2）取消構成では導けない効果の付与
第二は、取消構成だけでは導けない効果を認める場合である。

（1）原状回復型損害賠償以外の損害賠償
そのような効果として、ここでもまず、原状回復型損害賠償以外の損害の賠償が考えられる。上記のように、原状回復型損害賠償のほか、弁護士費用の賠償や慰謝料の賠償を認めたものが少なくない。
さらに、契約に基づき相手方に給付したものとは別に、無駄に支出することになった費用等の信頼利益に相当するものの賠償を認める裁判例もある[96]。

（2）過失相殺
このほか、取消構成だけでは導けない効果として、過失相殺も考えられる。もっとも、このような過失相殺は、上述したような複合的誤認惹起行為、とりわけ悪質性の高い組織的欺瞞行為に当たるものがおこなわれているケースでは、認められていない。過失相殺が認められているのは、顧客に取引経験があり、取引のリスク等を十分理解することができると評価されるケースである[97]。

4．立法課題
以上によると、断定的判断の提供に関する消費者契約法4条1項2号は、基本的には、現行法通り維持してよいと考えられるが、「将来における変動が不確実な事項」が対象とされているのを「将来における不確実な事項」に改める可能性については、検討に値すると考えられる。
さらに、断定的判断の提供についても、原状回復以外の救済を必要とする場合は、別途、情報提供義務・説明義務違反を理由として債務不履行ないし不法行為に基づく

93　パチンコ攻略法に関する東京地判平成22・4・28【A1-149】（2010WLJPCA04288024）。
94　商品先物取引に関する神戸地判平成18・12・20【A3-401】（2006WLJPCA12206002）、パチンコ攻略法に関する東京地判平成22・8・30【A1-147】（2010WLJPCA08308010）。
95　商品先物取引に関する前掲注（94）神戸地判平成18・12・20【A3-401】（2006WLJPCA12206002）。
96　東京地判平成13・7・31【A3-554】（2001WLJPCA07310005）は、開業指導養成およびそれに続く代理店募集委託に関する契約において、将来予想される仕事量と収入額について、当時の経営状況の下ではありえない高額の金額が得られる旨が説明されていたケースで、積極損害（当初支払金、ローン支払合計、ローン精算金、通信費、損害保険料、修繕費、消耗品費、車両関係費、駐車場料金、登録免許税）から実際に得られた収入を控除したものの賠償を認めている。
97　前掲注（62）名古屋地判平成19・12・26証券取引被害判例セレクト31巻（2008年）399頁【A1-102, 174】（2007WLJPCA12266012）は、被害者に株式の取引の経験があり、未公開株のリスクについても十分理解することは可能であったとして、5割の過失相殺を認めている。ただし、この裁判例は、上述したように、本件では、消費者契約法による取消しの要件をみたし、不当利得返還請求権も認められ、そちらの方が原告に有利なので不当利得返還請求を認めると判示している。

【参　考】

損害賠償を認めれば足りる。それに対して、取消構成では、過失相殺に当たるものが認められないのが現行法の問題であるが、この点については、上述したように、無効・取消しについて一部無効・一部取消しを認めることで対処するほか、不当利得の返還請求についても、無効・取消原因の発生に対する寄与度等を基準とした減額の可能性[98]を認めることができないかどうかが、重要な検討課題になると考えられる。

98　前掲注（63）東京地判平成 21・9・24【Ａ１-157】（2009WLJPCA09248007）は、取消しを原因とする不当利得返還請求を信義則により合理的な範囲に限定する可能性を認めている。

II 消費者契約法の運用状況と今後のあるべき方向性について
　　―困惑類型およびその周辺に位置する問題を中心として

後藤巻則
（早稲田大学）

1　はじめに
　本稿では、消費者契約法の実体法部分の運用状況について検討する。扱う対象は、主として、消費者契約法が規定する困惑類型およびその周辺に位置する問題である。執筆分担に従い、誤認類型、情報提供義務、不当条項規制の部分は扱わない。
　法律の運用状況を知るための重要な素材は判決であり、本稿も判決を素材とするが、本稿が扱う部分は、消費生活センター等における相談事例には多く現れているものの、現行の消費者契約法の規定の枠組みでは消費者を救済できない事例を多く含む。そのため、本稿での検討は、消費者契約法の規定が十分でなく、それゆえに判決も乏しい領域に新たなルールを付加することを志向する。このような事情から、本稿では、相談事例等の判決以外の素材を多く取り上げて検討する。

2　「消費者」の定義
（1）消費者契約法による「消費者」の定義
　消費者契約法において、消費者とは、「個人（事業として又は事業のために契約の当事者となる場合におけるものを除く）」をいい（同法2条1項）、事業者とは、「法人その他の団体」および「事業として又は事業のために契約の当事者となる場合における個人」をいう（同法2条2項）。これによると、「事業として又は事業のために契約の当事者となる場合における個人」は事業者とされる。

（2）「事業として」契約の当事者となる個人
　しかし、「事業として」契約の当事者となる場合であっても消費者性を肯定すべき事例があり、このような契約当事者を消費者と認めた判決もある。
　例えば、マルチ商法では商品を購入したり会員になるだけでなく、他に販売したり会員を勧誘したりするため、この者を消費者というのは難しい面があるが[1]、三島簡判平成22・10・7（消費者法ニュース88号（2011年）225頁、LEX/DB文献番号25471852）は、マルチ商法の被勧誘者に消費者契約法の適用を肯定した。
　事案は、Y_1から連鎖販売取引により商品を購入したXが、契約締結に際し、Y_1の担当者であるAによる不実告知があり、消費者契約法4条1項1号により契約を取り消したとして、Y_1および立替払契約を締結したY_2に対し、不当利得返還請求権に基づいて代金の返還等を求めたというものであり、判決は、連鎖販売取引であっても、それ

---
[1] 最近の否定例として、大阪地判平成22・12・2判タ1350号（2011年）217頁（【A1-51, 139】）は、連鎖販売取引を行った会社を被告とする消費者契約法4条1項による取消しの主張を、原告が事業者であるとして否定した。

【参 考】

に加入しようとする者が商品等の再販売等を行う意思を持たず、自らの消費のためだけに当該商品の購入契約を締結する場合は、当該契約は「事業としてでも、又事業のためにでも」なくなされる契約であって、当該加入者は売買契約に関し消費者契約法2条1項の消費者に該当し、売買代金支払の目的で行った立替払契約についても消費者に該当するとして、XのY_1に対する請求を認め、Y_2に対する請求については、Y_1が同法5条にいう「媒介の委託を受けた第三者」には当たらないとして、クレジット契約の取消しを認めなかった。

　マルチ商法はやがて破綻して大部分の加害者が被害者になる危険性を内包する取引であるが、末端の被害者からの相談をあっせんする場合、上位者の不当な勧誘を理由に契約の取消し等を主張することになるため、本来被害者であるはずの上位者からの相談をあっせんすることが困難となる[2]。この意味でも消費者契約法の適用による解決が重要であり、ピラミッドの下部に位置し利益もほとんど上げていない者については、「消費者」としての救済を認めうる法解釈ないし法改正が必要である。上記三島簡判は、取引の実情を勘案してマルチ商法における被勧誘者の事業者性を限定的に解した判決として参考になる。

　同様に、内職商法も継続的な業務提供の実態を伴わないのが通常であることからすると、内職商法における被勧誘者は基本的には消費者と解すべきである。この点で、東京簡判平成16・11・15（最高裁HP（【A1-184】））（2004WLJPCA11159002）が、内職商法で月2万円は確実に稼げると勧誘されてシステム（CD-ROM）を購入させられた者が断定的判断の提供を受けたとして消費者契約法4条1項2号による取消しを求めた事案において、内職商法の被勧誘者であることを特に問題とすることなく、消費者に当たるとしている点が参考になる。

（3）「事業のために」契約の当事者となる個人

　また、「事業のために」契約の当事者となる場合であっても、当該個人が営む事業とは直接かかわりのない商品やサービスに関して契約を締結するときは、当該個人が有する知識や情報は一般の消費者と何ら変わるところがないのが通常である。そのため、このような場合に消費者契約法による消費者の定義を文字通りに適用すると、同法の適用範囲が狭くなりすぎるおそれがある。

　この点につき、特定商取引法26条1項の「営業のために」する取引の解釈としては、例えば、自動車の販売・修理の会社に対し訪問販売業者が欺瞞的な勧誘方法により事務所に設置する消火器を販売した事案について、購入者は、「自動車の販売・修理を業とする会社であって、消火器を営業の対象とする会社ではないから、……営業として若しくは営業として契約したものではない」として、特定商取引法の適用が認められている（大阪高判平成15・7・30消費者法ニュース57号（2003年）154頁）[3]。消

2　国民生活センター調査研究報告「消費生活相談の視点からみた消費者契約法のあり方」（2007年）50頁。
3　特定商取引法の適用につき、これと同様の判断をする判決として、越谷簡判平成8・1・22消費者法ニュース27号（1996年）39頁、名古屋高判平成19・11・19判時2010号（2008年）74頁などがある。

費者契約法2条についても、これを参考にして当該取引の実態を勘案して判断すべきであり、消費者の定義を形式的に捉えないように留意する必要がある。

なお、消費者契約法の適用について、「事業のために」という要件の適用が直接に争われた判決はないようであるが[4]、このことは、「消費者」の定義が狭すぎるために同法の援用自体を断念する個人事業者等が一定程度存在することを推測させる[5]。

(4)「消費者」であることの立証責任

さらに、「消費者」であることの立証責任の問題がある。これにつき、信用保証会社が相手方（個人）を「消費者契約法にいう消費者ではない」と争った事案で、個人が事業としてまたは事業のために契約を締結したと認めるに足りる証拠はない、として消費者契約法の適用を認め、信用保証委託契約に基づく遅延損害金の定めのうち消費者契約法9条2号所定の年14.6パーセントを超える部分を無効とした判決がある（東京高判平成16・5・26判タ1153号（2004年）275頁（【A1-387】））。

消費者として契約したことの主張立証責任は消費者契約法の適用を主張する消費者の側が負うとされるのが一般であるが[6]、上記の東京高裁の判断は、これと反対に、個人が「事業として又は事業のために」契約の当事者となったことの主張立証責任を法の不適用を主張する事業者が負うことを前提としているものと思われる[7]。

(5) 消費者性を否定しつつ他の法理による救済を図ったもの

なお、以上のように消費者性を肯定して消費者契約法に基づく契約の取消しを認めたものではないが、公序良俗違反による無効を認めて、消費者契約法に基づく取消し

---

[4] 参考になるものとして、販売会社従業員が被告（ユーザー）に光ファイバー敷設の勧誘をした際に、光ファイバー敷設と電話機は全く関係がないにもかかわらず、光ファイバーを敷設すると被告が従前使用していたアナログ電話が使用できなくなる等の虚偽の説明をしたとして、被告が消費者契約法4条による取消しを主張して原告（リース会社）からのリース料の請求を拒んだという事案について、被告は既に事業（塾の経営）を廃止していたにもかかわらず、販売業者従業員は被告に対し個人事業者としてリース契約書に記入するよう指示していたとして、消費者契約法の適用を認めた判決（大阪簡判平成16・10・7兵庫県弁護士会HP（【A1-126】）（2004WLJPCA10076001））がある程度である。

[5] 【B-1関係機関ヒアリング】によれば、消費者概念がハードルとなって消費者契約法による解決ができない事案がある、個人が報酬を得る目的の契約、または零細個人企業に類する場合の契約に関する紛争では、消費者契約法の適用対象外になるが、法の本来の趣旨から言えば、相手方との交渉力等の格差は厳然としてあり、単純な個人対事業者の契約となんら変わるところがない。零細事業者までも包含する立法とすべきである等、消費者契約法2条について多くの疑問が寄せられている。

[6] 消費者契約法の立法のための検討過程では、消費者保護を図るため、事項によっては立証責任を事業者に負わせるべきであるとの議論もあった。しかし、この議論は多数派を形成せず、消費者契約法には、立証責任に関する特別な規定は置かれなかった。そこで、消費者契約法によって処理される紛争においても、民事訴訟法上の立証責任の原則に従い、権利の発生・変更・消滅という法律効果を主張する当事者が、その法律効果を認める規定の要件事実について立証責任を負う。

[7] 判タ1153号（2004年）275頁のコメント参照。

【参　考】

を認めるのと実質上同じ結果を導いた判決がある。

　すなわち、東京地判平成14・10・18（【A1-31】）（2002WLJPA10180006）は、被告が刺繍業を営む商人であることから消費者契約法上の消費者に当たらないとして、消費者契約法4条1項に基づく取消しの請求を排斥したが、原告が意図的に特定商取引法および消費者契約法の適用を免れようと意図して、契約書に商人としての名義を記名押印させた等の事情から、本件リース契約は公序良俗に反し、無効であるとした。

　このように他の法理による解決を図るのも一方法であるが、上記東京地裁判決のような事例では、消費者契約法の適用を免れようとする原告の意図を実現させないことが重要である。こうした事例について消費者契約法で対処できるような法解釈ないし法改正が要請される。

（6）まとめ

　消費者の定義については、消費者契約法2条を形式的に適用することなく、取引の実情等を総合的に勘案したうえで、消費者・事業者間の情報・交渉力の構造的格差を是正するという消費者契約法の立法趣旨に照らして解釈されるべきである。特に意図的に同法の適用を逃れようとする悪質な事業者が存在していることを勘案すれば、別途その定義の解釈基準を明らかにする規定を置くか、あるいは消費者の定義自体を改正することも考えられる。例えば、当該個人が営む事業と直接かかわりのない商品やサービスに関して契約を締結するときは消費者とする、といった解釈基準の提示あるいは法改正がありえよう。

3　契約条項の明確化

　消費者契約法は、3条1項で、事業者に対して、消費者契約の内容が消費者にとって明確かつ平易なものになるよう配慮することを求めている。

　契約条項の明確化という観点から3条1項の適用を問題とした判決として、3条1項が明記していない「作成者不利原則」を扱った、東京地判平成21・11・16（【A1-32】）（2009WLJPCA11168003）がある。

　この判決は、「消費者契約法3条1項が、事業者に対し、努力義務とはいえ『消費者の権利義務その他の消費者契約の内容が消費者にとって明確かつ平易なものになるよう配慮』すべきことを定めていることや、本件契約書のような曖昧な契約文言をもって本件契約内容を定めたのは専ら原告であり、原告が停止条件付売買契約の成立や、有効期間中の契約撤回ができないことを主張したいのであれば、本件契約書中に、何らの疑義なきようこれらの内容を盛り込むことも容易であることを考えると、一般論として被告が提唱する原則が支持されることも十分あり得ることと考えられる」として、一般論として作成者不利原則を支持したうえ、「しかし、かかる原則が適用されるとすれば、本件契約書やそれを前提とした当事者各人の言動を総合考慮して当事者の合理的意思解釈を図っても、なお理解し難いような契約条項がある場合の解釈指針として問題とされるものというべきであり、それ以前の段階で当事者間の契約内容を合理的に確定できる場合には、前記原則を問題とするまでもないというべきである」として、作成者不利原則は、限定的に適用すべき原則であるとしている。

　たしかに、作成者不利原則は、一般的には、当事者の合理的意思解釈を図っても、

なお理解し難いような契約条項がある場合の解釈指針と位置づけられるが、消費者契約における当事者の合理的意思の解釈に当たっては、事業者と消費者の情報格差・交渉力格差を基礎に置くことが必要である。このことの反映として、消費者契約の場面では、契約条項が不透明であるがゆえのリスクは事業者が負担すべきであるとする解釈ルールに積極的な位置づけを与えるべきである。

そこで、これを明確にするために、作成者不利原則を消費者契約法に明記することが適切であろう。

4 情報提供の努力義務

消費者契約法は、3条1項で情報提供に関する努力義務を、4条2項で「不利益事実の不告知」による契約の取消しを定めているが、事業者による重要事項の不告知一般は取消事由となっていない。

消費者契約法3条が事業者・消費者の義務を努力義務として規定している以上、それに違反しても、ただちに私法的効果（同条違反に基づく損害賠償請求、契約の解除など）が発生するわけではない。

しかし、消費者契約法が、消費者と事業者の間の情報の質および量並びに交渉力の格差を根拠として、消費者の利益の擁護を図ることを目的とし立法された法律である（同法1条）ことからすると、3条1項が定める事業者の義務は、極めて重要な義務である。

それゆえ、同条項に違反しても何らの法的サンクションも受けないと解することは妥当でない。例えば、同条項の努力義務違反が、事業者の不法行為責任の違法性を基礎づけることや[8]、契約締結における信義則上の付随義務違反として私法的効果を生じさせることが考えられる。

裁判例も、消費者契約法施行前の事件に関するものであるが、努力義務として規定されている事業者の情報提供義務（消費者契約法3条1項）に法的効力を認めた判決がある。

事案は、消費者がパソコン教室の受講契約をするに際し、国から教育訓練給付金を受けられることを前提としていたが、事業者は「予約制」による受講を勧め、その場合には給付金を受けられないことを説明しなかったため、消費者は給付金を受けられないことを知らないまま受講を終了してしまったので、消費者が事業者に対して損害賠償を請求したというものである。判決は、消費者契約法1条、3条、4条2項を引用し、消費者契約法の趣旨から、事業者は、消費者が意思決定をするにつき重要な意義を持つ事実について、取引上の信義則により適切な告知・説明義務を負うとし、事業者の義務違反を認めて不法行為に基づく給付金相当額の損害の賠償を命じた（大津地判平成15・10・3消費者法ニュース60号（2004年）56頁【A1-5, 41, 304, 649】）(2003WLJPCA10039006))。

また、東京地判平成20・10・15（【A1-37, 224】）(2008WLJPCA10158005) は、別荘地売買契約に関して近隣地の産廃処理場が建設される事実を告知しなかった場合において消費者契約法4条2項違反を認めるにつき、「本件各計画に係る産業廃棄物の最終処

---

8 落合誠一『消費者契約法』（有斐閣、2001年）66頁。

【参　考】

分場又は中間処理施設が実際に建設されることになれば、本件各土地についてダイオキシン、臭気、煙害、騒音、地下水汚染等の問題が発生するのは必定であるところ、原告らは、本件各土地を汚染とは無関係な緑豊かな自然を満喫することのできる別荘地として購入したのであって、加えて、消費者契約法3条1項が、事業者は消費者契約の内容につき必要な情報を提供するように努めなければならない旨を定め、また、宅地建物取引業法47条が、宅建業者は重要事項と評価される周辺環境に影響を及ぼす恐れのある施設、隣地建設計画、大気汚染、土壌汚染等につき、取引の相手方に故意に事実を告げず、又は不実のことを告げる行為を禁止していることなどにかんがみれば、本件各計画の存在は、契約締結に当たっての重要事項又は重要事項に関連する事項について不利益事実に当たるというべきである」と判示し、同法3条1項を援用して4条2項の適用を肯定している。

　このように消費者契約法3条と4条を関連づけて理解することは、消費者契約法3条を積極的に活用する解釈論につながるが[9]、消費生活相談等にかかわる関係機関がほぼ一致して、3条1項が努力義務規定であることを問題視していることからすると[10]、解釈論でカバーするよりむしろ正面から同条項に法的効果を与える法改正を検討すべきであろう[11]。なお、この問題については、勧誘規制の一般条項という観点から考察することも考えられる（後出10の（3）参照）。

5　「勧誘」の意味

　消費者契約法4条は、「事業者が消費者契約の締結について勧誘をするに際し」、消費者が誤認した場合に契約の取消しを認めているが、この場合の「勧誘」は、特定の

---

[9]　例えば、加賀山茂「消費者契約法の実効性確保策と今後の課題」法セ549号（2000年）47頁は、消費者契約法3条は、事業者の情報提供義務を一般的に規定し、第4条は、その違反の類型（不実告知、断定的判断の提供、不利益事実の不告知）ごとに、どのような要件が付加された場合に、事業者の情報提供義務違反の効果として、消費者に取消権が与えられるかを明らかにした規定と理解する。

[10]　「【B-1関係機関ヒアリング】」による。

[11]　この方向は、消費者契約法制定後の消費者関連立法の動向からも支持される。すなわち、消費者契約法上の不実告知および不利益事実の不告知に関しては、2004年の特定商取引法改正により、消費者契約法と同様の契約取消権が認められたが（特定商取引法9条の3など）、特定商取引法では、不実告知の対象となる事項に、顧客が「契約の締結を必要とする事情に関する事項」まで含むなど、要件が緩和されている。また、不利益事実の不告知についても、そのような不告知の前に消費者の利益となる事実を告げることを要求しない点で、要件が緩和されている。もちろん特定商取引法の適用対象は、同法が規律する一定の取引に限られるが、2004年の特定商取引法の改正は、特定の取引のトラブルに対応するために行われたわけではなく、あくまで急増する消費者トラブル一般に対応するために、同法がそのトラブルが生じている取引の相当部分をカバーしていることをふまえて行われたものである。また、2006年の金融商品販売法の改正で、同法3条に定める「重要事項」の範囲が大幅に拡充され、商品取引所法（現、商品先物取引法）でも2006年の改正で、業者に商品先物取引のリスク等について説明する義務が課せられた（同法218条1項）。これらは、当該法律の適用対象に限定しての規律であるものの、このような立法の動向は、より一般的に「重要事項」に関する情報提供義務を法的な効力を生ずる義務として規定する方向を示唆するものと考えられる。

者に向けた勧誘行為に限定され、不特定多数向けのものなど、客観的にみて特定の消費者に働きかけ、個別の契約締結の意思の形成に直接に影響を与えていると考えられない場合、例えば、広告やチラシの配布等は、「勧誘」に含まれないとするのが立案者の立場である[12]。

　しかし、消費者が商品・サービスについて利用できる最も一般的な情報は、事業者が行なう表示・広告によって提供される情報であり、事業者による表示が、消費者が期待する役割を果たさない場合には、消費者が真に欲する商品・サービスを選択することを妨げる。このことは、消費者が期待し信頼したことと、実際のことが異なるという消費者被害をもたらし、市場に参加するすべての個人の創意・選択によって市場メカニズムを機能させるという自由主義経済の基本理念を損なうことにつながる。

　また、消費者の側からすれば、事業者の行為が不特定多数人に向けられた行為であるかどうかによって、受ける影響が変わるものではないし、事業者は、自ら流した情報に誤りがある場合には、契約締結までに訂正することも不可能ではない。

　そこで、消費者が表示と広告で提供された情報のみで選択しなければならない商品・サービスに関する重要事項について誤認するような表示・広告をした場合には、契約の取消しができるとすることが要請される。消費者契約法4条は、消費者が誤認した場合に消費者契約を取り消すことができるとする民事ルールを創設したが、この民事ルールは、以上のような観点から理解される。

　2004年に成立した消費者基本法も、1968年に制定された消費者保護基本法に重要な改正を加え、「表示の適正化」を定める規定（同法15条）に「広告」が含まれることを明示した[13]。

　これらの点を考慮するならば、パンフレット、広告、チラシについても、客観的に見て特定の契約締結の意思形成に影響を与えうるものについては、「勧誘」に該当すると解すべきである[14]。パンフレット等が消費者契約法4条の勧誘に当たることを前提とした判決として、神戸簡判平成14・3・12（消費者法ニュース60号（2004年）211頁（【A1-249】))は、被告会社の経営する俳優等の養成所に入所した歌手志望の原告が、消費者契約法4条1項による契約取消し等を主張して、入所に際して被告会社に納入した諸経費等の返還を求めた事案において、被告から原告に送付された案内書類における入所後の月謝の値上げの不告知は、同条2項の「不利益となる事実を故意に告げなかった」ことに当るとした。また、京都簡判平成14・10・30（消費者法

---

[12] 消費者庁企画課編『逐条解説消費者契約法〔第2版〕』（商事法務、2010年）108頁。
[13] 消費者保護基本法10条は、「国は、消費者が商品の購入若しくは使用又は役務の利用に際しその選択を誤ることがないようにするため、商品及び役務について、品質その他の内容に関する表示制度を整備し、虚偽又は誇大な表示を規制する等必要な施策を講ずるものとする。」と規定していたが、その改正法として成立した消費者基本法15条は、「国は、消費者が商品の購入若しくは使用又は役務の利用に際しその選択等を誤ることがないようにするため、商品及び役務について、品質等に関する広告その他の表示に関する制度を整備し、虚偽又は誇大な広告その他の表示を規制する等必要な施策を講ずるものとする。」と規定した。
[14] 結論同旨、落合・前掲注（8）73頁、横山美夏「消費者契約法における情報提供モデル」民商123巻4・5号（2000年）566頁。

【参　考】

ニュース60号（2004年）57頁）は、パンフレットが「勧誘」に当たることを前提としつつ、事案の解決としては消費者契約法4条1項1号の適用を否定している。

6　取消権の行使期間

消費者契約法上の契約取消権は、追認できる時（誤認に気づいた時・困惑から脱した時）から6ヵ月を経過したとき、または契約締結時から5年を経過したときは時効によって消滅する（同法7条1項）。

しかし、消費者契約法にかかわる消費生活相談の事例では、相談が寄せられた時には、すでに取消権の行使期間を経過してしまっていたケースが極めて多くあることが明らかとなっている[15]。そこで、消費者が、取消事由が存在することを認識していたことや、困惑状態を脱していたことについては、慎重に判断されるべきである。

この点、東京地判平成22・5・28（【A1-148, 315】）（2010WLJPCA05288014）が、パチンコ攻略情報の売買契約につき、取消事由が存することを購入者が認識していたと認める的確な証拠はないとして、7条1項の適用を否定し、東京簡判平成15・5・14（消費者法ニュース60号（2004年）213頁【A1-305】）（2003WLJPCA05149001）が、取消権を行使した日は契約日から6ヵ月以上経過していたが、商品の引渡日からは6ヵ月が経過していなかったという場合において、引渡しを受けた段階でもいまだ困惑状態が継続していたとして、引渡しの時から取消権の行使期間が進行すると判示し、取消権の行使は有効とした点が参考になる。

もっとも、相談事例によると、「騙されて契約していたことに気づいてから6ヵ月以上経っていた」ケースが多く、すぐに相談にこなかった理由として、「悩んでいたら時間が経ってしまった」とか、「事業者に苦情を聞き入れてもらえずあきらめていた」という理由を挙げるものが多い[16]。これらの点から見ると、一般の消費者の行動パターンとして、問題を認識していたとしてもすぐには適切な行動を起こすことができないという状況がうかがわれる。これを前提にすると、取消権の行使期間について追認できる時から「6ヵ月」とする現行の行使期間は短すぎ、少なくとも「1年」に延長すべきであろう。

7　適合性原則違反

（1）適合性原則に関連する相談事例と立法

近年、一人暮らしの高齢者など判断能力の低下した人を狙い、高額な商品等を売りつける悪質な勧誘が社会問題となった。高額な住宅リフォーム工事がその典型例であり、一旦契約すると、次々と大量に契約させられ（次々販売、過量販売）、その後の生活に支障をきたすことになるという相談事例は枚挙にいとまがない[17]。

すなわち、PIO-NET（全国消費生活情報ネットワーク）による2010年度における「取引」、「安全・品質」についての契約当事者年代別相談件数によると、「取引」に関す

15　「【B-1関係機関ヒアリング】」、国民生活センター「消費生活相談の視点からみた消費者契約法のあり方」122頁以下。
16　国民生活センター「消費生活相談の視点からみた消費者契約法のあり方」122頁以下。
17　国民生活センター「消費生活相談の視点からみた消費者契約法のあり方」178頁。

る相談件数が776,336件、「安全・品質」に関する相談件数が124,197件、「取引」に関する相談件数のうち、判断能力に問題がある可能性のある年代層である70歳以上の人の相談件数が98,826件であり、「取引」に関する相談件数の13.1%を占めている[18]。しかも、この割合は、年々増加しており、2005年度は10.7%、2008年度は12%であり[19]、相談件数自体も2000年度と2005年度を比較すると3倍以上に増加している[20]。

　この種の被害が増加し続けている背景には、契約締結過程で誤認があった場合や困惑があった場合には取消制度があるため、取消権を活用することが困難な層を集中的に狙ってきているという事情があるのではないかと推測される[21]。

　認知症高齢者、知的障害者、精神障害者などの判断能力に問題のある人の場合、誤認や困惑により契約してしまうというよりもそもそも合理的な判断ができないため、事業者に言われるままに契約してしまうことが多い。また、誤認類型や困惑類型に該当する可能性がある場合でも、記憶があいまいで契約当時の事実関係や意思を確認することが難しいため、事業者の不当行為等の存在を主張することができない。こうした判断能力に問題のある人を救済するためには、消費者契約法の誤認類型や困惑類型の強化といった方法とは別個に、新たな救済法理を導入することが必要である。

　この要請に応える法理として適合性原則がある。適合性原則とは、顧客に適合しない勧誘をしてはならないという原則であり、商品先物取引法215条や金融先物取引法40条1項に適合性原則に関する規定が置かれているが、消費生活相談の場面では、これらの立法に見られるような金融商品の取引の場面においてだけでなく、一人の高齢者がリフォーム工事、呉服、布団など十数件から100件近くも契約させられるというような被害が多数起こっており[22]、適合性原則は金融商品の勧誘場面を超えてより一般的に要請される法理である。消費者基本法や特定商取引法に適合性原則の考え方が規定されているのも、この原則が消費者取引において広く問題となりうるからにほかならない[23]。

（2）適合性原則に関連する裁判例
（ア）損害賠償請求

　ところが、裁判例において、適合性原則違反が問題とされたのは金融商品の取引に限られるようであり、しかも適合性違反の効果としては損害賠償が命じられている。

　すなわち、証券取引、変額保険、先物取引等で、適合性原則違反が、不法行為ない

18　国民生活センター「消費生活年報」（2011年）29頁。
19　国民生活センター「消費生活年報」（2010年）2頁、消費生活年報（2010年）13頁。
20　国民生活センター「消費生活相談の視点からみた消費者契約法のあり方」43頁。
21　国民生活センター「消費生活相談の視点からみた消費者契約法のあり方」43頁。
22　国民生活センター「消費生活相談の視点からみた消費者契約法のあり方」43頁。
23　消費者基本法は、事業者の責務として、「消費者との取引に際して、消費者の知識、経験及び財産の状況等に配慮すること」（同法5条1項3号）を定めている。また、消費者基本法の制定と同年（2004年）に改正施行された特定商取引法の施行規則7条3号は、禁止行為として「顧客の知識、経験及び財産の状況に照らして不適当と認められる勧誘を行うこと」を規定している。

【参　考】

し債務不履行を根拠づける根拠の一つとして認められてきた。最高裁も、証券会社の担当者が、顧客の意向と実情に反して、明らかに過大な危険を伴う取引を積極的に勧誘するなど、適合性の原則から著しく逸脱した証券取引の勧誘をしてこれを行わせたときは、当該行為は不法行為法上も違法となるとした（最一判平成17・7・14民集59巻6号1323頁（【A2-199】）（2005WLJPCA07140002））。

(イ) 契約の効力否定

損害賠償ではなく、契約の効力自体を否定した事例としては、52歳の主婦に対して、引き続き3時間に及ぶ勧誘を続け、その間、当該取引が投機性を有し、損失を被るおそれのあること、委託追証拠金等を必要とすることがあり、これを納めないときには多額の損害を被ることなどについて説明せず、かえって損失のおそれのない安全かつ有利な取引であることを強調し執拗に勧誘して、私設市場における金地金の先物取引委託契約を締結させたという事件がある。裁判所は、この取引を公序良俗違反により無効であるとするが（最一判昭和61・5・29（判時1196号（1986年）102頁（【A4-32】））、先物取引についての適格性を欠く主婦を相手に長時間執拗に勧誘したという事例であり、実質上、適合性原則違反を問題とした判決と見ることができよう。

また、被告証券会社との間で、外国為替証拠金取引を行った原告が、外国為替証拠金取引は、賭博であり公序良俗に違反する無効な取引であること、適合性原則違反（不適格者の勧誘）、虚偽説明・説明義務違反、断定的判断の提供、手仕舞義務違反、消費者契約法違反があることを理由に、不適格者である原告を取引に引き込んで多額の金員を詐取したという被告らの詐欺的不法行為を理由とする損害賠償を請求した事案において、仙台地判平成19・9・5判タ1273号（2008年）240頁（【A1-285】）（2007WLJPCA09057003）は、本件取引は賭博性を有する取引であり、公序良俗に反するとして、原告の請求を認容した。この判決は、原告の損害賠償請求を認容したものであるが、被告会社に対し、原告が本件取引によって被った損害全額の賠償の支払いを命じており、公序良俗違反を理由とする契約の無効を認めたのと等しい結果となっている。この判決も、実質上、適合性原則違反を問題とした事例と見ることができよう。

裁判所は、このように適合性原則違反が問題となると考えられる事例についても公序良俗違反や不法行為によって判断しており、適合性原則違反を理由として正面から契約の効力を否定する判決は見当たらない。しかし、これは、適合性原則が不要だからというわけではなく、むしろ適合性原則違反に対する適正な法的規制が欠けているからであろう。

この点で興味深いのは、適合性原則に関連するとして抽出された裁判例295件中、適合性原則違反を認めたものが106件、そのうち過失相殺をしなかったものが38件（業者側から過失相殺の主張がなかったものが17件、業者側からの過失相殺の主張を否定したのが19件）であり、適合性原則違反が認められたもののうちの約36％で請求額全額の賠償が認められていることである[24]。

このことは、適合性原則違反の事例のうちの3分の1程度で、原状回復に相当する損害賠償が認められていることを意味し、—その適用領域が金融商品の取引の場面に

24　「【A-2 適合性原則に関する裁判例の一覧表】」による。

限られるとはいえ、一適合性原則違反の場合に、契約の効力否定と同一の処理が要請されるケースが一定程度存在することを物語る。

（3）適合性原則と消費者契約法による規律

このように、適合性原則違反が問題となる事例の中に契約の効力否定が要請される事例が一定程度存在するのだとすると、消費者契約法において、当該消費者の判断能力、知識、経験、財産の状況および契約締結の目的等に照らして当該契約が消費者の利益を著しく害すると認められる場合に、当該契約の取消し等を可能とする新たな規定の導入が検討されるべきであろう。

具体的には、消費者が、当該消費者の支払能力を超え、または当該消費者にとって不必要かつ不当に高額であるなど、当該消費者の利益を著しく害すると認められる契約を締結した場合には、適合性原則違反を問うことが考えられる。

適合性原則違反の法的効果としては、適合性違反の行為により不法行為が成立し、損害賠償請求が認められることもあり、また、公序良俗違反となり契約が無効になることもありうる。さらに、適合性原則違反の行為が消費者契約法上の誤認・困惑の要件を満たせば、これを理由とする取消しも可能である。

このような観点から、適合性原則違反の場合に一律に契約の取消しの効果を認めるということではなく、「事業者は、消費者の判断能力、知識、経験、財産の状況及び契約締結の目的に照らして不適当と認められる勧誘をしてはならない」とする一般的な原則を事業者の行為規範として規定し、適合性原則違反の効果については当該ケースで問題となる各法理の適用に委ねるということも考えられる。

8　困惑概念の拡張と不招請勧誘規制
（1）困惑概念の適用範囲

消費者契約法4条によれば、事業者が消費者契約の勧誘に際して、事業者の不退去（3項1号）、または事業者による消費者への退去妨害（3項2号）によって、消費者が困惑して契約を締結した場合に、消費者は契約取消権を行使することができる。

困惑類型は、「不退去」、「退去妨害」に限定されているが、消費者契約法の制定準備をした国民生活審議会消費者政策部会の報告においては、困惑概念はもっと広く捉えられていた[25]。

裁判所も、例えば名古屋簡判平成17・9・6（日本弁護士連合会消費者問題対策委員会編『コンメンタール消費者契約法〔第2版〕』（商事法務、2010年）712頁）は、4条2項3号の「退去する旨の意思を示した」とは、消費者契約法の目的からは、「時間がない、用事がある、要らない」等の間接的に退去の意思を示す場合が含まれ、「その場所から当該消費者を退去させないこと」とは、退去の意思の表示があったのに、当該消費者を当該場所から退出させるのを困難にさせた場合を広く意味し、当該消費者にとって心理的にでも退去させない状況になっていれば足りるとする。

また、東京簡判平成15・5・14（消費者法ニュース60号（2004年）213頁【A1-305】）

25　国民生活審議会消費者政策部会・消費者契約法（仮称）の制定に向けて（第16次国生審消費者政策部会最終報告、1999年）35～36頁。

【参　考】

(2003WLJPCA05149001) も、販売店の担当者が「退去させない」旨告げたわけではないが、担当者の一連の言動はその意思を十分推測させるものであり、販売店の不適切な勧誘行為に困惑し、自分の意に反して契約を締結するに至ったものであるとして、4条3項2号に該当するとした。

　これらの判決によると、消費者契約法4条3項1号、2号の要件は、その文言よりも広く解釈される。これをふまえ、「困惑」の要件をより広く定義することが検討されるべきである。

(2) 困惑概念と不招請勧誘規制の重なり

　ところで、消費者契約法上の困惑をめぐる問題状況は、不招請勧誘規制の問題と一定程度重なると見ることができる。

　不招請勧誘の規制とは、訪問や電話などを通じて事業者が消費者に不意打的に接触し、勧誘を開始して契約を締結させるという勧誘を規制する考え方である。こうした勧誘が開始されると、事業者に巧みにつけ込まれ、消費者が契約締結を拒否できない状況に追い込まれるということがしばしば起こる。そこで、消費者が望まない勧誘にさらされることのないように、具体的な勧誘を行なう一歩手前の段階（勧誘の入口）での規制が必要である[26]。

　こうした観点から、特定商取引法3条の2、12条の3、17条、金融商品取引法38条3号～5号などに、これに関する規定が置かれている。

　困惑をめぐる問題状況が不招請勧誘規制の問題と重なることを示す判決として、東京簡判平成19・7・26（最高裁HP、国民生活センター報道発表資料〔2008年10月16日公表〕【A1-257】）(2007WLJPCA07269010) がある。

　事案は、信販会社である被告Aの加盟店であった有限会社B（販売店）から除湿剤置きマットを購入し（本件売買契約）、被告Aとの間で当該マットの代金を被告Aが販売店に立替払いすることを内容とする契約（本件立替払契約）を締結した原告が、消費者契約法4条3項1号、同法5条1項により本件立替払契約を取り消したと主張して、被告Aに対し、原告が被告Aに支払った金員の返還および本件立替払契約の残債務の支払義務がないことの確認を求めるとともに、販売店の代表取締役であった被告Cに対し、販売店の従業員であった訴外Dの不法行為により原告に上記既払金に相当する額の損害が生じたとして、民法715条2項に基づき、当該損害額の支払を請求したというものであり、裁判所は、訴外Dの勧誘行為は消費者契約法4条3項1号に違反し、かつ、不法行為に該当すると認定し、さらに、被告Aと販売店間には本件立替払契約の締結について媒介することの委託関係があり、同委託に基づいて訴外Dが本件立替払契約の締結を媒介したと認められるなどと認定して、原告の請求の全部を認容した。これは、不招請勧誘類似の勧誘が行なわれていたとみられる事案で困惑による取消しを認めた判決である。

26　不招請勧誘の規制については、後藤巻則「不招請勧誘と消費者の保護」『藤岡康宏先生古稀記念論集・民法学における古典と革新』（成文堂、2011年）1頁以下参照。

9 不招請勧誘規制と消費者契約法
(1) 不招請勧誘についての相談事例
　消費生活相談の現場では、不招請勧誘規制の考え方の適用が要請される事例を多数見出すことができる。
　すなわち、2005年度（2005年4月1日～2006年3月31日）に、国民生活センター相談調査部に寄せられた直接相談および経由相談8,921件のうち、「家庭訪問・職場訪問」についての相談事例は960件、「電話勧誘販売」についての相談事例は662件（合計1,622件）あり、それらの相談内容を検討すると、以下のことを指摘することができる。
　①「消費者に対する攻撃性」が問題となる事例として、ⅰ勧誘そのものの苦情、すなわち、勧誘のために業者が訪問してくること自体、あるいは勧誘の電話がかかってくること自体が不快、迷惑であるという苦情、ⅱ不安をあおるような勧誘、ⅲ恐怖感を与える勧誘、強引な勧誘、ⅳ長時間勧誘、深夜勧誘といった苦情がある。
　②「消費者の情報不足」の問題がある。消費者が契約をしようとするときには、商品やサービスの内容や価格等について自ら調べようとするか、あるいはすでに一定程度の情報をもっていることも少なくないが、不意打ち的な勧誘であることをその特徴とする不招請勧誘の場合には、消費者はもともと当該商品やサービスについて関心がなく、これについての情報も不足している。業者は、こうした消費者を契約に誘い込むことを意図して虚偽の説明をし、あるいは十分な説明をしないで勧誘する。具体的には、ⅰ効果・効能を誇張したり、ⅱ契約締結を躊躇させるような不利益事実を告げなかったり、ⅲ説明が不十分であるといったことが起きる。
　③「消費者の判断力」の問題があり、もともと正常な判断力がない人への勧誘も頻繁に行われている。例えば、ⅰ認知症等のある人への勧誘、ⅱ常態として判断力が不足しているわけではないが、病気の状態によっては判断力に問題がある人への勧誘、ⅲ判断力には問題がないが、性格的に断ることが苦手な人への勧誘もある。
　④「契約締結が消費者に与える影響」の問題もある。支払能力のない人への勧誘も多く行われており、ⅰ支払能力を超えた契約、ⅱ過量販売、ⅲ多重債務者へさらに借金を貸し付けた、などの事例がある。このような場合を含め、契約締結により生活に支障を与える結果になっている場合が少なくない。例えば、貯金が底をついた、多重債務に陥った、生活が困窮した、などである。
　なお、訪問販売や電話勧誘販売では、店舗をもたない業者であることが多いため、トラブルが大きくなると倒産し、あるいは所在不明になってしまい、解約交渉ができず、被害救済ができなくなってしまうケースがある。また、通常の動産取引や不動産取引等、金融取引分野以外の取引においても、問題となるケースが広く存在している[27]。

(2) 不招請勧誘についての裁判例
　ところが、裁判例において不招請勧誘が問題とされた事例は多くない。消費者の側

---

[27] 相談事例に関する以上の分析は、国民生活センター「不招請勧誘の制限に関する調査研究」（2007年）36頁以下による。

【参　考】

から不招請勧誘が主張された事案においても不招請勧誘については判断せず、あるいは不招請勧誘は否定して他の理由に基づく損害賠償請求を認めるものが見られる[28]。不招請勧誘を理由とする不法行為の成立を認めた判決も不招請勧誘のみを理由としているわけではなく、適合性原則違反や説明義務違反と相俟って不法行為責任を認めるものである[29]。否定例を含め不招請勧誘が問題とされた取引類型も、商品先物取引[30]と外国為替証拠金取引[31]に限られるようである。

（3）不招請勧誘と消費者契約法による規律

　このように、裁判所が不招請勧誘規制の考え方を限定的にしか適用していないのは、不招請勧誘規制が不要だからではなく、むしろ不招請勧誘に対する適正な法的規制が欠けているからであろう。もちろん従来から不招請勧誘を個々の業法で規定することは行われているが、これによると、業者に対する行政処分（業務改善命令、業務停止処分、登録の取消など）が可能である反面、規制の対象が当該業法の適用範囲に限られるうえ、不招請勧誘規制違反の行為に民事的な効果を及ぼすことができないという問題がある。

28　京都地判平成19・10・23〔LEX/DB文献番号28140750〕、京都地判平成19・9・28〔LEX/DB文献番号28132275〕、大阪地判平成18・10・26〔LEX/DB文献番号28130200〕（【A2-176, A3-403】）などがある。

29　被告を受託者として商品先物取引を行ったことにより損失を受けた原告が、被告の一連の行為は不法行為に当たると主張して、被告に対し、取引による差引損金等の損害賠償請求をした事案において、給与収入以外に見るべき資金源のない原告が「商品先物取引を行うために借入れを要する者」として商品先物取引不適格者に当たることに疑問の余地はないとした上で、不招請勧誘という勧誘形態は不適格者を取引に招来する恐れがあるので、被告には適格性に関する調査義務があり、本件では同調査義務懈怠の過失ありと認定した上、同過失がなければ取引参入はなかったとして、同過失と損失との因果関係肯定し、他方で、断定的判断提供、説明義務違反、両建勧誘、特定売買、一任売買の違法性は否定した判決（福岡地裁行橋支判平成19・6・7〔LEX/DB文献番号28132265〕）、被告会社との間で外国為替証拠金取引を行った原告が、被告会社の外務員らによる不招請勧誘、適合性原則違反、断定的判断の提供、説明義務違反、過当取引、無断売買、虚偽の売買報告による入金の強要などの一連の行為が、不法行為であるとして、被告会社等に対し、不法行為に基づく損害賠償を請求した事案について、不招請勧誘、登録申請をしておらず取引期間が限られている（本件では約1ヶ月）ことを原告に告げずに取引を行ったことの信義則上の説明義務違反、適合性原則違反、断定的判断提供、説明義務違反、虚偽売買報告による入金強要による不法行為を認定した判決（富山地判平成19・6・28〔LEX/DB文献番号28132266〕）などがある。また、不招請勧誘が問題になっているとみられる事例で、適合性原則違反が同時に問題となった事例として、東京地判平成21・9・25（【A4-13】）（2009WLJPCA09258021）がある。

30　岐阜地裁大垣支判平成17・1・14〔LEX/DB文献番号28100742〕、東京地判平成17・9・30〔LEX/DB文献番号28110268〕（【A2-194】）、京都地判平成18・7・19〔LEX/DB文献番号28132258〕、前掲大阪地判平成18・10・26（【A2-176, A3-403】）、前掲福岡地裁行橋判平成19・6・7、新潟地判平成19・7・17〔LEX/DB文献番号28132267〕、前掲京都地判平成19・9・28〔LEX/DB文献番号28132275〕、前掲京都地判平成19・10・23。

31　東京高判平成18・9・21〔LEX/DB文献番号281102070〕、前掲富山地判平成19・6・28。

そこで、不招請勧誘規制の考え方を消費者契約に包括的に適用されるルールとして、消費者契約法の中に位置づけることが適切である。
　不招請勧誘があった場合には、まず、それにより不法行為が成立し、損害賠償が認められるということが考えられる[32]。さらに、不招請勧誘規制違反行為の取消しを認めることも考えられるが、すでに見たように困惑概念を拡張するならば、取消しについては困惑による取消しに委ね、不招請勧誘について、例えば、「契約締結の要請をしていない消費者に対して、訪問し、あるいは電話をかけるなどして、契約締結を勧誘してはならない」といった、その違反の法的効果を明示しない行為規範として規定することも考えられる。行為規範としてであっても不招請勧誘規制に関する明文規定が置かれれば、不招請勧誘の違法性を認定する上での指標となろう。

10　不当勧誘規制の一般条項の創設
(1) 不当勧誘についての相談事例

　もっとも、国民生活センターが昨年(2011年)11月10日に公表した「消費者契約法に関連する消費生活相談の概要と主な裁判例」(以下、「上記資料」という)における消費生活相談の事例を見ると、誤認・困惑類型に該当しない不当勧誘が多発している。適合性原則や不招請勧誘規制が問題とされるのも、そのような事情が背景にあるためであると考えられる。
　すなわち、上記資料は、2010年度における「販売方法」に関する相談のうち「不当な勧誘」(消費者契約法4条関連)に関係するものを「代表的な販売手口等」に応じて分類し、「代表的な販売手口等」を、さらに、「消費者を誤認させる勧誘」、「消費者を困惑させる勧誘」、「その他不適切な勧誘」に分類しているが、これによると、次のことを指摘することができる。
(ア)「消費者を誤認させる勧誘」事例
　「消費者を誤認させる勧誘」は、「虚偽説明」、「説明不足」、「サイドビジネス商法」、「販売目的隠匿」、「無料商法」、「点検商法」、「身分詐称」の項目に分けて整理されており、「虚偽説明」が28,544件（「販売方法」に関する相談の7.7%）、「説明不足」が35,389件（同9.6%）、「サイドビジネス商法」（「内職・副業になる」、「脱サラできる」などとセールストークにした勧誘）が9,061件（同2.5%）、「販売目的隠匿」が11,443件（同3.1%）、「無料商法」（無料招待・無料体験など無料であることを強調した勧誘）が29,794件（同7.85%）、「点検商法」が5,176件（同1.4%）、「身分詐称」（販売員が公的機関や有名企業の職員や関係者であるかのように思わせる手口による勧誘）が4,077件

---

[32] 不招請勧誘自体を認定した判決は多くないが、違法性を認める理由として執拗な勧誘がなされたことを考慮した判決は少なくない。例えば、東京地判平成22・3・31（【A4-7】）(2010 WLJPCA 03318003)、東京地判平成21・12・22（【A4-9】）(2009 WLJPCA 12228001)、東京地判平成20年2月26日（【A4-18】）(2008WLJPCA02268007)、東京地判平成18・11・28（【A4-24】）(2006 WLJPCA 11280003)、神戸地姫路支判平成18・5・22（【A4-25】）(2006 WLJPCA 05226001)、宮崎地判平成15・11・28（【A4-27】）(2003 WLJPCA 11286001)、名古屋地判平成15・2・28（【A4-28】）(2003WLJPCA02286001)、松山地判平成9・3・12（【A4-31】）(1997WLJPCA03120014)、大阪地判昭和58・3・14（【A4-33】）(1983WLJPCA03140002)などがある。

【参　考】

(同 1.1％) となっている。
(イ)「消費者を困惑させる勧誘」事例
　「消費者を困惑させる勧誘」は、「強引・強迫」、「長時間勧誘」、「夜間勧誘」の項目に分けて整理しており、「強引・強迫」が51,952件（同14.1％）、「長時間勧誘」が4,181件（同1.1％）、「夜間勧誘」が1,930件（同0.5％）であった。
(ウ)　その他の不適切な勧誘事例
　さらに、ただちに現行の消費者契約法の対象とはならないが、不適切な勧誘として議論されうる勧誘方法である「その他不適切な勧誘」として、「二次被害」、「次々販売」、「判断能力に問題のある人の契約」に分けて整理しており、「二次被害」（一度被害にあった人を再び勧誘して、二次的な被害を与える手口）が12,092件（同3.3％）、「次々販売」（一人の人に次々と契約をさせるような手口）が9,695件（同2.6％）、判断能力に問題のある人の契約が7,063件（同1.9％）であった[33]。
(エ)　まとめ
　消費生活相談の場面では「強引・強迫」の項目に該当する相談件数は、2010年度において51,952件であり、同法4条1項や2項に関連する虚偽説明（28,544件）、説明不足（35,389件）を上回る。これは、消費者契約法4条3項の要件が厳格に過ぎ、適切な法的対応ができていないためと思われる。また、ただちに現行の消費者契約法の対象とはならない「その他不適切な勧誘」関連の相談件数も、2010年度における「二次被害」、「次々販売」、「判断能力に問題のある人の勧誘」の合計（28,850件）は、消費者契約法で規律されている代表的領域である「虚偽説明」に関する相談件数を上回る。
　このように消費者契約法4条3項の周辺に位置する相談事例が多いことは、同項に関する判決が少ない[34]ことと際立った対照をなす。

(2)　不当勧誘規制の一般条項の必要性
　そこで、不当条項規制において消費者契約法8条・9条に該当しない場合にも一般条項としての10条が活用されていることを参考にして、適合性原則や不招請勧誘規制の考え方を考慮に入れつつ信義則に反する不当な勧誘行為を規制し、この違反行為を理由とする取消しを認める一般条項を規定することが考えられる[35]。
　その規定の仕方については、比較法的には、オランダ民法やフランス債務法改正準備草案が参考になるが[36]、ここでの問題状況は、勧誘行為の不当性や成立した契約内

33　不当な勧誘の各項目はすべてマルチカウント。また、各項目は、消費者契約法の対象となる相談を含むものであるが、すべてが同法の対象となる相談ではない。
34　例えば、「上記資料」には、2011年度のものとして、誤認類型に関する判決が7件挙げられているが、困惑類型に関する判決は挙げられていない。
35　例えば、近畿弁護士連合会消費者保護委員会編「消費者取引法試案」（消費者法ニュース別冊、2010年）45頁以下は、信義則に反する態様の勧誘行為一般を禁止することによって消費者被害の受け皿を広げることが妥当であるとして、信義則に反する態様の勧誘行為があった場合に契約の取消しを認めることを提案している。ただし、「信義則に反する態様の勧誘行為」という要件については、その解釈指標を示すなど、適正な要件化のための検討がなお必要であろう。

容の対価的不均衡などが相まって、全体としてみれば契約の有効性に疑問が生ずるという場合であって、一つひとつの事情がそれ自体としては詐欺にも強迫にも当たらず、あるいは暴利行為といえるほどではないが、それらを総合判断することによって、契約の拘束力を否定しようというものである[37]。このような場合に、いわば「合わせて一本」的に勧誘行為を規制する規定が必要である[38]。

（3）不当勧誘規制の一般条項の位置づけとその実効性確保

　ところで、この問題は、理論的には、一方で、勧誘規制か内容規制かという問題にかかわり[39]、他方で、消費者契約法で規制するのが適切か、それとも民法で規制するのが適切かという問題にかかわる[40]。これをどう考えるかは難しい問題であるが、上

---

[36] 勧誘規制の一般規定について、オランダ民法第3編45条4項は、「相手方が窮乏状態、依存性、軽率さ、異常な精神的状態または経験のなさといったような特殊な状態の結果として法律行為をすることへと働かされている場合において、このことを知りまたは知るべきであった者が、自らが知りまたは知るべきであったことによれば相手方が法律行為をするのを阻止すべきであったにもかかわらず、その法律行為をするように推進したときは、この者は、状況の濫用を犯している。」とし、その効果として締結された契約を取り消しうるものとし（同条1項）、フランス債務法改正準備草案1114-3条第1項は、「強迫は、一方当事者が、窮迫状態または依存状態の影響の下に約束を交わし、他方当事者は約定から明らかに過大な利益を得るために、この弱い立場につけ込む場合にも、同じく存する。」と規定し、同条第2項は、「弱い立場は、特に、被害を受けた当事者の繊細さ、両当事者間の以前の関係の存在または経済的な不公平を考慮しつつ、状況を総合して判断される。」と規定している（なお、強迫による意思表示は、同準備草案1115条第1項により、取消しうるものとされている）。

[37] この観点から位置づけられる判決として、例えば、呉服販売業者がその従業員に対し呉服等の自社商品を販売した行為が、従業員の支払能力に照らし過大であり、売上目標の達成のために事実上購入することを強要したものであるとして、公序良俗に反して無効であるとした事例がある（大阪地判平成20・1・30判時2013号（2008年）94頁【A1-97】）。

[38] 平成16年度内閣府請負調査「消費者契約に関する紛争の実態及び法的な論点について―『消費者契約に関する苦情相談の実態調査』研究会報告書」（2005年）44頁も、事業者の悪性を総合的に評価する必要な場合があることを指摘し、「新築マンションに入居1ヵ月後の祭日の夜7時すぎ、付設浄水器のメンテに来たと訪問してきた業者に勧められて、管理組合からと思い込みドアを開け、『未だメンテ出来ていない人の確認に来た』と言われ、付設整水器につき『これは半年に1回カートリッジ取換えの必要があり、年間3万円の費用がかかる、当社のは年間1万円程度の管理費用でよい』などと説明して、信用して高額浄水器の契約した」という場合につき、身分詐称に近い手法、目的隠匿、状況の濫用を総合的に判断すると悪性が強い手法と言えるが、既存の消費者契約法制の民事規定を活用するのが困難な事例であるとする。

[39] オランダ民法やフランス債務法改正準備草案が問題を勧誘規制の側面から捉えているのに対して、ドイツでは、当事者の心理的窮状に乗じてなされた取引につき良俗違反を根拠として無効とする可能性を認めており、わが国の法制審議会民法（債権関係）部会もこの問題を公序良俗違反の一類型（暴利行為論）として規定することを検討している（商事法務編「民法（債権関係）の改正に関する中間的な論点整理の補足説明」（2011年）226頁参照）。これらは、問題を主として契約内容の面から捉えるものといえよう。

[40] 民法で規制するとすれば、民法に暴利行為論や状況の濫用の考え方を導入する考え方につながる。これについては、商事法務編・前掲注（39）225頁以下参照。

【参 考】

記の比較法の動向は、――勧誘規制か内容規制かという位置づけについては考え方が分かれるとはいえ――一般条項という規定形式をもって契約の取消しまたは無効を認めるという点では一致しており、消費者契約法において一般条項という規定形式をもって契約の取消しを認めることを後押しするものといえよう。

ただし、一般条項的な規定にとどまるならば、判例の集積を俟たなければならず、消費生活相談の場で機能しないおそれがある。消費者契約法は、裁判の場でのみならず消費生活相談の場で機能するように立法することが重要である。

そこで、不当勧誘規制の一般条項を実効性あるものにするために、典型的被害事例から抽出したメルクマールを掲げておくのも一方法であろう。

なお、すでに消費者契約法3条1項が定める情報提供の努力義務を法的義務とすべきことを指摘したが、仮にその実現が困難であるとするなら、不当勧誘規制の一般条項をこの問題の受け皿として活用し、情報提供義務違反があったことを不当勧誘規制の一般条項の違反があったことの判断要素とすることを考えるべきである。

11 消費者契約法5条およびその周辺の問題
(1) クレジット契約と消費者契約法5条1項の適用

消費者契約法5条1項の適用について、裁判例では、販売業者（役務提供事業者もありうるが、以下では、商品販売の事例を取り上げて記述する）がクレジット契約の締結の「媒介をすることの委託」を受けた者に当たるかどうか、また、販売業者の不実告知等（不実告知、故意の事実不告知）を理由として、クレジット契約を取り消すことができるかどうかが問題になった。

(ア)「媒介者」該当性

個別クレジット（個別信用購入あっせん）では、販売業者から商品を購入する者が、信販会社に商品代金の立替払を委託し、この委託に基づき信販会社が商品代金相当額を販売業者に一括して支払い、この立替払額に手数料を加えた額を商品購入者が信販会社に分割払いする。この取引において、商品購入者と信販会社間では立替払契約、購入者と販売業者間では売買契約、信販会社と販売業者間では加盟店契約が、それぞれ成立するが、実務では、商品購入者の信販会社に対する代金立替払の委託手続を販売業者が代行しており、信販会社は、商品購入者と直接相対することはなく、その契約意思を電話により確認する方法がとられている。

具体的には、個別クレジットでは、販売業者が消費者に対し商品販売を勧誘する過程で、提携先のクレジット契約を利用することを勧め、クレジット契約の支払い条件の交渉から契約書面の作成・提出に至るまで加盟店がその段取りをすべて実行している。そして、購入者の申込みを受けた信販会社は、与信審査を行った上で契約締結の意思決定を行うだけである。信販会社が与信審査の過程で行う電話確認は、購入者が実在することや真正な申込みの存在を再確認するものであり、この電話のやりとりにおいて購入者がクレジット契約の申込みの意思表示をするわけではない。

このように、購入者がクレジット契約の申込みに至る過程は、すべて販売業者が交渉を担当し、販売業者の働きかけによって購入者のクレジット契約申込みの意思表示はすでに完結している。このことに照らせば、販売業者はクレジット契約締結の「媒介者」に当たると考えられる[41]。

もっとも、消費者契約法5条1項の適用範囲は必ずしも明確ではない。すなわち、契約締結の媒介の「委託」には、「消費者に対する勧誘」の委託も含まれる。そして、「媒介」とは、「ある人と他の人との間に法律関係が成立するように、第三者が両者の間に立って尽力すること」であるが、立案担当者の解説によれば、「両者の間に立って尽力する」とは、「通常、契約締結の直前までの必要な段取り等を第三者が行っており、事業者が契約締結さえ済ませればよいような状況と考えられる」とされている[42]。「媒介」をこのように限定的に捉えると、事業者が第三者に対して消費者契約の勧誘行為を委託した場合でも当然に「媒介の委託」があったと評価されるわけではない。媒介に当たらない程度の勧誘行為の委託をしたにすぎない場合には、この第三者は消費者契約法5条1項の「受託者等」に当たらないことになる。
　これに対して、学説では、「媒介」の意味をより広く捉え、単に顧客の紹介だけを委託されたような場合にも消費者契約法5条1項の適用可能性を認める立場が有力である[43]。代理人の行為の場合に限定して取消権を認めるという考え方を排斥した立法の経緯からみても、できる限り取消権を行使できる場合を広げようとするのが消費者契約法5条1項の趣旨であるとする指摘もある[44]。
(イ)「重要事項」該当性
　クレジット契約の取消しが認められるためには、さらに、クレジット契約自体について「重要事項」（消費者契約法4条4項）に関する不実告知等がなされたことが必要である。クレジット契約自体についての「重要事項」の不実告知等があったかどうかという点については、販売業者による不実告知等が売買契約に関してなされることが多いため、クレジット契約の取消しを認めた判決は多くない。
　肯定例としては、パソコン内職商法の事案において、販売業者がクレジット契約締結の媒介行為をしたことを前提に、販売業者が積極的に勧めたクレジット契約は、購入物品を利用することにより収入を得て、その収入によりクレジット代金を支払うことが勧誘の主要な内容になっているのであるから、その収入がいくらであるかは、クレジット契約についての「その他の取引条件」であり、消費者契約法4条2項にいう「重要事項」であるとして、この重要事項についての不利益事実の不告知があったことを理由として、クレジット契約の取消しを認めた判決がある（大阪簡判平成16・1・9国民生活2007年1月号64頁）。
　また、小林簡判平成18・3・22（消費者法ニュース69号（2006年）188頁）は、悪徳リフォーム工事代金支払のための立替払契約が締結されたという場合について、「契約の目的物である189万3,450円の分割払の用途（原因）である本件工事そのものが、耐震や揺れ防止工事としては有効でない工事であるということは、消費者にとってまさに不利益な事実にほかならない。このような事実についても消費者契約法

41　池本誠司「消費者契約法5条によるクレジット契約の取消」国民生活研究47巻3号（2008年）5〜6頁。
42　消費者庁・前掲注（12）『消費者契約法〔第2版〕』（商事法務、2010年）155頁。
43　落合・前掲注（8）『消費者契約法』（有斐閣、2001年）98頁。
44　日本弁護士連合会消費者問題対策委員会編『コンメンタール消費者契約法〔第2版〕』（商事法務、2010年）109頁。

【参　考】

4条2項所定の不利益事実と考えなければ、被告のように加盟店を通じて加盟店の販売契約と一体をなすものとして立替払契約の勧誘をして利益を上げる業態において消費者契約法によって消費者を保護する趣旨を貫くことができない」と判断した。これに基づき、契約目的が不必要工事のための支払いであるという不利益事実を故意に告げなかったことは、消費者契約法4条2項に該当するとして、信販会社に既払金の返還を命じた[45]。

(2) 2008年改正割賦販売法による立法的解決

　この問題につき、2008年の改正割賦販売は、販売業者が特定商取引法5類型の取引に係る個別クレジット契約の締結について勧誘するに際し、販売契約または個別クレジット契約について、不実告知等により、購入者が誤認をして契約をしたときは、これを取り消すことができることを定めた（同法35条の3の13～35条の3の16)。

　その対象事項は取引形態に応じて異なるが、例えば訪問販売の場合であれば、個別クレジット契約に関する事項である、支払総額（同法35条の3の13第1項1号)、各回ごとの支払額、支払時期および方法（2号）のほか、販売契約に関する事項である、商品の種類、性能、品質（3号)、商品の引渡時期（4号)、さらに、個別クレジット契約または販売契約についてのクーリング・オフに関する事項（5号）といった事項、その他個別クレジット契約または販売契約に関する重要事項（6号）を挙げており、個別クレジット契約とは別個の販売契約に関する事項（個別クレジット契約の締結の動機を構成する事項）が個別クレジット契約の重要事項にもなるという形で立法的解決をはかった。

　これをどう根拠づけるかが問題であるが、個別クレジット業者と販売業者とは、あらかじめ継続的な提携関係を結んで個別クレジット契約の締結に関する業務につき委託している関係にある。そのため、販売業者は消費者契約法5条1項の「媒介をすることの委託」を受けた者に当たると見ることができよう。そうだとすると、割賦販売法の上記取消規定は、消費者契約法5条1項と同じ考え方に基づくものと解することができる[46]。

(3) 消費者契約法5条の発展可能性

　割賦販売法における上記取消規定の創設は、消費者契約法5条に由来するが、法制審議会における民法（債権関係）改正審議における基礎資料である『民法改正の基本方針』にも、消費者契約法5条に由来すると思われる提案がなされている。

　すなわち、第三者の不実表示に関する【1.5.15】〈2〉の〈イ〉は、A・B間の契約において「相手方Aに対する意思表示につき第三者Cが不実表示を行った場合」であって、CがAの「代理人その他その行為につきAが責任を負うべき者」であるときは、BはAに対する意思表示を取り消すことができる旨を提案し、【1.5.16】〈3〉の

45　5条1項の適用を認めた判決としては、この他に、東京簡判平成16・11・29（立替金請求事件）（【A1-312】）（2004WLJPCA11299008)、東京地判平成17・8・25（手付金返還請求、違約金請求事件）（【A1-311】）（2005WLJPCA08250002）などがある。

46　後藤巻則＝池本誠司『割賦販売法』（勁草書房、2011年）314頁以下。

〈ア〉は、「相手方Aに対する意思表示につき第三者Cが詐欺を行った場合」であって、CがAの「代理人その他その行為につきAが責任を負うべき者」であるときは、BはAに対する意思表示を取り消すことができる旨を提案している。

消費者契約法5条1項は、第三者が消費者に対して消費者契約の締結に係る媒介に関して、不適切な勧誘行為（民法の詐欺、さらには消費者契約法4条1項・2項の規定）をしたことを事業者が知らない場合においても、「事業者が当該第三者に対して、消費者契約の締結の媒介を委託した」という事実があれば、消費者は当該契約の取消しを事業者に対して主張することができることとして、民法96条2項の規定では救済することが不可能な場合についても、当該契約の取消しを主張することができることを規定したが[47]、上記の【1.5.15】〈2〉の〈イ〉および【1.5.16】〈3〉の〈ア〉は、この消費者契約法5条1項の考え方をさらに一般化しようとした提案であると説明されている[48]。

（4）まとめ

以上のように、判例、立法の進展に伴い、「契約締結を補助した者」の行為についての契約当事者の責任に関するルールが形成されつつある[49]。このような動向の中で消費者契約法5条をどう位置づけるかが重要な検討課題となる。ここでは具体的な提言に及ぶことはできないが、争いのある「媒介」の範囲についての解釈基準を明示することや、消費者契約法5条の適用事例に適合的な「重要事項」（同法4条4項）の解釈基準を示し[50]、あるいは「重要事項」の定義自体を改正することが、検討の視野に入ってこよう。

12　紛争解決過程における消費者・事業者間の格差をふまえた対応

消費者契約法によって処理される紛争においても、民事訴訟法上の立証責任の原則に従い、権利の発生・変更・消滅という法律効果を主張する当事者が、その法律効果を認める規定の要件事実について立証責任を負う[51]。下級審の判決には、事業者に立

47　消費者庁・前掲注（12）159頁。
48　民法（債権法）改正検討委員会編・詳解債権法改正の基本方針Ⅰ（商事法務、2009年）135、139頁。
49　後藤巻則「交渉補助者等の行為による責任」Consumer Credit Review 1号（2011年）7頁以下参照。
50　例えば、個別クレジット契約における販売店の行為に消費者契約法5条1項が適用されるという前提に立つ場合、販売店の不実告知等が立替払契約の「重要事項」についての不実告知等に当たるかどうかは、同法4条4項が定める「重要事項」の範囲にかかわる。
51　例えば、不実告知による取消権が発生するためには、①「事業者が消費者契約の締結について勧誘をするに際し」当該消費者に対して「重要事項について事実と異なることを告げる」こと、②当該「消費者」が「当該告げられた内容が事実であるとの誤認」をすること、③当該「消費者」が②の要件の誤認によって「当該消費者契約の申込み又はその承諾の意思表示をした」ことが必要であるが、消費者が事業者に対して不実告知による取消権を行使するためには、上記の①～③に該当する事実の存在につきすべて、消費者が立証責任を負う。

【参　考】

証責任を負わせたものもあるが[52]、最高裁は、これを認めていない[53]。
　紛争を解決するための事実関係の整理においては、当該取引に関して様々な情報を持つ事業者からの情報提供が不可欠であり、また交渉力においても事業者・消費者間には格段の差がある。消費者が、消費者契約法による契約の取消し、または契約条項の無効を主張する場合、原則として消費者側で事業者による不当な行為の事実や契約条項の不当性等を立証する必要があるが、事業者が消費者側に立証責任を押しつけ、あるいは話し合いに応じないなどの不誠実な対応をすれば、適切な解決が難しくなる。
　このような状況をふまえると、立証責任を一般的に事業者側に負担させることは困難であるとしても、証拠の偏在性等をふまえて立証責任に関する消費者の過度な負担を軽減し、事業者側にも役割の一部を担わせる方法が検討されるべきである。
　特に、事業者が告げた商品・サービスの性能・効果・利益等に関する事項についてその真実性が争われる場合には、当該事項は事業者側の内部情報であるから、それに関して一切資料を持たない消費者側に一方的に証明責任を負わせることは公正性に欠け妥当ではない。このような場合、特定商取引法（同法12条の2等）や不当景品類および不当表示防止法（同法4条2項）では、行政処分等の適用に関して事業者に対して資料提出義務を課している。
　これを参考にして、「事業者側に当該事項の裏づけとなる合理的な根拠を示す資料の提出義務を課し、当該資料の提出がない又は根拠に合理性がない場合には消費者側の主張を真実と認めることができる」とすることが考えられる。
　同様に、消費者が支払う違約金等を定める条項における「平均的な損害の額」（9条1号）の立証についても、「事業者側に違約金等の設定方法が合理的であることの根拠を示す資料の提出義務を課し、当該資料の提出がない又は設定方法が合理的とは認められない場合には消費者側の主張を真実と認めることができる」とすることが考えられる。
　さらに、紛争解決過程における消費者・事業者間の情報や交渉力の格差にかんがみれば、事業者に対して、紛争解決過程における情報提供義務を導入することも考えられる。不誠実な対応をとる事業者を、立証責任の所在にかかわらず、少しでも実質的な話し合いに応じさせるようにすることが重要であり、こうした義務が導入され、事業者が事実関係の整理等に必要な情報を提供するようになれば、紛争処理の円滑化に役立つ。

13　小括
　以上で、消費者契約法が規定する困惑類型およびその周辺に位置する問題を中心

52　例えば、消費者契約法9条1号の「平均的な損害」の立証責任につき、大阪地判平14・7・19金判1162号（2003年）32頁（【A1-408】）（2002WLJPCA07190004）、さいたま地判平15・3・26金判1179号（2003年）58頁（【A1-407】）（2003WLJPCA03260006）、京都地判平15・7・16判時1825号（2003年）46頁（【A1-406】）（2003WLJPCA07160002）、東京地判平15・10・23判時1846号（2004年）29頁（【A1-402】）（2003WLJPCA10230004）など。
53　最二判平18・11・27民集60巻9号3597頁（【A1-371】）（2006WLJPCA11270004）など。

に、同法の運用状況と今後のあるべき方向性につき若干の考察を加えた。この領域に関する事例は、消費生活相談には多く見られるものの、消費者契約法上の問題として取り上げる判決は少ないため、消費者契約法に新たなルールを付加するという観点からの考察が必要となる。

　そこで、このような観点から消費者契約法の改正の方向性、とりわけ不当勧誘規制の一般条項の必要性を指摘した。本稿では問題点の指摘にとどまっているが、より具体的に不当勧誘規制の一般条項による取消しが認められるための要件を詰めることが今後の重要な課題である。

著者紹介 （50音順）

大澤　　彩	法政大学法学部准教授
沖野　眞已	東京大学大学院法学政治学研究科教授
鹿野菜穂子	慶應義塾大学大学院法務研究科教授
河上　正二	東京大学大学院法学政治学研究科教授
北村　純子	弁護士
後藤　巻則	早稲田大学大学院法務研究科教授
角田　美穂子	一橋大学大学院法学研究科教授
千葉　恵美子	名古屋大学大学院法学研究科教授
中田　邦博	龍谷大学法科大学院教授
平尾　嘉晃	弁護士
丸山　絵美子	名古屋大学大学院法学研究科教授
山田　茂樹	司法書士・内閣府消費者委員会事務局委嘱調査員
山本　敬三	京都大学大学院法学研究科教授
山本　健司	弁護士，清和法律事務所
横溝　　大	名古屋大学大学院法学研究科教授

[編著者紹介]

河上 正二（かわかみ・しょうじ）
1953年2月　愛媛県生まれ
東京大学大学院法学政治学研究科教授
内閣府消費者委員会委員長（2011年9月〜）

主著『約款規制の法理』（有斐閣、1988年）
『歴史の中の民法』（日本評論社、2001年）
『民法学入門（第2版）』（日本評論社、2009年）
『民法総則講義』（日本評論社、2007年）
『物権法講義』（日本評論社、2012年）ほか

信山社ブックス4

消費者契約法改正への論点整理

2013（平成25）年10月30日　第1版第1刷発行

編者者　河　上　正　二
発行者　今井　貴　稲葉文子
発行所　株式会社　信　山　社
〒113-0033 東京都文京区本郷 6-2-9-102
Tel 03-3818-1019　Fax 03-3818-0344
info@shinzansha.co.jp
笠間才木支店　〒309-1611 茨城県笠間市笠間 515-3
笠間来栖支店　〒309-1625 茨城県笠間市来栖 2345-1
Tel 0296-71-0215　Fax 0296-72-5410
出版契約 2013-8634-2-01010　Printed in Japan

©信山社, 2013　印刷・製本／亜細亜印刷・渋谷文泉閣
ISBN978-4-7972-8634-2 C3332 P440/245. 230-a004 法律消費者法
8634-2-01011:012-150-070《禁無断複写》

JCOPY　〈(社)出版者著作権管理機構委託出版物〉
本書の無断複写は著作権法上での例外を除き禁じられています。複写される場合は，
そのつど事前に，(社)出版者著作権管理機構（電話 03-3513-6969, FAX 03-3513-6979,
e-mail: info@jcopy.or.jp）の許諾を得て下さい。また，本書を代行業者等の第三者に
依頼してスキャニング等の行為によりデジタル化することは，個人の家庭内利用で
あっても，一切認められておりません。

◇ 法律学講座 ◇

憲法講義（人権）
赤坂正浩

行政救済法
神橋一彦

信託法
星野　豊

防災法
生田長人

国際労働法
小西國友

実践国際法
小松一郎

外国法概論
田島　裕

アメリカ契約法
田島　裕

――― 信山社 ―――

- ◆**国際法論集**
  村瀬信也 著

- ◆**実践国際法**
  小松一郎 著

- ◆**EU権限の法構造**
  中西優美子 著

- ◆**国際人権法**
  申　惠丰 著

- ◆**エクイティの法理**
  田島　裕 著

- ◆**フランス民法**
  大村敦志 著

信山社

◆ヨーロッパ人権裁判所の判例
戸波江二・北村泰三・建石真公子・小畑郁・江島晶子 編集代表
・ボーダーレスな人権保障の理論と実際。解説判例80件に加え、概説・資料も充実。来るべき国際人権法学の最先端。

◆ドイツの憲法判例〔第2版〕
ドイツ憲法判例研究会 編　栗城壽夫・戸波江二・根森健 編集代表
・ドイツ憲法判例研究会による、1990年頃までのドイツ憲法判例の研究成果94件を収録。ドイツの主要憲法判例の分析・解説、現代ドイツ公法学者系譜図などの参考資料を付し、ドイツ憲法を概観する。

◆ドイツの憲法判例Ⅱ〔第2版〕
ドイツ憲法判例研究会 編　栗城壽夫・戸波江二・石村修 編集代表
・1985〜1995年の75にのぼるドイツ憲法重要判決の解説。好評を博した『ドイツの最新憲法判例』を加筆補正し、新規判例も多数追加。

◆ドイツの憲法判例Ⅲ
ドイツ憲法判例研究会 編　栗城壽夫・戸波江二・嶋崎健太郎 編集代表
・1996〜2005年の重要判例86判例を取り上げ、ドイツ憲法解釈と憲法実務を学ぶ。新たに、基本用語集、連邦憲法裁判所関係文献、1〜3通巻目次を掲載。

◆フランスの憲法判例
フランス憲法判例研究会 編　辻村みよ子 編集代表
・フランス憲法院（1958〜2001年）の重要判例67件を、体系的に整理・配列して理論的に解説。フランス憲法研究の基本文献として最適な一冊。

◆フランスの憲法判例Ⅱ〈2013年最新刊〉
フランス憲法判例研究会 編　辻村みよ子 編集代表
・2000年以降のDC判決、近年のQPC判決など、80件を越える重要判決を解説。統合欧州での、フランスの人権保障、統治機構の最新の動向を捉えた貴重な一冊。

植木俊哉 編
グローバル化時代の国際法
田中清久・坂本一也・滝澤紗矢子・佐俣紀仁・堀見裕樹・小野昇平・德瀬貴遠・植木俊哉

中村民雄・山元一 編
ヨーロッパ「憲法」の形成と各国憲法の変化
中村民雄・小倉郁・菅原真・江原勝行・齋藤正彰・小森田秋夫・栁原愛・山元一

森井裕一 編
国際関係の中の拡大EU
森井裕一・中村民雄・廣田功・鈴木一人・羽場久美子・小森田秋夫・植田隆子・戸澤英典・上原良子・木畑洋一

森井裕一 編
地域統合とグローバル秩序
──ヨーロッパと日本・アジア──
植田隆子・中村民雄・秦野裕介・大隈宏・渡邊頼純・森井裕一・木部尚志・菊池努

吉川元・中村覚 編
中東の予防外交
中村覚・吉川元・齋藤嘉臣・高澤・御井長・立山良司・木村修三・中西久枝・末近浩太・澤江史子・北澤義之・森伸生・小林正英・伊勢崎賢治・高橋和夫

八谷まち子 編
EU拡大のフロンティア
──トルコとの対話──
八谷まち子・関寧・森井裕一

信山社

日本立法資料全集

行政手続法制定資料

■平成5年■ 塩野宏・小早川光郎 編
(1)～(10)　　仲 正・北島周作 解説

制定資料を網羅的に考証・解説する

行政手続法制定資料(1) 議事録編 I
菊変・上製　ISBN978-4-7972-0291-5 C3332
行政手続法制定資料(2) 議事録編 II
菊変・上製　ISBN978-4-7972-0292-2 C3332
行政手続法制定資料(3) 議事録編 III
菊変・上製　ISBN978-4-7972-0293-9 C3332
行政手続法制定資料(4) 要綱案関係資料編 I
菊変・上製　ISBN978-4-7972-0294-6 C3332
行政手続法制定資料(5) 要綱案関係資料編 II
菊変・上製　ISBN978-4-7972-0295-3 C3332
行政手続法制定資料(6) 参考資料編 I
菊変・上製　ISBN978-4-7972-0296-0 C3332
行政手続法制定資料(7) 参考資料編 II
菊変・上製　ISBN978-4-7972-0297-7 C3332
行政手続法制定資料(8) 参考資料編 III
菊変・上製　ISBN978-4-7972-0298-4 C3332
行政手続法制定資料(9) 参考資料編 IV
菊変・上製　ISBN978-4-7972-0299-1 C3332
行政手続法制定資料(10) 参考資料編 V
菊変・上製　ISBN978-4-7972-0300-4 C3332

行政法研究

宇賀克也 責任編集
第3号　2013.9刊行

信山社

● 判例プラクティスシリーズ ●

判例プラクティス憲法
憲法判例研究会 編
淺野博宣・尾形健・小島慎司・宍戸常寿・曽我部真裕・中林暁生・山本龍彦

判例プラクティス民法Ⅰ〔総則・物権〕
松本恒雄・潮見佳男 編

判例プラクティス民法Ⅱ〔債権〕
松本恒雄・潮見佳男 編

判例プラクティス民法Ⅲ〔親族・相続〕
松本恒雄・潮見佳男 編

判例プラクティス刑法Ⅰ〔総論〕
成瀬幸典・安田拓人 編

判例プラクティス刑法Ⅱ〔各論〕
成瀬幸典・安田拓人・島田聡一郎 編

――――信山社――――

法律学の森シリーズ

新　正幸	憲法訴訟論［第2版］
大村敦志	フランス民法
潮見佳男	債権総論Ⅰ［第2版］
潮見佳男	債権総論Ⅱ［第3版］
小野秀誠	債権総論
潮見佳男	契約各論Ⅰ
潮見佳男	不法行為法Ⅰ［第2版］
潮見佳男	不法行為法Ⅱ［第2版］
潮見佳男	不法行為法Ⅲ［第2版］（続刊）
藤原正則	不当利得法［第2版］（近刊）
青竹正一	新会社法［第3版］
泉田栄一	会社法論
小宮文人	イギリス労働法
高　翔龍	韓国法［第2版］

信山社

携帯性、一覧性に優れた好評薄型・厳選六法

入門用　　　専門課程用
法学六法　標準六法
石川明・池田真朗・宮島司・三上威彦
大森正仁・三木浩一・小山剛 編集

― ― ―

大村敦志 解題
穂積重遠 法教育著作集
われらの法 （全3巻）

― ― ―

来栖三郎著作集 （全3巻）

― ― ―

我妻洋・唄孝一編
我妻栄先生の人と足跡

― ― ―

藤岡康宏 著
法の国際化と民法
民法講義シリーズ　**不法行為法**

― ― ―

平野裕之 著
担保物権法(第2版)／債権総論
契約法／不法行為法(第3版)

― ― ―

信山社